复旦大学中国金融法治研究院

中国金融法治前沿报告

（2019~2020）

季立刚　主编

INSIGHTS FROM CHINA'S FINANCIAL LAW FRONTIER

法律出版社 LAW PRESS · CHINA
北京

图书在版编目(CIP)数据

中国金融法治前沿报告：2019～2020/季立刚主编
.--北京：法律出版社，2021
ISBN 978-7-5197-6034-2

Ⅰ.①中… Ⅱ.①季… Ⅲ.①金融法-研究报告-中国-2019-2020 Ⅳ.①D922.280.4

中国版本图书馆 CIP 数据核字(2021)第213759号

中国金融法治前沿报告(2019～2020)
ZHONGGUO JINRONG FAZHI QIANYAN BAOGAO(2019～2020)

季立刚 主编

策划编辑 沈小英
责任编辑 刘晓萌
装帧设计 汪奇峰

出版发行 法律出版社
编辑统筹 法治与经济出版分社
责任校对 杨锦华
责任印制 吕亚莉
经　　销 新华书店

开本 710毫米×1000毫米 1/16
印张 37.5　**字数** 650千
版本 2021年8月第1版
印次 2021年8月第1次印刷
印刷 中煤(北京)印务有限公司

地址：北京市丰台区莲花池西里7号(100073)
网址：www.lawpress.com.cn
投稿邮箱：info@lawpress.com.cn
举报盗版邮箱：jbwq@lawpress.com.cn
销售电话：010-83938349
客服电话：010-83938350
咨询电话：010-63939796

书号：ISBN 978-7-5197-6034-2
定价：166.00元
凡购买本社图书，如有印装错误，我社负责退换。电话：010-83938349

编　委　会

序

金融是国民经济的血脉，是现代经济的核心。“法治兴则国兴，法治强则国强”，金融法治是国家治理体系与治理能力现代化的重要内容及标志。金融业的健康、稳健、持续发展，与完善的金融法治不可分离。一方面，金融创新、金融的进一步对外开放、金融业的长期稳定发展，对金融法治提出了更多、更高的需求，一国良好的金融法律环境对该国的金融发展和金融深化起到了关键作用；另一方面，“不以规矩，不能成方圆”，金融业的健康发展离不开金融法治的制度支撑、规范和保护。金融法治是金融业健康发展的基石，为金融业的发展提供制度供给，维护金融交易秩序，构建健康有序、富有活力的金融生态，提高金融市场竞争力，切实保护投资者合法权益，促进金融市场的繁荣。金融发展与金融法治彼此互动，只有形成完善的金融法治，才能促进和优化金融功能的发挥，才能有健康、稳健、持续发展的金融业。

2021 年 3 月 30 日，复旦大学、中国人民银行上海总部、上海市高级人民法院、上海市金融法院将共同发起设立复旦大学中国金融法治研究院。该研究院旨在充分利用复旦大学法学、经济学和金融学、理学、计算机科学等多学科交叉融合的优势，搭建金融界与法律界、学术界与实务界的沟通交流平台，成为在国内外具有影响力的中国金融法治学术研究重镇及国家高端智库，为推进国家金融治理体系和治理能力现代化、参与全球金融治理做出积极贡献。

复旦大学中国金融法治研究院聚焦中国金融法治发展实践，密切关注全球金融法治发展动态，将以报告的形式展现年度重要研究成果。我们在编纂报告时本着以下理念并努力形成特色：(1)突出的学术性，不流于对金融法治发展状况的简单描述与介绍，而是以理论的视角分析、评述、探讨中国金融法治发展的特点、成就、路径；(2)强烈的实践性，观照和回应中国金融法治发展的实践需要，探讨立法、执法、司法中的热点、难点问题,为金融法治实践提供学术支持,总结金融法治实践中的得失;(3)鲜明的前沿性,关注金融发展的新形态,以专题形式研究国内、域外相关金融法制领域的最新发展状况,为推进我国国际金融中心建设,促进金融业进一步有序改革开放,防控金融风险,建成符合中国国情、吸收国际经验、具有中国特色的金融法治体系发挥智库功能。

《中国金融法治前沿报告》(2019～2020)作为研究院的首部报告,回顾我国改革开放以来金融法治发展的进程,综述2019～2020年中国金融法治发展的成就,并提出金融法治发展的愿景,总报告与分报告相结合,共同展示2019～2020年中国金融法治发展的现实图景。

复旦大学中国金融法治研究院希望通过《中国金融法治前沿报告》的持续出版,全面、系统地反映中国金融法治发展的历程,提升金融法治理论的研究水平,回应金融发展的实践需求。同时,希望借助《中国金融法治前沿报告》,为金融法律学术界、实务界提供学术交流、探讨实践问题的平台,共同推动我国金融法治的不断进步。

感谢各界对《中国金融法治前沿报告》出版的大力支持,让我们共同努力,谱写中国金融法治研究与实践的新篇章。

是为序。

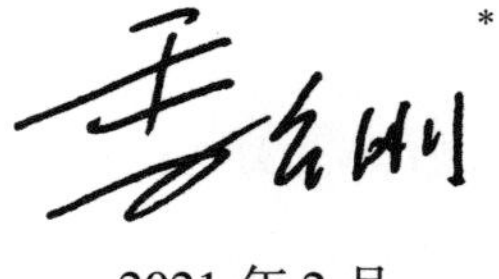*

2021年2月

* 复旦大学中国金融法治研究院执行院长,复旦大学法学院教授、博士研究生导师。

目　录

【总报告】

【分报告】

【总报告】

中国金融法治发展的回顾与展望（1978～2020年）

季立刚* 张天行** 王雨乔***

呈现在读者面前的是复旦大学中国金融法治研究院成立后的首个研究报告。为承上启下，报告的研究进路是对金融法治发展的内涵进行简要阐述，概览改革开放以来中国金融法治发展的历程，综述2019～2020年中国金融法治发展的成就，并提出金融法治发展的愿景。本报告与各分报告相结合，共同展示2019～2020年中国金融法治发展的现实图景。

一、改革开放以来金融法治发展的历史回顾

"金融"是一个耳熟能详的词语。就其内涵与本质而言，无论是从历史维度还是以国别视角，学者均是仁者见仁、智者见智。大众化的解读是："金"指资金，"融"指融通，"金融"就是资金的融通。该解读在金融活动初级形态下或许是正确的，金融是长期调剂货币资金余缺的"中介"，但该传统金融观已不能契合金融发展的实质，金融早已被赋予极其丰富的现代功能。有学者主张"金融的核心是跨时间、跨

* 复旦大学法学院教授、博士研究生导师，复旦大学中国金融法治研究院执行院长、金融法研究中心主任，中国法学会银行法学研究会副会长；研究方向：民商法、金融法。

** 复旦大学法学院2020级博士研究生。

*** 复旦大学法学院2018级硕士研究生。

空间的价值交换”,[①]金融的本质是“对风险的定价和分配”,[②]其被称为最权威的经济百科全书的《新帕尔格雷夫经济学大辞典》解释为:“金融的中心点是资本市场的运营、资本资产的供给和定价”;[③]金融业的定位也不仅仅是实体经济的中介或附庸,而成为一个参与经济决策与利润分配的独立部门。[④]

基于历史的视野,金融是一个动态的概念,金融的内涵及其本质伴随金融的发展而不断演化,没有一个能适应任何时代的金融概念。观察与分析的视角不同,会形成不同的结论,如考察金融结构变迁和金融发展的关系,雷蒙德·W.戈德史密斯(Raymond W. Goldsmith)提出金融结构理论(Financial Structure Theory)对金融发展过程及规律进行了描述和分析,他把金融现象归纳为金融工具、金融机构和金融结构三个基本方面。[⑤] 也有学者从金融功能角度进行考察,关注金融对资源配置的作用,默顿(R. Merton)和博迪(Z. Bodie)提出功能主义金融理论(Functional Perspective),在对“机构金融理论”反诘的基础上提出两个核心假设,即金融功能比金融机构更加稳定,且金融功能优于组织机构,只有机构不断创新和竞争才能使金融具有更强的功能和更高的效率。[⑥] 金融体系具有六大功能:一是清算和支付结算的功能;二是聚集和分配资源的功能;三是在不同时空之间转移资源的功能;四是管理风险的功能;五是提供信息的功能;六是解决激励问题的功能。金融体系的六种功能不是彼此独立的,任何一家金融机构所从事的金融业务都可能是在行使六种功能中的一种或多种。[⑦] 在国内,有学者将金融功能划分为四个具有递进关系的层次:一是基础功能,即服务功能、中介功能。金融是为经济社会活动提供交易、兑

---

① 陈志武认为,“所有涉及价值或者收入在不同时间、不同空间之间进行配置的交易都是金融交易”。参见陈志武:《金融的逻辑》,国际文化出版公司2009年版,第2～3页。

② 夏斌、陈道富:《中国金融战略——2020》,人民出版社2011年版,第19～35页。

③ 金融的英文基本上对应“Finance”一词,《新帕尔格雷夫经济学大辞典》指出,金融的基本内容有四个方面,即有效率的市场、收益和风险、替代与套利、期权定价和公司金融。参见[美]彼得·纽曼、[美]默里·米尔盖特、[英]约翰·伊特韦尔编:《新帕尔格雷夫经济学大辞典》,胡坚等译,经济科学出版社2000年版,第27～42页。

④ See Vercelli, Alessandro, *Financialization in a Long-Run Perspective*, International Journal of Political Economy, Vol. 42:4, p. 19－46(2013).

⑤ 参见[美]雷蒙德·W.戈德史密斯:《金融结构与金融发展》,周朔等译,上海人民出版社1994年版,第1～3页。

⑥ 该观点从金融机构的角度研究金融体系,主张维持现有结构和组织的稳定性。

⑦ See Robert C. Merton, *A Functional Perspective of Financial Intermediation*, Financial Management, Vol. 24:2, p. 23－41(1995).

换、结算、保管等服务及进行资金融通的中介。二是核心功能，即配置资源功能。如果说中介功能是资源配置功能的萌芽状态，资源配置功能则是金融中介功能的复杂化和主动化，引导价值运动；金融体系通过资源配置，建立起资金需求者与供给者间的联系，调剂社会中资金的余缺（或不平衡），达到对资金或经济资源更有效率地利用，进而提高整个社会的福利水平。三是扩展功能，即经济调节、风险规避功能，经济调节功能主要是通过货币政策、财政政策、汇率政策、产业倾斜政策的传导实现调节经济的目的；同时，通过金融工具的运用或金融契约实现规避风险的功能。四是衍生功能，包括风险管理、信息传递、公司治理、引导消费、区域协调、财富再分配功能等。其中，“风险管理功能的发挥大大改善经济的微观效率，提高经济的活力；宏观调节功能的发挥则维持了整个经济金融的稳定以及国家的经济金融安全，从而实现宏观效率”；而从金融资源论的角度，金融则是一种集自然资源与社会资源属性为一体的、对经济发展具有战略意义的资源。①

金融功能也存在“异化”，金融活动的逐利性具有引发通货膨胀与通货紧缩、金融危机与经济危机的效应。在金融增值方面，因单纯追求货币增值，虚假促生金融泡沫，金融的逐利性极度膨胀，导致对实体经济的“挤出效应”；在社会价值方面，财富急速增值，信用严重“虚拟化”，资本的逐利性发挥至极致；在法律制度方面，金融领域由于缺少公共政策目标的约束与有效的法律规制，引发逆向选择并叠加道德风险、社会风险；在社会经济方面，财富的资本化定价及分配模式导致资源分配不公，贫富两极分化扩大。② 从“异化”角度对金融功能的“另一面”加以认识，对金融功能的理解无疑更加深刻与全面；不过，将金融功能的某些效应理解为“异化”也许并不准确，这些所谓“负面效应”如同一个硬币的两面，恰恰是金融功能的题中之义。基于此，兴利除弊才成为金融法治的追求，金融监管才具有了正当性。

就金融法治的发展，可从三个维度加以认识：一是金融发展的维度；二是法治发展的维度；三是金融发展与法治发展耦合的维度。

何为金融发展？从金融的维度看，金融发展就是金融功能的动态化进展，表现

① 参见白钦先：《从传统金融观到现代金融观的变迁——百年金融变迁与金融理论创新的探索》，载《第三届中国金融论坛论文集》；白钦先、谭庆华：《论金融功能演进与金融发展》，载《金融研究》2006年第7期；易宪容：《金融科技的内涵、实质及未来发展——基于金融理论的一般性分析》，载《江海学刊》2017年第2期。

② 参见徐孟洲、杨晖：《金融功能异化的金融法矫治》，载《法学家》2010年第5期。

为四个方面:一是金融部门规模扩大,包含金融产品数量增多,金融机构的金融资产增加,金融活动的范围扩大等;二是金融结构优化,即金融各机构(或市场)间的资产、资源等要素配置趋于合理;①三是金融效率提高,表现为金融部门的技术效率、配置效率增加,内部交易成本减少;四是促进投资及商品、服务的交易、提高市场主体的内部治理水平,控制或分散风险。金融发展与金融深化、金融自由化、金融市场化具有相关性,是金融抑制、金融约束的对应面。② 金融发展也可以从金融要素的角度加以认识,体现为金融主体、金融工具、金融行为、金融市场、金融制度的不断创新。

从法治发展的维度看,"法治"亦是一个内涵和外延不断发展变化的概念,是一个历史的、具有多重属性的(政治属性、道德伦理属性、法律属性)、富有张力的概念,受不同历史文化等因素的影响呈现差异性,但又具有核心价值的一致性。现代法治至少应包含以下含义:法治是依法治国,表现为法律的治理,与人治对立;法治承认法律作为普遍规则的效力,法律的执行有严格制度和程序;法律至上,任何组织和个人都不可逾越法律;法治是一种法律精神,是自由、民主、秩序的结合,是法律面前人人平等。具体到金融领域,金融法治发展的特征主要有:其一,金融法律体系不断完善。在立法理念上尊崇法治原则、确立法治权威、规范政府行为,金融改革于法有据、体现金融发展规律;在立法实施路径上,明确金融法治建设的顶层设计,健全金融市场基础性法律制度,填补立法空白,金融法律"立改废释"并举,破除阻碍金融创新、限制金融要素流动的体制机制,形成基本法律健全、法规规章配套、法律体系科学、制度供给有效的金融法律体系。其二,金融监管、金融执法法治不断健全。在监管、执法理念上,认知监管、执法在国家治理体系与治理能力现代化中作用,认知政府与市场、自由与干预的关系,认知金融创新与金融监管、执法的关系,认知监管、执法应遵循的正当程序;在金融监管制度方面,完善金融监管体系、推进地方金融监管立法、强化央地协同监管、推动金融监管跨部门协调,加快建立系统性风险监测预警机制,加强系统性金融风险的监管资源;在金融执法方面,完善金融执法制度、依法执法,既有行政机构的执法,也有自治组织的自律;在金融监管、金融执法方式的创新方面,建立审慎的金融科技监管,创新监管工具,提升监

---

① 参见谢德金:《金融发展在中国经济增长中的作用研究》,南开大学2014年博士学位论文,第4页。

② 参见白江:《金融抑制、金融法治和经济增长》,载《学术月刊》2014年第7期。

管专业性、统一性;建立符合现代金融特点、适应我国金融深化改革和开放发展需要、有力有效的现代金融监管体制,防控系统性金融风险。其三,金融司法不断优化。不断明晰司法的本质与功能,金融司法权依法运行;金融司法基础设施不断完善,金融司法专业化、专门化;完善金融审判案例指导制度,发挥其引导法官准确行使审判职能、准确解释及适用法律;司法成为金融发展中重要的规则供给者。

从金融发展与金融法治耦合的维度看,法律制度与金融发展存在于社会中紧密关联的循环共生体间,是一种互动关系。① 金融制度是我国社会主义市场经济的重要基础性制度,金融法治更是国家治理体系的重要组成部分。金融活,经济活;金融稳,经济稳;经济兴,金融兴;经济强,金融强。② 金融业的健康、稳健、持续发展,与完善的金融法治不可分离。一方面,金融创新、金融的进一步对外开放、金融业的长期稳定发展,对金融法治提出了更多、更高的需求,一国良好的金融法律环境对该国的金融发展和金融深化起到决定性作用,如"法律和金融理论"主张的那样,保护财产权、支持合同安排、维护投资者合法权益,会使储蓄者更愿意投资、金融市场由此繁荣;③另一方面,"不以规矩,不能成方圆",金融业的健康发展离不开金融法治的制度支撑、规范和保护,金融法治是金融业健康发展的基石,为金融业的发展提供制度供给,兴利除弊;金融发展与金融法治彼此互动,只有形成完善的金融法治,才能促进和优化金融市场功能的发挥,才能有健康、稳健、持续发展的金融业。

回顾我国金融法治的发展史,有助于深化对当下中国金融法治发展状况、发展成就的认识。1949年以后,我国金融事业自旧中国的泥沼中挣脱出来,迅速医治了恶性通货膨胀、经济混乱的创伤,建立起人民币、中国人民银行一元金融体制,通过社会主义改造,逐渐建立起社会主义金融体系,金融事业在曲折中前行,"经历了受挫、恢复、停滞、再恢复等多个阶段"。④ 1978年党的十一届三中全会以来,我国改革开放扬帆起航,金融法治发展历经以下四个时期。

---

① 参见陈熹:《法律金融学理论——印度反例研究与中国借鉴》,载《甘肃政法学院学报》2017年第5期。

② 参见习近平:《走出中国特色金融发展之路》,载《人民日报海外版》2019年2月25日,第1版。

③ 参见白江:《金融抑制、金融法治和经济增长》,载《学术月刊》2014年第7期。

④ 参见刘振中、刘瑾:《中国金融70年——历史脉络、时代贡献与前景展望》,载《当代财经》2019年第10期。

(一)第一个时期(1978~1994年):金融法制逐渐恢复、建立

1. 逐步明确金融改革的法制化、市场化原则

邓小平同志在1978年12月13日中共中央工作会议闭幕会上发表了《解放思想,实事求是,团结一致向前看》重要讲话,指出"为了保障人民民主,必须加强法制。必须使民主制度化、法律化,使这种制度和法律不因领导人的改变而改变,不因领导人的看法和注意力的改变而改变","做到有法可依,有法必依,执法必严,违法必究"。1978年12月18~22日党的十一届三中全会召开,这次会议拨乱反正,就民主和法制问题指出"宪法规定的公民权利,必须坚决保障,任何人不得侵犯"。① "有法可依,有法必依,执法必严,违法必究"的"十六字方针"成为改革开放后遵循的法制原则,指导着金融法制的恢复、建立。1984年,党的十二届三中全会通过《中共中央关于经济体制改革的决定》,提出建立有计划的商品经济体制,银行业改革加速,非银行金融机构获得发展,多家专家银行及证券公司、保险公司等非银行金融机构设立,货币市场和资本市场的建设取得进展,1990年上海证券交易所、深圳证券交易所相继设立。② 1992年10月,党的十四大作出建立社会主义市场经济体制的重大决策。1993年11月,党的十四届三中全会通过中共中央《关于建立社会主义市场经济体制若干问题的决定》,极大地推动了我国金融业的市场化和法制化进程。1993年12月,国务院发布《关于金融体制改革的决定》,明确进行与社会主义市场经济改革方向相一致的金融改革的目标,建立以中央银行为核心的金融宏观调控体系,建立国有商业银行为主体、多种金融机构并存的金融组织体系,建立统一开放、有序竞争、严格管理的金融市场体系,为随后的金融法治建设奠定了基础。

2. 金融立法起步,填补法律空白

众多金融法规的制定和实施,初步改善了金融活动无法可依的状况。1980年《外汇管理暂行条例》、1983年《金银管理条例》、1985年《保险企业管理暂行条例》及《经济特区外资银行、中外合资银行管理条例》、1986年《银行管理暂行条例》、

---

① 参见《中国共产党第十一届中央委员会第三次全体会议公报》,其成为改革开放时期社会主义法制建设的基本纲领。

② 参见刘振中、刘瑾:《中国金融70年——历史脉络、时代贡献与前景展望》,载《当代财经》2019年第10期。

1987年《企业债券管理条例》、1988年《现金管理暂行条例》、1990年《境外金融机构管理办法》、1992年《储蓄管理条例》、1993年《股票发行与交易管理暂行条例》等行政法规陆续制定,我国金融法制进入了初创期,具有填补空白、"急用先行"的色彩。1986年《民法通则》的制定及实施具有重大历史意义,《民法通则》调整民事平等主体间人身关系、财产关系,确立民事法律关系的基本原则,成为我国改革开放的民事基本法,可以说没有《民法通则》就无法确立市场经济体制。随着《民法典》的实施,《民法通则》已完成其历史使命,但其历史功绩不会磨灭。

3. 初建金融监管体制

1983年,国务院发布《关于中国人民银行专门行使中央银行职能的决定》,明确中国人民银行的10项职责,初步确定了中央银行监管制度的基本框架,形成中国人民银行、专业银行、其他类型金融机构并存的金融体系。

不可否认的是,这一时期我国金融法制建设还存在很大局限性,立法形式以"暂行规定"和"暂行办法"为主,多为行政法规和部门规章,行政色彩浓厚,权威性受限,难以给市场主体提供稳定预期;[①]立法内容以禁止性规范和义务性规范为主,带有较强的计划经济体制色彩。

(二)第二个时期(1995～2011年):金融法治目标确立,金融立法成就斐然

1. 金融立法构建金融市场法治体系

1995年是我国的"金融立法年",全国人大常委会相继通过了《中国人民银行法》《商业银行法》《保险法》《票据法》《担保法》,搭建起我国金融法律规范的基本框架。其中,《中国人民银行法》正式确立中国人民银行作为我国中央银行的法律地位,进一步明确中国人民银行的职能、职责、独立性等,建立起金融监管的基本制度;《商业银行法》确立了商业银行作为独立民事主体的法律地位,使商业银行成为重要的金融主体;《保险法》《票据法》《担保法》为分担市场经济风险、规范资金流通、保障金融债权的实现提供了法律依据。1997年党的十五大正式提出依法治国基本方略,指出:"依法治国,是党领导人民治理国家的基本方略,是发展社会主义市场经济的客观需要,是社会文明进步的重要标志,是国家长治久安的重要保障。"

---

① 参见胡滨、全先银:《法治视野下的中国金融发展——中国金融法治化进程、问题与展望》,载《财贸经济》2009年第5期。

1999 年 3 月第九届全国人民代表大会第二次会议把依法治国基本治国方略写进《宪法》,标志着我国对法制工具主义的扬弃和对法治的确认。1998 年《证券法》的制定,使我国拥有了资本市场的基本法。证监会 2001 年颁布《证券公司管理办法》,规范证券公司的市场行为。2001 年《信托法》制定,促进了信托市场的健康规范发展。

2. 适应加入世界贸易组织和金融开放新形势,进一步加强金融监管体制改革

2001 年我国加入世界贸易组织(World Trade Organization,WTO)后,积极推进大型商业银行股份制改革。2003 年 12 月全国人大常委会修订《中国人民银行法》《商业银行法》,并通过《银行业监督管理法》。《银行业监督管理法》明确由原中国银行业监督管理委员会(以下简称银监会)承接和发展原由中国人民银行承担的金融监管职能,《中国人民银行法》则增加了中央银行防范和化解金融风险、维护金融稳定、反洗钱的职责,连同《证券法》《保险法》等,奠定了我国金融业分业监管的基本模式,央行宏观审慎监管功能突出。2003 年 10 月,全国人大常委会通过《证券投资基金法》,为基金业的规范发展提供了基础法律框架。

3. 加强金融秩序治理,惩处违法违规行为

1995 年全国人大常委会通过《关于惩治破坏金融秩序犯罪的决定》;1997 年第八届全国人大第五次会议修订《刑法》,对金融犯罪予以专节规定;1998 年全国人大常委会通过《关于惩治骗购外汇、逃汇和非法买卖外汇犯罪的决定》;2006 年 10 月,全国人大常委会通过《反洗钱法》,确立了我国反洗钱监管体制。国务院 1998 年发布《非法金融机构和非法金融业务活动取缔办法》、1999 年发布《金融违法行为处罚办法》、2001 年颁布《金融机构撤销条例》、2007 年颁布《期货交易管理条例》、2008 年颁布《证券公司风险处置条例》。这些法律法规对维护金融秩序、保护金融市场各主体合法权益、防范化解金融风险、打击金融领域违法犯罪发挥了重要作用。

(三)第三个时期(2012 ~ 2016 年):金融法治发展持续深化

1. 明确金融体制深化改革的总体方案

2012 年党的十八大作出全面依法治国的重大决策和战略部署,提出深化金融体制改革,健全促进宏观经济稳定、支持实体经济发展的现代金融体系,加快发展多层次资本市场,稳步推进利率和汇率市场化改革,逐步实现人民币资本项目可兑

换,加快发展民营金融机构,完善金融监管,推进金融创新,提高银行、证券、保险等行业竞争力,维护金融稳定。2013 年党的十八届三中全会通过《中共中央关于全面深化改革若干重大问题的决定》,明确提出发挥市场在资源配置中的决定性作用,提出完善金融市场体系、推进金融机构改革、扩大金融业对外开放的三大任务。2014 年党的十八届四中全会通过《中共中央关于全面推进依法治国若干重大问题的决定》,强调全面推进依法治国,形成完备的法律规范体系、高效的法治实施体系、严密的法治监督体系、有力的法治保障体系,实现科学立法、严格执法、公正司法、全民守法,促进国家治理体系和治理能力现代化。

2. 适应金融市场发展,完善金融法律体系

此阶段,相继修改了《商业银行法》《保险法》《证券投资基金法》。2013 年颁布《征信业管理条例》,规范征信行为,促进保护金融投资者、金融消费者的合法权益;2015 年颁布《存款保险条例》,旨在加强金融监管、完善金融机构市场化退出机制,有利于构建我国金融安全网,保护存款人合法利益,提高公众对银行体系和金融制度的信心,防控金融风险,也为我国顺利制定、实施相关金融机构破产制度准备了条件。2015 年制定《国务院办公厅关于加强金融消费者权益保护工作的指导意见》,进一步明确保障金融消费者基本权利、规范金融机构行为、建立监督管理与保障机制,而中国人民银行等 10 部委发布的《关于促进互联网金融健康发展的指导意见》则针对互联网金融发展,明确鼓励创新、防范风险、趋利避害、健康发展并举。

(四)第四个时期(2017 年至今):金融法治发展的新时代

1. 坚持中国特色社会主义法治体系和全面依法治国,为金融法治提供根本保障

2019 年 10 月 31 日,党的第十九届中央委员会第四次全体会议通过了《中共中央关于坚持和完善中国特色社会主义制度　推进国家治理体系和治理能力现代化若干重大问题的决定》,对坚持和完善中国特色社会主义制度、推进国家治理体系和治理能力现代化的重大意义和总体要求作出深刻阐释,提出要坚持和完善中国特色社会主义法治体系,提高党依法治国、依法执政能力。包括健全保证宪法全面实施的体制机制、完善立法体制机制、健全社会公平正义法治保障制度、加强对法律实施的监督。2020 年 11 月 16 日至 17 日,召开了党的历史上首次中央全面依法治国工作会议,将习近平法治思想明确为全面依法治国的指导思想,并提出了对当前和今后一个时期推进全面依法治国要重点抓好的 11 个方面的工作要求,为全面

建设社会主义现代化国家提供了有力法治保障。①

2. 基本建成保障金融发展的法律体系

2019年《证券法》修订完成;2020年《民法典》编纂完成并颁布,《中国人民银行法》《商业银行法》进入大修程序并向社会征求意见,《期货法》列入全国人大常委会立法工作计划,《保障中小企业款项支付条例》《私募投资基金管理暂行条例》《非存款类放贷组织条例》列入国务院立法规划,等等。我国金融法律体系进一步完善,金融市场基础制度更加充实。除法律、行政法规的制定和修改外,规章、规范性文件也实施"立改废释",法律规范的适用性、可操作性大为增强,已基本建成以法律、行政法规为基础,以部门规章、规范性文件为主体,以交易所、行业协会自律规则和行业规范为补充的现代化金融法律体系。

3. 金融监管体制实施重大变革

2017年7月,国务院金融稳定发展委员会(以下简称国务院金融委)设立,这是中国金融法治发展中的标志性事件,反映着我国金融法治建设更加强调金融监管协调,既加强宏观审慎管理和系统性风险防范,健全风险监测预警和早期干预机制,加强金融基础设施的统筹监管和互联互通,推进金融业综合统计和监管信息共享,切实保护金融消费者权益。2018年4月,根据《第十三届全国人民代表大会第一次会议关于国务院机构改革方案的决定》,设立中国银行保险监督管理委员会(以下简称银保监会),旨在进一步深化金融监管体制改革,解决存在的监管职责不清、交叉监管和监管空白等问题,强化综合监管,优化监管资源配置,更好地对系统重要性金融机构进行监管,以守住不发生系统性金融风险的底线。国务院金融委的成立及银保监会的整合,连同中国人民银行、中国证券监督管理委员会(以下简称证监会),形成"一委一行两会"的监管格局,由国务院金融委发挥统筹协调的职能,各监管部门各司其职,提升金融监管的统合性、专业性和有效性。

4. 理顺中央和地方金融监管权限

在我国,金融监管长期以来被视为中央事权,但大量违法违规金融活动的风险处置需要地方承担。2017年7月,第五次全国金融工作会议确定"在坚持金融管理

① 参见《习近平在中央全面依法治国工作会议上强调 坚定不移走中国特色社会主义法治道路 为全面建设社会主义现代化国家提供有力法治保障》,载司法部官网,http://www.chinalaw.gov.cn/news/content/2020-11/17/tpxw_3260169.html。

主要是中央事权的前提下,明确赋予地方政府相关金融监管职责",①将7类机构和4类场所的金融监管权限下放地方,进而地方金融监督管理局的监管主体地位得以明确,拥有了金融监管权,也提升了其制度构建、填补制度空白的自觉性,以保障地方金融监管执法有据,提高地方金融治理能力,防范化解区域金融风险,促进中国金融业整体健康发展。央行2020年金融法治工作电视电话会议指出,加快推进"地方金融监督管理条例"立法,在重大监管要求上统一标准、避免不同地区形成的监管套利空间。2019～2020年,地方金融监管立法有较大进展,上海、河北等已经正式制定、实施地方金融监管条例,②国务院金融委办公室地方协调机制在上海、江苏、广东等20余省市陆续建立,央地双层金融监管模式和体系进一步完善。各地所制定的地方金融监管政策文件结合本地金融发展需求,细化分类分业监管,如山东、四川、上海、北京、天津等地的小额贷款公司监督管理办法,天津、云南、海南等地的商业保理暂行办法等,"维护金融消费者和投资者合法权益"与"防范化解金融风险"成为地方金融监管政策文件的主要指导思想。

5.以法治防控系统性金融风险

金融安全是国家安全的重要组成部分,金融安全关系我国经济社会发展全局,具有战略性、根本性。防范化解重大风险是三大攻坚战中的首要"战役",防止发生系统性金融风险是重中之重。在推进金融发展的同时,通过立法引导各金融行为参与方依法合规从事交易,高度重视风险防范,强化监管要求和风险管理能力,构建资本市场重大风险处置机制,切实发挥法治作为金融市场"稳定器"的作用,维护金融市场稳定和金融安全。2019年12月,中央经济工作会议指出现阶段"世界经济增长持续放缓,仍处在国际金融危机后的深度调整期,世界大变局加速演变的特征更趋明显,全球动荡源和风险点显著增",再次强调须有效防控金融风险,守住不发生系统性风险的底线。③ 2020年9月13日,国务院发布《关于实施金融控股公司

---

① 参见习近平:《深化金融改革　促进经济和金融良性循环健康发展》,2017年7月14日至15日在全国金融工作会议上的讲话。

② 例如,2020年4月10日通过的《上海市地方金融监督管理条例》,是上海市地方金融监管领域的首部专门立法,凸显了上海的金融中心特色。在监管目标上,兼顾"防范化解金融风险"的审慎监管和"维护金融消费者和投资者合法权益"的行为监管;在监管措施上,设专门章节规定"风险防范与处置"监管内容;在监管模式上引入监管科技和"沙盒监管",在金融创新与防范风险间实现动态平衡;在监管架构上,建立金融工作议事协调机制,统筹协调中央与地方、地方各部门间的分工协作。

③ 《中央经济工作会议在北京举行　习近平李克强作重要讲话　栗战书汪洋王沪宁赵乐际韩正出席会议》,载共产党员网,http://www.12371.cn/2019/12/12/ARTI1576148359199968.shtml。

准入管理的决定》,授权央行对金融控股公司实施市场准入管理和监管,规范金融综合经营和产融结合,加强金融控股公司统筹监管,填补监管制度漏洞;同日,央行公布《金融控股公司监督管理试行办法》,遵循宏观审慎管理理念,以并表为基础,细化金融控股公司准入的条件和程序,明确央行对金融控股公司实施监管,金融管理部门依照金融监管职责分工对金融控股公司所控股金融机构实施监管;对股东资质、资金来源和运用、资本充足性、股权结构、公司治理、关联交易、风险管理体系和风险"防火墙"制度等提出监管要求。此外,央行发布的《中国人民银行法(修订草案征求意见稿)》条款内容增加对系统重要性金融机构、金融控股公司和重要金融基础设施的监管,强化宏观审慎管理防范金融风险。

改革开放以来,中国金融法治的发展历程,总体上具有三个主要特点:

第一,金融法治伴随国家法治的进步而发展,并成为国家法治发展的构成部分。改革开放前,我国实施计划经济体制,金融业不可避免地长期依靠政策进行治理,①"政策是国家一切活动的依据",②在这种历史条件下,金融业不发达,也不可能有金融法治的生长土壤,金融法几乎空白。改革开放后,在立法理念上提出"有法可依,有法必依,执法必严,违法必究"的法制方针,金融立法提速,至1995年已制定多部金融法律。1997年党的十五大指出:"依法治国,是党领导人民治理国家的基本方略,是发展社会主义市场经济的客观需要,是社会文明进步的重要标志,是国家长治久安的重要保障。"虽"法治"和"法制"一字之差,但内涵迥异,"法"不再仅是一种治理工具,而是国家制度的基础,"法治"作为治国方略,不仅要求"依法办事",而且要求法律面前人人平等、规范权力、保障权利、程序公正、良法之治等。随着全面依法治国方略的实施,法治在国家治理中的地位得以凸显,③各金融法规新立或修订,金融立法理念、规则内容、立法技术在法治化、现代化方面取得重大进展,金融治理从依赖政策到依靠法治,行政监管、行政管理、行政规范性文件的制定

---

① 政策,是国家或政党为实现一定历史时期的政治、经济、文化等任务而制定的行动准则和依据。1954年《宪法》颁布,但计划经济体制下不发达的金融业是依靠政策治理的,如1950年中央政府颁布《关于统一国家财政经济工作的决定》,1952年政务院财政经济委员会《对私人金融业方针的指示》,1964年《中共中央转发邓子恢〈关于城乡高利贷活动情况和取缔办法的报告〉》,1981年《国务院批转〈中国农业银行关于农村借贷问题的报告〉的通知》等。

② 蔡定剑、刘丹:《从政策社会到法治社会——兼论政策对法制建设的消极影响》,载《中外法学》1999年第2期。

③ 参见李龙、朱程斌:《建国70年以来党的政策和法的关系》,载《甘肃政法学院学报》2019年第4期。

与实施均纳入法治轨道,法治上升到实现国家治理体系与治理能力现代化的高度,完成了金融治理理念、治理模式、治理方式的重大转变。

第二,金融法治伴随金融改革而发展,从回应型立法到供给型立法。回应型立法强调立法应反映社会的实际需求,立足于以社会实效推动立法的发展。① 但在回应型立法模式下,金融法制往往滞后于金融创新、金融发展,其被动性不仅无法满足金融市场交易规范、秩序、安全的需求,也不能满足维护市场参与主体,尤其是中小投资者合法权益的需要,更在发生金融危机或重大公共事件时无法及时应对,扩大了金融风险的传播速度、影响广度及破坏烈度。随着金融改革的不断深化,以及对金融发展规律性的探究和对历史经验的总结,我国的供给型金融立法已具有一定的前瞻性:一是随着对金融本源的不断认知,对全面提升国家治理体系和治理能力现代化的不断认知,我国金融法治供给从被动到主动,不断优化,在制度上既为金融创新留下空间,又遵循公正、公开、公平的法治理念,建规立制。例如,在处置金融风险方面,改变事后应急方式,在我国银行破产并不常见的情形下,建立存款保险制度,为保护存款人利益预设制度;同时,加强风险跟踪,提供早期干预、处置措施,管控金融风险。二是扩大法律供给主体,在国家权力的横向配置上,发挥司法审判法律功能对金融发展的规范、指引作用;在国家权力的纵向配置上,中央授权地方人大制定涉金融地方性法规,中央金融监管部门及所属单位支持、配合地方政府管控、处置金融风险。三是加快金融法律更新,及时制定适应金融发展的法律规范,缩短金融法律规范修订周期,为金融发展提供良好的制度供给。

第三,金融法治伴随金融业开放而发展,既契合我国国情、实际,又与国际金融法治发展相呼应。金融活动具有高度的国际性,加强国际金融规范的协调,尊重国际金融惯例,加强对国际金融主体的平等保护,是国际金融法治发展的重要体现。我国积极参与国际金融法治的构建,尤其在参加世界贸易组织后。一方面,我国依照《服务贸易总协定》等文件,有定力地持续推进金融业改革开放,借鉴国际惯例,制定或修改相应法规,构建与国际金融法制发展相呼应、符合我国金融业发展状况的涉外金融法治体系。自2017年以来,我国放宽证券公司、证券投资基金、期货公司、保险公司准入限制,推进银行业、证券业、保险业、金融中介服务业开放时间表、路线图等。另一方面,我国在国际金融发展中的话语能力逐渐增强,人民币国际化

① 参见任颖:《从回应型到预防型的公共卫生立法》,载《法制与社会发展》2020年第4期。

不断加深,同时立足于国际金融发展的需要,我国积极参与国际金融法治创新,不断改革金融监管体系,提升金融全球化背景下的金融监管能力和金融风险管控能力。此外,我国积极推动国际金融中心建设,2019 年 1 月 31 日央行、国家发改委等八部门联合印发《上海国际金融中心建设行动计划(2018—2020 年)》;2019 年 7 月 20 日,国务院金融委发布 11 条金融业对外开放措施;2020 年 2 月 14 日,央行等五部门印发《关于进一步加快推进上海国际金融中心建设和金融支持长三角一体化发展的意见》。2020 年 1 月 8 日,上海市人民政府办公厅印发《加快推进上海金融科技中心建设实施方案》,从推进金融科技关键技术研发、提升金融科技应用水平、促进金融科技产业集聚、推进金融科技监管创新试点、营造一流金融科技发展环境等五个方面提出 25 条具体措施。

我国金融法治建设是一个改革、发展的动态进程,改革开放 40 多年来,金融法律从无到有、从有法可依到追求良法善治,已形成以法律、行政法规为基础,以部门规章及其他规范性文件为重要渊源的金融法律制度框架,基本建成符合中国国情、具有中国特色的金融法治体系。

二、2019~2020 年金融立法发展状况

2019~2020 年,中国金融法治在理念上、制度上、实施上均取得了突出的进展。

(一)法治化的金融立法理念

金融全面深化改革已步入攻坚期与制度转型关键期,在金融立法理念上:首先,坚持“重大改革于法有据、依法立法”原则。市场经济本质上是法治经济,金融作为现代经济的核心,金融法治建设与金融改革决策间的合理转化和有效衔接,才能使金融法律法规体系不断完善,才能为金融业深化改革、建立现代金融体制机制、促进经济金融协调健康发展提供坚实法治保障。① 面对金融发展的重大问题,正确厘清改革与法治的辩证关系,以立法引领和保障改革,政府金融主管部门严格依法立法,使立法内容符合上位法规定、立法程序符合法律规范,于法有据地高效

① 参见《人民银行出台贯彻落实四中全会精神指导意见》,载中国政府网,http://www.gov.cn/xinwen/2014-12/23/content_2795338.htm。

制定规章或其他规范性文件,提供金融改革的制度供给,使金融改革于法有据,并把改革中形成的可复制、可推广经验以规范性文件形式固定下来。其次,坚持“科学立法、民主立法”原则。金融立法围绕金融法治领域重点开展调查研究,确保立法遵循和体现经济社会发展规律,反映金融市场对法治建设最真实的迫切需求;根据深化国家机构改革精神,科学合理地规定金融监督管理机关的机构定位和职能权限,增强立法的协调性;深入推进民主立法,《证券法》等法律修改,均向社会公开草案,提高金融市场主体参与金融立法的广泛性、有效性、针对性,充分听取金融机构、中介机构、自律组织和金融消费者意见。最后,坚持“重点领域优先立法”原则。金融立法主动为金融改革和经济社会发展提供制度供给,解决金融发展中存在的突出矛盾,已完成的《证券法》修订和正进行的《中国人民银行法》《商业银行法》修订,都是在金融深化改革背景下,立足中国实践需求、吸收国际金融立法经验,优先立法以解决金融审慎监管、统合监管、金融主体扩张、金融行为规范、金融市场有效竞争等重大问题。

(二)多元化的金融立法渊源

据统计,①2019年金融领域制定法律、行政法规、政府规章、其他规范性文件1198件,其中制定、修改法律3件,包括《证券法》(2019年修订)、《外商投资法》、《台湾同胞投资保护法》(2019年修正);制定、修改行政法规(含国务院规范性文件)共10件,其中行政法规4件、②国务院规范性文件6件。部门规章、部门规范性文件依北大法宝,检索法规类别为“银行(含信托)、外汇、票据、证券、租赁、期货、保险、财政”,或发布部门为“中国人民银行、中国证券监督管理委员会、中国银行保险监督管理委员会、国家外汇管理局、财政部”,并剔除与金融无关或非主要内容的文件后所得数据:③制定修改部门规章(包括部门规范性文件)161件,其中部门规章

① 依据北大法宝,检索发布日期为“2019年1月1日至2020年12月31日”,本报告所有统计数据更新截至2021年1月10日。

② 《外商投资法实施条例》、《优化营商环境条例》、《外资银行管理条例》(2019年修订)、《外资保险公司管理条例》(2019年修订)。

③ 包括中共中央、国务院《关于营造更好发展环境支持民营企业改革发展的意见》,国务院办公厅《关于有效发挥政府性融资担保基金作用切实支持小微企业和“三农”发展的指导意见》等。

25件、[1]部门规范性文件136件;[2]制定、修改行业规定1009件,其中证监会主管的自律组织、交易场所、金融基础设施相关机构制定887件,[3]银保监会主管的相关机构制定8件,[4]央行主管的相关机构制定113件,[5]其他机构制定1件。[6]

2020年金融领域共制定、修改法律法规1522件,相比2019年增加了324件,同比增长27%。其中制定基本法律1件,即《民法典》;制定、修改行政法规(含国务院规范性文件)29件,其中行政法规4件,即《保障中小企业款项支付条例》、《国家金库条例》(2020年修订)、《外债统计监测暂行规定》(2020年修订)、《台湾同胞投资保护法实施细则》(2020年修订),国务院规范性文件25件。[7] 依与2019年同样分类标准,2020年制定、修改部门规章(包括部门规范性文件)335件,其中部门规章57件,[8]部门规范性文件278件;[9]制定、修改行业规定1157件,其中证监会主管自律组织、交易场所和金融基础设施相关机构制定修改1027件,银保监会主管相关机

① 包括银保监会《外资银行管理条例实施细则》(2019年修订)、《外资保险公司管理条例实施细则》(2019年修订)、《中国银保监会外资银行行政许可事项实施办法》、《中国银保监会农村中小银行机构行政许可事项实施办法》、《中国银保监会现场检查办法(试行)》、《应收账款质押登记办法》(2019年)、《健康保险管理办法》(2019年修订)、《关于取消企业银行账户许可的决定》、《银行业金融机构反洗钱和反恐怖融资管理办法》,证监会《公开募集证券投资基金信息披露管理办法》、《境外证券期货交易所驻华代表机构管理办法》、《证券公司股权管理规定》、《期货公司监督管理办法》(2019年)、《科创板上市公司持续监管办法(试行)》,央行等《信用评级业管理暂行办法》,等等。

② 包括国家外汇管理局《关于取消有关外汇管理证明事项的通知》、银保监会《关于推动银行业和保险业高质量发展的指导意见》、银保监会办公厅《关于进一步做好银行业保险业反洗钱和反恐怖融资工作的通知》等。

③ 证监会主管的机构包括上海证券交易所、深圳证券交易所、全国中小企业股份转让系统有限责任公司、中国金融期货交易所、中国证券业协会、中国期货业协会、中国证券投资基金业协会、中国证券登记结算有限责任公司、中国证券投资者保护基金有限责任公司、中国证券金融股份有限公司、中证指数有限公司、中证机构间报价系统股份有限公司。

④ 银保监会主管的机构包括中国银行业协会、中国保险行业协会、信托业协会、银行业信贷资产登记流转中心有限公司、中国信托登记有限责任公司。

⑤ 央行主管的机构包括中国银行间交易商协会、中国支付清算协会、中国外汇交易中心暨全国银行间同业拆借中心、银行间市场清算所股份有限责任公司(上海清算所)、中央国债登记结算有限责任公司、中国银联。

⑥ 其他机构包括中国互联网金融协会、中国财务公司协会、中国国债协会。

⑦ 包括国务院《关于股票发行注册制改革有关工作情况的报告》《关于实施金融控股公司准入管理的决定》,中共中央、国务院《关于构建更加完善的要素市场化配置体制机制的意见》等。

⑧ 包括《证券投资基金评价业务管理暂行办法》(2020年修正)、《转融通业务监督管理试行办法》(2020年修正)、《中国证券监督管理委员会限制证券买卖实施办法》(2020年修正)等。

⑨ 包括《证券投资顾问业务暂行规定》(2020年第二次修正)、《证券公司业务范围审批暂行规定》(2020年修正)、《证券公司分支机构监管规定》(2020年修正)等。

构制定、修改 11 件,央行主管相关机构制定修改 118 件,其他机构制定修改 1 件。(见图 1、表 1、表 2)

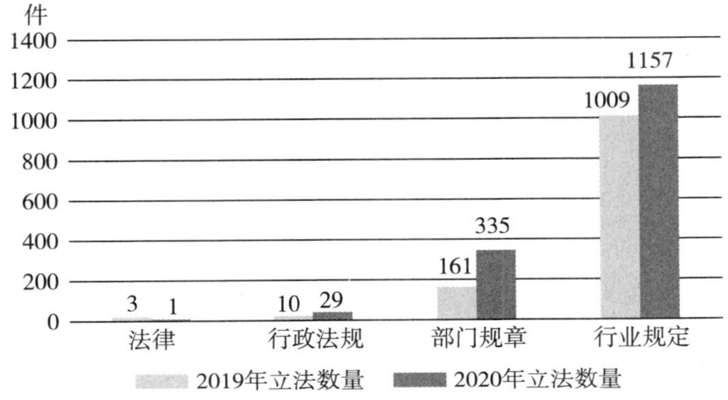

图 1　2019 ~ 2020 年金融领域立法总体情况

表 1　2000 ~ 2020 年金融领域部门规章(包括部门规范性文件)制定情况

单位:件

年份	2000	2001	2002	2003	2004	2005	2006	2007	2008	2009	2010	2011	2012	2013	2014	2015	2016	2017	2018	2019	2020
中国人民银行	137	156	136	85	106	126	133	134	91	85	86	78	75	67	104	92	102	73	83	41	71
银保监会(原银监会/保监会)	0	0	0	165	406	247	308	347	257	245	263	119	39	47	63	55	55	52	67	64	110
证监会	101	88	75	35	95	114	147	73	65	48	71	67	90	105	86	61	73	138	84	58	167
总计	238	244	211	285	607	487	588	554	413	378	420	264	204	219	253	208	230	263	234	163	348

表 2　2000 ~ 2020 年金融领域行业规定制定情况

单位:件

年份	2000	2001	2002	2003	2004	2005	2006	2007	2008	2009	2010	2011	2012	2013	2014	2015	2016	2017	2018	2019	2020
中国人民银行主管	1	1	1	0	2	5	4	6	2	9	24	13	22	25	25	20	33	27	32	46	37
银保监会(原银监会/保监会)主管	0	0	0	0	0	0	10	-3	0	6	0	0	0	0	0	1	10	6	10	14	2
证监会主管	1	9	15	8	23	30	47	34	49	37	39	47	63	147	129	160	131	176	284	273	256
总计	2	10	16	8	25	35	61	43	51	52	63	60	85	172	154	181	174	209	326	333	295

(三)金融立法内容的特点

1. 制定、修订奠定金融发展法治基石的重大法律

新中国第一部以“法典”命名的《民法典》,于2020年5月28日编纂完成并审议通过。《民法典》是社会主义法律体系的重要组成部分,是金融发展的基础性法律制度。《民法典》各编提供了金融主体基本制度、金融资产(财产)法律制度、金融交易基本制度、金融行为基本责任制度等,既表彰主体平等、交易自治的私法精神,又承载着诚实信用、公序良俗的现代原则,不仅为金融主体设立权利义务规范,而且在促进交易、提高效率的同时,充当防控金融风险,维护金融稳健、持续发展的“安全阀”与“稳定器”。

《民法典》历经5次编纂,走过60余载的历程。①(见表3)在不断选择与求索适合本国国情的民法典编纂道路的背后,也折射出我国经济社会不断发展和金融法治不断进步的历史进程。

表3 1949年后我国《民法典》编纂进程

历次编纂	编纂历程	编纂体例和主要内容
第一次编纂	1954年,全国人大常委会组织力量首次起草民法典	包括总则、所有权、债权和继承四个部分,共计500余条
第二次编纂	1962年,民法典起草工作再次被提上议程,并于1964年完成了草案(试拟稿)	试拟稿包括总则、财产的所有、财产的流转三部分
第三次编纂	1979年11月,全国人大常委会第三次组织民法典起草工作,至1982年形成民法草案第四稿,《民法通则》以该草案为基础	第四稿包括民法的任务和基本原则、民事主体、财产所有权、合同、智力成果权、财产继承权、民事责任和其他规定八部分,共计43章465条
第四次编纂	2002年12月,《民法草案(征求意见稿)》提交第九届全国人大常委会第三十一次会议审议	《民法草案(征求意见稿)》包括总则、物权、合同、人格权、婚姻、收养、继承、侵权责任、涉外民事关系的法律适用共八编,10万余字

① 1955～1985年我国《民法典》编纂历程,可参见何勤华等编:《新中国民法典草案总览》,法律出版社2003年版。

续表

历次编纂	编纂历程	编纂体例和主要内容
第五次编纂	2014 年 10 月 23 日,党的十八届四中全会审议通过《中共中央关于全面推进依法治国若干重大问题的决定》,明确提出了“编纂民法典”的目标。 2016 年 6 月,《民法总则(草案)》提请全国人大常委会初次审议,民法典编纂工作正式进入立法程序。 2017 年 3 月,《民法总则》获第十二届全国人大第五次会议表决通过。民法典编纂“第一步”顺利完成。 2018 年 8 月,各分编草案首次提请第十三届全国人大常委会第五次会议审议。 2018 年 12 月、2019 年 4 月、2019 年 6 月、2019 年 8 月、2019 年 10 月,第十三届全国人大常委会第七次、第十次、第十一次、第十二次、第十四次会议对各分编草案进行了拆分审议。 2020 年 5 月 28 日,第十三届全国人大第三次会议表决通过了《中华人民共和国民法典》,自 2021 年 1 月 1 日起施行	包括总则编、物权编、合同编、人格权编、婚姻家庭编、继承编、侵权责任编及附则,共 1260 个条文

另一重大立法事件是,《证券法》于 2019 年 12 月 28 日经全国人大常委会第十五次会议审议通过,同日公布,自 2020 年 3 月 1 日起施行,这是资本市场具重大意义的立法成果。1998 年 12 月 29 日《证券法》由第九届全国人大常委会通过,自 1999 年 7 月 1 日起施行,其间历经 2004 年、2013 年、2014 年三次修正和 2005 年第一次修订,本次是《证券法》第二次修订,于 2015 年 4 月启动,历经五年四次审议。2019 年《证券法》推进注册制、建立健全多层次资本市场体系,以“打造一个规范、透明、开放、有活力、有韧性的资本市场”为立法宗旨,为资本市场全面深化改革提供坚实法治保障。在注册制下,2019 年《证券法》对证券监管机构与市场各参与主体重新定位,证券监管机构回归“市场保护者”的公共角色,证券交易场所实现行业自律,股票发行人施行严格的信息披露义务,市场化、职业化的证券中介机构肩负起“市场守门人”的角色。证监会对相应规章、规范性文件进行系统修改,仅 2020 年 3 月 21 日证监会发布的《关于修改部分证券期货规章的决定》和《关于修改部分证券

期货规范性文件的决定》,就涉及13部规章和29部其他规范性文件的修改。①

2.着力改善营商法律环境,增强金融服务实体经济的能力②

其一,2013年11月党的十八届三中全会通过的《中共中央关于全面深化改革若干重大问题的决定》提出:“建设法治化营商环境。”2015年10月党的十八届五中全会提出:“完善法治化、国际化、便利化的营商环境。”2019年10月国务院公布《优化营商环境条例》,自2020年1月1日起施行。为改善营商环境、实施“放管服”改革,2019年2月央行发布《关于取消企业银行账户许可的通知》,便利企业开立银行结算账户;2020年10月银保监会发布《关于优化保险机构投资管理能力监管有关事项的通知》,取消保险资金投资管理能力备案管理制度,将管理方式调整为公司自评、信息披露和持续监管相结合,全面落实保险机构主体责任。其二,服务实体经济,创新货币政策工具,完善货币政策传导机制,推进利率市场化改革。2019年8月17日央行发布《中国人民银行公告〔2019〕第15号》启动贷款市场报价利率(Loan Prime Rate,LPR)形成机制改革。2020年9月15日,央行发布《中国货币政策执行报告》增刊,指出利率市场化是建设现代中央银行制度的关键环节,是健全基准利率和市场化利率体系、完善金融机构自主经营机制的必要条件,是中国金融领域最核心的改革之一,是建设社会主义市场经济体制、深化金融供给侧结构性改革的重要内容。实践证明:LPR体现了市场化特征,成为银行贷款利率的定价基准,央行货币政策操作向贷款利率传导的效率明显提高;企业贷款利率下行,银行对中小微企业的支持力度增强。③ 2020年5月26日央行等8部门联合印发《关于进一步强化中小微企业金融服务的指导意见》,涉及落实中小微企业复工复产信贷支持政策,开展商业银行中小微企业金融服务能力提升工程,改革完善外部政策环境和激励约束机制,发挥多层次资本市场融资支持作用,加强中小微企业信用体系

① 修改的规章包括《上市公司收购管理办法》《上市公司重大资产重组管理办法》《证券交易所管理办法》等,修改的规范性文件包括《证券公司治理准则》《证券经纪人管理暂行规定》《证券投资顾问业务暂行规定》等。

② “营商环境”一词,源于世界银行集团国际金融公司(International Finance Corporation,IFC)的“Doing Business”项目调查,是指影响企业从开办、运行到结束全过程活动效率、质量的要素综合,在世界银行(The World Bank)的11个营商环境指标中,保护中小投资者、执行合同、办理破产与金融法治直接相关。

③ 参见中国人民银行货币政策分析小组:《有序推进贷款市场报价利率改革》,载中国人民银行官网,http://www.pbc.gov.cn/goutongjiaoliu/113456/113469/4094012/2020091516563165419.pdf,最后访问日期:2020年10月22日。

建设,优化地方融资环境,强化组织实施等7个方面。

3.支持区域经济发展,服务国家发展战略布局

党的十八大以来,党中央坚持协调发展理念,统筹谋划并逐步完善了我国区域发展战略布局,提出并大力推动包括粤港澳大湾区和长三角一体化等系列区域发展战略及国家自由贸易区和自由贸易港建设。资本流动是实现区域发展、跨越式发展的必备市场要素,借助金融市场力量、集聚社会资本,引导其流向战略发展区域。央行、银保监会、证监会、国家外汇管理局和上海市人民政府于2020年2月14日联合发布《关于进一步加快推进上海国际金融中心建设和金融支持长三角一体化发展的意见》,在积极推进临港新片区金融先行先试、更高水平上加快上海金融业对外开放、金融支持长三角一体化发展、支持央行上海总部开展加强支付结算监管能力试点等四方面提出30项建议,同时,现在与未来的在自贸试验区适用的金融政策,国家金融管理部门实施的各项金融支持贸易和投资自由化、便利化措施,适用于上海实际的,可优先在上海试点。央行、银保监会、证监会和国家外汇管理局于2020年5月14日联合发布《关于金融支持粤港澳大湾区建设的意见》,在促进粤港澳大湾区跨境贸易和投融资便利化、扩大金融业对外开放、促进金融市场和金融基础设施互联互通、提升粤港澳大湾区金融服务创新水平、切实防范跨境金融风险5个方面提出26条具体措施。

4.保障金融支持乡村振兴战略,深化金融精准扶贫

实施乡村振兴战略,是党的十九大作出的战略决策,是全面建成小康社会、全面建设社会主义现代化国家的重大历史任务。① 2018年9月,中共中央、国务院印发《乡村振兴战略规划(2018—2022年)》,指出应加大金融支农力度,着力解决农村金融投入规模不能满足农业需求、服务配套机制不完善和乡村金融服务体系急需布局优化等突出问题。2019年2月,央行、银保监会、证监会、财政部、农业农村部联合印发《关于金融服务乡村振兴的指导意见》,提出把更多金融资源配置到农村重点领域和薄弱环节,具体包括:明确金融服务乡村振兴的短、中、长期目标;明确农村金融改革发展的正确方向;明确金融服务振兴乡村重点支持领域;明确强化金融产品和服务方式创新,建立健全多渠道资金供给体系;明确加强金融基础设施建设,完善政策保障体系。

---

① 参见林宏山:《创新金融服务乡村振兴战略路径研究》,载《福建金融》2019年第3期。

金融精准扶贫是通过科学的标准和程序,准确识别和分类管理不同贫困地区的贫困村和贫困户,优化当地金融资源配置,最终实现脱贫致富。2019年5月15日,央行发布《关于切实做好2019年—2020年金融精准扶贫工作的指导意见》,提出加大扶贫信贷投放、有效融合金融支持与产业扶贫、提升金融体系普惠性、防范金融扶贫领域风险、做好金融扶贫与乡村振兴金融服务的衔接。2019年9月,央行发布的《中国农村金融服务报告(2018)》提出建立、完善金融服务乡村振兴体系,推动城乡融合发展,包括推进市场化改革和农村金融体系改革、完善农村金融监管、聚焦金融产品与服务创新、完善配套政策、充分借助数字技术优势。2020年10月15日,央行发布的《中国普惠金融指标分析报告(2019年)》显示,2019年我国普惠金融发展总体取得良好成效,有效满足了农村地区的金融服务需求,持续改进小微企业金融服务方式。

5. 法治赋能金融业双向开放新格局

其一,放宽金融业外资准入限制。为积极促进外商投资,保护外商投资合法权益,规范外商投资管理,推动形成全面开放新格局,第十三届全国人大第二次会议于2019年3月15日通过《外商投资法》,国务院常务会议于2019年12月12日通过《外商投资法实施条例》;《外商投资法》以法律形式明文规定国家对外商投资实行准入前国民待遇加负面清单管理制度。2019年7月国务院金融委发布11条金融业对外开放重大措施,包括:允许外资机构在华开展信用评级业务时,可以对银行间债券市场和交易所债券市场的所有种类债券评级;鼓励境外金融机构参与设立、投资入股商业银行理财子公司;允许境外资产管理机构与中资银行或保险公司的子公司合资设立由外方控股的理财公司;允许境外金融机构投资设立、参股养老金管理公司;支持外资全资设立或参股货币经纪公司;人身险外资股比限制从51%提高至100%的过渡期,由原定2021年提前到2020年;取消境内保险公司合计持有保险资产管理公司的股份不得低于75%的规定,允许境外投资者持有股份超过25%;放宽外资保险公司准入条件,取消30年经营年限要求;将原定于2021年取消证券公司、基金管理公司和期货公司外资股比限制的时点提前到2020年;允许外资机构获得银行间债券市场A类主承销牌照;进一步便利境外机构投资者投资银行间债券市场;2020年金融业的对外开放,又迈出更大的一步,《2020年版外商投资负面清单》对证券公司、证券投资基金公司、期货公司、寿险公司的股比限制取消,相关金融业准入限制清零。其二,稳步提升人民币国际化水平。2020年9月18日,央行、国家发展和改革委员会、商务部、国务院国有资产监督管理委员会、银保监会、国家外汇管理局共同起草了《关于进一步优化跨境人民币政策支持稳外贸稳外资的通知(征求意见稿)》,涉及推动贸易投资人民币结算便利化、简化跨境人民币结算流程、优化跨境人民币投融资管理、便利个人经常项下人民币跨境收付和便利境外机构人民币银行结算账户使用等五方面内容。其三,推进资本市场持续开放。2019年5月,央行与国家外汇管理局制定《存托凭证跨境资金管理办法(试行)》明确存托凭证发行资金管理、跨境转换资金管理、存托资金管理、存托业务账户管理、存托凭证跨境资金结算管理等。为吸引境外机构投资银行间债券市场,有利于人民币回流,央行会同国家外汇管理局于2019年10月16日制定《关于进一步便利境外机构投资者投资银行间债券市场有关事项的通知》,允许同一境外主体合格境外机构投资者或人民币合格境外机构投资者和直接入市渠道下的债券进行非交易过户、资金账户间直接划转等。2020年5月7日央行、国家外汇管理局发布《境外机构投资者境内证券期货投资资金管理规定》,取消合格境外机构投资者和人民币合格境外机构投资者境内证券投资额度管理的要求、实施本外币一体化管理、简化合格投资者境内证券投资收益汇出手续等。这些改革措施提高了境外投资者进入我国金融业的便利性,提升了我国金融市场开放的广度和深度。在"国民待遇"渐成为金融业扩大双向开放基本要素之时,处理好金融对外开放与风险防控的关系,健全科学、审慎的监管体系和监管框架,方可防控金融风险,维护国家金融安全。

6.金融战"疫"谱写金融法治的时代篇章

2020年,新冠肺炎疫情肆虐全球。疫情直接影响劳动力、产业链、供应链,增加了企业生产经营难度,降低了企业盈利能力,影响金融机构资产质量及收益、加大投资和信贷项目风险敞口,使金融机构避离受影响的实体行业。央行、财政部、国家发展改革委、银保监会、证监会等部门迅速相继制定、实施一系列政策文件,回应疫情挑战。其一,运用货币政策工具、加大信贷支持力度,降低企业融资成本。①2020年1月26日银保监会发布《关于加强银行业保险业金融服务　配合做好新型冠状病毒感染的肺炎疫情防控工作的通知》,要求银行保险机构提升对受疫情影响严重地区金融供给能力,对受疫情影响较大的行业、有发展前景但暂时受困的企

---

① 参见《银保监会副主席曹宇就金融支持疫情防控和金融市场稳定答记者问》,载银保监会官网,http://www.cbirc.gov.cn/cn/view/pages/ItemDetail.html?docId=888978&itemId=915&generaltype=0,最后访问日期:2020年10月26日。

业,不得盲目抽贷、断贷、压贷;鼓励适当下调贷款利率、完善续贷政策安排、增加信用贷款和中长期贷款等方式,支持相关企业战胜疫情灾害影响。2020 年 1 月 31 日,央行发布《关于发放专项再贷款支持防控新型冠状病毒感染的肺炎疫情有关事项的通知》,央行提供 3000 亿元专项再贷款,通过全国性商业银行及湖北等 10 个疫情重点省(市)地方商业银行,向重要医用物品和生活物资的生产、运输和销售的重点企业提供优惠利率信贷支持,并通过创新货币政策工具使用 4000 亿元再贷款专用额度,购买符合条件的地方法人银行 2020 年 3 月 1 日～12 月 31 日期新发放普惠小微信用贷款的 40%,以促进银行对小微企业的信用贷款投放。2020 年 2 月 1 日,财政部发布《关于支持金融强化服务　做好新型冠状病毒感染肺炎疫情防控工作的通知》,对疫情防控重点保障企业贷款给予财政贴息支持,加大对受疫情影响个人和企业的创业担保贷款贴息支持力度,优化对受疫情影响企业的融资担保服务。2020 年 2 月 7 日,财政部、发展改革委、央行、工业和信息化部、审计署等发布《关于打赢疫情防控阻击战强化疫情防控重点保障企业资金支持的紧急通知》,对疫情防控重点保障企业实行名单制管理,对名单内企业,央行通过专项再贷款支持金融机构提供优惠利率信贷,中央财政按企业实际获得贷款利率的 50% 给予贴息。其二,金融支持企业复工复产。进入抗击疫情与恢复经济平衡期后,疫情防控常态化,推动复工复产,对恢复正常社会经济意义重大。2020 年 3 月 26 日,银保监会办公厅发布《关于加强产业链协同复工复产金融服务的通知》,强调加大对产业链核心企业金融支持力度,优化产业链上下游企业金融服务,加强金融支持全球产业链协同发展,提升产业链金融服务科技水平,加大保险和担保服务支持力度。2020 年 6 月 1 日,央行等发布《关于进一步对中小微企业贷款实施阶段性延期还本付息的通知》,再次明确对符合条件的贷款实施延期还本付息,并对地方法人银行业金融机构执行普惠小微贷款延期还本付息政策给予激励。其三,建立应对突发事件长效监管机制。公共卫生灾难、自然灾害、事故灾难、恐怖袭击等,对社会秩序、经济发展构成极大挑战。① 为有效防控化解系统性金融风险并保障经济平稳运行,须建立应对突发事件的长效监管机制,②2020 年 9 月 16 日,银保监会发布《银行保险机构

① 参见李小荣、牛美龄:《突发公共事件与金融关系研究进展》,载《经济学动态》2020 年第 7 期。

② 参见《中国银保监会有关部门负责人就〈银行保险机构应对突发事件金融服务管理办法〉答记者问》,载银保监会官网,http://www.cbirc.gov.cn/cn/view/pages/ItemDetail.html?docId=929545&itemId=917&generaltype=0,最后访问日期:2020 年 10 月 29 日。

应对突发事件金融服务管理办法》,结合突发事件情形复杂、紧急多变的特点,明确突发事件定义和组织管理制度安排,确定常态管理、及时处置、最小影响和社会责任等四项应对原则,为监管部门和银行保险机构应对突发事件提供了全面指引。

前述政策措施取得良好实践效果,“一季度我国的国内生产总值同比下降6.8%,到二季度就恢复了正增长,达到3.2%,超出了大家的预期。这其中宏观政策的对冲力度应该说是很大的,有财政、税收方面的政策,有社保、就业方面的政策,货币金融方面的政策也发挥了重要作用”。①

三、2019～2020 年金融监管法治发展状况

(一)金融监管法治发展的总体概况

2019～2020 年,金融监管机构着眼于强化监管,整治金融市场乱象,加大行政处罚力度,采取多维度多种类措施打击金融违法犯罪,维护金融监管的权威性。

1. 金融监管、执法制度进一步完善

法治首先是指法律规则,广义上法治是“一个限制权力滥用的框架”,“权力一旦行使,就应受法律原则的约束”;②正当的自由裁量权力“是任何政治制度和法律体系所不可少的,因为行政事务非常复杂,立法者不可能在任何问题上都制定详细的规则”,“法治原则只反对不必要的和过分的自由裁量权力”。③ 现代法治国家的金融监管、执法主体须在法律规定的职权范围内依照正当的法定程序行使监管权与执法权。

2019 年 12 月 26 日,银保监会发布《中国银保监会现场检查办法(试行)》,共计 8 章 68 条。一是明确现场检查是监管流程的重要组成部分,包括常规检查、临时检查、稽核调查。二是明确承担现场检查职责的部门,银保监会及其派出机构现场检查工作实行分级立项、分级实施,按照“谁立项,谁组织,谁负责”的工作机制,开展现场检查;银保监会负责统筹全系统现场检查工作,各派出机构负责统筹辖内现场

① 《中国银保监会有关部门负责人就〈银行保险机构应对突发事件金融服务管理办法〉答记者问》,载银保监会官网,http://www.cbirc.gov.cn/cn/view/pages/ItemDetail.html? docId = 929545&itemId = 917&generaltype = 0,最后访问日期:2020 年 10 月 29 日。

② [英]彼得·莱兰、[英]戈登·安东尼:《英国行政法教科书》,杨伟东译,北京大学出版社 2007 年版,第 26～27 页。

③ 王明扬:《美国行政法》,中国法制出版社 1995 年版,第 118 页。

检查工作,但银保监会也可对银保监局监管的机构、银保监局可对辖内银保监分局监管的机构直接开展现场检查。三是严格规范检查立项程序,根据监管职责,银保监会及其派出机构实行分级立项,根据机构依法合规情况、评级情况、系统重要性程度、风险状况和以往检查情况等确定现场检查的频率、范围,保证检查项目科学、合理、可行,未经立项审批程序,不得开展现场检查。四是规定检查方式及工作协调机制,如检查人员有权查阅与检查事项有关的文件资料和信息系统、查看经营管理场所、采集数据信息、测试有关系统设备设施,并可采取线上检查、函询稽核等新型检查方法,运用信息技术手段开展检查分析等。为保证行业非现场监管工作,银保监会发布《关于印发融资担保公司非现场监管规程的通知》,围绕融资担保公司非现场监管工作的职责分工和非现场监管流程,在信息收集与核实、风险监测与评估、信息报送与使用、监管措施等方面作出规定。现场检查与非现场检查相互协调,有利于促进银保监会全面监管的科学性、规范性和有效性,提高公司治理水平。2019 年银保监会印发《银行保险机构公司治理监管评估办法(试行)》,建立常态化的银保机构公司治理评估机制,通过评估及时准确掌握行业公司治理情况,推动机构改进公司治理薄弱环节,提升公司治理质效;公司治理评估与当前中小银行和保险公司改革重组、风险处置等相结合,提升监管质效。

2020 年 6 月 15 日银保监会发布《中国银保监会行政处罚办法》。一是整合优化银行业、保险业行政处罚程序,确立公平、公正、公开、程序合法、过罚相当等行政处罚的基本原则,建立“查审分离”的处罚工作机制,规定银保监会及其派出机构设立行政处罚委员会,明确立案调查部门、案件审理部门各自的职责。二是完善行政处罚工作流程,对行政处罚案件管辖、立案调查、审理审议、权利告知与听证、决定与执行等处罚流程作出规范。三是依法加大行政处罚力度,加强查处协同,提高处罚效率,明确对屡查屡犯、不配合监管执法、危害后果严重,造成较为恶劣社会影响等行为,依法从重予以处罚;强调人员责任追究,规定在处罚银行保险机构时,要依法追究相关责任人员的法律责任。四是充分保障当事人合法权益,作出处罚决定前,告知当事人拟作出行政处罚决定的事实、理由及依据,并告知其有陈述申辩权利,符合听证条件的,当事人可以依法申请听证,不得因当事人申辩而加重处罚。

如果说检查、评估、处罚还是着眼于事中、事后监管的话,2020 年 8 月 17 日银保监会发布的《健全银行业保险业公司治理三年行动方案(2020—2022 年)》则是标本兼治之举。该方案聚焦银行业保险业最突出、最紧迫、最可能影响机构稳健运行的公司治理问题或隐患,指引"下真功、出实招",深化银行业保险业公司治理改革,持续提升银行业保险业公司治理的科学性、稳健性和有效性。概括而言,一是解决金融机构股权关系不清、股东行为失范、关联交易问题,健全股东股权管理体制机制,促进股权结构明晰化和股东行为规范化,完善大股东行为约束机制,整治虚假注资、循环注资、隐形股东、违规代持、违规一致行动人、股东不当干预、向股东输送利益等,推动商业银行股权集中托管,提升股权结构透明度;二是建立银行保险机构违法违规股东公开常态化机制,持续加强对违法违规行为的震慑力度,探索完善股东承担损失的具体方式和机制;三是完善股东沟通机制,提升董事会等治理主体的履职质效;四是强化外部市场约束,进一步规范外部审计行为,提升信息披露质量,发挥市场和社会公众对机构的监督作用;五是借鉴巴塞尔银行监管委员会、国际保险监督官协会等国际组织监管核心原则文件,弥补银行业保险业公司治理监管制度短板,提升公司治理监管信息化水平,增强公司治理监管工作质效。

2. 金融消费者权益保护进一步加强

2020年9月15日,央行颁布《中国人民银行金融消费者权益保护实施办法》,自2020年11月1日起实施,2016年12月的同名规定被废止。该办法明确"金融消费者是指购买、使用银行、支付机构提供的金融产品或者服务的自然人",规范银行业金融机构在利率、人民币、黄金市场、国库、支付与清算、反洗钱、征信、相关金融营销宣传和消费者金融信息保护领域的活动,其立法宗旨是保护金融消费者合法权益,规范金融机构提供金融产品和服务的行为,维护公平、公正的市场环境,促进金融市场健康稳定运行。首先,该办法规定了银行金融机构行为规范,如银行、支付机构应根据金融产品或者服务的特性评估其对金融消费者的适合度,合理划分金融产品和服务风险等级以及金融消费者风险承受等级,将合适的金融产品或者服务提供给适当的金融消费者;银行、支付机构不得利用技术手段、优势地位,强制或者变相强制金融消费者接受金融产品或者服务;银行、支付机构向金融消费者提供金融产品或者服务时使用格式条款的,应当以字体、字号、颜色、符号、标识等显著方式提醒金融消费者注意;银行、支付机构不得排除或者限制金融消费者依法对其金融信息进行查询、删除、修改的权利;银行、支付机构应当对营销宣传内容的真实性负责,银行、支付机构实际承担的义务不得低于在营销宣传活动中通过广告、资料或者说明等形式对金融消费者所承诺的标准。其次,该办法详细规定了消费者金融信息保护事项,界定了消费者金融信息是银行、支付机构通过开展业务或者其他合法渠道处理的消费者信息,包括个人身份信息、财产信息、账户信息、信用信息、金融交易信息及其他与特定消费者购买、使用金融产品或者服务相关的信息;银行、支付机构以收集、存储、使用、加工、传输、提供、公开等处理消费者金融信息的,应遵循合法、正当、必要原则,除法律另有规定的,应经金融消费者或者其监护人明示同意,银行、支付机构不得收集与业务无关的消费者金融信息,不得采取不正当方式收集消费者金融信息,不得变相强制收集消费者金融信息;但金融消费者不能或者拒绝提供必要信息,致使银行、支付机构无法履行反洗钱义务的,银行、支付机构可以根据反洗钱法的相关规定对其金融活动采取限制性措施。最后,该办法指引金融消费争议解决途径,金融消费者与银行、支付机构发生金融消费争议的,鼓励金融消费者先向银行、支付机构投诉,鼓励当事人平等协商,自行和解;银行、支付机构应通过金融消费者方便获取的渠道,如营业场所、官方网站首页、移动应用程序等公示本机构的投诉受理方式。

近几年频发的金融风险事件,使金融营销宣传成为监管部门关注的重点。为进一步规范金融营销宣传行为,2019 年 12 月 25 日央行、银保监会、证监会和外汇局联合发布《关于进一步规范金融营销宣传行为的通知》,自 2020 年 1 月 25 日起施行,有助于建立金融营销宣传新秩序,切实保护广大金融消费者合法权益。

3. 规范金融科技及科技金融的发展

近年来,金融科技(FinTech)的概念在全球范围内迅速兴起,2016 年 3 月全球金融稳定理事会(Financial Stability Board,FSB)发布《金融科技的描述与分析框架报告》,第一次在国际层面定义金融科技,即通过技术手段推动金融创新,形成对金融市场、机构及金融服务产生重大影响的业务模式、技术应用以及流程和产品。金融科技对于金融业的发展具有积极作用,但也存在潜在的风险。如何探索完善金融服务和健全监管制度是市场机构与监管部门共同面临的问题。2017 年 5 月中国人民银行成立金融科技委员会,强化监管科技的应用实践;2018 年 7 月证监会成立监管科技专家咨询委员会,印发《中国证监会监管科技总体建设方案》,建设高效监管大数据平台。2019 年我国启动“包容审慎”的中国版“监管沙箱”。

2019 年 8 月,中国人民银行印发《金融科技(FinTech)发展规划(2019—2021 年)》,首先,明确六方面重点任务:一是加强金融科技战略部署;二是强化金融科技合理应用;三是赋能金融服务提质增效;四是增强金融风险技防能力;五是加大金融审慎监管力度;六是夯实金融科技基础支撑。其次,规划明确了未来 3 年金融科技工作的发展方向,充分发挥金融科技赋能作用,推动我国金融业高质量发展。再次,从立法层面贯彻强化监管的理念,加大违法处罚力度,大幅提高金融市场违法违规成本,增强立法执行力和法律的震慑性,同时健全风险处置与市场退出机制。最后,还要平衡好金融创新与市场稳定之间的关系,过度的金融创新和滞后的风险管理,往往是危机的原罪。因此,在立法中要坚持鼓励与规范并举、培育与防险并重的理念,既留有适当的试错空间,为金融创新提供正向激励,避免过度抑制金融创新的自主性和灵活性;又通过建立动态监管框架,对新金融业态的商业模式和风险特征全面深入分析,把握好监管的边界,确保风险可控。防范化解金融风险取得积极进展。

同时,央行积极应对数字金融发展带来的新机遇与新挑战,探索数字技术与传统金融深度融合,积极参与和引领数字金融领域国际标准制定。2020 年 9 月 30 日央行发布的《中国人民银行年报 2019》提出,要稳步推进法定数字货币研发在坚持双层运营、流通中的货币(M0)定位、可控匿名的前提下,会同参研机构基本完成法定数字货币顶层设计、标准制定、功能研发、联调测试、试点准备等工作。扎实开展数字货币研究,密切跟踪数字货币国际前沿信息,加强相关动态的分析研判。加强民间"虚拟数字资产"监测和研究,组织对天秤币等稳定币设计机制、可能影响和应对措施等问题进行深入研究,积极回应民间"虚拟数字资产"的交易现状。同时,在河南省兰考县开展的数字普惠金融改革试验区建设取得积极成效,充分利用数字技术,降低了普惠金融的供给成本,提高了普惠金融的供给效率,拓宽了普惠金融服务边界。

4. 防范系统性金融风险

2018 年 7 月 2 日,新一届国务院金融委成立并召开会议,研究防范化解重大风险攻坚战等相关工作,并审议了金融委办公室提出的打好防范化解重大风险攻坚战 3 年行动方案,①分 3 年推进:2018 年制定行动方案,2019 年全面纵深推进各项任务部署,2020 年力争基本完成风险从治标向治本转变。② 2019～2020 年,"防范系统性风险"是贯穿整个金融行业的关键词。金融监管机构以防范系统性金融风险为底线,严格监管执法,加大对行业违规行为的处罚力度,根据银保监会公开信息

① 参见《新一届国务院金融稳定发展委员会召开第一次会议》,载中国经济网,http://www.ce.cn/xwzx/gnsz/szyw/201807/03/t20180703_29611462.shtml。

② 参见王景武:《打好防范化解重大金融风险攻坚战》,载《中国金融》2019 年第 6 期。

统计,2019年信托行业共有24家信托公司领到39张罚单,受处罚公司数量超过全行业信托公司的3成,累计处罚金额达2514万元,较2018年涨幅达173%。证监会也积极履行监管职能,对违法违规予以处罚,2019年共作出行政处罚决定296件,罚没款金额41.83亿元,市场禁入66人;对上市公司采取行政监管措施247家次,对非上市公众公司采取行政监管措施115家次,对证券基金期货经营机构采取289项行政监管措施,对120名责任人员采取行政监管措施。

为打好防范化解重大金融风险"攻坚战",各金融监管机构制定一系列有针对性的监管法规文件。2019年5月17日,银保监会发布《关于开展"巩固治乱象成果促进合规建设"工作的通知》,把查处重点风险、遏制增量、推动银行业保险业生态修复作为2019年整治工作目标之一,把防风险与稳增长相结合,实现防风险、治乱象和稳增长、调结构的有机统一作为重要原则之一。2019年8月7日,银保监会下发《关于进一步做好下半年信托监管工作的通知》,要求深刻认识到当前防范化解信托业风险任务的重要性和紧迫性,处置信托机构风险的态度要坚决、行动要迅速、措施要有效;全面摸清辖内信托机构风险底数,准确判断机构风险发展态势;对风险不高的信托机构要做好风险防控预案,对高风险的信托机构要做好风险处置预案;同时把握风险处置的力度、节奏和方法,防止引发次生风险,确保风险处置工作稳妥有序进行。① 信托业还分别在2019年4月、8月和12月累计启动3次风险排查,其中以2019年11月30日为基准日开始的第三次全面风险排查工作要求高于前两次,力度空前,第三次风险排查分为机构自查与监管复核两大环节,排查重点包括主动管理类信托,事务管理类信托和固有业务等多个方面。银保监会在召开2020年全国银行业保险业监督管理工作会议上提出将7个重点领域的风险防控作为2020年工作重点,包括:稳妥处置高风险机构,继续拆解影子银行,严防信贷资金违规流入房地产领域,严肃查处违法违规搭建的金融集团,深入推进网络借贷专项整治,继续配合地方政府深化国有企业改革重组,有效防范化解外部冲击风险。② 2020年1月13日,银保监会副主席黄洪在国务院新闻办公室举行的新闻发布会上表示,2020年银保监会将按照既定部署,继续做好风险防控工作,坚决打赢防范化

---

① 参见《要求各地"精于监管、敢于监管",信托64号文明确:下半年去通道、控地产》,载经济导报2019年8月19日,https://baijiahao.baidu.com/s? id=1641358451301873570&wfr=spider&for=pc。

② 参见《银保监会部署今年重点工作7个重点领域防范金融风险》,载新华网,https://baijiahao.baidu.com/s? id=1655567516492354699&wfr=spider&for=pc,最后访问日期:2020年10月30日。

解金融风险攻坚战,严守不发生系统性风险底线。其中,重点工作包括9个方面:一是稳妥处置高风险机构,完善银行保险机构恢复与处置机制;二是继续拆解影子银行,防止死灰复燃;三是加强资产质量监管,持续加大不良资产处置力度,提高资产分类准确性;四是坚决落实"房住不炒"要求,持续遏制房地产金融化泡沫化;五是对违法违规搭建的金融集团,在稳定大局的前提下,严肃查处违法违规行为;六是深入推进网络借贷专项整治,加大互联网保险规范力度;七是继续努力配合地方政府深化国有企业改革重组,化解隐性债务风险;八是有效防范化解外部冲击风险;九是进一步弥补监管短板,加大监管科技运用,完善监管制度,强化监管队伍,有效提升监管能力和水平。①

2019～2020年,中国人民银行连续发布《中国金融稳定报告(2019)》《中国金融稳定报告(2020)》,对2019～2020年度我国金融体系的稳健性状况进行了全面评估;其中,2020年报告陈述央行会同相关部门在防范化解重大金融风险攻坚战中取得的成果:一是宏观杠杆率过快上升势头得到遏制;二是高风险金融机构风险得到有序处置;三是企业债务违约风险得到妥善处理;四是互联网金融和非法集资等风险得到全面治理;五是防范化解金融风险制度建设有力推进,制定资管新规相关配套细则并平稳实施,"影子银行"无序发展得到有效治理,初步建立系统重要性金融机构、金融控股公司、金融基础设施等统筹监管框架,扎实推进金融业综合统计。总体上看,中国金融体系重点领域的增量风险得到有效控制,存量风险得到逐步化解,金融风险总体可控,基本实现守住不发生系统性金融风险底线的目标。

(二)金融监管的重点领域

1.对商业银行的监管。其一,商业银行股权管理。2018年年初,银保监会印发《商业银行股权管理暂行办法》,对商业银行建立股权托管制度提出明确要求,商业银行通过股权托管总体上提高了股权管理水平、降低了股权管理成本。但在实践中,仍存在托管机构硬件条件、服务水平参差不齐,一些股权托管有名无实。为规范商业银行股权托管行为,银保监会于2019年制定《商业银行股权托管办法》,旨在进一步提高商业银行股权信息透明度与股权管理水平。一是明确股权托管方式

① 参见《银保监会部署9大重点工作 坚决打赢防范化解金融风险攻坚战》,载人民网,https://baijiahao.baidu.com/s?id=1655604073588421799&wfr=spider&for=pc,最后访问日期:2020年10月30日。

和总体要求,非上市商业银行可以按照市场化原则,自行选择符合法律规定的股权托管机构;二是明确规定托管机构应当满足的条件;三是明确规定股权托管的基本业务框架;四是明确规定监管部门在商业银行股权托管方面的职责,对违反该办法的商业银行进行处罚、建立并共享股权托管机构黑名单以强化监管。其二,商业银行互联网贷款业务管理。商业银行互联网贷款业务在提高贷款发放效率、创新风险评估手段、拓宽金融客户覆盖面方面发挥了积极作用,但存在风险管理不审慎、金融消费者保护不充分、资金用途监测不到位等问题,对客户进行线上认证的核实方式也处于监管真空地带。因此,为将商业银行互联网贷款业务经营行为纳入规范化轨道、防控互联网贷款业务诱发的金融风险,2020 年 7 月 17 日银保监会发布《商业银行互联网贷款管理暂行办法》,在风险管理体系、风险数据和风险模型管理、信息科技风险管理、贷款合作管理、监督管理五个方面作出明确规定,主要是:通过合理界定互联网贷款内涵及范围,明确互联网贷款应遵循小额、短期、高效和风险可控原则以及风险管理要求,加强贷款支付和资金用途的管理及事中、事后监管,对违法违规行为依法追究法律责任;就商业银行对合作机构的管理、准入和退出机制、内部控制等提出要求;明确建立互联网借款人权益保护机制,要求商业银行加强信息披露。

2. 对保险机构的监管。其一,保险公司资产负债管理。我国保险市场发展尚不成熟,部分保险公司缺乏有效的治理结构,出现资产端与负债端过度错配、长期错配问题,风险隐患随之加大。为化解保险行业风险,监管部门日益重视保险公司的资产负债管理及资产负债配置治理机制。2019 年 7 月 24 日银保监会颁布《保险资产负债管理监管暂行办法》,明确提出加强分类监管、强化资产负债管理监管硬约束的要求,构建保险业资产负债管理监管制度,稳健审慎实施资产配置,推动保险行业转型。该暂行办法主要涉及 4 个方面:一是明确银保监会及其派出机构的职责,构建资产负债联动监管机制;二是从组织体系、控制流程、模型工具、绩效考核、管理报告及期限结构匹配、成本收益匹配、现金流匹配等方面,对保险公司健全资产负债管理体系提出要求;三是规范资产负债管理监管评估方式,根据资产负债管理能力评估规则与资产负债管理量化评估规则对保险公司资产负债匹配状况进行评估;四是在监管措施方面,明确监管部门依据资产负债管理能力和匹配状况对保险公司实施差别化监管。其二,资产管理产品的监管。近年来,在严监管格局下,保险资管机构开展保险资管业务日趋稳健,相关产品投资运作日趋审慎,基本不再存在多层嵌套、资金池问题,但对各类保险资管产品仍缺少统一的制度安排。2019 年 7 月 19 日银保监会通过《保险资产管理产品管理暂行办法》,在统一保险资管产品规则的基础上,进一步强化金融业务监管、促进保险资管产品业务持续健康发展,其内容涉及 7 个方面:一是明确保险资管产品定位为私募产品,产品形式包括债权投资计划、股权投资计划和组合类保险资管产品等;二是明确产品发行机制,强化注册机构和登记机构的事中事后监管;三是严格规范产品运作,在打破刚性兑付、消除多层嵌套、去通道、禁止资金池业务、限制期限错配等方面与《关于规范金融机构资产管理业务的指导意见》保持一致;四是明晰产品发行人责任,强调保险资管机构投资管理的能力要求,落实风险责任人机制;五是细化托管人、投资顾问等机构的资质和职责,依法依规加强问责和监管;六是完善产品风险管理机制,要求保险资管机构按规定提取风险准备金,加强关联交易管理;七是落实穿透监管,保险资管机构应有效识别保险资管产品的实际投资者与最终资金来源,充分披露资金投向、投资范围和交易结构等信息。2020 年 9 月 11 日,银保监会为细化《保险资产管理产品管理暂行办法》,颁布《组合类保险资产管理产品实施细则》《债权投资计划实施细则》《股权投资计划实施细则》3 项配套规则,针对不同类别保险资管产品特点实施差异化监管。其三,保险资金投资监管。10 余年来,我国保险业呈现以保险公司承担资产负债管理职能、保险资产管理公司开展专业化投资的基本模式,以保险公司自行投资和委托业外机构投资为补充,建立起相应的投资决策和合规管理体系。但随着我国金融市场快速发展,原有保险资金投资监管体系与现实状况存在脱节之处,深入推进保险资金运用的市场化改革,持续加强投资管理能力的事中事后监管,成为银保监会完善保险业监管规则体系的应有之义。2020 年 5 月 20 日银保监会发布《关于保险资金投资银行资本补充债券有关事项的通知》,对保险资金投资银行二级资本债券和无固定期限资本债券的条件、定位、风险防控等方面作出规定;2020 年 7 月 1 日银保监会办公厅发布《关于印发保险资金参与金融衍生产品交易办法等三个文件的通知》,对保险资金参与金融衍生产品、国债期货和股指期货交易的目的、参与方式、杠杆比例限制、风险管控及监管报告机制作出规定;2020 年 7 月 17 日银保监会发布《关于优化保险公司权益类资产配置监管有关事项的通知》,就保险公司权益类资产配置比例、风险防控以及监督管理制度作出规定;2020 年 9 月 9 日银保监会发布《关于保险资金投资债转股投资计划有关事项的通知》,对保险资金参与市场化法治化债转股业务的监管依据、发行人条件、投资范围、按照传统原则实施分类管理、强化集中度监管作出规定;2020年9月3日,银保监会发布《关于优化保险机构投资管理能力监管有关事项的通知》,对保险机构投资管理能力自评估、管理和信息披露的基本要求进一步细化,在优化整合各类投资管理能力、细化能力建设标准基础上,取消保险资金投资管理能力备案管理制度,将保险机构投资管理能力、管理方式调整为公司自评估、信息披露和持续监管相结合,全面落实保险机构的责任。

3. 对信托公司股权事项的监管。为规范信托公司股东行为,保护信托公司及其股东、信托当事人合法权益,促进信托公司持续健康发展,2020年1月20日银保监会发布《信托公司股权管理暂行办法》,参照《商业银行股权管理暂行办法》关于股东穿透监管、股东分类管理等制度实践,以“三位一体”的股权管理为框架,明确信托公司股东、信托公司、监管部门三方主体从股权进入退出各阶段的股权管理职责。该办法强调通过加强信托公司股东管理、信托公司关联交易管理、完善公司治理机制建设3个方面,监管并引导信托公司通过优化股权结构实现转型发展,提升专业服务水平。

4. 对资本市场的监管。其一,资本市场中介机构监管。证监会加大中介服务机构监管力度,2019年对2家律师事务所及12名律师采取行政监管措施,对1家会计师事务所及6名注册会计师采取行政监管措施。① 同时,为促进证券市场资信评级业务规范发展,提高证券市场的效率和透明度,进一步规范证券市场资信评级业务,2019年9月18日证监会发布《证券市场资信评级业务管理暂行办法(征求意见稿)》,加大对证券市场评级业务的规范管理,共7章49条,主要修订的内容有:一是取消证券评级业务行政许可,改为备案管理;二是鼓励优质机构开展证券评级业务;三是完善证券评级业务规则;四是增加独立性要求并专章作出规定;五是明确信息披露要求并专章作出规定;六是强化自律管理职能;七是增加破坏市场秩序行为的禁止性规定;八是提高证券评级业务违法违规成本。② 其二,私募基金监管。近年来,我国私募基金行业快速发展,截至2020年7月底,在中国证券投资基金业协会登记的私募基金管理人2.45万家,备案私募基金超过8.8万只,管理基金规模

① 参见《中国证监会2019年法治政府建设情况》,载中国证监会官网2020年4月17日,http://www.csrc.gov.cn/pub/newsite/zjhxwfb/xwdd/202004/t20200417_373995.html。

② 参见《证监会就〈证券市场资信评级业务管理办法〉(征求意见稿)公开征求意见》,载中国证监会官网,http://www.csrc.gov.cn/pub/newsite/zjhxwfb/xwdd/202009/t20200918_383299.html。

14.96万亿元。私募基金行业在快速发展同时也暴露出诸多问题,包括公开或变相公开募集资金、规避合格投资者要求、不履行登记备案义务、异地经营、集团化运作、资金池运作、刚性兑付、利益输送、自融自担等,甚至出现侵占、挪用基金财产和非法集资、金融诈骗等严重侵害投资者利益的违法犯罪行为。基于此,2020年9月11日证监会发布《关于加强私募投资基金监管的若干规定(征求意见稿)》,针对规范私募基金管理人名称及经营范围和业务,从严监管集团化私募基金管理人,确保私募基金向合格投资者非公开募集,私募基金财产投资的禁止事项,强化规范私募基金管理人及从业人员等的行为,明确法律责任等,进行明确规定。该文件是证监会发布的与私募基金行业相关的重要监管文件,重申了私募基金监管的底线,细化了规则,有助于实现行业优胜劣汰的良性循环,促进行业规范可持续发展,让私募行业真正回归"私募"和"合法投资"的本源。

四、2019~2020年金融司法发展状况

一般认为,广义的司法包括审判、检察、侦查等多项制度。① 狭义的司法仅指法院审判。本报告以审判、检察和侦查机关作为研究对象,梳理和分析2019~2020年司法领域金融法治发展状况。

(一)金融审判基本概况

2019~2020年,全国各地各级人民法院审理的金融民商事案件数量总体呈上升趋势。由于我国尚无关于金融类案件类型的明晰划分标准及完整的统计数据,根据最高人民法院《民事案件案由规定》,在中国裁判文书网对金融借款合同纠纷等27种案由的金融纠纷进行检索,②2011年1月1日~2020年12月31日,全国各

① 参见谭世贵主编:《中国司法制度》(第2版),法律出版社2008年版,第7页;范愉主编:《司法制度概论》,中国人民大学出版社2003年版,第9页;陈群主编:《中国司法制度》,武汉大学出版社2016年版,第12页。

② 其中,民事案由包括:金融借款合同纠纷、同业拆借纠纷、民间借贷纠纷、小额借款合同纠纷、金融不良债权转让合同纠纷、金融不良债权追偿纠纷、进出口押汇纠纷、储蓄存款合同纠纷、银行卡纠纷、融资租赁合同纠纷、保理合同纠纷、委托理财合同纠纷、典当纠纷、银行结算合同纠纷、与破产有关的纠纷、证券纠纷、期货交易纠纷、信托纠纷、保险纠纷、票据纠纷、信用证纠纷、独立保函纠纷、船舶融资租赁合同纠纷、船舶营运借款合同纠纷;刑事案由包括:破坏金融管理秩序案件、金融诈骗案件;行政案由包括:金融行政管理案件。

级法院公开的金融案件有 25, 349, 196 件，其中，2018 年公开的金融案件有 4, 900, 250 件，2018 年同比增长 15.7%；2019 年公开的金融案件有 5, 519, 340 件，2019 年同比增长 12.6%；2020 年全年审理的已公开的金融案件达 5, 267, 467 件。（见图 2、图 3）

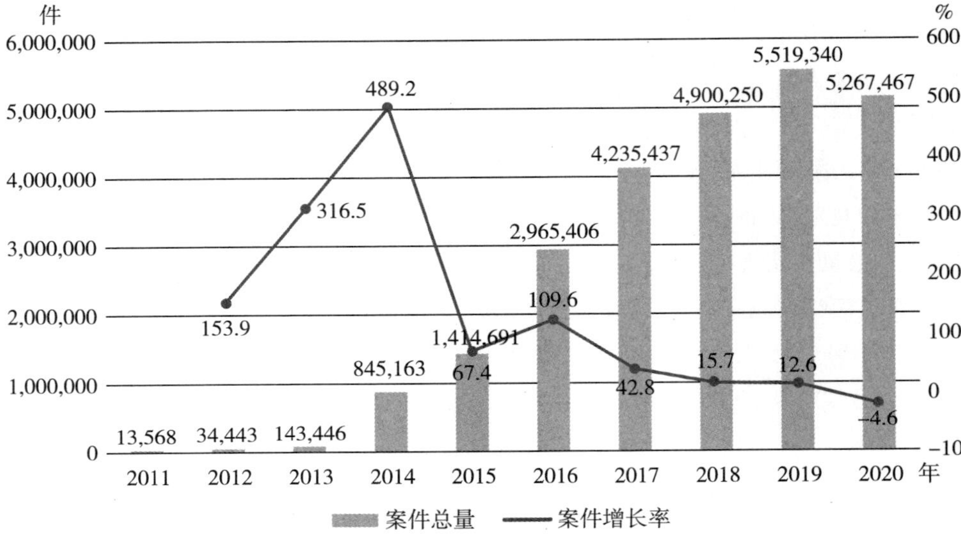

图 2　2011～2020 年全国法院金融案件审理总体情况

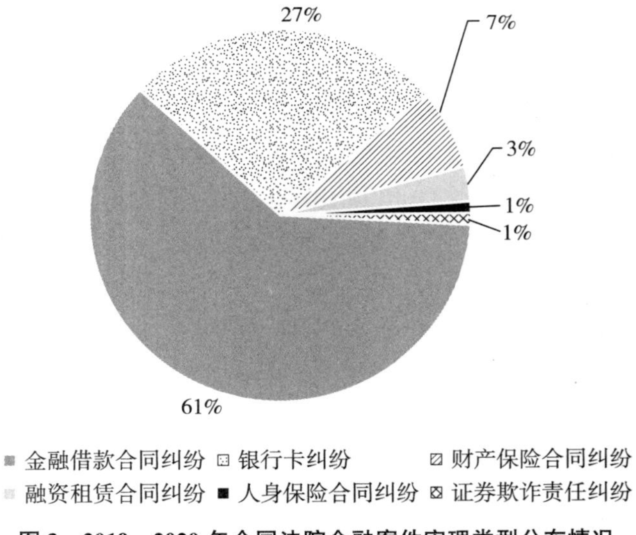

图 3　2019～2020 年全国法院金融案件审理类型分布情况

2019～2020年,人民法院颁布了一系列金融司法规范性文件,增强金融领域制度供给,推动金融司法裁判尺度和法律适用的统一。2019年全年最高人民法院制定、修改司法解释(包括司法性质文件和"两高"工作文件)15件,其中司法解释4件、①司法性质文件6件,②"两高"工作文件5件。③ 2020年全年最高人民法院制定、修改司法解释(包括司法解释性质文件和"两高"工作文件)41件,其中司法解释22件、④司法解释性质文件14件、⑤"两高"工作文件5件。其中,2019年11月8日最高人民法院发布的《全国法院民商事审判工作会议纪要》(以下简称《九民纪要》),提出类型化和体系化的审判思路,通过检索类案、参考指导案例等方式统一裁判,有效防止滥用自由裁量权,增强金融商事审判的公开性、透明度以及可预期性,提高司法公信力。《九民纪要》对以金融创新为名规避金融监管、进行制度套利的金融违规行为以其实际构成的法律关系确定其效力和各方的权利义务。2020年7月15日最高人民法院发布《全国法院审理债券纠纷案件座谈会纪要》(以下简称《债券纪要》),从发挥司法功能出发,提出"四个坚持",即坚持保障国家金融安全原则,坚持依法公正原则,坚持"卖者尽责、买者自负"原则,坚持纠纷多元化解原则。《债券纪要》是我国第一部审理债券纠纷案件的系统性司法文件,该文件的发布有利于畅通债券纠纷司法救济渠道,统一债券纠纷案件裁判思路,增强债券审判的公开性、透明度、可预期性,对于完善债券市场基础制度,提升债券风险处置机制的市

---

① 包括最高人民法院、最高人民检察院《关于适用〈中华人民共和国外商投资法〉若干问题的解释》《关于办理利用未公开信息交易刑事案件适用法律若干问题的解释》《关于办理操纵证券、期货市场刑事案件适用法律若干问题的解释》《关于办理非法从事资金支付结算业务、非法买卖外汇刑事案件适用法律若干问题的解释》。

② 包括最高人民法院《全国法院民商事审判工作会议纪要》,最高人民法院、最高人民检察院、公安部、司法部《关于办理非法放贷刑事案件若干问题的意见》及《关于办理"套路贷"刑事案件若干问题的意见》,最高人民法院、最高人民检察院、公安部《关于办理非法集资刑事案件若干问题的意见》。

③ 包括最高人民法院《关于人民法院为中国(上海)自由贸易试验区临港新片区建设提供司法服务和保障的意见》,最高人民法院、中国人民银行、中国银行保险监督管理委员会《关于全面推进金融纠纷多元化解机制建设的意见》,最高人民法院《关于人民法院进一步为"一带一路"建设提供司法服务和保障的意见》《关于为推动经济高质量发展提供司法服务和保障的意见》《关于为河北雄安新区规划建设提供司法服务和保障的意见》。

④ 包括最高人民法院《关于审理民间借贷案件适用法律若干问题的规定》《关于适用〈中华人民共和国民法典〉有关担保制度的解释》《关于适用〈中华人民共和国保险法〉若干问题的解释(三)》等。

⑤ 包括《全国法院服务保障疫情防控期间复工复产民商事典型案例(第一批)》《最高人民法院关于印发〈全国法院审理债券纠纷案件座谈会纪要〉的通知》《最高检、证监会联合发布12起证券违法犯罪典型案例》等。

场化法治化水平,维护资本市场健康稳定和良好生态均具有重要意义。2020年最高人民法院针对涉疫情审判,制定、发布了关于依法妥善审理涉新冠肺炎疫情民事案件若干问题的指导意见(一)、(二)、(三)。2020年4月16日发布的指导意见(一)要求准确适用不可抗力规则,既要依法适用,又要避免规则滥用,应综合考量疫情对不同地区、不同行业、不同案件的影响,准确把握疫情或者疫情防控措施与合同不能履行间的因果关系和原因力大小,同时考虑当事人对合同不能履行或者损失扩大是否有可归责事由,积极鼓励交易,最大限度减少新冠肺炎疫情对正常经济秩序的冲击;2020年5月19日发布的指导意见(二)聚焦受疫情影响较大的买卖合同、房屋租赁合同、金融借款、医疗保险和企业破产等案件,就"关于合同案件的审理""关于金融案件的审理""关于破产案件的审理"三部分,提出23条具体审理意见;2020年6月16日发布的指导意见(三)则聚焦受疫情影响较大的运输合同、涉外商事海事案件的适用法律问题。

金融司法回应金融活动的专业性和创新性要求,提高金融审判专业化水平,完善公正、高效、权威的金融审判体系。2019年1月上海金融法院制定《关于证券纠纷示范判决机制的规定》,明确代表性案件的选取标准、审理规则及裁判效力,通过发挥示范案件的引领作用,妥善化解其他平行案件的金融纠纷,为全国法院建立证券纠纷示范判决机制提供了经验。同时,"数据法院""智慧法院"等新型审判模式的建设,提升了互联网时代金融司法审判水平,加强了金融审判与社会实践的深度融合。以全国首家互联网法院——杭州互联网法院为代表的互联网法院,坚持"用互联网思维办理互联网案件",不断通过个案裁判,注重维护网络交易、努力化解涉网纠纷、强化个人数据和虚拟财产保护,积极回应了互联网、高科技、大数据时代科技爆炸和科技进步带来的金融法制新问题。

为配合《民法典》贯彻实施,最高人民法院基于《民法典》立法精神和法律规定,全面清理和修改司法解释及相关规范性文件,共完成591件司法解释及相关规范性文件的清理工作,分4种情况处理:一是与《民法典》规定一致的共364件,未作修改、继续适用;二是需对名称和部分条款作修改的共111件;三是需废止的司法解释及相关规范性文件共116件;四是对2011年后发布的139件指导性案例进行梳理,决定2件不再适用。最高人民法院于2020年12月30日发布第一批与《民法典》配套的司法解释和规范性文件,包括《关于适用〈中华人民共和国民法典〉有关担保制度的解释》等。

(二)金融检察基本概况

2019~2020年,全国各地各级人民检察院积极履行打击金融犯罪、防范金融风险的检察职能。最高人民检察院的统计数据显示,2019年全国检察机关起诉非法吸收公众存款犯罪案件10,384件23,060人,同比分别上升40.5%和50.7%;起诉集资诈骗犯罪案件1794件2987人,同比分别上升50.13%和52.24%。根据最高人民检察院发布的数据,2020年1~6月全国检察机关对危害金融安全类犯罪逮捕7822人、起诉19,834人;第二季度批准逮捕3586人、起诉11,606人;对涉"套路贷""校园贷""以非法手段催收民间借贷"犯罪批准逮捕1066人、起诉5016人。上海检察机关2019年共受理金融犯罪审查起诉案件2063件,涉及4228人。金融犯罪案件呈现涉投资人众多、涉案金额巨大、犯罪手段专业化和跨国跨境犯罪多等特点,[①]金融检察职能打击金融犯罪和防范金融风险具有紧迫性和艰巨性。[②]

2019~2020年,全国各地各级人民检察院也积极颁布司法解释或指导性案例,对各级检察机关办理金融犯罪案件、维护金融稳定发展作出具体规范指导。2019年1月31日,最高人民法院和最高人民检察院联合发布《关于办理资金支付结算业务、非法买卖外汇刑事案件适用法律若干问题的解释》,在坚持罪刑法定原则、立足宽严相济刑事政策基础上,结合司法所需,明确对"非法从事资金支付结算业务""非法买卖外汇""情节严重和情节特别严重""犯罪地"如何认定等问题,[③]对犯罪数额认定、刑事处罚和罪名竞合的处罚原则等也作出具体规定。2019年6月27日,最高人民法院和最高人民检察院联合发布《关于办理利用未公开信息交易刑事案件适用法律若干问题的解释》,针对司法实践中利用未公开信息交易犯罪(俗称

---

① 根据《2019年重庆市检察机关惩治金融犯罪白皮书》,近年来新型金融案件疑难复杂程度明显加大,犯罪手段不断翻新,隐蔽性和迷惑性增强;犯罪影响面广、办案难度大;犯罪手段呈网络化、专业化发展等。金融犯罪案件集中表现为六大犯罪特点:一是非法集资犯罪呈现"互联网+"的特点,犯罪危害性增强;二是设计较为复杂的返利模式,犯罪隐蔽性增强;三是以高科技、技术热点为幌子,犯罪隐蔽性增强;四是保险诈骗手段呈多样化特征,防范难度较大;五是通过非法买卖外汇方式洗钱的产业链"浮出水面";六是互联网金融催生新的犯罪形态。

② 参见《上海检察机关发布2019年度金融检察白皮书》,载最高人民检察院官网,https://www.spp.gov.cn/zdgz/202008/t20200812_476564.shtml,最后访问日期:2020年10月31日。

③ 参见姜永义、陈学勇、陈新旺:《〈关于办理非法从事资金支付结算业务、非法买卖外汇刑事案件适用法律若干问题的解释〉的理解与适用》,载《人民法院报》2020年2月27日,第5版。

“老鼠仓”)呈现的发案领域日趋广泛、[1]内外勾结和合伙作案现象突出、犯罪分子反侦查意识较强和犯罪手段网络化趋势等问题,对“未公开信息”“违反规定”“明示、暗示他人从事相关交易活动”“情节严重和情节特别严重”和犯罪数额的认定等问题作了较为系统和详细的规定。[2] 2019 年 6 月 28 日,最高人民法院、最高人民检察院联合公布《关于办理操纵证券、期货市场刑事案件适用法律若干问题的解释》,明确操纵证券、期货市场罪的定罪量刑标准和有关法律适用问题,对依法惩治资本市场违法犯罪活动,防范化解重大金融风险发挥积极作用。[3] 2020 年 2 月 5 日最高人民检察院发布第十七批指导性案例,其中(检例第 64～66 号),涉及非法吸收公众存款、利用未公开信息交易、违规披露或不披露重要信息 3 个金融犯罪案例。[4](见表 4)

表 4　2020 年最高人民检察院发布第十七批指导性案例中的涉金融案例

案件名称	案件要旨	相关规定	指导意义
杨卫国等人非法吸收公众存款案	单位或个人假借开展网络借贷信息中介业务之名,未经依法批准,归集不特定公众的资金设立资金池,控制、支配资金池中的资金,并承诺还本付息的,构成非法吸收公众存款罪	1.《刑法》第 176 条; 2.《商业银行法》第 11 条; 3. 最高人民法院《关于审理非法集资刑事案件具体应用法律若干问题的解释》第 1 条	1. 向不特定社会公众吸收存款是商业银行专属金融业务,未经批准不得实施。 2. 金融创新必须遵守金融管理法律规定,不得触犯刑法规定。 3. 网络借贷中介机构非法控制、支配资金,构成非法吸收公众存款

① “老鼠仓”行为是指在我国证券、期货交易活动中,某些金融机构从业人员利用未公开信息,以自己名义,或假借他人名义,或者告知其亲属、朋友、关系户,先行低价买入证券、期货等金融产品,然后用客户资金拉升到高位后自己率先卖出获得巨额非法利益,将风险与损失转嫁给其他投资者的违法犯罪行为。

② 参见姜永义、陈学勇、王尚明:《〈关于办理利用未公开信息交易刑事案件适用法律若干问题的解释〉的理解与适用》,载《人民法院报》2020 年 4 月 30 日,第 5 版。

③ 参见“两高”《关于办理操纵证券、期货市场刑事案件适用法律若干问题的解释》(法释〔2019〕9 号)。

④ 参见《最高检第四检察厅厅长就第十七批指导性案例答记者问》,载最高人民检察院官网,https://www.chinanews.com/gn/2020/03-25/9136770.shtml。

续表

案件名称	案件要旨	相关规定	指导意义
王鹏等人利用未公开信息交易案	具有获取未公开信息职务便利条件的金融机构从业人员及其近亲属从事相关证券交易行为明显异常，且与未公开信息相关交易高度趋同，即使其拒不供述未公开信息传递过程等犯罪事实，但其他证据之间相互印证，能够形成证明利用未公开信息犯罪的完整证明体系，足以排除其他可能的，可以依法认定犯罪事实	1.《刑法》第180条第4款； 2.《刑事诉讼法》(2018年修正)第55条； 3."两高"《关于办理利用未公开信息交易刑事案件适用法律若干问题的解释》第4条	1.明确指控的思路和方法，全面客观补充完善证据。 2.加强对间接证据的审查，根据证据反映的客观事实判断案件事实。 3.合理排除证据矛盾，确保证明结论唯一
博元投资股份有限公司、余蒂妮等人违规披露、不披露重要信息案	《刑法》规定违规披露、不披露重要信息罪只处罚单位直接负责的主管人员和其他直接责任人员，不处罚单位。公安机关以本罪将单位移送起诉的，检察机关应当对单位直接负责的主管人员及其他直接责任人员提起公诉，对单位依法作出不起诉决定。对单位需要给予行政处罚的，检察机关应当提出检察意见，移送证券监督管理部门依法处理	1.《刑法》第30条、第31条、第161条； 2.《证券法》第193条	1.违规披露、不披露重要信息犯罪不追究单位的刑事责任。 2.刑法没有规定追究单位刑事责任的，应当对单位作出不起诉决定。 3.对不追究刑事责任的单位，人民检察院应当依法提出检察意见督促有关机关追究行政责任

(三)金融侦查基本概况

2019~2020年,公安机关发挥法定职能,防范金融风险,维护金融安全,保持对金融犯罪的严打态势。全国扫黑除恶专项斗争开展后,公安部部署全国公安机关依法严厉打击“套路贷”等新型黑恶势力犯罪活动,仅2020年1~7月各地公安机关打掉“套路贷”犯罪团伙260余个,抓获犯罪嫌疑人1270余人,破获刑事案件1410余起,使该类案件发案数开始明显下降,打击、治理取得阶段性明显成效。[①]

2019年10月21日最高人民法院、最高人民检察院、公安部、司法部联合发布《关于办理非法放贷刑事案件若干问题的意见》,进一步明确法律适用和量刑标准,惩治非法放贷犯罪活动,有效防范因非法放贷诱发涉黑、涉恶及其他严重违法犯罪活动。该意见内容主要包括对非法放贷行为的认定及定罪处罚依据,“情节严重”与“情节特别严重”的一般认定标准和特别认定标准,“向社会不特定对象发放贷款”、非法放贷数额,实际年利率的认定和计算标准,非法放贷与伴生、次生犯罪的罪数处断,对黑恶势力非法放贷从严惩处等问题。[②] 2020年4月9日,公安部发布《关于新冠肺炎疫情期间依法严厉打击跨境赌博和电信网络诈骗犯罪的通告》,针对新冠肺炎疫情发生后,境外赌场、赌博网站加大对我国公民的招赌力度和不法分子大肆借疫情实施电信网络诈骗的情况,坚持依法严惩。2020年7月公安部公布打击“套路贷”犯罪的6起典型案例,“套路贷”犯罪团伙通常以民间借贷为幌子从事非法放贷活动,并以审核费、管理费、服务费等名义收取受害人高额费用,恶意制造违约迫使受害人继续借贷平账,不断垒高债务,最后通过滋扰、纠缠、非法拘禁、敲诈勒索等暴力或“软暴力”手段催讨债务,达到非法侵占受害人财物的目的。“套路贷”犯罪不仅侵害当事人合法权益,且扰乱正常金融秩序,衍生暴力、威胁等催收手段,诱发诈骗勒索、寻衅滋事等违法犯罪,严重影响社会和谐稳定。此次公布的6起典型案例,包括开发数百款网贷软件实施犯罪、在境外搭建技术团队非法放贷以及通过电话轰炸、恐吓等方式进行暴力催收等多种违法犯罪行为。(见表5)

---

① 参见《公安部公布打击“套路贷”犯罪6起典型案例》,载中国政府网,http://www.gov.cn/xinwen/2020-07/10/content_5525592.htm。

② 参见最高人民法院、最高人民检察院、公安部、司法部《印发〈关于办理非法放贷刑事案件若干问题的意见〉的通知》(法发〔2019〕24号)。

表5 2020年7月公安部公布“套路贷”犯罪的6起典型案例

案件名称	案件规模	案情简介
11·5特大网络“套路贷”犯罪案件	刑事拘留230余人,扣押大量手机、电脑、服务器等涉案电子设备	2015年以来,犯罪嫌疑人刘某南等人注册20余家空壳公司,研发69款网贷平台,以“低利息”“无抵押”为幌子吸引受害人借款,签订一系列明显不利于受害人的借款合同,通过网贷平台下架、更名、链接无效、无法正常扣款等手段故意制造受害人违约,收取高额费用,不断垒高受害人债务,并通过“爆通讯录”、P图群发、冒充公检法等软暴力手段进行恶意催收,达到非法侵占受害人钱财的目的,受害人数多达数十万人
浙江绍兴“虾米在线”“套路贷”犯罪案件	抓获犯罪嫌疑人70余人,查扣涉案资产3500余万元	2019年6月以来,李某波等人在境外组建技术团队、租用云服务器,开发“虾米在线”“幸运谷”“极速飞机”等200余个网贷软件,纠集曹某欣等百余人在互联网上实施“套路贷”犯罪活动,并对借款人实施软暴力催收,受害人数超17万人
河南平顶山3·25“套路贷”犯罪案件	抓获犯罪嫌疑人50人,现场扣押手机97部、电脑105台、银行卡129张,查扣涉案资产2000余万元	犯罪嫌疑人蔡某、陈某峰等9人在境外通过微信、Skype等通信工具指使吴某开发“金鼠管家”“巨汇钱包”“海贷”“光速贷”等200余个网贷软件,纠集宋某文等人在互联网实施“套路贷”犯罪活动,并对借款人实施软暴力催收,受害人数超3万人
广东梅州6·10“套路贷”犯罪案件	抓获犯罪嫌疑人40余人,查扣涉案资产2000余万元	2018年以来,犯罪嫌疑人徐某涛(男,35岁,在逃,正在追捕中)纠集邱某坤等40多人研发、租借网络放贷软件,在互联网上实施“套路贷”犯罪活动,并对借款人实施软暴力催收,受害人数达数万人

续表

案件名称	案件规模	案情简介
重庆石柱县“云闪贷”“套路贷”犯罪案件	抓获犯罪嫌疑人20余人,查扣涉案资产130余万元	2019年9月以来,犯罪嫌疑人胡某峰纠集张某萍等人,开发“云闪贷”等网贷平台,在互联网上实施“套路贷”犯罪活动,并由雷某涛等人经营的重庆后汉科技有限公司进行网络推广,由李某等人经营的陕西天酬科技有限公司实施软暴力催收,受害人数达数千人
江苏泰州6·17非法催收案件	抓获团伙成员300余人,采取刑事强制措施50余人,查扣涉案资产800余万元	2018年以来,犯罪嫌疑人王某齐纠集周某月等人,以中金汇昇资产公司为掩护,采取电话轰炸、恐吓等方式对网贷借款人实施软暴力催收,受害人数超2000人

五、对我国金融法治发展的新展望

党的十九大提出2035年基本实现国家治理体系和治理能力现代化。贯彻新的金融及经济发展理念,进一步夯实金融法治根基,构建更有效、科学的金融监管制度,提升金融行政执法效能,充分发挥金融司法功能,是中国金融法治建设的新目标。

(一)以更健全的立法巩固金融法治的根基

当前,我国金融法治制度供给不足问题仍然存在,在一些重要金融领域尚无法律位阶的规范性文件,导致该领域的立法层次不高,法律效力较弱,部门规章及“通知”“意见”“决定”等政策文件,仍是法律规范的主体,仍显现出某些“政策式治理”的样式,须在立法原则、制定内容方面进一步法治化,推进金融规范性文件的“立、改、废、释”,巩固金融领域制度性治理的根基,使金融法律制度具有时代适应性,有利于我国的全面改革与开放,有立法上有3个方面亟须加强:

第一,制定《期货法》。期货市场是构建立体化资本市场的重要内容,其主要功能是风险管理和价格发现。没有期货市场,多层次资本市场只是一种平面式资本市场,只有将期货双向交易机制和风险对冲功能加入其中,平面式资本市场才能转化为立体化的多层次市场,增强金融市场的定价能力。《期货法》立法在20世纪90年代初已启动,多次进入立法规划,但至今尚未制定完成。我国期货市场主要依靠《期货交易管理条例》及证监会发布的部门规章运行,不仅权威性不足,在具体规则方面也多有缺位、错位之处,影响期货市场进一步改革与发展。《期货法》立法是对我国期货市场既有规则进行系统性反思与规则创新的契机。其一,明确《期货法》的调整范围。现行《期货交易管理条例》仅将最基本、最典型的期货交易纳入调整范围,其限定列举方式已不能适应期货市场发展;随着对新形态合约进行风险管理的需求不断增长,应将各种采取期货交易机制的合约品种概括性地纳入调整范围。其二,明确期货市场的监管体制。对期货市场的监管,既包括对期货市场参与主体的监管,又包括对各参与主体市场行为的监管,期货市场参与主体包括交易者、期货交易所、期货结算机构、期货经营机构、期货服务机构等,须通过市场准入、信用维持和日常检查等手段,确保参与主体的适格;行为监管主要是对异常交易行为和市场违法行为监管,以事中和事后监管为主。在国际各市场关联性越来越强,跨期货和现货市场、跨衍生品和基础资产市场的市场操纵和内幕交易频发,丰富行为监管的制度工具,才能更好地预防和查处跨市场违法行为。[①] 其三,就场外市场的延伸监管作出规定。[②] 传统上,期货市场主要指场内市场,在期货交易所内交易标准化合约。然而,国际上场外交易规模远超场内市场,我国场外市场规模也逐渐扩大,形成利率、汇率、信用较完整的产品结构及多种合约类型,涵盖远期、互换和期权等,商业银行、证券公司、保险公司及其他非金融机构均已开始从事场外衍生品交易。然而,现《期货交易管理条例》对场外市场几无规定,采用“推出一类产品,制定一份管理规定”的方式,规定分散、透明度较低。2008年全球金融危机以来,世界各主要国家均以立法形式将场外市场纳入监管范围,要求场外衍生品交易实行集中清算和信息披露,以便实现对场外市场风险的有效监测,我国期货立法应就场外市场专门作出制度安排。

第二,进一步修订与金融发展相关的法律制度。采用先进的金融立法理念,建立既符合国际惯例又适合我国国情的金融法律制度。提高金融立法的效力等级,加快完善金融基础性法律制度,只有解决金融立法滞后、与金融发展实践不相匹配

---

① 参见钟维:《期货立法要解决四个瓶颈问题》,载《经济参考报》2020年6月2日,第8版。

② 参见叶林、钟维:《核心规制与延伸监管——我国〈期货法〉调整范围之界定》,载《法学杂志》2015年第5期。

问题,才能建立起现代化的金融法治体系。金融法律不是孤立的,调整金融主体与金融行为的《公司法》《票据法》《信托法》等法律、法规的修订均应加快步伐。同时,全球金融危机、新冠肺炎疫情都对金融市场稳定机制提出了更高要求。为应对突发金融事件,应建立多监管部门合作、金融与财政政策协同机制,建立重大突发金融事件应急法律制度,通过提供流动性支持、财政援助等措施稳定金融市场。

第三,进一步完善我国金融机构退出法律制度。金融机构破产退出是市场经济竞争环境下优胜劣汰的必然趋势。金融机构破产退出制度是市场经济主体退出机制的重要组成部分,金融机构优胜劣汰、有序退出是市场机制发挥作用的必然产物,允许金融机构有序破产是有效保护债权人权利和金融消费者合法权益的内在要求。目前,我国金融机构退出机制存在于《商业银行法》《企业破产法》《金融机构撤销条例》《存款保险条例》中,立法分散,制度间衔接不够。在立法模式上,我国可采用"二元"金融机构退出模式。鉴于银行类金融机构涉及存款人利益,具有公共性的职能,可采用行政主导型的立法模式,使其在市场退出时各金融监管部门联动,提高处置效率,避免风险的扩散;对于金融控股公司,也可采取这种模式;对于其他金融机构可采取行政型和司法型结合的折中模式,在金融机构退出程序中,涉及专业性、技术性的事项由监管部门决定,涉及退出金融机构财产性权利确认、变更和终止事项通过司法程序处置,提高效率。在立法内容上,应界定退出金融机构的适用范畴,考虑金融机构不同类别和行业特点,从市场退出的标准、方式、程序等方面予以规范;统合已有的证券投资者保护基金和存款保险基金制度;对接管金融机构、处理金融机构退出的组织及人员规定专业标准;在破产处置中区分个人债权与金融债权,维护金融消费者利益。

(二)进一步改革金融监管,契合现代化金融监管目标

第一,统合监管目标。目前,我国金融监管目标散见于各立法中,《中国人民银行法》第2条规定了"防范和化解金融风险,维护金融稳定"的目标,该审慎监管目标适用于银行业、证券业、保险业;在"金融消费者保护"方面,《商业银行法(修改建议稿)》中新设第六章"客户权益保护"规定,《保险法》中"保护投保人、被保险人和受益人的合法权益"的规定,2020年《证券法》专章规定"投资者保护",都是我国对金融消费者保护的重大突破。但整体而言,金融法法律层面对金融消费者保护的条文设计还过于笼统,在实践中只得向一般法寻找依据。当然,任何国家对金融消

费者的立法都不可能达到“充足”,法律原则、一般法规则均有适用于金融消费者保护的场域,如原《侵权责任法》,司法要发挥重要作用;但针对金融消费者的特定保护条款,如“信义义务”则以金融法规定为必要。同时,转变金融监管理念。美国次贷危机后,世界各国都在调整金融监管的理念,更为关注风险处置和金融消费者权益保护。运用依托于大数据、云计算、区块链和智能算法等新技术为基础的监管科技,积极应对金融科技快速发展带来的挑战。

第二,统合监管能力。依照《国务院机构改革方案》,强化央行在金融监管中的地位,并通过合并原银监会、原保监会,形成监管合力。结合国际金融监管趋势,我国监管经验和现有水平、市场发展程度,对监管制度应持续完善:其一,建立和完善高效的监管协调机制,以最大限度减少监管套利空间,以法律形式明晰国务院金融委的职权,使其监管职能在法律条文上由“虚”向“实”,将协调机制及内容法定化,降低监管机构自身带来的监管效能损耗;其二,在市场综合经营的趋势下,功能性监管理念应被强化于监管框架中,因综合经营不断增加金融监管的复杂度和难度,监管能力需持续提高,监管竞争有利于提高监管能力,应在监管框架中得以体现;① 其三,分业监管模式已不能适应综合经营,须建立有效防控金融风险的跨产品、跨行业、跨市场的新防火墙制度、新安全网制度;其四,金融安全、金融稳定、金融市场效率、消费者保护等既是监管希望达到的目标,但彼此之间又存在内在张力和冲突,因此对各监管目标间冲突的协调也应体现在具体监管规则中。

第三,发挥中央、地方监管功能。当前世界经济增长持续放缓,仍处在国际金融危机后的深度调整期,世界大变局加速演进,全球动荡源和风险点显著增多。“强监管、防风险、促发展”是辩证统一的有机整体,也需中央、地方金融监管部门的共同行动。其一,明确中央与地方金融监管事权,中央侧重于金融法规的制定、金融基础设施的统筹、系统重要性金融机构监管,地方侧重于新兴金融机构与业态监管、进行以投资者和消费者保护为中心的行为监管,加强其维护地方金融稳定和处置属地金融风险的职能,完善地方金融监管基础设施、监管技术手段,实现中央与地方金融信息共享与监管协同;建立“统一、分层”的监管规制体系和监管标准,由中央牵头制定地方各类金融业态的监管规制和监管标准,各地结合区域发展实际在统一监管规制与标准指导下制定、细化地方性的监管规制和监管标准。其二,依

① 参见宋晓燕:《论有效金融监管制度之构建》,载《东方法学》2020年第2期。

照法治原则,加快构建中央及地方金融监管协调机制,畅通中央与地方间的金融监管合作渠道,统筹建立科学、高效、多层次的地方金融风险联防联控联管机制,加强中央金融管理部门与地方金融监管局的信息共享、协调联动、沟通合作,建立紧急磋商机制与联合应急处置机制,促进监管合作。

第四,进一步加强金融基础设施建设。我国金融市场基础设施建设已取得突出的成就,但在标准、统筹等方面仍有薄弱之处,《民法典》已明确实施统一的动产担保制度,相关担保登记制度、不动产全国查询系统亟须完善。在金融基础设施监管功能方面,以建立服务实体经济、维护金融稳定、深化金融改革为宏观目标;以发挥金融基础设施协同效应,服务金融市场深化、双向开放为中观目标;以服务金融主体金融活动为微观目标。同时,将对金融基础设施的监管需求和要求机制化、法定化,接受来自监管者的监督,并由国内外金融监管部门合作,提升金融基础设施服务的安全和效率。①

(三)发挥司法功能,构筑金融法治的司法保障

第一,充分认识司法的性质。金融司法是国家权力的形式,是国家治理的组成部分。从司法权的制度功能上看,根据《宪法》第3条、第128～133条,司法权是宪法位阶的权力;司法权是裁判权,其根本任务在于在两造间作出判决,以裁决纠纷为己任,体现出中立性、事后性;司法权主要属社会权力,司法权的目标是为社会服务,实现社会公正;现代司法权可以在公民与国家权力之间作裁决,是公民控制国家权力的工具;司法权还具有社会参与性与公开性,如公开审理、陪审制度。② 有学者指出,司法权与行政权的区别在于10个方面,"在国家权力结构中,行政权与司法权虽然同属执行权,但两者大有区别。它们之间最本质的区别在于司法权以判断为本质内容,是判断权,而行政权以管理为本质内容,是管理权"。③

第二,充分认识、实施司法权的功能。就司法功能而言,有多层次、多角度复杂的认识:增强国家治理系统的适应和维持功能,对其他权力的监督与制衡,维护国家政治秩序,规范中央与地方事权关系,通过司法裁判定分止争,惩处违法犯罪行

---

① 参见朱小川:《我国金融市场基础设施管理——现状、难点和立法路径》,载《西南金融》2020年第4期。

② 参见周永坤:《司法权的性质与司法改革战略》,载《金陵法律评论》2003年第2期。

③ 孙笑侠:《司法权的本质是判断权——司法权与行政权的十大区别》,载《法学》1998年第8期。

为,救济各类主体的合法权益,化解社会矛盾,维护社会秩序,通过司法程序发现和满足社会发展需要,增强国家在全球治理中的适应性和目标达成,维护国家政治文明和核心价值观等,①可谓林林总总。如果社会对司法过度倚重,对司法功能解读混乱,则会导致司法的功能紊乱或功能泛化,最终导致司法对其功能不堪重负。②因此,深入认识司法功能,才能实现司法对金融发展的促进。审理、裁判是司法功能的核心,对个案当事人产生直接法律效果是其法理功能,如果"定分"尚归属于法官判断的领域,与"解决"相连的止争,维护市场秩序或为经济建设服务或服务大局、维护稳定等,则归属于社会效果,所产生的是"间接影响"和"可能效果"。一方面,司法权的实施及司法的法理功能、社会功能、政治功能的实现只能依赖于个案的审判,司法的社会功能、政治功能蕴藏于司法的法理功能之内,可以说司法法理功能的实现连接着司法社会功能、政治功能的实现,相辅相成、不可割裂,没有脱离法理功能的社会功能、政治功能;另一方面,司法公正、司法权威本身就是司法社会功能的体现,司法的法理功能依正当程序体现、得到实现,才能"让人民群众在每一个司法案件中感受到公平正义",虽然司法机关面对的案件繁杂、因案件所累积的社会矛盾众多,但只能通过法理功能加以解决。就金融市场而言,市场各参与方间的纠纷,无论是在平等主体间还是监管者与被监管者间,都需依赖司法裁判呈现司法的法理功能,实现司法的法理功能所产生的溢出影响,为市场提供规则,防控金融风险,进而实现司法的社会功能、政治功能。发挥司法的法理功能,则须在以下方面继续努力:其一,推动金融审判体系和审判能力现代化,在金融审判体系创新的基础上,建设专业化审判机制和司法队伍,提升金融审判的信息化水平;同时完善符合金融审判规律的审判权运行模式,满足金融市场对司法服务保障的迫切需求,推进民事诉讼程序繁简分流改革试点、跨域诉讼服务和诉调对接,促进金融纠纷诉讼、调解衔接。其二,司法审判与行政监管之间形成良性互动,发挥司法监督金融监管机构依法履行监管职责的功能,积极推动和维护金融监管机构依法行政。其三,增强金融司法的规则供给职能,发挥司法裁判对金融市场的规范引导和价值引领作用,填补金融立法空白,通过金融审判更加专业、高效、能动地解决金融商事纠纷案件,更加灵活地"产出规则",规制交易行为,并指引金融商事交易活动。

---

① 参见沈德咏等:《国家治理视野下的中国司法权构建》,载《中国社会科学》2015年第3期。

② 参见孙笑侠:《论司法多元功能的逻辑关系——兼论司法功能有限主义》,载《清华法学》2016年第6期。

站在金融业全面深化改革和扩大对外开放的新历史起点上,不断建设完善的金融法治体系和制度内容,无疑是金融法治发展史中浓墨重彩的一笔。从当今金融发展与金融法治的动态关系角度,前瞻性地思考金融法治发展的前景,因时而变,构建具有时代意义的金融法治,对国家治理体系与治理能力的现代化无疑具有深远的历史意义。“九万里风鹏正举”,我国的金融法治发展行稳致远。

#【分报告】

《民法典》与金融法治新发展

汪倪杰[*]　施鸿鹏[**]

我国《民法典》已经于2020年5月28日由第十三届全国人民代表大会第三次会议通过，于2021年1月1日正式施行。《民法典》是调整我国私法关系的基础性法律，是贯彻、实施党的十八届四中全会《中共中央关于全面推进依法治国若干重大问题的决定》中依法治国决策的重要成果。

此次《民法典》的颁布建立在我国历次民法典编纂尝试的基础之上。我国第一次民法典编纂始于1954年，于1956年12月完成了第一部《民法草案》。第二次民法典编纂以1964年7月的《民法草案(试拟稿)》为标志。该草案结合当时计划经济特点创设了一个全新的体例，但因特殊的历史原因，该草案并未付诸实施。第三次民法典编纂是1982年的《民法草案》。其编纂体例和主要内容，主要参照了1962年的苏联民事立法纲要、1964年的苏俄民法典以及1978年的匈牙利民法典，但也未转化为最终的民法典。第四次编纂则是2002年全国人大法工委牵头主导的民法典编纂，其间形成了以梁慧星、王利明和徐国栋为代表的三份民法典专家建议稿，但也未落地为真正的法典。此次，《民法典》的成功编纂和颁布，是我国国家治理现代化的重要标志，构成了社会主义市场经济法律制度的基石，为我国经济、社会的进一步发展和创新提供了法律根基。其中，重要的一方面就是对我国金融业的发展提供了基础性的制度保障，对于金融法治生态建设产生根本性的作用。

《民法典》作为私法规范的集大成者，构成了民商事交易主体之间进行平等交换活动的基础性法律规范。但金融法治的制度结构不仅包括了作为交易规则的私

* 复旦大学法学院博士后研究人员，复旦大学中国金融法治研究院研究人员；研究方向：民商法。

** 复旦大学法学院讲师，复旦大学中国金融法治研究院研究人员；研究方向：民商法。

法层面,也包括了监督管理规则的公法层面。可以说,前者构成了横向法律规范体系,后者构成了纵向的法律体系。《民法典》对于金融法治的影响更多体现在横向的私法层面。《民法典》与金融法治的关系可简要概括为如下方面:

首先,《民法典》是金融私法的基本法。《民法典》主要规定了社会主义市场经济环境下平等交易主体之间的权利、义务关系,如合同编主要规定了主体之间依据约定形成的债权、债务关系;准合同(无因管理、不当得利)与侵权责任编主要规定了在没有合同关系情形下,基于法定原因,金融交易主体之间的债权、债务关系。而人格权编则从人格权益保护的角度,为金融消费者在金融交易过程中可能涉及的人身、财产权益的损害提供了救济途径;而物权编则为金融交易中产生的财产利益的归属问题提供了基本指引。以上民事交易过程中涉及债权流转、物权归属的一些基本规范为金融交易过程中相关主体民事权益的保护和救济提供了坚实的法律保障。

在具体规范之外,《民法典》所规定的民法基本原则,如权利受保护原则、平等原则、自愿原则、公平原则、诚实信用原则、合法性原则、公序良俗原则以及绿色原则(节约资源、保护生态环境)对于指导民商事交易活动的顺利开展,维护正常的交易秩序具有重要作用。以上内容在原则上都可以适用于金融交易活动,作出在金融特定法没有具体规范时,可以援引并调节金融交易主体之间权利、义务关系的基础性或填补性的交易准则,从而与金融领域的交易特别法,以及监管、调控法一道构成调整金融交易活动的法律规范体系。

其次,《民法典》对金融公法权能的贯彻。《民法典》主要调整金融交易法的范畴,金融调控法、金融监管法的公法层面依然独立存在。由于金融活动的特殊性,金融交易领域更多地体现为国家深入监督、管理之下的民商事活动。由此,金融法治具有公法、私法层面的双重属性,但两者的关系并不完全割裂。《民法典》对于金融法治的影响主要体现在确定金融交易行为的有效与无效、违法和合法,以及划定交易主体具体权利、义务的相应边界。而金融公法则主要是为了实现对于金融市场秩序的调控,以及对于金融交易市场的监督、管理,实现金融活动活跃、创新与国家金融安全之间的平衡关系。但以上两个法律区域相互交汇,尤其体现于对于交融交易主体行为义务的规制上。比如,合同编中当事人的行为义务并不完全体现为约定义务的内容,根据诚实信用原则、交易习惯乃至社会性政策所体现出的行为规范也可体现为默示义务或附随义务;在侵权责任编中,公法性的行为准则可以体现为对金融交易主体一般行为规范的依据，从而在特定交易场景中具体化为交易主体的注意义务；在人格权编中，规定了特定主体对于隐私权乃至个人信息的安全保护义务。此类义务既为公法性的禁止性规范，也是金融交易主体在民商事活动中负有的作为义务。可见，《民法典》在实现金融交易法的功能时，一定程度上也融汇了调控、监管的功能，或者说为公法性规范的落实提供了私法通道。

金融法治的公法属性也会导致民法规范在金融交易领域的适用发生调整。比如，《民法典》中强调的平等原则为因金融交易主体地位的不平等而发生倾向消费者或弱势一方的法律效果；在公序良俗原则的适用中，更多考虑公共政策和公共安全，乃至行政性规范所规定的行为义务对金融交易主体行为自由的限制；在诚信原则的使用中，因金融交易活动的高度技术性和专业性，在进行相关合同解释的过程中，需要更多侧重行业惯例和习惯的考量，从而为作为基础性法律的民法规范起到补充作用。

最后，《民法典》制度对金融法治的影响。除了在功能、宗旨等一般层面的作用之外，《民法典》对于金融法治的影响，主要是具体核心制度的建构和落实。从民法典中各编的体例与相互关系来说，主要体现为两个层面：一是合同编与物权编对于新型债权债务关系的塑造及其在物权层面的归属效果的规定，对金融交易中相关主体的权利、义务产生了直接、深远的影响；二是人格权编与侵权责任编从交易主体固有权益（尤其是隐私和个人信息）保护的角度提供了相关的确权规范和救济措施，从而对保护金融交易主体的合法权益提供了坚实保障。

一、《民法典》物权编、合同编对金融法治的影响

《民法典》将在两方面影响私法关系的规制：一方面，《民法典》作为私法关系的一般法，不仅对民事法律关系的规制形成了大量具有基础意义的新制度；同时，通过对《民法典》合同编与物权编中有关债权让与的新规定，融资租赁合同、保理合同等合同内容及担保制度的重新厘定或新增，实现了对商事法律关系的规制（包括金融法治），并形成了新的制度内容；另一方面，作为完整的基础法律部门，它对法律行为效力的认定与控制的系统化论述，也将作为金融审判工作的基础规范，形成界分金融私法与金融公法的一般法基础。

对于金融交易而言，物权与合同制度是私人间最基础的交易工具的组成部分。

金融创新与金融私权的形成,本质上都是以不同的交易工具为基础,对其进行合乎金融行为目的的分解与结合,并最终形成在性质、效果与品格上与一般法所不同的内容。不过,由于金融创新的基础原则均以《民法典》为基础,《民法典》对于合同效力的认定、合同内容的解释等内容将势必影响对金融产品的内容与效果的判断。因此,《民法典》对于合同编的新规制将对金融法治产生基础性的影响。

(一)《民法典》物权编与金融法治的发展

《民法典》物权编第四分编规定了有关担保物权的内容,分别对抵押权、质权、留置权等制度进行了具体规定,并新增或改动了大量有关担保物权制度的条款,在民事一般法的层面上推动了我国担保制度的发展,对此前民商事活动及司法实践中存在的疑点、难点问题进行了立法回应。在担保物权领域,《民法典》作出了许多重大调整。这对市场交易主体,尤其是涉及使用债券担保品进行履约担保的金融机构及其他金融市场各参与主体,具有重大指导意义。(见表1)

表1 《民法典》物权编相关制度对金融法治的影响

序号	条文编号	条文内容	对金融法治的影响
1	第388条第1款	设立担保物权,应当依照本法和其他法律的规定订立担保合同。担保合同包括抵押合同、质押合同和其他具有担保功能的合同	对非典型担保的认许
2	第401条	抵押权人在债务履行期限届满前,与抵押人约定债务人不履行到期债务时抵押财产归债权人所有的,只能依法就抵押财产优先受偿	对禁止流押、流质的柔化
	第428条	质权人在债务履行期限届满前,与出质人约定债务人不履行到期债务时质押财产归债权人所有的,只能依法就质押财产优先受偿	
3	第414条	同一财产向两个以上债权人抵押的,拍卖、变卖抵押财产所得的价款依照下列规定清偿:(一)抵押权已经登记的,按照登记的时间先后顺序确定清偿顺序;(二)抵押权已经登记的先于未登记的受偿;(三)抵押权未登记的,按照债权比例清偿。其他可以登记的担保物权,清偿顺序参照适用前款规定	明确担保权利顺位

续表

序号	条文编号	条文内容	对金融法治的影响
4	第 416 条	动产抵押担保的主债权是抵押物的价款,标的物交付后十日内办理抵押登记的,该抵押权人优先于抵押物买受人的其他担保物权人受偿,但是留置权人除外	增设价金超级优先权制度
5	第 406 条	抵押期间,抵押人可以转让抵押财产。当事人另有约定的,按照其约定。抵押财产转让的,抵押权不受影响。 抵押人转让抵押财产的,应当及时通知抵押权人。抵押权人能够证明抵押财产转让可能损害抵押权的,可以请求抵押人将转让所得的价款向抵押权人提前清偿债务或者提存。转让的价款超过债权数额的部分归抵押人所有,不足部分由债务人清偿	明确转让抵押财产无须经过抵押权人同意

1.《民法典》物权编对非典型担保的认许

金融活动的展开在很大程度上通过担保制度确保金融产品中的债权利益的实现。在我国传统物权法的立法中,通常只承认抵押、质押等有限列举的担保形态,虽然其他非典型担保也为司法实践所认同,但总体而言,明确的制度的确使得过去的物权法制度并未给金融创新提供充分的制度保障与支持,对于诸如所有权、债权、股权的让与担保及以物抵债等非典型担保缺乏完整的规制。原《物权法》并未就非典型担保的问题进行立法,基于物权法定的原则,对于诸如让与担保等约定的法律效果究竟应当认定为所有权,进而类推适用担保物权的规定使权利人仅仅享有担保性权利,还是直接认定其仅享有担保权利,并无确当说法。虽然 2019 年的《全国法院民商事审判工作会议纪要》(以下简称《九民纪要》)对此加以明确,但是仍然缺乏一般性的民事规范基础。对此,《民法典》第 388 条第 1 款规定:“设立担保物权,应当依照本法和其他法律的规定订立担保合同。担保合同包括抵押合同、质押合同和其他具有担保功能的合同……”由此承认了现行司法实践中所认同的诸多非典型担保。

在金融交易中,让与担保还包括约定标的股权担保的“明股实债”交易安排。[①]

① 参见许德风:《公司融资语境下股与债的界分》,载《法学研究》2019 年第 2 期。

在这种设计结构中,投资者以增资入股或者受让目标公司股权并以相应股权担保债权实现。该结构设计的本质为狭义的让与担保,其效力也在司法审判中得到确认。广义的让与担保中的买卖式担保的典型有回购型“类 REITs”交易结构中的“优先收购权”安排。在该结构安排中,原始权益人将持有的资产(如物业资产、项目公司股权、私募基金份额等)出售给“类 REITs”以换取相应的对价,从而实现其融资需求。同时,原始权益人或其关联人与“类 REITs”签订《优先收购权协议》,约定在“类 REITs”存续期间优先收购权人需支付一定的权利维持费,在约定的时间,优先收购权人有权按协议约定的价格对此加以回购或买回。

就金融活动而言,在传统债券担保品业务模式中,最常见的就是质押模式,且被长期、广泛使用在银行间市场。但是,质押行为因为涉及登记等制度,本身成本较高。因此,随着金融市场不断发展,尤其是互联网金融的异军突起,交叉型、跨行业交易的金融产品越来越多,成本更为低廉的非典型担保自然就越来越受到市场重视。例如,《九民纪要》首次以规范性文件的方式明确了“让与担保”的非典型担保性质,其本质是担保而非转让,根据是否完成所有权变动公示,认定其是否具有最相类似的物权效力。[①] 对于债权人根据让与担保合同请求变更所有权的,法院不予支持,并将引导双方依据合同主张权利。如果认定具有物权效力,最终通过清算程序(拍卖、变卖、折价)实现担保权益。此次《民法典》立法,正是在第 388 条第 1 款的表述中再次肯认了其有效性与法律适用问题。

2. 根据无效法律行为转化制度对流质、流押的制度进行了明确规定

根据原《物权法》第 186 条的规定:“抵押权人在债务履行期届满前,不得与抵押人约定债务人不履行到期债务时抵押财产归债权人所有。”与此类似,原《物权法》第 211 条规定:“质权人在债务履行期届满前,不得与出质人约定债务人不履行到期债务时质押财产归债权人所有。”据此,该两条条款分别对流押及流质作了明确的禁止规定,按照一般法理,担保中的此类约定均应作无效处理。从法理上看,对流押及流质的禁止系出于对债务人的特别保护,防止其因处于经济上的弱势而不得不签订流质、流押的条款,从而使债权人获得不当利益。不过,虽然当事人关于流质、流押的直接法律效果应当禁止,但当事人有关担保的意图仍然应当在合法的限度内予以保护,以实现当事人的部分真实意思,促成法律上的交易并尽可能维

① 参见《九民纪要》第 71 条。

护当事人之间权利义务关系的均衡。由此,对无效的法律行为加以转化,使得法律的禁止目的得到实现,同时使双方当事人有关担保的目的能够最大限度地得到实现,就显得十分必要。按照一般有关担保约定的法律效果,债权人的担保利益在于担保物拍卖、变卖或折价出卖之后的所得价款,并就该所得价款优先受偿,而对于超出债权数额部分的所得利益,应当归属于保证人所有。

基于上述法理,《民法典》第401条规定:"抵押权人在债务履行期限届满前,与抵押人约定债务人不履行到期债务时抵押财产归债权人所有的,只能依法就抵押财产优先受偿。"与此类似,《民法典》第428条规定:"质权人在债务履行期限届满前,与出质人约定债务人不履行到期债务时质押财产归债权人所有的,只能依法就质押财产优先受偿。"通过无效法律行为转换的法理,①实现了对流质、流押条款的灵活规制,既有利于简化担保物权的实现程序,降低权利实现的成本,也充分尊重了当事人的私法自治,促进抵押权、质权担保功能的充分发挥。这就使诸如以物抵债等实践形态的法律效果能够通过清算的方式加以实现,而避免因为涉及流质、流押之类推适用而导致约定无效的效果的出现。

3. 担保权利之顺位及担保物之可转让性明确化

(1)担保权利顺位明确化,有利于避免顺位争议

虽然学理及实践上一贯承认一个担保物之上得存在数个不同顺位的担保权利,但是原《物权法》及原《担保法》并未对此加以明确。事实上,在一个担保物上设立多个担保权利,可以实现物的最大化利用(尤其是在担保物价值大于单一的主债权的情况下),并使债权人获得充分的融资。但在实践中,担保物的优先顺位法律规定不明也引发了执行、破产程序中各担保物权人之间关于优先顺位的争议。对此,《民法典》第414条规定:"同一财产向两个以上债权人抵押的,拍卖、变卖抵押财产所得的价款依照下列规定清偿:(一)抵押权已经登记的,按照登记的时间先后确定清偿顺序;(二)抵押权已经登记的先于未登记的受偿;(三)抵押权未登记的,按照债权比例清偿。其他可以登记的担保物权,清偿顺序参照适用前款规定。"该条第2款意味着具有担保功能的融资租赁出租人的所有权可以加以登记,并享有担保功能的权利,并适用上述有关担保物权的顺位规则。由此,对于已登记的、未登记的抵押权之间的顺位问题,《民法典》给出了一个明确的答案。此外,《民法典》第

---

① 参见李永军:《民法总则》,中国法制出版社2018年版,第703~704页。

415 条还规定,“同一财产既设立抵押权又设立质权的,拍卖、变卖该财产所得的价款按照登记、交付的时间先后确定清偿顺序”,明确了公示手段不同的动产担保设立统一的优先受偿顺序,为了进一步改善普惠金融经营机构的营商环境,优化担保清偿结构,赋予金融市场各种参与主体更大的自主权。

(2)“价金超级优先权”对金融交易的影响

在现代商业社会中,以赊购或者贷款的方式购买原材料、设备、产品等动产的商业活动非常普遍,对此,《民法典》第 416 条规定:“动产抵押担保的主债权是抵押物的价款,标的物交付后十日内办理抵押登记的,该抵押权人优先于抵押物买受人的其他担保物权人受偿,但是留置权人除外。”这对于增加生产、促进资金融通有巨大作用。这一规定被认为是“价金担保权”,原则上优先于其他担保物权,涉及为了担保债务人买入动产时对出卖人或者贷款人支付价款的债务的履行,在买入的该动产上为出卖人或贷款人设定的,经依法登记取得法律规定的优先受偿权的抵押权。由于这一担保权优先于债务人在该动产上的除留置权人以外的其他担保物权人受偿,因此在比较法及学理上,该制度也被称为“超级优先权”。①

这种优先性表现为,买卖价款抵押权不仅优先于其后设立的担保物权,还优先于在先设立的担保物权。在债务人买入的动产之上设立在先的担保物权,主要指债务人先前为他人设定浮动抵押的情形。按照《民法典》第 396 条的规定,设定浮动抵押之后,浮动抵押权人对于抵押人现有的及将来的动产享有抵押权,抵押人嗣后取得的动产,将自动成为抵押财产的一部分。此外,就浮动抵押的财产范围的确定而言,“债务人不履行到期债务或者发生当事人约定的实现抵押权的情形,债权人有权就抵押财产确定时的动产优先受偿”,在此“结晶”的时点为不履行到期债务的时点或者当事人约定实现抵押权的时点,由于动产属于抵押财产,在此情况下存在的动产出售行为中,动产之上的浮动抵押权与出卖人的价金担保权才会发生冲突。对于此种情形,就需要通过《民法典》第 416 条来进行顺位的确定。否则,即便在动产之上设定了浮动抵押,当该动产在“结晶”之前被出售的时候,该动产就不再作为抵押财产的客体而存在了。

该制度为买卖合同债权的担保奠定了规范基础,从而起到平衡价金债权人与

---

① 参见孙宪忠、朱广新主编:《民法典评注·物权编(4)》,中国法制出版社 2020 年版,第 232 页以下(董学立撰写)。

债务人的其他担保物权人之间的优先受偿顺位,以及保护中小企业、个体工商户和集体经济组织融资权利,简化法律关系的功能,将第三人融资的购买行为回归到动产担保之中,促进国内信用消费,提高消费者的购买能力,加快资金流转。同时,该规范为原《物权法》、原《担保法》所无,《民法典》新设之规范,势必将会对担保物权人的利益格局产生深远影响,对此应予注意。

(3)担保物的转让无须经过抵押权人同意

就担保物的可转让性而言,按照原《物权法》第191条的规定:“抵押期间,抵押人经抵押权人同意转让抵押财产的,应当将转让所得的价款向抵押权人提前清偿债务或者提存。转让的价款超过债权数额的部分归抵押人所有,不足部分由债务人清偿。抵押期间,抵押人未经抵押权人同意,不得转让抵押财产,但受让人代为清偿债务消灭抵押权的除外。”据此,抵押物的转让原则上应当经过抵押权人的同意,而且转让所得价款应当用于提前清偿或者提存;未经同意的转让,也应当以受让人代为清偿为前提。质言之,原《物权法》第191条的立场以严格保护抵押权人的利益为特征,而将抵押物转让的利益置于劣后考虑的顺位上。但事实上,抵押权作为物权之一种,原则上本身就具有追及效力,尤其是当存在公示公信的方式时,此种追及效力于交易安全亦无影响。尤其是,所有权人享有之处分权益,并未因为设定了抵押权而受到影响,于此限制抵押物的可转让性,甚至存在法理上的冲突。

因此,《民法典》第406条规定:“抵押期间,抵押人可以转让抵押财产。当事人另有约定的,按照其约定。抵押财产转让的,抵押权不受影响。抵押人转让抵押财产的,应当及时通知抵押权人。抵押权人能够证明抵押财产转让可能损害抵押权的,可以请求抵押人将转让所得的价款向抵押权人提前清偿债务或者提存。转让的价款超过债权数额的部分归抵押人所有,不足部分由债务人清偿。”这对于抵押及登记制度整体产生了巨大影响。对金融业务而言,这意味着提供信贷的金融部门不再能够作为抵押权人决定抵押物的转让,但是抵押权本身并不会因为所有权的转让而发生消灭的效果。从信贷成本的角度讲,在新的立法模式下,需要考虑的是,《民法典》第406条第2款中“抵押人转让抵押财产的,应当及时通知抵押权人”的法律意义:在抵押人转让抵押财产,且未通知抵押权人的情况下,抵押权人的利益如何保障?从法律效果上讲,抵押物的转让通知并不具有设权效力,但是该款第1句系对抵押权人的保护规定,因此妥善的解释结论为:未经通知,对抵押权人不发生效力。因为抵押物转让的自由业已配置于物权的所有权人,而其转让对他人产生成本的,该成本不应当由他人承担。即便如此,金融机构的运营成本也将有所增加,因为即便当抵押人或新的受让人未经通知,因而金融机构仍然能够向原权利人主张抵押权利,但由于此时抵押物已经转让,事实上此种抵押权就只能转化为人的保证——原权利人的责任财产的多寡在很大程度上决定了金融机构债权的实现,这就有可能会使金融机构面临巨大的信用风险。此时,对于金融机构而言,追查至物之所在,主张物上权利仍是其必要的风险规避手段。

4.统一的动产担保登记制度有望完善

我国目前的动产担保制度尚未统一,不同的标的物类型归属由不同的登记机构负责登记。例如,企业的原材料、半成品、成品、设备等动产的抵押登记及非上市公司股权的质权登记由市场监督管理部门负责;机动车、飞机、船舶等交通工具的动产抵押登记分别由公安交通行政管理部门、中国民航管理总局、海港监督管理部门负责;应收账款质押登记由中国人民银行征信中心负责;基金份额和上市公司股权质权登记由证券登记结算机构负责;等等。缺乏统一的动产及其他财产权利登记制度,增加了交易成本与交易安全风险,也妨碍了优良营商环境的建立。《民法典》删除了有关物权具体的登记机关的规定,为将来建立统一的动产及财产权利登记制度建立了可能。

(二)《民法典》合同编与金融法治的发展

合同制度是市场经济的基本法律制度。《民法典》合同编第一分编通则部分增加了有关预约合同的具体规定,完善了格式条款等合同订立制度;第二分编典型合同部分增加了保证合同、保理合同、物业服务合同和合伙合同四种典型合同,完善了融资租赁合同的规定等,为各类金融活动提供基本遵循,有利于充分调动商事主体的积极性和创造性,维护交易安全和市场秩序,推动金融活动创新发展。详见表2。

表2 《民法典》合同编相关制度对金融法治的影响

序号	条文编号	条文内容	对金融法治的影响
1	第494条第2款	依照法律、行政法规的规定负有发出要约义务的当事人,应当及时发出合理的要约	规定强制要约制度,为证券法活动提供一般法基础
2	第473条第1款	要约邀请是希望他人向自己发出要约的表示。拍卖公告、招标公告、招股说明书、债券募集办法、基金招股说明书、商业广告和宣传、寄送的价目表等为要约邀请	补充明确债券募集办法和基金招股说明书为要约邀请
3	第496条	对于免除或者减轻格式条款提供方责任等与对方有重大利害关系的条款,格式条款提供方需尽到提示与说明义务	扩大格式条款说明义务范围
4	第545条	债权人可以将债权的全部或部分转让给第三人,但是有下列情形之一的除外:(一)根据债权性质不得转让;(二)按照当事人约定不得转让;(三)依照法律规定不得转让。 当事人约定非金钱债权不得转让的,不得对抗善意第三人。当事人约定金钱债权不得转让的,不得对抗第三人	强化债权流通性
5	第682条第1款	保证合同是主债权债务合同的从合同。主债权债务合同无效的,保证合同无效,但是法律另有规定的除外	恪守保证合同从属性
6	第686条第2款	当事人在保证合同中对保证方式没有约定或者约定不明确的,按照一般保证承担保证责任	重新规定保证责任的推定法则
7	第763条	应收账款债权人与债务人虚构应收账款作为转让标的,与保理人订立保理合同的,应收账款债务人不得以应收账款不存在为由对抗保理人,但是保理人明知虚构的除外	强化对虚构应收账款情况下保理人利益的保护
8	第765条	应收账款债务人接到应收账款转让通知后,应收账款债权人与债务人无正当理由协商变更或者终止基础交易合同,对保理人产生不利影响的,对保理人不发生效力	规定了基础合同变更或终止不得对抗保理人

续表

序号	条文编号	条文内容	对金融法治的影响
9	第 766 条第 1 款	当事人约定有追索权保理的,保理人可以向应收账款债权人主张返还保理融资款本息或者回购应收账款债权,也可以向应收账款债务人主张应收账款债权	规定了有追索权保理中保理人权利救济的双重路径
10	第 737 条	当事人以虚构租赁物方式订立的融资租赁合同无效	明确以虚构租赁物方式订立的融资租赁合同无效
11	第 745 条	出租人对租赁物享有的所有权,未经登记,不得对抗善意第三人	增加了普通动产作为融资租赁合同标的物的成本,全面强化了对交易安全的保护

1. 要约制度趋于完善

(1)强制要约作为证券活动的一般法基础

《证券法》第 65 条及第 73 条分别就证券交易机构交易及协议收购中的强制要约制度作了特别规定。例如,《证券法》第 65 条第 1 款规定:“通过证券交易所的证券交易,投资者持有或者通过协议、其他安排与他人共同持有一个上市公司已发行的有表决权股份达到百分之三十时,继续进行收购的,应当依法向该上市公司所有股东发出收购上市公司全部或者部分股份的要约。”其目的在于,当存在大规模的收购活动时,为保护中小股东的利益,通过强制要约制度,可以使中小股东从收购活动中取得溢价收益。

《民法典》第 494 条第 2 款规定:“依照法律、行政法规的规定负有发出要约义务的当事人,应当及时发出合理的要约。”上述特别法的规则就有了一般法的依据,从法理正当性的角度讲更加明确。

(2)明确列举要约邀请的规则

从一般法理上讲,债券发行与交易中的债券募集文件(如债券募集说明书)应当以究竟包含了希望与他人订立合同的意思表示内容还是包含了希望他人向自己发出要约的内容来分别判断其属于要约还是要约邀请。但是,由于上述文件内容的性质界定在部分情况下存在争议，司法裁判在这一问题上存在不同立场。原《合同法》第15条规定："要约邀请是希望他人向自己发出要约的意思表示。寄送的价目表、拍卖公告、招标公告、招股说明书、商业广告等为要约邀请。"其并未明确债券募集说明书的性质。《民法典》第473条则规定，债券募集办法、基金招募说明书也属于要约邀请。这就明确了债券发行与交易中债券募集文件的性质，有助于消除金融实践与司法实践对债券募集文件性质判断的不一致。

2. 格式条款说明义务范围扩大对金融消费合同解释及效力的影响

在金融机构与金融消费者的交易中，格式条款被广泛使用。在原《合同法》第39条规定的基础上，《民法典》进一步细化并完善了对格式条款的规制。其中，《民法典》第496条规定，对于免除或者减轻格式条款提供方责任等与对方有重大利害关系的条款，格式条款提供方均需尽到提示与说明义务。相比原《合同法》第39条的规定，提示与说明的条款范围不再仅限于免除、减轻格式条款提供方责任的条款，而是将"与对方有重大利害关系的条款"囊括进来，由于未加以提示、说明的内容不视为合同的内容，因此这对于金融机构与金融消费者的合同关系的界定有重要意义。

3. 债权让与规则变化对金融交易的影响

(1)《民法典》对债权流通性的强化

《民法典》第545条规定："债权人可以将债权的全部或者部分转让给第三人，但是有下列情形之一的除外：(一)根据债权性质不得转让；(二)按照当事人约定不得转让；(三)依照法律规定不得转让。当事人约定非金钱债权不得转让的，不得对抗善意第三人。当事人约定金钱债权不得转让的，不得对抗第三人。"

相较原《合同法》第79条规定，《民法典》新增了第2款内容。按照原《合同法》的规定，涉及当事人之间约定不得转让的，应当发生类似于物权的法律效果，即债权本身不具有可让与性，只有出于保护善意第三人(债权受让人)的考虑，该让与才能最终类推适用善意取得的法理，发生以法律规定而取得债权的效果。约定而排除债权的可让与性的法理在于债权具有形成自由，因此当事人不仅能够通过约定确定债权的履行时间、履行地点、履行方式及内容，而且能够通过约定的方式决定债权是否可以被让与——盖债权之可让与性也是债权的内容组成成分。这一点与物权形成了明显差别，后者奉行物权法定原则，强调物权的种类和内容均由制定法来规定，当事人之间有关物权不得让与的约定仅仅能够产生债法上的效力，权利人的继续出让行为仅得构成债务不履行之一种,而不能对抗第三人(含恶意),以此达到物权的流转与利用。就比较法而言,德国民法承认这一学说及其立场;《德国商法典》及其学说则强调当事人约定债权不得让与的,对第三人不发生效力。① 究其法理,在商事往来中,债权作为财产权之一种是权利人维持商业运行、及时回笼资金、确保营业持续的重要手段,其流通性对于不同行业的商事往来而言均具有基础意义。

我国《民法典》第545条第2款的立场与德国商法之学说相同,同时对于民商合一的《民法典》而言,在这一问题上舍弃了传统民事法律及学说对债权让与的种种限制,从而发挥了债权在现代社会的流通性功能。这种流通性功能的保障需求尤其在金钱债权的问题上得到了最大的体现。货币作为一般等价物,其人身属性及约定禁止让与的必要性于整个社会的货币流通而言并不具有决定意义。如实务部门所认为的那样,"基于货币的高流通性及'占有与所有一致'的原理,对于金钱之债的转让不应有所限制,否则将会使货币功能作用大打折扣,也不利于交易的便捷进行"。② 因此,对于金钱债权,其约定转让禁止不得对抗善意第三人。而就非金钱债权而言,一方面其人身属性相比金钱债权有所增强,另一方面其社会意义的流通性功能没有货币那么突出,因此其转让不得对抗善意第三人。由此,在当事人约定与有关债权的交易安全之间取得了平衡。

(2)《民法典》债权让与规则变化对金融交易的影响

债权转让规则的变化将对资产证券化、保理等金融业务产生正面影响。诚然,在金融业务部门仍然会存在针对债权可转让性审查的内部合规作业,但是在当前《民法典》第545条第2款的影响下,这一内部审查机制的重要性将有所弱化,相应的运营成本也将有所降低。在原《合同法》第79条的立场下,金融业务部门通常需要对债权的可转让性进行审查,在必要的时候,还应当通过与债务人订立补充协议的方式征得债务人对债权转让的同意,因此相关业务的交易成本较《民法典》的立场下的成本更为巨大。

4. 独立保证制度及保证责任推定规则对金融机构缔约成本与责任的影响

(1)对保证人责任的限制

《民法典》合同编第十三章有关保证合同的规定体现了立法者原则上将保证合

① 参见《德国商法典》第354a条。

② 最高人民法院民法典贯彻实施工作领导小组主编:《中华人民共和国民法典合同编理解与适用(一)》,人民法院出版社2020年版,第563页。

同视为民事活动的组成部分的预设立场,对保证合同中的债务人作了大量民事保护性规定。

原《担保法》第 5 条第 1 款规定:“担保合同是主合同的从合同,主合同无效,担保合同无效。担保合同另有约定的,按照约定。”据此,在遵循“从随主”的基本原则下,《担保法》允许当事人通过约定的方式建立起担保合同的独立性。此后,按照原《物权法》第 172 条第 1 款规定:“设立担保物权,应当依照本法和其他法律的规定订立担保合同。担保合同是主债权债务合同的从合同。主债权债务合同无效,担保合同无效,但法律另有规定的除外。”由于该条尚以担保物权为限加以规制,因此尚不能直接认为保证合同约定独立性应归于无效,但该条仍然构成了《民法典》第 682 条规则的立场的思想渊源。①

在特别保证(而非民法典意义上的保证合同)的情况下,若涉及银行或非银行金融机构作为开立人,以书面形式向受益人出具的,同意在受益人请求付款并提交符合保函要求的单据时,向其支付特定款项或在保函最高金额内付款的承诺的独立保函时,其独立性问题依照最高人民法院《关于审理独立保函纠纷案件若干问题的规定》(法释〔2016〕24 号)第 23 条的规定进一步得到了强化,使得国内贸易也可以适用独立保函。该条规定:“当事人约定在国内交易中适用独立保函,一方当事人以独立保函不具有涉外因素为由,主张保函独立性的约定无效的,人民法院不予支持。”

《民法典》第 682 条则采取了与原《担保法》第 5 条第 1 款不同的立场。《民法典》第 682 条第 1 款规定:“保证合同是主债权债务合同的从合同。主债权债务合同无效,保证合同无效,但是法律另有规定的除外。”该条款明确了保证合同作为从合同的法律属性,从而在其成立、范围、效力、消灭等情势原则上均应恪守“从随主”的原则。同时,对于保证合同的无效事由,也将受到主合同效力的影响。这一立场充分表明了立法者倾向于将保证合同视为民事保证的立场,以限制保证责任的泛化,从而保护保证人为利益衡量的考察重点。

通过保证合同效力的控制减轻保证人的责任,仅仅是《民法典》有关保证合同立法的一个支点,另一个支点则在于重新规定有关保证责任的推定法则。

---

① 参见最高人民法院民法典贯彻实施工作领导小组主编:《中华人民共和国民法典合同编理解与适用(二)》,人民法院出版社 2020 年版,第 1287 页。

原《担保法》第19条规定："当事人对保证方式没有约定或者约定不明确的，按照连带责任保证承担保证责任。"据此，连带责任保证作为原则被确立下来。从民事保证的角度讲，该条缺乏法理正当性。因为连带责任系对债权人特别保护的制度，通常需要有法律明确规定或者当事人的明确约定，原则上排除在约定不明情形下的连带责任推定。因此，《民法典》第686条第2款"当事人在保证合同中对保证方式没有约定或者约定不明确的，按照一般保证承担保证责任"的规定，变更了此前的立场，系恪守了民事保证中强化债务人保护的立场。对此，比较法上亦同此见解。但问题就在于，保证合同不仅适用于民事往来，同样也适用于商事往来。就后者而言，一方面，存在诸多以提供担保或保证为业务的团体，其营业内容即在于通过收取费用，为他人提供担保或保证。因此，毋宁在约定不明时推定为连带责任保证，而非以民事保证的立场，强化对其的救济与保护。另一方面，商事主体在商事往来中的事前与事后均具有高于民事主体的商业风险、法律风险防范能力，对其施加民事法律制度意义上的特别保护，亦无必要。

由此来看，当前《民法典》第682条第2款的规定，事实上与商事往来的一般法理并不一致。事实上，商事往来中的有先诉抗辩权的保证责任的一般推定规则会导致低效率与高交易成本。例如，行为人为规避该条规定，仍须另行约定，以防止推定规则的适用。

（2）《民法典》保证合同章节修改对金融交易的影响

在金融借款活动中，为了进一步发挥保证的担保和融资功能，金融机构往往倾向于使用独立保证。在《民法典》第682条的影响下，事实上独立的保证合同的效力已经无法得到实证法的认可，因此，既往金融机构的做法将受到严格限制，金融实践活动也将受到较大影响。

就附有先诉抗辩权的一般保证与连带责任保证而言，金融机构固然能够通过特别、明确约定的方式回避《民法典》第683条第2款的法律效果，从而确保其债权的顺利实现。但是，在金融交易实践中大量存在的担保方式（如差额补足、流动性支持、保理业务中的应收账款债务人付款担保等增信措施）将受到较大影响，因为这些担保方式一旦被认定为保证担保，在适用保证合同章规定时，在保证方式上就是一般保证，对于金融机构实现债权将会产生阻碍。

5. 保理合同规定对金融交易的影响

近年来，以债权让与或收款授权为基础工具，以资金融通、应收账款管理或者催收、应收账款债务人付款担保等服务为主要内容的保理业务，在我国金融市场得到了长足的发展。但是，由于法律行为理论及债权让与制度的不完善，导致保理行业纠纷争议颇大。

《民法典》合同编全面规定了有关保理合同的内容，将直接影响保理行业的发展。其中一部分规范设计对保理人利益的保护，将有益于保理业务的顺利发展及行业的健康成长。例如，《民法典》第763条规定："应收账款债权人与债务人虚构应收账款作为转让标的，与保理人订立保理合同的，应收账款债务人不得以应收账款不存在为由对抗保理人，但是保理人明知虚构的除外。"与此不同，《民法典》第146条第1款规定了"行为人与相对人以虚假的意思表示实施的民事法律行为无效"，其中并未包含"但是不得对抗善意第三人"的规则。《民法典》第146条第1款若包含前述但书，则有关应收账款债权人与债务人虚构应收账款作为转让标的，并与保理人订立保理合同的对抗规则就没有必要重新加以规制。但因《民法典》第146条第1款在立法的过程中认为有关善意保护的问题可以经由物权法上的善意取得制度加以解决，使原本在草案中存在的但书被删除，从而必须经过分则的具体规定对第三人的善意加以保护。因此，在有关债权让与的特别规则中不得不对这一漏洞进行填补。①

事实上，通谋虚伪为意思表示固然应当作无效处理，但是此种无效不应当对抗善意第三人。其法理，一方面在于引致原则，即债务人对于外观之引起具有过错，最终由其承担责任并无不当；另一方面在于信赖保护，即善意第三人对于交易安全的合理信赖应当予以保护。而《民法典》第763条规定则更进一步，将但书情形局限于"明知虚构"的情形。依照一般法理，明知及因重大过失而不知均应当排除"善意"，但是《民法典》第763条则并未作此规定，而是进一步强化了对保理人权利的保护。这一立场具有合理性，因为在通常的善意取得制度中，对善意买受人的信赖的保护仍然需要与权利人的权利之间进行法益衡量，权利人的行为固然能够满足引致原则的基本要求，但是其对权利外观的引发较之通谋虚构债权债务关系更为轻微，前者仅仅引发了权利被处分的危险，但是并未因其出借等行为直接引起权利

---

① 立法者认为："民事法律行为无效或者被撤销后对第三人产生的法律后果，情况比较复杂，不宜一概规定不得对抗善意第三人，宜区分情形由民法典的物权编、合同编等分编作具体规定。"可参见《第十二届全国人民代表大会法律委员会关于〈中华人民共和国民法总则（草案）〉审议结果的报告》（2017年3月12日第十二届全国人民代表大会第五次会议主席团第二次会议通过）。

外观。与此不同,在通谋虚构债权债务关系的情形中,权利外观的出现与债务人的行为须臾不得分离。因此,对于交易相对人(保理人)的保护,就无须将明知及重大过失而不知均排除于善意之外。

此外,《民法典》第765条规定:“应收账款债务人接到应收账款转让通知后,应收账款债权人与债务人无正当理由协商变更或者终止基础交易合同,对保理人产生不利影响的,对保理人不发生效力。”由于保理合同实质上属于债权让与或者债权收取授权,因此该条在法理上肯认了债权让与行为本身与基础法律关系的分离性与债权让与或债权收取授权行为本身的抽象性。此种法理同样存在于票据行为之上(建构无因债权)。它们的共同目的在于,通过对法律行为抽象性的肯认,防止基础法律关系影响到保理合同关系的效力,从而加强债权本身作为一种财产权的安全性,保证保理业务的有效展开。在此,立法者进一步强化了保理人的法律地位。这是因为,根据《民法典》第765条的规定,不仅保理合同本身的有效性不受影响,同样,即便涉及保理合同标的的债权,基础交易关系也不对保理人产生不利影响。质言之,即便应收账款债权人与债务人无正当理由协商变更或者终止基础交易合同,债权仍然存续,保理人仍然能够向应收账款债务人主张其基于保理合同而取得债权。当然,《民法典》第765条对保理人的限制也局限于“无正当理由协商变更或者终止基础交易合同”,事实上也承认对于正当的协商变更及终止基础交易合同这一行为的利益的优先可保护性。

此外,《民法典》保理合同章还规定了追索权保理中保理人权利救济的双重路径。《民法典》第766条第1句规定:“当事人约定有追索权保理的,保理人可以向应收账款债权人主张返还保理融资款本息或者回购应收账款债权,也可以向应收账款债务人主张应收账款债权。”

6. 融资租赁合同关系的新规制对金融交易的影响

在《民法典》合同编第十五章施行前,有关融资租赁合同制度的法律渊源主要包括原《合同法》第十四章(融资租赁合同)、原《物权法》以及2014年最高人民法院《关于审理融资租赁合同纠纷案件适用法律问题的解释》(以下简称《融资租赁司法解释》)。原《合同法》和原《物权法》在《民法典》施行之后即告废止,但前述《融资租赁司法解释》在2020年进行了修订,其中与《民法典》不冲突的内容继续得到了保留。

《民法典》合同编第十五章明确了以下新内容:

第一,按照第 737 条的规定,当事人以虚构租赁物的方式订立的融资租赁合同无效。因为融资租赁交易本质上是对租赁物实现融资,同时具备融资、融物及担保的三重属性,如果租赁物系虚构而非真实存在,则不足以构成融资租赁交易。在法理上,虚构标的以成立融资租赁合同原则上系通谋虚伪意思表示之一种,应作无效处理。《融资租赁司法解释》第 1 条第 2 款"对名为融资租赁合同,但实际不构成融资租赁法律关系的,人民法院应按照其实际构成的法律关系处理"的规定,似与《民法典》第 737 条冲突。但事实上,《民法典》第 737 条的规定并未与《融资租赁司法解释》第 1 条第 2 款的规定形成矛盾评价,理由在于,涉及通谋虚伪意思表示的仅仅是当事人建立的所谓的融资租赁合同关系,该法律关系应作无效处理;当事人若存在其他可查明的真实法律关系(以虚假的意思表示隐藏的民事法律行为),在具备其法定条件的前提下,仍然可以发生效力,此即《融资租赁司法解释》第 1 条第 2 款所欲表达的内容。从这一角度讲,《民法典》第 737 条与《融资租赁司法解释》第 1 条第 2 款本质上分别体现了《民法典》第 146 条第 1 款和第 2 款的立场,两者形成了相互补充的关系。

但是,从《民法典》第 737 条并不能得出出租人对租赁物真实存在的担保义务或审查义务。在融资租赁交易实践中,通常由承租人完成对租赁物的查验与接收,其性质本质上与买卖合同中买受人的检查异议义务相似;尤其是在售后回租的情况下,租赁物已经为承租人所取得,交付只能按照拟制的方式完成买卖或出租中的占有移转,在此情况下出租人更无法直接参与对租赁物的查验、接收与交付。在这些情况下,即便租赁物不存在或者与约定不符或者存在第三人的权利,均与《民法典》第 737 条所规定的"虚构租赁物"无关。盖因《民法典》第 737 条事实上所规制的是那些以融资租赁合同的形式实现融资目的的行为,若承认其作为融资租赁合同的有效性,则势必要适用有关融资租赁合同的任意性规范,从而对双方当事人的关系进行错误的法律规制。

第二,《民法典》合同编有关融资租赁合同的规定确认了担保功能。《民法典》第 745 条规定:"出租人对租赁物享有的所有权,未经登记,不得对抗善意第三人。"这一规定为出租人设定了特别的登记义务,以对抗善意取得的发生。其法理正当性在于,融资租赁大部分情况下涉及标的金额较大的租赁物,而普通动产一般价值较小,通常不会被作为融资租赁的标的物来对待;而特殊动产(如船舶、航空器等)及不动产则均以登记作为对抗要件或者生效要件(生效要件同时也当然包含了对抗的效力),因此,《民法典》第745条的规定实际上增加了普通动产作为融资租赁合同标的物的成本,并全面强化了对交易安全的保护。

值得注意的是,虽然出租人对租赁物的所有权在事实上以及从当事人真实意图的角度上看具有担保其租金债权的功能——这一点与所有权保留的法律功能比较相似,但出租人在此享有的仍然是完整的所有权,而不仅仅是物上之担保权。我国《民法典》第388条虽将担保合同的外延扩张至"其他具有担保功能的合同",但是,我们仍然不能将融资租赁法律关系视为一种典型的担保合同。《民法典》第388条中所谓的"其他具有担保功能的合同"系属担保主债权债务关系履行的从属性合同关系,并不能囊括在经济上起到担保功能的其他法律关系的构造。

但是,这并不意味着在融资租赁中,租赁物构成承租人破产财产的组成部分。因为,这显然是对上述条款的体系误读,仍有重新探讨的必要。因为出租人的所有权归属与对抗第三人系属于不同层面的两个法律关系:所有权的归属仍然属于出租人,但为确保交易安全,《民法典》第745条另设对抗规则。在涉及破产清算的情况下,破产管理人在接管债务人的财产、印章和账簿、文书等资料以及调查债务人财产状况,制作财产状况报告过程中,并不存在需要保护的交易安全。在此基础上,出租人仍能依据《企业破产法》第38条的规定取回其财产;若出租人未及时取回其所有物,同时破产管理人又将该财产进行清偿,此时仍得适用《民法典》第745条的规定,使第三人善意地取得所有权。

二、《民法典》人格权编、侵权责任编对金融法治的影响

(一)《民法典》人格权编就新型民事权益的相关规则

1. 隐私权与个人信息保护相关规则的评述

我国《民法典》新设人格权编,在世界民法史上为一创举。传统的人格权理论更为关注具体人格权的保护,如《德国民法典》第823条第1款规定了保护人的生命、身体、健康、所有权等人身、财产利益。[①] 当时的立法者显然无法预见法律保护权益范围不断扩张,由此在司法判例中创设了一般人格权的概念,将诸如个人隐私

---

① Vgl. § 823 I BGB.

或者个人信息等问题归入一般人格权的项下进行保护。[①] 而我国《民法典》在原《民法通则》《侵权责任法》以及相关司法解释的基础上,新增了隐私权和个人信息保护一章,对我国金融交易过程中个人信息的保护产生了根本性的影响。然而,人格权编本身并不配套相关的法律责任规定。因此,对于人格权,乃至个人信息的侵害,需要与《民法典》的其他分编相联系——最主要的是侵权责任编,例外情形下也与合同编相关。

在人格权编中,立法者对人格权进行了层次上的划分。第一层是生命权、身体权和健康权,此为人格权的基本内容,为其他个人权利展开的前提;第二层是姓名权、名称权、肖像权、名誉权、荣誉权、隐私权等具体权利;第三层是人格尊严与人格利益。[②] 以上层次划分的主要依据是《民法典》第 998 条规定:认定行为人承担侵害除生命权、身体权和健康权外的人格权的民事责任,应当考虑行为人和受害人的职业、影响范围、过错程度,以及行为的目的、方式、后果等因素。换言之,在认定生命权、身体权和健康权时,无须考虑这些具体因素,直接依据对生命、身体和健康的损害程度进行赔偿或承担其他民事责任。[③] 隐私权和个人信息则属于第二层次人格权的具体展开形式,对其侵害产生损害的认定,需要结合个案中诸多的具体情形作具体判断。

在法典编纂过程中,对个人信息是作为权利还是利益进行保护存有争议。这主要涉及隐私权与个人信息之间的区别。[④] 隐私权作为人格权的一种类型,是指自然人享有的对其个人的,与公共利益、群体利益无关的私人信息、私人活动和私有领域进行支配的人格权。而个人信息是指以电子或者其他方式记录的、能够单独或者与其他信息结合识别特定自然人的各种信息,包括自然人的姓名、出生日期、身份证号码、生物识别信息、住址、电话号码、电子邮箱、健康信息、行踪信息等(《民法典》第 1034 条第 2 款)。从定义来看,隐私权和个人信息是存在交叉但不完全一致的两个范畴。《民法典》虽对隐私概念下了定义,却未对隐私权作出精确界定,而是在第 1033 条列举了侵犯隐私权的各种行为:(1)以电话、短信、即时通讯工具、电

---

① Vgl. Maximilian Fuchs/Werner Pauker/Alex Baumgärtner, Delikts-und Schadensersatzrecht, 9. Aufl., 2016, S. 41.

② 参见程啸:《侵权责任法教程》(第 4 版),中国人民大学出版社 2020 年版,第 51 页。

③ 参见王利明:《民法典人格权编的亮点与创新》,载《中国法学》2020 年第 4 期。

④ 参见黄薇主编:《中华人民共和国民法典人格权编释义》,法律出版社 2020 年版,第 174 页。

子邮件、传单等方式侵扰他人的私人生活安宁;(2)进入、拍摄、窥视他人的住宅、宾馆房间等私密空间;(3)拍摄、窥视、窃听、公开他人的私密活动;(4)拍摄、窥视他人身体的私密部位;(5)处理他人的私密信息;(6)以其他方式侵害他人的隐私权。归纳起来,隐私包括了私人生活安宁(如私密空间、秘密活动、私密部位)以及未经许可处理他人的私密信息。所谓的私密信息包括了个人性别、党派、职业、学历、婚姻、财产状况、家庭住址、联系方式、病例材料、性取向、日记、信件等。①

而个人信息的定义则采取了一般条款与列举说明的模式。《民法典》第1034条第2款所列举的信息种类并不能封闭地包含所有个人信息的类型,实质性的判断标准还是是否具有可识别性,即通过该信息可以直接或者间接地识别某一个自然人。而识别本身可以分为直接识别和间接识别。所谓直接识别,是指通过该信息直接确认某一自然人的身份,不需要其他信息辅助,如身份证号、基因信息等。间接识别,则是指通过该信息虽不能直接确认某人身份,但可以借助他人信息确认某人身份。而除了可识别性之外,个人信息的存在还需要一定载体。这是形式要件,即须以电子或其他形式来记录以上内容。最后一个要件则是主体仅为自然人,不包括法人或非法人组织。②

个人信息与隐私权互有交叉。(见图1)交叉区域在于隐私权中的私密信息属于个人信息,而其他领域则存在明显区别。不同点在于:(1)认定方式不同。隐私强调私密性,而个人信息强调识别性。(2)范围不同。个人信息包括隐私信息与非隐私信息,后者包括姓名等公开可查询的信息;而隐私则主要包括了隐私信息、隐私空间、隐私活动以及私人生活安宁。(3)权利内容和救济方式不同。侵犯隐私权所采取的救济主要是被动防御,而个人信息则主要采取积极主动的请求权,即有权决定个人信息能否被他人处理以及如何处理,修改不正确、不完整的信息,以及有权针对商业目的的个人信息利用请求报酬等。(4)保护程度不同,即隐私权的保护程度要高于个人信息保护。③ (见表3)

① 参见程啸:《侵权责任法》(第2版),法律出版社2015年版,第164页。

② 参见王洪亮:《〈民法典〉与信息社会——以个人信息为例》,载《政法论丛》2020年第4期。

③ 参见黄薇主编:《中华人民共和国民法典人格权编释义》,法律出版社2020年版,第193～194页。

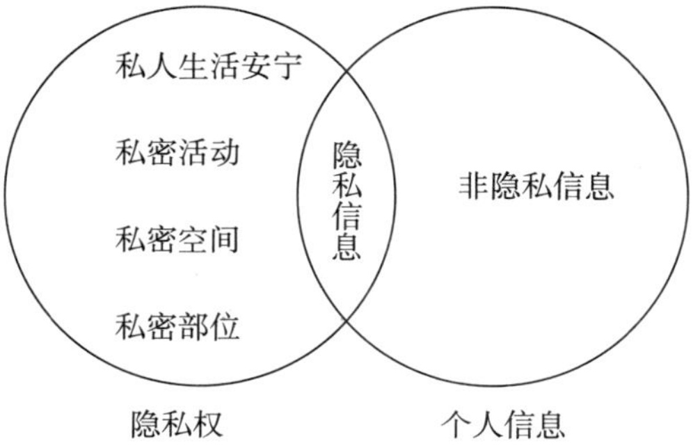

图1　隐私权与个人信息

表3　个人信息与隐私权的区别

区别	隐私权	个人信息
认定方式	强调私密性	强调识别性
范围	主要包括隐私信息、隐私空间、隐私活动及私人生活安宁	包括隐私信息与非隐私信息，非隐私信息包括姓名等公开可查询的信息
权利内容/救济方式	主要是被动防御	主要采取积极主动的请求权，即有权决定个人信息能否被他人处理以及如何处理，修改不正确、不完整的信息，以及有权针对商业目的的个人信息利用请求报酬等
保护程度	保护程度较高	保护程度较低

因为两者在保护强度上存在差异，其保护顺序呈现如下形态：原则上，个人信息可以为具体人格权保护时，可优先适用具体人格权规则；而在没有具体人格权规则时，可以适用个人信息的相关规定。例外情形是个人信息中的私密信息，应当适用有关隐私权规定；在没有规定时，可适用个人信息保护规则。因而，有学者认为，对于个人私密信息，法律实际上给予了双重保护。①

2. 个人信息主体的权利内容

尽管《民法典》没有规定个人信息是人格权，但个人信息的主体却享有了多种权利，这些规定有些参考了经济合作与发展组织《隐私保护与个人数据跨国流通指

① 参见黄薇主编：《中华人民共和国民法典人格权编释义》，法律出版社2020年版，第195页。

南》以及欧盟《一般数据保护条例》的相关规则。前者规定了收集限制原则、目的特定化原则、使用限制原则、安全原则、公开原则、个人参与原则等;后者规定了合法、正当、透明原则以及特定、明确目的原则。在参考这些比较法的基础上,《民法典》规定了个人信息主体的相关权利。

(1)个人信息主体的同意权与拒绝权

《民法典》第1035条第1款第1项规定,处理个人信息应当征得该自然人或者其监护人的同意,但法律、行政法规另有规定的除外。根据《民法典》第1036条第2项的规定,合理处理该自然人自行公开的或者其他已经合法公开的信息,但是该自然人明确拒绝或者处理该信息侵害其重大利益的除外。这是《民法典》同意权与拒绝权的规定。

我国《民法典》对取得同意的方式、流程以及同意的具体内容,并没有清晰界定。而对于拒绝权,《民法典》第1036条仅仅规定了信息主体可以拒绝信息以自行或者其他方式公开的权利,但针对拒绝的内容、方式、理由或例外情形,没有规定。对此,应进一步细化该权利,并在解释论上继续深化。

我国《民法典》对于"告知—同意"规则的构造并没有作出清晰解释以及说明,作为个人信息合法使用与非法使用的判断依据,现有人格权编的条文配置显然不足。从体系性解释的层面看,我国的"告知—同意"规则可以借助合同编相关规则的类推适用,从意思表示和合同内容解释的角度,解决信息处理者与信息主体之间关于信息使用权限的转让问题。

(2)个人信息的查询复制权、更正权、删除权

《民法典》第1037条第1款规定,自然人可以依法向信息处理者查阅或者复制其个人信息;发现信息有错误的,有权提出异议并请求及时采取更正等必要措施。自然人的查阅、复制权主要是指信息主体有权查阅其个人信息被处理的情况,并有权对处理的个人信息进行复制,以达到了解自己的哪些信息被处理,被处理的情况如何,以及在处理过程中其信息是否被完整、准确地加以保持。由此,查询复制权构成信息主体决定是否有必要对相关信息进行更正、删除的前提。①

《民法典》第1037条第2款规定了个人信息的更正权与删除权,即自然人发现信息处理者违反法律、行政法规的规定或者双方的约定处理其个人信息的,有权请

① 参见王洪亮:《〈民法典〉与信息社会——以个人信息为例》,载《政法论丛》2020年第4期。

求信息处理者及时删除。所谓更正权，是指信息主体有权请求信息处理主体对不正确、不全面的个人信息进行改正与补充的权利。释义列举了其项下的主要内容：对于个人信息中的错误进行更正的权利；对于遗漏或新发生的个人信息进行补充的权利；对于过时的信息及时更新的权利。我国《网络安全法》第43条也作了相应规定：个人发现网络运营者收集、存储其个人信息有错误的，有权要求网络运营者予以更正。

更为重要的权利是删除权，即信息主体在法定或约定事由出现时，有权请求信息处理者删除其个人信息的权利。根据《民法典》官方释义的观点，触发删除权的事由包括如下几项：一是处理个人信息的行为不合法。如信息处理者没有取得信息主体的同意，也没有法律的明确授权。二是信息处理者处理个人信息的目的已不复存在。三是信息主体与信息处理者约定信息处理的期限已经届满。[①] 值得注意的是，我国《民法典》中的信息删除权并非欧盟《一般数据保护条例》第17条中所规定的个人信息被遗忘权（right to be forgotten）。欧盟《一般数据保护条例》在以上所列的3种删除事由之外，还包括数据主体撤回同意后没有相关处理的法律依据的情形，数据主体拒绝数据梳理的情形，依据欧盟成员国内法该个人数据必须删除的情形等。在适用中引发较大争议的是欧盟《一般数据保护条例》第17条第3款所列举的例外情形，即为了行使言论和信息自由权而不得删除，为了遵守对数据控制者生效的欧盟或欧盟成员国法律规定义务、为公共利益执行职务或受托行使公权力而不得删除等。[②] 我国立法者认为，对于争议问题宜继续研究，不作规定。

3. 个人信息处理者的义务内容

在人工智能、大数据技术以及移动互联网快速发展的背景下，个人信息的泄露、盗用问题已经越发严重。我国《网络安全法》《电子商务法》《消费者权益保护法》等法律和多部行政法规均对个人信息的安全保护作了规定。我国《民法典》对以上规则进行了汇总、归纳，通过第1038条和第1039条对个人信息处理者的义务作了初步规定，主要涉及两类义务：一是信息处理者对个人信息的安全保护义务；二是国家机关、承担行政职能的法定机构及其工作人员对个人信息的保密义务。

---

① 参见黄薇主编：《中华人民共和国民法典人格权编释义》，法律出版社2020年版，第206～207页。

② 参见李世刚、包丁裕睿、王峥编著：《GDPR欧盟一般数据保护条例——文本和实用工具》，人民日报出版社2018年版，第164～165页。

(1)个人信息的安全保护义务

《民法典》第1038条第1款规定:信息处理者不得泄露或者篡改其收集、存储的个人信息;未经自然人同意,不得向他人非法提供其个人信息,但经过加工无法识别特定个人且不能复原的除外。第2款规定:信息处理者应当采取技术措施和其他必要措施,确保其收集、存储的个人信息安全,防止信息泄露、篡改、丢失;发生或者可能发生个人信息泄露、篡改、丢失的,应当及时采取补救措施,按照规定告知自然人并向有关主管部门报告。

需要首先明确的是义务主体。在《民法典》合同编"隐私权和个人信息保护"一章中,立法者采用了"信息处理者"的表述,而根据《民法典》第1035条的规定,"处理"一词包括了收集、存储、使用、加工、传输、提供、公开等行为,由此推论,所谓信息处理者应当包括信息收集者和信息控制者。对这两个概念,欧盟《一般数据保护条例》给出了精确界定。所谓数据控制者(controller),是指单独或与他人共同决定个人数据处理的目的和方式的自然人、法人、公务机关、办事机构或其他组织;数据处理者(processor),是指代表数据控制者处理个人数据的自然人、法人、公务机关、办事机构或其他组织;数据收集者(recipient),是指个人数据向其披露的自然人、法人、公务机关、办事机构或其他组织。此外,第三方,是指数据主体、数据控制者以及依据数据控制或处理者的直接授权而被授权处理个人数据的主体以外的自然人、法人、公务机关、办事机构或其他组织。①

信息处理者的行为义务可以概括为3部分:一是避免泄露、篡改其收集、存储的个人信息。但何种行为属于泄露、篡改?我国《民法典》第1035条第1款第1项规定了信息主体的同意权。原则上,信息处理者未经信息主体的同意,向他人非法提供个人信息,就属于泄露行为;未经同意,修改信息内容,就构成篡改。但需要注意的是,此处的个人信息经过信息处理者加工,必须维持可识别性,即仍可以通过直接或间接识别确定信息主体是拥有原信息的自然人。如信息经加工无法识别特定个人且不能复原的,则不构成侵权责任。二是信息处理者应当采取技术措施和其他必要措施,确保其收集、存储的个人信息安全,防止信息泄露、篡改、丢失。该义务实际上是针对他人可能侵害信息主体个人信息的防控义务。这里的关键在于把

① 参见Art. 4 GDPR;李世刚、包丁裕睿、王峥编著:《GDPR欧盟一般数据保护条例——文本和实用工具》,人民日报出版社2018年版,第136~137页。

握防控的力度和范围。虽然法典并没有给出明确规定,但官方释义认为,原则上要求信息处理者在合理限度内采取必要措施,主要是技术手段,保证信息安全,包括设置多重密码、设置防火墙等。而在确定必要措施的限度时,需结合安全措施的成本和个人信息的性质综合判断。① 三是在发生或者可能发生个人信息泄露、篡改、丢失的情况下,应当及时采取补救措施,按照相关规定告知信息主体,并向主管部门报告。按照官方释义的观点,此处的"及时"需要结合个人信息被处理和传播的速度进行判断,确认采取的补救措施是否能使损害最小化。而所谓补救措施,立法者认为主要是侵权责任当中关于防止网络侵权的删除、断开链接、屏蔽措施等手段,但也包括其他可以减少损害的所有合理措施。② 而此处的告知和报告义务,则是指将相关的危险情况以可理解的方式,清晰、明确、全面地告知当事人。需要注意的是,此处涉及的相关义务很难被归类为侵权或合同,乃至民法或公法上的义务。这些义务的性质是混杂在一起的。比如,采取必要措施的义务在一定程度上是侵权法上的义务,减损义务则可以在合同法上找到依据,而报告义务则更倾向于行政法的法定义务。由此可见,我国《民法典》人格权编的性质很难说是纯粹的私法规范;相反,它具有综合规范的典型特征。

(2)法定机构及其工作人员对个人信息的保密义务

我国《民法典》第1039条规定:国家机关、承担行政职能的法定机构及其工作人员对于履行职责过程中知悉的自然人的隐私和个人信息,应当予以保密,不得泄露或者向他人非法提供。按照官方释义,主要体现为两个方面:一是根据法律、行政法规的授权,国家机关、承担行政职能的法定机构及其工作人员主动处理他人的个人信息,或者进入、搜查、监视他人的私密场所,跟踪他人的私密活动等;二是以上主体在履行职责过程中被动地、不可避免地知悉或者了解到自然人的《民法典》本为调整平等主体的自然人、法人和非法人组织之间的人身、财产关系。原则上说,以上主体对个人信息的保密义务为行政法上的法定义务,但鉴于此类特殊主体在履行职务过程中,无论主动,还是被动,均可能接触大量一般公民的个人信息,故以此条文特定规定,以示强调。③

---

① 参见黄薇主编:《中华人民共和国民法典人格权编释义》,法律出版社2020年版,第209页。

② 同上书,第210页。

③ 同上书,第211页。

(二)《民法典》人格权编对金融法治发展的影响

我国《民法典》人格权编中关于具体人格权的规定,实际上保留了原《民法通则》以及相关司法解释积累形成的种种规则,并没有对金融交易主体的保护提供新的权利,而隐私权和个人信息的新规定则必然对金融交易领域的信息保护规制产生根本性的影响。由于人工智能、大数据以及互联网移动端的发展,金融机构在开展金融服务的时候,收集、存储了大量的个人金融信息。人格权编对个人信息的强化保护,意味着金融机构应该落实个人金融信息保护的主体责任,通过技术手段和更为明确的规则,有效防止金融信息风险事件的发生。由上文对《民法典》人格权中个人信息相关条文的评述可知,新法典对于金融信息保护的重点问题如下:一是金融信息保护模式的变迁,主要经历了从隐私权到金融信息的转变;二是大数据背景下金融信息的识别难题;三是《民法典》背景下金融信息主体相关权利得以落地,乃至扩充的方式、方法;四是金融机构处理金融信息过程中所负义务的具体化。

1. 保护模式的变迁:从隐私权到金融信息

与其他领域一样,个人金融信息的保护也经历了从隐私权扩张至个人信息的过程。我国法律对隐私权的定性一直很含糊。早期的时候,将其视为名誉权。例如,最高人民法院《关于贯彻执行〈中华人民共和国民法通则〉若干问题的意见(试行)》第140条第1款规定,以书面、口头等形式宣扬他人隐私,应当认定为侵害公民名誉权的行为。后将其视为独立人格利益。《关于确定民事侵权精神损害赔偿责任若干问题的解释》第1条第2款规定:"违反社会公共利益、社会公德侵害他人隐私或其他人格利益,受害人以侵权为由向人民法院起诉请求赔偿精神损害的,人民法院应当依法予以受理。"而在原《侵权责任法》订立之后,才将其视为独立的具体人格权。①

而在大数据技术推广之后,个人信息中越来越多的内容无法为传统的隐私权概念所概括,这部分信息具有容量大、样本多样以及传播速度快的特点,不同来源的数据信息在云储存和云计算等技术支持下达到了数据融合,形成了所谓的大数据。在此背景下,隐私概念被弱化,在数据极高频率、极大范围的交换过程中,社会中的每一个人都成为信息的提供者和需求者,无论是私法主体还是公法主体都在

① 参见程啸:《侵权责任法》(第2版),法律出版社2015年版,第165~166页。

提供和收集与其业务相关的信息,形成了个人数据的传播、利用、加工和共享的生产与再生产链条。与传统隐私权下个人私生活的秘密和安宁相比,对个人信息的保护与利用突破了普通人格权保护的传统方式,具有自身的特色。[①]

与一般领域相比,金融隐私权更侧重于敏感信息的隐蔽,而金融信息所涵盖的范围更大,包括涉及消费者个人全部的金融信息。例如,住址、联系方式、婚姻状态、信用卡交易记录、信用信息、投资偏好等。尤其是对于投资偏好等信息,金融机构往往通过收集、整理、分析,从中推知其职业、消费习惯,从而形成数据画像,勾勒出进行金融消费行为的主观评价。此类信息具有非常高的商业价值。据此,会融机构可以精确把握其客户的消费需求,实现产品和服务的定点投放。[②]

我国目前尚无针对个人金融信息的法律或行政法规,仅在部门规范性文件中作了相关规定。根据2011年中国人民银行发布的《关于银行业金融机构做好个人金融信息保护工作的通知》(以下简称《通知》)第1条的规定,个人金融信息,是指银行业金融机构在开展业务时,或通过接入中国人民银行征信系统、支付系统以及其他系统获取、加工和保存的各类个人信息。其主要包括:(1)个人身份信息,包括个人姓名、性别、国籍、民族、身份证件种类号码及有效期限、职业、联系方式、婚姻状况、家庭状况、住所或工作单位地址及照片等;(2)个人财产信息,包括个人收入状况、拥有的不动产状况、拥有的车辆状况、纳税额、公积金缴存金额等;(3)个人账户信息,包括账号、账户开立时间、开户行、账户余额、账户交易情况等;(4)个人信用信息,包括信用卡还款情况、贷款偿还情况以及个人在经济活动中形成的,能够反映其信用状况的其他信息;(5)个人金融交易信息,包括银行业金融机构在支付结算、理财、保险箱等中间业务过程中获取、保存、留存的个人信息和客户在通过银行业金融机构与保险公司、证券公司、基金公司、期货公司等第三方机构发生业务关系时产生的个人信息等;(6)衍生信息,包括个人消费习惯、投资意愿等对原始信息进行处理、分析所形成的反映特定个人某些情况的信息;(7)在与个人建立业务关系过程中获取、保存的其他个人信息。

该定义看似较为详细地列举了个人金融信息的类别,但并没有给出一个宽泛的定义。根据《民法典》第1034条第2款的规定,个人信息实际上是可用以识别特

---

① 参见张继红:《论我国金融消费者信息权保护的立法完善——基于大数据时代金融信息流动的负面风险分析》,载《法学论坛》2016年第6期。

② 参见黎四奇、苗羽亭:《大数据背景下金融隐私权的保护》,载《财经理论与实践》2019年第4期。

定自然人的各种信息。按此推论,个人金融信息则应当是可用以识别特定自然人的金融活动的信息。此处的金融活动应当是围绕该自然人开展的金融活动,由此形成的数据都是个人金融信息。但《通知》则是以金融机构为主体,以其开展的业务,或处于其控制范围内的电子系统收集的数据作为信息范围。显然,《通知》在一定程度上收窄了个人信息的监管和保护范围。在后《民法典》时代,个人金融信息保护从维护法律体系协调和位阶关系的角度,应当与《民法典》人格权编中的规定相衔接,整理、废止或修改新的部门规范性文件,或制定位阶更高的行政法规,从而包含更为宽泛的个人金融信息概念。

2. 大数据背景下金融信息的识别问题

个人金融信息的保护首要的也是最关键的是,判定某个信息的可识别性。虽然《民法典》中规定了直接识别、间接识别两种途径,但在大数据时代的金融领域,这个问题显然要更为复杂。

其一,在我国现有的以手机终端为主要代表的金融交易活动中,自然人的交易信息早就突破了其与金融机构进行交易过程产生的专门信息,而辐射至位置数据、在线标识,乃至在交易过程中填报的身体、生理、基因甚至于问卷中体现的经济、文化或社会身份的信息,这些信息同样需要纳入个人信息的范畴,参与可识别性的判断。①

其二,需要注意的是,可识别性并非指的是自然人的整体,而是针对其身份或某一身份要素,甚至仅仅需要构成对用户使用设备标识的识别。比如,App 的终端设备。随着大数据技术的广泛运用,越来越多间接信息的组合可以达成最终识别自然人的效果。民间或者官方金融机构中海量的用户数据将为定位某个自然人提供多种可能。数据之间相互印证,最终会指向某个特定的自然人。

在金融实践中,金融机构作为数据收集者往往采用“去身份化”措施,即在某些特定数据的收集和利用上通过剥去“个人识别信息”再进行二次利用的方法来保证不泄露用户的个人身份。通过这一措施,可将数据与个人身份隔离开来。但在数据不断增多的过程中,数据之间的叠加区域就会增多,从而通过数据的相互关系最终实现对用户身份的辨别,该最终结果被称为用户身份标识的复原。②

---

① 参见王洪亮:《〈民法典〉与信息社会——以个人信息为例》,载《政法论丛》2020 年第 4 期。

② 参见张继红:《论我国金融消费者信息权保护的立法完善——基于大数据时代金融信息流动的负面风险分析》,载《法学论坛》2016 年第 6 期。

其三，最后一个重要的问题是，金融机构在收集到海量的用户数据后如何进行再次利用。根据《通知》的规定，金融机构虽然负有对用户金融信息保密的义务，但并没有法律或者规范性文件阻止其在对信息匿名化处理后向第三人公开。在实践中，出现较多争议的往往是金融机构取得了用户的同意，并对数据进行了技术处理，将其与用户的身份脱钩，然后出于商业目的，将处理后的信息转让给第三人。此时的关键问题就是该信息是否构成间接识别的属性，即第三人是否可以通过该信息与其他信息的结合，识别出自然人的个人身份。此处的其他信息未必是该金融机构本身所掌握的所谓金融信息。显然，此处牵涉对第三人识别能力的评价问题，就是采取主观判断标准，即根据特定第三人的识别能力判断其是否可以定位信息主体；还是根据社会或者某些行业的一般情形来判断一个抽象第三人的识别可能。从比较法上看，采取的主观基础上的客观标准，即对于第三人（同为数据控制人或处理人），基于其无须不成比例的努力可接入其他额外信息的机会，如果识别数据主体是可能的，那么就认定其为可识别的数据。[①] 但对于这一标准的具体把握，需参照行业的一般技术水平，操作上仍有相当的难度。

3. 金融信息主体的相关权利

《民法典》中个人信息主体的相关权利在金融领域也有所体现，但因金融交易环境的特殊性而产生一些特殊问题。

（1）金融信息主体的同意权与拒绝权

目前在大数据的背景下，金融消费者在首次接受金融机构服务时，会提供诸如个人身份信息、住址、电话、电子邮箱等信息。金融机构取得上述信息，是为了保护金融消费者的权益，用于后续的身份确认，属于对个人金融信息的第一次利用。但在大数据时代，金融机构对用户信息的使用不限于此。金融机构会进一步通过数据分析，整理出有利于金融机构进行精准营销的商业信息，为日后的经营决策提供参照。在此背景下，尽管金融机构仍然遵循告知与同意的保护模式，但金融信息主体同意权以及拒绝权的内核发生了改变。[②]

关于同意或拒绝的意思表示问题。在移动互动网的背景下，即便金融机构已

---

① 参见阮神裕：《民法典视角下个人信息的侵权法保护——以事实不确定性及其解决为中心》，载《法学家》2020 年第 4 期。

② 参见张继红：《论我国金融消费者信息权保护的立法完善——基于大数据时代金融信息流动的负面风险分析》，载《法学论坛》2016 年第 6 期。

经通过用户须知,或者格式化的文书形式,提示了将抓取和利用用户的相关信息,但往往只是格式化的阅读条款,用户仅能机械点击"同意"进入下一步,开始使用软件,并享受其服务;而高度专业化和格式化的语言,如果仅告知,不加以说明,用户无法完全理解其中的法律风险,也不能对于金融机构利用其信息的具体情形和可能产生的法律后果进行评价。在通常情形下,金融信息主体是在缺乏金融机构充分告知的情形下,无意识地作出了同意的意思表示,从而授权金融机构对其信息进行处分,进而丧失了对其自身信息的有效控制。

对于"告知—同意"模式的规制,主要见于格式条款的规则。《民法典》第496条第2款规定:采用格式条款订立合同的,提供格式条款的一方应当遵循公平原则确定当事人之间的权利和义务,并采取合理的方式提示对方注意免除和减轻其责任等与对方有重大利害关系的条款,按照对方的要求,对该条款予以说明。而如果格式条款的提供方没有履行提示或说明义务,致使对方没有注意或理解与其有重大利害关系的条款的,对方可以主张该条款不成为合同的内容。尽管依据原《合同法》,似乎通过有利于非提供格式条款一方的解释就可以排除同意产生的拘束力,但正如一些学者所指出的,大数据背景下金融机构本身也无法预测到未来可能对用户信息进行何种形式,以及何种程度的利用,在获取用户信息的时候,进行充分的提示和告知几乎是不可能实现的。① 此外,如果要求金融机构在利用信息之前必须告知每一位金融消费者,并征求其同意,无疑大大增加了该机构的工作量及成本。即便金融机构做到了,由于金融市场瞬息万变,金融信息的市场价值也可能随着市场环境的改变而贬值,甚至丧失。换言之,花费巨大成本的提示和告知,与信息瞬时价值的保持合理和利用之间必须取得平衡。而这一平衡无法用传统的"告知—同意"模式达成。相应地,《民法典》对于一般合同关系格式条款的限定并不能完全适用于大数据背景下的金融信息的同意问题。

(2)金融信息的查询复制权、更正权、删除权

《民法典》赋予了个人信息主体的复制权、更正权以及删除权。相应地,在金融交易领域,金融信息主体也应当享有这些权利。对此,相关主体只要援引《民法典》上的有关条文,就可以得到一定程度的救济,包括获得个人信息的副本,请求更正

① 参见阮神裕:《民法典视角下个人信息的侵权法保护——以事实不确定性及其解决为中心》,载《法学家》2020年第4期。

金融信息的错误，乃至请求未经本人或监护人同意获得数据的有关主体将其删除。但问题在于，以上权利得以实施的前提是个人信息可被识别到具体的自然人身上。在实际的金融交易场景中，大量的信息已经被金融机构进行了匿名化处理，短时间内无法甄别具体主体，而信息却已经以各种交易方式被转让给第三方乃至多方，产生了巨大的盈利后果。在此种情形下，应当如何保护金融信息主体的权益？

回答这一问题，须回到金融信息主体对信息享有权利的法理基础。我国《民法典》虽然没有将个人信息作为绝对权进行保护，但个人信息在很大程度上具有民法上一般财产的属性。所谓信息主体，实际上是信息的所有者和生产者，包括金融机构在内的组织、机构因为其拥有特殊的技术设备，收集、获取了这些信息而成为信息的天然占有者。如果套用物权关系，信息主体与信息处理者之间天然地存在类似于直接占有与间接占有的关系。

回归最原始的状态，作为信息主体，金融消费者应当享有对于信息的控制权，其在完整情形下，包括占有、使用、收益及处分四项权能。由于信息产生的技术条件，金融机构天然地获得了金融消费者的占有权能。使用、收益和处分权能的分配则取决于双方之间的具体约定。尽管以上权能以合同约定的方式实现了分配，但金融消费者仍然享有最终的控制权能，并贯穿于信息的产生、收集、分析、使用和处理过程。因此，即便金融信息的使用、收益和处分权能部分或完全地让渡给金融机构，金融信息主体依然享有对信息进行查询复制、更正和删除的权利。这是个人信息作为一种独立民事财产，享有相应民事权利的应有之义。

4. 金融机构处理用户金融信息中的相关义务

金融机构在处理用户金融信息的过程中也要遵循《民法典》中的相应义务。结合金融交易场景的特殊性，这些义务有其特定内容。

金融机构对用户信息同样负有安全保护义务。《通知》第 4 条规定了金融机构在处理金融信息时的一系列义务：一是不得出售个人金融信息；二是不得向本金融机构以外的其他机构和个人提供金融信息，但为个人办理相关业务所必需并经个人书面授权或同意的，以及法律法规和中国人民银行另有规定的除外；三是不得在个人提出反对的情况下，将个人金融信息用于产生该信息以外的本金融机构其他营销活动。从以上规定来看，针对个人金融信息的安全保护义务更强于一般信息。具体体现为如下方面：

首先，“告知—同意”模式的适用更为严格。原则上，金融机构不得出售个人金融信息,即便用户许可出售这样的信息也不可以。而对于出卖行为之外的信息转让行为,仍然主要依据"告知—同意"的模式,但这里出现了要式要求,即该同意或授权的意思表示,必须经过书面形式始得生效。除非法律另有规定,才能进一步对此要件进行免除。当事人拒绝金融机构用于该机构外的其他营销活动,只需要作出拒绝的意思表示,该表示是非要式的。在理论上,口头、电话、短信乃至其他合理的方式均可。这就意味着在实践中,金融机构不得以其用户拒绝的意思表示不符合相关要求,或者以其限定的渠道没有收到用户拒绝为由,擅自将用户的个人金融信息转让给第三方使用。

其次,《通知》对于同意或者取得方式也进行了更为严格的规定。《通知》第4条第2款规定:银行业金融机构通过格式条款取得客户书面授权或同意的,应当在协议中明确该授权或同意所适用的向他人提供个人金融信息的范围和具体情形。同时,还应当在协议的醒目位置使用通俗易懂的语言明确提示该授权或同意的可能后果,并在客户签署协议时提醒其注意上述提示。从这一规定看,《通知》对格式条款的规制已经远超《民法典》合同编对于格式条款的规制标准。作为格式条款提供方的金融机构不仅要提示格式条款的内容,尽到相关的告知义务,还要对于个人金融信息使用可能发生的后果进行说明。这一标准非常之高,原因在于个人金融信息的使用,尤其是一些经过匿名化处理的信息经过市场流通,与其他信息重组之后,可能会发生原有信息本身所不具备的识别功能,从而成倍放大对原信息主体相关权益的损害。

此外,《通知》第5条还规定:银行业金融机构不得将客户授权或同意其将个人信息用于营销、对外提供等作为与客户建立业务关系的先决条件,但该业务关系的性质决定需要预先作出相关授权或同意的除外。可见,在金融交易过程中,金融机构对于用户金融信息的取得义务更为纯粹,将其设置为后续一切利用、处分行为的先决条件。如果没有事先的同意,则后续所有围绕个人信息的利用行为都无法进一步展开。

在"同意"原则的前提下,金融机构同样负有《民法典》所规定的避免泄露、篡改其收集、存储个人信息的义务,采取技术措施和其他必要措施,确保其收集、存储的用户金融信息安全的义务,以及在发生泄露、篡改情况下采取补救措施的义务。而这些义务在个人金融信息保护当中,更多地被解释为金融机构对金融消费者的保密义务。例如,《通知》第2条规定:银行业金融机构在收集、保存、使用、对外提供个人金融信息时，应当严格遵守法律规定，采取有效措施加强对个人金融信息保护，确保信息安全，防止信息泄露和滥用。第 3 条第 1 款规定：银行业金融机构应当建立健全内部控制制度，对容易发生个人金融信息泄露的环节进行充分排查，明确规定各部门、岗位和人员的管理责任，加强个人金融信息管理的权限设置，形成相互监督、相互制约的管理机制，切实防止信息泄露或滥用事件的发生。具体而言，以上规定不仅强调金融机构要完善信息技术防范措施，确保个人金融信息在收集、传输、加工、保存和使用过程中不被泄露，也要求金融机构建立、健全内部控制制度，对易发生个人金融信息泄露的环节进行充分排查，明确规定各部门、岗位和人员的管理责任，加强个人金融信息管理的权限设置，形成相互监督、相互制约的管理机制，切实防止信息泄露或滥用事件的发生。

以上规定性质上并不是从民法角度对于金融机构课以的民事义务，而是从银行业内部垂直监管的角度作出的规定。但从民法角度来理解，行政规范性文件中规定的义务落在民事层面，则属于德国侵权法理论中所称的保护性规范（Schutznorm），这类规定一旦作出，就不再局限于对于被侵权人具体法益的侵害情况。① 比如，此处的义务并非仅仅针对用户个人金融信息的保护，而是一般规范层面对金融机构及其工作人员行为义务的规范。因而，银行业金融机构在民事层面的保护义务，实际上被提升到高于一般情形下侵害用户个人金融信息过错的标准。在非银行业金融交易的领域内，对相关机构是否负有如此高的注意义务，仍存在疑问。如将个人金融信息视为一种具有人格权性质的民事权益，那么避免其受侵害的防控义务则不仅体现为避免损害结果发生，即个人信息被泄露、盗用，还应体现为一定限度上的行为义务，即在其可预见和可接受的范围内采取积极防控措施的行为义务，其性质就是所谓侵权法上的安全保障义务，或者德国法上的交往安全义务。这种义务并不是由具体的法律规范所明确的行为规则和禁令，而是由于交易主体在交往过程中因为控制或者掌握了造成交往对象损害的危险源，或者因交往关系产生的照顾义务，而形成的避免其具体法益（此处即个人金融信息）受损的义务。由此，金融机构的注意义务实际上可能有两个来源：一是金融机构因为掌握了收集、提取、加工、修改乃至删除等一系列处分和使用信息的技术工具，而对个人金

① Vgl. Maximilian Fuchs/Werner Pauker/Alex Baumgärtner, Delikts-und Schadensersatzrecht, 9. Aufl., 2016, S. 153.

融信息的主体产生了巨大危险,由此形成了避免用户信息受损的防控义务;二是金融机构与用户之间具有以金融信息为标的物的使用、受益和占有的具体约定,根据此约定形成了对于保持个人信息完整以及不受他人损害的保护义务。这种保护义务类似于租赁关系中承租人对于占有状态下标的物的照顾义务,在维持其完整性的前提下施加一定的积极作为义务。这两种逻辑在一般侵权的场合需要进行区分,但在金融交易的场合两者往往是合一的。原因在于,金融机构对于金融信息的收集和占有是以信息主体的同意为基础的。由此,金融机构请求收集用户信息的要约与金融信息主体同意或授权的意思表示相结合,形成了合同关系。在没有法律特别规定的情形下,金融机构的注意义务就是由合同产生的,体现为对于合同相对方的固有利益,包括个人信息在内的特殊照顾和保护。

之所以要在理论层面仔细地区分金融机构对于个人信息保护义务的来源,即或行政性义务,或侵权性义务,或合同性义务,原因在于其承担的民事责任不同,或者说其所负的损害赔偿责任不同。按照《民法典》人格权编的结构设置,个人信息基本被定义为人格权益的一种类型,适用侵权责任编;如果按照一般侵权的构成要件和损害赔偿理论,应当适用相当因果关系理论,损害赔偿范围应当限定在固有利益的损害,而由个人信息滥用造成的消极利益,或可得利益的损失则不会被包含在内。而如果将个人信息作为一种侵权法的纯粹经济损失,在我国是否受到保护仍然存在争议。尤其是其损害如何判定,在我国民法理论上并不明确。如套用比较法经验,可得利益的衡量无法完全依靠相当因果关系进行判定,而需要借助侵权人的可预见性作为标准来度量被侵权人所可能丧失的利益。

实际上,侵犯个人信息对信息主体的损害,除了那些隐私信息直接构成对当事人隐私权即绝对权的侵害,其他公开信息的泄露和未经许可的转让,通常而言,很难对信息主体产生固有利益的侵害,其使用和转让之后产生的经济利益实际上是具体交易过程的产物,要么是为了交易磋商产生的信赖利益,要么是交易的开展和实现产生的履行利益。换言之,是合同性或准合同性利益。对于这样的损失,采用侵权法救济,即套用纯粹经济损失来解决问题,实际上是非常勉强的。不仅在主观归责上要体现故意的过错状态,更要体现在因果关系的变通处理上。而适用合同法的相关规则,则可以天然地套用可预见性规则,从而将违约方可以预见的损失都囊括在内。换言之,只要泄露或未经用户同意擅自使用、处分其个人金融信息,该金融机构就应当对其可预见到的利益损失,承担赔偿责任。这样的安排最有利于守约一方的信息主体,这是因为,一方面,金融机构掌握有大量的专业知识,对信息在相关市场的使用情况,比普通金融消费者有着更强的预测能力;另一方面,又因金融机构掌握了相关的技术手段,有更强的能力去防止损害发生或继续扩大。由此,依据金融机构预见能力与减损能力来综合判定损害的范围和边界,有助于确定一个较为合理且有利于保护信息主体的损害范围。

(三)《民法典》侵权责任编对金融法治发展的影响

《民法典》侵权责任编总体上继承了原《侵权责任法》的体例,因而人格权的侵害是侵权法固有的保护范围。此次法典编纂,并无更多新增内容。故金融交易主体在交易过程中的人格权侵害问题,按部就班地走人格权编行使人格权请求权,而在主张相应赔偿时行使损害赔偿请求权即可。在此,需要着重指出对于个人金融信息的侵害。

《民法典》人格权编并没有对个人信息的法律性质作明确的规定。其产生的损失中,既可能造成侵权责任,也可能造成合同责任。但从《民法典》立法者将个人信息置于人格权编的做法来看,至少是将个人信息视为准(或者近似)人格权的民事权益来看待。而《民法典》第 120 条规定:民事权益受到侵害的,被侵害人有权请求侵权人承担侵权责任。第 1164 条规定:本编调整因侵害民事权益产生的民事关系。由此推论,个人信息所涉及的民事权益理应由侵权责任编加以规制和解决。个人金融信息当然也不例外。但作为新颁布的《民法典》的组成部分,侵权责任编与原《侵权责任法》相比,在保护范围、立法体例以及相关的特殊侵权规定等方面均有变化。那么,个人金融信息的侵权责任应当如何展开?

这里牵涉如下几个问题:一是个人金融信息以何身份和方式纳入侵权法的保护范围?二是个人金融信息的侵权行为应以何方式进行归责?三是在个人金融信息侵权责任要件中,侵害与损害要件是否应当区分?如何进行设置?附带的问题是该损害赔偿应当如何计算?四是侵权责任的承担方式应如何理解?尤其是如何把握人格权编中信息复制查阅权、更正权、删除权等权利与侵权法中固有的停止侵害、排除妨碍、消除危险等责任承担方式的关系?下文将详细展开。

1. 个人金融信息与侵权责任编的保护范围

虽然原《侵权责任法》第 2 条并没有把个人信息明确列入保护范围,但立法者确定了民事权利和民事利益的区分。之所以在立法上故意模糊,原因在于立法者认为权利的落脚点仍在利益,两者可以相互转化。[①] 因而,从《侵权责任法》立法者的角度看,权利侵害与利益侵害产生责任的构成要件并没有什么区别。但《民法典》删除了原《侵权责任法》第2条,参与立法的学者认为该条所列举的内容被合并到了总则编的民事权利一章,因而无须重复。但这仍未明确哪些利益受到侵权法的调整。《民法典》第111条规定:自然人的个人信息受法律保护。任何组织或者个人需要获取他人个人信息的,应当依法取得并确保信息安全,不得非法收集、使用、加工、传输他人个人信息,不得非法买卖、提供或公开他人个人信息。按照该体例,个人信息被列为法定权利之一,释义明确表述为个人信息权利。[②] 尽管在侵权责任编中,对个人信息作为权利或者利益尚有争议,但从符合法典体系性的解释来看,对个人信息的保护,至少其中与隐私权相互重叠的部分,实际上是可以参照人格权的相关规定。相应地,人格权侵权中的相关规定,也应当适用于侵害个人信息的情形中,而个人金融信息也概莫能外。

从条文之间的联系来看,为个人信息提供侵权保护,有两个基本的请求权路径:一是《民法典》第1165条第1款的一般侵权,即行为人因过错侵害他人民事权益造成损害的,应当承担侵权责任。此处,"造成损害",并不是侵权责任的必要条件,而只是强调过错作为对损害赔偿责任归责要件的前提。二是《民法典》第1194~1197条的网络侵权责任规范,即将个人信息的侵害视为网络环境中特定主体之间发生的侵权行为,从而套用通知移除规则、反通知规则以及红旗规则,对侵害行为进行规制。[③]

尽管《民法典》延续了原《侵权责任法》的做法,没有对权利与利益作出区分,但越来越多的学者达成共识,认为侵害权利与侵害利益的构成要件应当区别对待。如对于一般绝对权或人格权侵害,一般要求区分侵害与损害,只要达到侵害就满足构成侵权的必要条件;此外,对于侵害人的主观状态并不作具体要求,一般的过失就可以满足。而对于利益侵害,我国侵权法上并没有形成成熟理论,一般是将其归入故意违背善良风俗的侵权类型,要求侵权人的主观状态是故意,同时出现具体利

---

① 参见王胜明主编:《中华人民共和国侵权责任法释义》(第2版),法律出版社2013年版,第26页。

② 参见黄薇主编:《中华人民共和国民法典总则编释义》,法律出版社2020年版,第288页以下。

③ 参见叶名怡:《个人信息的侵权法保护》,载《法学研究》2018年第4期。

益的损害,而不是民事权益的侵害。[①] 在个人金融信息的侵权中,对这两种类型的区分仍有必要。

2. 个人金融信息侵权的归责方式

以上对于归责方式的分析限于民法教义学层面,对于金融信息侵权的具体情境,则需要进一步分析。有学者指出,在大数据背景下,对于个人金融信息的侵权,如果使用一般过错原则,会对信息主体的保护力度不够。[②] 例如,金融机构泄露了用户的个人数据,实际上该用户很难去证明作为信息收集者和存储者的金融机构具有过错,因为在数据处理的层面上,出于技术原因,金融机构对于数据保存和管理的义务并不明确。而在更常见的情形下,尽管个人金融信息主体对数据拥有法律上的支配权能,但因自始缺乏占有的有利地位,可能根本不知道有泄露信息等侵权行为,也就不可能去证明金融机构具有过错。如果泄露之后,非法利用的链条扩大,涉及多个交易和利用主体,要确定相关主体的特定注意义务及其违反情形会异常困难。

对此,比较法上区分了公务机关以自动化和非自动化方式处理个人数据。自动化方式下应承担无过错责任;非自动化方式下应承担过错推定责任。而对于过错的判断,实际上更加依赖于是否有具体的特别法或行业规则,对于金融机构的行为义务作出明确规定,由此构成德国侵权法上的违反保护性法律型侵权。[③] 相比之下,我国的情形与其极为相似。如上文所述《通知》直接以规范性文件的方式确定了金融机构的注意义务。但在其他规范中,无论是《民法典》人格权编,还是作为特别法的个人信息规范性文件,均没有对信息处理者(包括数据控制者和处理者)规定无过错的严格责任。

在金融交易领域,金融机构实际上往往是具有特殊金融职能的公务机关。而目前普遍运用个人电脑以及手机终端收集个人金融信息,自动化程序以及人工智能技术的使用在金融机构和信息主体之间造成了极大的信息不对称,以及针对信息控制极其不平衡的强烈差异,金融机构一旦造成个人金融信息的泄露和不当使用,应当适用无过错归责。在此种情形下,金融机构与信息主体之间也往往存在合同关系。按照《民法典》合同编违约责任的一般归责,也应适用无过错归责。由此,

---

① 参见于飞:《违背善良风俗故意致人损害与纯粹经济损失保护》,载《法学研究》2012 年第 4 期。

② 参见叶名怡:《个人信息的侵权法保护》,载《法学研究》2018 年第 4 期。

③ 同上。

上文所引针对国内银行机构的相关行为义务不应局限于银行业内部,而应扩张适用于具有公务性质的其他金融机构。

而非公务性质的金融机构对于用户金融信息的侵害则可采取过错推定。差别在于,此类纯粹商业性的金融机构,非公权力机关,直接获取以及控制用户金融信息或数据的渠道相对有限,因此法律设置的注意义务标准也相对较低。但这种纯粹理论上的分析也不完全符合现实情况,如支付宝、财付通等公司虽非公务性质的金融机构,但其吸收了大量社会资金,甚至超过了国有银行的规模。同时,其开设的相关金融服务平台,如蚂蚁财富、网商银行上的金融交易规模极其庞大,市场地位类似甚至超过公务性质的金融机构,其与金融消费者之间的地位极为不平等。因而,从利益衡量的角度,对这样的金融机构同样采取无过错归责,亦无不当。采取过错推定的归责原则之后,由于"告知—同意"原则中格式条款偏向于金融消费者的解释规则,以及金融信息在各主体之间转让时的高度技术性和不透明,导致了司法机关经常使用高度盖然性的标准去推定金融机构违反有关注意义务,即过错的存在,从而完成对金融机构的归责,一定程度上弱化了过错与无过错归责之间的差异。

3. 损害要件的取舍与衡量

上文已简要提及,因对个人金融信息的侵害法律性质不同,可以区分为权利与利益两个层面,对应不同的构成要件,进而区别权利侵害与利益损害。对于个人金融信息中偏向隐私权的部分,达到侵害标准即可适用侵权责任法中停止侵害、排除妨碍、消除危险等措施。而该部分所造成的损害,则可以完全适用相当因果关系的标准,来确定损害赔偿的范围。从侵权法的一般原则出发,适用所谓的完全赔偿原则,即要么全赔,要么不赔。无论损害的类型如何,加害人的过错如何,均应先确定受害人所受的损害,然后由赔偿义务人通过相应的赔偿方法为赔偿权利人提供一定的利益,以求全部填补损害,使受害人回复到未遭受侵害时的状态。

而在利益衡量的问题上,我国侵权法并没有建立起系统的纯粹经济损失规范及学说,但在司法审判中已有零星实践。例如,受害人须证明行为人具有故意,且违背善良风俗,双方应具有较近的交易关系,且损害应有可预见性。① 但可预见性标准与相当因果关系并非南辕北辙。可预见性规则强调的是侵害一方对损害的预

① 参见葛云松:《纯粹经济损失的赔偿与一般侵权行为条款》,载《中外法学》2009 年第 5 期。

见能力，主要是考虑到侵权人最先知道侵害事实及其造成的损害，从而尽可能扩大损害的裁量范围，保护被侵权人利益。但同时，可预见性的判断也有很强的客观性，即须由法官考察一个谨慎的人在通常条件下能合理预见的范围。在某种程度上，可预见性规则与相当性规则实现了合流：一方面，强调了赔偿范围应对在合理认知范围内的自始发生的损害进行追溯；另一方面，以客观社会标准对赔偿范围进行限缩。因而，对于个人金融信息侵权的损害赔偿责任，即便采取权益与利益的区分，在计算具体损害时也可能不会产生理论层面的重大差别。在审判实践中，社会情理对于判决结果妥当性的自然需求会迫使法官对教义学上的差异进行缓和处理。以上理论问题并没有在《民法典》中得到完全解决，但一定会在个人信息这一新型民事权益侵权的案件中反复表现出来。

4. 信息主体权利与预防性责任的承担

《民法典》人格权编规定了信息主体的同意权、拒绝权、查询复制权、更正权以及删除权。对同意权以及拒绝权的行使，实际上是侵害行为的前置条件，即只有在未经信息主体同意，或违背信息主体拒绝意愿的情形下，处理其信息，才构成侵权。因此，同意或拒绝并非侵权责任的承担方式。而查询复制、更正以及删除，则是信息产生后，信息主体所享有的权利。严格来说，查询复制权的行使并不需要信息主体知道或应当知道侵权行为的发生。当信息产生，信息主体出于对自己权益的支配，自然有向直接占有信息者（如控制用户金融信息的金融机构）了解和复制该信息内容的权利。因而，复制查询亦非侵权责任的特定方式，而是个人信息支配权能的固有内容。而更正权和删除权，则是信息主体在发现信息有错误，或信息处理者非法使用信息之后，所享有的提出异议并请求其采取更正等必要措施，以及请求其及时删除的权利。这两种权利的实施并不以侵害个人信息产生实际损失为前提，是个人信息主体在发现此权益被侵害后，即可请求相关方进行更正和删除。这种构造与侵权责任中的停止侵害、排除妨碍和消除危险非常近似。在某种程度上是赋予了个人信息以绝对权的性质，而此种责任实际上是绝对权保护请求权的体现，故其性质更多体现为一种第一性的、请求为一定行为的请求权。此外，此种请求权的产生，并不以信息处理者的过错为要件，只要信息处理者出现了错误收集信息的行为，或违反法律、行政法规或双方约定处理其个人信息，信息主体即可享有该请求权。（见图2）

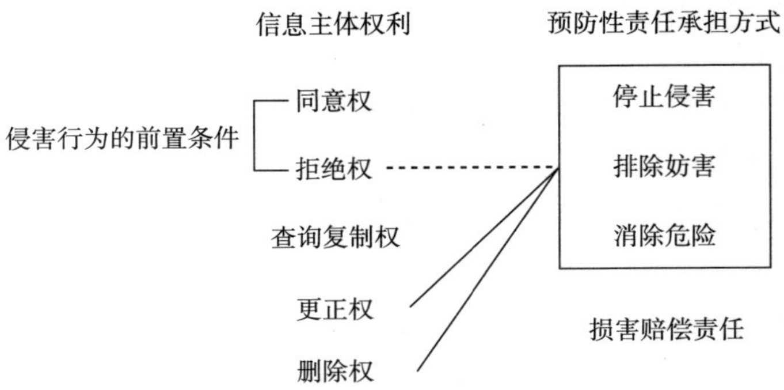

图2　信息主体权利与预防性责任承担方式的对应关系

三、对《民法典》与金融发展具关联性规定的评析

《民法典》在合同编、物权编、人格权编和侵权责任编中的相关变化体现了对金融法治基本制度以及当前热点问题的规定和覆盖。部分制度借鉴了域外规则和经验,丰富了国内的理论体系和规范内容;部分制度则是我国在抛弃外国法教条的基础上进行的独创,具有鲜明的中国特色,回应了本土问题。但是,《民法典》对于金融法治发展的影响既有积极的一面,也有有待改进的一面。下文即以子专题的方式分类展开评析。

(一)对合同编、物权编的评析

1.《民法典》对"收益权"规制有待完善及其与金融发展的影响

虽然《民法典》对大量的民事权利进行了界定,但有学者认为《民法典》对于金融创新仍然缺乏足够的支持。例如,《民法典》并未对金融业务中常见的"收益权"等权利类型进行规制。诚然,从基础资产中剥离出来的"资产收益权"在金融资管业务中被广泛运用。在金融创新相比于金融监管处于优位考量的时期,该类权利极大地推动了资管业务规模的扩张。"资产收益权"可能会以股权、债权、票据等基础资产为前提,从中剥离出收益的权能,用于资产证券化等业务。当然,收益权还有可能通过"收益权转让＋回购"、收益权信托、收益权质押等模式作为交易的客体而出现,从而不仅能够将针对未来的收益即时变现,对前述收益权进行处分,从而换取即时的现金流,而且能够在收益权的基础上不断产生新的衍生品。例如,基于收益权,进一步扩大基础资产的资金融通功能,还可以对多种不同基础资产的收益权进行标准化处理,经过精算、证券化之后,在市场上予以出售。

尽管如此,《民法典》对于权利的界定中并无"收益权"的表述。事实上,大部分基础资产,如所有权,均包含收益的权能。不动产通过出租等行为,就能够在占有、使用、处分的权能之外实现收益;债权中包含了受领及利息分支债权的收益可能;票据作为基础资产,也可以用于质押等融资活动。此外,如最高人民法院指导案例第 53 号区分了特许经营权与收费权,认为污水处理经营活动中的特许经营权是对污水处理厂进行经营并取得收益的权利,其中污水的处理系其义务,收益的取得系其权利。究其本质,所谓对污水处理厂的经营与维护,系其义务(债务),债务之承担非经债权人同意不得发生,且其并非财产权之内容,因此所谓特许经营权质押,实际上是收益权的质押。《应收账款质押登记办法》将"公路、桥梁、隧道、渡口等不动产收费权"改为"能源、交通运输、水利、环境保护、市政工程等基础设施和公用事业项目收益权"列为可质押的权利,本质上仍然是在对合同债权进行质押,而非性质上全然不等同于物权、债权或股权等权利束的处分。就此而言,虽然《民法典》并未直接规制"收益权"的问题,但仍然可以回到民事一般法中寻找到收益权的相应的本质权利,因此并不存在法律上需要填补的漏洞。

2. 穿透性监管与一般监管适用问题

对于金融活动而言,在金融创新与金融监管之间取得平衡是决策者与司法审判者都要面对的难题。因为金融创新直接关系到国家经济与金融的发展,而金融法律框架的金融监管责任重大。如果不涉及系统性金融风险,通常而言,在信用扩张时期,资本的逐利性叠加企业扩大再生产的动机往往将金融创新发挥到最大;而在信用紧缩时期,基于经济周期调节目的,金融法律框架会收缩以放缓金融创新的节奏,这体现了金融法律框架的弹性调节。信用的扩张同时会涉及系统性金融泡沫与金融风险的存在,因为对于一部分金融活动的监管与法律限制,有时候将不得不针对不同的金融活动规模而作出不同的判断。这种弹性调节不仅仅体现在金融监管法层面的"高频"监管方式,在相对稳定的民商法基础上同样有所回应和体现。

《民法典》对金融活动的穿透性监管与一般监管都提供了充分的法律依据。就前者而言,《民法典》第 146 条规定:"行为人与相对人以虚假的意思表示实施的民事法律行为无效。以虚假的意思表示隐藏的民事法律行为的效力,依照有关法律规定处理。"在对金融活动的监管与司法审查活动中,行为人的真实意图与其选择的法律工具的法律效果之间,何者作为认定的行为本质从而决定双方当事人之间的权利义务关系,就需要金融活动的参与者加以注意。从目前立法对诸如让与担保等制度的取舍来看,立法者仍然倾向于从实质上把握交易的本质,例如在上述制度中倾向于取其担保型权利,而非完整的所有权。可以预见的是,在穿透性监管的旗帜下,这种在金融活动中把握本质及真实意思而无视当事人所选用的法律工具的立场仍为将来金融监管活动的主要方向。

就一般性的金融监管而言,《民法典》第153条第2款规定了"违背公序良俗的民事法律行为无效",作为"违反法律、行政法规的强制性规定"的补充与兜底规定。在此前的《九民纪要》第30条中,最高人民法院通过列举的方式将效力性强制性规定和管理性强制性规定进行了区分,并认为:"违反涉及金融安全、市场秩序及国家宏观政策等公序良俗强制性规定的合同无效。"可见,有关"公序良俗"的一般条款,事实上是《民法典》将金融监管纳入考量的评判依据,它将作为对金融创新的弹性规制机制而产生持久的影响。

3. 物权编有关制度与金融活动的安全性与效率

就《民法典》有关流质、流押条款的新规制而言,在金融活动中,质押、抵押是提供资金的重要担保方式,同时以担保品作为基础资产进行进一步投资活动也是金融交易的重要一环。在当前《民法典》第401条、第428条的规则下,流质、流押法律效果的明确化可以防止无效担保的出现,即便建立在约定基础之上的流质或流押不能实现当事人约定的效果,但仍然可以发挥其担保的机能。因此,在不影响担保目的实现的前提下,上述规范将增强金融法律关系的确定性与有效性。

就动产统一登记制度而言,作为一种基础性法律配套制度,以电子化与信息化为主要驱动力的统一的动产登记制度将极大推进金融交易的安全性、公开性与透明性,从而提升金融活动中对各方当事人权益的保护与平衡,并增进交易效率。

(二)对人格权编、侵权责任编的评析

此次《民法典》的编纂与颁布为个人金融信息的保护提供了基础性民事法律的规范性支持,人格权编的相关规定主要起到确权的功能,将实践中有待保护的民事权益纳入法典的保护范围。而侵权责任编,则在民事权益被侵害情形下起到了兜底救济功能。尤其对于新型民事权益的损害,在合同编和物权编无法提供充分救济的情形下,通过侵权责任在解释论层面的灵活操作,得以达到给予法律救济的目

的。但新设制度也必然存在不足，无论是从规范，还是学理层面，都有进一步阐明理论，加强法律体系关联的空间。故对这两编内容，可以从创新点等方面进行概括。

1. 人格权编与侵权责任编对个人金融信息保护的创新点

人格权编对于隐私权与个人信息保护的规定，体现了法典的前瞻性，为未来可能的技术进步和金融商业发展预留了制度空间。概括而言，《民法典》立法对个人金融信息保护的创新体现如下几点：(1) 创造性地设置人格权编。在该编下设置"隐私权与个人信息保护"一章，从而将个人金融信息保护纳入人格权编的规制体系。对于个人金融信息的保护，按照信息私密程度的差异，可以分别套用隐私权保护的请求权或个人信息特定保护的请求权，相当灵活。(2) 在吸收比较法有关经验的基础上确立了个人金融信息的"告知—同意"原则，辅以维护公共利益或信息主体合法权益的例外原则，构成信息处理者获得信息处分权能的门槛性规范，构建合理使用与非法使用个人金融信息的法律边界。(3) 较为系统地规定了个人信息处理者的相关行为义务和个人信息主体的相关权利，由此在围绕个人信息的相关主体之间构建起权益保护和行为自由的平衡关系。就个人金融信息，其与相关的行政规范性文献相结合，形成金融机构及其用户之间围绕个人金融信息的权利、义务分配格局。

2. 人格权编与侵权责任编对个人金融信息保护的空间

尽管《民法典》的诸多创举为个人金融信息的保护奠定了坚实的规范基础，但仍需要进一步完善。(1) 因个人信息被规定在人格权编，对个人信息侵害产生的责任到底归属于侵权责任编还是合同编管辖？对于个人金融信息的侵害问题，往往因为金融机构与其用户之间存在特定的金融服务合同，而就个人金融数据的授权同意条款往往暗藏其中，故对个人金融信息侵权产生的民事责任往往构成合同与侵权之间的竞合关系，如何协调合同与侵权法律评价的区别，仍需后《民法典》时代的法解释工作加以解决。(2) 个人金融信息主体依据《民法典》人格权编所享有的同意、拒绝、查询复制、更正、删除权，与侵权责任编中所规定的停止侵害、排除妨碍，消除危险等预防性责任的关系并不清晰。这关系到在司法实践中如何去落实人格权编中的相关权利，并有效地保护个人金融信息不受侵犯的完满状态。尤其考虑到个人信息与其民事权益保护方式上的差异，如何协调乃至统一新型权益与传统民事权利的救济方式有待进一步研究。(3) 个人金融信息因其民法上的性质不同，可以区分为权利与利益。但在侵权责任的构成要件上并不完全统一，尤其体现在主观状态的归责，以及行为与损害之间的因果关系判定之上。故意与过失的归责，不仅关系金融机构作为单个侵权主体的注意义务违反问题，在共同侵权中还涉及如何确认共同侵权形态的问题。而在因果关系的判定方面，则面临相当性规则与可预见性规则的区分和融合问题，从而影响损害范围的进一步明确。

3. 完善个人金融信息保护的建议

以上问题都需要在《民法典》实施的过程中，结合金融交易实践，进行细化研究，形成具体化、可操作的规范与解释论体系。具体而言，可从如下3方面入手：

（1）在现有《民法典》有关条文的基础上，建立系统性的解释论，将个人金融信息的保护问题纳入法典规范的学说体系，从而将个人金融信息侵害的救济问题纳入民法语境中的合同、物权、人格权及侵权责任中，尽可能减少金融领域的特别立法，构建个人信息保护的统一性和整体性。（2）就民法上难以解决或定性较为困难的问题，应通过《个人信息保护法》进行较为全面和充分的立法，从而将《民法典》上未决的权利、利益之争，以特别法的方法进行确权；或对信息处理者及信息主体规定以特定的行为义务，从而在规避如何定性的前提下，直接对于信息保护相关主体的注意义务作出明确的法律规定。这为个人金融信息侵害情形下过错或义务违反的判断标准，提供明确的法律依据。（3）就个人金融信息侵害案件的裁判，应当在《民法典》实施过程中建立细致和明确的类案参照标准。具体而言，可在最高人民法院《关于统一法律适用加强类案检索的指导意见》基础上，建立更为适应金融领域个人信息保护和救济的类案检索和参照机制。进而，一方面，方便各地法院在较短时间内能够从新型案件中提炼出明确的裁判规则以及法律解释标准；另一方面，尽早在司法层面给出一整套体系性的解决方案，为理论及立法部门进一步完善个人信息保护规则，提供具有充分可操作性的实践素材。

《证券法》修订与资本市场法治

张天行*

2019年《证券法》修订以及资本市场发行注册制改革是顺应我国资本市场运行规律和发展阶段性特点，服务经济转型升级和高质量发展的融资需要，必将稳步提升上市公司质量与核心竞争力，塑造诚实信用、公平公正、多赢共享、包容普惠的资本市场生态环境。

一、《证券法》修订和注册制改革综述

（一）证券市场发展概况

伴随改革开放的发展进程，我国资本市场已经成为全球第二大资本市场，股票、债券和商品期货规模均居世界上游，是全球最重要的金融市场和国际投资者关注的新兴市场之一。伴随资本市场规模的扩大和多层次体系的完善，我国资本市场服务实体经济的能力也大幅提升，在为企业拓宽融资渠道的同时，进一步推动生产要素和社会资源向技术创新型、资源节约型企业集聚，为经济新常态下的企业高质量发展增添动能。总体而言，证券市场在2019～2020年取得了令人瞩目的发展成绩。

1. 股票市场

一是资本市场规模不断扩大。首先，直接融资功能充分有效发挥。在IPO数量上，2020年总共有396家公司在内地交易所上市，相比2019年的203家同比增长

---

* 复旦大学法学院2020级博士研究生。

约95%。① 在融资金额上,2020年A股IPO募资规模高达4673亿元,相较2019年的2489亿元同比增长约87.7%,创下2011年以来新高。在上市公司数量上,截至2020年年底,沪深两市上市公司总数突破4000家关口,达到4154家,上市股票总数达到4233只,上市公司总市值达79.72万亿元,流通总市值达64.36万亿元。②(见表1)

表1　2010～2020年沪深两市上市公司数量、筹资金额、总市值和流通市值

年份	2010	2011	2012	2013	2014	2015	2016	2017	2018	2019	2020
总市值/亿元	265,422.6	214,758.1	230,357.6	239,077.2	372,547.0	531,462.7	507,685.9	567,086.1	434,924.0	592,934.6	797,200
流通市值/亿元	193,110.4	164,921.3	181,658.3	199,579.5	315,624.3	417,880.8	393,401.7	449,298.2	353,794.2	483,461.3	643,600
上市公司数/家	2063	2342	2494	2489	2613	2827	3052	3485	3584	3777	4154
筹资金额/亿元	4685	2720	926	1315	667	1556	1775	2168	1346	2489	4673

其次,二级市场持续回暖,证券市场交易活跃度稳步提升。在股票交易额方面,2019年,沪深两市股票累计成交127.4万亿元,日均交易额达到5221.96亿元,同比增长约40.7%;2020年A股成交量激增,全年成交206万亿元,日均成交近8500亿元,与2019相比同比增长约62%。2019年A股上市公司日均换手率为2.66%,同比增长约28%,2020年截至上半年,A股上市公司日均换手率平均达到3.32%,同比增长约25%。(见表2)

表2　2010～2020年沪深两市股票市场日均交易额、累计成交额和平均换手率

年份	2010	2011	2012	2013	2014	2015	2016	2017	2018	2019	2020
日均成交额/亿元	2255	1728	1291	1967	3030	10,000	5221	4609	3711	5222	7603
累计成交额/百亿元	5460	4220	3150	4680	7424	25,468	12,724	11,250	9020	12,740	20,600
平均换手率/%	4.4	3.0	2.4	2.5	2.9	5.1	3.6	3.3	2.6	2.7	3.3

① 资料来源:东方财富Choice数据。

② 根据上海证券交易所和深圳证券交易所公开数据整理。

二是多层次资本市场建设取得重大进展。2020年，围绕证券发行注册制改革的落地实施，多层次资本市场体系进行了涵盖创业板、科创板、新三板在内的一系列深入的协同改革。资本市场各个层次的定位更加明晰，错位发展、功能互补、有机互联的格局逐渐形成。2019年6月13日科创板正式开板，截至2020年年底，科创板共有上市公司215家，其中2020年全年新增145家，占全年IPO总家数的36.6%，比2019年同比增长了约207.1%。2020年科创板IPO筹资额达2226亿元，占2020年A股IPO募资总额的47.1%，比2019年增加了1402亿元，同比增长约170%。科创板的设立和注册制试点有力地推动了资本市场对实体经济尤其是创新型经济发展的支持。2020年4月27日，中央深改委审议通过《创业板改革并试点注册制总体实施方案》。2020年6月12日，证监会发布《创业板首次公开发行股票注册管理办法（试行）》等相关规则，宣告创业板注册制试点正式启动。2002年8月24日，首批上市的18家注册制公司登陆创业板，合计发行约5.59亿股，共募资200.66亿元。截至2020年年底深交所创业板总计受理533家企业的IPO申请、263家再融资申请、15家重大资产重组申请，其中已有63家公司成功上市，募集资金合计660亿元。2019年12月27日全国中小企业股份转让系统有限责任公司发布、实施《全国中小企业股份转让系统分层管理办法》《投资者适当性管理办法》在内的首批7件全面深化新三板改革的文件。2020年7月27日，新三板精选层开市交易，首批32家企业集体挂牌亮相。截至2020年年底，精选层公司已有41家，公开发行融资额达112.19亿元。2020全年新三板新增挂牌企业135家，通过公开发行或定向发行共募资338.5亿元，同比增长约28%。同时，2020年还有105家新三板企业转板上市，其中转往科创板和创业板的企业均超40家。作为资本要素市场的重要组成部分和多层次资本市场的"塔基"，区域性股权市场通过进一步优化运营机构股东结构，在促进中小微企业成长、支持科技创新创业以及激活各类社会资本方面继续发挥重要作用。截至2020年9月，全国共有34家在中国证监会备案的区域性股权市场运营机构，注册资本总额为646,376.5万元。（见图1、图2）

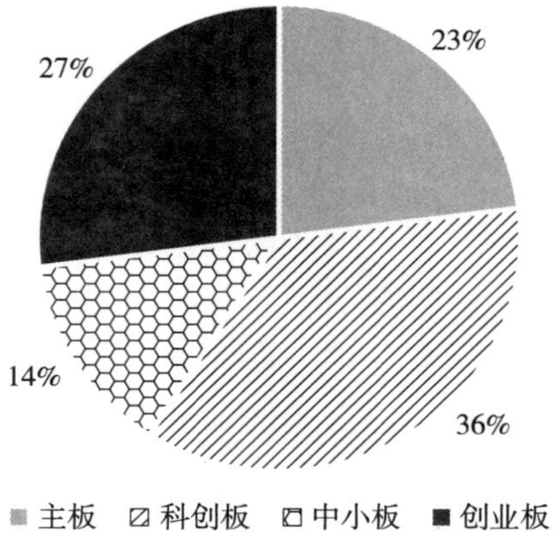

图1　2020年沪深两市IPO板块分布

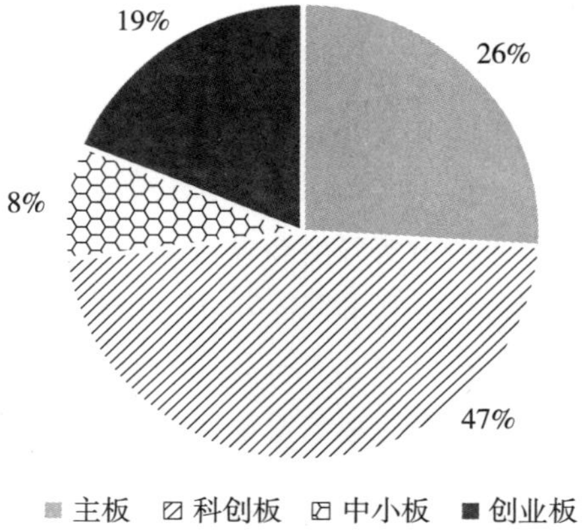

图2　2020年沪深两市IPO募集资金总额板块分布

三是投资者结构进一步改善。证券投资基金、合格境外机构投资者(Qualified Foreign Institutional Investor, QFII)、合格境内机构投资者(Qualified Domestic Institutional Investor, QDII)、保险资金、社保基金、企业年金以及各类理财产品构成的多元化机构投资者快速发展,机构投资者在市场中的地位和作用得到社会广泛认同,尤其是中国资本市场机构化特征越发明显,A股中机构投资者占比不断提升。据中金公司统计,2014～2018年,散户的资金量在A股自由流动市值中的占比已从72%下降到53%。与此同时,机构投资者提交的订单笔数自2015年以来逐步呈上升趋势,2019 年约为 31.2%,较 2018 年上升约 10 个百分点,达到近年新高。[1] 从交易情况看,2019 年至 2020 年 11 月底,境内专业机构 A 股交易金额合计约 112 万亿元,约占全市场交易金额的 17.8%,较 2018 年增长 1.3%。其中,2020 年前 11 个月交易金额占比约 18.8%,为近年来最高水平。(见表 3)

表 3　2012～1019 年机构订单提交和成交占比

占比	2012 年	2013 年	2014 年	2015 年	2016 年	2017 年	2018 年	2019 年
机构订单提交股数占比/%	15.1	14.7	13.0	11.3	11.6	14.0	17.1	17.5
机构成交股数占比/%	10.8	16.6	14.4	12.3	14.4	17.5	21.8	20.4
机构订单提交笔数占比/%	7.6	9.0	10.7	4.8	7.0	11.1	21.0	31.2

2. 债券市场

中国债券市场已成为全球第二大债券市场,截至 2020 年 9 月底,债券市场托管余额约 113.8 万亿元,同比增长约 18.6%。2010 年至 2019 年年均复合增长率达 18.76%;未到期债券数量 49,431 只,2010 年至 2019 年年均复合增长率达 39.10%。同时,债券发行规模不断扩大。2019 年,中国债券发行规模约 45.2 万亿元、发行数量 43,824 只。2020 年前三季度,债券市场共累计发行各类债券约 42.4 万亿元,同比增长约 25.2%。其中,公司信用类债券合计发行 10.71 万亿元,同比增长约 38.9%。(见图 3)

---

① 参见上交所资本市场研究所:《上海证券交易所市场质量报告(2020)》,载上海证券交易所官网,http://www.sse.com.cn/aboutus/research/special/c/5096232.pdf,最后访问日期:2020 年 9 月 30 日。

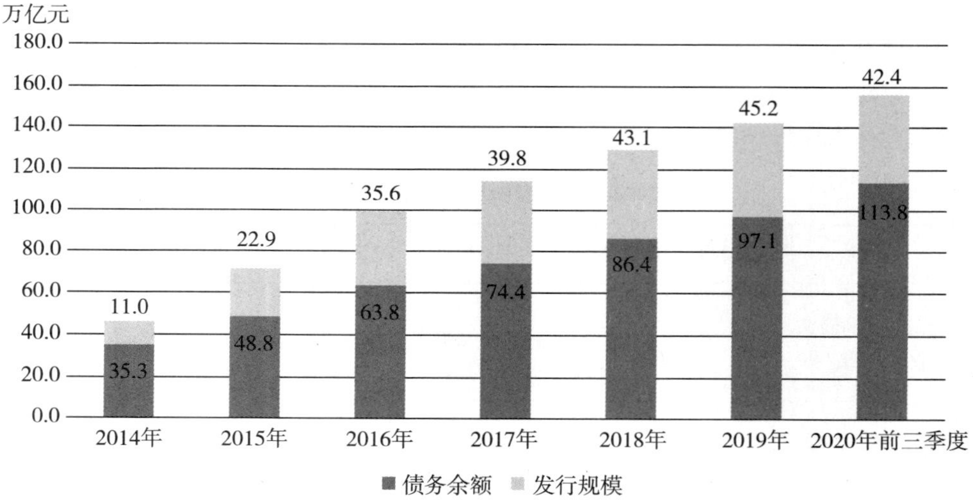

图 3　2014 年至 2020 年 9 月债券余额和债券发行规模

资料来源:中国人民银行货币政策分析小组:《2020 年第三季度中国货币政策执行报告》,载中国人民银行官网,http://www.pbc.gov.cn/zhengcehuobisi/125207/125227/125957/4021036/4068117/index.html,最后访问日期:2020 年 9 月 30 日。

3. 基金市场

截至 2020 年 8 月,国内共有 143 家公募基金管理公司获准设立,共发行 7497 只公募基金,管理公募基金资产规模达 17.8 万亿元,2012 年至 2019 年年均复合增长率达 26.39%。同时,私募基金市场也实现了快速发展,在培育创新企业和满足社会投资需求等方面发挥了积极作用。截至 2020 年 8 月,在基金业协会登记的私募基金管理人达 24,477 家,管理 89,784 只私募基金,规模达 15.02 万亿元,2015 年至 2019 年年均复合增长率达 28.29%。(见表 4)

表 4　2015 年至 2020 年 8 月基金产品数量和发行规模

项目	2015 年	2016 年	2017 年	2018 年	2019 年	2020 年 8 月
私募基金数量/只	24,054	46,505	66,418	74,642	81,710	89,784
公募基金数量/只	2722	3867	4841	5626	6544	7497
公募基金规模/万亿元	8.9	9.2	11.6	13.0	13.7	17.8
私募基金规模/万亿元	5.1	10.2	11.4	12.8	14.1	15.0

资料来源:根据中国证券投资基金业协会公开数据整理。

(二)《证券法》修订历程

我国首部《证券法》自颁布迄今已有20余年,历经5次修改,每次修改背后都蕴藏着深刻的时代背景和制度意义,条文内容的细微变化都牵动着资本市场的敏感神经,对资本市场改革发展产生深远影响。

1.《证券法》实施以来历次修改:因时而进,因势而新

我国首部《证券法》于1998年12月29日在第九届全国人大常委会第六次会议获得通过,从起草到审议通过历时7年,它的颁布和实施标志着我国改革开放后证券法律制度正式确立,依法治市进入新阶段。首部《证券法》在亚洲金融风暴背景下诞生,蕴含着加强金融监管、重视金融安全的立法指导思想。① 《证券法》的制定对缺乏统一基本法的资本市场而言可谓恰逢其时,明显改善了资本市场法治建设严重滞后的状况,结束了证券市场无法可依的状态,在整合公司法、行政法规、部门规章和证监会规范性文件的基础上,构筑了一套比较系统的证券市场法律体系,确定了证券市场统一监管体制和以政府统一监管为主、行业自律为补充的证券监管模式。

此后,为解决《证券法》市场化不足、条文过于原则化及存在大量立法空白等问题,2003年6月全国人大常委会将《证券法》修改列入立法计划,因制定与审议过程中存在较大争议,在历时2年3个月后《证券法修改意见稿》于2005年10月27日在第十届全国人大常委会第十八次会议上终获通过,自2006年1月1日起施行。②2005年《证券法》修订在借鉴域外立法基础上,针对证券市场暴露的问题,强化证券违法犯罪的刑事责任和民事责任,设立证券投资者保护基金,强化投资者权益保护,并积极顺应证券市场改革开放,在分业经营和管理、现货交易和融资融券等具体问题上作出更为灵活规定,为金融创新预留政策空间;③其余三次修正,均是立法机关对《证券法》个别不合时宜的规定进行调整。

---

① 参见《新〈证券法〉:新在哪儿》,载《人民日报》2005年10月31日,第14版。

② 参见蔡奕:《〈中华人民共和国证券法〉重大修订条款解析》,载证监会官网,http://www.csrc.gov.cn/pub/newsite/flb/lfzl/jnlfssyzn/yjyd/200701/t20070108_77314.html,最后访问日期:2020年9月23日。

③ 参见信春鹰:《我国〈证券法〉的发展历程及其修改完善》,载黄红元、徐明主编:《证券法苑》第10卷,法律出版社2014年版,第9页。

2.2019年《证券法》修订:历经坎坷,终告有成

2019年《证券法》的修改经历了一个较长周期。2015年4月20日《证券法(修订草案)》提请全国人大常委会一审,明确提出实施证券发行注册制改革;取消发行审核制度,规定公开发行股票由证券交易所负责对注册文件审核,向证券监管机构报送注册文件和审核意见;同时,修改了发行条件,取消发行人持续盈利能力等要求;但其后的股市异常波动放缓和影响了修订进程。2017年4月24日《证券法(修订草案)》提请全国人大常委会二审,在总结2015年股市异常波动经验教训的基础上,暂时搁置发行核准制改革。2019年4月20日《证券法(修订草案)》提请全国人大常委会第三次审议,草案三审稿根据股票发行注册制改革试点的进展情况,增加了科创板注册制专节,对科创板试点股票发行注册制作出肯定。2019年12月23日《证券法(修订草案)》提交全国人大常委会第四次审议,并于2019年12月28日经全国人大常委会第十五次会议审议通过,同日公布,新《证券法》自2020年3月1日起施行。

(三)注册制改革的发展历程

1.注册制改革的基本理念

注册制和核准制的本质差异是谁对证券作出投资价值判断。① 注册制通过提高信息披露的质量,在保障投资者充分享有知情权的基础上,将价值判断的决定权交给投资者,以此实现投资者利益保护。因此,注册制改革的基本理念就在于划清政府与市场职能的边界,优化证券资源的市场配置机制。②

第一,坚持市场化改革方向,提高资本市场运行效率。从权利属性上来看,证券发行权是一项由法律授予的涉及公众利益的特殊商事权利,除当存在损害公众利益之虞,政府不得加以限制,仅从投资者保护角度对信息披露把关,而不实质否决发行权,这构成了以信息披露为核心的注册制理论的法理基础。③ 从运行实践来看,以政府管控为核心的发行核准制在管制的范围、管制的内容和监管要求上都体

① 参见彭冰:《信息披露是注册制的核心》,载黄红元、徐明主编:《证券法苑》第12卷,法律出版社2014年版,第270~272页。

② 参见郭富青:《论我国股票发行注册制改革:理念·制度·环境》,载黄红元、徐明主编:《证券法苑》第16卷,法律出版社2015年版,第245~246页。

③ 参见李文莉:《证券发行注册制改革:法理基础与实现路径》,载《法商研究》2014年第5期。

现出浓厚的“父爱主义色彩”,[①]力图通过公权力的力量为股票投资价值把关,以此确保上市公司质量,保护投资者利益。[②] 这种以牺牲市场活力、压制投融资需求换来的短期市场稳定,反而导致了证券欺诈频出、投机氛围浓厚和权力寻租屡见不鲜等更多的市场乱象。从制度目标来看,证券监管的价值目标既包括达到有效金融市场、提高资源分配效率,也包括促进一个诚信、公平的有序市场的形成、强化投资者保护。[③] 在我国经济体制改革进入深水区的大背景下,日益强调资本市场的资源配置和调节作用,促进资本要素市场化配置将成为全面深化资本市场改革的首要任务,也将是《证券法》修订和注册制改革的首要价值目标选择。具体措施包括:建立市场化的新股发行审核体制,证监会对拟发行公司只做合规与否的形式审查,不作价值判断;[④]赋予交易所自主审核发行上市的权限,根据市场和板块定位制定差异化的发行与上市规则;推进新股发行的市场化定价机制,给予发行人、承销商根据实际情况决定发行价格的权利。[⑤]

第二,推动监管模式转型,实现市场化与强监管的平衡。事实上,证券市场也存在不完全竞争、非公平性、不均衡性以及市场主体的“有限理性”等一系列自身无法调节和平衡的固有缺陷,为解决证券市场失灵、维持证券行业政策秩序、保护广大投资者和社会公共利益,国家借助行政力量实施必要的市场干预行为势在必行。[⑥] 注册制并非没有实质审核,[⑦]而是赋予交易所上市决策权,并充分发挥中介机构的“看门人”作用,弥补行政机制的不足。注册制也并非排斥监管,而是在权力实施的渠道和方式做出转变,[⑧]以充分的信息披露为核心,提高信息披露的标准化、透明化与核心化,弱化行政审批并慎用基于价值判断的发行否决权,加强事中、事后

① 参见唐应茂:《证券法、科创板注册制和父爱监管》,载《中国法律评论》2019 年第 4 期。

② 参见郭峰等:《中华人民共和国证券法制度精义与条文评注》,中国法制出版社 2020 年版,第 27 页。

③ 参见宋晓燕:《证券监管的目标和路径》,载《法学研究》2009 年第 6 期。

④ 参见曹凤岐:《推进我国股票发行注册制改革》,载《南开学报(哲学社会科学版)》2014 年第 2 期。

⑤ 参见李曙光:《新股发行注册制改革的若干重大问题探讨》,载《政法论坛》2015 年第 3 期。

⑥ 参见李东方:《证券监管法论》,北京大学出版社 2019 年版,第 29～59 页。

⑦ 参见蒋大兴:《隐退中的“权力型”证监会——注册制改革与证券监管权之重整》,载《法学评论》2014 年第 2 期。

⑧ 参见沈朝晖:《流行的误解:“注册制”与“核准制”辨析》,载《证券市场导报》2011 年第 9 期。

监管力度,完善各种民事与刑事责任追究制度。① 对权力体系进行结构性调整,一方面,塑造一个更强大的证监会,赋予证监会在市场异常行为和特定违法行为的处置权,强化资源投入和团队专业化程度;另一方面,实现多元化的分权治理,与交易所和中介机构共享实质审核权。注册制的核心正是通过合理界定市场主体与行政主体之间的权利配置与责任边界,实现市场与监管之间的公正与效率、成本与收益的相对平衡。②

2. 发行审核制度的转变

第一阶段,审批制。我国的证券市场诞生于由计划经济向市场经济过渡的转轨时期,对资本市场的监管理念延续国家管控下的严格监管,所以最初的股票发行实行由地方政府直接负责和证监会的领导下的"额度控制",1993 年国务院发布《股票发行与交易管理暂行条例》规定在国家下达的发行规模内,中央企业主管部门、地方政府按照隶属关系分别对相关企业的发行申请进行审批,证监会进行复审,即发行人需通过地方政府或中央主管部门向证券管理部门提出申请,经证券管理部门批准发行额度后,方可发行。③ 该条例不仅确立了两级行政审批制度,也奠定了全国统一新股发行审查体系的基础。1996 年,国务院证券委员会发布的《对于1996 年全国证券期货工作的安排意见》明确提出"改进新股发行管理办法",施行"总量控制、限报家数"的管理办法,由国家计委、证券委共同制定股票发行总规模,证监会在确定的总规模内,根据市场情况向各地区、各部门下达发行企业个数,并对企业进行审核,标志着发行方式由"额度控制"转变为"指标控制",但其实质仍是行政化审核批准制。

第二阶段,核准制。1998 年《证券法》规定,股票的发行审查从原行政性的审批制正式转变为核准制。2001 年 3 月中国证券业协会发布《关于证券公司推荐发行申请有关工作方案的通知》,要求证券公司推荐企业发行股票实行"自行排队、限报家数"的"通道制"方案,每家券商单次只能按序推荐限定数量的企业发行,每通过核准一家再报一家,即"过会一家,递增一家"。2004 年 2 月《证券发行上市保荐制度暂行办法》施行,标志新股发行进入"保荐制"阶段。该办法明确保荐机构履行推

---

① 参见周小川:《全面深化金融业改革开放 加快完善金融市场体系》,载《〈中共中央关于全面深化改革若干重大问题的决定〉辅导读本》,人民出版社 2013 年版,第 93 页。

② 参见席涛:《〈证券法〉的市场与监管分析》,载《政法论坛》2019 年第 6 期。

③ 参见孙亮:《注册制下对中国新股发行体制变迁历程的回顾》,载《上海经济》2016 年第 2 期。

荐发行人证券发行上市，持续督导发行人履行相关义务并对发行人及其发起人、大股东、实际控制人进行尽职调查、审慎核查，根据发行人的委托，组织编制申请文件并出具推荐文件。① 2006 年 5 月《首次公开发行股票并上市管理办法》对发行人的财务、独立性、规范运行、募集资金运用等方面要求进一步细化，明确了保荐机构和保荐代表人职责。

第三阶段，注册制。2013 年 10 月党的十八届三中全会审议通过《中共中央关于全面深化改革若干重大问题的决定》，提出推进股票发行注册制改革。2015 年 12 月 27 日，全国人大常委会表决通过《关于授权国务院在实施股票发行注册制改革中调整适用〈中华人民共和国证券法〉有关规定的决定》。2018 年 11 月 5 日，在首届中国国际进口博览会开幕式主旨演讲中，习近平总书记表示，将在上海证券交易所设立科创板并试点注册制。此后，注册制正式写入《证券法》，并于 2020 年 3 月 1 日正式实施。修订后的《证券法》对证券发行注册制作出了系统完备的规定，精简优化了证券发行条件，调整了证券发行程序，明确国务院证券监督管理机构作为法定注册机构，取消了原有的发行审核委员会，并明确证券交易所可以对证券发行申请进行审核。

二、2019 年《证券法》的制度创新

2019 年修订与 2014 年修订的《证券法》12 章 240 条相比，2019 年《证券法》合计 14 章 226 条。在编撰体例上，新增信息披露和投资者保护两个专章；在条文方面，新增 24 个条文，删除 24 个条文，新增或修改的条文共计 174 条，约占总条文的 77%，没有修改的条文仅 50 条。2020 年 2 月 19 日国务院办公厅印发《关于贯彻实施修订后的证券法有关工作的通知》，对 2019 年《证券法》修订的核心内容进行了概括，将"全面推行证券发行注册制、显著提高证券违法成本、完善投资者保护制度、强化信息披露义务、压实中介机构责任等制度改革"作为 2019 年修法的核心，本文以此为基础对《证券法》的修订进行梳理和分析。

① 参见田利辉、张伟、王冠英：《新股发行：渐进式市场化改革是否可行》，载《南开管理评论》2013 年第 2 期。

(一)扩张证券法适用范围

首先,2019年《证券法》第2条重新界定了调整对象,扩张了证券含义的外延。第1款将存托凭证这一基于信托法律关系产生的证券品种纳入《证券法》的调整范围,同时规定了"国务院依法认定的其他证券"这一兜底条款,为金融创新预留了制度空间。第2款重申了政府债券和证券投资基金份额纳入证券法调整范围,虽然其在发行主体、条件和程序上都与一般证券存在差异,但共性大于个性,同在证券交易所上市交易,需遵守证券监管制度。新增第3款将资产支持证券和资产管理产品增列为证券种类,授权国务院依照本法原则对其发行和交易的制定专门管理办法,顺应了我国资产证券化和资产管理业务快速发展下混业经营的市场现状,完善顶层立法设计,避免了分业监管的模式下,多头监管和监管标准不一造成的监管套利和监管真空。同时,删除了关于证券衍生品种参照适用《证券法》的相关规定,与有待出台的《期货法》相衔接。①

其次,《证券法》的适用范围扩张到我国属地管辖的领域之外。为了便利打击跨国证券违法活动和反制美国的"长臂管辖"滥用,2019年《证券法》第2条第4款新增域外管辖条款,突破了长久以来坚持的属地管辖原则,采用了类似"效果标准"的判断规则,以是否满足"扰乱境内市场秩序"或"损害境内投资者合法权益"作为适用标准。②

(二)全面实施证券发行注册制

第一,注册制得到全面推广。2019年《证券法》实现了证券发行制度的实质性转变。③ 2019年《证券法》第9条第1款删除了证券发行需要经过"核准"的规定,使用了"注册"的表述,标志着证券核发行核准制被正式废除,公开发行不再经过证监会发审委审核,证监会只负责对证券发行申请进行注册,由证券交易所审核发行申请。修改后的《证券法》将注册制全面推广到了我国资本市场上的所有证券公开

---

① 参见张泽辰:《法定证券概念的调整与证券犯罪规制的关联》,载郭锋主编:《证券法律评论》2020年卷,中国法制出版社2020年版,第76页。

② 参见郭峰等:《中华人民共和国证券法制度精义与条文评注》,中国法制出版社2020年版,第34~90页。

③ 参见邓建平:《新〈证券法〉的五大亮点》,载《财会月刊》2020年第6期。

发行行为。同时,考虑到注册制改革的渐进性,《证券法》也授权国务院对注册制的范围和步骤进行具体规定,为分步实施注册制预留必要的改革时间与法律空间。

第二,简化并完善了证券发行条件。首先,降低了证券发行上市门槛,2019 年《证券法》在第 12 条中将要求 IPO 企业“具有持续盈利能力、财务状况良好”的表述改为“具有持续经营能力”。这一对新股发行条件的转变,说明企业能否上市不再以盈利和业绩为主要门槛,体现了将公司是否具有投资价值的判断权交给投资者。同时,为短期亏损但发展前景较好的科技导向型初创企业上市融资提供了可能性,有利于资本市场接纳新经济和新业态的企业,体现了市场充分的包容性和多元化发展。2019 年《证券法》还放宽了债券发行条件,删除了对净资产、累计余额比例和利率水平等的限制,还新增了员工持股计划豁免计算的原则,可以通过员工持股计划突破对 IPO 企业股东不得超过 200 人的限制。其次,进一步完善了发行标准,将“最近三年财务会计文件无虚假记载,无其他重大违法行为”改为了客观性更强的“最近三年财务会计报告被出具无保留意见审计报告”,便于遵守和审核,压实审计机构责任。还将原有的“无其他重大违法行为”的原则性规定具体化,修改为“发行人及其控股股东、实际控制人最近三年不存在贪污、贿赂、侵占财产、挪用财产或者破坏社会主义市场经济秩序的刑事犯罪”,强化了其可操作性。

(三)完善证券交易制度

第一,完善上市公司股东减持制度。2019 年《证券法》第 36 条第 2 款增加有关上市公司股份减持的授权规定,为证监会出台的《上市公司股东、董监高减持股份的若干规定》提供上位法律依据,并明确“锁定”主体为持股 5% 以上的股东、实际控制人、董监高以及“老股股东”“定增股东”等,对违规减持的于第 186 条明确了行政处罚措施,增加没收违法所得的规定。

第二,加强对证券从业人员买卖股票行为的规制。2019 年《证券法》第 40 条明确了禁止持有、交易股票的主体,并将禁止交易或持有的对象扩展至“其他具有股权性质的证券”;对于已持有的必须转让,但对因实施股权激励计划或者员工持股计划而持有或卖出的本公司股票实行豁免。第 41 条将商业秘密和投资者信息的保密义务的主体范围扩张到证券机构从业人员的,顺应了对金融消费者隐私权的逐步重视和强化的趋势。

第三,扩大短线交易规制范围。2019 年《证券法》第 44 条扩大短线交易规制主体范围,扩展至在包括新三板挂牌公司在内的全国性证券交易场所交易的公司的董事、监事、高级管理人员及持股5%以上股东;将上市公司管理人员等自然人利用亲属或他人持有的证券与其实际控制账户持有的证券合并计算,并授权国务院证券监督管理机构规定短线交易的豁免情形。

第四,新增程序化交易的原则性规定。2019年《证券法》第45条首次规定了程序化交易的报告制度,并授权国务院证券监督管理机构作出具体规定,为进一步加强规则提供了上位法依据。

第五,优化证券上市条件和退市情形。2019年《证券法》第47条、第48条,不再规定具体上市条件和终止上市情形,改为由证券交易所作出具体规定,适应注册制下加强交易所自律监管权力的需求。

第六,完善有关内幕交易、利用未公开信息和操纵市场的禁止性规定。2019年《证券法》第51条和第52条第2款扩大了内幕信息知情人和内幕信息的范围,将发行人、发行人控制的公司及其管理层人员、与上市公司存在业务往来而获取内幕信息的人员等都纳入"内幕信息知情人"范围;明确了内幕信息的价值性、重大性以及未公开性,将"重大事件"纳入内幕信息范围。第54条增加利用未公开信息进行交易的禁止性规定和民事赔偿法律责任,明确未公开信息是指内幕信息以外的其他未公开信息。第55条扩大了操纵证券市场的行为类型,在原《证券法》三种基本行为类型基础上新增四种实践中常见的操纵行为,并加入"意图影响"的主观判断要件。①

第七,规范资本市场信息传播行为。2019年《证券法》第56条将编造、传播虚假信息的实施主体由"国家机关工作人员、传播媒介从业人员"等特殊主体扩张至"任何单位和个人",并增加了禁止存在利益冲突的证券买卖和编造传播虚假信息民事赔偿责任的规定。

(四)强化信息披露制度

注册制下监管重点转移到了发行人的信息披露上,通过确保信息披露的真实、

---

① 参见罗小凡:《操纵市场制度的改革——为什么增加操纵意图的规定》,载微信公众号"北京大学金融法研究中心",2020年9月3日。

准确、完整和及时，给予投资者充分信息以判断证券的品质。① 2019 年《证券法》在原有的“持续信息公开”一节的基础上，设立专章规定信息披露制度，对信息披露的内容进行了较大幅度的修改和完善。

第一，扩大信息披露义务主体的范围。原《证券法》规定的披露主体主要是发行人或上市公司，2019 年《证券法》在此基础上将信息披露义务人的范围扩张至上市公司控股股东或实际控制人、发行人管理层、大额股份持有人等；在涉及定期报告、临时公告等事项时，将新三板公司纳入信息披露义务主体。

第二，明确信息披露原则。在原《证券法》信息披露“真实、准确、完整”原则的基础上，2019 年《证券法》第 78 条第 1 款新增了“及时性”原则，要求信披义务人在法定时限内向投资者公开公司现状；②第 78 条第 2 款新增了“简明清晰，通俗易懂”原则，强调信息披露的可读性和友好性，避免使用不必要的专业金融词汇，确保披露信息对投资者作出投资决策提供实质帮助；第 78 条第 3 款和第 83 条新增“同步”原则，确保境内外投资者同时获取内容相同的信息，并不得向利益相关的任何单位和个人提前泄露。

第三，进一步完善信息披露具体制度。2019 年《证券法》第 80 条和第 81 条新增并完善了股票和债券相关“重大事件”信息披露事项，并规定了控股股东、实际控制人的“告知、配合”义务；第 84 条新增“自愿披露”和“承诺披露”，前者指对有助于投资者作出价值判断和投资决策的信息可自愿披露，后者指对于发行人及其控股股东、实际控制人、管理层作出的公开承诺应当强制披露；第 82 条第 4 款规定了“披露异议”，赋予董事、监事和高管在对信息披露内容有异议的情况下，提出书面意见并予以公开的权利。

（五）强化投资者保护制度

2019 年《证券法》修改的一大亮点是增设“投资者保护”专章，并初步建立起全新的证券投资者法律保护制度。

第一，确立投资者适当性制度。2019 年《证券法》第 88 条将投资者适当性规则

---

① 参见彭冰：《信息披露是注册制的核心》，载黄红元、徐明主编：《证券法苑》第 12 卷，法律出版社 2014 年版，第 270 ~ 271 页。

② 参见郭峰等：《中华人民共和国证券法制度精义与条文评注》，中国法制出版社 2020 年版，第 389 页。

从监管要求上升至法定义务。具体而言,券商在履行投资者适当性管理义务时,须充分而全面了解投资者(Know Your Customer),明确投资者的风险承受能力,并将潜在风险向投资者如实告知,提供与投资者状况相匹配的产品和服务,否则将承担不利后果。① 同时,投资者也应向证券公司提供真实信息,否则证券公司有拒绝提供服务的权利。

第二,明确区分普通投资者与专业投资者。2019年《证券法》第89条按照不同的风险识别能力和风险承受能力,区分投资者并设定其投资范围。对普通投资者实行倾斜保护,当普通投资者与证券公司发生纠纷后,适用举证责任倒置规则,证券公司应证明其行为符合法律法规,不存在误导、欺诈等情形,否则,应承担相应赔偿责任。同时,在借鉴国际上金融申诉专员制度的基础上,将实践效果好、运行成熟的证券纠纷强制调解制度纳入《证券法》,当普通投资者与证券公司发生证券业务纠纷时,赋予普通投资者单方面启动调解的决定权。②

第三,建立上市公司股东权利代为行使征集制度。2019年《证券法》第90条明确投资者保护机构征集主体地位,允许其自行或者委托证券公司、证券服务机构根据上市公司股东委托代为出席股东大会,并代为行使提案权、表决权等,有助于中小投资者更好地行使股东权利,参与公司治理,加强对投资者合法权益的事中保护。

第四,完善上市公司现金分红制度。2019年《证券法》第91条规定具体规定了上市公司现金分红制度的条件和程序,在程序上实现了尊重公司意思自治与保护公众投资者合理投资回报和投资信心间的平衡。一方面,将现金分红规定为上市公司章程法定条款,保障股东的资产收益权;另一方面,意味着分红属于公司内部事务,由公司股东大会具体决策。在条件上,以公司资本维持和保护债权人利益为原则,将公司具有可供实际分配的利润作为条件,明确在提前法定公积金后可进行现金股利分配。

第五,新增债券持有人会议制度和债券受托管理人制度。2019年《证券法》第92条第1款和第92条第2款、第3款分别确立了公司债券持有人会议和公司债券受托管理人制度,共同构成债券投资人权益保护体系。同时,当债券发行人违约

① 参见张付标、李玫:《论证券投资者适当性的法律性质》,载《法学》2013年第10期。

② 参见王长华、卞亚璇:《科创板差异化表决权安排制度略论》,载《金融发展研究》2020年第4期。

时，赋予债券受托管理人诉讼主体资格，可以自己名义代表债券持有人提起、参加民事诉讼或者清算程序。

第六，规定了投资者先行赔付制度。2019 年《证券法》第 93 条就先行赔付的适用范围进行了原则性规定，明确投资者保护机构参与先行赔付程序的法律依据，有助于其在确定适格投资者、计算赔付金额、保管和划付赔付资金等方面发挥作用。第 93 条还明确规定先行赔付后，赔付基金的出资人可以依法向发行人及其他连带责任人追偿，保障先行赔付制度功能的发挥。先行赔付制度的确立让投资者能及时、优先且充分地获得赔偿，避免投资者因诉讼成本高、获偿时间过长导致救济无门的情况，加强投资者保护的力度。

第七，优化了证券纠纷争议解决机制。2019 年《证券法》第 94 条第 1 款规定了证券纠纷强制调解制度；第 94 条第 2 款和第 3 款明确了投资者保护机构在证券支持诉讼和股东代表诉讼中的主体地位和发起条件；第 95 条规定了诉讼代表人制度，允许投资者保护机构接受 50 名以上投资者的委托可作为代表人参加诉讼，按照"明示退出""默示加入"的原则，依法为受害投资者提起民事损害赔偿诉讼。代表人诉讼机制的确立，有利于降低受害投资者的维权成本，提高司法效率；由投资者保护机构参与诉讼，还可减少滥诉，避免美国式证券集团诉讼带有的弊端。①

（六）强化中介机构责任，完善证券交易所自律监管制度

第一，加大对中介机构违法行为的惩戒力度。首先，在民事责任上，扩张主体范围，强化连带责任。2019 年《证券法》第 56 条规定了证券公司、证券服务机构及其从业人员虚假陈述的赔偿责任；第 85 条规定了信息披露义务人违反信息义务进行虚假陈述，保荐人、承销的证券公司及其直接责任人员需对受损投资者承担过错推定的连带赔偿责任；第 163 条规定，证券服务机构制作、出具的文件有虚假记载、误导性陈述或者重大遗漏，给他人造成损失的，应当与委托人承担连带赔偿责任。②其次，在行政责任上，凡属违法行为均处以罚款，且罚款上限大幅度提升。如 2019 年《证券法》第 182 条规定，保荐人不履行法定职责，没收业务收入，并处以业务收入 1 倍以上 10 倍以下的罚款或者处以 100 万元到 1000 万元的罚款；情节严重的，

---

① 参见关敬杨：《新证券法中国特色证券集体诉讼制度研究》，载《中国证券期货》2020 年第 3 期。

② 参见何海锋、李晔：《新证券法如何强化中介机构的"看门人"责任》，载《银行家》2020 年第 4 期。

并处暂停或者撤销业务许可;对保荐代表人处以50万元到500万元的罚款。新增行政处罚措施,如2019年《证券法》第140条对证券公司治理结构、合规管理、风险控制指标不符合规定的,认定负有责任的管理人员为不适当人员,责令负有责任的股东转让股份或限制其行使股东权利。

第二,强化证券交易所自律监管。2019年《证券法》第96条、第99条明确了证券交易所的自律管理职能,[①]以及应当遵循公共利益优先的基本原则;赋予证券交易所制定业务规则和对上市公司的上市发行、信息披露、交易等进行监督管理的职能。[②] 第111条、第113条新增交易所在紧急异常情况下的临时处置措施,具体包括"交易结果重大异常"和"交易出现重大异常波动"两种情况,并丰富了交易所处置措施的类型,扩大了适用范围。同时,在第111条第3款和第113条第2款规定了善意临时处置民事责任豁免制度,对交易所在突发事件下采取临时措施导致的损失,除重大过错外不承担民事赔偿责任。

(七)显著提高证券违法违规成本

2019年《证券法》第十三章"法律责任"中对处罚违法违规行为的金额进行大幅度调整,违法违规成本显著提升,对责任主体的震慑力明显增强。

2019年《证券法》针对证券市场违法行为,从处罚范围、处罚方式、处罚力度多个方面大幅度增加了违法成本。首先,扩大处罚范围,新增《证券法》第190条采取程序化交易影响证券交易系统安全或正常交易秩序,第191条第2款利用未公开信息交易,第198条未履行或未按规履行投资者适当性管理义务等违法行为的法律责任。其次,在处罚方式上,新增记入证券市场诚信档案的措施。2019年《证券法》第215条规定了证券市场诚信档案制度的授权条款,具体规定参照证监会出台的《证券期货市场诚信监督管理办法》。[③] 最后,在处罚力度上的变化也是2019年《证券法》修订的一大亮点,包括:大幅提高罚款倍数和金额上下限,如对保荐人欺诈的处罚倍数,从原来的1~5倍提高到1~10倍,将信息披露违法的最高罚款金额提高到

---

① 参见夏东霞、杨婷:《证券交易所自律监管的司法介入机制——〈证券法〉(2019年修订)项下的再审视》,载郭锋主编:《证券法律评论》2020年卷,中国法制出版社2020年版,第115页。

② 参见《证券法》第21条、第79条、第80条、第81条、第87条、第96条、第115条等。

③ 参见郭峰等:《中华人民共和国证券法制度精义与条文评注》,中国法制出版社2020年版,第884~885页。

1000万元;实行"双罚制",如欺诈发行,除对发行人进行处罚,对发行人直接负责的主管人员和其他直接责任人员也要给予处罚;扩大禁入范围,被禁入的违法行为人除不能从事证券业务、不得担任上市公司董监高外,在一定期限直至终身不得在证券交易所、国务院批准的其他全国性证券交易场所交易。

三、证券发行注册制改革的渐进实施

制度经济学认为,证券市场的制度安排和法律结构在很大程度上决定了市场行为的模式和绩效。证券一级市场能否形成行之有效的发行制度,将决定资本和资源配置实现的效率。证券发行制度的变革具有重大的现实和理论意义,是中国资本市场发展的里程碑,将有力推进资本市场法治化和市场化建设,强化服务实体经济的能力,令中国资本市场行稳致远。

(一)科创板注册制试点成效显著

1. 科创板注册制立法进程

2019年科创板设立与注册制试点正式在上交所落地实施,通过一系列规范性文件的制定和修改,初步搭建起涉及上市条件、发行承销制度等方面的制度框架。2019年1月23日中央全面深化改革委员会第六次会议通过《在上海证券交易所设立科创板并试点注册制总体实施方案》《关于在上海证券交易所设立科创板并试点注册制的实施意见》。2019年1月28日,证监会发布了《关于在上海证券交易所设立科创板并试点注册制的实施意见》,并自公布之日起施行。2019年3月1日证监会发布了《科创板首次公开发行股票注册管理办法(试行)》和《科创板上市公司持续监管办法(试行)》以及两部涉及招股说明书和上市申请文件的配套规范性文件。同日,上交所发布了包括《上海证券交易所科创板股票发行上市审核规则》在内的6项相关业务规则和4项配套指引,明确科创板股票发行、上市、交易、信息披露、退市和投资者保护等各环节的制度安排。中国结算也对证券登记规则作了适应性修订,并对科创板股票股份登记制定了相应细则。[①] 至此,设立科创板并试点注册制

① 参见《设立科创板并试点注册制主要制度规则正式发布》,载证监会官网,http://www.csrc.gov.cn/pub/newsite/zjhxwfb/xwdd/201903/t20190301_351631.html,最后访问日期:2020年10月8日。

的主要制度规则和义务体系基本形成。随后,上交所又发布一系列业务指引,进一步完善科创板配套制度,包括3月3日发布的《上海证券交易所科创板股票发行上市审核问答》,3月15日发布的《保荐人通过上海证券交易所科创板股票发行上市审核系统办理业务指南》与《科创板创新试点红筹企业财务报告信息披露指引》,3月19日发布的《关于科创板投资者教育与适当性管理相关事项的通知》,规定了个人投资者的适当性条件,并对会员有关科创板投资者教育工作作出详细的规定和指引;4月16日发布的《上海证券交易所科创板股票发行与承销业务指引》,围绕科创板股票发行承销的战略投资者、保荐机构相关子公司跟投、新股配售经纪佣金、超额配售选择权等事宜明确了监管要求;11月29日发布的《上海证券交易所科创板上市公司重大资产重组审核规则》,明确了科创板上市公司重组审核标准和审核流程等多项安排。除此以外,最高人民法院也首次为资本市场基础性制度改革安排而专门制定了系统性、综合性司法文件。最高人民法院2019年6月21日发布了《关于为设立科创板并试点注册制改革提供司法保障的若干意见》,从依法保障以市场机制为主导的股票发行制度改革、依法提高资本市场违法违规成本、建立健全与注册制改革相适应的证券民事诉讼制度等方面提出了17条措施。① 2019年8月23日,证监会发布《科创板上市公司重大资产重组特别规定》,落实科创板上市公司并购重组注册制试点改革要求,建立高效的并购重组制度,规范科创公司并购重组行为。

2020年,配合2019年《证券法》的正式实施,科创板主要在交易所层面继续完善具体业务制度,重点聚焦发行规则完善和退市制度改革等重点问题。2020年3月27日,上交所发布了《上海证券交易所科创板企业发行上市申报及推荐暂行规定》,细化了科创板服务的行业范围,并就科创板定位把握等问题进行了优化设计。2020年7月3日证监会发布《科创板上市公司证券发行注册管理办法(试行)》,就科创板再融资的发行条件、发行程序等事项作出规定,还一同发布了3项适用于科创板再融资的信息披露文件。同日,上交所发布了相关配套规则,对再融资审核和发行承销环节的具体业务要求作出了规定。至此,科创板上市公司证券发行的规

---

① 参见《最高法发布关于为设立科创板并试点注册制改革提供司法保障的若干意见》,载中国法院网,https://www.chinacourt.org/article/detail/2019/06/id/4098426.shtml,最后访问日期:2020年10月12日。

则体系初步建立。[①] 2020 年 12 月 4 日，上交所发布《上海证券交易所科创板股票发行上市审核规则》（2020 年修订）和《上海证券交易所科创板上市委员会管理办法》，这是科创板上市审核规则发布以来的首次修改，主要从落实 2019 年《证券法》规定、与其他新修订规则衔接等方面进行完善。2020 年 12 月 31 日，发布《上海证券交易所科创板股票上市规则》（2020 年 12 月修订），从坚持市场化方向、契合注册制改革理念，完善财务类退市标准、力求出清壳公司，严格退市执行、压缩规避空间和简化退市流程、提高退市效率等方面对退市制度进一步改革和完善。[②]

2. 科创板注册制的制度创新

第一，板块定位鲜明，科创属性突出。科创板在上市定位和上市标准上兼具独特性和包容性，重点支持新技术、新产业企业，同时接受符合条件的红筹企业、同股不同权企业和尚未盈利企业在科创板上市，并设立了“5 + 2”套上市标准。同时，通过发布一系列规范文件对科创板的上市公司科创属性认定标准不断细化。《科创属性评价指引（试行）》明确了科创属性公司的内涵与外延，规定了“常规指标 + 例外条款”的评价指标体系，企业如同时满足 3 项常规指标，或虽不能同时满足 3 项常规指标，但满足 5 项例外条款的任意 1 项，皆可认为具有科创属性。指标体系的设计兼具有可操作性与弹性空间，体现出资本市场对科技创新企业包容创新的改革导向。[③] 3 项常规指标主要侧重反映企业的研发投入、成果产出及其对企业经营的实际影响，能够较为全面地衡量企业研发投入产出及科技含量。5 项“例外条款”主要是对《科创板首次公开发行股票注册管理办法（试行）》中“优先支持符合国家战略，拥有关键核心技术，科技创新能力突出的企业到科创板发行上市”的进一步细化和落实。《上海证券交易所科创板企业发行上市申报及推荐暂行规定》在此基础上，细化了科创板服务的行业范围，充分体现了科创板服务高新技术产业和战略性新兴产业的包容性，将科创属性指标评价体系与科创板定位把握相对应，并精简优

---

① 参见《证监会发布〈科创板上市公司证券发行注册管理办法（试行）〉》，载证监会官网，http://www.csrc.gov.cn/pub/newsite/zjhxwfb/xwdd/202007/t20200703_379424.html，最后访问日期：2020 年 10 月 12 日。

② 参见《上海证券交易所就退市制度修订答记者问》，载上交所官网，http://www.sse.com.cn/aboutus/mediacenter/hotandd/c/c_20201214_5279592.shtml。

③ 参见《证监会发布科创板科创属性评价指标体系》，载微信公众号“上海证券报”，2020 年 3 月 20 日。

化了科创板定位把握中有关自我评估、核查把关、审核问询的程序和要求。①

第二,探索市场化发行审核模式。首先,坚持以信息披露为核心,开展公开化问询式审核。一是突出问询的重大性和针对性,重点围绕与投资者价值判断和投资决策密切相关的信息。二是增强招股说明书的风险导向性,要求发行人作定量分析或定性描述,在招股说明书中充分揭示。三是落实信息披露的简明性和可理解性,披露内容客观平实,减少使用专业术语和广告语言,删除冗余信息。四是增强审核形式的友好性,改善问讯函内容和问讯方式,并提醒发行人可申请信息豁免披露的事项。② 其次,推进审核的公开透明,将审核规则、进度和内容及时通过科创板官网向市场公开,接受社会监督。实现从企业申报、信息披露和审核问询的全程在线,全程留痕、全程可回溯。最后,提高审核效率。对每轮问询及总审核有时间要求,加强交易所审核环节与证监会注册环节的衔接,提升了发行上市时间的可预期性。改进沟通方式,加强与发行人远程会议、审核业务系统在线及电话联系等,提高了审核效率。③

第三,加强中介机构自律监管。督促中介机构勤勉履行尽职调查和审慎核查职责,切实发挥"看门人"作用。其一,提交工作底稿,尽责到人。受理阶段即要求保荐机构报送工作底稿和验证版招股说明书供监管备查,推动中介机构勤勉尽责,提高申报文件信息披露质量。其二,及早发现及时干预,压实中介把关责任。针对中介机构申报材料粗制滥造、问询回复避重就轻、回复内容前后矛盾等问题,及时采取约见问询、谈话提醒、出具监管工作函等工作措施,要求相关主体及时整改,并将约谈事项作为保荐机构执业质量评价的重要依据。其三,惩戒失职,对违规零容忍。就审核中存在的保荐代表人擅自修改《招股说明书》信息披露数据和内容,纪律处分委员会提起纪律处分申请,对涉事当事人予以通报批评,对涉事中介机构予以书面警示。其四,创新督导手段,提高保荐质量。针对发行人信息披露存在重大瑕疵、保荐机构对相关重大事项无法提供合理解释等情形,创造性地建立了保荐业务现场督导机制。通过现场问询、核对底稿、人员约谈、要求保荐人进行补充核查

---

① 参见《上海证券交易所关于发布〈上海证券交易所科创板企业发行上市申报及推荐暂行规定〉的通知》(上证发〔2020〕21号)。

② 参见《提质增效　科创板发行审核悄然进阶"2.0"》,载微信公众号"上海证券报",2020年5月6日。

③ 参见《设立科创板并试点注册制,引领资本市场全面深化改革》,载上交所官网,http://www.sse.com.cn/home/theme/70anniversary/doc/c/c_20190924_4919728.shtml。

等方式,对保荐机构履职进行检查监督,并为审核判断提供证据线索。

第四,严格的退市机制。科创板退市制度从标准和程序两方面进行严格规范。首先,在退市标准上,明确重大违法类退市情形,新增财务造假量化标准,对存在欺诈发行、危害国家公共安全等严重违法行为的直接永久退市;在财务类指标方面,引入扣非净利润和营业收入双重指标,加速"僵尸企业"和"空壳企业"及时出清;在交易类指标方面,首次引入市值指标和股票面值指"一元"退市规则;增加规范类退市指标,赋予上交所实施退市的自由裁量权,增加半数以上董事对所披露年报不保真且拒不改正的退市情形。其次,在退市流程上,科创板取消了暂停上市、恢复上市和重新上市环节,取消因触及交易类指标的退市整理期,因重大违法类、财务类和规范类情形被退市的公司股票的退市整理期由 30 个交易日缩短至 15 个交易日,大幅提高了退市效率和缩短退市周期。①

(二)创业板注册制改革稳步实施

2020 年 8 月 24 日深交所举行创业板改革并试点注册制首批企业上市仪式,标志着我国资本市场注册制改革取得又一重大进展。如果说科创板注册制试点是创造一个增量市场的试验田,那么创业板就是对存量市场发行制度的大胆创新,发挥着贯通增量改革与存量改革的承上启下作用。

1. 创业板注册制改革的立法进程

2020 年 2 月 29 日国务院办公厅印发《关于贯彻实施修订后的证券法有关工作的通知》,提出研究、制定在深交所创业板试点股票公开发行注册制的总体方案。2020 年 4 月 27 日中央全面深化改革委员会第十三次会议审议通过《创业板改革并试点注册制总体实施方案》,强调推进创业板改革并试点注册制是深化资本市场改革、完善资本市场基础制度的重要安排,创业板注册制改革大幕正式拉开。同日,证监会发布《关于创业板改革并试点注册制实施前后相关行政许可事项过渡期安排的通知》,明确过渡期的政策安排,深交所也发布了《深圳证券交易所创业板投资者适当性管理实施办法》(2020 年修订),增设创业板个人投资者准入门槛等相关要求。2020 年 6 月 12 日证监会发布了《创业板首次公开发行股票注册管理办法

---

① 参见《〈上海证券交易所科创板股票上市规则(2020 年 12 月修订)〉修订说明》,载证监会官网,http://www.sse.com.cn/lawandrules/sserules/tib/listing/c/5294523.shtml,最后访问日期:2021 年 1 月 9 日。

（试行）》在内的4部创业板注册制实施的主要规则和包括《创业板首次公开发行证券发行与承销特别规定》在内的6部配套规范性文件。同日，深交所发布了制定和修订后的《创业板股票发行上市审核规则》等8项主要业务规则及18项配套细则，主要涉及上市条件、审核标准、股份减持制度、持续督导等方面。同时，证券业协会制定了有关创业板发行承销的自律规则。中国结算制定、修订了登记结算、转融通等方面的业务规则。[①] 深交所6月19日发布的《做好创业板上市公司适用再融资简易程序相关工作的通知》和7月10日发布的《关于创业板风险警示股票和退市整理期股票交易制度安排的通知》，分别对再融资简易程序和风险警示股票与退市整理期股票交易制度在新老规则过渡期的适用做出安排。2020年8月8日，最高人民法院印发《关于为创业板改革并试点注册制提供司法保障的若干意见》，从提供司法保障自觉性、依法保障创业板改革并试点注册制顺利推进、依法提高资本市场违法违规成本、依法有效保护投资者合法权益四个方面提出10条措施，是最高人民法院继科创板后为资本市场基础性制度改革制定的又一系统性、综合性司法文件。[②]

2. 创业板注册制改革的立法思路

创业板改革的总体思路可概括为"一条主线，三个统筹"。"一条主线"是以信息披露为核心的股票发行注册制为主线，提高信息披露的透明度和真实性，把投资价值的判断权交给市场。"三个统筹"具体包括统筹推进创业板改革与多层次资本市场体系建设、坚持板块错位发展；统筹推出"一揽子"改革措施、健全创业板改革的配套制度；统筹增量改革和存量改革、包容存量、平稳渐进实施改革。[③]

第一，明确板块定位，实现差异发展。相对于科创板主要面向信息技术、生物医药、节能环保、高端装备制造等领域，[④]创业板注册制改革定位于创新、创造、创意概念，主要服务于成长型创新创业企业，支持传统产业与新技术、新产业、新业态、

---

① 参见《证监会发布创业板改革并试点注册制相关制度规则》，载证监会官网，http://www.csrc.gov.cn/pub/newsite/zjhxwfb/xwdd/202006/t20200612_378199.html，最后访问日期：2020年10月12日。

② 参见《最高人民法院发布〈关于为创业板改革并试点注册制提供司法保障的若干意见〉》，载证监会官网，http://www.csrc.gov.cn/newsite/zjhxwfb/xwdd/202008/t20200818_381818.html，最后访问日期：2020年10月12日。

③ 参见《证监会副主席李超详解创业板注册制改革：要把握好一条主线三个统筹》，载证券日报网，http://www.zqrb.cn/stock/gupiaoyaowen/2020-04-27/A1587992373885.html，最后访问日期：2020年10月12日。

④ 参见骆振心：《注册制进入存量改革时代》，载《中国经营报》2020年5月4日，E03版。

新模式深度融合。同时,在科创板和创业板推行注册制,推动板块间错位发展和适度竞争,有利于提高资源分配效率,改变资本市场的同质化趋势,实现板块间实质意义上的分层定位和错位发展,促进多元化的多层次资本市场体系形成。[①]

第二,健全完善资本市场基础制度。此次创业板注册制改革既要保持规则的稳定性和连续性,做好新旧规则衔接,稳定存量上市公司和投资者预期,又要在注册制整体思路和规则体系与科创板保持基本一致的情况下,结合自身的市场特点和板块定位优化创新配套制度,聚焦资本市场发展需求,在发行、上市、交易、退市等基础性制度方面的做出一系列相应调整。

第三,从增量改革走向存量改革。创业板注册制改革并非简单地扩大试点范围,更标志着资本市场改革从增量时代迈入存量时代,全市场分阶段稳步实现注册制改革的方案将试点经验的基础上形成。[②] 同时注意增量改革与存量改革的协同推进。创业板注册制改革在注册程序、发现制度、审核监督和监管安排等方面总体与科创板保持一致。并建立上交所、深交所审核工作协调机制,明确在审企业衔接安排,保障核准制向注册制平稳过渡,对再融资、并购重组涉及证券公开发行的,同步实施注册制。

3. 创业板注册制改革的制度亮点

通过证监会和深交所等机构发布多项法规及配套规则,从发行审核、持续监管、并购重组、交易安排等多层次、全方位地修订监管规则。

第一,板块间的差异化定位。明确创业板的行业定位是"三创四新",即定位于深入贯彻创新驱动发展战略,适应发展更多依靠创新、创造、创意的大趋势,主要服务成长型创新创业企业,并支持传统产业与新技术、新产业、新业态、新模式深度融合。[③] 并据此设置了上市推荐行业"负面清单",原则上不支持农林牧渔、房地产和建筑等传统行业公司的发行上市,[④]同时引导传统产业升级,对负面清单所列行业中与互联网、大数据等"四新"深度融合的,仍支持其在创业板上市。

第二,优化发行上市审核和注册程序。精简优化首次公开发行股票条件,允许未盈利企业、符合条件的红筹企业、同股不同权的企业发行股票或存托凭证在创业

---

① 参见张奥平:《创业板注册制改革下的新方向》,载《中国金融》2020 年第 14 期。

② 参见《创业板存量改革探路 A 股全面注册制》,载《第一财经日报》2020 年 8 月 24 日,A02 版。

③ 参见《深圳证券交易所创业板企业发行上市申报及推荐暂行规定》第 2 条。

④ 参见《深圳证券交易所创业板企业发行上市申报及推荐暂行规定》第 4 条。

板上市,从营业收入、复合增长率和同行业比较等维度,明确红筹企业营收快速增长的具体判断标准;[①]最大限度压缩审核和注册期限,创业板规定交易所审核与证监会注册合计时间总计不超过3个月;实现受理审核全流程电子化和公开化,减轻企业负担,提高审核透明度。

第三,优化退市流程和指标。取消暂停上市和恢复上市环节,交易类退市不再设置退市整理期,提升退市效率,优化重大违法强制退市停牌安排,保障投资者交易权利。完善退市指标,在交易类退市指标引入市值退市指标,连续20个交易日收盘市值低于5亿元即强制退市,且把原有指标之120个交易日累计成交低于100万股提高到200万股、连续20个交易日每日交易人数从200人提高到400人;对于规范类退市指标,强化信息披露要求,对因信息披露或规范运作等方面存在重大缺陷,被深交所责令改正但未在规定期限内改正、公司在股票停牌两个月内仍未改正的,直接强制退市;完善财务类退市标准,公司因触及财务类指标被实施*ST后,下一年度财务报告被出具保留意见的,将终止上市。

第四,完善证券发行交易规则。明确市场化发行承销的基本规则,规定定价方式、投资者报价要求、最高报价剔除比例等事项;对发行数量2000万股以下且无股东公开发售股份的盈利企业,可直接定价确定发行价格,降低中小市值公司发行成本,提高发行效率;同时,取消战略配售发行规模的前置条件,提高战略配售制度的灵活性;在跟投机制上,仅要求对"未盈利、红筹架构、特殊表决权以及高价发行"四类公司采取强制性跟投;在交易规则方面,涨跌幅限制比例放宽至20%,为减少拉抬打压和大额封涨跌停等异常交易行为、抑制股票短期炒作,设置限价申报单笔数量不超过10万股,市价申报单笔数量不超过5万股。

(三)债券市场注册制改革深入推进

债券市场同样迎来重大变革,公司债、企业债由核准制改为注册制。债券市场全面实施注册制,一方面,缩短发债周期,降低企业的融资成本,破解企业"融资难、融资贵"问题,支持实体经济发展;另一方面,落实发行人和中介机构履行信息披露义务和督促检查责任,提高监管机构执法能力,同时对投资者的专业性和风险识别

---

① 参见安宁:《创业板注册制改革将带给市场三大变化》,载《证券日报》2020年5月13日,A01版。

能力提出更高要求，以符合市场化改革的需要。

1. 债券注册制改革的立法进程

2020 年 2 月 29 日国务院发布《关于贯彻实施修订后的证券法有关工作的通知》，提出要落实好公司债券公开发行注册制要求。2020 年 3 月 1 日国家发改委发布《关于企业债券发行实施注册制有关事项的通知》，提出企业债券由核准制转变为注册制。同日，证监会办公厅发布《关于公开发行公司债券实施注册制有关事项的通知》，要求自 2020 年 3 月 1 日起上交所、深交所债券公开发行实行注册制，上交所和深交所分别发布了《公开发行公司债券实施注册制相关业务安排的通知》。2020 年 8 月 7 日证监会发布对《公司债券发行与交易管理办法》修订公开征求意见，该管理办法共 9 章 80 条，较原办法新增 18 条，修订 42 条，删除（含合并）11 条，实施公开发行公司债券注册制、适应 2019 年《证券法》、结合债券市场监管实践。2020 年 11 月 27 日，上交所发布《上海证券交易所公司债券发行上市审核规则适用指引第 1 号——申请文件及编制》和《上海证券交易所公司债券发行上市审核规则适用指引第 2 号——特定品种公司债券》两项规则，标志着上交所优化公司债券注册制发行上市审核规则的工作取得阶段性成效。

2. 债券注册制改革的制度亮点

债券注册制改革立足于建立分工协作的注册审核机制，在降低公开发行公司债门槛、保障企业融资自主权的同时，构筑起以信息披露为核心的监管机制，帮助投资者进行有效的价值评估和投资决策。

第一，提升发行审核效率。发行企业债由中央国债证券登记结算有限责任公司负责公开发行企业债券申请的受理，中央国债登记结算有限责任公司和中国银行间市场交易商协会负责审核，发改委根据其审核意见作出同意或不同意注册的决定，履行法定的发行注册程序。募集资金用于固定资产投资项目的，需要省级发展改革部门出具募投项目符合国家宏观调控政策、固定资产投资管理法规制度和产业政策的专项意见；公开发行公司债由证监会负责发行注册，证券交易所负责审核。①

第二，放宽发行门槛。取消了企业债申报中省级转报环节，省级发展改革部门只对项目本身负有监管责任，不再对资金端有任何干预；放开了对发行主体债券余

① 参见李湛、王静瑶：《公司债和企业债发行步入注册制时代》，载《中国金融》2020 年第 6 期。

额和净资产的限制;公司债券取消了大小公募的区分,公开发行公司债券均由交易所审核通过后报送履行发行注册程序,非公开发行公司债券仍按照现有规定执行;删去了筹集资金投向和债券利率的相关规定,减少了对债券融资行为的干预。

第三,调整上市交易制度。公司债券申请上市交易条件中删除了"公司债券的期限为一年以上"的要求,授权交易所对公司债券上市条件作出具体规定;删除了上市交易的公司债券实际发行额不少于人民币5000万元的规定;沪深交易所取消暂停上市制度。

第四,强化信息披露要求和中介机构责任。明确了发行人为信息披露第一责任人,对信息披露的内容、形式和责任人进行了详细的规定;规定了信息披露义务人未按照规定披露信息,或者信息披露资料存在虚假记载、误导性陈述或者重大遗漏,致使投资者在遭受损失所应当承担的赔偿责任;规定证券公司的投资者适当性义务,并应设立债券持有人会议、聘请债券受托管理人;中介机构应对债券发行人进行充分的尽职调查,协助做好信息披露等工作。

四、对证券法治发展的展望

(一)《证券法》的进一步完善

1. 完善债券市场规则设计

我国资本市场已从"一股独大"发展为产品丰富、层次多元,尤其是公司信用类债券市场已拥有亚洲第一、世界第二的庞大体量,成为企业重要的直接融资途径。2019年《证券法》在顶层设计上也改变了原有的"股票法"制度定位,对公司债券规则的完善和修改在一定程度上弥合了债券与股票的立法差距。但还存在以下有待完善之处:第一,未能实现证券法下对债券市场的统一监管。此次《证券法》修改没有将中期票据纳入调整范围,未来可通过统一立法和分市场交易并行的方式,实现有效监管和良性竞争的平衡。① 第二,债券持有人大会和受托管理人机制有待完善。《证券法》对于债券持有人大会审议事项和对重大事项决议生效未作具体安排,仅要求发行人在募集说明书中说明即可,非强制性的制度设计存在投资者权益

① 参见邢梅:《债券监管框架下的公司债发行审核制度反思》,载黄红元、徐明主编:《证券法苑》第17卷,法律出版社2016年版,第117页。

落空的风险。债券受托管理人受投资者委托而代为起诉的机制,存在与发行人存在关联关系而影响履职的可能,建立在商事委托基础上的安排,并非法定的公益救济机制,债券受托管理人可以拒绝或要求债券投资者为此付出高昂费用,可以考虑借鉴证券投资者保护机构的公益诉讼或持股诉讼模式。①

2. 进一步扩充证券概念

证券概念扩张的根本目的是实现证券法对投资者的权益保护,同时还可以消除监管漏洞、促进企业直接融资。此次《证券法》修改虽然一定程度上实现了证券定义的扩张,但仍有大量具有证券属性的金融产品游离于《证券法》外,无法满足实践中监管和司法的需要。证券的定义模式可以采用概括式为主、列举式为辅,分别从证券概念的内涵和外延两方面扩充其内容。在内涵层面,明确证券作为金融工具的经济实质,凡具有投资性、横向共同性和风险未受规制性的证券都应纳入《证券法》调整范围;②在外延层面,补充证券类型,考虑纳入符合证券特征的资产证券化产品和资产管理产品等。

3. 扩大发行豁免范围

在 2019 年《证券法》保护投资者的制度安排下,企业直接融资须遵守强制信息披露要求,成本升高,但如针对合格投资者的非公开或融资额度较小的发行,投资者保护的需求不高时,可豁免发行人的发行注册程序,采用相对简化、成本更低的发行安排,具体包括私募发行豁免、小额发行豁免等。此次《证券法》修改增加了对实施员工持股计划的员工人数豁免,向计划内的员工发行证券,不再计入向特定对象发行的 200 人限制内。但在《证券法》一审稿和三审稿都曾规定的小额公开发行豁免,最终在正式稿中被删除。在对《证券法》的未来完善中可以通过明确证券发行注册豁免制度的内涵、完善合格投资者制度、完善证券发行注册豁免适度豁免监管原则等方面入手构建我国的证券发行注册豁免制度的法律体系。③

4. 完善信息披露机制

2019 年《证券法》对信息披露制度进行了颇具魄力的革新,不仅在形式上设为专章,更在内容上作出细致的制度设计。但修改后的信息披露制度仍有可完善空间,尤其是围绕信息披露义务中的"重大性"标准。在认定方式上,《证券法》通过列

---

① 参见洪艳蓉:《新〈证券法〉债券规则评析》,载《银行家》2020 年第 3 期。

② 参见邢会强:《我国〈证券法〉上证券概念的扩大及其边界》,载《中国法学》2019 年第 1 期。

③ 参见沈安琪、黄盛秦:《改革开放四十年与证券发行制度研究》,载《金融服务法评论》2019 年卷。

举的方式难以穷尽且存在滞后性,当存在信息披露清单未覆盖的情况下,可回归到“重大性”标准的一般规定,优先适用“价格敏感测试”,并以“投资者决策测试”兜底。① 但同时也要注意到无论是通过事先规定还是通过事后投资者反应来判断信息是否具有重大性,都存在各自的缺陷,需要将民事、行政、刑事不同程序和不同部门法的原则,结合各类证明方法的自身特点区别使用。② 在披露内容上,对重大安全事项关注不足,属于企业自愿披露范围,③不同行业间缺乏差异化信息披露,同时还应强化风险信息的披露,对详细程度和必要说明作出具体要求。在处罚力度上,违规成本仍然偏低。在监督模式上,可以充分发挥媒体、做空机构以及“吹哨人”等横向监督机制的作用。④

5. 优化证券集团诉讼

2019 年《证券法》明确“默示加入明示退出”的中国式证券集团诉讼模式,强化投资者保护机制,但仍有可加以完善之处。参考地方法院已经进行的局部探索,修改《民事诉讼法》及相关司法解释,细化证券诉讼规则,明确取消证券纠纷诉讼的前置程序。⑤ 引入激励与竞争机制,一方面,弱化投服中心的行政色彩,强化其独立性;另一方面,通过扶持专门开展公益诉讼的证券业机构和社会组织,构建覆盖不同地域的多层级投资者保护机构,由投资者根据其业绩表现、专业水准等自由选择、优胜劣汰。⑥ 防范滥诉行为,将律师报酬的计算比例应当控制在一定的诉讼标的额以下,并设定最高额限制。加强对集团诉讼代表人的监督,赋予法院对集团代表人的诉讼行为审查否决的权力。

6. 适应数字经济发展潮流

2019 年《证券法》修改已体现数字经济思想,如将客户账户保密升级为投资者

---

① 参见徐文鸣、刘圣琦:《新〈证券法〉视域下信息披露“重大性”标准研究》,载《证券市场导报》2020 年第 9 期。

② 参见王彦光:《证券信息披露中的重大性认定——以“万家文化案”为例》,载彭冰主编:《金融法苑》第 103 辑,中国金融出版社 2020 年版,第 112 页。

③ 参见郑依彤、李晋:《新〈证券法〉语境下的我国信息披露制度完善探讨——以重大安全事项为核心》,载《云南师范大学学报(哲学社会科学版)》2020 年第 4 期。

④ 参见陈燕:《新证券法实施背景下完善信息披露制度的再思考——由新冠疫情的信息披露说起》,载《中国注册会计师》2020 年第 5 期。

⑤ 参见易楚钧、吴学斌:《我国证券纠纷代表人诉讼制度的滥觞与完善》,载《南方金融》2020 年第 6 期。

⑥ 参见汤维建:《中国式证券集团诉讼研究》,载《法学杂志》2020 年第 12 期。

信息保密,体现出大数据时代对个人信息法律保护的需要,新增第45条程序化交易事项,反映出法律对人工智能和算法等新技术的关注。[①] 但2019年《证券法》的数字因素仍比较匮乏和有限,有待于在未来修订中得到更多体现,可以探索将智能投顾纳入证券法规制范围,保障金融体系安全性,防止利用人工智能欺诈投资者;[②]加强区块链监管,将首次代币发行界定为证券发行,在证券法框架下进行监管。[③]

(二)注册制改革的完善与展望

1. 进一步完善证券市场注册制改革的制度设计

第一,进一步完善退市机制。12月31日正式落地实施的本次退市改革主要从优化退市规则编写体例、完善退市指标、简化退市流程、新增其他风险警示情形和明确过渡期等五个方面完善现行退市规则。但存在改革重形式而轻实质的问题,美国证券市场的高退市率是资本市场成熟的自然结果,而非前提条件,[④]需要明确退市制度建立的制度目标与功能定位,在此基础上调整部分存在制度漏洞或引发市场误解的具体规则,设置与发行条件相匹配、突出板块差异性、体现交易所特色的差异化退市规则。

第二,明确中介机构职责分工。在实践中,保荐机构对于律师事务所、会计师事务所等中介机构出具的文件仍负有再次调查和复核的职责,并要求保荐机构承诺在虚假陈述发生的情况下先行赔付,存在一定程度的责任扩大化趋势,其他各中介机构的注意义务标准也不甚明确。[⑤] 下一步应当明确各中介机构的职责分工和责任分担的范围,对于督促中介机构勤勉尽责机构也不能走以处罚代替管理的老路。一方面,可以借鉴我国香港特别行政区经验,采用同行评议的方式认定履职情

---

① 参见邢会强:《数字经济视角下的新〈证券法〉——修订解读、实施支撑与未来展望》,载《浙江工商大学学报》2020年第4期。

② 参见郭锋:《数字科技对证券市场及其监管的影响——基于大数据、人工智能、区块链的视角》,载郭锋主编:《证券法律评论》2019年卷,中国法制出版社2019年版,第12页。

③ 参见张天行:《美国证券法框架下数字代币发行的监管实践与启示》,载郭锋主编:《证券法律评论》2019年卷,中国法制出版社2019年版,第366~367页。

④ 参见徐庭芳:《A股退市新规引发激烈争议:退市,该不该交给市场投票?》,载微信公众号"南方周末",2020年12月19日。

⑤ 参见曾宪力:《国内注册制改革若干问题刍议》,载《海南金融》2020年第11期。

况;另一方面,构建完善的中介机构声誉体系,实现良性竞争。①

第三,明确监管主体的职责定位。核准制下证券市场法律治理中最大的问题之一便是"角色错位"。② 在发行注册制下,应当充分发挥不同的治理主体的不同优势,并重构其角色定位和职能分工,具体而言:公权力主体凭借其国家强制力的优势,应当在规则制定和调查惩罚上发挥主要作用,注意转换角色定位,加强事中事后监管,重点关注证券业重大违法问题的处理,纠正市场失灵的问题;③推动证券交易所在承接证监会权力转移过程中的权力下放与定位转型,发挥自律主体在专业能力和信息收集上的优势,在发行审核和市场监管等方面提升自律管理能力;同时发行人也要自觉履行市场自律义务,在机构与个人投资者的监督下,借助私立救济和司法力量,推动证券市场诚信价值观念的构建。

第四,处理好板块间错位发展问题。创业板试点注册制充分借鉴和吸收了科创板的改革成果,采取了更为包容多元的发行上市政策,允许同股不同权企业、红筹企业甚至亏损企业申请上市,发行审核时间更短,发行价格可直接定价而无须询价,对于盈利公司不强制承销商跟投,在投资者适当性管理上也更为宽松,这一系列发行交易规则的调整在极大地提升市场活跃度和投资吸引力的同时,也对科创板的发展形成了有力挑战。未来可通过监管层的适当介入,允许不同板块之间对优质上市资源展开良性竞争,鼓励各具板块特色的错位发展。④

2. 继续全面推进资本市场注册制改革

结合前期注册制试点的成功经验和经济发展阶段特点,在金融法治保障不断优化的制度背景下,进一步探索并形成我国特色的注册制发展路径。

第一,稳步扩大注册制的实施范围。目前,我国已经初步具备引入注册制、变革资本市场制度的法律和市场条件,下一步要稳步扩大注册制实施范围。首先,要处理好核准制和注册制并行时期二者的关系,在一段时期内仍允许传统行业企业适用核准制,在已实施注册制的市场继续深化改革,在总结试点注册制经验的基础

---

① 参见夏东霞、范晓:《科创板注册制背景下对中介机构"看门人"角色的再思考》,载《财经法学》2019 年第 3 期。

② 参见吕成龙:《科创板时代中国证监会治理角色与模式的转变》,载《财经法学》2019 年第 4 期。

③ 参见吕红兵、朱奕奕:《证券市场参与者的监管职责审视与重构——以上海科创板注册制试点为背景》,载《北京行政学院学报》2019 年第 2 期。

④ 参见吴秀波:《科创板试点注册制改革的成效与挑战——写于科创板开市一周年之际》,载《价格与理论实践》2020 年第 7 期。

上，调整与完善相关制度并逐步推广。其次，要坚持“稳中求进，分步实施”的改革原则，稳步在全市场分阶段实现注册制改革目标。注册制改革是本轮资本市场改革的总纲，是“牵一发而动全身”的重大改革，改革的复杂性和艰巨性背后蕴藏着巨大的系统性风险和非系统性风险。同时，注册制改革不能一蹴而就，其是一项包括相关法律体系和配套制度设计、涉及部门行政权力与市场边界划分的系统工程，采取较为温和的渐进式改革风险相对较小，付出的改革成本相对较低，有利于实现发行审核制度的平稳过渡。①

第二，形成具有中国特色的注册制。我国目前实施的注册制是“限方向、有条件并存在一定行政审查的注册制”，是在市场导向基础上结合政策意志的产物，这与我国资本市场目前的发展阶段和金融法治的完善程度基本相符。② 制度的形成背后有其特定的历史因素，对于域外制度的借鉴要注重探究其形成和发展的历史和制度因素，“择其善者而从之”，针对改革过程中暴露出的问题，进一步优化和调整具体制度内涵及其配套保障机制，推动具有我国特色的注册制最终形成。

《证券法》修订与注册制改革，是 2019～2020 年度资本市场法治发展的“两件大事”，二者相辅相成，共同开启了资本市场全面深化改革的新篇章，奠定了未来资本市场可持续发展的根基。资本市场法律制度的发展与资本市场改革只有进行式没有完成式，在提升上市公司治理、强化财富管理功能、加强科技与资本融合的资本市场新时期建设的进程中，应进一步健全和完善资本市场法律体系，在维护资本市场秩序、有效防控市场风险、保护投资者合法权益等方面发挥重要作用，为资本市场改革创新、健康发展营造良好的法治环境。

附表　2019～2020 年注册制改革相关规范性文件

市场板块	发布时间	文件名称	发布机关	文号
科创板	2019 年 1 月 28 日	《关于在上海证券交易所设立科创板并试点注册制的实施意见》	证监会	证监会公告〔2019〕2 号
	2019 年 3 月 1 日	《科创板上市公司持续监管办法（试行）》	证监会	证监会令第 154 号

① 参见李安兰、陈见丽：《注册制改革推进路径比较与借鉴》，载《财会通讯》2020 年第 18 期。

② 参见王伦强：《论我国证券发行注册制推进的路径》，载《西南金融》2020 年第 8 期。

续表

市场板块	发布时间	文件名称	发布机关	文号
科创板	2019年3月1日	《公开发行证券的公司信息披露内容与格式准则第41号——科创板公司招股说明书》	证监会	证监会公告〔2019〕6号
	2019年3月1日	《公开发行证券的公司信息披露内容与格式准则第42号——首次公开发行股票并在科创板上市申请文件》	证监会	证监会公告〔2019〕7号
	2019年6月20日	《关于为设立科创板并试点注册制改革提供司法保障的若干意见》	最高人民法院	法发〔2019〕17号
	2019年8月23日	《科创板上市公司重大资产重组特别规定》	证监会	证监会公告〔2019〕19号
	2020年3月20日	《公开发行证券的公司信息披露编报规则第24号——科创板创新试点红筹企业财务报告信息特别规定》(2020年修正)	证监会	证监会公告〔2020〕20号
	2020年3月20日	《科创属性评价指引(试行)》	证监会	证监会公告〔2020〕21号
	2020年7月3日	《科创板上市公司证券发行注册管理办法(试行)》	证监会	证监会令第171号
	2020年7月3日	《公开发行证券的公司信息披露内容与格式准则第43号——科创板上市公司向不特定对象发行证券募集说明书》	证监会	证监会公告〔2020〕37号
	2020年7月3日	《公开发行证券的公司信息披露内容与格式准则第44号——科创板上市公司向特定对象发行证券募集说明书和发行情况报告书》	证监会	证监会公告〔2020〕38号
	2020年7月3日	《公开发行证券的公司信息披露内容与格式准则第45号——科创板上市公司发行证券申请文件》	证监会	证监会公告〔2020〕39号
	2020年7月10日	《科创板首次公开发行股票注册管理办法(试行)》(2020年修正)	证监会	证监会令第174号

续表

市场板块	发布时间	文件名称	发布机关	文号
创业板	2019年8月9日	《关于支持深圳建设中国特色社会主义先行示范区的意见》	中共中央、国务院	—
	2020年2月29日	《关于贯彻实施修订后的证券法有关工作的通知》	国务院办公厅	国办发〔2020〕5号
	2020年4月27日	《关于创业板改革并试点注册制实施前后相关行政许可事项过渡期安排的通知》	证监会	—
	2020年6月12日	《创业板首次公开发行股票注册管理办法(试行)》	证监会	证监会令第167号
	2020年6月12日	《创业板上市公司证券发行注册管理办法(试行)》	证监会	证监会令第168号
	2020年6月12日	《创业板上市公司持续监管办法(试行)》	证监会	证监会令第169号
	2020年6月12日	《证券发行上市保荐业务管理办法(2020)》	证监会	证监会令第170号
	2020年6月12日	《公开发行证券的公司信息披露内容与格式准则第28号——创业板公司招股说明书》	证监会	证监会公告〔2020〕31号
	2020年6月12日	《公开发行证券的公司信息披露内容与格式准则第29号——首次公开发行股票并在创业板上市申请文件》(2020年修订)	证监会	证监会公告〔2020〕32号
	2020年6月12日	《公开发行证券的公司信息披露内容与格式准则第35号——创业板上市公司向不特定对象发行证券募集说明书》(2020年修订)	证监会	证监会公告〔2020〕33号
	2020年6月12日	《公开发行证券的公司信息披露内容与格式准则第36号——创业板上市公司向特定对象发行证券募集说明书和发行情况报告书》(2020年修订)	证监会	证监会公告〔2020〕34号

续表

市场板块	发布时间	文件名称	发布机关	文号
创业板	2020年6月12日	《公开发行证券的公司信息披露内容与格式准则第37号——创业板上市公司发行证券申请文件》（2020年修订）	证监会	证监会公告〔2020〕35号
	2020年6月12日	《创业板首次公开发行证券发行与承销特别规定》	证监会	证监会公告〔2020〕36号
	2020年8月8日	《关于为创业板改革并试点注册制提供司法保障的若干意见》	最高人民法院	法发〔2020〕28号
债券市场	2020年3月1日	《关于企业债券发行实施注册制有关事项的通知》	国家发改委	发改财金〔2020〕298号
	2020年3月1日	《关于公开发行公司债券实施注册制有关事项的通知》	证监会	证监办发〔2020〕14号

保险法治建设的新进步

方乐华*

一、2020 年保险法治发展综述

在《保险法》经过 4 次修订、①中国银行保险监督管理委员会(以下简称银保监会)正式挂牌、②《保险法》司法解释基本齐备③等法制环境下,本期保险立法的主体,均为银保监会,法律位阶为部门规章。银保监会的行政立法主要涉及以下几个方面:其一,促进保险业更好地服务于经济社会。如促使寿险回归保险初衷,促进健康保险发展,扶持、发展农业保险,动员和组织保险业全力支持抗疫,引导保险业服务国家发展战略。其二,扩大保险业对外开放。如修订《外资保险公司管理条例》,大幅度放宽保险市场准入。其三,强化公司治理、防范金融风险。如依法对天安财险等六家机构实施接管。其四,完善和强化保险机构市场行为监管。如发挥混业监管体制的优势,规范银行代理保险业务;督促保险机构加强对销售人员的管理;督促保险专业中介机构加强对从业人员的管理;加强对信用保险和保证保险业务监管。保险领域的复杂性、广泛性和易变性,都导致监管部门需要依职权制定大量有约束性的准立法性文件,这些规范性文件对于补充和细化保险法律规范,更好

* 华东政法大学教授;研究方向:保险法。

① 《保险法》1995 年实施后,于 2002 年、2009 年、2014 年、2015 年先后进行了修订。

② 2018 年 3 月,第十三届全国人民代表大会第一次会议表决通过了《关于国务院机构改革方案的决定》,设立中国银保监会。中国银保监会于 2018 年 4 月 8 日正式挂牌。

③ 2009 年 9 月,最高人民法院发布《关于适用〈中华人民共和国保险法〉若干问题的解释(一)》,2013 年 5 月、2015 年 9 月、2018 年 5 月先后发布司法解释(二)(三)(四)。"保险合同"的章节已全部解释完毕。

地贯彻落实法律规定具有重要作用,是保险行政执法的依据。

保险法治建设中有两个重点问题值得关注:

第一,银保监会于2020年9月发布《关于实施车险综合改革的指导意见》,据此,机动车辆保险迎来重大调整,其中交强险是实施以来的首次重大调整。自2009年中国汽车产销双双超过1300万辆,成为全球最大的汽车生产国和最大的新车消费市场以来,车险就开始持续占据财产保险业务的大半壁江山,社会关注度高、影响面广。截至2019年,我国车险承保机动车达2.6亿辆,涉及的保险消费者人数众多;全年保费收入8189亿元,占财险保费的63%。对此险种进行重大调整,理应成为保险法治建设中的重点问题,但本次调整主要涉及微观层面保险产品的升级,并未触及宏观层面制度架构,可谓调整而非改革。

第二,互联网保险的法治建设问题。我国互联网保险已有20余年历史,2013年年底诞生了纯线上的互联网保险公司——众安保险。面对互联网保险迅速发展的态势,我国《保险法》始终没有增补任何有关互联网保险的规范,目前仅有低位阶的部门规章,如《互联网保险业务监管暂行办法》(2015年,已废止),互联网保险市场不断面临各种法律困境。曾几何时,互联网上充斥着"赏月险""脱光险""阳光险""雾霾险""高温险""贴条险""跌停险"等违背保险原理、背弃保险法基本原则的"伪保险",监管部门不遗余力四处灭火,但互联网这一主体芜杂的平台,让监管部门有些鞭长莫及、力不从心。又如,2018年10月,蚂蚁金服和信美人寿(相互保险公司)联合推出重疾险产品——相互保,在支付宝平台上线一个月,"参保"人数就突破2000万。不过,其寿命也只有一个月,在监管部门干预下,相互保不得不去掉保险外衣,变身为基于互联网的民间互助计划——相互宝。值得讨论的是,除整治和查处外,监管部门能否对颇具规模的民间互助平台进行一番全面、客观、科学的审视?互助平台对促进保险模式创新有无启迪意义,其与国外传统的相互保险、创新的网络P2P保险模式有无相通之处?有无可能在"相互保险+互联网"的框架内对互助平台进行改造?《保险法》有关保险的定义,在互联网保险、相互保险等冲击下,是否应重新审视和界定,以避免削足适履、扼杀创新型保险的情况发生?近期出现多起震动业界的保险诈骗案,典型如上海首例"航延险"系列保险诈骗案,犯罪嫌疑人通过提前获取航班延误信息,虚构保险标的等非法手段骗取保险理赔金,涉案嫌疑人 27 名，金额超 2000 万元。[①] 南京警方也抓获一名犯罪嫌疑人，其自 2015 年起用亲戚朋友的身份信息，自己猜测飞机延误成功近 900 次，累计骗取保险金 300 多万元。[②] 在论及互联网保险的险种偏好时，有人提出"交易金额越小，产品越简单，客户理解越容易""单一保险产品责任的个性化定制"等特征，[③]还认为保额小意味着道德危险不易触发，但现实则是诈骗金额集腋成裘。究其原因，则是产品设计漏洞百出；在造就互联网保险优势的同时，也产生了前所未有的道德危险，保险欺诈已是线上线下保险产品面临的共同危险。对此，银保监会于 2020 年 5 月制定了《银行保险机构涉刑案件管理办法（试行）》，旨在健全涉刑案件的管理、报送和处置体系，强化防范道德危险的意识；2020 年 6 月，银保监会发布《关于规范互联网保险销售行为可回溯管理的通知》，试图对困扰互联网保险的线上告知义务、提示和说明义务、被保险人同意等合同规则作出规定；2020 年 9 月，为适应互联网保险市场运营和发展的现状，银保监会起草了新的《互联网保险业务监管办法》，并于 2021 年 2 月 1 日正式施行。

2019 年 12 月，保险行业协会发布《中国保险行业 2019 年度十大保险诉讼典型案例》，分别是：(1) 长城人寿被保险人未选择指定的治疗方式是否应得到赔偿案；(2) 华泰财险保险公司分批次支付保险赔偿金后行使保险代位求偿权时的诉讼时效起算时间案；(3) 华安财险关于保险合同中不利解释原则的适用案；(4) 安盛天平财险多车交通事故赔偿责任的认定案；(5) 太平洋财险被保险人因共同侵权依法承担连带责任的商三险不分责案；(6) 人保财险船舶建造保险合同中保险责任和损失金额如何认定案；(7) 诉讼保全责任险保险中如何判断申请保全错误案；(8) 机损险保险责任的认定问题案；(9) 泰康人寿人身保险合同中的等待期条款是否属于免责条款案；(10) 众诚汽车保险顺风车保险责任的认定问题案。[④] 上述案件由行业协会在 55 家保险公司报送的 100 余件案例中甄选而出，案情说明文字系行业办会发布时添加，分别涉及医疗险、车险、责任险、海运险等险种，如案一涉及"免除保险人责

---

① 参见《上海市首例"航延险"系列诈骗案告破，涉案金额超 2000 万元》，载新华网，http://www.xinhuanet.com/legal/2020-05/15/c_1125990479.htm。

② 参见《女子利用 900 次航班延误骗保 300 余万元，专挑延误率高航班》，载北晚新视觉综合网，https://www.takefoto.cn/viewnews-2180909.html，最后访问日期：2020 年 10 月 24 日。

③ 张哲绮：《互联网保险实践运行中若干问题探讨》，载《上海保险》2014 年第 3 期。

④ 参见《中国保险行业 2019 年度十大保险诉讼典型案例》，载中国保险行业协会网，http://www.iachina.cn/art/2019/12/3/art_22_103989.html，最后访问日期：2020 年 10 月 24 日。

任的条款”范围之认定,以及保险人相应的提示+明确说明义务,相关规定虽已由最高人民法院作出司法解释,依然在法学界和司法界争议不绝;案三涉及合同条款解释问题,引出的关联问题是:商业车险免责条款中“依据法律法规或公安机关交通管理部门有关规定不允许驾驶被保险机动车的其他情况下驾车”的兜底条款是否合法、合理,经常有保险人以该兜底条款为由拒赔,而法院判决则大相径庭,①其深层次法律问题包括:何为法律、行政法规中的禁止性规定情形?其认定的标准和范围为何?保险人该如何提示?能否以概括性条款提示?与驾驶机动车辆相关的禁止性规定情形,散见于各种法律、行政法规和规章之中,概括性提示是否合理、公正?

关于行政执法的案例,如银保监会依法对天安财险等6家机构实施接管等内容,安排在行政立法的内容部分阐述。总体而言,保险法治建设新进步主要体现在以下几个方面:一是混业监管体制崭露头角、优势显现,这不但体现在对混业经营领域的有效监管上,而且在防范和化解系统性金融风险上,开始产生组合监管的规模效应。如银保监会在本期内,先后接管了混业型金融控股集团“明天系”旗下的7家核心金融机构,加上证监会接管的3家,可谓风卷残云般移除违法违规搭建的金融集团的系统性风险。可以预见,在加强对金融控股集团的监管,防控系统性金融风险上,混业监管体制将发挥决定性作用。二是在前期大力整顿市场乱象、确保“保险姓保”基础上,进一步巩固整改成果,引导保险机构回归保障本旨,服务于经济社会,具体内涵包括服务国家发展战略、服务实体经济、参与社会管理、支持和补充社会保障体系、全力支持抗疫和疫后复苏等,并取得了显著的经济和社会效益。三是进一步推进保险市场的对外开放,从修订市场准入的相关规定,到外资独资保险机构依新规获批,几乎同步进行,体现了全方位开放保险市场的速度和决心。同时,保险中介市场也在同步扩大开放,而保险市场的扩大开放加快了国际保险中心建设的步伐。无须赘言,保险市场的全方位开放,无论对监管理念、规则,还是对监

① 在罗某与人保佛山分公司财产损失保险合同纠纷案(佛城法民二初字第1203号)中,法院认为:该兜底性的文字表述内容不足以引起投保人注意,且该条款指向的具体内容并不明确,即并未明确规定将“过度疲劳驾驶”作为免责的情形,而对于这一条款具体涵盖何种情形,被告应尽必要的提示义务……方能产生免责效力。上述裁判理由在其他审判中亦有体现。相反,在满都拉与人保巴彦淖尔市分公司保险合同纠纷案(巴民终二字第106号)中,法院认为:虽然没有直接列明不允许驾车的其他情况,但它给定了一个范围……列举规定和概括性规定之间呈现并列协调关系,反映了同一个法益……过度疲劳驾驶,属于保险条款中的不允许驾车的其他情况之一。

管方式、技术,都提出了更高的要求,在中国保险市场国际化进程中,保险监管的国际化势在必行。四是对保险市场进行了一系列基础性建设,如对两全保险、健康保险、意外伤害保险、信用保险和保证保险、机动车辆保险、农业保险等保险业务及其监管进行了系统的梳理、调整、规范和改革;在人身保险精算、保险资产管理、保险资金运作、银行代理保险、保险销售人员管理、专业中介机构从业人员管理、专属独立代理人等领域进行了制度完善和创新。

将法治建设新进步融入改革开放40多年的中国保险进行考量,可以说,正是法治建设的不断推进成就了保险大国。① 但行"百里者半九十",从保险大国到保险强国,其中难度最大的便是如何继续推进保险法制的成熟、健全和完善,保险法制改革进入深水区,需对基础法律修订完善,明晰监管理念、重心、技术,提高司法审判的统一性、精准性和公允性,与保险诈骗的斗争也任重道远。

二、保险立法的主要内容

如前所述,本期保险立法的法律位阶为部门规章,银保监会的立法主要涉及以下几个方面。

(一)促进保险业更好地服务于经济社会

服务经济社会是保险业的本旨。近年来,保险监管部门一直致力于纠正偏离该本旨的市场行为,提高保险业服务经济社会的意识,强化服务经济社会的各种措施。

1. 进一步巩固纠偏成果,促使寿险回归保险初衷

自平安保险1999年引进"保障+理财"的投资连结型保险以来,其发展历程错综曲折,一度步入忽略保险保障的歧途,其中尤以万能险为甚,并导致个别保险公司利用万能险快速扩充的体量,在资本市场"翻江倒海",其登峰造极者是已解散的

① 中国2017年保费收入5414.5亿美元,超过日本,成为世界第二大保险市场,占全球市场份额的11%。

安邦保险。[①] 同时,寿险市场存在长险短做、非法承诺保证收益、虚假宣传、误导投保人等种种乱象。冰冻三尺非一日之寒,解冻亦非一朝一夕之事。2016 年 9 月,原保监会发布通知强化人身保险产品监管工作;同年年底提出"保险姓保"理念,强调保障与投资的主次之分,决不能本末倒置。2017 年 5 月,原保监会发布通知进一步加强人身保险公司销售管理工作;同年 7 月,发布《保险销售行为可回溯管理暂行办法》,旨在纠正营销环节的乱象。2018 年 2 月,原保监会宣布接管安邦保险集团;同年 5 月,银保监会组织开展人身保险产品专项核查清理工作,旨在强化长期储蓄和保障功能。

在上述监管措施取得成果的基础上,银保监会于 2019 年 5 月发布《关于开展"巩固治乱象成果　促进合规建设"工作的通知》,其中要求保险人重点审视的负面清单包括:产品开发设计偏离保险保障本源,违反法律法规和监管制度,违背保险基本原理;条款费率内容不合规,未按规定报送条款费率;责任准备金评估方法、精算假设不真实、不合理,万能账户及结算利率不符合精算规定,分红账户及红利分配不符合精算规定等。2019 年 12 月,银保监会发布《关于规范两全保险产品有关问题的通知》,强调两全保险产品应当以 5 年期及以上业务为主;禁止通过保单质押贷款、部分领取等条款设计,或者通过退保费用、持续奖励等产品定价参数设计改变保险产品实际存续期间,也不得通过调整现金价值利率等方式,变相提高或降低产品现金价值。2020 年 1 月银保监会发布《关于印发普通型人身保险精算规定的通知》和《关于强化人身保险精算监管有关事项的通知》,旨在强化人身保险精算监管,完善人身保险监管指标体系,保护保险消费者合法权益,推动人身保险市场高质量发展。2020 年 6 月,银保监会再次发布《关于开展银行业保险业市场乱象整治"回头看"工作的通知》,明确要求对连续 3 年市场乱象整治工作进行"回头看",其"回头看"的重点整治事项包括:以其他金融产品名义宣传销售保险;对投保人隐瞒重要情况,夸大产品收益,对经营成果等做虚假宣传;以即将停售或费率即将调整为由诱导消费者;恶意误导或怂恿客户退保;未按照规定使用经批准或备案的保险条款、费率;给予投保方合同约定之外的利益等。其中对万能险单独立项,要求

① 例如,在万科股权争夺战中,宝能的收购资金中,有 100 余亿元来自前海人寿的万能险保费。恒大人寿在二级市场短线操作引起监管层关注。前海人寿几度举牌"南玻 A",让万能险再度站上风口浪尖。安邦保险先后持有金融街 29.88%、金风科技 16.51%、金地集团 20.49% 股权,持有同仁堂、大商股份、欧亚集团、招商银行、中国建筑各 10% 股权。

审视有无万能单独账户的资产未单独管理;在同一万能账户管理的保单未采用同一结算利率;万能账户实际结算利率未根据实际投资状况科学合理地确定,存在刚性兑付的情形;万能单独账户资产负债严重错配,对可能存在的利差损风险和流动性风险未制定可行的应对措施等。

综上,银保监会的这一系列措施,旨在促使寿险从根本上回归保险初衷,更好地融入国家多渠道、多层次的养老保障体系。

2. 促进健康保险发展,推进健康保险融入"健康中国"国家战略

近年来,由于经济社会发展,生活水平提升,城镇化、老龄化进程加速,健康保障和服务渐成人民群众的刚性需求。但是,目前的健康保险产品,难以满足社会日益增长的健康保障需求,存在保险条款不规范、不合理;保险渗透率低、产品同质化、区域发展失衡、健康管理与健康保险结合不紧密等问题。为此,2019 年 12 月 1 日开始实施的《健康保险管理办法》高屋建瓴,将健康保险定位为国家多层次医疗保障体系的重要组成部分,要求保险人充分承担社会责任,引导行业回归保障,满足人民群众多层次、多样化的健康保障需求,加快保险服务和产品创新,从而为健康保险业的发展规划顶层设计、完善制度安排。与以往立法相比,其特点包括:明确了健康保险的定义和分类;首次将健康管理列为专章,倡导开展健康管理服务,推动健康管理与健康保险相融合;将医疗意外保险纳入健康保险,并将提供康复保障的保险纳入医疗保险范畴;鼓励创新健康保险产品、促进创新科技运用等。

此外,《疫苗管理法》2019 年 12 月 1 日正式实施,根据该法,国家实行疫苗责任强制保险制度,这是继"机动车交通事故强制责任保险"后,运用保险机制提高社会治理水平的又一项重要制度安排。

3. 继续在政策上扶持、发展农业保险

我国是农业大国,重农固本是安民之基、治国之要。农业保险是现代农业可持续发展的关键因素,但农业保险的巨大风险又导致承保无利可图,在"市场失败"场景下,农业保险逐渐演变成一种政策保险,由政府出台各种优惠政策鼓励、支持农业保险的经营和发展。国务院于 2012 年年底颁布、2016 年修订了《农业保险条例》,阐明"国家支持发展多种形式的农业保险,健全政策性农业保险制度"。

代表性政策文件:一是 4 部门发布的《关于加快农业保险高质量发展的指导意见》。该意见确立了 2022 年基本建成多层次农业保险体系、2030 年总体发展基本达到国际先进水平的政策,并与《农业保险条例》保持统一基调,确认农业保险的政

策保险属性,指出要“明晰政府与市场边界”,“建立财政支持的多方参与、风险共担、多层分散的农业保险大灾风险分散机制”,“加强财政补贴资金监管、清理规范农业保险市场”,鼓励探索“农业保险+”的创新等,为其他政策性保险立法提供了思路和样本,避免了“机动车交通事故强制责任保险”政府与市场的边界不清、政策性交强险与商业车险的边界不清问题。值得一提的是“农业保险+”的创新体验——“保险+期货”模式改变了传统农民种地靠天、期货公司和保险公司各自为战的不足,将期货公司对冲价格波动风险与保险公司保险产品研发优势相结合,既发挥了期货公司的专业能力,为服务“三农”、服务实体经济寻找到了新的途径,又丰富了保险产品种类,最终实现农户、保险公司、期货公司三方共赢。二是银保监会发布的《关于进一步明确农业保险业务经营条件的通知》,旨在针对反映较为集中的农险市场准入问题,按照依法合规、提高标准、放管结合、动态监管的原则,建立完善全流程的农险业务经营条件管理制度体系,促进农业保险市场平稳健康发展,通知明确而具体地规定了保险总公司、省级分公司经营农业保险的条件。

此外,为加快推进渔业互助保险系统体制改革工作,建立规范的渔业风险保障体系,银保监会、农业农村部联合发布《关于推进渔业互助保险系统体制改革有关工作的通知》;同时,银保监会在《关于做好2020年银行业保险业服务“三农”领域重点工作的通知》中,要求保险业围绕补齐“三农”领域短板等重点工作,提高风险保障水平,助力补齐“三农”领域全面建成小康社会的突出短板,确保打赢脱贫攻坚战和风险防控攻坚战。

4. 动员和组织保险业全力支持抗疫,提供坚实后盾

新冠肺炎疫情期间,银保监会通过一系列政策性文件,动员和组织保险业加强金融服务,加大对疫情防控和恢复生产的金融支持,为打赢疫情防控阻击战提供坚实的保险后盾。

2020年1月26日,为贯彻落实中央决策部署,全力配合做好新冠肺炎疫情防控工作,银保监会发布了《关于加强银行业保险业金融服务,配合做好新型冠状病毒感染的肺炎疫情防控工作的通知》,要求银行保险业加大对疫区的支持,积极运用技术手段,在全国范围特别是疫情较为严重的地区,加强线上业务服务,并首次提出:对感染新型冠状病毒的出险理赔客户要优先处理,适当扩展责任范围,应赔尽赔;向疫情防控一线的相关单位和工作者提供更加优惠的金融服务。2020年2月14日发布的《关于进一步做好疫情防控金融服务的通知》,是疫情期间最具代表

性的政策性文件,提出了许多具有操作性的政策建议和要求。例如,鼓励保险机构结合自身情况,为身处疫情防控一线的工作人员提供意外、健康、养老、医疗等优惠保险服务;加大企业财产保险、安全生产责任保险、出口信用保险等业务拓展力度,为小微企业生产经营提供更多保障;稳步拓展农业保险品种,扩大农业保险覆盖面,稳定农业种养殖户和农民生产经营预期;提高线上金融服务效率。提供安全便捷的“在家”金融服务,探索发展非现场核查、核保、核签等方式,切实做到应贷尽贷快贷、应赔尽赔快赔。在监管部门的动员和组织下,保险业迅速投入支持抗疫的战斗中,截至2020年2月中旬,共有“35家人身保险公司在不增加保费的情况下,将400余款的意外险和疾病险责任范围,扩展至包含新冠肺炎导致的身故、伤残和重疾的赔付。74家保险公司向抗击疫情的医护人员及家属、疾控人员赠送意外险、定期寿险等多种保险保障,总保额约9万亿元”。[①] 2020年2月,银保监会等3部门发布《关于支持安全生产责任保险参保企业应对新冠肺炎疫情的通知》,鼓励保险公司适当延长保险期限、优惠或缓缴保险费;进一步扩大该保险预防费的适用范围,优先用于疫情防控工作。

在国内抗疫取得阶段性胜利的背景下,施策重点开始转向复工复产的金融服务上。2020年3月26日,银保监会发布《关于加强产业链协同复工复产金融服务的通知》,旨在进一步加大金融服务实体经济力度,推动产业链协同复工复产。其中,与保险业相关的措施包括:鼓励保险机构在风险可控的前提下为产业链上下游中小微企业获取融资提供增信服务;鼓励保险机构针对核心企业上下游的风险特征,提供抵质押、纯信用等多种形式的保证保险业务;进一步加大贸易信用保险的承保覆盖面,拓宽企业融资的增信方式;人身保险公司在风险可控的前提下可适度延长保单质押贷款期限,提升贷款额度,帮助客户缓解短期资金压力,支持小微企业复工复产;针对疫情发生以来物流受阻情况,适当顺延疫情期间停运的营运车辆、船舶、飞机的保险期限;后两项保险支持,体现了细致入微、竭尽全力的服务精神。

5. 引导保险业服务国家发展战略,为实体经济“输血”

一方面,保险公司体量越大,资金运作在保险经营中所占分量越重,其投资自

---

① 《银保监会副主席梁涛在国务院新闻办2020年2月15日举行的“金融系统全力支持抗击疫情和恢复生产新闻发布会”上的介绍》,载国务院新闻办公室网,http://www.scio.gov.cn/xwfbh/xwbfbh/wqfbh/42311/42520/index.htm,最后访问日期:2020年9月22日。

主权不可或缺,许多保险公司设立专门的资产管理公司投资运作保险资金;另一方面,保险公司聚集的是社会后备资金,其投资运作必然受制于国家发展战略和经济社会的需求。就监管部门而言,两方面都是工作重心,既要制定资金运作规则,改善投资环境,畅通投资渠道,确保自主投资权,又要引导和鼓励保险资金投向符合国家发展战略、服务实体经济。2020 年 3 月银保监会发布《保险资产管理产品管理暂行办法》,要求"保险资产管理机构开展保险资管产品业务,应当发挥保险资金长期、稳定的优势,服务保险保障,服务经济社会发展"。

为保险业营造良好的投资环境和氛围,银保监会制定的政策性文件主要有:(1)《关于保险资金参与信用风险缓释工具和信用保护工具业务的通知》丰富保险资金运用工具,为信用风险管理提供对冲手段,有利于改善民企债券投资者结构,提高民企债券的流动性并促进民企债券的发行。(2)《关于保险资金投资集合资金信托有关事项的通知》。截至 2018 年年底,保险机构投资资金信托规模为 1.27 万亿元,该通知旨在加强资金信托业务管理,规范投资行为,防范资金运用风险,有利于为保险机构和信托公司营造良好的公平竞争环境,明确保险资金去通道、去嵌套的监管导向,限制不合理、不合规的投资业务。(3)《关于商业银行、保险机构参与中国金融期货交易所国债期货交易的公告》以风险管理为目的,参与国债期货交易,要求建立完善的全面风险管理和内部控制制度及业务处理系统,具备专业的管理团队和规范的业务操作流程,防控交易风险。(4)《关于保险资金投资银行资本补充债券有关事项的通知》旨在丰富保险资产配置品种,拓宽保险资金配置空间,有利于扩大保险机构投资自主权,将投资价值和风险判断的权利更多交给保险机构。(5)《保险资金参与国债期货交易规定》《保险资金参与股指期货交易规定》规定,保险资金参与国债期货、股指期货交易,均不得用于投机目的,应以对冲或规避风险为目的;《保险资金参与金融衍生产品交易办法》规定,金融衍生产品包括远期、期货、期权及掉期(互换),应以对冲或规避风险为目的,不得用于投机目的。(6)《关于优化保险公司权益类资产配置监管有关事项的通知》旨在深化保险资金运用市场化改革,引导保险资金更好地服务实体经济,积极发挥资本市场重要机构投资者的作用,提升保险公司资金运用的自主决策空间。(7)《关于将澳门纳入保险资金境外可投资地区的通知》拓展保险资金境外投资区域、规范保险资金境外投资行为,支持粤港澳大湾区建设。

引导保险业服务经济社会发展方面的政策性文件主要有:(1)中国人民银行等

八部门联合发布的《上海国际金融中心建设行动计划(2018—2020年)》,中国人民银行等五部门联合发布的《关于进一步加快推进上海国际金融中心建设和金融支持长三角一体化发展的意见》。建设上海国际金融中心是改革开放进程中确立的战略目标,在党的十四大报告中首次提出:“到2020年上海要基本建成与我国经济实力及人民币国际地位相适应的国际金融中心”,保险监管部门对此高度重视,全方位支持并着力推进保险交易所、国际航运保险中心和区域再保险中心三支柱的建设。2016年6月,全国第一家保险交易所在上海正式揭牌,先后上线了保险资产登记、城乡居民住宅地震巨灾保险共同体、保险招投标、财险共保交易结算、国际再保险、健康保险等交易平台。自2009年5月起,上海对注册在沪保险公司从事的进出口运输险、远洋船舶险、集装箱险免征营业税,吸引了11家航运保险运营中心集聚上海,使上海航运保险规模始终保持全国第一。2017年2月,国内第一家航运自保公司——中远海运在上海成立,国际航运保险中心初具规模。2018年8月国际再保险平台上线后,银保监会与上海市政府商定进一步推进国际再保险中心建设。同时,在政策导向和保险业的通力合作下,上海国际保险中心的市场地位和引领作用日益显现,如个人税收递延型商业养老保险首单落地上海,在全国率先试点推出农业保险电子保单,全球三大保险经纪集团之一的韦莱保险经纪首获扩大经营范围,怡和保险经纪紧随其后,中国人寿二总部正式挂牌,全国第一家合资保险资产管理公司工银安盛资产管理公司在沪开业;首家外资独资保险控股公司——安联(中国)保险控股有限公司在沪正式开业;首家外资独资人身保险公司——友邦人寿在沪正式成立。(2)《关于进一步加大“三区三州”深度贫困地区银行业保险业扶贫工作力度的通知》要求保险人提高政治站位,切实扛起助力“三区三州”深度贫困地区脱贫攻坚的政治责任。具体措施包括:实现“三区三州”深度贫困县保险机构全覆盖,进一步完善以农业保险+大病保险为核心的保险扶贫体系,努力提高保险深度和密度。(3)银保监会牵头、国务院常务会议审议通过的《关于促进社会服务领域商业保险发展的意见》,要求保险业充分发挥商业保险在保障民生、促进消费和拉动内需等方面的重要作用,具体包括扩大健康保险供给、提升参与医保质效、加快发展护理保险、促进健康和养老服务业发展、加快发展商业养老、探索如何满足老年人保险需求、优化以房养老支持政策等项目。(4)中国人民银行等四部门联合发布的《关于金融支持粤港澳大湾区建设的意见》,完善保险业务跨境收支管理和服务,扩大保险业开放、建立出口信用保险等。

保险业在政策指引下为实体经济"输血"的实绩令人瞩目,据银保监会2019年统计,保险资金除投资银行存款外,累计通过股票、债券、股权、债权等方式,为实体经济直接融资15.55万亿元。保险业在服务国家重大战略、服务制造业和新兴产业方面持续发力;在服务资本市场稳定发展方面,保险资金发挥了重要机构投资者的作用;保险资金投资科创板上市公司股票,支持保险资产管理公司设立专项产品,参与化解上市公司股票质押流动性风险。①

(二)扩大保险业对外开放

党的十九大报告指出,要推动形成全面开放新格局。实行高水平的贸易和投资自由化便利化政策,全面实行准入前国民待遇加负面清单管理制度,大幅度放宽市场准入,扩大服务业对外开放,保护外商投资合法权益。2019年7月国务院金融稳定发展委员会发布11条金融业对外开放措施,其中与保险业相关的有:允许境外资产管理机构与中资银行或保险公司的子公司合资设立由外方控股的理财公司;人身险外资股比限制从51%提高至100%的过渡期,由原定2021年提前到2020年;取消境内保险公司合计持有保险资产管理公司的股份不得低于75%的规定,允许境外投资者持有股份超过25%。国务院于2019年9月修订了《外资保险公司管理条例》,将上述金融全面开放政策法制化,为保险业对外开放提供法治保障,有助于稳定和增强外资保险机构对中国保险市场开放的良好预期,修订的主基调是大幅度放宽保险市场准入,具体而言是"两取消两允许"。所谓"两取消",是指申请设立外资保险公司的条件中取消"经营保险业务30年以上""在中国境内已经设立代表机构2年以上"两项;所谓"两允许",是指外国保险集团公司可在中国境内设立外资保险公司,境外金融机构可以入股外资保险公司。就前者而言,此前发起设立方均为外国保险集团旗下的同类子公司,将发起设立方拓宽至外国保险集团公司,意味着进一步放宽了外资准入条件,更容易达到在华设立保险公司的门槛;就后者而言,除申请新的在华保险牌照和参股中资保险公司外,境外金融机构又多了一个进入中国市场的机会,将进一步丰富外资保险公司的股东类型,激发市场活力,促进保险业高质量发展。

随后,银保监会于2019年12月修订了《外资保险公司管理条例实施细则》,进

① 参见《2019年中国保险业十大新闻》,载《中国银行保险报》2019年12月31日,第1版。

一步落实保险业最新开放举措，其重大修订主要有三：一是在“两取消”后，为规范股权管理，要求外资保险公司至少有1家经营正常的保险公司作为主要股东，进行股权变更的，变更后至少有1家经营正常的保险公司作为主要股东，从而明确了主要股东的责任和义务，以保障外资保险公司持续健康运行。二是协调统一中外资监管规定，如删除了关于外资保险公司分支机构管理等相关条款，与中资保险公司同等适用《保险公司分支机构市场准入管理办法》；公司、分公司高级管理人员的任职资格，统一适用《保险公司董事、监事和高级管理人员任职资格管理规定》；设立合资保险公司的中国申请人的资格条件统一适用《保险公司股权管理办法》等。三是将合资寿险公司的外资比例放宽。值得注意的是，由于该细则中并未落实有关“人身险外资股比限制从51%提高至100%的过渡期，由原定2021年提前到2020年”的政策，银保监会同时又发布《关于明确取消合资寿险公司外资股比限制时点的通知》，规定：“自2020年1月1日起，正式取消经营人身保险业务的合资保险公司（以下简称合资寿险公司）的外资比例限制，合资寿险公司的外资比例可达100%。”

此外，2018年银保监会曾分别就开放外资保险经纪公司经营范围、允许境外投资者来华经营保险代理业务和保险公估业务等全方位开放，制定了政策性文件；其中，开放后的保险经纪业务包括：为投保人拟定投保方案、选择保险人、办理投保手续；协助被保险人或者受益人进行索赔；再保险经纪业务；为委托人提供防灾、防损或风险评估、风险管理咨询服务等。允许境外投资者经营保险代理或保险公估业务的政策，将促进保险代理和保险公估行业的健康发展，尤其是保险公估行业，由于缺乏专业的技术人才，其发展一直不及保险经纪及代理行业，而资金短缺、技术力量薄弱、管理制度不健全、网点机构太少等通病，致使保险公估行业始终处于微利状态，且乱象环生。对此，银保监会先后制定了《保险公估人监管规定》《保险公估基本准则》等规章制度予以整治和规范。引进在资金与技术上、人才和资源上具有优势地位的境外保险公估机构，对于推动保险公估行业的良性改革和发展，促进保险公估市场竞争，提高市场效率以及保护保险消费者利益都具有积极意义。保险中介行业全方位开放的另一个标志，即中外保险代理人、保险经纪人和保险公估人均适用统一的相关规章制度。至此，加入世界贸易组织（World Trade Organization，WTO）时开放程度最高的保险业，在全面开放的新格局中又率先完成了全方位的对外开放。

(三)强化公司治理与防范金融风险

2020年7月17日,银保监会发布《依法对天安财产保险股份有限公司等六家机构实施接管》的公告,宣布“鉴于天安财险、华夏人寿、天安人寿、易安财险触发了《保险法》第144条的规定的接管条件,依法决定对其实施接管”。根据《保险法》第144条的规定,在两种情形下保险监管部门可对保险公司实施接管:一是公司的偿付能力严重不足的,2007年中华联合保险巨亏64亿元,因触及“偿付能力严重不足”这种情况而被接管;二是违反《保险法》规定,损害社会公共利益,可能严重危及或者已经严重危及公司的偿付能力的,2006年新华人寿原董事长挪用巨额公司资金事件,2018年原安邦保险集团董事长、总经理涉嫌经济犯罪,被依法提起公诉事件,均因触及第二种情况。那么,本次4家保险公司同时被接管,又是触及哪款规定呢?

表1　四家被接管保险公司2020年第一季度的偿付能力

保险公司名称	综合偿付能力/%	核心偿付能力/%	2019年保费规模/亿元
天安财险	237	191	597.36
天安人寿	128	112	114.98
华夏人寿	130	113	1784.98
易安财险	175	175	10.43

资料来源:根据上述各家公司的《2020年第一季度偿付能力报告》综合而成。

从表1不难作出判断,接管前4家保险公司的偿付能力都没有踩红线,触发这次接管的事由应与新华人寿,尤其是安邦保险集团一样,属于违法经营。

2019年5月中国人民银行和银保监会联合宣布,鉴于包商银行出现严重信用风险,为保护存款人和其他客户合法权益,决定自2019年5月24日起对包商银行实行接管,期限一年。[①] 进入2020年后展开了接管的“金融风暴”,2020年1月13日,银保监会在国务院新闻办公室举行新闻发布会,明言2020年是打好防范化解金融风险攻坚战的收官之年,重点工作有9项,其中第5项是对违法违规搭建的金融

① 包商银行的大股东是明天集团,该集团合计持有包商银行89%的股权,由于包商银行的大量资金被大股东违法违规占用,形成逾期,长期难以归还,导致包商银行出现严重的信用危机。参见李国辉:《央行有关负责人就接管包商银行有关问题答〈金融时报〉记者问》,载中国金融新闻网,https://www.financialnews.com.cn/jg/zc/201906/t20190602_161094.html,最后访问日期:2020年9月28日。

集团,要在稳定大局的前提下,严肃查处违法违规行为,全力做好资产清理,追赃挽损,改革重组。2020 年 7 月 17 日,根据国务院金融稳定发展委员会部署,中国人民银行统筹协调,由银保监会、证监会接管"明天系"旗下 9 家核心金融机构。① 由于在接管对象、数量、原因等方面存在差异,本次接管与前几次相比有所不同,如接管新华人寿②和中华联合③都动用保险保障基金,使之成为控股股东,是一种公司化、全方位接管模式;接管安邦集团时,保险保障基金实施一个过渡,用于兑付先前发行的 1.5 万亿元中短存续期理财保险,没有提及与保险保障基金的关系;接管组委托太平洋财险、国寿健康产业投资公司、新华人寿、人保按照托管协议分别托管 4 家保险公司,接管公告称:托管组严格依照接管组要求,按照市场化、法治化原则,公正履行托管职责,全力帮助被托管机构完善公司治理结构,健全内控体系,规范经营管理,为客户提供优质服务,托管机构与被托管机构之间建立利益冲突"防火墙",形成全新的接管双重结构:行政命令"换帅",托管协议"选将",由遴选的将官具体负责内部整治和外部经营。

2019 年 2 月,银保监会发布公告称,为巩固接管取得的成果,积极推进安邦集团转入正常经营,依法将安邦集团接管期限延长一年。2020 年 2 月是安邦集团接管的结束日,其成果包括 1.5 万亿元中短存续期理财保险已全部兑付,未发生一起逾期和违约事件,保险消费者和各有关方面的合法权益得到切实保障;剥离安邦集团非涉案涉诉资产,批准设立大家保险集团,依法受让安邦人寿、安邦养老和安邦资产管理公司的股权;安邦集团和安邦财险依法予以清算注销。

保险接管不但涉及保单持有人的权益,同样关系到股东、债权人、债务人、经营者等主体的利益,且对保险行业和市场的影响不容小觑,对于如此重大的问题,《保险法》相关规定比较原则,且没有法规位阶的规范。因此,应当加强这方面的立法,重点明确接管的法定条件和权限,确定接管组的地位、组成和职责。同时,《保险保障基金管理办法》对保险公司被依法撤销或破产的规定比较具体,对接管情形的规

① 参见易纲:《金融助力全面建成小康社会》,载《中国金融》2020 年第 19 期。

② 2007 年,保监会首次动用保险保障基金接管新华人寿,价格为 5.99 元/股,约 4.6 亿股,占股权的 38.815%,为第一大股东。2009 年 11 月,保险保障基金"功成身退",将 38.815% 股权整体转让给中央汇金公司。

③ 2011 年年末,保险保障基金正式介入并控股中华联合保险,持股比例为 57.43%。2012 年 3 月,保险保障基金再度增持,持股比例变为 91.49%;2012 年 12 月,对外宣布公司重组完成,东方资产管理公司注资 78.1 亿元,控股 51%,成为第一大股东,保险保障基金位居第二大股东。

定则笼统包含在“参与对保险业的风险处置工作”中，不利于把握保险保障基金在接管程序中的法律地位和作用。

如果把点上接管看作“排雷”，那么，面上强化公司治理、防范金融风险的监管措施，就是“扫雷”。2019年11月，银保监会发布《银行保险机构公司治理监管评估办法（试行）》，依法对银行保险机构公司治理水平和风险状况进行判断、评价和分类，并根据评估结果依法实施分类监管；而评估内容主要包括：股东治理、董事会治理、监事会和高管层治理、风险内控、关联交易治理、市场约束、其他利益相关者治理等方面。2020年8月，为进一步深化银行业保险业公司治理改革，加强公司治理监管，银保监会发布《健全银行业保险业公司治理三年行动方案（2020—2022年）》，指出股权关系不清、股东行为失范是近年来乱象丛生的根源，要下大力气进一步整治资本质量不实、股权关系不清、股东行为不当等突出问题；要按照穿透原则进一步排查整治虚假注资、循环注资、隐形股东、违规代持、违规一致行动人、股东不当干预、向股东输送利益等深层次高风险问题；要加强大股东，特别是控股股东行为规范，明确大股东不得超越权限干预机构董事会、高管层履行职责，切实防止大股东操纵和掠夺公司；要建立全国统一的银行保险机构投资人股权管理不良记录。凡此种种，都是安邦集团和“明天系”金融机构暴露出的典型风险。警钟长鸣，举一反三，深入剖析，可以避免重蹈“脱离保险保障功能，异化为融资平台的资产驱动型模式”的覆辙。①

（四）完善和强化保险主体市场行为监管

保险监管机构通过对保险企业偿付能力的有效监管，了解保险公司的财务状况，及时提醒偿付能力不够充分的保险公司采取积极而有效的措施，以切实保障被保险人的利益。与此相对，市场行为监管则从严格逐步转向宽松，以适应混业经营条件下，金融市场竞争日益激烈的现状。不过，对于中国保险市场而言，由于种种原因，一直延续着市场行为监管和偿付能力监管并重的格局，而本期银保监会的监管立法和行动中，市场行为监管占据了较大的比重。

---

① 资产驱动型与负债驱动型相对，前者通常在客户端通过万能险之类大量吸收保费（等同于融资），用于投资和资产运作，迅速扩充公司规模，一旦投资失败或资金链断裂，风险极大；后者则基于公司负债（以保障型保费为主）来配置投资标的。

1. 发挥兼业监管体制优势,规范银行代理保险业务

在金融自由化潮流下,银行业和保险业互相渗透渐成常态,如2000年8月原保监会颁布《保险兼业代理管理暂行办法》后,大街小巷的银行营业网点,几乎无一例外都开始卖保险(以下简称银行保险)。银行保险在促进保险市场繁荣的同时,也存在营销行为不规范、损害金融消费者权益等严重问题。对此,分业监管的监管部门分别多次整顿银行保险市场。如原保监会先后发布《关于规范银行代理保险业务的通知》(2006年)、《商业银行代理保险业务监管指引》(2011年);原银监会先后发布《关于进一步规范银行代理保险业务管理的通知》(2009年)、《关于进一步加强商业银行代理保险业务合规销售与风险管理的通知》(2010年);2014年原保监会、原银监会还联合发布《关于进一步规范商业银行代理保险业务销售行为的通知》,要求不得向70岁以上老年人推荐保险产品,不得向60岁以上老年人推荐期交保险产品等。但诸多措施治标不治本,无法根除银行保险中存在的痼疾。究其原因,主要是在分业监管体制下,存在监管职责不清晰、交叉监管和监管空白的问题。就银行保险而言,原保监会对代理保险业务的银行,除代理保险的行政许可权外,既无行政管辖权,更无行政处罚权,只能抽紧管辖范围内的保险公司;反之,原银监会亦然。

银保监会具有混业监管的优势。2019年8月发布的《商业银行代理保险业务管理办法》,填补了监管体系中的长期空缺。该办法开宗明义:"为加强对商业银行代理保险业务监督管理,保护消费者合法权益,促进商业银行代理保险业务规范健康发展……制定本办法。"对银行保险的业务准入条件、双方的经营规则等作了具体详尽的规范,甚至连银行柜台销售各种保险产品时的警示语都有明确规定,可谓金融兼业监管行政立法的范式。

2. 督促保险机构加强对销售人员的管理

在《关于落实保险公司主体责任,加强保险销售人员管理的通知》中,银保监会要求保险机构授权销售人员销售保险产品,允许其以公司名义、依托公司品牌和信用开展业务活动,必须依法承担销售人员相应业务活动的法律责任。值得说明的是,虽然通知确定的销售人员包括个人保险代理人、承担保险销售的员工和其他用工关系人员,但销售员工与个人保险代理人的法律属性根本不同,销售的产品也大相径庭,而其他用工关系在保险销售中微乎其微。

在保险业,尤其是寿险业,个人保险代理长期处于“成也萧何,败也萧何”的状态。[①] 究其原因,在于个人代理制度有三个突出弱点:一是非雇佣关系,既无底薪又无社保,似乎更适合兼职而非专职;就代理人而言,缺少员工所有的归属感和责任感,爱岗敬业、忠于职守近乎无稽之谈;就公司而言,知其如“潮起潮落”,[②]所有培训、管理均从短期着眼,职业操守、法律通识类培训基本走过场。二是代理人使出浑身解数,动用一切人脉关系推销保险产品,“杀熟”由此而生,保险营销变身人海战术,而保险机构看中的就是其人脉关系,因为潮去保单留,尤其是期缴保单,殊不知海量“孤儿保单”[③]埋下多少隐患。三是个人代理人制度支离破碎,缺少整体基础性建设。2015 年取消相关资格考试,等于拆除了准入门槛,本来就招聘年中无休的保险机构,打着“经理储备”“销售骨干”等模糊旗号,大肆扩充人海,所以通知要求“严禁模糊单位主体、误导职位性质、混淆合同类型、夸大收入水平等做法”。《保险法》修订时删除的“应当具备保险监管机构规定的资格条件,取得保险监管机构颁发的资格证书”,是一种行政许可,的确应当取消,但取消行政许可不等于拆除准入门槛,以保险产品的复杂性、专业性而言,准入门槛不可或缺,应当由保险行业协会制定具体的统一标准,并统一进行合标性考核,而不能任由保险机构各显神通。同时,我们一直缺少标准化的代理人分级分类管理制度,而国外的类似制度成熟而科学,如适应金融自由化潮流,有资格销售万能险的代理人标准,已经跨界进入“理财师”的等级,为客户量身打造综合性理财规划。由于缺少分级分类管理制度,错配现象司空见惯,刚入职代理人也在销售万能险之类产品,其隐患可想而知。笔者认为,鉴于个人代理人近 900 万的体量,[④]其在寿险市场的重要性,以及寿险产品的技术性、专业性和法律性,应在部门规章位阶进行专门立法,以解决代理人的法律地位、与保险机构的法律关系、个人兼业代理办法、个人代理人行业准入标准、分级分类管理等基础制度构建问题。

---

① 例如,平安保险 2017 年的业绩报告显示,个人保险代理渠道贡献了 87% 的寿险业务份额。可见,寿险业的巨大发展,个人保险代理人劳苦功高;但是,寿险市场出现的种种乱象和隐患,个人保险代理人又难辞其咎。

② 波士顿咨询公司 2012 年公布的数据显示,第一年员工流失率最高,达 70%。各公司的员工流失率有所不同,如平安为 85%;泰康、中宏为 80%;新华保险、中国人寿、友邦为 70%。

③ “孤儿保单”指原营销人员离职而需要安排他人跟进服务的保单。

④ 参见李凤文:《保险代理人分级分类管理刻不容缓》,载《上海金融报》2019 年 11 月 15 日,第 2 版。

值得关注的是，自2015年以来，监管部门一直在推进专属独立保险代理人（专属代理门店）制度，其以个体工商户或个人独资企业的组织形式进行工商登记，可以解决个人代理人的法律地位及与保险机构的法律关系问题。继2015年指定华泰保险试点专属独立保险代理人（代理销售华泰人寿产品）后，银保监会于2019年发布《关于阳光财产保险股份有限公司在全国推行专属独立保险代理人模式的意见》，扩大了试点范围。同时，银保监会已草拟《保险公司发展专属保险代理人管理办法》，正在业内征求意见，酝酿全面推出专属独立保险代理人制度。①

3. 督促保险专业中介机构加强对从业人员的管理

在督促保险机构加强对个人保险代理人管理的同时，银保监会又发布《关于切实加强保险专业中介机构从业人员管理的通知》，督促保险专业中介机构加强对从业人员的管理。此前在2019年，银保监会部署开展了保险专业中介机构（专业代理、经纪、公估机构）从业人员的执业登记清核工作。从清核情况看，近年来从业人员数量增长较快，素质参差不齐，有的甚至走向无序发展，反映出多数机构在从业人员管理理念、管理制度、管理举措等方面存在偏差缺失。为切实推动保险专业中介机构落实主体责任，从强管理、提素质、促转变、树形象等方面全面加强从业人员队伍管理，上述规范性文件要求保险专业中介机构全面承担起管理主体责任，加强统筹管理；严格招录管理、培训管理、诚信管理；建立销售能力分级体系；夯实管理基础；并依法对从业人员严格监管、严厉处罚和严肃责任追究。

总体而言，与发达保险市场强大的保险中介机构相比，中国的保险中介机构处于弱小状态，尤其是保险经纪人和保险公估人。如前所述，随着中国保险业和保险市场的进一步扩大开放，保险中介机构和保险中介市场都将迎来巨大挑战和机遇。

4. 加强对信用保险和保证保险业务监管

我国《保险法》对于保险公司业务范围的规定中，有信用保险和保证保险，但在保险合同领域，却没有任何规定。无论国内还是国外，都有学者质疑其是担保还是保险，足见其特殊性和另类性，更需要法律的界定和规范。由于基础性法律的缺失，国内的保证保险业务，基本处于摸着石头过河的状态，曾经一拥而上的车贷险，如今一地鸡毛；近年来的助贷险，也几近折戟；目前唯一安如泰山的是房贷险，有不

① 参见黄蕾：《保险营销体制将迎来改革，专属独立代理人模式出世》，载《上海证券报》2019年7月10日，第2版。

动产的房屋抵押作为反担保,而车贷险的抵押物是动产,多有出险时人车一起消失事件;助贷险则通常打着无须反担保的旗号。最近曝出的巨额假黄金大案,将保险机构及其保证保险业务推至风口浪尖。多家信托放款给武汉金凰采取的是“黄金质押+保单增信”的双保险方式,其中最看重的是有大型央企保险公司的保单……以黄金做质押,本来是违约后,信托公司最大的保障和还款来源。现在黄金变成了铜合金,那就只能找保险公司索赔。① 不过,所谓的“保单增信”若仅指为黄金投保企业财产险,那就是误读了,企财险的性质决定了“真金变假”不可能成为保险责任,关键是除企财险条款外,双方当事人还有特别约定:“如(标的黄金)质量和重量不符合保单约定,即视同发生保险事故,由保险人承担全部赔偿责任。”这无疑超出了企财险的责任范围而包含了保证风险。曾经有一家财险公司退出承保,陈述的理由之一是:特别约定中“如质量和重量不符合保单约定,即视同发生保险事故”的内容已超出财产基本险所承担的保险责任风险,属于扩大保险责任,存在合规性问题。这一审慎判断揭示了承保机构的问题所在:改变备案产品条款内容,用企财险的壳行保证保险之实。其实,更大的问题在于行保证保险之实,却未设防范保证风险之防火墙。反担保是保险机构防范保证风险的核心手段,应当成为保证保险合同条款中的标配。至于信用保险业务,基本限于不以营利为目的政策性保险公司的“中国出口信用保险公司”经营,在当今复杂、困难的国际贸易和投资形势下,正发挥着特殊的促进、保护外贸出口、对外投资的重要作用。其实,车贷险若由车商投保,那就是消费信贷保险,属于信用保险范畴。值得一提的是,消费信贷是信用保险主要险种之一,在线上线下分期付款交易模式下,信用保险应有发展前景。

银保监会于2020年5月发布的《信用保险和保证保险业务监管办法》,主要是针对保证保险存在的严重问题。该办法开宗明义,明确界定了保证保险和信用保险的区别:信用保险的投保人、被保险人为权利人;保证保险的投保人为义务人,被保险人为权利人。但令人匪夷所思的是,其后却将两者混为“信保”一谈。如“融资性信保业务,是指保险公司为借贷、融资租赁等融资合同的履约信用风险提供保险保障的信保业务”,让人摸不清究竟是信用保险还是保证保险。其实,为“履约信用风险提供保险保障”的,既可以是信用保险,也可以是保证保险。当然,这么说不等

① 参见吴雨俭、吴红毓然、白宇洁:《200亿元假黄金质押案暴露,谁在做局》,载《财新周刊》2020年第25期。

于两者可以混为一保,作为不同部类的保险产品,两者在原理和技术上有异有同。其后,该办法从经营规则和内控管理上规范保险机构的经营行为、防范业务风险;从监督管理上强化外部监管。要点如下:(1)总公司须成立专门管理部门,建立完善的组织架构和专业人才队伍;建立覆盖保前风险审核、保后监测管理的业务操作系统;具备对履约义务人独立审核的风险管控系统,且需对接中国人民银行征信系统——从组织构架和制度上提高管控风险能力。(2)进一步压缩整体和单个履约义务人的承保限额。如信保业务自留责任余额累计不得超过上一季度末净资产的10倍,单个保单的自留责任余额不得超过上一季度末净资产的5%——从宏观和微观上控制承保金额建立防火墙。(3)每半年对信保业务开展压力测试;融资性信保业务每季度开展压力测试,测试应当包括流动性风险、系统性风险、偿付能力风险等方面的内容——动态检测风险,及时处理风险隐患。(4)为防范非法集资风险,明确禁止为不具有合法融资服务资质的资金方提供信保业务——防范P2P平台风险。(5)建立信保业务突发事件报告机制,包括但不限于负面舆情较多、可能造成公司偿付能力不足或流动性风险、影响公司或行业声誉的事件及群体性事件等——防范风险外溢。这些政策措施将进一步规范信保业务的经营行为,防范信保业务风险,有利于信保业务持续健康发展。不过,在笔者看来,这些都还是治标性措施,在总结我国信保市场的成败得失、探明信保产品之保险原理及法理依据的基础上,补上基础性法律的不足,才能真正迎来信用保险和保证保险的健康发展。

三、保险法制建设中的重点问题

(一)交强险与商业车险的调整与展望

1. 交强险、商业车险同步实施重大调整

2020年9月,经过2个月的征求意见,银保监会发布了《关于实施车险综合改革的指导意见》。一如之前的结构,重大调整分交强险和商业险两部分。其中对交强险的调整有二:一是大幅度提高了责任限额(由12.2万元提高到20万元);二是优化费率浮动系数,上限保持30%不变,下浮由最低-30%扩大到-50%,提高对未发生赔付消费者的费率优惠幅度。商业车险的调整主要有三:一是在车损险现有保险责任基础上,增加全车盗抢、玻璃单独破碎、自燃、发动机涉水、不计免赔率、无法找到第三方特约等保险责任,提供更加全面完善的保障服务。二是提升责任限额,将商业三责险责任限额提升到 10 万～1000 万元档次。三是丰富商业车险产品,开发车轮单独损失险、医保外用药责任险等附加险产品;制定新能源车险、驾乘人员意外险、机动车延长保修险示范条款,探索在新能源汽车和具备条件的传统汽车中开发机动车里程保险(Usage Based Insurance,UBI)等创新产品。简言之,调整的基调是:提高责任限额,归并保险责任,降低保险费率,提升保障服务。

不过,即使从实务角度考虑,本次调整也有值得商榷的地方。例如,增加保险责任后,虽然降低了费率,但保费不降反升,这似乎天经地义,但全车盗抢、玻璃破碎、自燃等危险,对大部分私家车而言,出险概率极小,可谓无风险而投保。因此,商业车险产品应该多样化,让消费者有自主选择权。同时,如果从交强险的政府干预、公共政策等属性考量,本次调整在一些制度缺陷上没有任何改进。例如,在按车计算责任限额模式下,若伤亡人数为数人时,受害人将陷入基本保障严重不足的困境。又如,商业三者险有保险原理支持而将车上人员排除在外,而交强险没有任何理由与商业三者险混为一谈,因为其没有社会理由弃交通事故中的单车事故、车上人员于不顾。再如,弃车上人员于不顾,却念念不忘财产保障,殊不知区区 2000 元财产赔偿,其背后的理赔成本有多少?而无责 100 元的财产赔偿,近乎敲车主竹杠(因担心理赔程序烦琐或次年保费增加,车主一般都自认倒霉)。鉴于此,笔者将在下文简要梳理一下交强险的本旨,展望交强险的前景。

2. 交强险与商业车险前景展望

从保险原理上说,商车责任险承保被保险人在交通事故中的民事责任风险,问题是被保险车辆内的司乘人员同样面临意外伤害危险,单车事故造成人员伤亡因无车外侵权人而只能向司机索赔,要求商业车险“一揽子”解决问题不可能也不现实,其连所有车辆投保的目标都实现不了。可以说,这就是一种市场失败,是政府干预车险市场的社会理由和依据。从公共利益出发,政府干预交通事故中的民事关系,推行强制车险制度,当然不能混同于商业三者险,应当着眼于交通事故中生命健康权受到威胁的所有当事人,尽可能“一揽子”解决最重要、最迫切的人身伤害问题。从这一角度考虑,责任险原理与政府应然的政策目标必然发生冲突,责任险模式不适合政府推行的强制车险,交强险选择保护一部分当事人而排除另一部分当事人的责任险模式,缺乏社会理由和依据。

基于上述本旨,交强险应当定位于“机动车辆交通事故人身意外伤害强制保险”,按人头确定保险金额;无论车内车外、有责无责(故意行为除外)、单车还是多车，只要发生人身伤亡事故，即承担保险金额内的治疗、抢救和抚恤费用；保险金额内的费用（基本诊疗、用药标准），由医院直接与保险机构结账，以大幅度减少制度成本。人身伤亡救援费用超过保险金额的部分，由商业三者险或驾乘意外险或车上人员责任险等商业保险承担，交通事故中的一切财产损失，均由商业车险承保。

（二）互联网保险的法制建设

如前所述，互联网保险在演进过程中，不断面临各种法律困境。其实，从商事和商事法的视角看，互联网商事立法严重滞后于日新月异的互联网商事发展。换言之，互联网在颠覆传统商业模式的进程中，不断推陈出新，其出现之突兀、发展之井喷，常常令社会和政府措手不及。互联网商业模式在为社会、消费者开辟新天地的同时，可能带来各种各样的社会问题，导致消费者权益受损。以与车险密切相关的网约车为例，其在改变传统出租扬招、电话预约模式的同时，也冲破了准载车型、载客驾驶员资质等行业准入门槛。其后果是：2015 年 4 月 ~2016 年 5 月，接到 2685 起涉及网约车的警情，且警情呈现逐月上升趋势……存在抢劫、强奸等严重刑事暴力案件……网约车事故率高于私家车，59% 的网约车在交通事故中负主责，发生 43 宗死亡事故。① 就保险市场而言，当传统运营车和私家车的分类，早已演变成出租车、网约车（兼职、专职）、租赁车（许多网约车系租赁公司车辆）、顺风车（本该是民间互助搭乘，却异化成廉价网约车）、代驾车、私家车等复杂格局，出险后的大量纠纷涌入司法机构。保险人以网约车是运营车，买的却是私家车险为由拒赔；车主以载客只是兼职，性质依然是私家车为由抗辩；打车平台以提供司、乘信息的居间机构自居，撇清与事故及司乘纠纷的关系；乘客以平台提供出租服务为由，咬定其应当按出租车公司身份承担责任；而代驾车、顺风车的法律关系愈加扑朔迷离。对此，在互联网保险立法建议中，笔者提出首先要进行“定位归类性规制”，即在“互联网 +”传统商事模式下，先撇开互联网因素，确定其在传统商事体系中的位置、回归传统的商事类别，借以准确界定其基础法律关系，确定其基本法律规范。如网约车去掉互联网属性后确定其性质为出租车，打车平台相当于出租车公司，打车平台与专职、兼职网约车司机的基础法律关系是劳动关系（《劳动法》允许双重、多重劳动

---

① 参见李荣华：《深圳交委再指网约车五大问题》，载《南方日报》2016 年 6 月 16 日，SC01 版。

关系存在),其应当投保乘客责任险、驾驶员意外险等,而网约车的权属有其多样性和特殊性,监管部门应当通过行政立法,引导保险机构在二分法基础上,开发专门针对网约车的三者险和车损险。

在定位归类性规制的基础上,保险立法还应增补以下规制:(1)总体适应性规制。传统的保险立法都是针对实体交易而制定的,在微观上难以适应互联网交易的特征及其迅速发展、演变的现实。如现行法对保险公司及其分支机构的经营区域有严格限制,但互联网保险产品一旦上线,必然天南地北地突破区域界限,在全国不设任何分支机构的众安保险,更是颠覆了经营区域的概念。这种保险经营的新态势,应当通过保险立法予以调整和规范。(2)增补主体性规制。与传统"保险人+保险中介"的格局相比,互联网保险的一个显著特点,就是增加了非保险中介的第三方网络平台,致使保险法律关系呈现前所未有的复杂格局。监管部门监管其行为,须有上位法依据或授权。如要求第三方网络平台将"非法经营保险业务"明确列入禁止性事项①中,加强对平台运行的日常监控,发现非法经营保险行为,立即采取删除下架、关闭交易等必要措施,并及时向当地保险监管部门通报,接受保险监管部门的调查取证和依法处理。(3)精准点穴式规制。互联网保险立法应当在研判其负面特征的基础上,采取点穴式规制方法,精准指向其软肋或要害之处,以达到"一剑封喉"的规制效果。如受众主体均通过网络信息了解保险产品,网上要约邀请的重要性陡然上升,由于"要约邀请"不在保险监管视野内,虚假不实或标题党式描述就可能成为网上营销渠道的软肋,并对后续环节产生严重影响。保险立法应当将"如实描述及其基本内容"作为保险机构必须履行的义务,并纳入监管范围。

除法律规则外,促进互联网保险发展亦应当成为保险立法的基本内容:(1)促进互联网保险产品开拓细分市场、鼓励和倡导保险机构充分利用传统保险产品而开发网销产品,以形成线上线下功能互补,保障体系齐备完善的格局,推动保险业全面发展。(2)促进互联网保险开发互联网商事产品。互联网保险立法应当倡导和鼓励保险公司与时俱进,开发切合互联网商事特征的保险产品。监管部门应当联手保险行业协会制定"互联网商事产品开发指引",引导保险公司努力开发针对

① 2014年9月10日商务部发布的《电子商务模式规范》,要求电子商务平台"严格禁止法律规定必须具备相应资质的经营形式"。

网购风险、海淘风险、微商风险、网约车、顺风车、外卖订餐、共享经济等各种互联网商事的产品。(3)促进互联网保险在保险模式上的创新。在这个互联网及其相关技术日新月异的时代,如何充分利用互联网及其相关技术进行保险模式上的创新,显然比单独推进网新保产品开发更为重要。互联网保险模式上的创新将塑造保险市场全新的生态环境,改变传统保险商业模式的格局,显示互联网时代保险业的发展方向和未来趋势。同时,一种创新保险模式的诞生,必将孵化出一系列创新保险产品。保险立法应当将其作为互联网保险创新发展战略的突破口,鼓励和倡导保险机构与互联网科技公司携手并进,不断推陈出新塑造保险市场全新的生态环境,改变传统保险商业模式的格局。保险立法应当前瞻性审视相互保险在互联网时代的社会价值和发展空间,鼓励保险机构和互联网企业利用相互保险的基本原理和保险科技,开创去中心化、社交网络化的互助共济新模式。

四、保险典型案例评析

(一)被保险人未选择指定的治疗方式是否应得到赔偿

案情简述:

王某购买了两全保险和附加提前给付重大疾病保险,附加险保额为22万元,保险期间为终身。附加险约定,被保险人患任何一种附加险所列轻症疾病,保险人给付附加险保额20%的轻症疾病保险金。后王某以确诊为脑垂体瘤,该症属约定的轻症疾病为由,要求给付保险金44,000元,并豁免该保险合同项下主险和附加险的续期保险费。保险人以王某未达到疾病标准为由拒赔。一审败诉后,王某提起上诉,理由是:本案格式合同中的“轻症脑垂体瘤条款”,列加了“并实际接受了手术或放射性治疗”以限定治疗方式,属于免除保险责任条款,该条款因未明确说明而无效,法院没有予以认定是错误的。该案经过一审、二审、再审,各级人民法院均认为,保险条款中关于治疗方式的规定是对保险责任范围的约定,不属于免除保险人责任条款。法院判决的依据,主要是《关于适用〈中华人民共和国保险法〉若干问题的解释(二)》第9条第2款规定:保险人提供的格式合同文本中的责任免除条款、免赔额、免赔率、比例赔付或者给付等免除或者减轻保险人责任的条款,可以认定为《保险法》第17条第2款规定的“免除保险责任的条款”。

案件及判决评析:

本案"轻症脑垂体瘤条款"是否科学、合理,只有权威的医学专家能够判断,这是法律工作者的软肋和面临的困境。从法律角度考量,此案与《保险法》中的基础性制度——保险人的说明义务有关。值得关注的是,说明义务有两层含义,一是需要提示+明确说明的"免除保险人责任的条款";二是范围更广的说明义务——(格式条款)保险人应当向投保人说明合同的内容。问题是规定中虽然使用了"应当",却没有像明确说明义务那样规定未履行义务时的法律后果。对此,立法者未作任何解释,司法机关从未追究相关法律责任,保险人自然熟视无睹。重大疾病险中争议最多的问题之一,就是本案中类似"但书"的条款,其结构为:脑垂体瘤是保险责任,(但)未经手术或放疗的(免责)。这种"但书"结构,用以表达例外条件或行为前提,是法律或合同中免责的特别条件。如果仅因为该条款出现在保险责任部分,就否定其免责的实际价值和后果,未免失之偏颇。且事实上,这种"但书"条款在投保时极易被疏忽,需要保险人醒示。即使以司法解释的规定衡量,规定中有"等"字,显然有不限于所列事项之意,而"但书"内容符合"减轻保险人责任的条款"。退一步讲,当对是否属于免责条款争执不下时,应当考虑如何适用第二层说明义务的问题,"应当说明合同内容"不该成为一种摆设。依笔者之见,对被保险人权益有重大影响的格式条款,保险人应当有主动或询问说明义务。其实,笔者并非希望加重保险人的说明义务,而是主张修法时将其弹性化。例如,对于初次投保的投保人,要求保险人切实履行明确说明义务;投保人询问的其他合同内容,须履行说明义务,否则该条款无效。对于再次或多次投保同一险种的投保人,尤其是机构投保人,可以免除保险人的重复说明义务,改为询问说明义务。

(二)关于保险合同中不利解释原则的适用

案情简述:

赵甲驾驶大货车挂重型半挂车,因操作不当驶入对向车道,与正常行驶的厢式货车相撞,致驾驶人田甲当场死亡,乘车人田乙、赵乙受伤,两车不同程度损坏,厢式货车货物损毁。赵甲驾驶证于2003年初次申领,2017年事故发生时属增驾A2实习期。保险人以被保险人违反实习期"驾驶的机动车不得牵引挂车"的禁止性规定(系依据兜底条款:"依据法律法规或公安机关交通管理部门有关规定不允许驾驶被保险机动车的其他情况下驾车")为由拒赔,从而涉及"实习期""增驾实习期"

的解释,以及用兜底性条款提示是否合法的问题。显然,保险人的解释难以获得一审、二审法官的认同,法条中的禁止性规定针对初领驾照实习期,而非增驾实习期(故无须再触及兜底性条款问题)。

案件及判决评析:

本案案情十分简单,保险人拒赔无非“走套路”。如前所述,笔者遴选本案是因为其涉及“禁止性规定”能否以概括性条款兜底提示的基础性法律问题。本案涉及实习期的禁止性规定,其他存在较多纷争的问题包括:“记满 12 分”“疲劳驾驶”“驾驶证未按时审验”“车辆未按时年检”等。以情节较为严重的“记满 12 分”为例,在 2013 年王某案中,保险人以违法驾驶为由拒赔,在一审不支持情况下上诉,获二审法院支持,认定依据该概括性条款约定,被保险人具有违法驾驶行为,保险人可免除商业三者险的赔付责任。但在 2014 年陈某案中,保险人以无证驾驶为由拒赔,未获法院支持,法院认为其“并非未取得驾驶资格,其驾驶证也未被交警部门扣留,不属于无证驾驶的情形”,判决保险人承担责任。① 无论是《保险法》还是司法解释,都未涉及如何提示的问题;而商业车险的兜底条款,使这一问题尖锐化。就驾驶车辆的禁止性规定而言,驾驶人经过学习并考试合格,有知悉这些规定的条件和义务,故司法解释减轻保险人的明确说明义务,将其列为提示事项,但禁止性规定毕竟多而散见于各种位阶的法律中,且规定可能存在缺陷,仅作概括性提示缺少公正性和合理性。以“记满 12 分”为例,可能出现驾驶证被扣、被公告停驶;被扣证未公告、被公告未扣证;未公告未扣证;不知扣满等复杂情况。对此,上述引文作者写道:某交警支队事故处理大队相关负责人认为,法律并没有规定,满分的驾驶人要自动把驾驶证交给交通管理部门,既然交通管理部门没扣留驾驶证,驾驶人就具有驾驶资格。笔者认为,从兼顾保险人、投保人等各方权利义务的角度考虑,法律应当禁止概括性提示,因为其既有利于明确醒示投保人,对保险人也绝非难事。被禁止后,监管部门可以要求保险行业协会拟订一份“负面清单”,将商业车险免责的驾车禁止性规定“一网打尽”,缔约时作为保险合同内容交付投保人。如此,可以降低这类纷争发生的概率。

① 袁婉珺:《所持驾驶证扣满 12 分,保险公司不赔三者险》,载《中国保险报》2015 年 2 月 17 日,第 7 版。

(三)人身保险合同中的等待期条款是否属于免责条款

案情简述:

丁某通过某保险公司网站投保重大疾病险,保额35万元。其后(等待期内),丁某被确诊罹患右侧甲状腺乳头状癌,提出理赔申请,保险人依合同约定支付保险金8400元,解除保险合同。理赔近9个月后,丁某以180天等待期应属免责条款,保险人未履行明确说明义务,该条款不生效为由,提起诉讼,要求支付保险金341,600元。一审法院认为,等待期属于保险责任条款,且保险人已经履行说明义务,依法驳回诉讼请求。二审法院以等待期系免责条款且保险人未尽明确说明义务为由,判令保险人给付保险金。保险人申请再审,再审法院认同等待期属免责条款,但认为保险人尽了提示和明确说明义务,依法撤销二审判决,维持一审判决。丁某不服,向省人民检察院申请审判监督,检察院经审查,依法认定再审法院判决正确。

案件及判决评析:

如此简单的案情,居然走完所有诉讼程序才终结,令人叹息。遴选本案的原因有二:一是涉及等待期、说明义务等基础性法律问题;二是本案属于网上投保,对于互联网保险实务具有一定借鉴意义。设立等待期条款的初衷是防止带病投保,实质是等待期内新发病、新症状一概不承担责任,认定其为免责条款天经地义。问题是该条款应当有平衡双方利益的相应措施,如被保险人无险而终时,顺延保险合同期限,或退还观察期的保费。本案的特殊性在于网上投保,从案情上看,网上投保确有优势之处,线下纷争居高不下的告知义务、说明义务等难问,在网上只要投保程序和事项设置得滴水不漏,事后投保人要翻盘也难。其纠纷根源在于保险人忽视了等待期的免责条款性质,当二审法院注意到是网上投保时,“保险条款中仅列举了犹豫期、保险金额、保险期间、保险责任、责任免除等,并未单独列举保险责任开始时间或保险责任等待期。在案涉保险条款阅读指引中,以黑体字加粗的‘您应当特别注意的事项’亦未提示注意”等时,便认为保险人未履行提示和说明义务。但再审法院注意到:案涉180天条款中“被保险人于本合同生效之日起180日内”“本合同生效之日起180日后”“本合同所定义的重大疾病”等部分均采用黑体字并加粗的方式提示,足以引起投保人的注意从而进行完整阅读。结合投保后客服人员电话回访中曾询问投保人“对保险的内容,特别是对保险责任、免除责任,都了解吗?”,进一步提示投保人注意阅读免责条款,便认定保险人已尽到提示说明义务。笔者认为,保险人因认识上的偏差,在网上投保程序和事项的设计上,未对等待期条款给予足够重视,未将其列为独立程序和确认事项,是造成法院判决结果不一的重要原因,值得互联网保险人反思和纠正。

(四)顺风车保险责任的认定问题

案情简述:

吴某在从深圳到茂名的路程中,3 次搭载乘客并发生交通事故,造成树木、公用设施和车辆损害,被认定全责。保险人以吴某改变车辆使用性质,导致危险程度显著增加,且未履行通知义务为由拒赔。法院依据《网络预约出租汽车经营服务管理暂行办法》及地方政府的相关规定,认定吴某的用车行为并未超出以自用为目的,在合理路线上顺路搭载乘客的范畴,符合顺风车特征,不应认定为道路运输经营行为,判决保险人全额赔付。

案件及判决评析:

顺风车与以营利为目的之网约车不同,体现绿色出行、共享经济等先进理念,值得政府倡导和规范、社会支持和践行。从这一角度考虑,保险人面对日新月异的互联网时代,未免有反应迟缓、应对滞后之嫌。按理,与车险相关的政策、法规,保险人理应了如指掌;法庭查明之事实,保险人理赔时完全有能力查明,却浪费司法资源,被动打了一场无谓官司。同时,在传统车险分类受网约车、租赁车、顺风车、代驾车等新型用车类别冲击的社会背景下,车险产品安于现状,不能与时俱进,无法满足保险消费者变化、更新的保障需求。以顺风车为例,经平台注册、发布行车信息后,其可能经常搭乘乘客,乘客人身安全的责任风险与纯粹自用时相比陡然增加,若缺少这方面的保障,一旦发生单车乘客伤亡事故,后果不堪设想。故此,保险人应当开发专门针对顺风车的组合险,将乘客意外险作为标配,出于对绿色出行的支持,厘定费率时应当予以优惠。此外,商业车险条款中应当增加“注册为顺风车后及时通知保险人”的条款,便于双方及时更换适用产品。有意思的是,本案当事人吴某的顺风车,通过融资租赁(回租)所得,同时将车辆抵押给汽车租赁公司,出险时仍拖欠着租赁公司的租金,故租赁公司作为诉讼第三人主张欠款范围内的优先受偿权。笔者作出这一说明,是想证明互联网商事的法律关系之错综复杂性。

五、对保险法治建设的展望和建议

就保险法治建设的展望和建设这一命题而言,论述的基础当不限于目前法治建设的成果和存在问题;而今后的展望和建议,也难有期限限制。如前所述,保险法治建设的不断推进成就了中国之保险大国,但从保险大国到保险强国的最后里程,其难度远超前40年。其中难度最大的,就是如何继续推进保险法治的成熟、健全和完善。在下文,笔者将尽多年研究积累之所能,全方位评析基础法律、保险监管和司法审判等保险法治建设的各个领域。

(一)保险基础法律需要进一步完善

2015年《保险法》第四次修订后,国务院随即启动了新的修改程序,但国务院法制办发布的《关于修改〈中华人民共和国保险法〉的决定(征求意见稿)》却几乎未动保险合同法部分。最近,从某保险机构的法务总监处获知,保险行业协会开始启动《保险法》的修订工作。无须赘言,无论是学界还是业界,对《保险法》修订都寄予厚望,尤其是保险合同法部分。

笔者把保险合同法称为基础法律。基础法律的完善对于保险法治建设具有举足轻重作用,是中国迈向保险强国的充分必要条件。但现行《保险法》在立法体例及保险合同规则上,仍需完善,不能很好地推动对保险市场的健康、稳定发展。

其一,修改两法合一体例。有学者指出:"之所以选择合并立法体例,并非出于理性,而是出于实用或便利……从法理而论,并不科学……从实务而言,合并立法体例不仅给法律适用与修正带来了困扰,而且形成了法律制度之间的互相干扰。"①

一般而论,保险业法为适应经济社会和市场变化,往往需要经常修订;而保险合同制度应当保持相对稳定。英国的曼斯菲尔德勋爵(Lord Mansfield)早在1777年的布勒诉哈里森案(Buller v. HarrisonH)中即指出:"我坚决主张,商法的所有的问题,都应完全稳定和确定;他们应当比判决的方式更稳定和确定至关重要。"②我国《保险法》四次修订,三次为保险业法修订,对保险合同法的稳定和确定性产生了

---

① 樊启荣:《保险法诸问题与新展望》,北京大学出版社2015年版,第4页。

② [英]奥梅(O' may D.)、[英]希尔(Hill J.):《OMAY 海上保险:法律与保险单》,郭国汀等译,法律出版社2002年版,第4页。

干扰,还产生了实质性影响。保险业法在修订中体量不断膨胀,压缩了保险合同法的空间,致使相关规定较为抽象、原则,甚或缺位,对保险实务和司法审判造成诸多难题。

其二,修改保险定义。目前,以保险人为中心的定义难以涵盖相互保险、自保之类的保险模式。保险本质上是投保人之间的互助共济行为,如果技术允许和支持,就不需要中介人(保险人)充当组织者建立资金池来实施互助共济。故保险人模式并非保险的唯一、永久、终极模式,互联网保险的模式创新让保险人模式面临前所未有挑战,顺应互联网去中心化的演变,保险市场去中心化的终极目标,可能就是去保险人化,从而剥去建立保险资金池的重重成本,削减保险经营的层层利润,将互助共济的精髓和功能贯彻到底。

其三,修正人身险和财产险的保险分类方法。有学者指出:"由于未顾及到人身保险的二元性差异,忽略了在人身保险中也有如财产保险一样属填补经济损失性质的险种,因此,不能有效厘清保险损失补偿原则规范与保险合同类型之间的逻辑关系,徒增学说上的争议与实务上的困扰",应当"修正为'损失补偿保险'及'定额给付保险'"。①

其四,厘清寿险合同权属。"寿险保单是一份财产,从这一角度考虑,缔约时若无法确定寿险保单的所有权人,那就意味着这份财产处于无主之不确定状态,其法律后果可想而知。而大陆法系保险立法所构建的投保人、被保险人和受益人三分定位之格局,不但无助于确定寿险保单的所有权,反而使得保单权属问题变得更加扑朔迷离,故为根本性缺陷。"②修法时应当引进英美法系的保单所有人、持有人制度。

其五,完善法律规范。在我国《保险法》设定的保险公司业务范围中,有保证保险和信用保险,但对于这两个争议最多(有学者否认其为保险)、法律关系最为复杂的险种,《保险法》却没有作出任何法律规定。同时,保险立法滞后于互联网时代,现行《保险法》没有关于互联网保险的规范,致使无论监管部门还是保险机构,面对互联网时代层出不穷的保险新需求,应对困难。

此外,在保险利益从人还是从物,交强险与商业车险的关系,团体人身险、责任保险、再保险等领域,基础法律也有待进一步完善。

---

① 樊启荣:《保险法诸问题与新展望》,北京大学出版社2015年版,第9页。

② 方乐华:《论寿险合同中的投保方内部关系——兼论大陆法系相关立法的缺陷》,载吴弘主编:《金融法律评论》第7卷,中国法制出版社2016年版,第153页。

(二)监管理念、重心、技术的精准定位尚待时日

原保监会副主席魏迎宁在思考保险监管理念时指出,“监管机构并非保险公司的上级或领导机关……只是要求保险机构合规经营,无须引领保险行业或指导保险公司发展”;“保险监管的职责是保护投保人合法权益……保险合同纠纷由法院裁决,其原则是平等保护双方合法权益,至于投保人诈骗保险金,由司法机关追究刑事责任”;保险监管“只能在法律和国务院授予的权限范围内,按照法律规定的程序行使,其行为模式是‘法无授权不可为’”;“保险监管的政绩是消极的……所关心的,应当是投保人的合法权益是否受到损害、保险市场秩序是否混乱、保险业是否存在系统性风险等”;“保险监管应当松紧适度,考虑成本效益……不是管得越多、越严越好。监管越严格,保险业创新的空间就越小”。①

魏迎宁在保险实务和监管方面具有丰富实践经验和深厚理论造诣,可将其理念概括为:(1)监管非主管;(2)保护非裁判;(3)法外无权限;(4)政绩属消极;(5)适度非过严。但是,就现实中的保险监管而言,对这些理念的实践和贯彻尚需时日。以理念(1)和(4)观之,长期以来,监管机构一贯注重保险业的增长速度而追求积极的政绩。安邦的“资产驱动负债”模式崩塌后,原保监会深刻反省:保险姓保、监管姓监,监管部门的工作重点是监管,不是做大行业。② 以理念(2)和(5)观之,之所以将对保险消费者的保护作为监管部门的核心职责所在,盖因保险交易实质上是一种信用交易,投保人先期缴纳保费后,得到的只是保险人一纸承诺,承诺兑现既依赖于履约意愿,更建筑在履约能力基础上,履约意愿通过保险合同可以规制,履约能力则完全超出了保险合同调整的范围。换言之,无论缔约阶段还是合同存续期间,投保方都难以知悉保险人的经营及财务状况,更无从了解其偿付能力,而保险企业又是公认的高风险企业,经营不善或天灾人祸都可能造成其偿付能力不足甚至破产。这是最典型的市场失败案例,除政府干预外几无保护投保方合同权益的良方。故此,成熟保险市场的监管部门,无一例外将对偿付能力的监管作为重心。但是,由于种种原因,中国的保险监管一直贯彻市场行为和偿付能力并重的监管方针,虽然由并重转为以偿付能力为重心的呼声不绝于耳,但似乎又难以放松

---

① 魏迎宁:《关于保险监管理念的思考》,载《清华金融评论》2018 年第 8 期。

② 参见《保监会副主席:监管部门的工作重点是监管,不是做大行业》,载凤凰网,http://news.ifeng.com/a/20170925/52151166_0.shtml,最后访问日期:2019 年 3 月 25 日。

对市场行为的监管,其中也有保险合同规则存在明显不足的因素。问题是市场行为监管,该管的不到位,成熟市场基本不管的方面却管得过多、过严,既束缚了市场主体的手脚,不利于培育市场主体的自我内控能力和机制,也分散了监管部门的精力。当然,近年来偿付能力监管大有改观,其标志性的事件是"偿二代"的推出。简言之,偿付能力充足率 = 实际资本 ÷ 最低资本要求 ≥100;"偿一代"最低资本计算方法简单,但无法真实全面反映风险承担能力;而"偿二代"对各类风险进行多层细分,采用相关系数矩阵计算最低资本要求,包括量化风险、控制风险和附加资本三个部分,对市场风险的资本要求提高,因而最低资本要求明显高于"偿一代"。

(三)司法审判的统一性、精准性和公允性有待提高

保险司法审判的首要问题是如何精准定位,按照"保险合同纠纷由法院裁决,其原则是平等保护双方合法权益"的理念,保险审判应当定位于商事审判,实行平等保护保险人和投保方合同权益的原则。但是,近年来,对保险消费者保护的呼声一浪高过一浪,且将保险消费者等同于《消费者权益保护法》中的"消费者"。如此,按照《消费者权益保护法》的宗旨,保险司法审判应当定位于倾斜保护保险消费者。两者孰是孰非,加上保险基本法律中的不足,让司法系统陷入困境。以对一方保险审判具有倾向性影响的地方高级人民法院层次观之,有的地方高级人民法院坚持商事审判的平等保护原则,有的则指导基层人民法院按照倾斜保护消费者的审判原则,造成同类案件不同判决的现象十分常见;有的法官审理保险合同纠纷案时,基本思维就是想方设法让保险人赔偿,而缔约时未尽"提示 + 明确"说明义务、面对投保人告知不实未尽审慎义务则成为放之四海皆准的诉讼事由,也导致保险业界、保险法学界长期纠结于此类基础理论的争论。

如前所述,保护投保方合法权益的重心,在于保险交易是一种信用交易,除非政府干预,否则难以预防保险人偿付能力的不足。至于保险合同领域,"保险契约的实质是风险信息的交换:投保人掌握的保险标的的个体信息与保险人掌握的社会范围内某类风险的整体信息的交换"。① 由此可以概括保险关系的基本特点是:投保人和保险人在保险信息交换中,处于双向信息不对称的状况,造成双方当事人在交易地位上互有弱势之态。所谓信息不对称,是指交易当事人之间获得相关知

① 臧彦:《保险契约信息不对称的法律规制》,载《法制与社会发展》2002 年第 6 期。

识的差别;[1]而信息经济学则认为,“非对称信息是指某些参与人拥有但另一些参与人不拥有的信息”,包括“双方知识的不对称……一方对另一方的行为无法管理、约束”。[2] 保险关系之所以呈现信息双向不对称状态,是因为保险人拥有的保险商品、市场等整体信息,投保人无法拥有;而保险人的经营信息和行为,投保人更难以知悉也无法管束。反之,投保人拥有的保险标的之个体信息,保险人却不拥有;被保险人对保险标的物之管理和使用,以及被保险人自身的行为,承担风险的保险人通常鞭长莫及。与此相比,《消费者权益保护法》界定的消费者,在一手交钱一手交货的状态下,则处于绝对的、信息单向不对称的交易地位。因此,保险消费者可谓不真正消费者,其在保险合同领域的弱势地位受到《保险法》的诸多保护,且保护力度相较于《消费者权益保护法》的相关规定有过之而无不及。综上,保险司法审判理应秉持保险交易信息双向不对称的原理,确立统一的平等保护双方合法权益的审判理念,增强保险司法审判的精准性和公允性。

(四)与保险诈骗的斗争任重道远

与信息不对称原理相关,投保方在保险标的个体信息上的强势还可能引发保险欺诈,“在事前发生的信息不对称会引起逆向选择问题,而事后发生的信息不对称会引起道德危险”。[3] 保险欺诈是全世界保险人都面临的难题,而对于刚刚走过近40年历程的中国保险市场来说,由于对保险法律关系特征、保险消费者保护等问题上的认识存在偏差,对保险犯罪的严重性认识不足等原因,问题尤为严重。

从刑事政策和立法的视角看,我国理论界与实务界对保险诈骗罪属于行为犯还是结果犯一直存在争议。笔者认为,这不利于打击保险诈骗犯罪,从保险原理上说,当事人实施“虚构保险标的”“对发生的保险事故编造虚假的原因或者夸大损失的程度”“编造未曾发生的保险事故”“故意造成财产损失的保险事故”“故意造成被保险人死亡、伤残或者疾病”等行为后,若进一步提出保险金索赔请求,则用尽了其诈骗保险金所能采取的所有非法手段,其危害保险制度、保险市场的恶果已经形成。至于非法获取保险金,只是在危害恶果中添了一笔,且并非主要危害,故刑事

---

① 参见[美]格列高里·曼昆:《经济学原理》(下册),梁小民译,机械工业出版社2005年版,第78页。

② 妥艳贞:《不对称信息经济学理论观点述评》,载《兰州学刊》2004年第5期。

③ 同上。

政策应当考虑将提出保险金索赔作为构成保险诈骗罪的要件。更为重要的是,犯罪嫌疑人提出索赔请求后,遭到保险人拒赔而最终未能诈取保险金,若非造成被保人死亡等极端事件,极有可能因保险人的反欺诈意识淡薄、缺少专门的反欺诈机构、与公安经侦缺少联动机制等原因而逃脱惩罚。同时,《刑法》规定还存在难以周延保险犯罪行为类型的问题,如"虚构保险标的"的"虚构"二字,很容易被片面理解为"子虚乌有"而忽略了故意隐瞒、恶意篡改保险标的重要事实等行为。事实上,故意隐瞒、恶意篡改等是保险诈骗中极为常见的行为,《刑法》应当直接将其作为保险犯罪的一种类型。此外,保险司法审判面临的民刑竞合困境,不利于精准打击保险领域的犯罪行为。由于民刑跨界的特点,无论刑法学界还是保险法学界,在这方面都研究甚少。笔者认为,尽管保险欺诈有民事欺诈和刑事诈骗两类,两者都对保险制度和保险市场造成危害,都应当坚决反对和遏制,但两者在性质和程度上不同。因此,判断当事人的行为属于民事欺诈还是刑事诈骗至关重要,民事欺诈应适用《保险法》的相关规定承担责任;而一旦被定性为保险诈骗,就不能适用《保险法》的相关规定。以帅某诈骗案为例,其篡改母亲年龄投保、找人冒名体检,骗取保险金的行为,无论是在情节还是在程度上,都远远超出了民事欺诈的范畴,就不能适用《保险法》有关除斥期间的民事规定。

从监管部门和保险市场主体的视角看,保险监管部门缺少反保险欺诈(含民事欺诈和刑事诈骗,以下同)的专门机构,显然不利于保险市场的健康发展,尤其不利于全方位精准、有力打击保险诈骗行为。联想到保险欺诈非法骗取的保险金,并非保险人财产,而是广大投保人缴纳的保险费,打击保险欺诈行为正是对保险消费者的重要、有力保护,应当考虑在现有的金融消费者保护机构中设专门的反欺诈机构,全面负责、统一部署反欺诈工作。例如,在社会上加强反保险欺诈宣传,督促保险人强化自我保护和反欺诈意识,在公司内部增设反欺诈专门机构,与公安经侦建立信息共享的联动机制等。就保险人而言,对于业内已有共识的保险欺诈重灾区,如健康险中的逆向选择投保,车险中的故意制造事故,寿险中的复效环节等,应当采取有效防范措施,通过互联网技术创新和完善承保和理赔程序,从源头和制度上遏制保险欺诈行为的滋生,以确保保险市场的健康、有序发展。

2019 ~ 2020 年我国营业信托的新规范

葛伟军*

2018 年，中国银行保险监督管理委员会（以下简称银保监会）对信托进行严格监管，提出“治乱象、去嵌套、防风险”的要求，①信托领域的法律法规建设进入了新的严管时期。2019 年是信托业进入严监管周期的第二年，严监管的主基调没有改变，但节奏发生了变化，一度由松到紧，这种节奏变化受到宏观经济与金融形势变化的影响。2019 年的监管主题是巩固治乱象成果与促进合规建设。② 2020 年，突如其来的新冠肺炎疫情，对社会经济产生深刻影响，在做好“六稳”、落实“六保”的宏观背景下，③资管新规过渡期延长至 2021 年年底，营业信托政策规范呈现审慎稳定态势。

随着对营业信托监管力度不断加大，营业信托领域迎来转型发展的关键时期，关注信托文化、回归本源越发受到重视，从信托文化的理论基础出发，更加准确地把握信托的本质，为营业信托的发展提供理论支撑。④

---

* 上海财经大学法学院教授、博士研究生导师，中国法学会商法学研究会理事；研究方向：民商法。

① 参见《新时代、新使命、新征程——2018 年中国信托业年会在北京召开》，载中国信托行业协会网，http://www.chinatrc.com.cn/contents/2018/12/28-775c4180727c42f7abc6548ee912525b.html。

② 袁增霆：《2019 年信托业监管报告及 2020 年监管展望》，载胡滨主编：《中国金融监管报告（2020）》，社会科学文献出版社 2020 年版。

③ “六稳”是指扎实做好稳就业、稳金融、稳外贸、稳外资、稳投资、稳预期工作；“六保”是指全面落实保居民就业、保基本民生、保市场主体、保粮食能源安全、保产业链供应链稳定、保基层运转任务。

④ 参见浦奕诠：《解构信托文化的深层逻辑（一）》，载中国银行保险报网，http://xw.sinoins.com/2020-09/15/content_362895.htm。

一、营业信托法治发展综述

本文对 2019～2020 年关于营业信托的法律法规及其问题进行梳理。在梳理之前，先从信托业整体发展视角进行介绍，从而为营业信托的法治建设提供背景支持。

（一）信托业整体发展状况

为了更好地了解信托业发展现状，本文对信托业的分析延伸至 5 年前，即分析 2016～2020 年这 5 年的发展情况。

第一，信托业固有资产。固有资产体现了信托公司主动配置资产的能力，也是信托企业发展壮大与否的一个表现。近 5 年来，信托行业的固有资产在不断增加，但是增速在不断降低。2016 年的固有资产规模为 5569.96 亿元，到 2020 年第三季度末固有资产规模达到 7909.07 亿元。2016～2020 年第三季度固有资产规模变化情况见图 1。

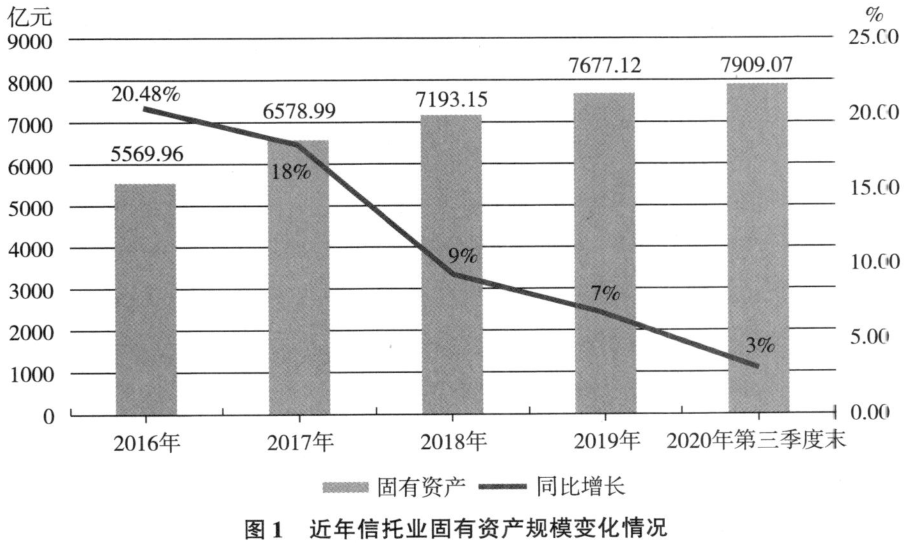

图 1 近年信托业固有资产规模变化情况

注：数据整合自中国信托行业官网，本部分其他数据亦同。本文完成时，还没有公布 2020 年全年数据，所以对 2020 年的数据统计至第三季度。

第二，信托业经营收入。信托业经营收入是信托业发展状况的一个重要组成部分，从 2016～2020 年第三季度的经营收入来看，总体上呈现小幅震荡上升的趋势,(见图2)反映出信托业受内外部因素影响较大。

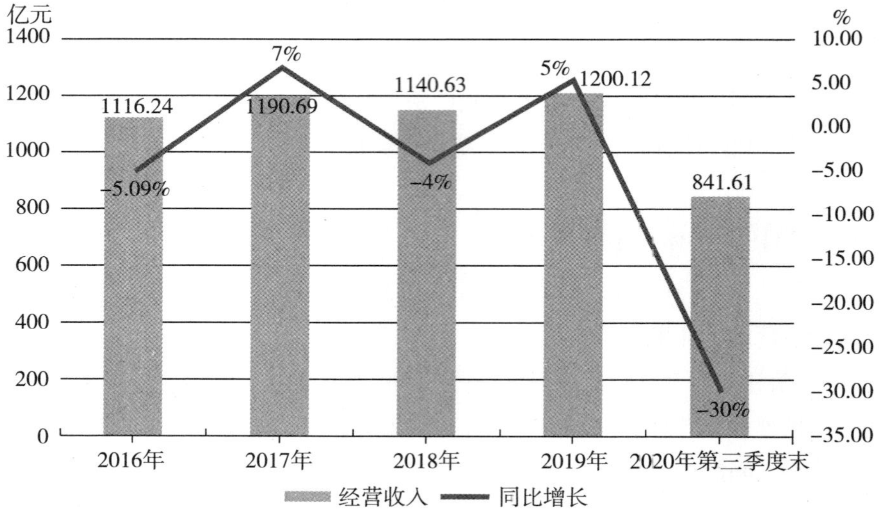

图2　近年信托业经营收入变化情况

第三,信托业利润总额。利润总额是行业经营业绩的重要指标,但是从这5年的数据来看,信托业利润总额总体上呈现下降趋势。在这5年中,2017年的利润总额最高,达到824.11亿元;最低是2019年,只有727.05亿元。(见图3)

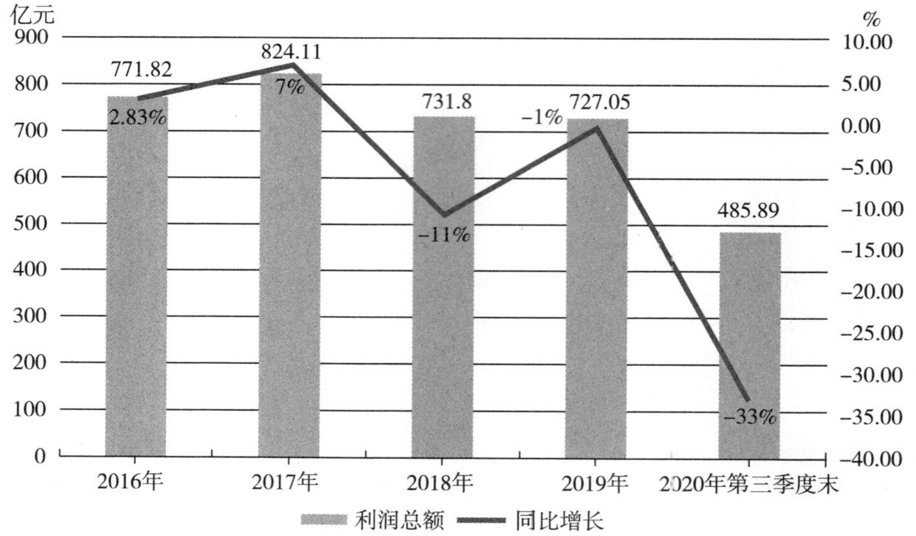

图3　近年信托业利润变化情况

第四，信托业资产规模。2016 年，信托资产规模跨入“20 万亿元”时代，此后信托资产规模先迅速扩张，而后又下降，经历了快速增长到持续收缩的过程，这与监管持续严格密切相关。2017 年信托业资产最高，达到 26.2 万亿元，2020 年全年资产规模有望达到 2017 年水平。（见图 4）

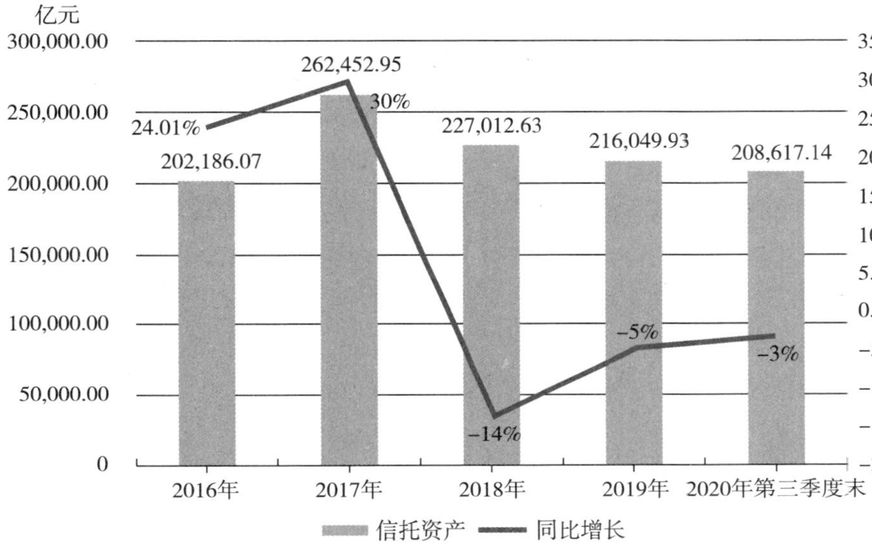

图 4　近年信托资产规模变动情况

（二）营业信托的法治发展概况

在很长一段时间内，信托业所依据的法律性文件为“一法两规”，即 2001 年出台的《信托法》和 2007 年 1 月原中国银行业监督管理委员会（以下简称银监会）制定的《信托公司管理办法》和《信托公司集合资金信托计划管理办法》。近年来，信托领域法治不断健全、不断细化，尤其是 2018 年《关于规范金融机构资产管理业务的指导意见》（以下简称《资管新规》）颁布以来，资管行业迎来统一监管标准，在一切资管行业回归本源的大背景下，信托业制度体系日益完善，越织越密。

2019～2020 年，营业信托领域出台了不少规范，坚持了以往的一惯导向。概括来看，营业信托领域的法治发展可以从两个维度展开：行政监管规范以及司法裁判规范。在行政监管规范维度，主要集中于 4 个方面：一是信托受益权相关制度的建设；二是信托计划运作相关制度的建设；三是信托公司管理能力和治理机制相关制度的建设；四是加强信托文化建设。在司法裁判规范维度，主要集中于两个方面：

一是澄清实践中关于信托制度的一些误解,如信托财产独立原则问题;二是对接监管制度,对通道业务、保底承诺和刚兑承诺等行为效力进行明确。

1. 监管规范:从严从细,防范风险

2019 年 5 月,银保监会发布《关于开展“巩固治乱象成果促进合规建设”工作的通知》(银保监发〔2019〕23 号)(以下简称 23 号文),在工作原则中指出,要“将严监管长期坚持下去”,以此奠定了这两年来信托业行政监管的基调。23 号文是公开且最完整地表述信托业监管精神、内容及方法的政策文件,对信托领域的监管要点是宏观调控政策执行、公司治理、资产质量、非标资金池业务、同业业务以及经营管理。除此之外,也出台了不少其他监管规范和制度配套文件。上述规范,可以分为 4 个方面。

第一,强化信托权益保护的基础设施和制度建设。信托权益既包括实现委托人财产独立和风险隔离的风险,也包括维护信托受益权人的信托受益权,强化信托权益保护的制度构建,保护信托相关主体的权益,促进营业信托的繁荣发展。2017 年、2018 年,信托受益权登记领域先后发布了《信托登记管理办法》以及《信托登记管理细则》,随后中国信托登记有限责任公司(以下简称中信登)宣布信托登记系统上线运行,全国统一的信托登记制度逐渐建立起来。《信托登记管理细则》完善了信托产品的登记问题,实现了信托财产公示,有利于保护信托财产的独立性,防范法律风险。2019 年 7 月,中国信托登记有限责任公司在此前制度基础上,继续完善信托登记制度体系,发布了《信托受益权账户管理细则》,该规则对受益权账户等两方面的内容进行了细化,明确了相应的操作流程。至此,信托权益登记制度和系统建设基本完备。

第二,深化金融监管,促进信托产品良性发展。2019 年,在《资管新规》的框架下,监管部门加强对信托产品的管理,出台多部文件对信托计划的运行进行精细化监督和指导。在监管内容上,涉及从信托产品计划本身的管理运营到与其他资管产品的衔接等各个方面。2019 年 7 月,银保监会发布《关于保险资金投资集合资金信托有关事项的通知》,扩大“保信”合作范围,明确保险资金去通道、去嵌套的监管导向以及保险资金投资信托的信用增级安排不得由金融机构提供,同时也明确了保信合作中基础资产的投资范围,有利于进一步发挥信托公司在非标资产方面积累的行业优势。2019 年 10 月,国家发改委牵头央行、财政部、银保监会、证监会、国家外汇管理局出台《关于进一步明确规范金融机构资产管理产品投资创业投资基金和政府出资产业投资基金有关事项的通知》，明确符合规定的两类基金在接受资产管理产品及其他私募投资基金投资时，不视为一层资产管理产品，为信托产品投资创投基金和政府产业基金扫清了障碍。

2020 年 4 月，证监会、国家发展改革委联合印发《关于推进基础设施领域不动产投资信托基金（REITs）试点相关工作的通知》，开展基础设施领域不动产投资信托基金（以下简称基础设施 REITs）试点工作，填补了当前金融产品空白。2020 年 5 月，银保监会就《信托公司资金信托管理暂行办法》公开征求意见，该办法对照《资管新规》要求，根据从紧从严的监管导向，控制具有影子银行特征的信托融资规模，严格限制通道类业务，推动资金信托业务回归本源，鼓励发展有直接融资特点的资金信托，加强投资者权益保护。2020 年 7 月，中国人民银行会同银保监会、证监会、国家外汇管理局发布了《标准化债权类资产认定规则》，进一步细化了《资管新规》中的标债资产认定条件，推动了《资管新规》系列文件的落地，动态认定机制完善了金融市场基础设施建设。该认定规则作为《资管新规》落地的重要基础性文件，对 5 条认定标准分别进行细化阐释，回应了市场较为关心的问题，避免了目前市场对非标及非标资产界定的模糊不清。

第三，强化信托公司治理和监管。2020 年 1 月，银保监会发布《信托公司股权管理暂行办法》，对信托公司股权管理进行规范，为信托公司完善治理结构、合法合规展业、管理及运营提供支持。2020 年 11 月，银保监会发布修订后的《信托公司行政许可事项实施办法》，着力于进一步强化监管引领，提升准入监管工作有效性。结合已经出台的《关于加强非金融企业投资金融机构监管的指导意见》《信托公司股权管理暂行办法》等相关制度文件，本次办法修订进一步强化了股东监管方面的要求，明确了引导信托公司转型发展的举措。当前银保监会已经起草完成《信托公司资本管理办法（征求意见稿）》，以强化信托公司的资本管控，该征求意见稿调高了资金信托的风险系数，降低了服务信托、公益信托的风险系数，旨在从内生机制上约束信托公司开展监管套利及影子银行业务，防范信托公司业务规模无序扩张，[①]为信托公司完善治理结构、合法合规展业、管理及运营提供支持。在《资管新规》的统一指导下，信托公司监管制度渐趋精细，信托管理逐步规范。

---

① 参见《调高风险系数，信托公司资本管理办法呼之欲出》，载证券时报网，http://www.zqrb.cn/jrjg/xintuo/2020-02-12/A1581459755362.html。

第四,加强信托文化建设,促进转型升级。目前,信托业正处在转型升级的关键时刻,整个行业的“行稳致远”离不开最底层制度和思想——信托文化的支撑和指引。2020年是信托文化建设的起步之年,也是信托业转型发展的“分水岭”,是开启高质量发展的里程碑。2020年6月,中国信托业协会发布《信托公司信托文化建设指引》,解决了信托业“干什么”和“怎么干”的问题。构建信托业文化可以确定信托业发展的目的,解决“干什么”的问题。在我国产业转型升级、经济高质量发展的新时代,可以服务实体经济,推动社会进步,促进依法合规经营。构建信托文化可以为信托业指明“怎么干”,使之更好回归本源,良好的信托文化一般具备忠诚守信、持续稳定、财产独立、灵活创新等四方面的核心特征,通过明确以上四方面的核心特征,让整个信托业的从业者坚持以受益人利益最大化为目标。

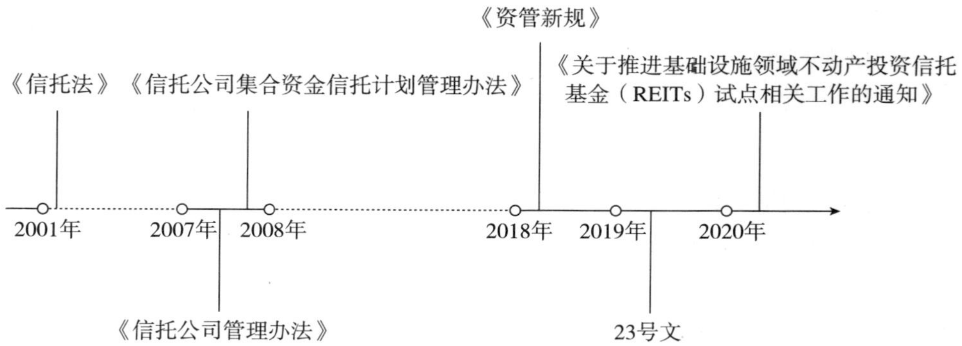

图5 信托业部分规范性文件出台时间轴

2. 司法规范:回归本源,对接监管

2019年11月8日,最高人民法院发布了《全国法院民商事审判工作会议纪要》(以下简称《九民纪要》),其中第七章就营业信托纠纷案件的审理作出了详细具体的规定,对营业信托领域的诸多重大问题进行了明确,为正确审理营业信托纠纷指明了方向,统一裁量标准。

《九民纪要》认为,营业信托纠纷主要表现为事务管理信托纠纷和主动管理信托纠纷两种类型。在事务管理信托纠纷案件中,对信托公司开展和参与的多层嵌套、通道业务、回购承诺等融资活动,要以其实际构成的法律关系确定其效力,并在此基础上依法确定各方的权利义务。在主动管理信托纠纷案件中,应当重点审查受托人在“受人之托,忠人之事”的财产管理过程中,是否恪尽职守,履行了谨慎、有效管理等法定或者约定义务。《九民纪要》用9个条文的篇幅,对营业信托中的热点、难点问题进行了明确，主要为：营业信托纠纷的认定、资产或者资产收益权转让及回购、劣后级受益人的责任承担、增信文件的性质、保底或者刚兑条款无效、通道业务的效力、受托人的举证责任、信托财产的诉讼保全、信托公司固有财产的诉讼保全。

营业信托纠纷的界定是营业信托的基础性问题，涉及司法实践中如何识别认定信托纠纷，如何进行法律适用。《九民纪要》采取了较为宽泛的标准，没有将信托纠纷仅限定于主体为信托公司一方所发生的纠纷，有利于推进营业信托的健康和规范发展。

关于资产或者资产收益权转让及回购问题，《九民纪要》明确了关于信托公司所开展的特定资产、资产收益权收购和回购业务中相关法律关系如何认定的标准。《九民纪要》明确，信托财产运用所引发的纠纷，虽然通常表现为以信托公司为一方当事人的案件，但当事人之间的法律关系性质由信托公司与交易相对人因信托财产运用所形成的借贷、投资等法律关系性质所决定，并不能认定为营业信托纠纷。进而将相关行为效力的判断和认定，引入一般民事行为效力的审查和认定范畴之中，防止了法律适用的混淆。

关于涉信托财产及信托公司财产的保全问题，《九民纪要》规定，除信托公司作为被告外，原告申请对信托公司固有资金账户的资金采取保全措施的，人民法院不应准许。信托公司作为案件被告，确有必要对其固有财产采取诉讼保全措施的，必须强化善意执行理念，防范发生金融风险。明确要求人民法院对信托公司的固有财产采取保全措施时，要尽量寻求依法平等保护各方利益的平衡点，优先采取方便执行且对信托公司正常经营影响最小的执行措施。同时规定，除符合《信托法》第 17 条规定的情形外，不得因为信托公司、委托人、受益人的纠纷而对信托财产进行保全。这一规定，是从信托财产独立性角度展开的，澄清了实践中存在的乱象，有利于维护信托财产的安全，有利于防范金融风险。

《九民纪要》还对信托公司开展和参与的多层嵌套、通道业务、回购承诺等融资活动的效力进行了明确。人民法院要以其实际构成的法律关系确定其效力，并在此基础上依法确定各方的权利义务。而且按照“新老划断”的监管政策要求，在过渡期之前，一方当事人以信托目的违法违规为由请求确认无效的，人民法院不予支持。这体现出了较为鲜明的对接监管色彩，因为当事人假创新之名行规避监管之实的行为大量存在，这就要求人民法院要辩证认识契约自由与国家干预的关系，不能以尊重契约自由为由,对多层嵌套、通道业务甚至违法违规行为视而不见,防止以契约自由为名从事违规交易行为,违背契约正义,破坏公平公正的市场秩序。[①]在信托纠纷中,作为判断主体之间权利义务的主要依据的信托文件,通常规避了信托公司的责任,对于信托公司的义务约定不足,使投资者在诉讼中处于不利地位。但是金融监管部门制定了大量的监管规定,对信托公司和信托业务提出了许多强制性的要求,这些要求应该是具有与国家标准等类似的强制作用。按照《九民纪要》的规定,保底承诺、通道业务、多层嵌套等违反金融监管的行为,虽然表面上符合意思自治的范畴,但是违反了金融监管规定,是违反公共秩序的,对其效力要予以否认。《资管新规》第22条在规定"金融机构不得为其他金融机构的资产管理产品提供规避投资范围、杠杆约束等监管要求的通道服务"的同时,在第29条明确按照"新老划断"原则,设置了过渡期,[②]确保平稳过渡。为保持政策的一致性,《九民纪要》也采取了"新老划断"的处理。在过渡期内,对通道业务中存在的利用信托通道掩盖风险,规避资金投向、资产分类、拨备计提和资本占用等监管规定,或者通过信托通道将表内资产虚假出表等信托业务,如果不存在其他无效事由,一方以信托目的违法违规为由请求确认无效的,人民法院不予支持。

除此之外,《九民纪要》还承认了实践中普遍存在的结构化信托,认为在信托到期后,劣后级受益人对优先级受益人从信托财产获得利益与其投资本金及约定收益之间的差额负有补足义务,优先级受益人可以请求劣后级受益人按照约定承担责任。对于实践中普遍存在的增信文件的性质,则应该从民法角度进行审视,按照合同文件的约定,采取法律解释等方法,分别认定为保证、债务加入和独立合同关系。关于受托人未履行勤勉尽责、公平对待客户的举证责任问题,《九民纪要》建立的是举证责任倒置的规则,体现了对金融消费者保护的司法倾向。

二、营业信托的行政监管与司法裁判

近两年来,营业信托领域颁布了不少新规。由于新规主要是由中国人民银行、银保监会、最高人民法院等单位颁布,在立法层面仍然是《信托法》,没有颁布新的

① 参见刘贵祥:《在全国法院民商事审判工作会议上的讲话》,载法信数据库,http://www.faxin.cn/lib/lfsf/SfContent.aspx? gid=h6005,最后访问日期:2021年1月5日。

② 根据中国人民银行最新政策,过渡期已经延长至2021年,上文已有涉及。

法律。本部分从行政监管规范和司法裁判规范两个角度对营业信托领域的重点新规范进行梳理、分析和解读。

(一)行政监管规范与配套制度建设领域重点问题

1.信托监管持续加强

2019年银保监会23号文,是强化监管的重要文件和体现。该文件对银行和保险行业的重要问题和监管重点进行了明确,对营业信托的规范发展,具有重要意义,因此对其进行重点分析和解读。

从宏观来看,23号文的主要内容包括“三个目标、四个原则、四项任务、五种方法”。三个目标:一是合规建设方面取得新成效;二是行业生态修复方面取得新进展;三是实现高质量发展和提升服务实体经济水平、能力方面取得新突破。四个原则:一是多种目标的有机统一;二是新旧问题两手抓、两手硬;三是压实机构主体责任与强化监管部门意识;四是保持定力并把握节奏力度。四项任务:第一,夯实治乱象的思想根基;第二,从问题、责任及机制三种角度巩固治乱象成果;第三,整治一些重点领域问题;第四,强内控与促合规。五种方法:第一,金融机构切实承担主体责任;第二,地方监管部门落实属地监管责任;第三,职能部门加强条线管理和功能监管;第四,监管体系内部做好信息共享和沟通协调;第五,对金融机构严肃监督执纪和问责处理。

从微观层面,该通知对信托领域的重点问题进行了明确,分为6个层面:一是在宏观调控政策执行层面,主要致力于限制3类妨碍宏观调控政策执行的信托业务领域。涉及房地产类业务、违法或违规向地方政府及其融资平台提供融资业务以及违规向“两高一剩”(高污染、高能耗的资源性行业;产能过剩行业)等限制或禁止领域提供融资的信托业务。主要与中央房地产政策等其他行政监管相衔接。二是在公司治理层面,主要致力于弥补合规监管领域中存在的公司治理方面的疏漏,针对信托业暴露出的问题有意而为,包括股权关系与股东行为规范问题、公司内部董事会与监事会履职问题、激励与考评工作问题以及董事与高级管理人员履职前的任职资格不够问题。三是在资产质量层面,主要是针对风险监管中存在的两个技术性问题:一个是资产质量分类问题,另一个是相应的会计处理问题。四是在非标资金池业务方面,主要是针对新增非标资金池业务,或通过分期发行、开放式、多层嵌套等方式变相新增非标资金池业务;非标资金池业务期限错配严重、流动性风险突出;未对资金来源、底层资产、实际资金用途和实际风险承担情况开展有效穿透管理等。五是在同业业务层面,主要是针对违规开展银信、保信合作业务,向银行、保险资金违规提供通道服务;与银行、保险公司违规签订抽屉协议、阴阳合同;协助保险资金变相投资事务管理类信托或单一信托;未按“穿透”原则向上识别信托产品最终投资者,向下识别产品底层资产等。六是在经营管理层面,主要是违背“双录”要求或者违规由第三方非金融机构推介信托产品等,指向的是经营过程中的具体规范,促进日常经营活动的规范。

2020 年 11 月 16 日,银保监会发布修订后的《中国银保监会信托公司行政许可事项实施办法》,本次办法修订在强化股东监管方面明确了以下要求:一是强化非金融企业入股信托公司资质要求,对拟成为信托公司控股股东的非金融企业,在权益性投资余额比例、盈利能力、净资产比例等方面提出更严格的准入标准。二是强化股东入股资金来源审查要求,严格要求自有资金出资。三是严格规范信托公司股权质押,进一步要求股东承诺不以所持有信托公司股权的受(收)益权等形式设立信托等金融产品。四是明确信托公司股东管理、股东的权利义务等相关内容应按照有关规定纳入信托公司章程。[①]

与发布严格监管规范相并行的是,监管机构严格落实监管政策导向,对乱象出重拳。2020 年 3 月,银保监会上海监管局作出《审慎监管强制措施决定书》(沪银保监强制措施决字〔2020〕1 号)及《行政处罚决定书》(沪银保监银罚决字〔2020〕4 号),对安信信托股份有限公司(以下简称安信信托)在信托业务中的诸多违规行为进行处理。银保监会上海监管局决定对安信信托采取以下审慎监管措施:一是暂停自主管理类资金信托业务;二是限制向股东上海国之杰投资发展有限公司分配红利。同时,上海银保监局责令安信信托改正上述违规行为,并处罚款共计 1400 万元。[②] 安信信托被处罚 1400 万元,是信托业历史上最大罚单。之所以是最大罚单,主要是因为安信信托违法行为的严重性与典型性。对安信信托给予严厉处罚,体现出了监管机关对信托业乱象的治理决心,也是信托业统一从严监管的体现。安

---

① 参见《中国银保监会有关部门负责人就〈中国银保监会信托公司行政许可事项实施办法〉答记者问》,载中国银行保险监督管理委员会官网,http://www.cbirc.gov.cn/cn/view/pages/ItemDetail.html?docId=944451&itemId=916&generaltype=0,最后访问日期:2021 年 1 月 5 日。

② 参见《关于收到上海银保监局〈审慎监管强制措施决定书〉及〈行政处罚决定书〉的公告》,载巨潮资讯网,http://www.cninfo.com.cn/new/disclosure/detail?plate=sse&orgId=gssh0600816&stockCode=600816&announcementId=1207458947&announcementTime=2020-04-07。

信信托的主要违规行为是：承诺信托财产不受损失或保证最低收益，违规将信托财产挪用于非信托目的的用途，推介部分信托计划未充分揭示风险，违规开展非标准化理财资金池等具有影子银行特征的业务，未真实、准确、完整披露信息。这些行为违反了《银行业监督管理法》第37条、《信托公司管理办法》第54条、《信托公司集合资金信托计划管理办法》第40条第2款等规定。这也是23号文中所提到的典型违规行为。

2. 规范股权管理，提升治理水平

近年来，信托业股权管理乱象导致部分信托公司风险事件频发，也在一定程度上阻碍了信托业转型发展。现行信托业监管规制体系虽对信托公司股权管理有所规范，但随着行业发展变化，个别规定可操作性不强、存在监管漏洞等问题日渐显现，给有效监管带来不小挑战。2018年，原银监会发布《商业银行股权管理暂行办法》（银监会令2018年第1号）后，信托公司作为参照适用机构，逐步加强股权穿透监管，强化对主要股东的管理。整体而言，信托业股权监管工作较以往有了较大完善。然而，考虑到信托业曾历经多次清理整顿，其股权管理特征、风险特征、监督管理体系与商业银行差异较大等因素，一些股权管理突出问题仍无法通过现行制度安排予以解决。因此，为弥补制度短板，借鉴国内监管实践并结合信托业发展实际，银保监会于2020年1月20日公布了《信托公司股权管理暂行办法》，以促进信托股权管理乱象的有效治理，提升信托业股权监管质效。

该暂行办法共6章78条，除总则和附则外，主要包括4方面内容。一是明确信托公司股东责任。包括信托公司股东资质条件，以及股东在股权取得、股权持有、股权退出各个阶段应承担的责任和义务等。二是明确信托公司职责，包括信托公司在股权变更期间应履行的职责、应承担的股权事务管理责任、应履行的股东行为管理职责等。三是加强对信托公司股权的监督管理。包括明确监管部门股权穿透监管措施和手段，对信托公司股东或信托公司股权管理违法违规行为可采取的监管措施等。四是明晰法律责任。以《银行业监督管理法》《行政许可法》为依据，规定信托公司股东或信托公司罚则等内容。

该暂行办法对于实践中比较关注和重要的问题进行了重点明确。一是对金融产品持股作出特别安排。明确金融产品可以持有上市信托公司股份，但单一投资人、发行人或管理人及其实际控制人、关联方、一致行动人控制的金融产品持有同一信托公司股份合计不得超过该信托公司股份总额的5%。同时，考虑到金融产品本身不具有民事主体应具有的权利能力,无法有效履行股东权利义务和责任,且行业内由金融产品实际控制的信托公司在公司治理方面暴露出问题与不足,该暂行办法要求投资人的控股股东、实际控制人为金融产品的,该投资人不得为信托公司的主要股东。二是加强股权信息管理。该暂行办法以制度安排明确股权信息变化的报告主体、路径与时限要求。报告主体、路径、时限要求分为三类:信托公司股东或主要股东于发生有关情形后于15日内书面通知信托公司并根据要求提供有关材料。信托公司就有关事项以半年报、年报形式进行公开披露。信托公司就股权信息变化情况自知悉之日起10日内向监管部门书面报告。三是加强关联交易管理。该暂行办法强化监管部门对信托公司关联交易的总体要求;明确信托公司关联交易分类及信托公司按照穿透原则和实质重于形式原则,加强关联交易认定和关联交易资金来源与运用的双向核查的要求;明确信托公司建立关联方名单管理制度,完善关联交易内控机制安排等。

3. 基础设施基本建成

信托业基础服务平台是近年来信托业重点发展的制度之一。2016年12月26日,经国务院同意,原中国银监会批准中信登在上海自由贸易区正式成立。2017年9月1日,《信托登记管理办法》正式生效,构建了全国信托业统一的信托登记制度,中信登信托登记系统在该办法生效当日上线运行,开始全面提供信托登记服务。2019年9月,《中国信托登记有限责任公司受益权账户管理细则》(以下简称《账户细则》)获监管部门批准发布,实现了全国集中管理的信托受益权账户体系建设零的突破。经过近4年的努力,信托产品登记系统、信托受益权账户系统等均已上线投产并安全运行,实现了我国信托产品全流程、全生命周期登记,我国的营业信托登记设施已经基本建成。

信托受益权账户体系的建立,对信托业转型发展、回归本源具有积极而深远的意义,将有利于实现信托受益权的集中规范管理,有利于落实《资管新规》对打破"刚性兑付"等的监管要求,增强监管部门的监管监测质效,有利于向受益人提供份额登记与查询等服务,切实保护受益人合法权益;有利于构建规范化的行业信息披露平台与制度,助力行业信息服务的安全规范与高效,更好助力风险防控。

《账户细则》包括总则、信托受益权账户类型、代理开户机构管理、账户业务和附则五个章节。《账户细则》遵循"自愿开户、账户实名、一人一户、信息保密"原则:一是自愿开户原则。受益人自主选择是否在中信登或代理开户机构开立信托受益权账户。二是账户实名原则。账户开立需以自己或金融产品名义开立，原则上由本人申请开立，并保证所提交的信息真实、准确、完整。三是一人一户原则。一个受益人只能开立一个信托受益权账户，不能多头开立。四是信息保密原则。中信登及代理开户机构不得泄露开户资料信息和账户信息，不得违规使用信托受益权账户，也不得将信托受益权账户出租、出借或者转让。

4. 不动产投资信托基金（REITs）试点展开

基础设施 REITs 是国际通行的配置资产，具有流动性较高、收益相对稳定、安全性较强等特点，能有效盘活存量资产，填补当前金融产品空白，拓宽社会资本投资渠道，提升直接融资比重，增强资本市场服务实体经济质效。从短期来看，有利于广泛筹集项目资本金，降低债务风险，是稳投资、补短板的有效政策工具；从长期来看，有利于完善储蓄转化投资机制，降低实体经济杠杆，推动基础设施投融资市场化、规范化健康发展。

2020 年 4 月 24 日，证监会、国家发展改革委发布《关于推进基础设施领域不动产投资信托基金（REITs）试点相关工作的通知》，明确了基础设施 REITs 试点的基本原则、试点项目要求和试点工作安排。根据该通知，证监会与国家发展改革委将加强合作，按照市场化、法治化原则，充分依托资本市场，积极支持符合国家政策导向的重点区域、重点行业的优质基础设施项目开展 REITs 试点。该通知的发布，标志着境内基础设施领域公募 REITs 试点正式起步，未来的发展空间广阔，大有可为。

2020 年 7 月 31 日，国家发展改革委办公厅印发《关于做好基础设施领域不动产投资信托基金（REITs）试点项目申报工作的通知》，对试点申报的具体要求和手续材料进行了明确，标志着试点工作正式启动。

（二）司法裁判领域重点问题

自 1998 年到 2020 年 10 月 18 日，全国各级人民法院共审理信托纠纷案件大致为 2349 件，①其中民事信托案件纠纷占比为 7.54%，营业信托纠纷案件占比为 52.12%，公益信托纠纷案件占比为 1.19%。从案件数量变化情况来看，案件类型

---

① 2020 年 10 月 30 日，以“信托”为关键词，在威科先行进行高级检索，搜索范围为“全文”，搜索案由为“合同、无因管理、不当得利纠纷”“与公司、证券、票据、保险等有关的民事纠纷”，案件时间范围为 1998 年至 2020 年 10 月 18 日，共检索出涉及信托纠纷案件 2349 件。

主要以营业信托纠纷为主。(见图6、图7)

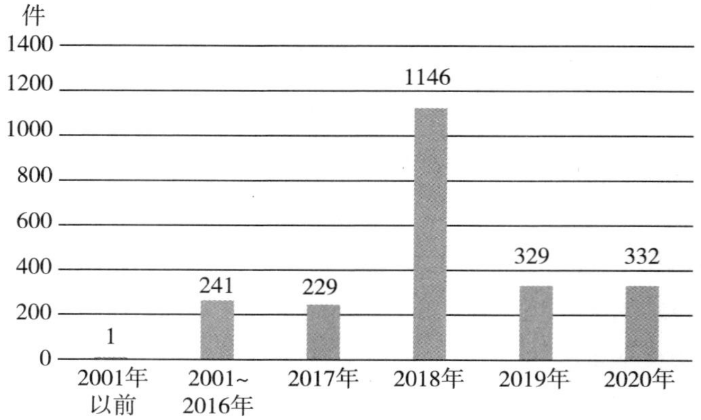

图6 信托纠纷案件数量变化情况

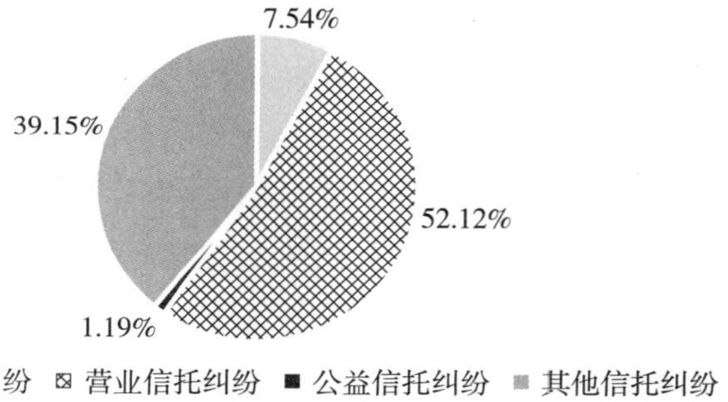

图7 民事信托纠纷案件、营业信托纠纷案件和公益信托纠纷案件占比情况

注:2020年10月30日,分别以"民事信托""营业信托""公益信托"为关键词,在威科先行进行高级检索,搜索范围为"全文",搜索案由为"合同、无因管理、不当得利纠纷""与公司、证券、票据、保险等有关的民事纠纷",案件时间范围为1998年至2020年10月18日,排除明显与信托纠纷无关案件后,共检索出涉及民事信托纠纷案件177件,营业信托纠纷案件1224件,公益信托纠纷案件28件。

1. 明确营业信托纠纷界定标准

在实践中,对于营业信托纠纷的认定,尚存在不同认识。有观点认为,只要信托公司作为民商事纠纷案件的一方当事人,就应该认定为营业信托纠纷。而在行政监管中,按照不同的标准,对信托业务进行了分类。监管部门从业务功能的角度,将信托业务划分为融资类、投资类、事务管理类三种,其中事务管理类为被动型、承担事务管理责任的通道型业务。原中国银监会则明确了信托公司主动、被动管理型信托业务的划分标准。在《九民纪要》起草过程中,则主要从信托公司所承担的约定义务的角度，将营业信托纠纷分为事务管理类信托和主动管理型信托两种，对二者之间的法律适用问题进行了分别规定。

《信托法》将信托分成了民事信托、营业信托、公益信托三种法定分类。相应地，《民事案件案由规定》亦将信托纠纷分为民事信托纠纷、营业信托纠纷、公益信托纠纷三种类型。在这几类纠纷划分过程中，主要是民事信托与营业信托难以确定。在分类标准上，形成了三种学说，即目的说、行为说和受托人身份说。目的说未能妥当区分委托人目的和信托目的，受托人身份说难以将现实生活中商业银行、保险公司等金融机构实际发行的产品中间的法律关系一并纳入信托法的调整范围，以行为说，即信托系营业性商行为的本质来界定营业信托已经成为主流学说。①而且，在金融监管领域，提出要加强功能监管，更加重视行为监管。将监管政策落实到具体审判工作中去，是人民法院发挥自身审判职能，参与社会治理的当然使命。

因此，在进行司法政策考量过程中，采取了将功能监管和行为监管的经济学语言转化为法律人的语言的做法。在营业信托纠纷的界定方面，除了传统的信托公司、基金管理公司等实际经营信托业务的机构开展的营业信托之外，对于其他金融机构开展的资产管理业务，构成信托关系的，也应按照《信托法》的原则和具体规定，确定当事人之间的权利义务关系，从而实现统一裁判尺度，充分发挥司法在规范营业信托发展方面的作用。

此外，《九民纪要》第89条对实务中容易混淆的纠纷情形作出排除，即“信托公司在资金信托成立后，以募集的信托资金受让特定资产或者特定资产收益权，属于信托公司在资金依法募集后的资金运用行为，由此引发的纠纷不应当认定为营业信托纠纷”。该观点对此前的最高人民法院案例体现的态度进行了变更。例如，在五矿国际信托有限公司与广西有色金属集团有限公司营业信托纠纷案中，②最高人民法院将股权收益权的买入返售纳入营业信托范畴。但《九民纪要》对营业信托纠纷作出明确认定并对特定情形作出排除后，将在一定程度上防止“买入返售”案件中当事人试图在法律关系上“搅浑水”，避免其要求适用信托相关法律法规认定合

---

① 参见最高人民法院民事审判第二庭编著：《〈全国法院民商事审判工作会议纪要〉理解与适用》，人民法院出版社2019年版，第465页。

② 参见五矿国际信托有限公司与广西有色金属集团有限公司营业信托纠纷案，最高人民法院(2016)最高法民终231号判决书。

同无效以减轻自身义务、增加对方责任,使得原本简单的法律关系复杂化。

2. 澄清信托财产独立性

信托财产具有独立性,主要体现在以下方面:首先,当委托人把财产转移给受托人时,该财产的所有权也发生转移。虽然我国没有确定信托财产归受托人所有,但对该财产并不属于委托人所有已达成共识。在委托人对信托不保留任意撤销权的情况下,委托人的债权人对信托财产没有任何请求权。其次,受托人可以对信托财产进行管理和处分,但是信托财产必须与受托人自有财产相分离,并且受托人的债权人对信托财产没有任何请求权。最后,尽管信托受益人拥有信托受益权,但受益人的债权人对信托财产没有任何请求权。因此,信托财产事实上成为独立于委托人、受托人和受益人财产之外的独立财产。

据此,信托财产在信托存续期间独立于委托人、受托人、受益人各自的固有财产,不能用以清偿各自自身债务。因此,当事人因其与委托人、受托人或者受益人之间的纠纷申请对存管银行或者信托公司专门账户中的信托资金采取保全措施的,除符合《信托法》第 17 条规定的情形外,人民法院不应当准许。这一规定重申了信托财产独立性规则,且详细解释了实践中常见的误区,有利于更好地保护信托财产的独立性,回归信托财产独立和隔离风险的制度本义。

在司法实践中,针对其他金融新分领域如融资融券等的信托架构安排,[①]信托财产的独立性质,是否以及在何种范围内可排除司法保全或执行等,尚有待司法的进一步明确。

3. 明确劣后级信托受益人的责任

在审判实践中,对于优先级受益人和劣后级受益人之间的关系存在不同认识,有观点认为,信托文件关于劣后级受益人应当保证优先级受益人的本金和收益违背了信托的原理,构成劣后对优先的刚兑。也有观点认为,优先和劣后的合同安排实际上构成了类似于借贷的关系,劣后级受益人作为债务人对作为债权人的优先级受益人负有保本保收益的合同义务,并不违反信托的原理,也不影响信托关系的认定。《九民纪要》采取了后一种观点,认为这种约定并不违反监管政策,也不属于刚兑。

---

① 《证券公司监督管理条例》第 53 条第 1、2 句规定:"客户证券担保账户内的证券和客户资金担保账户内的资金为信托财产。证券公司不得违背受托义务侵占客户担保账户内的证券或者资金。"

在邦信公司诉四川信托等营业信托纠纷案中，[①]人民法院就支持了这种结构化的信托安排。2013年，邦信公司、江西银行与四川信托签订信托合同，共同成立结构化信托计划，江西银行为优先级受益人，邦信公司为劣后级受益人。信托到期后因四川信托无法按时回收投资本金及收益，江西银行与邦信公司就信托财产的分配发生争议。邦信公司提起本案诉讼，请求四川信托按照信托单位的比例在江西银行和邦信公司之间进行分配。广东省高级人民法院二审认为，在结构化信托中，无论是在信托计划存续期间还是信托计划终止后，受托人都应当按照优先级受益人优先于劣后级受益人的顺序进行信托利益的分配。在优先级受益人按照预期收益率收取足额信托利益之前，劣后级受益人不能请求分配信托利益，判决驳回了邦信公司的诉讼请求。本案的裁判逻辑是，在结构化信托中，无论是在信托计划存续期间还是信托计划终止后，受托人都应当按照优先级受益人优先于劣后级受益人的顺序进行信托利益的分配。在优先级受益人按照预期收益率收取足额信托利益之前，劣后级受益人不能请求分配信托利益。本案的审理思路和判决结果，充分体现了《九民纪要》所明确的法律适用精神，对于信托业健康发展具有重要意义。

4. 违反行政监管政策的司法效力

由于实践中存在违反监管规范的业务，行政监管机关固然有权对其进行行政处罚。但是在民事纠纷或者信托纠纷诉讼过程中，这类行为是否有效？这是信托纠纷审理中的重要问题。一般而言，违反行政监管政策的行为，在司法效力上并不当然无效。这是因为行政责任和民事责任是从不同层面对营业信托进行调整。由于营业信托涉及国家金融安全，违反行政监管政策的行为，在司法层面并不当然不产生任何影响。司法裁判规范体现出司法裁判与行政监管相协调的色彩，我们可以从两个角度来解读司法裁判与行政监管政策的协调。一方面，保持与行政监管规范一致的监管取向，对于违反行政监管的行为要从司法裁判角度予以否认。另一方面，与行政监管的具体安排保持一致，并非立刻一律进行否认，而按照“新老划断”和“过渡期”的原则与行政监管的步骤保持一致。

“信托”本意是“相信委托”，又有“受人之托、忠人之事”之意。从这个意义上说，资产管理服务才是信托业务的本业和本源。但由于我国规范意义上的信托业

① 参见2019年度人民法院十大商事案件之七：邦信公司诉四川信托等营业信托纠纷案（结构化信托的劣后级受益人不得先于优先级受益人请求分配信托利益）。

起步较晚,实践中信托公司从事的业务大多是融资类、通道类的业务。融资类的业务活动以信贷为主;通道类的业务是以出借资质、调节监管指标为主的银信合作、信证合作、信保合作等,真正代表信托公司本业的资产管理业务规模较小。在回归本源、聚焦主业的监管趋势之下,监管部门开始强调信托公司不仅仅是一个融资的通道,要求其向主动管理型信托业务转型。

第一,保底承诺或者刚兑条款的效力。实践中的保底或者刚兑条款,主要表现为信托公司、商业银行等金融机构作为资产管理产品的受托人与受益人订立的含有保证本息固定回报、保证本金不受损失等保底或者刚兑条款的合同。关于这类合同或者承诺的效力问题,实践中存在不同的看法,主要是因为对《信托法》第34条的理解不同,该条规定"受托人以信托财产为限向受益人承担支付信托利益的义务"。有观点认为,这一规定并非效力性强制性规定,明确禁止保底或者刚兑承诺的规定属于行政规章,依法不能作为认定合同效力的依据。相反的观点认为,该条是强制规定,且事关信托财产独立等信托法基本原则的贯彻,保底和刚兑承诺直接违反了该条规定,应当认定为无效。①

从性质上看,信托关系作为当事人之间的财产受托管理关系,是与传统的债权关系、股权关系并列的第三类法律关系。信托法律关系强调委托人对受托人的信任以及受托人受托责任的履行,在受托人尽责管理情形下,受托人在法律上既没有按照传统债权债务关系向委托人还本付息的义务,也没有按照传统股权关系向委托人支付股息的义务。在信托关系中,受托人只要尽到勤勉尽职的义务,就无须向委托人承担赔偿责任。但在实践中,有些机构为了招揽客户,吸引投资,往往会作出保底承诺或者刚兑承诺,这种做法违反了信托财产的独立性原则,没有将信托财产和受托人财产隔离开来,也造成信托制度与其他股权、借贷等关系的混淆,损害了信托制度。同时,金融监管机构也明令禁止保底和刚兑承诺,虽然这些规范不完全是法律、法规的强制性规范,但是由于金融涉及公共秩序,法律行为违反公共秩序的,也属于无效行为。因而,《九民纪要》将这一类行为认定为无效行为,从民事责任上进行否定。上述意见,明显体现出协调监管规定的趋势。例如,列举"保证本息固定回报、保证本金不受损失等保底或者刚兑条款"似与《关于规范金融机构

① 参见最高人民法院民事审判第二庭编著:《〈全国法院民商事审判工作会议纪要〉理解与适用》,人民法院出版社2019年版,第482页。

资产管理业务的指导意见》(银发〔2018〕106 号)第 2 条第 2 款相呼应,即“资产管理业务是金融机构的表外业务,金融机构开展资产管理业务时不得承诺保本保收益。出现兑付困难时,金融机构不得以任何形式垫资兑付。金融机构不得在表内开展资产管理业务”。此外,对于第 92 条特别提及的“抽屉协议”,在《中国银监会关于规范银信类业务的通知》(银监发〔2017〕55 号)第 6 条中也早有规定,“信托公司在银信类业务中……不得与委托方银行签订抽屉协议……”。可见,第 92 条在细节处体现出对监管规定的吸收与配合,表现了最高人民法院意图基于行业实际情况及监管趋势,对于各地法院在审判信托纠纷案件中给予更加专业、明确的指导,降低了审判难度,同时也避免了审判结果与监管规定冲突的尴尬现象。(涉及保底承诺条款的营业信托纠纷案件数量见图 8)

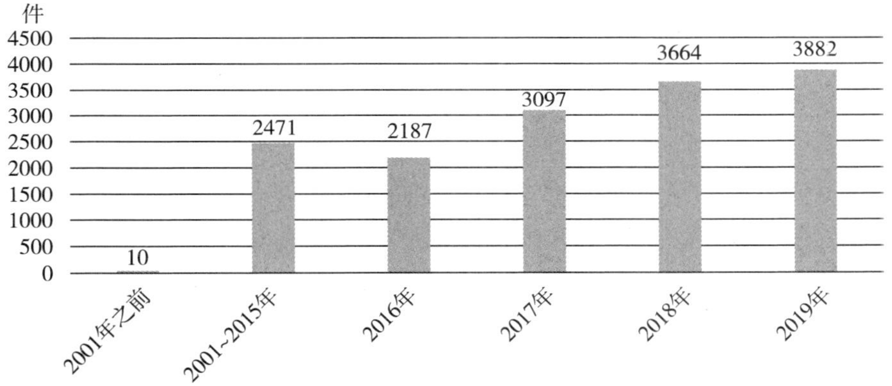

图 8　涉及保底承诺条款的营业信托纠纷案件数量

注:2020 年 10 月 30 日,以“保底”“刚兑”为关键词,在威科先行进行高级检索,搜索范围为“裁判理由及依据”,搜索案由为“合同、无因管理、不当得利纠纷”“与公司、证券、票据、保险等有关的民事纠纷”,案件时间范围为 1992 年至 2019 年 12 月 31 日,共检索出涉及保底承诺条款案件 15,311 件。

第二,通道业务的效力。首先需要认定何种业务属于通道业务。按照《九民纪要》的规定,当事人在信托文件中约定,委托人自主决定信托设立、信托财产运用对象、信托财产管理运用处分方式等事宜,自行承担信托资产的风险管理责任和相应风险损失,受托人仅提供必要的事务协助或者服务,不承担主动管理职责的,应当认定为通道业务。“通道业务”一词已经由来已久,但主要是从金融等领域的监管角度进行界定。从实践中的情况来看,以商业银行为代表的金融机构为了追逐利润更高的投资项目的同时规避监管政策，调节监管指标，达到表面合规的目的，发明了通道业务。

在营业信托领域，本不应该存在“通道业务”的空间，因为这与信托本身的特点不相符。《信托法》第30条规定：“受托人应当自己处理信托事务，但信托文件另有规定或者有不得已事由的，可以委托他人代为处理。受托人依法将信托事务委托他人代理的，应当对他人处理信托事务的行为承担责任。”根据该规定，在信托设立后，受托人对于信托财产所投项目的尽职调查、信托产品的推广和销售、信托存续期间的事务管理、信托到期后的清算和收益分配等负有全面管理的责任。而在通道业务中，受托人几乎不承担任何管理职责，信托事务处理基本都由委托人承担。通道业务主要是为了规避资金投向、资产分类、拨备计提和资本占用等监管规定，或者通过信托通道将表内资产虚假出表等规避监管政策。在事务管理型信托合同中，管理人往往明确要求投资人自行承担对于投资标的尽职调查、自行承担投后风险。在《九民纪要》出台之前，对于管理人的责任是否以合同约定为限，在司法实践中存在不同的观点。《资管新规》出台后，在北川羌族自治县农村信用合作联社、天风证券股份有限公司合同纠纷案中，①最高人民法院认为，案涉融资项目实质上系通道基于委托人的指令进行的定向投资，风险应由委托人自担。通道不负有事前审查和尽职调查的义务，并不存在提供虚假信息、隐瞒事实，进而欺骗委托人作出投资行为的问题。即在该案中，最高人民法院认定事务管理型信托的管理人无须承担事前审查和尽职调查义务。而本次《九民纪要》沿用《资管新规》的规定，过渡期内通道业务的管理人责任应根据合同确定。由此，在过渡期内，一定程度上，管理人可以继续依照信托合同中的免责条款在投资人主张管理人未充分尽责的情况下进行抗辩。不过，严格从法理来看，以合同约定免除受托人主要责任的，在标准合同的情况下或可无效。

如果仅从当事人双方的权利义务角度来说，通道业务并不损害各方的权益，但是通道业务严重违反了监管政策和措施，可能产生系统性金融风险。从有序化解金融风险、防止在处置风险的过程中引发操作风险的角度考虑，应当根据监管部门工作的节奏和进度安排，在监管部门给予的过渡期内，司法裁判也应该给予一定的

---

① 参见北川羌族自治县农村信用合作联社、天风证券股份有限公司合同纠纷案，最高人民法院民事判决书(2018)最高法民终1209号。

过渡期，与监管部门的节奏保持一致。过渡期后通道业务是否会因存在利用信托通道掩盖风险，规避资金投向、资产分类、拨备计提和资本占用等监管规定，或者将表内资产虚假出表等构成“以合法形式掩盖非法目的”而无效的，目前《九民纪要》并未予以规定。最高人民法院在南昌农村商业银行股份有限公司、内蒙古银行股份有限公司合同纠纷案中表示：“从该资管新规来看，监管部门对于金融机构资产管理业务实行穿透式监管，禁止开展多层嵌套和通道业务。而本案当事人的交易模式确实存在拉长资金链条，增加产品复杂性之情形，可能导致监管部门无法监控最终的投资者，对交易风险难以穿透核查，不符合监管新规之要求。因此，本案各方当事人今后应严格按照资管新规，规范开展业务。”①再结合《九民纪要》语义，过渡期后，通道业务如果存在规避监管或者虚假出表等情形的，被法院认定为无效的概率可能会增加。不过，如果没有上述情形，当事人从事的只是部分让渡管理责任的通道业务，则不能得出通道业务必然无效的结论。（涉及通道业务的营业信托纠纷案件数量见图9）

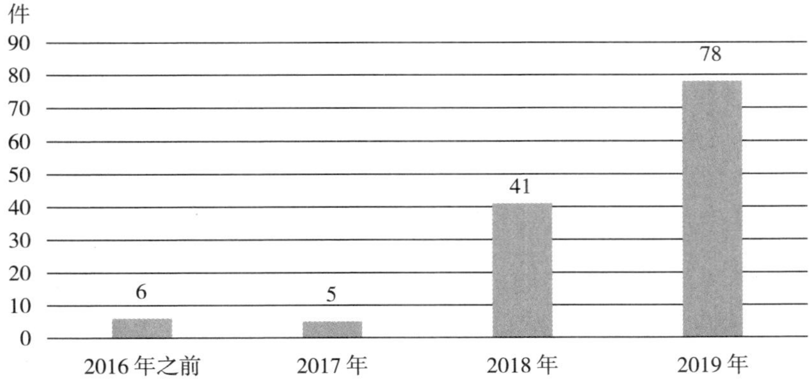

图9　涉及通道业务的营业信托纠纷案件数量

第三，司法监管的过渡期安排与裁判尺度的协调性。在行政监管不断严格的过程中，受到历史发展等多种因素的影响，对于历史问题的处理，监管政策给予了一定过渡期。对于过渡期内的违规行为，司法裁判也与之保持了一致。江苏省国

① 参见南昌农村商业银行股份有限公司、内蒙古银行股份有限公司合同纠纷案，最高人民法院民事判决书(2016)最高法民终215号。

际信托有限责任公司诉中国农业银行股份有限公司昆明分行合同纠纷案就是明证。[①] 在该案中,2012年,信托公司基于证券公司委托,以信托公司名义将12亿元信托资金支付给置业公司,先后与证券公司、置业公司签订单一资金信托合同、转让合同及回购合同。同年12月6日,银行与信托公司签订转让协议,受让信托公司前述以12亿元从置业公司取得的包括项目开发经营、抵押权在内的特定资产受益权。2015年,因置业公司未依约履行回购义务,信托公司诉请银行依转让协议支付特定资产受益权转让价款11亿余元及溢价款、逾期溢价款、违约金等。银行以其与信托公司所签转让协议违反金融监管规定为由抗辩。

法院认为,金融安全是国家安全的重要组成部分,金融制度是经济社会发展中重要的基础性制度。为防范化解重大金融风险,深化整治金驰业市场乱象,近年来国家发布实施了一系列重要金融政策和监管措施。中国人民银行、银监会、证监会、保监会、国家外汇管理局《关于规范金融机构同业业务的通知》(银发〔2014〕127号),银监会《关于进一步深化整治银行业市场乱象的通知》(银监发〔2018〕4号)及其附件《进一步深化整治银行业市场乱象的意见》《2018年整治银行业市场乱象工作要点》,中国人民银行、银监会、证监会、保监会、国家外汇管理局《关于规范金融机构资产管理业务的指导意见》(银发〔2018〕106号)等金融监管文件,均规定了对违规开展涉及"影子银行"和交叉金融产品风险业务具体的监管与查处措施,明确将商业银行"为非标准化债权资产或股权性融资提供直接或间接、显性或隐性的担保或回购承诺"作为整治工作重点。对于此类涉及公共政策的监管规定,作为金融机构的当事人须在签订、履行同业业务合同时予以严格遵守,法院亦应在审查相关合同效力时,按原《合同法》第52条规定予以充分考量。前述《关于规范金融机构同业业务的通知》第18条规定:"金融机构于通知发布之日前开展的同业业务,在业务存续期间内向中国人民银行和相关监管部门报告管理状况,业务到期后结清。"《进一步深化整治银行业市场乱象的意见》第7条规定:"要新老划断,对于存量业务,区分问题性质、产生原因和造成后果等情况,给予一定的消化期和过渡期,差别化处置;对于整治银行业市场乱象工作开展以后(2017年5月1日后)的新增

① 参见江苏省国际信托有限责任公司诉中国农业银行股份有限公司昆明分行合同纠纷案,最高人民法院民事判决书,(2017)最高法民终478号。本判决书虽然形成于2018年9月5日,但是考虑到具有非常强的典型性,而且与《资管新规》以及《九民纪要》精神一致,本文也将其收录其中。参见最高人民法院第三巡回法庭编著:《新型民商事案件理解与适用》,中国法制出版社2019年版。

业务，严格按照法律法规进行规范，依法查处。”《关于规范金融机构资产管理业务的指导意见》第29条规定：“按照‘新老划断’原则设置过渡期，确保平稳过渡。过渡期为本意见发布之日起至2020年底，对提前完成整改的机构，给予适当监管激励。过渡期内，金融机构发行新产品应当符合本意见的规定；为接续存量产品所投资的未到期资产，维持必要的流动性和市场稳定，金融机构可以发行老产品对接，但应当严格控制在存量产品整体规模内，并有序压缩递减，防止过渡期结束时出现断崖效应。”据此，在整治金融市场乱象过程中，监管机关对存量业务与新增业务采取新老划断的差别化处置政策，存量业务应在过渡期内予以清理并在到期后结清。本案转让协议系于2012年12月6日签订，所涉业务在上述金融监管文件出台之前即已存在。信托公司提起本案诉讼，请求银行履行转让协议并承担违约责任，属于清理存量业务。现行金融监管政策允许转让协议这一类的存量业务合同继续履行，有助于稳定相关市场预期，维护金融市场交易安全，亦表明由此可能产生的金融风险处于可控范围之内，不构成原《合同法》第52条规定的损害社会公共利益等合同无效情形。判决银行向信托公司支付特定资产受益权转让价款11亿余元及溢价款、逾期溢价款、违约金等。本案的裁判，就体现出来非常浓厚的行政监管色彩。

5. 确立金融交易规则与倡导正确投资理念

近年来，金融消费者权益保护的理念不断深化，金融消费者保护机制日趋健全，金融机构的投资者适当性管理义务受到社会的广泛关注。金融机构对于金融产品的交易模式以及金融市场风险的认知能力显著高于普通金融投资者。在理财产品销售活动中，金融机构应按照监管规定的要求，做好投资者风险等级评估，在充分了解投资者的认知水平与风险承受能力的基础上，合理引导投资者从事与其认知水平与风险承受能力相适应的金融交易。法院在审理涉及金融机构投资者适当性管理义务的民事赔偿纠纷案件中，应遵循“卖者尽责、买者自负”的裁判理念与价值取向，合理界定投资者与金融机构的权利义务边界。在胡某诉甲银行、乙基金公司财产损害赔偿纠纷案中，[①]法院在综合考量双方过错的基础上，确立了投资者与金融机构之间应按照各自的过错程度分担损失的裁判规则，体现了司法裁判在确立金融交易规则与倡导正确投资理念上的价值引领功能。本案明确，金融机构

① 参见2019年度上海法院金融商事审判十大案例之二：胡某诉甲银行、乙基金公司财产损害赔偿纠纷案（金融机构和投资者应根据各自过错对理财产品投资损失承担相应责任）。

向客户销售金融产品时应当遵守投资者适当性原则,如果其未全面履行风险评级、风险提示以及推介符合客户风险承受能力的金融产品等义务,造成投资者损失的,应当承担相应责任。具有一定投资经验的投资者在明知投资风险并承诺自担投资风险的情况下,自主选择超过其风险承受能力的理财产品发生亏损的,亦应自担相应投资风险。

法院在说理中指出,涉案理财产品的损失分担应结合双方过错责任的大小予以综合考量。首先,根据风险评估结果,胡某系稳健型投资者,其风险承受能力高于"保护本金不受损失和保持资产的流动性为首要目标"的保守型投资者。胡某作为具备通常认知能力的自然人,在甲银行履行风险提示义务的情况下,对其从事的交易行为的风险与上述书面承诺可能的法律后果应属明知。从胡某的投资经验来看,在购买本案系争理财产品之前,其曾经购买与本案系争理财产品风险等级相当的理财产品,并获得盈利,结合胡某曾担任某公司股东及之后从事股权投资等风险较高投资行为等情形综合考量,胡某应系具备一定经验的金融投资者,因此对系争理财产品发生亏损的风险应有所预期。在胡某书面承诺愿意自担风险,在无证据证明甲银行存在主动推介行为的情况下,按照"卖者尽责、买者自负"原则,胡某应自担涉案理财产品本金损失的主要责任。其次,甲银行在销售系争理财产品过程中,风险提示手续不完备,未充分、完整地履行理财产品的风险提示义务,存在过错,应对本金损失承担相应赔偿责任,鉴于胡某本人对本金损失承担主要责任,甲银行承担的赔偿责任可以适当减轻,应承担40%的赔偿责任。

三、营业信托法治建设的未来展望

近两年营业信托领域的规范发展的趋势,可以用两个关键词概括:回归信托本源与强化信托监管。这两个关键词并非相互割裂,而是相互联系的。回归信托本源是最终目的,实现方式则是强化监管。营业信托应该坚持"受人之托、忠人之事"的核心理念。一些人将信托作为规避监管、实现非法目的的工具,严重损害了信托制度的价值。对于这些行为,要通过严格监管措施来纠偏,要通过司法裁判来予以否认。随着统一从严监管政策的不断推进和细化,营业信托的发展将更加健康稳健。

同时也要看到,在收缩"走偏业务"的同时,新的机遇正在孕育,营业信托正处于转型升级的机遇期。2020 年 1 月，银保监会公布《关于推动银行业和保险业高质量发展的指导意见》，提出信托公司要回归“受人之托、代人理财”的职能定位，积极发展服务信托、财富管理信托、慈善信托等本源业务。不动产投资信托基金（REITs）试点开展、鼓励引导发展服务信托等诸多业务新发展点，是营业信托领域的重大发展机遇。

从法治建设的角度来看，与营业信托相关的一些基本理论问题，有望得到进一步发展。

（一）营业信托的界定与辨析

《信托法》第 2 条规定：“本法所称信托，是指委托人基于对受托人的信任，将其财产权委托给受托人，由受托人按委托人的意愿以自己的名义，为受益人的利益或者特定目的，进行管理或者处分的行为。”根据《关于信托的承认及其法律适用的国际公约》第 2 条规定，“信托”是指个人即委托人在生前或死亡时创设的一种法律关系，委托人为受益人的利益或者为某个特定目的，将其财产置于受托人的控制之下。该公约糅合了两大法系对于信托理念的不同认识，没有提到所有权是否转移。

信托具有 4 层含义：第一，以信任为设立和存在的基础。信托制度涉及财产管理，只有这一个目的，委托人和受托人之间的相互信任非常重要。受托人受人之托，管理财产。第二，必须存在财产权的转移和分离。信托财产构成一个单独的基金，虽然转移到受托人（或者代表受托人的其他人）的名下，但不是受托人自有财产的一部分。第三，为了实现委托人意愿而使受益人获利。受托人和受益人相分离，财产的管理和受益分属不同的人。如果受托人为了自己利益管理财产，这与信托制度相违背，必须为了受益人而管理财产。受益人对受托人进行有效的监督和约束。第四，以受托人自己名义而非委托人名义。信托的架构涉及三方当事人。受托人以自己名义管理信托财产，受托人对受益人所负有的受信义务，是整个信托制度的核心。

《信托法》第 3 条规定：“委托人、受托人、受益人（以下统称信托当事人）在中华人民共和国境内进行民事、营业、公益信托活动，适用本法。”按照受托人是否以承受信托为营业划分，信托可以分为营业信托和非营业信托。营业信托，是指由具有营业受托人身份的主体担任受托人的信托。非营业信托，是指具有私益性质、由营业受托人以外的其他主体担任受托人的信托。

在实践中,有时会对纠纷性质发生争议。例如,当信托和贷款交织在一起的时候。在某股份有限公司与某投资开发有限公司等营业信托纠纷上诉案中,[①]2009 年 9 月 11 日,作为委托人的某投资开发有限公司与作为受托人的某股份有限公司签订了一份合同编号为 AXXT(2009)JH06 的信托合同。该合同的"1. 释义部分"约定"(1)本信托系指根据本合同设立的信托,系受托人基于委托人交付的信托财产向投资人发行信托受益权份额 62,700 份而设立的项信托……"。同日,作为贷款人的某股份有限公司与作为借款人的某投资开发有限公司及作为保证人的戴某、戴某、某投资开发有限公司签订了合同编号为 AXXT(2009)JH06DK01 的《信托贷款合同》。该合同第一章定义和解释中约定,信托贷款指由某股份有限公司作为受托人,根据信托合同、《"昆山联邦国际"资产收益财产权信托受益权投资说明书》获得信托资金并根据本合同以信托资金向借款人发放的贷款。该合同第 21 条约定,贷款期限为 3 年,自 2009 年 9 月 18 日至 2012 年 9 月 18 日(以借据为准)。第 22 条约定,贷款金额为不超过 23 亿元,以借据为准。

二审法院认为,本案信托合同经过备案登记,不违反法律禁止性规定,系某股份有限公司和某投资开发有限公司的真实意思表示,应属有效。现某股份有限公司以各方当事人自始至终履行的是《信托贷款合同》,且募集的资金以贷款方式发放给某投资开发有限公司为由,认为本案应为信托贷款合同纠纷。而某投资开发有限公司对此持有异议,认为本案所涉信托法律关系为资产收益财产权信托法律关系。

双方信托合同签订在先,《信托贷款合同》订立在后,且双方均认可《信托贷款合同》所涉的贷款本金 215 亿元与信托合同所涉的优先受益权本金系同一笔资金。2009 年 9 月 25 日、27 日,某股份有限公司从信托专户账号中分别转账给某投资开发有限公司 1 亿元和 115 亿元,在特种转账借方传票的摘要中分别载明支付信托优先受益权转让款、优先受益权转让款。由此可见,所谓的贷款资金其实来源于信托募集资金。且从两份合同订立的先后时间及具体约定的内容不难看出,《信托贷款合同》依附于信托合同而产生。故二审法院认可原审法院对本案纠纷性质的认定,本案应定为营业信托纠纷。本案双方当事人针对两份款项签订两份合同,其实质

① 参见某股份有限公司与某投资开发有限公司等营业信托纠纷上诉案,上海市高级人民法院民事判决书(2013)沪高民五(商)终字第 11 号。

是以贷款合同为形式，来保障某股份有限公司对信托财产的控制权，实际上某股份有限公司对所谓的贷款本身并不享有权利。

对营业信托的界定，涉及信托类型的划分，以及对不同措辞的理解。关于商事信托与民事信托的区分，国内学界存在目的说、身份说以及行为说。商事信托与商业领域内适用的信托是不同的。商事信托即为营业信托，是受托人以信托为业的信托。商业信托，是指以信托的方式从事企业经营的目的，是一个为了就信托财产享有受益权的凭证持有人的利益，以契约成立的非公司的企业经营组织，其财产由受托人持有并管理。商业化信托，是指以信托为工具应用于商业活动。

（二）归复信托和推定信托的引入

除了《信托法》涉及的意定信托和法定信托之外，英美法下的归复信托和推定信托，也值得我们深入研究，并探讨将其引入我国的可能性。

1. 归复信托

归复信托，又称"结果信托"，是指当财产转移的情形表明委托人并没有使受托人从财产中受益的意图时，法律将其规定为信托。委托人在转移财产时，由于某种原因并未完全放弃财产上的权益。当委托人的动机不明时，法院会判定这是一个信托，以此来填平财产所有权的缺口。正是由于委托人没有被彻底剥夺财产上的权益，所以该权益又"归复"给委托人。

归复信托又分为两类。一类是假定的归复信托。如果无法证明当事人的意图是什么，那么转让人无偿地将财产转移给受让人产生了假定的归复信托，受让人视为为了转让人的利益而持有财产。产生此类信托的情况，包括以他人的名义购买财产（转让人用自己的钱购买一项财产，却指示将该财产转移到受让人名下，并且没有其他法定的假设或相反的证据），或者将财产转移到他人的名下（如果没有预赠的假设，转移动产构成一项为了转让人利益的归复信托，而不构成对受让人的赠与）等。

另一类是自动的归复信托。如果转让人将财产转移给受让人并纳入信托，但留下部分或全部受益权未作处理，对于未处理的受益权，构成自动的归复信托。此类信托不依赖于任何意图或假设，而是转让人未能处理全部受益权的自动结果。产生此类信托的情况包括宣言信托无效（转让人宣布成立一项信托之后，可能由于标的物不确定、未能满足形式要件、违反公共政策等原因而归为无效），或者明示信托失败(不能满足明示信托的条件从而导致信托失败),或者未能全部处理受益权(转让人设立信托时没有全部处理信托财产上的受益权)等。

最高人民法院《关于适用〈中华人民共和国公司法〉若干问题的规定(三)》第24条第3款适用存在困境,即法院判定实际出资人履行了出资义务从而享有投资权益的归属,但是由于公司其他股东半数以上(不清楚是指持股比例的半数,还是人数的半数)不同意,因此法院不得不判定公司不得将股东变更为实际出资人。实际出资人享有投资权益,却无法成为公司的股东;而名义股东仍然持有公司股权,却不享有投资权益。在该场合,实际出资人与名义股东之间虽然就股权代持的性质约定不明确,但是名义股东持有股权具有合理的依据,并不是出于非法的因素而持有。实际出资人对名义股东的持股不仅明知,而且存在合法的授权。没有任何证据显示实际出资人将代持的股权赠与名义股东,或者允许名义股东享有该股权上的权利。因此,该持股事实上设立了假定的归复信托。

2. 推定信托

推定信托,是指法律根据当事人的某些行为以及衡平法原则而推定产生的信托关系,以阻止不法行为人从其不法获得的财产上不当得利。简言之,一个人持有一项财产,但是根据良心和正义,该财产应当由他人持有或享有,此时该人被视为以信托方式为他人持有该财产。此类信托的目的在于,当推定受托人不合良心的行为影响到财产权益时,运用推定信托来保护受害人的权益。不合良心的行为包括违反他人意愿或滥用其信任,利用欺诈、胁迫、不公正、阴谋或隐瞒等各种违法手段获得在公平和诚信的情况下不应该获得的权利。

归复信托与推定信托的主要区别在于意图。前者(主要是指假定的归复信托)产生于委托人的意图,即委托人主观上保留财产权益的意图是明确的(即使该财产名义上转移给了受托人)。而后者与委托人的意图无关,完全是由法律施加的。这种区别的用意是,将注意力集中到意图上,为选择适当的救济提供信息。

我国公司法项下“归入权”的理论基础,即为推定信托。《公司法》第148条第1款规定了董事、高级管理人员的禁止行为,包括:挪用公司资金;将公司资金以其个人名义或者以其他个人名义开立账户存储;违反公司章程的规定,未经股东会、股东大会或者董事会同意,将公司资金借贷给他人或者以公司财产为他人提供担保;违反公司章程的规定或者未经股东会、股东大会同意,与本公司订立合同或者进行交易;未经股东会或者股东大会同意,利用职务便利为自己或者他人谋取属于公司的商业机会，自营或者为他人经营与所任职公司同类的业务。根据该条第2款，董事、高级管理人员违反前款规定所得的收入应当归公司所有。

在沈阳玻璃钢风机厂与戴某某借款合同纠纷上诉案中，法院认为，处于一种信任关系（如受托人和受益人，董事、高级管理人员和公司、合伙人之间等）中的受信任者对另一方负有忠实义务，不得利用其地位使其职责和个人利益相冲突；对其违反信义义务所获的利益，权利人享有返还请求权，该请求权性质上属物权，不受诉讼时效的规制。该案是我国较早运用推定信托原理的案例。

在该案中，戴某某任风机厂副厂长期间，于1994年5月8日因出差从厂里借款5万元。另外1995年，戴某某因本人购房，从风机厂3次借款共计174,941元。戴某某于1998年3月离开风机厂。该出差借款5万元至今未向厂里报销，风机厂账面挂账显示购房款为戴某某所借，戴某某亦未还款。

2001年戴某某与风机厂17名职工分别作为原告向于洪区人民法院提起诉讼，要求被告风机厂返还股本金及股息和红利，经沈阳市中级人民法院二审终审判决，判令风机厂返还包括戴某某在内的17名职工的出资款及相应利息。其中，返还戴某某出资款10万元及相应利息。

上述判决进入执行程序后，除戴某某案未予执行外，其他职工案均执行和解。对执行时应退还出资款与戴某某在企业的上述欠款（出差款及购房款）可否相互折抵问题双方曾进行协商，协商未果，引发本案诉讼。

法院认为，该借款虽是戴某某于任职期间为出差从风机厂所借，但自从其借出款项至其解除劳动关系离开风机厂，该款项一直未予报销。至二审审理期间戴某某均不能举证证明该款系为风机厂出差花销，因此，风机厂向其主张返款，理由正当，应予支持。在此要说明的是，风机厂在本案中主张的两笔款项与一般的借款有别。依据原《合同法》第196条规定，借款合同是借款人向贷款人借款，到期返还借款并支付利息的合同。由此得知贷款人据此享有依约请求借款人支付本息之权利。该请求权为债权请求权，理应受到诉讼时效的规制。而本案中戴某某作为分管技术的副厂长与风机厂之间形成受信任关系，戴某某对风机厂负有忠实义务，不得利用其受信任人地位从厂里获取利益，进而导致其职责和个人利益相冲突。因而，戴某某取得的购房款系为风机厂所代为持有的。即戴某某是该笔款项名义上的使用人，风机厂是该笔款项实质上的权利人。由于该款项已用于购房（已由金钱转化为房产），故戴某某对该房屋负有返还义务，即风机厂可对该房产主张返还的物权性权利,该权利不受诉讼时效限制。由于风机厂诉讼中仅主张当时购房款的价额17万余元,对此予以准许。

(三)信托财产的确定性和独立性

信托财产,是指委托人移交给受托人的作为信托法律关系之标的的,由受托人以自己的名义为受益人的利益而管理和处分的财产。根据我国《信托法》第14条的规定,受托人因承诺信托而取得的财产是信托财产。受托人因信托财产的管理运用、处分或者其他情形而取得的财产,也归入信托财产。法律、行政法规禁止流通的财产,不得作为信托财产。法律、行政法规限制流通的财产,依法经有关主管部门批准后,可以作为信托财产。

1. 信托财产的确定性

确定性,是指用于设立信托的财产必须是确定的。在营业信托中,信托财产的范围非常宽泛,包括资产收益权、股权/表决权、债权、其他类型的财产或财产权。《信托公司管理办法》第16条规定:"信托公司可以申请经营下列部分或者全部本外币业务:(一)资金信托;(二)动产信托;(三)不动产信托;(四)有价证券信托;(五)其他财产或财产权信托……"信托财产,既包括原始信托财产,也包括收益。但是,法律禁止流通的财产(军用武器弹药、毒品等),不得作为信托财产。有些限制流通的财产,经批准后可以作为信托财产(黄金等贵金属、公民收藏的文物、麻醉药品、运动强制、重点保护野生动物等)。

关于信托财产的确定性,已产生一些有影响力的裁决。在上海浦发发展银行股份有限公司宁波余姚支行与浙江赛日新材料科技有限公司等信托纠纷执行案中,①信托贷款资金监管账户内资金不宜认定为信托财产。信托财产应当按照《信托法》有关规定依法认定,以委托人名义设立的账户中的存款,即使依照约定由受信托人监管,也不能认定为信托财产。委托人作为被执行人时,法院可以依法执行以委托人名义设立的监管账户中的存款。

在世欣荣和投资管理股份有限公司与长安国际信托股份有限公司等信托合同

① 参见卢斌:《信托贷款资金监管账户内资金不宜认定为信托财产》,载《人民司法》2015年第20期。

纠纷案中，[①]法院裁决如下：第一，有限合伙企业中，如果执行事务合伙人怠于行使诉讼权利，不执行合伙事务的有限合伙人可以为了合伙企业的利益以自己的名义提起诉讼。第二，资金信托设立时受托人因承诺信托而从委托人处取得的资金是信托财产。资金信托设立后，受托人管理运用、处分该资金而取得的财产也属于信托财产。第三，信托财产的确定体现为该财产明确且特定。信托财产的确定要求其从委托人的自有财产中隔离和指定出来，而且在数量和边界上应当明确，以便受托人为实现信托目的对其进行管理运用、处分；信托财产上存在权利负担或者他人就该财产享有购买权益，与信托财产的确定属不同的法律问题也不当然影响信托财产的确定。第四，当事人以信托财产上存在权利负担或者他人就该财产享有购买权益，主张信托无效的，不能成立。

在中国建设银行股份有限公司青岛经济技术开发区支行与青岛保税区耀来国际贸易有限公司等信托纠纷上诉案中，[②]信托财产的所有权和受益权可由不同主体分享。信托财产应当具有法律上的独立权利形态，具有表彰权利的凭证，如仓单，是独立意义上的财产权应当具有的特征。委托人即代收行通过信托收据将货物交由受托人即进口商（间接）占有、使用、处分，而受益权归受益人即代收行享有，将所有权的占有、使用、收益、处分的各项权能在代收行与进口商之间作出有利于发挥物的效用，同时实现代收行贸易融资本息回收的安排，符合我国信托法的制度规制。

关于确定性的问题，有几点值得注意：第一，要求对信托财产的描述应当是明确的，且信托财产应当是可识别的。对财产的描述是否能使该财产可被清晰识别，最终是一个事实问题。即使已被明确界定，信托财产也应当是可识别的；否则，信托同样将因不确定性而归于无效。尤其在信托财产指向财产整体之一部分而未明确具体哪一部分时，对信托财产的识别就尤为关键。第二，要求在设立信托时，信托财产必须确定。但是，今后的发展，是否可能突破这一点，需要讨论，即不要求在设立信托时信托财产必须确定。假如信托财产仅仅为现在无法确定，但是依据信托文件或条款足以在将来对之予以确定，则该信托不会因不确定性而导致无效。针对那些标的为受托人死后所留财产的信托时，鉴于在信托设立当时无法确定可

① 参见世欣荣和投资管理股份有限公司与长安国际信托股份有限公司等信托合同纠纷案，最高人民法院民事判决书（2016）最高法民终19号，载《最高人民法院公报》2016年第12期（总第242期）。

② 参见李元宏：《信托财产的所有权和受益权可由不同主体分享》，载《人民司法》2014年第18期。

被用来设立信托的财产范围,可能当时并不存在立即可予明确的信托。这可被视为一种财产在受托人死亡时方才具化的浮动信托。第三,商业实践中大量存在的收益权,按其来源不同,可分为由基础资产可分权能形成的收益权(权能型收益权)和基于合同新创设的收益权(创设型收益权)。收益权并非法定权利,对其法律性质的界定,应基于收益产生的方式予以确定,归入用益物权范畴或者债权范畴。在实践中,大量收益权类产品往往存在通谋虚伪意思表示的情形,即交易双方以转让收益权为名,创设新的债权债务关系。对此,司法实践应采用穿透审查方式,揭示合同外观之下隐匿的真实意思表示。鉴于收益权内涵与信托理念间存在天然的冲突,收益权与信托架构的广泛结合并不存在制度创新的价值。

2. 信托财产的独立性

独立性,是指信托一旦有效设立,则信托财产就从委托人、受托人和受益人的固有财产中分离出来,成为一种独立的财产整体,委托人、受托人和受益人各方的债权人行使债权均不得及于信托财产。

第一,相对于委托人财产的独立性(《信托法》第 15 条)。信托设立后,信托财产与委托人的财产区别开来,成为独立的财产。委托人的债权人不能要求法院强制执行信托财产,委托人自己也不能处分信托财产。在英美法下,委托人丧失了信托财产的所有权。例外情况:一是委托人死亡或者依法解散、依法撤销、宣告破产时,委托人是唯一的受益人的,信托终止,信托财产作为委托人的遗产或者清算财产;二是作为共同受益人的委托人死亡或者依法解散、依法撤销、宣告破产时,其信托受益权作为其遗产或者清算财产。第二种情况中,信托财产没有回复到委托人手中,仍然在受托人手中。

第二,相对于受托人财产的独立性(《信托法》第 16 条)。首先,信托财产与受托人的固有财产相分离,不得将信托财产转化为固有财产。要分别管理、分别记账。其次,信托财产与受托人(自然人)的遗产相分离。受托人死亡时,应当选任新的受托人。受托人的继承人在新的受托人能够处理信托事务之前,应当妥善保管信托财产,并为移交财产采取必要的措施。最后,信托财产与受托人(企业)的破产财产相分离。

第三,相对于受益人财产的独立性。受益人并不占有信托财产,受益人仅仅享有受益权。受益人获得的信托利益,变为其自身的财产。

此外,与独立性相关的问题,还应注意如下方面:首先,关于抵销。受托人持有的不同性质的财产上(固有财产和信托财产)产生的债权债务不得抵销。受托人持有的不同委托人的信托财产上产生的债权债务,不得抵销。受托人持有的同一信托财产上产生的债权债务,可以抵销。其次,关于混同。不能并立之两个法律上的人格,归属于同一人因混同而使得权利或义务消灭。具体包括:所有权与他物权归属于同一人;债权、债务归属于同一人;主债务与保证债务归属于同一人。在信托关系中,限制民法上混同法理的适用。再次,关于强制执行的禁止及例外。委托人或受托人的债权人均不得要求法院强制执行或拍卖信托财产,来偿还其个人的债务。但是,存在例外情形:设立信托之前,债权人已对该信托财产享有优先受偿的权利,并已行使该权利;受托人处理信托事务产生的债务,债权人要求清偿该债务的;信托财产本身应负担的税款;其他情形。最后,关于破产财产的排除。破产财产,是指破产程序开始时,由债务人所有的财产及财产权利构成的财产性集合体。在广东国际信托投资公司破产案中,①投资公司因管理极度混乱,严重资不抵债,不能清偿境内外巨额到期债务的可以申请破产。依据《企业破产法(试行)》第30条第1款有关"破产宣告前成立的无财产担保的债权和放弃优先受偿权利的有财产担保的债权为破产债权"的规定,投资公司向不特定的第三人发出的并无担保的意思表示的安慰函,不能作为破产债权申请的依据,向存款人出具信托存款单,本身具备了存款合同的特征,因此剩余存款应当确认为破产债权;利率掉期交易是国际上广泛采用的一种金融方式,具有从事避险性衍生金融工具交易的主体资格的投资公司,双方所进行的存在相对应的基础工具交易的利率掉期交易应属于避险性衍生金融工具交易,此利率掉期交易合法有效,因投资公司被关闭导致掉期交易协议提前终止遭受损失的债权人可以依据掉期合同申报的破产债权。

《信托法》第2条对信托的定义,用的措辞是委托人将财产"委托给"受托人,并不是"转移给",引发了学者对我国法下的信托是否涉及信托财产所有权转移的争论。同时,如上所述,《信托法》诸多条文又规定了信托财产的独立性。这些规定为委托人保留信托财产权属时信托财产独立性的实现提供了某种程度的保障。

有学者认为,从逻辑上讲,无论信托财产的权属在信托期间如何配置,立法都

① 参见广东国际信托投资公司破产案,广东省高级人民法院2003年3月8日民事裁定书,载《最高人民法院公报》2003年第3期(总第83期)。

可以拟制出独立的信托财产。当法律允许当事人为实现交易目的而将信托财产权属留在委托人之手时,可能存在的风险是委托人为自己的利益而损害信托财产之独立性。为此,立法应该明确:第一,信托财产独立于委托人未设立信托的其他财产;第二,委托人对信托财产的权利、义务和责任。但是,《信托法》并没有进一步规定委托人在继续保有信托财产权属时应当承担的相应义务和责任,这既为受托人如何管理和处分委托人保留权属的信托财产带来不确定性,也使信托财产有了和委托人其他财产混同的危险。因此,增加对委托人义务和责任的规定,尤其是在委托人不让渡信托财产权属的情况下其义务和责任的规定,是《信托法》修改时应该考虑的问题。①

(四)通道业务与消极信托

银监会2017年发布的《信托业务监管分类试点工作实施方案》,将信托业务分为“主动管理型信托”和“被动管理型信托”。主动管理型信托,是指信托公司具有全部或部分的信托财产运用裁量权,对信托财产进行管理和处分的信托。被动管理型信托,是指信托公司不具有信托财产的运用裁量权,而是根据委托人或是由委托人委托的具有指令权限的人的指令对信托财产进行管理和处分的信托。

被动管理型信托应当具有以下主要特征:(1)信托设立之前的尽职调查由委托人或其指定的第三方自行负责。信托公司有权利对信托项目的合法合规性进行独立的尽职调查。(2)信托的设立、信托财产的运用和处分等事项,均由委托人自主决定或信托文件事先明确约定。(3)信托公司仅依法履行必须由信托公司或必须以信托公司名义履行的管理职责,包括账户管理、清算分配及提供或出具必要文件以配合委托人管理信托财产等事务。(4)信托终止时,以信托财产实际存续状态转移给信托财产权利归属人,或信托公司根据委托人的指令对信托财产进行处置。在被动管理型信托下,受托人责任表述如下:信托公司有权利对信托项目的合法合规性进行独立的尽职调查。信托公司仅依法履行必须由信托公司或必须以信托公司名义履行的管理职责,包括账户管理、清算分配及提供或出具必要文件以配合委

① 参见楼建波:《信托财产的独立性与信托财产归属的关系——兼论中国〈信托法〉第2条的解释与应用》,载《广东社会科学》2012年第2期。

托人管理信托财产等事务。

被动管理型信托，俗称"信托类通道业务"，也称"事务管理型信托"，属于通道业务。关于通道业务的定义，并没有统一的定论。但是对于资产管理业务中的通道业务，中国银监会《关于印发商业银行并表管理与监管指引的通知》中官方定义为："本指引所称跨业通道业务，是指商业银行或银行集团内各附属机构作为委托人，以理财、委托贷款等代理资金或者利用自有资金，借助证券公司、信托公司、保险公司等银行集团内部或者外部第三方受托人作为通道，设立一层或多层资产管理计划、信托产品等投资产品，从而为委托人的目标客户进行融资或对其他资产进行投资的交易安排。在上述交易中，委托人实质性承担上述活动中所产生的信用风险、流动性风险和市场风险等。"

主动管理型信托的核心在于，信托公司对信托财产具有绝对的管理处分权力。被动管理型信托与其他通道业务具有相同的特征，即资金方通过第三方受托人作为通道，设立投资产品，对其他资产进行投资的交易安排。无论是何种定义，通道业务的核心都在于委托人控制信托资金或资产，风险损失全部由委托人承担。因此，该种通道业务属于消极信托。

按照受托人是否听从指示划分，信托可以分为积极信托和消极信托。积极信托，是指受托人无须听从委托人或受益人指示，完全依据信托行为之意旨与法律之规定，自由决定信托财产管理及处分方式，对信托财产具有完全的支配权。消极信托，又称"被动信托"，是指受托人单纯为受益人的利益持有财产，没有管理和处分信托财产的自由裁量权，而是听命于委托人或受益人指示。

英美法原则上不承认消极信托。例如，美国信托立法亦曾明确规定，受托人一旦接受信托，即对受益人负有管理信托之义务，从而原则上禁止了被动信托。① 日本信托法规定，信托之有效成立须具备受托人对管理或处分之要件。在总结各国信托立法实践后，《海牙信托公约》第 2 条对信托的定义中，亦认为"受托人应对信托财产负有管理及处分之权责"系信托要件之一。我国信托法对信托之定义，要求受托人对财产进行管理或处分，似亦有要求实施积极主动行为之含义。

但是，当代信托发展的语境已发生变化：信托财产由土地开始，逐渐发展到家庭范围内一切财产种类，包括货币和股份信托，直至今日被视为一种管理金融证券

---

① 参见美国《信托法重述（第二版）》[The Restatement (Second) of Trusts] 第 169 条。

资产的重要商业工具。尤其在资产证券化业务中，信托作为持有资产导管的作用被进一步放大，造成对信托受托人义务范围和标准的调整。日本立法例与此类似，特于《资产流动化法》中创设特定目的信托制度，将信托架构与公司架构并列为资产流动化之导管体，以解决与信托法规定信托成立要件相悖之隐患。① 因此，如我国开展的资产证券化业务，信托所起之作用，仅为“导管体”或曰“通道”而已；虽然其制度架构因与上位法构成冲突而导致效力不无疑义，②但遵从信托在商事领域之运用发展而对信托实证法予以调整或作特别立法，系立法于实然层面向应然层面需为之调整，并不足以成为否定信托创新合法性的理由。需要注意的是，应区分作为商事架构所需、发挥破产隔离等导管体作用的信托“通道”，与作为规避监管、存在虚伪意思表示的信托“通道”。就前者而言，应以交易中实际发生的权利义务为基础定性法律关系；后者，则可能因违反强行法导致无效的法律后果。

(五)信托违反的救济路径

英美法下的信托救济基于确定类型化的信托违反情形展开，并配置以特定方式的救济。如针对受托人不当侵占信托基金的情形，适用信托基金复原的救济方法，通过“编造账目”确立损失；针对受托人错失投资机会而未能使信托财产增值的情形，则适用信托基金补救，通过“补记账目”路径实现救济；针对受托人不当获利的情形，区分其收益取自原告或第三人，而分别适用收益退还和收益追缴的不同救济。同样，对物救济下，针对原告主张享有衡平法对物性财产权利为初始财产或代位物财产的不同情形，分别适用“跟踪”和“追溯”的权利确定路径，再赋予权利人主张推定信托、设立抵押权或留置权负担、代位的选择。③

大陆法下，信托的具体救济措施包括主张受托人特定行为无效，损害填补，恢复信托财产，以及撤销特定信托违反行为。我国《信托法》规定的救济方式有撤销

① 参见王志成:《金融资产证券化——立法原理与比较法制》，北京大学出版社2005年版，第54页。

② 原银监会2014年6月颁布的《关于调整信托公司净资本计算标准有关事项的通知》将信托公司开展的信托业务区分为事务管理类(通道业务)和非事务管理类。该通知第2条规定，事务管理类信托，是指委托人自主决定信托设立、信托财产运用对象、信托财产管理运用处分等事宜，自行负责前期尽职调查及存续期间信托财产管理，自愿承担信托投资风险，受托人仅负责账户管理、清算分配及提供或出具必要文件以配合委托人管理信托财产等事务，不承担积极主动管理职责的信托业务。

③ See Lionel D. Smith, *The Law of Tracing*, Clarendon Press, 1997, p. 4.

不当行为、恢复信托财产原状、赔偿损失(第22条和第27条)及收益归入(第26条),但对于具体的救济方式对应何种类型的信托违反情形,实证法未规定细密的联结,理论界也缺乏关注,导致司法实践中的请求去基础确定和救济方式供给之间的联结缺乏逻辑。以《信托法》第22条为例,其规定为"受托人违反信托目的处分信托财产或者因违背管理职责、处理信托事务不当致使信托财产受到损失的,委托人有权申请人民法院撤销该处分行为,并有权要求受托人恢复信托财产的原状或者予以赔偿",并未区分"违反信托目的处分信托财产""违背管理职责行为""处理信托事务不当"等不同性质的信托违反行为,与"恢复信托财产原状""赔偿损失""撤销处分行为"等不同救济措施之间的各自联结关系,给司法实践适用带来极大困难。① 因此,日本的信托立法和理论研究成果值得我们关注。日本信托法以信托违反对应的义务类型为区分,原则上违反严格忠实义务(受托人与受益人的利益冲突)的违反行为系无效,"违反信托本旨"的处分行为系可撤销,违反除给付义务之外的其他受托人义务的对应救济为损害赔偿,体系上将恢复原状和不当获益纳入损害赔偿范围进行讨论。②

又如,在《信托法》第26条"归入权"的规范上。该救济方式源自衡平法的"利润交账"(accounting for profits)救济,即在法院安排会计官查明被告的非法获利后,由被告赔偿给原告。在英美法上,信托财产有双重所有权,对于受托人违反信托义务所获得的利益,受托人固然享有普通法上的所有权,同时受益人享有衡平法上的所有权,利润交账救济构成对衡平法上所有权的复制,因而具有正当性。需要注意的是,英美法下获益归入制度的衡平法渊源和双重所有权基础,延伸出其救济方法上的双轨制特征。当受托人从违反受信义务中获利时,受益人可选择向受托人主张个人责任,要求受托人将相关利益返还给自己或信托人。具体方法为,被告因违反信托行为而获得的利润进行账目获取,并减去实际支出的费用,然后将利润返还给原告;受益人亦可主张对物性财产请求权,即主张对受托人的不当获益享有对物性财产基础,受托人因基于推定信托为受益人的利益而持有。在归入的路径上,我国理论研究往往认为仅限于"赔偿"的债权救济方法,这在违约或侵权领域并无问题,但在信托领域,考虑到信托本身的复合属性和受益权的部分物权内容,归入方

---

① 参见宋某某与中国对外经济贸易信托有限公司营业信托纠纷案,北京市第二中级人民法院民事判决书(2016)京02民初173号。

② 参见[日]能见善久:《现代信托法》,赵廉慧译,中国法制出版社2011年版,第140～147页。

法是否可能在主张赔偿之外,适用返还或追及,是值得思考和探索的。

四、结　语

营业信托应该坚持弘扬和回归信托文化,在坚守制度本源的基础上,进行业务创新,服务保障社会经济发展。我国信托业定位于“受人之托、代人理财”,但是信托公司需要明确自身的定位以及构建可持续的运营模式,实现客户利益、社会利益与自身利益的平衡。信托公司要强化公司内部治理,完善股权结构,规范业务行为,规范信托资金运作。营业信托的发展繁荣,与国家经济社会发展大局密不可分。信托公司应当聚焦国家重大战略和政策,紧抓我国资本市场改革机遇,充分发挥信托制度优势。

在法治建设领域,《信托法》作为信托业的基本法,已颁布施行近20年,为我国信托制度之构建及发展提供了坚实基础。但是,信托作为一种自英美法移植而来之财产制度,其诸多理念一直以来与我国源于大陆法之民法传统存在冲突。特别是我国《民法典》颁布之后,信托法与民法理念和制度之衔接,信托法在整个民商法中的体系与地位以及信托法一些具体规则的发展完善,亟须进一步探讨。

附表　2019~2020年营业信托相关规范性文件

发布时间	文件名称	发布机关	文号
2019年4月	《关于进一步加强信托公司房地产信托业务监管的通知》	银保监会	银保监办便函〔2019〕957号
2019年5月	《关于开展“巩固治乱象成果促进合规建设”工作的通知》	银保监会	银监发〔2019〕23号
2019年7月	《保险资金投资集合资金信托有关事项的通知》	银保监会	银保监办发〔2019〕144号
2019年7月	《中国信托登记有限责任公司信托受益权账户管理细则》	中信登	—
2019年8月	《关于进一步做好下半年信托监管工作的通知》	银保监会	信托函〔2019〕64号
2019年11月	《九民纪要》	最高人民法院	法〔2019〕254号

续表

发布时间	文件名称	发布机关	文号
2020 年 1 月	《信托公司股权管理暂行办法》	银保监会	银保监会令 2020 年第 4 号
2020 年 4 月	《关于推进基础设施领域不动产投资信托基金（REITs）试点相关工作的通知》	证监会、国家发展改革委	证监发〔2020〕40 号
2020 年 6 月	《信托公司信托文化建设指引》	中国信托业协会	—
2020 年 7 月	《标准化债权类资产认定规则》	中国人民银行会同中国银保监会、证监会、国家外汇管理局	人民银行、银保监会、证监会、外汇局〔2020〕第 5 号
2020 年 11 月	《中国银保监会信托公司行政许可事项实施办法》	银保监会	银保监会令 2020 年第 12 号

资本市场监管法治的新完善

许凌艳* 等

自1990年上海证券交易所成立至今，中国资本市场至今已历经30年发展。30年熊牛交替、风雨兼程，中国资本市场走过了发达国家上百年的发展历程，实现了跨越式发展。截至2020年8月，沪深两市已经成为拥有3990家上市公司、总市值高达75.95万亿的巨型资本市场；法治建设也逐步落地，注册制改革和交易、常态化退市、投资者保护等各项制度建设正在有序推进，整个市场正在发生深刻的结构性变化，政府主导、行政主导逐步转向市场主导、制度主导，中国资本市场开始由新兴的初创阶段转入一个新的更高质量的成熟发展阶段。2019～2020年无疑是至关重要的转折之年，这两年里，科创板开板、注册制试行、《证券法》修订及实施等，标志中国资本市场法制化、市场化程度进一步提高，当前资本市场正在经历里程碑式的变革。

随着对外开放加深和2019年《证券法》施行，资本市场运行和治理理念逐渐变化，资本市场服务国家创新驱动和科技强国战略的能力显著增强，我国资本市场处于难得的发展机遇期。因而，有必要回顾近两年资本市场监管法治动态，鉴往知来，以期迎来更大的发展。

* 复旦大学法学院教授、博士研究生导师，复旦大学中国金融法治研究院研究人员；研究方向：民商法、经济法、金融法。

参与写作人员：侯原园、许钊源、朱锦坤、李鑫、陈佳歆、尤洋、刘鸿凯、赵炜、章铮、吴睿。

一、2019～2020年资本市场监管法治基本情况

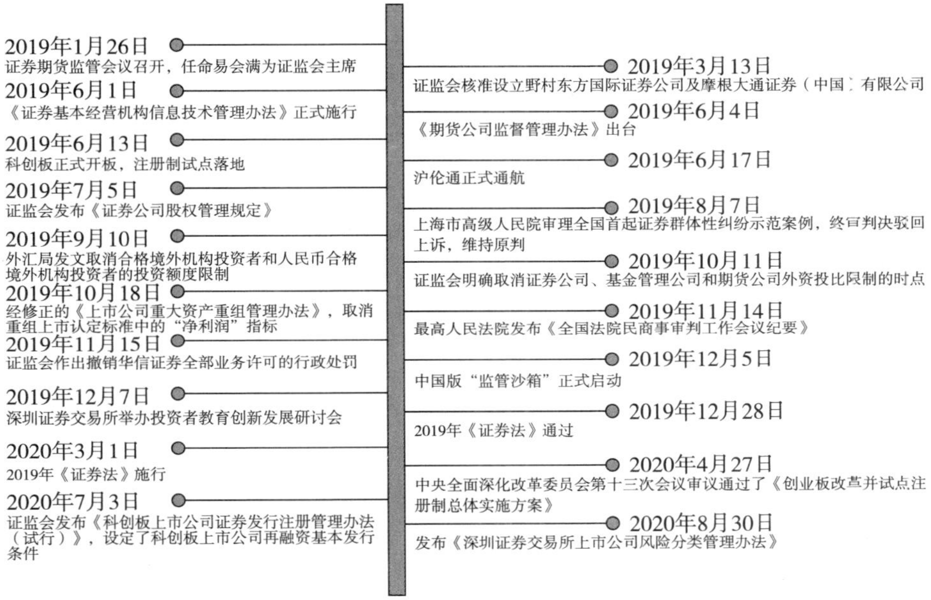

图1　2019～2020年重要时点回顾

（一）资本市场监管法规体系不断完善

从图1可知，近两年，资本市场法律制度和监管体系得到持续完善，“一行两会”（中国人民银行、银保监会、证监会）持续推进健全资本市场监管相关法规体系，夯实市场基础制度，为机制健全、透明高效、运行安全的市场体系提供了有效的法律基础设施支持。尤其是2019年《证券法》，正在引领资本市场生态环境重塑。2019年12月28日，第十三届全国人大常委会第十五次会议审议通过了修订后的《证券法》，并于2020年3月1日起施行。此次修订，系统总结了多年来我国证券市场改革发展、监管执法、风险防控的实践经验，在深入分析证券市场运行规律和发展阶段性特点的基础上，进一步完善了证券市场基础制度，体现了市场化、法治化、国际化方向，为中国资本市场的深化改革奠定了坚实的法律基础。与2014年《证券法》相比，2019年《证券法》共修改166条、删除24条、新增24条，作出了较大幅度的调整和修改。其中尤为重要的是，2019年《证券法》扩大了“证券”的含义，为构

建多层次资本市场体系,增加市场包容度和覆盖面提供了更为坚实的法律依据。2019 年《证券法》第 2 条通过列举加兜底条款的方式,在继续确认股票与公司债券这两类传统的证券品种的同时,将存托凭证明确规定为法定证券,推进了我国资本市场的法治化、国际化与全球化进程。2019 年《证券法》第 2 条第 2 款继续重申:"政府债券、证券投资基金份额的上市交易,适用本法;其他法律、行政法规另有规定的,适用其规定。"此外,金融机构开展的名目繁多的资产支持证券与资产管理业务都具有证券的本质属性。但在分业监管、分业经营的情况下,不同监管部门的监管理念、监管标准和监管规则存在碎片化现象,催生了监管漏洞与真空地带,滋生了监管套利。为堵塞立法漏洞,2019 年《证券法》第 2 条第 3 款按照功能监管、实质监管、穿透监管的理念,授权国务院依照证券法原则,专门出台资产支持证券、资产管理产品发行与交易的管理办法。证券衍生品种也是此轮《证券法》修改的重点。鉴于证券衍生品种中的证券型品种(如权证)可作为国务院依法认定的其他证券,直接适用本法;同时,契约型品种(如股指期货)亦可适用《期货交易管理条例》以及未来出台的期货法调整。考虑到证券领域跨境监管的现实需要,2019 年《证券法》明确了长臂管辖权,即在我国境外的证券发行和交易活动,扰乱我国境内市场秩序,损害境内投资者合法权益的,依照《证券法》追究法律责任。通过拓展《证券法》的调整范围,最大限度地避免了法律监管的真空地带,为资本市场活而有序的创新融通奠定了法治基础。

2019～2020 年,除了《证券法》修订,我国资本市场监管法治还增加了一些部门规章及其他规范性文件(见图 2、表 1)。

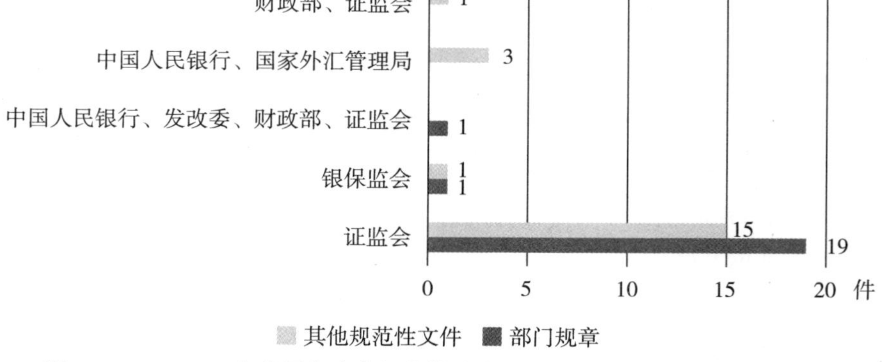

图 2　2019～2020 年我国资本市场监管法治新增部门规章及其他规范性文件

表 1　2019～2020 年我国资本市场监管法治新增部门规章及规范性文件

发布时间	文件名称	制定部门(文号)
2019 年 1 月 23 日	中国人民银行、国家外汇管理局《关于印发〈境内上市公司外籍员工参与股权激励资金管理办法〉的通知》	银发〔2019〕25 号
2019 年 5 月 25 日	《存托凭证跨境资金管理办法(试行)》	中国人民银行、国家外汇管理局公告〔2019〕第 8 号
2019 年 7 月 12 日	《商业银行股权托管办法》	中国银行保险监督管理委员会令 2019 年第 2 号
2019 年 1 月 15 日	《公开募集证券投资基金投资信用衍生品指引》	证监会公告〔2019〕1 号
2019 年 1 月 28 日	《关于在上海证券交易所设立科创板并试点注册制的实施意见》	证监会公告〔2019〕2 号
2019 年 1 月 28 日	《关于修改〈期货公司分类监管规定〉的决定》	证监会公告〔2019〕5 号
2019 年 10 月 18 日	《关于修改〈上市公司重大资产重组管理办法〉的决定》	证监会令第 159 号
2019 年 11 月 14 日	《H 股公司境内未上市股份申请“全流通”业务指引》	证监会公告〔2019〕22 号
2019 年 11 月 26 日	《信用评级业管理暂行办法》	中国人民银行、中华人民共和国国家发展和改革委员会、中华人民共和国财政部、中国证监会令〔2019〕第 5 号
2019 年 12 月 12 日	《上市公司分拆所属子公司境内上市试点若干规定》	证监会公告〔2019〕27 号
2019 年 12 月 20 日	《关于修改〈非上市公众公司监督管理办法〉的决定》	证监会令第 161 号
2019 年 12 月 20 日	《非上市公众公司信息披露管理办法》	证监会令第 162 号
2019 年 12 月 25 日	《证券投资者保护基金实施流动性支持管理规定》	证监会公告〔2019〕29 号

续表

发布时间	文件名称	制定部门(文号)
2019年12月6日	《证券期货经营机构管理人中管理人(MOM)产品指引(试行)》	证监会公告〔2019〕26号
2019年3月1日	《科创板首次公开发行股票注册管理办法(试行)》	证监会令第153号
2019年3月1日	《科创板上市公司持续监管办法(试行)》	证监会令第154号
2019年4月17日	《关于修改〈上市公司章程指引〉的决定》	证监会公告〔2019〕10号
2019年6月14日	《公开募集证券投资基金参与转融通证券出借业务指引(试行)》	证监会公告〔2019〕15号
2019年6月4日	《期货公司监督管理办法》	证监会令第155号
2019年7月26日	《关于实施〈公开募集证券投资基金信息披露管理办法〉有关问题的规定》	证监会公告〔2019〕17号
2019年7月5日	《关于实施〈证券公司股权管理规定〉有关问题的规定》	证监会公告〔2019〕16号
2019年8月23日	《科创板上市公司重大资产重组特别规定》	证监会公告〔2019〕19号
2020年2月14日	《上市公司非公开发行股票实施细则》(2020年修正)	证监会公告〔2020〕11号
2020年2月14日	《关于修改〈上市公司非公开发行股票实施细则〉的决定》	证监会公告〔2020〕11号
2020年2月14日	《关于修改〈上市公司证券发行管理办法〉的决定》(2020年)	证监会令第163号
2020年3月20日	《外商投资证券公司管理办法》(2020年修正)	证监会令第166号
2020年3月20日	《公开募集证券投资基金信息披露管理办法》(2020年修正)	证监会令第166号
2020年3月20日	《证券期货市场诚信监督管理办法》(2020年修正)	证监会令第166号

续表

发布时间	文件名称	制定部门(文号)
2020 年 3 月 20 日	《证券投资基金托管业务管理办法》(2020 年修正)	证监会令第 166 号
2020 年 5 月 7 日	《境外机构投资者境内证券期货投资资金管理规定》	中国人民银行、国家外汇管理局公告〔2020〕第 2 号
2020 年 6 月 12 日	《创业板首次公开发行股票注册管理办法(试行)》	证监会令第 167 号
2020 年 6 月 12 日	《创业板上市公司证券发行注册管理办法(试行)》	证监会令第 168 号
2020 年 6 月 12 日	《创业板上市公司持续监管办法(试行)》	证监会令第 169 号
2020 年 6 月 12 日	《证券发行上市保荐业务管理办法》(2020 年)	证监会令第 170 号
2020 年 6 月 23 日	《关于印发保险资金参与金融衍生产品交易办法等三个文件的通知》	银保监办发〔2020〕59 号
2020 年 7 月 3 日	《科创板上市公司证券发行注册管理办法(试行)》	证监会令第 171 号
2020 年 7 月 10 日	《证券投资基金托管业务管理办法》(2020 年)	证监会令第 172 号
2020 年 7 月 10 日	《首次公开发行股票并上市管理办法》(2020 年修正)	证监会令第 173 号
2020 年 7 月 10 日	《关于修改〈科创板首次公开发行股票注册管理办法(试行)〉的决定》(2020 年)	证监会令第 174 号
2020 年 7 月 21 日	《关于印发〈会计师事务所从事证券服务业务备案管理办法〉的通知》	财会〔2020〕11 号
2020 年 8 月 28 日	《关于实施〈公开募集证券投资基金销售机构监督管理办法〉的规定》	证监会公告〔2020〕58 号

(二)平稳推进证券发行制度由核准制向注册制的转变

2019年《证券法》修订后,我国资本市场监管法治由核准制向全面注册制转变。这一重大改革,直接关系资本市场基础性制度改革能否激发市场活力和提高市场效率。A股市场边际性改革,是沿着"科创板—创业板—中小板—主板"注册制次序渐次落地,实现中国金融供给侧改革,实现中国资本市场"二次变革"。《证券法》按照全面推行注册制的基本定位,对证券发行制度进行了系统的修改完善,充分体现了注册制改革的决心与方向。

2020年7月3日,证监会发布《科创板上市公司证券发行注册管理办法(试行)》(以下简称《注册办法》),设定了科创板上市公司再融资基本发行条件,支持有发展潜力、市场认可度高的优质科创板上市公司便捷融资,进一步畅通科技、资本和实体经济的循环机制,加速科技成果向现实生产力转化。上海证券交易所(以下简称上交所)负责发行上市审核,证监会负责股票发行注册,审核程序公开、透明、可预期。

科创板的注册制主要从以下四个方面来理解:

第一,理念市场化:以信息披露为中心。由交易所承担发行上市审核,不仅是审核主体的变更,也对发行上市审核理念提出了新的要求。一是坚持以信息披露为中心,扩大预披露范围,着重从投资者需求出发,从信息披露充分性、一致性和可理解性角度开展审核问询,督促发行人及其保荐人、证券服务机构真实、准确、完整地披露信息。二是坚持审核公开透明,推进标准统一和公开,强化过程公开和结果公开,实行全程电子化审核、全程留痕,明确审核时限,稳定市场预期。三是坚持压严压实中介责任,更加注重保荐人、证券服务机构对发行人的信息披露进行严格把关,推动落实保荐人、证券服务机构尽职调查、审慎核查的职责,更好发挥保荐人、证券服务机构"看门人"作用。四是坚持加强事前事中事后全过程监管,依法依规行使否决权,打击欺诈发行,注重提高上市公司质量。

第二,标准全公开:无口袋标准。在审核内容上,上交所发行上市审核的内容主要包括三个方面:一是发行条件审核。发行人申请股票首次发行上市的,应当符合《注册办法》规定的发行条件。上交所将对发行人是否符合《注册办法》规定的发行条件进行审核。二是上市条件的审核。发行人申请股票首次发行上市的,应当符合上交所规定的上市条件,并在招股说明书和上市保荐书中明确所选择的具体上市标准。三是信息披露的审核。交易所从充分性、一致性和可理解性的角度进行信息披露审核,督促发行人、中介机构确保信息披露的真实、准确、完整。交易所将以信息披露为中心,从投资者立场出发,以“新三性”为抓手和切入点,开展信息披露审核问询。基本目标是,通过审核问询,督促发行人承担好信息披露第一责任人职责;督促保荐人、证券服务机构切实履行信息披露的把关责任;对相关信息披露义务人形成震慑,以减少和避免欺诈发行;提高信息披露质量,以便于投资者在信息充分的情况下作出投资决策。“新三性”与“老三性”之间是方式和目的、手段和结果的关系。

第三,结果可预期:市场主体可以根据审核标准和注册审核程序对结果进行合理预期。根据《科创板首次公开发行股票注册管理办法(试行)》《科创板上市公司持续监管办法(试行)》《上海证券交易所科创板股票发行上市审核规则》《上海证券交易所科创板股票上市委员会管理办法》《上海证券交易所科技创新咨询委员会工作规则》《上海证券交易所科创板上市保荐书内容与格式指引》《上海证券交易所科创板股票发行上市申请文件受理指引》《上海证券交易所科创板上市公司自律监管规则适用指引第 2 号——自愿信息披露》《关于发布科创板上市公司持续监管通用业务规则目录的通知》《关于发布〈上海证券交易所科创板上市公司自律监管规则适用指引第 1 号——规范运作〉的通知》《关于发布〈上海证券交易所、中国证券登记结算有限责任公司科创板上市公司股东以向特定机构投资者询价转让和配售方式减持股份业务指引〉的通知》《关于做好 2020 年科创板上市公司适用再融资简易程序相关工作的通知》《关于发布〈上海证券交易所科创板上市公司证券发行上市审核问答〉的通知》《关于发布〈上海证券交易所科创板上市公司证券发行上市审核规则〉的通知》《关于发布〈上海证券交易所科创板上市公司证券发行承销实施细则〉的通知》《关于发布〈上海证券交易所科创板上市公司股东以向特定机构投资者询价转让和配售方式减持股份实施细则〉的通知》,等等,市场主体可以根据审核标准对结果进行合理预期。

表 2　主板、中小板、创业板与科创板主要发行上市条件要求对比

条件	主板、中小板	创业板	科创板
主体资格	依法设立且合法存续的股份有限公司		依法设立且持续经营 3 年以上的股份有限公司(与主板、中小板、创业板相同)

续表

条件	主板、中小板	创业板	科创板
经营年限	持续经营时间应当在3年以上（有限公司按原账面净资产值折股整体变更为股份公司可连续计算）		持续经营3年以上，有限责任公司按原账面净资产值折股整体变更为股份有限公司的，持续经营时间可以从有限责任公司成立之日起计算（与主板、中小板、创业板相同）
同股同权/同股不同权	实践中，参照《公司法》第104条、第127条规定，股东出席股东大会会议，所持每一股份有一表决权；股份的发行，实行公平、公正的原则，同种类的每一股份应当具有同等权利。同次发行的同种类股票，每股的发行条件和价格应当相同；任何单位或者个人所认购的股份，每股应当支付相同价额		上市公司具有表决权差异安排的，应当充分、详细披露相关情况特别是风险、公司治理等信息，以及依法落实保护投资者合法权益规定的各项措施，并明确了存在差异化表决权安排的拟上市公司的具体上市标准
盈利要求	（1）最近3个会计年度净利润均为正数且累计超过人民币3000万元，净利润以扣除非经常性损益前后较低者为计算依据	最近两年连续盈利，最近两年净利润累计不少于1000万元；或者最近一年盈利，最近一年营业收入不少于5000万元	1.发行人申请在上交所科创板上市，市值及财务指标应当至少符合下列标准中的一项（符合其中一条即可）： （1）预计市值不低于人民币10亿元，最近两年净利润均为正且累计净利润不低于人民币5000万元，或者预计市值不低于人民币10亿元，最近一年净利润为正且营业收入不低于人民币1亿元； （2）预计市值不低于人民币15亿元，最近一年营业收入不低于人民币2亿元，且最近3年研发投入合计占最近3年营业收入的比例不低于15%； （3）预计市值不低于人民币20亿元，最近一年营业收入不低于人民币3亿元，且最近3年经营活动产生的现金流量净额累计不低于人民币1亿元；
	（2）最近3个会计年度经营活动产生的现金流量净额累计超过人民币5000万元；或者最近3个会计年度营业收入累计超过人民币3亿元	净利润以扣除非经常性损益前后孰低者为计算依据	
	（3）最近一期不存在未弥补亏损	—	

续表

条件	主板、中小板	创业板	科创板
盈利要求	—		(4)预计市值不低于人民币30亿元,且最近一年营业收入不低于人民币3亿元; (5)预计市值不低于人民币40亿元,主要业务或产品需经国家有关部门批准,市场空间大,目前已取得阶段性成果,并获得知名投资机构一定金额的投资。医药行业企业需取得至少有一项核心产品获准开展二期临床试验一类新药二期临床试验批件,其他符合科创板定位的企业需具备明显的技术优势并满足相应条件。 本条所称净利润以扣除非经常性损益前后的孰低者为准,所称净利润、营业收入、经营活动产生的现金流量净额均指经审计的数值。 2. 符合《国务院办公厅转发证监会关于开展创新企业境内发行股票或存托凭证试点若干意见的通知》(国办发〔2018〕21号)相关规定的红筹企业,可以申请发行股票或存托凭证并在科创板上市。营业收入快速增长,拥有自主研发、国际领先技术,同行业竞争中处于相对优势地位的尚未在境外上市红筹企业,申请在科创板上市的,市值及财务指标应当至少符合下列标准之一:(1)预计市值不低于人民币100亿元;(2)预计市值不低于人民币50亿元,且最近一年营业收入不低于人民币5亿元。 3. 存在表决权差异安排的发行人申请股票或者存托凭证首次公开发行

续表

条件	主板、中小板	创业板	科创板
盈利要求	—		并在科创板上市的，其表决权安排等应当符合《上海证券交易所科创板股票上市规则》等规则的规定；发行人应当至少符合下列上市标准中的一项：(一)预计市值不低于人民币100亿元；(二)预计市值不低于人民币50亿元，且最近一年营业收入不低于人民币5亿元
资产要求	最近一期末无形资产(扣除土地使用权、水面养殖权和采矿权等后)占净资产的比例不高于20%	最近一期末净资产不少于2000万元	无明文规定
股本要求	发行前股本总额不少于人民币3000万元，(主板上市)发行后不少于5000万股	企业发行后的股本总额不少于3000万元	发行后股本总额不低于人民币3000万元(与创业板相同)
上市公众持股要求	公众持股至少为25%；如果发行时股份总数超过4亿股，发行比例可以降低，但不得低于10%	公众持股至少为25%；如果发行时股份总数超过4亿股，发行比例可以降低，但不得低于10%	首次公开发行的股份达到公司股份总数的25%以上，公司股本总额超过人民币4亿元的，首次公开发行股份的比例为10%以上(与主板、中小板、创业板相同)

续表

条件	主板、中小板	创业板	科创板
主营业务要求	最近3年内主营业务没有发生重大变化	发行人应当主要经营一种业务，其生产经营活动符合法律、行政法规和公司章程的规定，符合国家产业政策及环境保护政策。发行人最近2年内主营业务没有发生重大变化	发行人申请首次公开发行股票并在科创板上市，应当符合科创板定位，面向世界科技前沿、面向经济主战场、面向国家重大需求。优先支持符合国家战略，拥有关键核心技术，科技创新能力突出，主要依靠核心技术开展生产经营，具有稳定的商业模式，市场认可度高，社会形象良好，具有较强成长性的企业。 发行人应当结合科创板定位，就是否符合相关行业范围、依靠核心技术开展生产经营、具有较强成长性等事项，进行审慎评估；保荐人应当就发行人是否符合科创板定位进行专业判断。 发行上市审核中将关注发行人的评估是否客观、保荐人的判断是否合理，并可以根据需要就发行人是否符合科创板定位，向科技创新咨询委员会咨询
董事及管理层	最近3年内没有发生重大变化	最近2年内未发生重大变化	最近2年内未发生重大不利变化（与创业板基本相同）
实际控制人	最近3年内实际控制人未发生变更	最近2年内实际控制人未发生变更	最近2年实际控制人没有发生变更，不存在导致控制权可能变更的重大权属纠纷（与创业板基本相同）
同业竞争	发行人的业务与控股股东、实际控制人及其控制的其他企业间不得有同业竞争	《首次公开发行股票并在创业板上市管理办法》无明文规定的，实践中按照主板、中小板标准审核	控股股东、实际控制人及其控制的其他企业间不存在对发行人构成重大不利影响的同业竞争

续表

条件	主板、中小板	创业板	科创板
关联交易	不得有显失公平的关联交易,关联交易价格公允,不存在通过关联交易操纵利润的情形	《首次公开发行股票并在创业板上市管理办法规则》无明文规定的,实践中按照主板、中小板标准审核	控股股东、实际控制人及其控制的其他企业间不存在严重影响独立性或者显失公平的关联交易(在实际审核中对于关联交易部分可能仍然会参照主板、中小板、创业板的标准)
公司治理结构	发行人已经依法建立健全股东大会、董事会、监事会、独立董事、董事会秘书制度,相关机构和人员能够依法履行职责	具有完善的公司治理结构,依法建立健全股东大会、董事会、监事会以及独立董事、董事会秘书、审计委员会制度,相关机构和人员能够依法履行职责。 发行人应当建立健全股东投票计票制度,建立发行人与股东之间的多元化纠纷解决机制,切实保障投资者依法行使收益权、知情权、参与权、监督权、求偿权等股东权利	具备健全且运行良好的组织机构,相关机构和人员能够依法履行职责
募集资金用途	应当有明确的使用方向,原则上用于主营业务	发行人董事会应当依法就本次发行股票的具体方案、本次募集资金使用的可行性及其他必须明确的事项作出决议,并提请股东大会批准	发行人应当披露其募集资金使用管理制度,以及募集资金重点投向科技创新领域的具体安排

续表

条件	主板、中小板	创业板	科创板
限制行为	(1)发行人的经营模式、产品或服务的品种结构已经或者将发生重大变化,并对发行人的持续盈利能力构成重大不利影响; (2)发行人的行业地位或发行人所处行业的经营环境已经或者将发生重大变化,并对发行人的持续盈利能力构成重大不利影响; (3)发行人最近一个会计年度的营业收入或净利润对关联方或者存在重大不确定性的客户存在重大依赖; (4)发行人最近一个会计年度的净利润主要来自合并财务报表范围以外的投资收益; (5)发行人在用的商标、专利、专有技术以及特许经营权等重要资产或技术的取得或者使用存在重大不利变化的风险; (6)其他可能对发行人持续盈利能力构成重大不利影响的情形		发行人不存在主要资产、核心技术、商标等的重大权属纠纷,重大偿债风险,重大担保、诉讼、仲裁等或有事项,经营环境已经或者将要发生的重大变化等对持续经营有重大不利影响的事项

通过表2,我们可以看到科创板上市条件更具包容性,更加注重企业科技创新能力,允许符合科创板定位、尚未盈利或存在累计未弥补亏损的企业在科创板上市。综合考虑预计市值、收入、净利润、研发投入、现金流等因素,设置多元包容的上市条件及双重股权结构。市场主体可以根据审核标准对结果进行合理预期。

同时,科创板的注册审核程序主要包括:预沟通、保荐人提交申请文件、交易所核对、交易所给出受理、首轮问询、继续问询、上市委员会审议、证监会注册、发行(见图3)。发行人在取得中国证监会同意注册决定后,应当在注册决定有效期内发行股票,发行时点由发行人自主选择。

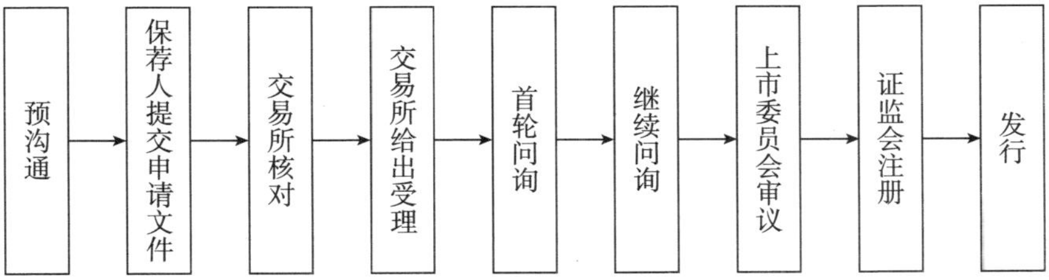

图3 注册审核程序

第四,审核透明化。在审核方式上,在证监会多年发审实践基础上,借鉴交易所近年上市公司分行业监管和“刨根问底”式信息披露审核经验,并深入研究境外市场做法,上交所实施问询式审核,督促发行人真实、准确、完整地披露信息,督促中介机构对发行人的信息披露承担把关责任。同时,上交所实现发行上市审核流程全程电子化,探索实施分行业审核。一是问询式审核。上交所对发行上市申请文件进行审核问询,根据需要进行一轮或多轮问询。审核问询均通过书面形式进行,发行人及中介机构要及时、逐项回复,并通过发行上市审核业务系统提交。对审核问询的回复是发行上市申请文件的组成部分,发行人、保荐人、证券服务机构要保证回复的真实性、准确性、完整性。审核问询和发行人、保荐人、证券服务机构的回复,应当在回复后及时在上交所网站披露。二是电子化审核。上交所建立发行上市审核业务系统,发行上市的申请、受理、问询、回复等事项通过发行上市审核业务系统进行电子化办理。发行人、保荐人针对重大无先例事项及上交所业务规则理解与适用,在提交发行上市申请文件前对上交所的咨询,对审核问询存在疑问与上交所的沟通,原则上通过发行上市审核业务系统电子化办理。三是分行业审核。考虑到科创板行业特征明显,上交所对科创板申报企业探索实施分行业审核,结合发行人的具体行业特征和行业主要风险,进行有针对性的审核。上交所发行上市审核机构可以根据需要,就发行上市申请文件中与发行人业务、技术相关的问题,向上交所科技创新咨询委员会进行咨询,并在审核问询中予以参考。

另外,创业板的注册制试点改革也在2020年启动。2020年4月27日,中央全面深化改革委员会第十三次会议审议通过了《创业板改革并试点注册制总体实施方案》,推进创业板改革并试点注册制,中国资本市场深刻变革的征程再次迎来关键节点。2020年6月12日,证监会发布了《创业板首次公开发行股票注册管理办法(试行)》《创业板上市公司证券发行注册管理办法(试行)》《创业板上市公司持续监管办法(试行)》《证券发行上市保荐业务管理办法》,自公布之日起施行,建立了以上市规则为中心的持续监管规则体系。深交所同步发布创业板改革并试点注册制相关业务规则及配套安排,共计8项主要业务规则及18项配套细则、指引和通知。具体来看,《创业板首次公开发行股票注册管理办法(试行)》完善了创业板股票公开发行条件,规定了注册程序与信息披露要求,明确了注册制下发行承销的一般规定与特别要求,更加突出注册制理念、注册标准以及标准执行的统一。《创业板上市公司证券发行注册管理办法(试行)》规定了上市公司发行股票、可转债等证券品种的具体条件,明确了具体的注册程序,完善了创业板小额快速发行方式,推出向特定对象发行可转债,精简了定向增发的审核环节。《创业板上市公司持续监管办法(试行)》在现行上市公司持续监管一般性规定的基础上,重点围绕公司治理、信息披露、股份减持、重大资产重组、股权激励等方面作出针对性、差异化安排。《证券发行上市保荐业务管理办法》取消了保荐代表人事前资格准入,明确了注册制下证券交易所对保荐业务的自律监管职责,强调了保荐机构对证券服务机构专业意见的核查要求,督促中介机构强化内控要求,各尽其责、合力把关,同时加大对违规行为的问责力度。

2019 年《证券法》充分吸收了科创板试点注册制的实践经验,进一步贯彻落实党的十八届三中全会关于注册制改革的有关要求和党的十九届四中全会完善资本市场基础制度的要求,按照全面推行注册制的基本定位,对证券发行制度作了系统的修改和完善,构建了以充分信息披露为基础,以审慎形式审查为核心,以显著提高证券违法成本为后盾的注册制规则体系,实现了从严格事前监管向强化事中监管和事后监管的转变。第 9 条删除了证券发行需要经过"核准"的字眼,使用"注册"来表述,即公开发行证券只需报国家证券主管部门或相关机构注册,不再经过证监会发行审核委员会审核。将审核权下放给证券交易所的同时,审核的关注点也发生了变化:以对"持续经营能力"的关注取代对"持续盈利能力"的要求,以是否满足严格的信息披露要求和发行的基本条件作为审核指标,真正把选择权交给市场,证券监管体系逐渐向市场化转型,正式开启了注册制时代。

(三)多层次资本市场进一步发展

新三板、区域性股权市场等的改革进程也明显加快。2019 年 10 月,证监会正式启动新三板全面深化改革,允许符合条件的创新层企业向不特定合格投资者公开发行股票;设立精选层,并在精选层建立到沪、深交易所上市的转板机制;引入公募基金等长期资金;实施分类监管,提高挂牌公司违法违规成本;完善摘牌制度。2019 年 12 月,证监会正式发布修订后的《非上市公众公司监督管理办法》和新制定的《非上市公众公司信息披露管理办法》,明确了新三板各项改革措施,为推动新三板改革奠定了法律基础。《非上市公众公司监督管理办法》主要在公开发行、定向发行和发行审核、监管方式四个方面进行了修订,除确立向不特定合格投资者公开发行制度之外,还进一步放开了定向发行规则,取消了挂牌公司定向发行 35 人的限制。《非上市公众公司信息披露管理办法》则主要配套新三板分层和发行制度改革,明确了挂牌公司差异化信息披露要求,在披露形式、披露内容和信息披露事务管理方面形成差异化制度安排,有利于更好地匹配不同发展阶段挂牌公司的信息披露成本承受能力,同时满足市场投资者需要。此外,证监会还在2019年8月指导上海证券交易所、深圳证券交易所和全国中小企业股份转让系统有限责任公司、中国证券登记结算有限责任公司发布了《非上市公司非公开发行可转换公司债券业务实施办法》,扩大创新创业公司债券试点范围,支持非上市公司非公开发行可转换公司债券,进一步增强了新三板市场的债券融资功能。作为多层次资本市场的重要组成部分,区域性股权市场和私募市场在2019年得到进一步规范。2019年7月,证监会公布《关于规范发展区域性股权市场的指导意见》,明确了区域性股权市场是主要服务于其所在省级行政区域内中小微企业的私募股权市场的定位,建立对不同资质的挂牌企业实施差异化信息披露等的分层管理制度,鼓励增强股权融资,支持平稳开展交易转让业务,建立完善的可转债业务规则、登记托管服务体系以及投资者适当性制度,防范区域性股权市场的各类风险隐患。进一步推动了多层次资本市场错位发展,为具有融资需求的企业提供差异化监管和服务,促进挂牌公司规范发展,满足不同投资者投资需求。

(四)进一步推动信息透明化

与证券发行注册制相适应,以2019年《证券法》为核心的系列政策法规进一步强化了信息透明度的要求。2019年《证券法》第19条要求证券发行申请文件充分披露投资者作出价值判断和投资决策所必需的信息,第五章又专门规定信息披露制度,明确了注册制以信息披露为基础的基本要求。2019年《证券法》将2014年《证券法》的一节内容升级为专章规定,彰显了信息披露制度的重要性。而信息披露义务人范围的扩大,信息披露原则、要求和内容的完善更是体现了信息披露主要是服务于投资者投资决策的信息需求,致力于实现实质有效的目标。实际上,2019年《全国法院民商事审判工作会议纪要》(以下简称《九民纪要》)亦通过强调"卖者尽责"的方式,进一步强调了信息透明化,从而进一步提升投资者的利益保护、市场秩序、市场效率。在率先实施注册制的科创板,透明度要求提升的趋势格外明显。2019年3月1日,证监会发布《公开发行证券的公司信息披露内容与格式准则第41号——科创板公司招股说明书》,对于科创板上市招股说明和申请文件作出专业细致的说明，从强化风险因素披露到明确主营业务与技术，从公司治理与独立性要求到募集资金的运用和外来规划，给出了详细严格的要求。2019 年 7 月 12 日，上交所发布实施《科创板上市公司信息披露工作备忘录》及配套公告格式指引，在科创板的环境下对《上海证券交易所科创板股票上市规则》信息披露要求进行落实和细化。《科创板上市公司信息披露工作备忘录》共包括 8 项，其中“一号”和“二号”明确信息披露业务办理和资料报送要求；“三号”“四号”“五号”明确科创板信息披露的内容及格式，进一步规范上市公司的信息披露行为，提高信息披露质量；“六号”适用于涉及上市公司业务操作相关事项的申请办理及信息披露；“七号”明确年度报告相关事项的办理要求，适用于上市公司年度报告编制期间相关事项的办理；“八号”则主要针对明确融资融券、转融通的相关信息披露口径。2019 年 8 月 1 日，上交所科创板上市审核中心发布《关于切实提高招股说明书（申报稿）质量和问询回复质量相关注意事项的通知》，提出 28 项要求，明确科创板信息披露边界，提升信息披露质量水平。该通知涉及招股说明书中的重大事项提示、财务会计信息与管理层分析等八个方面。从具体要求看，集中在对发行人基本情况、业务与技术、财务会计信息与管理层分析等方面，直指投资者与监管部门重点关注信息。2020 年 7 月 3 日，证监会发布文件《公开发行证券的公司信息披露内容与格式准则第 43 号——科创板上市公司向不特定对象发行证券募集说明书》和《公开发行证券的公司信息披露内容与格式准则第 44 号——科创板上市公司向特定对象发行证券募集说明书和发行情况报告书》，针对特定对象和不特定对象的证券发行给出差异化的要求和标准，对于向特定对象发行股票仅规定消极条件，以适应融资市场发展和科创板企业的募资要求。

为贯彻落实党中央、国务院关于加强金融服务民营企业的部署，2019 年中国证监会指导上海证券交易所、深圳证券交易所分别联合全国中小企业股份转让系统有限责任公司、中国证券登记结算有限责任公司，发布《非上市公司非公开发行可转换公司债券业务实施办法》，扩大了创新创业公司债券试点范围，支持非上市公司非公开发行可转换公司债券，加强对民营企业的金融服务。该实施办法从发行条件、挂牌转让、转股条件以及信息披露等多个方面进行了规范，并与创新创业公司债券试点相结合，从而进一步扩大了非公开发行可转换债券进行融资的渠道，同时强化了新三板的融资功能，有助于更好地服务民营企业、中小微企业，构建多层次资本市场体系。

(五)投资者保护制度继续完善

以2019年《证券法》和《九民纪要》为核心的系列法规,重点夯实了投资者保护制度基础。《九民纪要》进一步巩固了“卖者尽责、买者自负”原则,完善金融消费者权益保护,规范卖方机构经营行为,推动形成公开、公平、公正的市场环境和市场秩序。《九民纪要》提出秉持“卖者尽责、买者自负”原则,规范卖方机构经营行为,将金融消费者是否充分了解相关金融产品、投资活动的性质及风险并在此基础上作出自主决定作为应当查明的案件基本事实,依法保护金融消费者的合法权益。卖方机构在向金融消费者推介包括期权、券商集合理财计划等高风险等级金融产品,以及为金融消费者参与融资融券、新三板、创业板、科创板、期货等高风险等级投资活动提供服务的过程中,必须履行适当性义务,并对该义务的履行承担举证责任。对于适当性义务内容的判断,应当以合同法、证券法、证券投资基金法、信托法等法律规定的基本原则和国务院发布的规范性文件为主要依据。《九民纪要》同时肯定了专业金融监管部门的规章、规范性文件在适当性义务内容确定中的可参照性。《九民纪要》明确且严格规定了卖方机构须履行告知说明义务,“卖者尽责”将不仅仅是流于形式的风险告知书,金融消费者自主决策权利是否受到影响,可能会成为裁判卖方机构责任之关键。同时,2019年《证券法》更加侧重于“投资者利益至上”的市场机制建设。2019年《证券法》本质上是一部投资者权益保护法。为了更好地实现维护投资者合法权益的核心目标,2019年《证券法》在原有规定的基础上设置了“投资者保护”专章,通过一系列制度设计加强对中小投资者的倾斜性保护。例如,普通投资者与证券公司纠纷的举证责任倒置制度、股东权利征集制度、现金分红制度、债券持有人会议和受托管理人制度、先行赔付制度、投资者保护机构支持诉讼制度以及具有中国特色的证券集体诉讼制度等,共同描绘了全面建设投资者友好型资本市场的蓝图。此外,2020年7月31日,最高人民法院发布《关于证券纠纷代表人诉讼若干问题的规定》,进一步完善我国证券集体诉讼制度;8月18日,最高人民法院发布《关于为创业板改革并试点注册制提供司法保障的若干意见》,助力创业板改革并试点注册制顺利进行,保护投资者合法权益等。

同时,证券纠纷解决机制得到进一步完善。2019年《证券法》项下证券纠纷的处理机制(如集体诉讼)及示范案例将分别为投资者从权益保护的手段与权益保护的效果两方面提供更为多元、便捷,预期性更强的保护措施。司法机关和投资者保护机构将能更积极、更广泛地适用“集体诉讼制度”和“案例示范和平行案件制度”以保障投资者主张民事赔偿，以此增加违规成本，加大对违规行为的处罚力度。2019年8月7日上海市高级人民法院审理全国首起证券群体性纠纷示范案例，终审判决驳回上诉，认定方正科技公司存在证券虚假陈述行为，需承担民事责任，维持原判。该案是上海金融法院依照《上海金融法院关于证券纠纷示范判决机制的规定（试行）》，在投资者诉被告方正科技公司证券虚假陈述责任纠纷系列案件中，依职权选定的示范案件。纠纷通过调解得以最终解决，为涉及上千名投资者的平行案件的诉讼当事人提供了充分的诉讼预期，提升了司法审判的效率。

（六）显著提高证券违法成本

2019年《证券法》在大力精简优化证券发行条件的同时，也没有放松对资本市场的监管，在充分总结2015年股市异常波动的经验教训的基础上，对证券监管机构的职能与职责作了进一步充实和强化。其中，丰富了中国证监会有权采取的监管执法措施，如扩大扣押和查询措施的实施范围、完善冻结查封权、增加报送文件和资料措施、边控措施等，新设了证券行政监管措施的制度，增加了证券行政和解制度，确立了证券市场诚信档案制度，设置证券有奖举报制度等，形成制度合力，以显著提高证券违法成本作为事后监管的主要途径，为注册制规则体系的建立提供了坚实的后盾。按照全面提升证券违法成本的导向，2019年《证券法》大幅提高对证券违法行为的处罚力度，①强化对于发行人的控股股东、实际控制人组织等关键主体的追责力度，②进一步完善证券违法民事赔偿责任③等。通过提高处罚金额、强化责任形式等方式提升违法违规成本，明显增强了对于上市公司及相关责任主体意欲实施违法行为的震慑力。

2019年证监会及其派出机构继续对证券违法违规行为采取高压态势。全年一

---

① 例如，对于欺诈发行行为，从原来最高可处募集资金百分之五的罚款，提高至募集资金的一倍；对于上市公司信息披露违法行为，从原来最高可处以60万元罚款，提高至1000万元等。

② 例如，对于发行人的控股股东、实际控制人组织、指使从事欺诈发行的，最高处以2000万元罚款，有违法所得的，最高按1倍处罚，并对其责任人员处以1000万元罚款。对于发行人的控股股东、实际控制人组织、指使从事虚假陈述行为，或者隐瞒相关事项导致虚假陈述的，规定最高可处以1000万元罚款等，其直接责任人员最高处以500万元罚款。

③ 例如，规定了发行人等不履行公开承诺的民事赔偿责任，明确了发行人的控股股东、实际控制人在欺诈发行、信息披露违法中的过错推定、连带赔偿责任等。

共开出300余张罚单，其中处罚最为集中的是内幕交易，占比约为40%。中介机构违规行为也是处罚的一个重点。2019年，证监会一共对4家证券公司发出处罚决定书，其中最为严厉的罚单给了上海华信证券有限责任公司，其因违规向股东提供融资，被处以撤销业务许可证的处罚；其余3家证券公司均因作为财务顾问/承销商未勤勉尽责而受到处罚。此外，上交所与深交所在2019年同样厉行监管，对于主体违法违规行为"零容忍"，致力于维护金融市场良好秩序（具体情况见图4、图5、图6）。

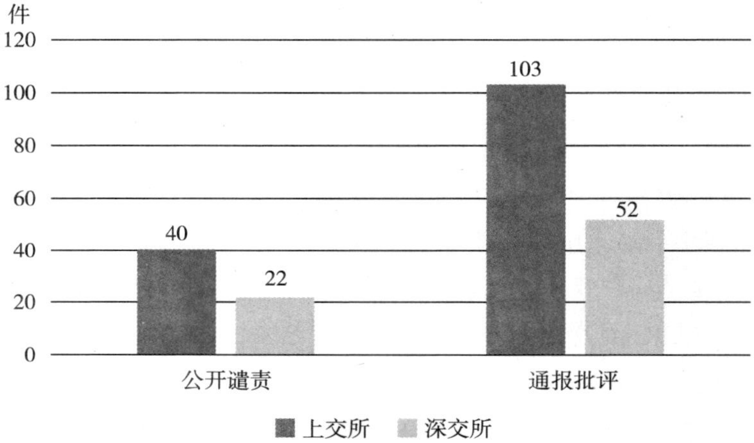

图4　2019年上交所、深交所针对信息披露违规行为的纪律处罚决定统计

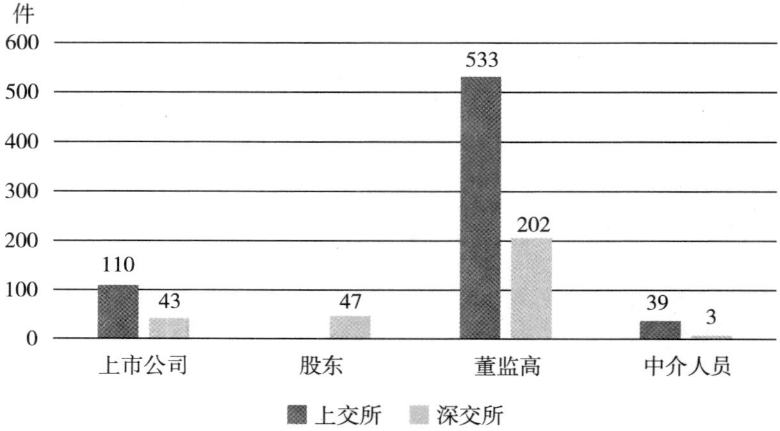

图5　2019年上交所、深交所针对信息披露违规行为的纪律处罚涉案主体统计

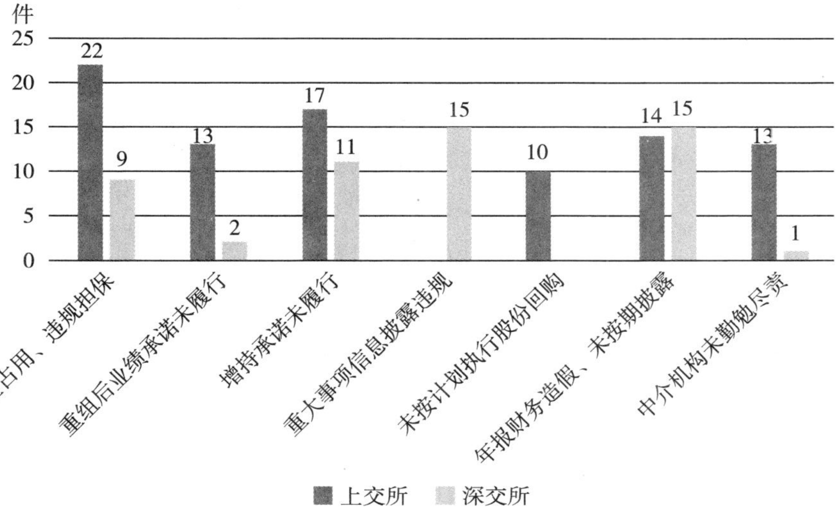

图 6　2019 年上交所、深交所 2019 年上市公司违规处理详情

近两年,还重点强化了主体信用监管。在监管方面,证监会将信用纳入日常监管体系范畴。证监会在审批股东资格时重点关注申请人的诚信记录,对相关证明文件的要求显著提高。2019 年,证监会为科创板股票上市委委员遴选提供 13 批次核查服务,为科创板企业发行上市提供 184 批次专项查询服务。截至 2019 年 11 月底,资本市场诚信数据库共收录证券期货市场主体信息百万余条,部际共享失信信息 2000 万余条,数据库采集信息不断丰富。支持证券期货监管系统查询 39,000 余次,支持社会公众查询 4890 万余次。全年向全国信用信息共享平台推送资本市场违法违规信息 8700 余条,依法依规做好对违法失信主体的信息共享与联动约束。同时,采取积极引导的方式,督促证券基金经营机构建立诚信管理规范,在业务中进行客户信用核查。在具体实施上,随着《证券期货市场诚信监督管理办法》的正式施行,2019 年相关监管机构加大证券领域失信查处和处罚力度,提高违法成本。2019 年,证监会向全国信用信息共享平台推送资本市场违法违规信息 8770 余条,包括行政处罚 3300 余条、市场禁入 170 余条、纪律处分信息 5300 余条,委托公示 18 批共 191 名特定严重失信人。证监会系统各单位(部门)对高风险失信市场主体依法采取措施 151 次,将 1 万余家挂牌公司、近 23.9 万名从业人员与诚信数据库进行批量比对,筛查发现 157 家/人次主体失信信息,并对 545 家失信私募机构采取了失信公示。

（七）注重科技赋能监管，启动中国版“监管沙箱”试点

金融与科技的融合发展是必然趋势，加快推进金融科技中心建设是新一轮国际金融中心竞争的必然要求。监管科技能通过数据的收集、深度挖掘和智能分析，以充分的技术支撑较好地实现快速识别金融科技项目的优劣真伪，大幅提升金融科技监管效率。金融科技时代，监管科技作为金融监管的基础设施地位越发明显。2019 年 12 月 5 日，中国人民银行为落实《金融科技（FinTech）发展规划（2019—2021 年）》率先在北京市开展金融科技创新监管试点，中国版“监管沙箱”正式启动。2020 年 4 月，中国人民银行在上海市、重庆市、深圳市、河北雄安新区、杭州市、苏州市等 6 市（区）扩大“监管沙箱”试点，引导持牌金融机构、科技公司申请创新测试，在依法合规、保护消费者权益的前提下探索运用现代信息技术手段赋能金融“惠民利企”，缓解小微民营企业融资难、融资贵、普惠金融“最后一公里”等痛点难点，助力疫情防控和复工复产，着力提升金融服务实体经济水平。以上海市为例，上海市金融监管科技试点重点聚焦风险防范领域，包括票据风险监测、银行风控体系、信贷和理财风控。其中，在信贷和理财风控领域，采用多项技术对信贷流程中的文本进行标注和分析，挖掘语义关系，构建信用风险管理体系。利用人工智能（Artificial Intelligence，AI）对银行理财销售录音进行语义分析，帮助后台监督人员快速筛选视频可疑时段，提升事后风险管理效率。

（八）优化重组上市监管制度，全面提高上市公司质量

重组上市是上市公司并购重组的重要交易类型，市场影响大，投资者关注度高。随着经济形势发展变化，上市公司借助重组上市实现大股东“新陈代谢”、突破主业瓶颈、提升公司质量的需求日益凸显。优化重组上市监管制度，是落实全国深化资本市场改革总体方案的重要举措，对推进建设规范、透明、有活力、有韧性的资本市场以及完善资本市场多元化退出渠道和出清方式有重要意义。

2019 年 10 月 18 日，证监会正式发布《关于修改〈上市公司重大资产重组管理办法〉的决定》（以下简称《重组办法》），自发布之日起开始实施。2020 年 3 月 20 日，证监会集中“打包”修改证券期货规章、规范性文件，对《上市公司重大资产重组管理办法》《上市公司收购管理办法》和相关配套规则进行了修改，与 2019 年《证券法》相衔接，进一步提升监管的效率与水平，持续从严监管规范重组上市行为，促进

上市公司质量提升。2020 年 8 月 30 日，深交所发布了《深圳证券交易所上市公司风险分类管理办法》，从分类监管的角度推动上市公司提升质量。

一是取消重组上市认定标准中的“净利润”指标。对亏损、微利上市公司“保壳”“养壳”乱象，2016 年修订《重组办法》时，证监会在重组上市认定标准中设定了总资产、净资产、营业收入、净利润等多项指标。在当前经济形势下，一些公司经营困难、业绩下滑，更需要通过并购重组吐故纳新、提升质量。为强化监管法规“适应性”，发挥并购重组功能，在修订后的《重组办法》中删除了净利润指标，支持上市公司资源整合和产业升级，加快质量提升速度。二是恢复重组上市配套融资。为抑制投机和滥用融资便利，2016 年《重组办法》取消了重组上市的配套融资。为多渠道支持上市公司和置入资产改善现金流、发挥协同效应，重点引导社会资金向具有自主创新能力的高科技企业集聚，修改后的《重组办法》结合当前市场环境，以及融资、减持监管体系日益完善的情况，取消前述限制。三是加强重组业绩承诺监管。针对重组承诺履行中出现的各种问题，为加强监管，在修改后的《重组办法》第 59 条增加一款：“交易对方超期未履行或者违反业绩补偿协议、承诺的，由中国证监会责令改正，并可以采取监管谈话、出具警示函、责令公开说明、认定为不适当人选等监管措施，将相关情况记入诚信档案。”2020 年 7 月 31 日，证监会发布的《监管规则适用指引——上市类第 1 号》明确要求应当就标的资产业绩承诺、业绩奖励的计算基础以及调整方式作出明确约定，并对争议解决作出明确安排，并在重组报告书中或以其他规定方式予以披露。四是上市公司风险分类管理，倒逼上市公司提高质量。2020 年 8 月 30 日，深交所发布《深圳证券交易所上市公司风险分类管理办法》，按照上市公司风险严重程度和受监管关注程度不同，将上市公司从高到低依次分为高风险类、次高风险类、关注类、正常类 4 个等级。从财务舞弊风险、经营风险、治理及运作风险、市场风险、退市风险五个维度对上市公司风险等级进行评估分类，从而推进上市公司分类监管、精准监管、科技监管，健全风险防控制度，提升一线监管效能，促进上市公司提高信息披露质量和规范运作水平，推动上市公司实现高质量发展。

（九）完善金融控股公司法律制度

金融控股公司由于拥有两家及以上不同类别的金融机构，可以发挥不同金融机构之间的互补和协同作用，能够提升经营效率，提高服务质量，有助于更好支持实体经济。但事实上，在金融控股公司发展的过程中，基于关联交易的虚假注资、逃避监管以及公司治理缺陷导致的大股东控制、掏空金融机构的案例时有出现。这些情况，一方面，导致金融机构经营效益低下；另一方面，引致金融机构暴露风险，进而在金控体系内传递，最终可能导致系统性金融风险。

关联交易存在于集团公司内部不同子公司之间，合规的关联交易可以为金融控股公司节省交易成本，提升管理效率，但由于关联交易的内部性，在集团公司内外往往存在信息不对称和不透明，为掩盖风险和违规操作提供了空间。如近年来风险显著暴露的明天系、华信系以及安邦系，均存在通过关联交易进行自融，进行高杠杆经营，甚至利用金融借款虚假、循环注资推动“野蛮扩张”。

金融控股集团内部不合规甚至非法的关联交易核心在于其治理结构。近年来出现风险的金融控股集团，其公司治理往往存在较大缺陷，要么缺乏公司治理的基本结构，要么看似完备的治理结构根本无法发挥作用，实质上是大股东甚至个别自然人控制。这种状况下，内部治理缺失，外部监管有限，一些金融控股公司成为风险的巨大策源地，为经济金融运行带来了巨大的负外部性。明天系的垮塌导致包商银行重组，金融管理部门、地方政府付出了巨大资金成本、管理成本乃至信用成本。在2017年之前，金融控股公司就受到了监管层的关注。这期间，代表性的政策文件主要有财政部发布的《金融控股公司财务管理若干规定》（财金〔2009〕89号）、《金融业发展和改革“十一五”规划》和《金融业发展和改革“十二五”规划》。2017年7月召开的第五次全国金融工作会议具有标志性意义。自此之后监管层对金融控股公司的关注度越来越高，关注点也转向了非金融企业及自然人控制的金融控股集团，特别是民营系金融控股集团。这期间，比较有代表性的政策文件主要有证监会《关于加强非金融企业投资金融机构监管的指导意见》和中国人民银行《金融控股公司监督管理试行办法》。

2019年11月，中国人民银行发布《中国金融稳定报告（2019）》，明确提出了“个别金融控股集团风险可能暴露……继续有序处置重点金融控股集团风险”。2020年9月，中国人民银行印发了《金融控股公司监督管理试行办法》，进一步明确了监管范围和监管主体，对股东资质条件、资金来源和运用、资本充足性要求、股权结构、公司治理、关联交易、风险管理体系和风险“防火墙”制度等关键环节提出了全面的监管要求。《金融控股公司监督管理试行办法》对金融控股公司依照金融机构管理，以并表为基础，对资本、行为及风险进行全面、持续、穿透监管，规范经营行为,防范风险交叉传染,促进经济金融良性循环,并在金融控股公司的股东和资本管理、股权结构、公司治理和风险管理方面提出了具体且细致的要求。上述办法的出台将对金融控股公司的运营及管理形成强有力的约束,有助于金融控股公司合法合规经营,更好服务实体经济。

(十)推进跨境合作跨境交易,深化资本市场双向开放

2019 年,我国在证券及期货领域进一步加快了对外开放的速度,主要体现在商业存在和跨境交易两方面。2019 年 7 月 20 日,国务院金融稳定发展委员会办公室发布了《关于进一步扩大金融业对外开放的有关举措》,推出了 11 条金融业对外开放的措施,将原定于 2021 年才取消证券公司、基金管理公司和期货公司的外资股比限制的时点提前到了 2020 年。在此基础上,2019 年 10 月 11 日,证监会明确了取消期货、基金和证券公司外资股比限制的时点。目前,野村东方国际证券有限公司以及摩根大通证券(中国)有限公司已经取得了经营证券业务许可证,还有多家合资券商的设立/增资申请正在进行中,包括瑞信、大和证券、星展银行等。显然这一举措致力于引进更多优质股东和竞争主体,以推动证券期货行业的市场化竞争。

在外资跨境投资国内市场方面,进一步优化合格境外机构投资者(Qualified Foreign Institutional Investor,QFII)和人民币合格境外机构投资者(RMB Qualified Foreign Institutional Investor,RQFII)制度,提高资格申请和投资便利性,扩大投资范围,取消期货公司外资股比限制,是进一步满足境外投资者对我国金融市场投资需求而主动推出的改革举措。

2019 年 6 月 17 日沪伦通正式通航,开创了上交所和伦敦证券交易所(London Stock Exchange,LSE)的互联互通制度。境内企业可以通过发行全球存托凭证(Global Depository Receipts,GDR)在伦敦证券交易所上市,伦敦证券交易所上市企业可以通过发行中国存托凭证(China Depository Receipts,CDR)在上海证券交易所上市。双向交易的便利势必有助于国内证券市场与国际证券市场的交融,强化中国证券市场与国际市场的联系。

(十一)司法与监管、监管部门之间的联动进一步加强

司法与监管的联动在《九民纪要》中体现得尤为突出。例如,《九民纪要》明确场外配资合同无效,认为将证券市场的信用交易纳入国家统一监管的范围是维护

金融市场透明度和金融稳定的重要内容。融资融券属于国家特许经营的金融业务,未经依法批准,任何单位和个人不得非法从事配资业务。不受监管的场外配资业务,不仅导致资本市场信用交易规模盲目扩张,而且容易冲击资本市场的交易秩序。场外配资公司所开展的经营活动不仅规避了监管部门对融资融券业务的限制,而且加剧了市场的非理性波动,因此在司法实务中,法院应当根据《证券法》第142条、《最高人民法院关于适用〈中华人民共和国合同法〉若干问题的解释(一)》第10条的规定,认定场外配资合同无效。针对资管产品,《九民纪要》指出,营业信托是信托公司根据法律规定和监管部门的监管规定,以获取报酬为目的,接受委托人的委托,以受托人的身份处理信托事务的经营行为。根据《关于规范金融机构资产管理业务的指导意见》的规定,其他金融机构开展的资产管理业务构成信托关系的,当事人之间的纠纷适用《信托法》及其他有关规定处理。该规定主要针对以往机构监管下资管产品法律适用不明确问题,确认了营业信托纠纷的含义,确认资管产品信托法律关系,并对多层嵌套、通道业务、回购承诺等融资活动的效力、各方权利义务等予以规定。

此外,为惩治证券期货市场违法行为,2019年6月28日最高人民法院、最高人民检察院公布了《关于办理操纵证券、期货市场刑事案件适用法律若干问题的解释》以及《关于办理利用未公开信息交易刑事案件适用法律若干问题的解释》,细化并落实金融犯罪细则,为规范市场主体行为提供制度保障。相应地,证监会出台了《关于〈期货交易管理条例〉第七十条第五项"其他操纵期货交易价格行为"的规定》,均剑指新型的市场操纵行为(包括蛊惑交易操纵、抢帽子交易操纵、重大事件操纵、利用信息优势操纵等),扩展了市场操纵的范围,顺应了时代发展和完善监管的需要。

监管部门之间的联动亦逐步加深。按照2018年8月国务院金融稳定发展委员会提出的"建立统一管理和协调发展的债券市场"要求,交易所债券市场与银行间债券市场的互联互通正从以下方面稳步推进。一是推出跨市场债券指数基金。2019年5月,证监会、中国人民银行联合发布《关于做好开放式债券指数证券投资基金创新试点工作的通知》,拟推出以跨市场债券品种为投资标的,可在交易所上市交易或在银行间市场协议转让的债券指数公募基金。二是扩大参与交易所债券市场的商业银行范围。2019年8月,证监会、中国人民银行、银保监会联合发布《关于银行在证券交易所参与债券交易有关问题的通知》,扩大在交易所债券市场参与现券交易的银行范围。与2009年开展的上市商业银行在证券交易所参与债券交易试点相比,银行范围进一步涵盖了政策性银行、国家开发银行、未上市股份制银行和城市商业银行、在华外资银行以及在境内上市的其他银行。随着产品和投资者两方面政策的出台,交易所债券市场和银行间债券市场的需求端将逐渐走向一致,有利于从基础上解决市场的割裂问题,使实现互联互通的条件愈加完备。

二、资本市场重点案例评述

尽管我国金融监管领域立法取得了长足的进展,但是由于市场自发性和盲目性的存在,企业机会主义行为依然屡禁不止。这严重扰乱了正常金融秩序,损害了投资者利益,成为金融监管机构重点打击的对象。其中以獐子岛案、康美药业案、瑞幸咖啡案等案件最为典型。

(一)獐子岛案和康美药业案述评

2020年6月15日,证监会依法对獐子岛及相关人员涉嫌违反证券法律法规案(以下简称獐子岛案)作出行政处罚和市场禁入决定。证监会认定,獐子岛公司2016年虚增利润1.3亿元,占当期披露利润总额的158%;2017年虚减利润2.8亿元,占当期披露利润总额的39%。獐子岛公司上述行为涉嫌构成违规披露、不披露重要信息罪。同年6月24日,证监会宣布对獐子岛公司作出行政处罚及市场禁入决定,对獐子岛公司给予警告,并处以60万元罚款,对15名责任人员处以3万元至30万元不等罚款,对4名主要责任人采取5年至终身市场禁入。之后,证监会发布公告称决定将獐子岛公司及相关人员涉嫌证券犯罪案件依法移送公安机关追究刑事责任。早在2014年,獐子岛公司就发布了虚假公告称其遇到冷水团导致播撒的虾夷扇贝绝收。此后又不断发布类似公告欺骗市场和投资者,而直到2018年,证监会才开始对獐子岛公司进行立案调查。最终证监会确认獐子岛公司存在财务造假、信息披露不真实等一系列违法行为。2019年5月17日,因涉嫌财务报告虚假陈述等违规行为,康美药业被证监会立案调查。经过前期的调查和行政复议等程序,证监会最终认定,2016~2018年,康美药业虚增巨额营业收入,通过伪造、变造大额定期存单等方式虚增货币资金,将不满足会计确认和计量条件工程项目纳入报表,虚增固定资产等。同时,康美药业存在控股股东及其关联方非经营性占用资金情况。上述行为致使康美药业披露的相关年度报告存在虚假记载和重大遗漏。证监会于2019年8月16日、2020年5月14日分别作出拟处罚决定与正式处罚决定,对康美药业处以60万元罚款,对21名责任人员处以10万元到90万元不等罚款,对6名主要责任人采取10年至终身证券市场禁入措施。① 至此,一场涉及300亿元的A股史上最大的财务造假案最终落定。这两个案例引发的思考主要有:

1.完善我国的退市制度

獐子岛公司、康美药业财务造假并未触发退市机制,暴露出我国退市制度设计的不完善。根据上海证券交易所发布的《上市公司重大违法强制退市实施办法》的规定,上市公司披露的年度报告存在虚假记载、误导性陈述或者重大遗漏的,根据证监会行政处罚决定认定的事实,导致连续会计年度财务指标实际已触及《股票上市规则》规定的终止上市标准,即连续3年亏损。以獐子岛公司、康美药业为代表的公司主业"空心化",企业盈利能力已经大不如前,甚至出现难以扭转亏损的局面,或者贸然涉足其他行业却投资失败等原因造成连续3年亏损,但这些企业深知一旦退市融资将更为困难,维持正常运营也更为艰难。因而,这些企业就会滋生投机取巧的想法,想办法每3年盈利一次,以此保留上市资格。譬如运用盈余管理手段把亏损都集中在前两年,然后第三年利用处置资产弥补亏损,如此循环往复避免退市。康美药业不大力发展医药主业,而是将融资资金投资于房地产,造成亏损,而后通过不是主营业务的其他利得来填补亏损,粉饰财务数据,规避企业退市。獐子岛公司则通过获取巨额的政府补助实现了在2014、2015年连亏两年后,2016年扭亏为盈。此后亏一年盈利一年,完全避开了退市的可能性。对此,建议在退市机制中加入上市公司的主要营业收入来源的审查,如果其主营业务收入是与主营业务无关的贸易往来或者不具备商业实质的关联交易收入,就有充分的证据表明公司已经丧失了持续经营的能力,那么应该予以退市。②

2.监管层的"预警"责任

继康美药业宣布"300亿收入蒸发"后,证监会立即向康美药业下发了调查通知

---

① 参见《中国证监会市场禁入决定书(马兴田、许冬瑾、邱锡伟、庄义清、温少生、马焕洲)》,载中国证监会官网,http://www.csrc.gov.cn/pub/zjhpublic/G00306212/202005/t20200515_376441.htm?keywords=康美药业,最后访问日期:2020年10月12日。

② 参见邱静、李昆:《公司机会主义行为及注册制下退市治理——基于康美药业的案例分析》,载《商业经济》2020年第8期。

书,对其财务业绩造假行为进行立案调查,对康美药业及相关涉案人员及时进行稽核处罚。上交所也接连下发问询函,刨根问底,试图了解事情的真相。该问询函对康美药业的财务管理、信息披露、内部控制等多个方面均予以关注,及时向投资者传递了预警信息,一定程度上维护了证券市场秩序。但是,康美药业收到证监会的调查通知书与上海证券交易所的问询函,均是在公司自身披露会计差错更正公告后。可以看出,监管机构充分发挥了“事中问询”与“事后追责”的作用,但在“事前预警”与风险管控措施方面还存在一定的完善空间。譬如,此前监管机构是否能从细微的线索中找出康美药业出现问题的“苗头”?

综上,监管机构应当注重监管和市场机制的联动,预防上市公司的财务造假仅仅依靠监管是远远不够的,大多数引发全市场关注的财务造假事件是依靠市场化机构发现的。市场对上市公司的蛛丝马迹“嗅觉灵敏”,因此防范我国上市公司财务造假行为,更需要发挥市场化力量。其实康美药业的财务舞弊行为早有迹象,2012 年《证券市场周刊》发文质疑康美药业的财报披露信息涉嫌造假,并提供了充足的证据,但当时没有得到监管层的关注,类似的事件均未能使得康美药业承担相应的舞弊成本。

我国正逐步推进证券交易所优化管理进程,厘清证监会与证券交易所的监管责任,强化证券交易所一线监管职责。证监会于 2020 年 3 月修订《证券交易所管理办法》时,进一步明确了证券交易所对于异常交易等行为的自律管理措施,完善了证券交易所在履行一线监管职责、防范市场风险过程中的手段措施,特别强调建立和完善风险管理、风险监测机制,依法监测、监控、预警并防范市场风险,将证券交易所对上市公司违法行为及市场异常交易行为的检测与管控过程“前移”,切实发挥监管机构的“事前预警”功能。

3. 显著提高违法违规成本

无论是獐子岛案还是康美药业案,纵使造假金额庞大,影响极为严重和恶劣,证监会依据《证券法》所能作出的顶格处罚也仅仅只有 60 万元。相比于造假的金额和造假所带来的收益,违法成本有过低之嫌。上市公司造假行为不但关涉整个金融市场秩序的稳定,而且事关众多投资者利益,其违法行为所带来的恶劣影响是重大的。应该进一步加重对违法行为的惩罚力度,给予相关责任主体尤其是公司董事、监事和高级管理人员足够的惩戒威慑,同时加强对第三方机构如会计师事务所和律师事务所勤勉义务的要求,从而在事后处罚层面足够震慑违法行为。

4. 取消 ST 缓冲程序

目前我国实行的 ST 缓冲退市制度已经严重影响股票的市场效率，其结果就是有大量的劣质企业在证券市场上残留，而这些劣质企业在 ST 缓冲期又通过一系列的利润操控，达到市场盈利标准，进而避免退市。而且这些劣质企业长期在证券市场上利用他们的“壳资源”反复炒作投机，造成恶劣影响。康美药业也是如此，在 2019 年 8 月康美药业财务造假、内控失效被证监会查处后，虽然康美药业受到了顶格处罚，而且公司还面临着股权质押风险与流动性压力，按照常理股价应当大幅下降，但 ST 康美的股价不但不下降反而连续 4 天涨停。为提高退市效率，我国应该借鉴注册制下的退市程序，改革 ST 退市制度，建立新型退市流程。比如，对于主板市场，可以先停牌不让其成为壳资源，然后再让企业长期调整，给企业 2 年的时间作为复市调整期，待 2 年调整期满，达到标准的可以恢复上市，不达标的直接退市。这样退市周期也将从 4 年大幅缩短到 2 年，不仅挽留了公司，又保持了股票市场的活力。①

（二）瑞幸咖啡案述评

2020 年 2 月 1 日，著名做空机构浑水代发做空瑞幸的研究报告，直指瑞幸咖啡财务欺诈、商业模式缺陷与若干危险信号。2020 年 4 月 2 日，瑞幸向美国证券交易委员会（United States Securities and Exchange Commission，SEC）递交了文件，自曝公司存在严重财务舞弊行为。由 3 名瑞幸独立董事组成的特别委员会的内部调查表明，瑞幸 2019 年第二季度至第四季度与虚假交易相关的总销售金额约为人民币 22 亿元，同时相应的成本和费用也因虚假交易而大幅膨胀。自爆财务欺诈令瑞幸股价在一小时内经历 5 次熔断，一度暴跌 81.30%。瑞幸造假案给国内资本市场敲响了一次警钟，从侧面反映出我国资本市场中信息披露制度的不成熟，金融监管的不完善。针对该事件，中国证监会表态称：“对瑞幸财务造假行为强烈谴责。将按照国际证券监管合作的有关安排，依法对相应情况进行核查，坚决打击证券欺诈行为，切实保护投资者权益。”

---

① 参见邱静、李昆：《公司机会主义行为及注册制下退市治理——基于康美药业的案例分析》，载《商业经济》2020 年第 8 期。

1. 建立海外上市中国公司的境内监管标准

瑞幸造假案暴露出我国目前对境外上市的中国企业的境内监管较为不足，这主要体现在两个方面。一方面，没有对本国企业境外上市的过程提供必要的、最低限度的监管；另一方面，没有对本国企业境外上市后的境内日常运营提供必要的、最低限度的监管。对此，应制定并出台海外上市公司的境内监管标准。

2. 制定中国概念股公司审计质量的特别规定

中国概念股的审计质量不高及有限的审计强度一直受到多方诟病产，因此，建议出台有关中国概念股审计的特别规定，执行对中国概念股进行审计的会计师事务所质量控制的特别规定，从而将审计质量提高至期望的水平。

3. 深化中美跨境证券监管合作

2002 年，国际证监会组织启动了《磋商、合作及信息交换多边谅解备忘录》，中国证监会和美国 SEC 均签署了该备忘录。根据该备忘录的要求，一方提出的协助请求而获得对方的非公开信息和文件，可以用于执行民事或行政执法程序。在此备忘录框架下，中国证监会曾向美国 SEC 和 PCAOB 提供过 14 家境外上市公司相关审计工作底稿。跨境监管合作有助于加强对跨境上市企业的监管，防范企业违法行为。

（三）原油宝事件述评

2020 年 4 月 20 日，美国原油期货价格跌破负数，当日结算于 -37.63 美元每桶。作为中国银行推出的挂钩美国原油期货的理财产品，原油宝价值受到了巨大冲击。紧接着，中国银行确认了呈负数的美国原油期货价格真实有效，并公开表明将以此价格进行结算。这意味着购买原油宝理财产品的投资者不但亏光了所有本金，还需要向中国银行偿还 3 倍于本金的巨额债务。5 月 4 日，中国银行的态度软化，同意与投资者达成和解协议，免除投资者穿仓部分的补缴义务，并补偿投资者部分本金损失。5 月 16 日，根据我国《金融时报》的报道，已经有 80% 的投资者与中国银行签订和解协议。至此，原油宝事件的纠纷基本平息。（具体情况见表 3、图 7）本次事件看似是中国银行原油宝产品个体性的缺陷导致的风波，但实则折射出我国金融监管体系的不足。

表3　原油宝事件的重要时间节点

<table>
<tr><th>时间线</th><th>相关文件</th><th colspan="2">事件摘要</th></tr>
<tr><td>2018年3月14日</td><td>《中国银行外汇交易满足客户多元需求》</td><td colspan="2">中国银行首次公布原油宝产品,并将其定性为一款个人账户原油业务</td></tr>
<tr><td colspan="4">2018～2020年,原油宝产品正常出售</td></tr>
<tr><td>2020年年初</td><td>—</td><td colspan="2">新冠肺炎疫情暴发,原油价格开始动荡</td></tr>
<tr><td>2020年4月5日</td><td>中国银行《关于2020年4月6日起调整个人原油宝产品交易规则的公告》</td><td colspan="2">因为原油市场价格波动剧烈,中国银行对应地调整了客户单笔开平仓最小交易量,并警示了原油价格波动风险</td></tr>
<tr><td>2020年4月6～20日</td><td>《中国银行关于“原油宝”产品情况的说明》</td><td colspan="2">中国银行通过短信、电话、公众号、官方微博等多种渠道,向原油宝客户多次进行针对性风险提示</td></tr>
<tr><td>2020年4月21日</td><td>中国银行《关于我行原油宝产品美国原油合约4月21日暂停交易的公告》</td><td colspan="2">美国芝加哥商品交易所(Chicago Mercantile Exchange,CME)原油期货首次以负值(-37.63美元)结算。作为与CME原油期货结算价挂钩的金融产品,原油宝受到波及</td></tr>
<tr><td>2020年4月22日</td><td>中国银行《关于我行原油宝业务近期结算和交易安排的公告》</td><td colspan="2">中国银行公告表示CME的负结算价真实有效,原油宝将对应地以-37.63美元进行结算</td></tr>
<tr><td rowspan="2">2020年4月22日晚间</td><td rowspan="2">《中国银行关于原油宝业务情况的说明》</td><td colspan="2">中国银行在本次公告中对于原油宝产品进行了比较详细的说明。该说明囊括了原油宝产品的性质、到期处理方法、结算价、CME负油价有效性的确认、强制平仓规则五项主要内容</td></tr>
<tr><td>原油宝产品的性质</td><td>原油宝为一种中国银行向境内个人客户提供挂钩境外原油期货的交易服务,客户自主进行交易决策。原油宝挂钩CME的美国西得克萨斯的轻质原油(West Texas Intermediate,WTI)原油期货首行合约,个人客户办理原油宝需提交100%保证金,不允许杠杆交易</td></tr>
</table>

续表

时间线	相关文件	事件摘要	
		原油宝产品到期处理方法	原油宝产品挂钩境外原油期货,类似期货交易的操作,按照协议约定,合约到期时会在合约到期处理日,依照客户事先指定的方式,进行移仓或到期轧差处理。其中,移仓是指平仓客户持有的全部当期合约,同时开仓下期合约;轧差是指仅平仓客户持有的全部当期合约
		结算价的确定	按照协议约定,在进行上述“移仓和轧差”操作时,合约结算价由中国银行公布,参考期货交易所公布的相应期货合约当日结算价。期货交易所按照北京时间凌晨2时28分至2时30分的均价计算当日结算价
		关于WTI原油期货5月合约处理办法	中国银行在确认CME的负油价真实有效后,将会依据该负油价(–37.63美元)进行原油宝的相关结算
		强制平仓规则	对于原油宝产品,市场价格不为负值时,多头头寸不会触发强制平仓。对于已确定进入移仓或到期轧差处理的,将按结算价为客户完成到期处理,不再盯市、强平
2020年4月24日	《中国银行关于“原油宝”产品情况的说明》	中国银行对于客户投资原油宝产品所遭受的损失表示歉意。同时,中国银行亦未表示其会承担投资者的任何投资本金及穿仓损失。投资者需要依照结算价承担一切损失	

续表

时间线	相关文件	事件摘要
2020年4月30日	《中国银保监会相关部门负责人就中国银行"原油宝"事件发布声明》	银保监会表示对原油宝事件高度关注,并要求中国银行依法依规解决问题,与客户平等协商,及时回应关切,切实维护投资者的合法权益
2020年5月4日	《刘鹤主持召开国务院金融稳定发展委员会第二十八次会议》	国务院金融稳定发展委员会第二十八次会议指出,要高度重视当前国际商品市场价格波动所带来的部分金融产品风险问题,提高风险意识,强化风险管控。要控制外溢性,把握适度性,提高专业性,尊重契约,理清责任,保护投资者合法利益
2020年5月5日	《中国银行关于回应"原油宝"产品客户诉求的公告》	中国银行改变了此前希望投资者承担所有本金、穿仓亏损的态度,开始寻求与投资者达成和解协议、共同承担损失
2020年5月16日	《中行与超过80%"原油宝"客户完成和解签约》	中国银行有关部门负责人就"原油宝"产品问题对媒体透露,已经和超80%的客户完成了和解签约。该负责人同时表示,针对尚未达成和解的客户,中行将继续深入沟通,坚持市场化、法治化原则,尊重契约精神,推动和解相关工作,尽最大努力维护客户利益
2020年5月19日	《银保监会:对中国银行"原油宝"事件已启动立案调查程序》	银保监会相关部门负责人在接受有关媒体采访时表示,针对中国银行原油宝事件,银保监会在前期调查的基础上,已启动立案调查程序

续表

时间线	相关文件	事件摘要
2020年7月21~30日	参见各省高级人民法院官网发布的《关于涉中国银行“原油宝”事件民事诉讼案件集中管辖的公告》	江苏、北京、河南、湖北、黑龙江、贵州、山西、宁夏、广东、广西、河北、新疆、云南、安徽、重庆、福建、辽宁、吉林、浙江、甘肃、陕西、上海、湖南、青海、山东、四川、内蒙古省级高级人民法院陆续发布涉中国银行原油宝事件民事诉讼案件集中管辖的公告，公告相关案件将进行集中管辖
2020年8月7日至本报告出具之日（2020年9月20日）	《海南省高级人民法院关于涉中国银行“原油宝”事件民事诉讼案件集中管辖的公告》	海南省高级人民法院发布涉中国银行原油宝事件民事诉讼案件集中管辖的公告，公告相关案件将进行集中管辖
	—	截至2020年9月20日，国内仅有天津、江西、西藏三地省级高级人民法院尚未发布涉原油宝事件民事诉讼案件集中管辖的公告

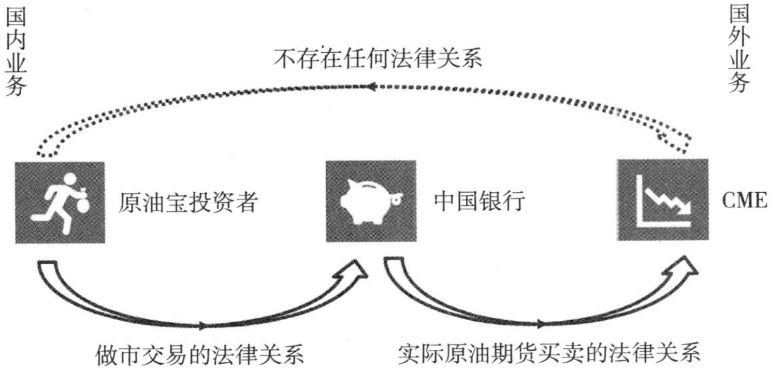

图7 原油宝的法律关系

1. 原油宝事件反映的主要问题

原油宝事件涉及的主要问题是中国银行出售原油宝产品时，是否妥善履行了其"了解客户、了解产品、将适当的产品销售给适合的金融消费者"的适当性义务？

原油宝并非期货性质，只是一种与原油价格挂钩的类期货金融产品，中国银行运营原油宝并不超出其法定经营范围。但是，这并不意味着中国银行在原油宝事件中毫无过错。根据《九民纪要》第72条的思路，[①]金融产品发行人、出售人在向投资者出售金融产品之时，必须保证投资者对该金融产品的风险和收益具有清晰的了解，并在此基础上决定是否进行投资。倘若金融产品发行人、出售人履行了其适当性义务，那么投资者需为其投资行为负责。

那么，在原油宝事件中，想要评价中国银行对适当性义务的履行是否适当，必须依次检验三个问题：原油宝的风险程度有多大？中国银行是如何认定、评判原油宝的投资者能适应如此风险的？中国银行的这种认定是否存在缺陷？

原油宝在风险程度方面虽然低于期货，但并非完全没有风险。就如本次事件中，作为挂钩对象的美国原油期货价格跌至负值的极端情况发生时，中国银行本应当在CME进行的对冲没有进行，导致了巨额亏损的发生。美国原油期货市场的剧烈波动应为原油宝不可忽视的风险之一。从中国银行对原油宝的宣传、投资者测试上看来，中国银行并没有说明上述存在的风险，而是将原油宝描绘成一个门槛很低、适合普通投资者的金融产品。具体来说，原油宝在发售时，中国银行对其的风险评估等级定为PR3，而且配上了"原油宝好玩又有趣，适合金融小白"的广告语，[②]这种风险描述没有考虑到挂钩的原油期货价格产生意料之外的巨大变化的可能性，确有失当乃至误导性宣传之嫌。在这样的宣传下，中国银行得以吸纳更多风险

---

① 《九民纪要》第72条规定："适当性义务是指卖方机构在向金融消费者推介、销售银行理财产品、保险投资产品、信托理财产品、券商集合理财计划、杠杆基金份额、期权及其他场外衍生品等高风险等级金融产品，以及为金融消费者参与融资融券、新三板、创业板、科创板、期货等高风险等级投资活动提供服务的过程中，必须履行的了解客户、了解产品、将适当的产品(或者服务)销售(或者提供)给适合的金融消费者等义务。"在此必须说明，虽然《九民纪要》并非司法解释性质，不能直接援引，但因为其对于相关审判工作的重要指导意义，本文仍将其作为大前提来分析。

② 参见2018年6月1日，中国银行微银行公众号发布的《简单四步教你玩转原油宝!》微信文章。对于原油宝产品，中国银行在介绍中表示，在该架构下收取100%保证金，消除了杠杆风险，对投资者非常安全；但是，原油宝事件爆发后，中国银行向投资者的追责反映了另一种态度，即认为杠杆风险并未消除，投资者要承担本金数倍的风险。本文认为，这一定程度上证实了中国银行在介绍原油宝时所用的"消除了杠杆风险"是不准确的，是未完全揭露风险甚至有误导投资者倾向的。

承受能力一般的小型投资者的资金，并从投资者的保证金中获利，[①]但并未为投资者释明原油宝产品可能存在的穿仓风险。综合看来，笔者认为中国银行对原油宝的风险评估值过低、对客户的风险告知说明义务并未充分履行，未能做到"卖者尽责"。中国银行在认定、评判原油宝的投资者过程中，未能充分履行适当性义务。

2. 对我国金融监管体系的反思与建议

中国银行运营原油宝虽未违反经营范围相关的法律，但确有履行适当性义务不充分之嫌。对本次事件进行反思，笔者认为，监管机构的作用是缺位的。首先，监管机构并未及时发现中国银行对于原油宝产品的风险评估等级失当，PR3 级并不能匹配原油宝的真实投资风险。其次，监管机构也未督促中国银行及时完善履行关于原油宝产品的告知说明义务。在原油宝事件中，监管机构的缺位是我国现有金融监管体系固有不足导致的。采用功能监管模式更能适应当下金融发展的趋势，这样可以使在当前金融业综合经营模式下，原油宝等诸多与期货挂钩的，具有银行、证券甚至保险特质的"混合"金融投资商品得到最有效的监管。

三、2019～2020 年资本市场监管法治展望

（一）2019～2020 年资本市场监管法治发展评价

2018 年中央经济工作会议提出"打造一个规范、透明、开放、有活力、有韧性的资本市场"。近两年来，中国资本市场改革步伐明显加速，金融体系沿着供给侧结构性改革的方向不断深化，金融监管体系与金融改革发展的匹配度不断提高，有效抵御了中美贸易冲突和疫情影响，在后疫情时代，按照"六稳""六保"各项相关工作部署，资本市场有效支持了中国经济恢复阶段并逐季向好的增长趋势，实现了更好服务、驱动、引领实体经济发展。

第一，我国资本市场法治牢牢守住了防范系统性金融风险的底线。在金融服务实体经济和防范系统性金融风险的总目标下，我国金融监管领域改革稳中求进，将强化监管作为金融改革发展重点，加快相关方面法律法规建设，健全完善金融机构主体责任和治理结构制度，强化金融主体合规性，探索功能监管与行为监管的结

① 在 2020 年年初新冠肺炎疫情暴发之时，更是有大量投资者准备"抄底"价格不断下跌的原油而加入投资原油宝的队伍。参见邓雅蔓、周琦：《追问中行"原油宝"事件——高风险产品为何变为常规理财？》，载《中国经济周刊》2020 年第 8 期。

合机制,健全完善金融安全防线和应急处置机制,增强了资本市场服务实体经济能力,有效处置了资金脱实向虚、过度杠杆化等带来的金融风险,上市公司股票质押和民营企业债券违约等风险处置取得阶段性进展,自2019年以来系统性风险有了明显缓释,金融风险防控工作取得阶段性进展。

第二,我国资本市场法治强化了金融服务实体经济的本职。近两年来,证监会主导的全面深化资本市场改革方案逐步出台并有序开展,科创板、创业板等成功落地,新三板方案全面实施,多层次资本市场建设取得了新进展;中国人民银行、证监会、银保监会出台多项政策安排和进行政策调整匹配中小微企业多元化、结构性的融资需求,提升了资本市场服务实体经济能力;以信息披露为核心的股票发行注册制平稳运行,优化了资本市场服务国家创新驱动和科技强国战略的能力,资本市场供给侧结构性改革得到进一步深入推进。尤其是在疫情时期,监管部门启动监管"绿色通道",合理延长股票、债券融资等相关许可的有效期,适当放宽并购重组业务时限,对受疫情影响的上市公司披露定期报告研究提出延期安排,对证券公司因受疫情影响风控指标暂时达不到要求的适当放宽。免收湖北地区企业上市和在新三板挂牌的年费,免除湖北地区期货公司年会费和席位使用费,支持证券公司在银行间市场和交易所市场通过金融债券等募集资金,引导更多的社会资金流向生产抗疫物资的企业。

第三,我国资本市场双向开放稳步加深。近两年来我国金融市场开放在审慎的原则下稳步推进,金融监管信心进一步增强,统筹国内金融市场和国际金融市场的发展,外资监管领域和国际接轨程度加深。围绕"一带一路"等国家战略,坚持维护国家金融安全与加强国际交流合作齐抓共管,H股"全流通"和沪伦通正式开通,既促进了资本市场加快双向开放,也是上海国际金融中心建设的重要内容。与此同时,跨境监管执法合作亦有了进一步发展。

第四,我国资本市场监管理念进一步转型。科创板和创业板的试点和成功落地,中国资本市场监管理念进一步从行政主导转向市场主导、从重事前监管到重事后监督、从资格审批性监管到信息披露性监管的转变,这背后的哲学逻辑则是市场与政府边界的进一步厘清。资本市场的改革正从增量改革深化到存量改革,整个市场正在发生深刻的结构性变化。监管理念的变化必将增强市场包容性,更加有利于多层次资本市场建设和金融结构优化,对于资本市场法律基础设施建设、价值投资理念的培养具有重要意义。另外,证监会内设科技监管局,在中国人民银行等部门引领下,中国版“监管沙盒”制度试行,进一步提升了我国资本市场监管的智能化水平。

总体来看,近两年我国资本市场监管法治建设硕果累累,成效显著。在疫情冲击下,我国资本市场不仅实现正常开市和常态化运行,并且有力地支持了实体经济的复苏,相比全球金融市场,表现出较稳的态势和较强的韧性。我国证券执法体系基本健全,执法效率显著提高,以政府监管、行业自律、市场主体的自我约束和社会监督组成的立体、多层次的监管体系更加完善,司法审判机制基本形成,多样化纠纷解决机制得以建立,相关的违法犯罪行为受到严厉打击,资本市场的规范化程度显著提高,投资者的合法权益得到有效保护,金融安全得到有效保障。中国资本市场的深度和广度将大为拓展,成为一个高效、多层次和开放的市场,股票、债券、商品期货和金融衍生品市场全面发展,市场层次更为丰富,资本市场将包含丰富的投资产品、多样化的交易平台,形成满足多层次投融资需求的市场体系;市场交易成本将大幅降低,市场效率较高;市场机制将充分发挥作用,资本市场的发行、定价、交易等活动将主要依靠市场机制的运行和自我调节。市场的流动性较高,冲击成本较低;风险监控和预警机制基本建立,系统性风险逐步降低;市场的深度和稳定性增强。中国资本市场的国际竞争力将大幅增强,逐步发展成为全球金融资产配置中心之一,更多的国际金融机构将在中国资本市场提供服务,并与本土的证券期货经营机构形成良性竞争格局;国际资本在中国资本市场的参与程度有较大提高;国际企业可以选择在中国资本市场发行上市;资本市场的基础设施达到国际先进水平;中介机构等各类主体更加规范化和国际化;治理结构更加完善;激励机制更加健全;管理、服务和风险控制水平有较大提高。中国资本市场在国民经济和社会发展中的作用将不断显现,有力推动以国内大循环为主体、国内国际双循环相互促进的新发展格局。我国资本市场有能力发挥好资本在促进科技、资本和实体经济高水平循环和中外金融领域之间密切联系等诸多方面的独特作用,助力实现形成“双循环”新发展格局。

(二)资本市场监管法治展望

登高望远、脚踏实地,美好的愿景终须细针密缕的实施。在2020年6月18日召开的第十二届陆家嘴论坛上,刘鹤副总理首次对资本市场发展提出了“九字方针”,即“建制度、不干预、零容忍”;2020年8月24日,刘鹤副总理在创业板改革并试点注册制首批企业上市仪式上书面致辞,再次强调资本市场要坚持上述“九字方针”。可以说“九字方针”内核就在于法治:建制度的实质就是丰富完善法治供给;不干预和零容忍实际上都是在完备的法治框架内,对监管权限和干预标准的要求。唯有建立完备的法律体系方能有效区分干预与否、容忍与否的边界。2020年9月3日,中国证监会主席易会满亦强调,要充分认识法治对资本市场改革发展的重要意义,在法治轨道上推进资本市场全面深化改革,谱写资本市场法治建设新篇章。从当下看,资本市场监管可以从以下几个方面完善规则体系:

第一,进一步完善市场主导的发行和再融资体系。目前,我国资本市场正走在行政主导转向市场主导的道路上,应当坚定不移地继续走下去。首先,在发行审批制度方面,要确保以信息披露为核心,健全完善以注册制为重点的发行体制改革,通过发挥价格引导作用,形成包含股票、债券等多种金融投资商品在内的市场化供应机制,最终实现提升资本市场投融资效率,提高直接融资所占比重。其次,建议进一步建立健全金融中介服务机构的市场化准入机制。在一个市场主导的发行体系下,中介机构扮演者“守门人”的重要角色,对于信息透明度和真实性具有至关重要的作用。放宽证券、基金、期货等金融中介服务机构的准入许可,有利于通过竞争提升服务机构的运作水平,增强金融市场活力。不过放宽许可必须做到事前、事中、事后监管的强化完善,保证风险可控。最后,建立市场占主导地位的金融产品创新机制。现阶段由于市场化程度不够,证券期货等产品在品种、体系方面存在不丰富、不健全等问题,这需要监管机构加强对综合性经营的金融商品投资风险的辨识度,制定和运用功能性监管规则,强化金融消费者权益保护,实现金融创新和金融稳定的再平衡。

第二,进一步提升市场透明度。资本市场本质上是基于信息的市场,信息披露是资本市场的生命线,对于资本市场而言,透明度是头等重要的大事。上市公司信息质量决定了资本流动方向资源配置效率,也关系到投资者的投资判断与选择,对于投资者的利益保护、市场秩序、市场效率等都具有举足轻重的作用。因此需要继续加强信息披露制度建设,进一步完善上市公司信息披露制度和机制,建立健全以信息为中心的股票发行上市制度,改善信息披露规则体系,加大股票发行上市审核中的合理质疑和专业问询力度,强化中介机构的尽职调查义务和核查把关责任,切实发挥其信息质量“把关人”的作用,帮助和引导发行人披露有助于投资者作出价值判断和投资决策所需的高质量信息,从源头上提高上市公司信息质量,确保信息披露的准确性、完整性与及时性、充分性、公平性，尽量缓解上市公司与投资者之间信息分布的不完全和不对称现象。树立以信息披露为中心的监管理念，严格信息披露监管，须进一步强化信息披露要求，持续督促上市公司依法履行披露义务，成为让投资者看得见、看得清的上市公司，更好地实现“用手投票”和“用脚投票”，严惩欺诈发行和虚假信息披露违规行为，通过上市公司透明度建设，提高资本市场信息的透明度，确保资本市场信息公开透明，保障广大中小投资者的知情权，切实维护投资者合法权益。

第三，完善退市制度。退市制度梗阻可能导致劣币驱逐良币，绩差公司挤占绩优公司上市资源的局面，不仅使优秀公司上市困难，而且使二级市场环境恶化、秩序恶化、无效交易、劣化资源配置，劣化资本市场生态，会进一步影响战略投资和对长期投资者的培育。退市制度过于宽松，留有较大运作空间，“空壳”被追捧，“保壳”“卖壳”“借壳”乱象层出不穷。要改善目前的情况，化解企业退市梗阻，必须坚持市场化原则，发挥市场淘汰机制。首先，在退市标准上应构建差异化的退市标准。2019 年《证券法》已将“持续盈利能力”修改为“持续经营能力”，要顺应发行即由实质审核向形式审核、由“盈利中心主义”向“信息披露中心主义”的转变，淡化企业财务盈利指标。在充分考虑公司营运能力和不同层次企业的角度上，可以考虑引入应收账款周转率、存货周转率、总资产周转率、现金股利分配等能够反映公司实际经营状况的指标，借鉴纳斯达克证券交易所退市规则，采用退市指标组合方式，如“股价 + 交易量”“市值 + 股东人数”等组合，为退市企业提供差异化的退市选择。其次，应以投资者保护为中心建立严格高效退市制度，进一步缩短退市时间，简化退市流程。针对欺诈发行或虚假信息披露等违法违规行为，要实行更加严格的退市制度，做到“出现一家、退市一家”，形成常态化退市机制。同时通过完善转板机制，为企业在各层资本市场间退出和转板提供去处，也能满足不同风险承担能力的投资者的投资需求。

第四，进一步加强投资者权益保护力度。在我国资本市场，尤其是股票市场，主要的资本供给方是散户。我国拥有全球规模最大、交易最活跃的投资者群体，投资者队伍达到逾 1.6 亿人，其中 95% 以上为中小投资者。[①] 我们应当充分认识这一

① 参见杜雨萌：《“大投保”开启逾 1.6 亿 A 股投资者保护新篇章》，载《证券日报》2020 年 8 月 1 日，A04 版。

基本情况，把保护广大中小投资者利益作为资本市场法治的重中之重。首先，我国应着力健全现行赔付制度，针对不同的损害投资者的情形制定多重赔偿参考标准，并鼓励先行赔付责任主体在行政处罚作出前完成全额赔付，建立先行赔付责任主体向其他责任主体追偿机制。提高投资者在赔付过程中的参与度。其次，完善中国特色证券集体诉讼配套制度。可以通过进一步完善示范判决诉讼机制，对于能够体现典型性和代表性的示范案例进行审理，发挥示范案例的引领作用，解决同类案件的事实认定和法律适用问题，提升审判效率。继续探索司法裁判与调解、监管之间协调统一，探索多元化纠纷解决机制。最后，继续强化投资者教育工作，加大投资者教育资源投入，对不同层次的投资者教育需求进行细分，提供更加精准化、专业化投资知识教育。此外，培育价值投资理念，加快培养合格投资者，要引入长期机构投资者，打通基金、保险、企业年金等各类机构投资者入市"瓶颈"，积极引导中长期资金入市，大力发展权益类基金，壮大国内长期机构投资者队伍，引导投资市场良性发展。

第五，进一步强化监管执法力度。《证券法》已经赋予监管机构更大的监管权限，应当进一步强化监管执法力度，着力提高违法违纪成本。一方面，要持续提高市场主体法律责任意识，加快推进资本市场诚信体系建设，构建以诚信为基础的资本市场新型监管机制，加强资本市场诚信监管，强化诚信契约精神和诚信约束，引导各类市场主体依法诚信运作，增强各类市场主体的守法诚信意识；进一步强化券商、会计师事务所、审计师事务所、律师事务所、资产评估机构、资信评级机构等中介机构的责任，督促中介机构诚实守信、勤勉尽责，审慎履行核查验证和专业把关等法定义务，切实履行其资本市场"看门人"的职责，充分发挥其资本市场治理重要防线的作用。另一方面，健全强有力的惩罚机制，提高违法成本，加强行政责任、刑事责任和民事责任，对违法违规的市场主体和中介机构及相关人员要采取严厉的监管措施，对欺诈发行、信息披露造假、未勤勉尽责、未审慎经营等违法违规行为要用重典、出重拳，予以严厉追责和问责。

第六，进一步推动科技赋能监管。监管沙盒是针对金融创新和金融科技较为行之有效的规制方式，能够在金融安全和创新之间找寻平衡并将负面影响降到最低。近两年，我国逐渐推出了中国版监管沙盒，但就目前而言，我国尚未出台监管指引,关于金融科技企业“入盒”条件和监管要求仍不够具体。[①] 监管沙盒的运行原则是竞争中性,下一步应继续贯彻竞争中性原则,继续完善沙盒制度。具体而言,一是完善入盒审批制度,从竞争中性的角度,入盒审批的关注焦点应该在于创新项目或产品,而非创新主体。二是应当注意金融体系发展与实体经济需求、金融创新和金融科技创新发展的适应性,沙盒设计方面可以考虑同时促进这两个层次的适应性发展,同时在具体落实上应切实考虑我国监管架构设置,建立顺畅高效的监管协调机制。

第七,进一步深化资本市场双向开放。坚持自主、有序、平等、安全的方针,在更深层次、更宽领域,以更大力度推进资本市场全方位、高水平的对外开放,稳步扩大资本市场对外开放度,不断提高资本市场对外开放质量和水平,推进我国资本市场的国际化进程。加强资本市场基础制度建设。把好“入口”与“出口”两道关,丰富跨境资本流动的宏观审慎管理工具箱,不断完善支付、托管、清算和金融统计等金融基础设施,[②]丰富宏观审慎、行为监管、功能监管协调统一的工具箱,坚持独立自主的开放原则,实现对外开放与防控风险的有效平衡。

1990~2020 年,短短 30 年,中国资本市场从零开始,一跃成为世界第二大资本市场。法治是资本市场善治的根基。[③] 展望未来,中国资本市场监管法治建设必将进而有为。

---

① 参见沙晓君、蔡文德:《金融科技“监管沙盒”的国际经验及启示》,载《金融科技时代》2020 年第 6 期。

② 参见范若滢:《资本市场加快对外开放的影响及对策》,载《中国国情国力》2020 年第 1 期。

③ 参见庄心一:《法治是资本市场善治的根基——庄心一副主席在第五届“上证法治论坛”上的演讲》,载证监会官网 2014 年 12 月 29 日,http://www.csrc.gov.cn/pub/newsite/zjhxwfb/xwdd/201412/t20141229_265731.html。

人民币国际化视野下的中国外汇管理法治发展

刘　瑛[*]　夏伟亮[**]　刘思海[***]

2019年1月～2020年12月，中国政府坚持法治化、市场化、国际化的原则，积极主动有序推动金融市场开放与人民币国际化，人民币的国际货币功能进一步深化，人民币跨境业务不断推进和发展，人民币计价金融产品纳入国际指数。这一时期的人民币国际化始终坚持以法治为保障，优化了跨境人民币业务政策，在资本市场开放举措中鼓励使用人民币支付和结算，完善跨境金融产品布局，创新丰富人民币金融产品，通过自由贸易试验区（以下简称自贸区）先行先试探索人民币的跨境流通与使用，推动港澳与内地金融市场的金融合作和互联互通，与各国央行以及国际组织合作加强本币合作与联合融资合作，并完善人民币汇率机制。这段时期，中国通过颁布外汇管理规范，继续简政放权和规范性文件清理，进一步优化外汇管理服务，规范市场主体外汇业务行为，规范结售汇统计行为，优化外汇管理助力贸易新业态创新发展，建立防疫物资以及捐赠资金的外汇绿色通道，规范境内上市外籍员工参与股权激励资金收付，严厉打击外汇领域违法违规行为，多部门联合，跨境监管合作。以自贸区制度创新为抓手，继续推动金融市场对外开放，逐步推进资本项目可兑换，建设国际金融离岸中心。建构与人民币国际化进程相适应的金融监管制度，进一步改革完善人民币汇率形成机制，继续"简政放权、放管结合、优化服务"改革，提升政府部门在外汇管理上的协作配合力度，根据实际情况调整外汇政策绿色通道内容。

---

* 武汉大学国际法研究所、法学院教授、博士研究生导师；研究方向：国际经济法、国际金融法。

** 武汉大学国际法研究所2019级智库博士研究生。

*** 武汉大学法学院国际法学2017级博士研究生。

一、2019～2020 年度人民币国际化基本情况

2019 年 1 月～2020 年 12 月，中国金融市场开放不断加深，人民币国际化再上新台阶，人民币支付货币功能不断增强，投融资货币功能持续深化，储备货币功能逐渐显现，计价货币功能进一步实现突破，人民币继续保持在全球货币体系中的稳定地位。

（一）人民币的国际货币功能进一步深化

这一时期，人民币国际支付货币功能、国际投融资货币功能、国际计价货币功能不断增强。

在支付货币功能上，根据环球银行金融电信协会（Society for Worldwide Interbank Financial Telecommunications，SWIFT）最新数据统计，截至 2020 年 11 月末，人民币在国际支付货币中的份额为 2%，为全球第五大支付货币。①

在投融资货币功能上，境外投资者可通过人民币合格境外机构投资者（RMB Qualified Foreign Institutional Investor，RQFII）、沪深股通、直接入市投资、债券通等多种渠道投资中国金融市场，境内机构投资者通过人民币合格境内机构投资者（RMB Qualified Domestic Institutional Investor，RQDII）机制可以投资境外市场人民币计价的金融产品，境内投资者也可通过港股通、基金互认等渠道投资境外金融市场。

在储备货币功能上，人民币加入特别提款权（Special Drawing Right，SDR）货币篮子后，全球央行持有人民币储备快速增加。根据国际货币基金组织（International Monetary Fund，IMF）公布的统计数据，截至 2020 年第二季度，全球央行持有的人民币储备规模为 2304 亿美元，占比 2.05%，较 2016 年人民币刚加入 SDR 时提升 0.98 个百分点，在主要储备货币中排名第 5 位。据不完全统计，已有 70 多个境外央行或

---

① See SWIFT，RMB Tracker Monthly reporting and statistics on renminbi（RMB）progress towards becoming an international currency（Jan. 6，2020），https://www.swift.com/our-solutions/compliance-and-shared-services/business-intelligence/renminbi/rmb-tracker/rmb-tracker-document-centre.

货币当局将人民币纳入外汇储备。①

人民币计价货币功能不断发展。2019 年 8 月 12 日,20 号胶期货在上海期货交易所上市并引入境外交易者。2019 年 10 月 11 日,首单以人民币计价结算的铁矿石现货贸易合同在山东日照港签署,全面打通了先进口再内销的业务流程。按照"成熟一个、推出一个"的原则,陆续还会有其他成熟商品期货引入境外交易者,促进大宗商品人民币计价结算。

(二)人民币跨境业务不断推进与发展

2019 年 1 月～2020 年 12 月,中国不断加大金融市场开放力度,简化投资者入市流程,推动不同开放渠道整合,完善外汇风险对冲、税收等相关政策安排,获得国际投资者高度认可,境外主体加速投资中国金融市场,持有的人民币资产稳步增长。中国同时加强宏观审慎管理,做好逆周期调节,完善跨境人民币业务自律机制建设和事中事后管理,促进跨境人民币业务健康发展。

1. 资本市场双向开放稳步推进。一方面,中国全面取消了合格境外机构投资者(Qualified Foreign Institutional Investor,QFII)或 RQFII 投资额度限制,证券投资项下跨境人民币使用大幅增长,银行间债券市场的境外发行主体和投资主体不断扩大,会计、税收、交易等配套制度不断完善。随着沪港通、深港通、债券通、沪伦通相继推出,境内外金融市场互联互通取得实质性突破。另一方面,中国推出面向国际投资者、以人民币计价的原油期货,将铁矿石等期货引入境外交易者。

2. 人民币国际化基础设施、配套业务和能力建设进一步加强。一是人民币境外清算安排进一步完善。2019 年,中国人民银行先后授权日本三菱日联银行和中国银行马尼拉分行两家人民币清算行。截至 2020 年 12 月,中国已在 25 个国家和地区授权了 27 家人民币清算行,②遍及美洲、欧洲、东亚、东南亚、大洋洲和非洲,便利境外主体持有和使用人民币。二是人民币跨境支付系统(Cross-border Interbank Payment System,CIPS)业务覆盖范围进一步拓展。截至 2020 年 12 月末,CIPS 系统共有参与者 1092 家,其中直接参与者 42 家,间接参与者 1050 家(见图 1)。间接参与者中,亚洲 806 家(境内 463 家)、欧洲 143 家、非洲 39 家、北美洲 26 家、大洋洲 19

---

① 数据来自《2020 年人民币国际化报告》,载中国人民银行网,http://www.pbc.gov.cn/huobizhengceersi/214481/3871621/4073241/index.html。

② 数据根据中国人民银行官方网站相关信息统计得出。

家、南美洲 17 家,覆盖全球 99 个国家和地区,业务实际覆盖近 200 个国家和地区的 3000 多家法人金融机构。① 人民币业务处理能力大幅提升,2019 年 CIPS 总业务量占所有人民币跨境量的 54%,已成为人民币跨境结算的主渠道。三是中国银联不断加快海外市场受理和发卡业务拓展。截至 2020 年 12 月末,银联卡全球受理网络已延伸至 179 个国家和地区,63 个国家和地区发行了银联卡,覆盖境外超过 2900 万商户,②银联利用自身技术标准建成老挝国家转接网络和泰国本地转接网络 Thai Payment Network(TPN),并与俄罗斯、白俄罗斯、乌克兰、乌兹别克斯坦、塞尔维亚等多国转接网络达成双品牌合作。

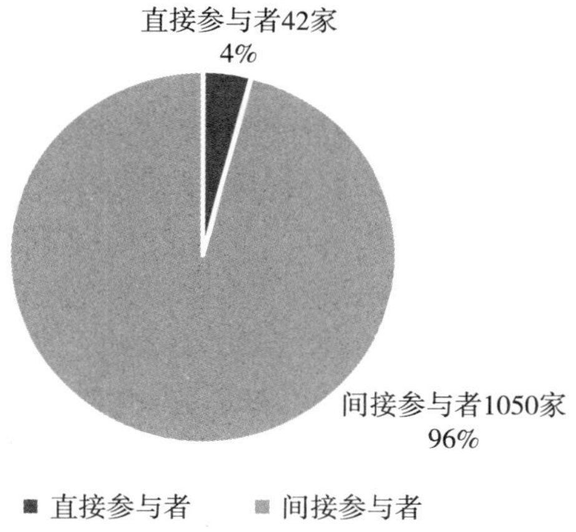

图 1　2020 年 12 月末,CIPS 参与者分布

3. 离岸人民币市场平稳有序发展。离岸人民币外汇交易日趋活跃,人民币开始成为部分国家货币锚。2019 年以来,通过新签或续签双边本币互换协议,中国不断解除境外人民币使用障碍。离岸人民币市场产品体系不断成熟,离岸场外交易市场(Over-the-Counter,OTC)的人民币外汇产品包括即期、远期、掉期、货币掉期、无本金交割远期(Non-deliverable Forwards,NDFs)期权等多元产品。离岸场内交易市场也有多种人民币计价的投资产品,如人民币货币期货、人民币交易型开放式指数基金(Exchange Traded Fund,ETF)人民币房地产投资信托(Real Estate Investment Trusts,REITs)等。离岸在岸人民币市场联动进一步增强,人民币产品体系趋于成

---

① 数据来自 CIPS 网,http://www.cips.com.cn/cipsmobile/_2534/_2538/42943/index.html。

② 数据来自中国银联网,http://www.unionpayintl.com/index.shtml。

熟,投资行为趋于理性。“沪深港通”、“债券通”、基金互认机制不断优化,离岸与在岸之间人民币的双向流通机制不断完善,对境内的投资不断增长。中国逐步建立了在香港特别行政区发行人民币央行票据的常态机制,进一步丰富香港特别行政区市场高信用等级人民币投资产品系列和人民币流动性管理工具,满足离岸市场投资者需求,促进港澳离岸人民币市场发展。

(三)金融市场开放助推人民币国际化

金融市场开放是实现人民币国际化的基础与必要条件。2019 年 1 月 ~2020 年 12 月,中国坚持国际化、法治化原则,主动稳妥地扩大金融市场制度性开放,大幅放宽外资金融机构准入。

中国持续推动债券市场、股票市场、金融衍生品市场对外开放,扩大跨境融资渠道,坚持投资便利性与风险防范相结合,建立完善相关制度安排,推动中国金融市场有序、高水平、高质量的对外开放,为人民币国际化提供必要的前提条件与国内环境。

2019 年 7 月 20 日,国务院金融稳定发展委员会办公室发布《关于进一步扩大金融业对外开放的有关举措》,推出了 11 条金融业对外开放措施,涉及债券市场、银行保险市场、证券市场 3 个领域。主要内容包括:允许外资机构在华开展信用评级业务时,可以对银行间债券市场和交易所债券市场的所有种类债券评级;鼓励境外金融机构参与设立、投资入股商业银行理财子公司;允许境外资产管理机构与中资银行或保险公司的子公司合资设立由外方控股的理财公司;允许境外金融机构投资设立、参股养老金管理公司;支持外资全资设立或参股货币经纪公司;人身险外资股比限制从 51% 提高至 100% 的过渡期,由原定 2021 年提前到 2020 年;取消境内保险公司合计持有保险资产管理公司的股份不得低于 75% 的规定,允许境外投资者持有股份超过 25%;放宽外资保险公司准入条件,取消 30 年经营年限要求;将原定于 2021 年取消证券公司、基金管理公司和期货公司外资股比限制的时点提前到 2020 年;允许外资机构获得银行间债券市场 A 类主承销牌照;进一步便利境外机构投资者投资银行间债券市场。这一规定标志着中国金融业开放不断加深,有助于提高我国金融市场竞争力,提供多样化产品和结构,促进跨境资金的持续流入,稳定人民币汇率。

2019 年 11 月,国务院印发《关于进一步做好利用外资工作的意见》(国发

〔2019〕23 号),明确提出要加快金融业开放进程,全面取消在华外资银行、证券公司、基金管理公司等金融机构业务范围限制;减少外国投资者投资设立银行业、保险业机构和开展相关业务的数量型准入条件,取消外国银行来华设立外资法人银行、分行的总资产要求,取消外国保险经纪公司在华经营保险经纪业务的经营年限、总资产要求;扩大投资入股外资银行和外资保险机构的股东范围,取消中外合资银行中方唯一或主要股东必须是金融机构的要求,允许外国保险集团公司投资设立保险类机构,继续支持按照内外资一致的原则办理外资保险公司及其分支机构的设立及变更等行政许可事项;2020 年取消证券公司、证券投资基金管理公司、期货公司、寿险公司外资持股比例不超过 51% 的限制。2020 年 6 月 23 日,国家发展改革委、商务部共同发布《自由贸易试验区外商投资准入特别管理措施(负面清单)(2020 年版)》,提前取消了《自由贸易试验区外商投资准入特别管理措施(负面清单)(2019 年版)》中对金融业的原计划 2021 年取消外资股比限制的特别管理措施:证券公司的外资股比不超过 51%,证券投资基金管理公司的外资股比不超过 51%,期货公司的外资股比不超过 51%,寿险公司的外资股比不超过 51%。

2020 年 1 月 15 日,中美双方在美国华盛顿签署的《中华人民共和国政府和美利坚合众国政府经济贸易协议》,是中国坚持主动有序扩大金融业开放原则的突出表现。协议金融服务章节共 24 条,涉及银行服务、信用评级服务、电子支付服务、金融资产管理服务、保险服务以及证券、基金管理及期货服务六个方面。中国的具体开放承诺主要包括:一是放宽金融业准入限制,放宽外资在保险、证券、基金管理、期货领域的持股比例和业务范围限制,取消新设立外资保险公司准入前 30 年保险业务经营资历要求等。二是在中国已开放的领域,依法受理并审批美资机构的业务资质申请,包括基金托管、非金融企业债务融资工具 A 类主承销、信用评级、电子支付、金融资产管理、保险、证券投资咨询等。三是优化具体业务监管规则,在评估外国银行分支机构从事基金托管业务时将综合考虑母行资质。中美共同承诺允许对方信用评级机构在现有合资企业获得多数股权,彼此在证券、基金管理和期货领域不设置歧视性限制措施,在银行服务及不良资产处置方面深化合作等。协议的金融服务章节与中国扩大金融业开放方向一致,有助于深化双方金融机构在两国金融市场的发展及合作,有助于我国更加深度融入全球金融体系,参与全球资源配置,提高人民币国际化程度。

(四)人民币计价金融产品进入国际指数

2019年4月1日,人民币计价的中国国债和政策性银行债券被正式纳入全球主要债券指数——彭博巴克莱全球综合指数(Bloomberg Barclays Global Aggregate Index),完成纳入后,人民币计价的中国债券将成为继美元、欧元、日元之后第四大计价货币债券,代表人民币计价的中国债券的国际化进程迈出了重要一步,有利于促进全球投资者进入中国市场,是中国金融市场开放被国际认同的里程碑式的事件,也有助于人民币的国际化。

2019年9月4日,摩根大通宣布以人民币计价的高流动性中国政府债券将于2020年2月28日起被纳入摩根大通旗舰全球新兴市场政府债券指数系列(Government Bond Index-Emerging Markets,GBI-EM),纳入工作将在10个月内分步完成。高流动性中国政府债券被纳入摩根大通旗舰指数,成为中国资本市场对外开放又一个具有重要意义的里程碑,也为更多国际投资者进入中国市场提供了全新途径。

2020年9月25日,富时罗素公司宣布从2021年10月开始把中国国债纳入富时世界国债指数(World Government Bond Index,WGBI),待2021年3月做进一步确认后,国际投资者将能够通过富时罗素旗舰指数进入这一全球第二大债券市场。至此,全球三大债券指数全部涵盖中国债券,有利于进一步提高中国债券市场对外开放水平,为境内外投资者提供更加友好、便利的投资环境。

二、人民币国际化的法律和政策

2019年1月~2020年12月,中国在不断扩大金融开放的同时,顺应境外主体使用人民币进行投资和配置资产的需求,推出一系列法律政策与措施,为人民币国际化提供了法制保障。

(一)优化跨境人民币业务政策,为人民币跨境使用提供法律和政策保障

1.《关于开展更高水平贸易投资便利化试点业务的通知》

2019年9月,人民银行宏观审慎管理局发布《关于开展更高水平贸易投资便利化试点业务的通知》(银宏审〔2019〕10号),将上海、广东、天津、福建、辽宁、浙江、

河南、重庆、四川、湖北、陕西、海南、山东、江苏、广西、河北、云南、黑龙江等18个自贸区作为试点地区，开展更高水平的贸易投资便利化试点业务。自贸区银行可在“展业三原则”①的基础上，凭优质企业提交的《跨境业务人民币结算收/付款说明》或收付款指令，直接为优质企业办理货物贸易、服务贸易人民币跨境结算业务（转口贸易、退款除外），以及资本项目人民币收入资金在境内的支付使用，跨境人民币政策进一步优化完善。

按照通知精神，2019年12月，中国人民银行营业管理部发布《北京地区对外承包工程类优质诚信企业跨境人民币结算业务便利化方案》，全国首个对外承包工程类企业跨境人民币结算业务便利化试点在北京正式落地，方案提出了一系列便利化措施。2020年3月5日，上海自贸区临港新片区管委会、上海市银行外汇及跨境人民币业务自律机制发布《临港新片区优质企业跨境人民币结算便利化方案》。方案明确，对新片区内符合条件的优质企业，实行简化跨境人民币结算业务的先行先试，实现更高水平的贸易投资便利化。同时，其他自贸区也结合区内实际需求，推动出台相应的跨境人民币结算业务便利化的措施。

2.《关于进一步优化跨境人民币政策支持稳外贸稳外资的通知》（银发〔2020〕330号）

2020年9月18日，中国人民银行与发改委、商务部、国资委、银保监会、外汇管理局共同起草了《关于进一步优化跨境人民币政策支持稳外贸稳外资的通知（征求意见稿）》，并于2021年1月4日正式发布。该通知的主要内容包括五方面：

一是推动更高水平贸易投资人民币结算便利化。在全国范围内开展更高水平贸易投资便利化试点；进一步便利贸易新业态跨境人民币结算；明确银行可根据商事制度改革，及时调整业务审核要求，提高跨境人民币业务的灵活度和便利性。

二是进一步简化跨境人民币结算流程。优化跨境人民币业务重点监管名单形成机制，提高名单形成机制的科学性和调整的灵活性；支持银行通过审核电子化单证为企业办理跨境人民币结算业务，简化业务办理流程；优化跨国企业集团经常项下跨境人民币集中收付安排，允许异地开户办理业务；在全国范围内开展对外承包工程类优质企业跨境人民币结算业务便利化试点。

---

① 展业三原则是银行在为客户办理外汇业务时要遵循的三个基本原则，即“了解你的客户”“了解你的业务”“尽职审查”，不限于经常项目外汇业务，在资本项目、衍生品交易都可以适用。

三是优化跨境人民币投融资管理。放宽部分资本项目人民币收入使用限制，增加外资企业资金使用的灵活性和自主性，满足合理的资金管理需求；取消非投资类外商投资企业人民币资本金境内再投资限制；取消外商投资相关业务专户管理要求，便利再投资、股权转让、跨境并购等业务开展；优化境内企业境外人民币借款业务管理，放宽人民币外债户开户数量限制，赋予企业账户管理自主权，取消签约币种须与提款币种和偿还币种一致的要求；简化境内企业人民币境外放款业务管理，同时明确了人民币境外放款转为股权投资的相关规定。

四是便利个人经常项下人民币跨境收付。鼓励境内银行在"展业三原则"的基础上，进一步便利个人薪酬等合法合规收入跨境汇款业务政策落地；便利港澳居民个人同名汇款业务办理，明确允许港澳居民使用个人人民币银行结算账户接受港澳同名汇款；同时强调汇入资金使用须符合现行规定，防范业务风险。

五是便利境外机构人民币银行结算账户使用。明确允许境外机构从境外同名汇入资金至人民币账户，同时规定从境外汇入的人民币资金原则上不得购汇。

（二）在资本市场开放举措中鼓励使用人民币支付和结算

2019 年 1 月～2020 年 12 月，中国继续完善资本市场双向开放的机制，促进资本市场的高质量发展，并鼓励在相关资本市场产品和交易中使用人民币支付和结算。2019 年 9 月 10 日，国家外汇管理局宣布取消 QFII、RQFII 投资额度及 RQFII 试点国家和地区限制，促进中国债券市场和股票市场更好、更广泛地为国际市场接受。2019 年 10 月 16 日，中国人民银行、外汇管理局发布《关于进一步便利境外机构投资者投资银行间债券市场有关事项的通知》(银发〔2019〕240 号)，允许同一境外主体 QFII 或 RQFII 和直接入市渠道下的债券进行非交易过户，资金账户之间可以直接划转，同时同一境外主体通过上述渠道入市只需备案一次，允许打通银行间债券市场 QFII 或 RQFII 和直接入市渠道下债券和资金账户，允许债券非交易过户和资金双向划转，进一步提高了境外机构投资者入市投资的便利性。2020 年 5 月 7 日，中国人民银行、国家外汇管理局发布了《境外机构投资者境内证券期货投资资金管理规定》，落实取消 QFII 和 RQFII 境内证券投资额度管理的要求，对合格投资者跨境资金汇出入和兑换实行登记管理，大幅简化合格投资者境内证券投资收益汇出手续，取消中国注册会计师出具的投资收益专项审计报告和税务备案表等材料要求，改以完税承诺函替代，取消托管人数量限制，允许单家合格投资者委托多家境内托管人,并实施主报告人制度。2020 年 9 月 25 日,经国务院批准,中国证监会、中国人民银行、国家外汇管理局发布《合格境外机构投资者和人民币合格境外机构投资者境内证券期货投资管理办法》(以下简称《QFII、RQFII 办法》),中国证监会同步发布配套规则《关于实施〈合格境外机构投资者和人民币合格境外机构投资者境内证券期货投资管理办法〉有关问题的规定》,自 2020 年 11 月 1 日起施行。此次修订降低了准入门槛,便利投资运作,将 QFII、RQFII 资格和制度规则合二为一,放宽准入条件,简化申请文件,缩短审批时限,实施行政许可简易程序,取消委托中介机构数量限制,优化备案事项管理,减少数据报送要求,并稳步有序扩大投资范围,新增允许 QFII、RQFII 投资全国中小企业股份转让系统挂牌证券、私募投资基金、金融期货、商品期货、期权等,允许参与债券回购、证券交易所融资融券、转融通证券出借交易,QFII、RQFII 可参与金融衍生品等的具体交易品种和交易方式,将本着稳妥有序的原则逐步开放。以上种种措施有助于提升我国金融市场开放的广度和深度,在这一过程中,中国监管当局进一步鼓励人民币的使用,以此进一步推动人民币国际化。

以沪伦通及其相关配套制度为例。2019 年 6 月 17 日,中国证监会和英国金融行为监管局发布联合公告,原则批准上海证券交易所和伦敦证券交易所开展沪伦通业务,沪伦通正式启动。双方监管机构签署了《上海与伦敦市场互联互通机制监管合作谅解备忘录》,就沪伦通跨境证券监管执法开展合作。同日,华泰证券股份有限公司在伦交所挂牌交易,这是首家按照沪伦通业务规则登陆伦交所的 A 股公司,意味着沪伦通西向业务迈出实质性的一步。启动沪伦通是中国资本市场改革开放的重要探索,也是中英金融领域务实合作的重要内容,对拓宽双向跨境投融资渠道,促进中英两国资本市场共同发展具有重要影响。为规范存托凭证跨境资金管理,2019 年 5 月,中国人民银行、国家外汇管理局发布《存托凭证跨境资金管理办法(试行)》(人民银行外汇局公告〔2019〕第 8 号),作为沪伦通和存托凭证业务的重要配套政策安排,规范存托凭证发行、转换、存托过程中的跨境资金管理。在这一试行规定中,明确鼓励存托凭证业务使用人民币进行跨境支付,并通过 CIPS 完成跨境人民币资金结算。

(三)完善跨境金融产品布局,创新丰富人民币金融产品

2018 年 10 月 16 日,上海证券交易所与泛欧交易所在上海证券交易所交易大

厅成功举办合作谅解备忘录签署仪式。按照备忘录要求,双方将共同推动 CAC40 ETF 产品开发。2020 年 6 月 12 日,中国首只专门投资法国股票市场的跨境 ETF 产品——华安法国 CAC40 ETF 在上海证券交易所挂牌上市,成为上海证券交易所与泛欧交易所开展跨境 ETF 双向合作的重要成果。中国境内投资者将能够更加便利地参与法国证券市场,有助于丰富上海证券交易所跨境 ETF 产品供给,助力我国资本市场全球化进程,助推人民币国际化。

2019 年 8 月 12 日,20 号胶期货在上海期货交易所国际能源交易中心上市,并作为特定品种交易期货,按照“国际平台、净价交易、保税交割、人民币计价”的总体方案引入境外交易者,境外交易者的参与路径与原油期货保持一致。20 号胶期货上市并引入境外交易者,有助于服务国家“一带一路”倡议,有助于提升我国的全球天然橡胶定价影响力,有利于稳步推进人民币国际化。截至 2020 年 5 月,我国已上市了原油、铁矿石、精对苯二甲酸(Pure Terephthalic Acid,PTA)和 20 号胶 4 个特定品种交易期货,境外交易者投资境内特定品种期货,可以使用人民币或美元等作为保证金。

境内钢铁企业铁矿石进口使用人民币结算也不断取得进展。2019 年 10 月 11 日,首单以人民币计价结算的铁矿石现货贸易合同在山东日照港签署,全面打通了先进口再内销的业务流程。2020 年 5 月上旬,中国宝武集团下属宝钢股份与澳大利亚力拓集团完成首单以区块链技术实现的人民币跨境结算。这是宝钢股份继 2020 年 1 月和 4 月分别与巴西淡水河谷、澳大利亚必和必拓完成首单人民币跨境结算后的又一新进展。至此,中国宝武集团与全球三大铁矿石供应商之间都已经实现人民币跨境结算。

(四)通过自贸区先行先试,探索人民币的跨境流通与使用

2019 年国务院批复同意新设山东、江苏、广西、河北、云南、黑龙江 6 个自贸区,8 月 26 日印发《关于 6 个新设自由贸易试验区总体方案的通知》(国发〔2019〕16 号)。2020 年 8 月 30 日,国务院印发《中国(北京)自由贸易试验区总体方案》、《中国(湖南)自由贸易试验区总体方案》、《中国(安徽)自由贸易试验区总体方案》、《中国(浙江)自由贸易试验区扩展区域方案》(国发〔2020〕10 号)。9 个自由贸易试验区总体方案均提出深化金融领域开放创新,并在扩大金融领域对内对外开放、扩大人民币跨境使用、促进跨境投融资便利化、深化外汇管理体制改革等方面提出

了各自先行先试的具体措施。

（五）加强与港澳地区金融合作，推动两地金融市场的互联互通

2019年2月18日，中共中央、国务院印发了《粤港澳大湾区发展规划纲要》，提出有序推进金融市场互联互通，逐步扩大大湾区内人民币跨境使用规模和范围。大湾区内的银行机构可按照相关规定开展跨境人民币拆借、人民币即远期外汇交易业务以及与人民币相关衍生品业务、理财产品交叉代理销售业务。大湾区内的企业可按规定跨境发行人民币债券。扩大香港特别行政区与内地居民和机构进行跨境投资的空间，稳步扩大两地居民投资对方金融产品的渠道。《粤港澳大湾区发展规划纲要》提出有序推动大湾区内基金、保险等金融产品跨境交易，建立资金和产品互通机制，支持香港特别行政区机构投资者按规定在大湾区募集人民币资金投资香港特别行政区资本市场，参与投资境内私募股权投资基金和创业投资基金，支持香港特别行政区开发更多离岸人民币、大宗商品及其他风险管理工具，支持内地与香港特别行政区、澳门特别行政区保险机构开展跨境人民币再保险业务，不断完善“沪港通”“深港通”“债券通”，支持符合条件的港澳银行、保险机构在深圳前海、广州南沙、珠海横琴设立经营机构。

2020年4月，中国人民银行、中国银保监会、中国证监会、国家外汇管理局共同发布《关于金融支持粤港澳大湾区建设的意见》，提出促进粤港澳大湾区跨境贸易和投融资便利化，推进资本项目便利化改革，开展本外币合一的跨境资金池业务试点，提升本外币兑换和跨境流通使用便利度；扩大银行业、保险业、证券业对外开放，深化内地与港澳金融合作；推进粤港澳资金融通渠道多元化，支持港澳发展离岸人民币业务，促进金融市场和金融基础设施互联互通等26条具体措施。《关于金融支持粤港澳大湾区建设的意见》的出台，有利于进一步推进金融开放创新，深化内地与港澳金融合作，提升粤港澳大湾区在国家经济发展和对外开放中的支持引领作用，为建设富有活力和国际竞争力的一流湾区和世界级城市群提供有力的金融支撑。

1. 推动港澳地区人民币业务发展。为进一步便利港澳居民开立内地银行账户、使用移动支付，中国人民银行组织中国银行、中国工商银行分别于2019年3月20日、12月20日在广州、深圳和珠海推出香港特别行政区、澳门特别行政区代理见证开立内地Ⅱ类、Ⅲ类个人银行账户试点，形成了以账户为纽带，广州服务港澳、深

圳服务香港特别行政区、珠海服务澳门特别行政区的大湾区互联互通新格局,为大湾区支付体系改革创新起到示范引领作用。截至2020年4月末,港澳特别行政区居民通过代理见证开立个人Ⅱ、Ⅰ类银行账户10.18万户。① 2019年12月,经国务院批准,中国人民银行与澳门金融管理局签署双边本币互换协议,协议有效期3年,经双方同意可以展期。货币互换协议的签署,有利于维护两地金融稳定,支持两地经济和金融发展。

2. 建立完善在香港特别行政区发行人民币央行票据的常态机制。2018年9月,中国人民银行与香港金融管理局签署合作备忘录,旨在便利中国人民银行在香港特别行政区发行央行票据,丰富香港特别行政区高信用等级人民币金融产品。2018年11月以来,中国人民银行逐步建立了在香港特别行政区发行人民币央行票据的常态机制。2019～2020年,中国人民银行多次在香港特别行政区发行人民币央行票据,包括美、欧、亚洲等多个国家和地区的银行、央行、基金等机构投资者以及国际金融组织踊跃参与认购。香港特别行政区人民币央行票据的稳定持续发行有利于丰富香港特别行政区市场高信用等级人民币投资产品系列和人民币流动性管理工具,满足离岸市场投资者需求,促进离岸人民币货币市场发展,带动其他发行主体在离岸市场发行人民币债券,有助于推动人民币国际化。

3. 开展粤港澳大湾区"跨境理财通"业务试点。2020年6月29日,中国人民银行、香港金融管理局、澳门金融管理局共同发布《关于在粤港澳大湾区开展"跨境理财通"业务试点的联合公告》。"北向通"和"南向通"业务资金通过账户一一绑定实现闭环汇划和封闭管理,使用范围仅限于购买合资格的投资产品。资金汇划使用人民币跨境结算,资金兑换在离岸市场完成。对"北向通"和"南向通"跨境资金流动实行总额度和单个投资者额度管理,总额度通过宏观审慎系数动态调节。"跨境理财通"是国家支持粤港澳大湾区建设、推进内地与香港特别行政区、澳门特别行政区金融合作的重要举措,有利于促进粤港澳大湾区居民个人跨境投资便利化,有利于促进我国金融市场对外开放,促进内地与港澳社会经济共同发展。

(六)与各国央行以及国际组织的合作,加强本币合作与联合融资合作

1. 不断加强与各国央行合作,持续完善境外清算机制安排,加强双边本币互换

---

① 数据来自中国人民银行广州分行微信公众号6月8日的文章《便利港澳居民开立内地个人银行账户——政策解读》。

与双边本币结算。2019年6月，中国人民银行授权日本三菱日联银行担任日本人民币清算行；9月，中国人民银行授权中国银行马尼拉分行担任菲律宾人民币清算行。截至2019年年末，已在25个国家和地区授权了27家人民币清算行，清算行性质、职能定位更加清晰，覆盖范围更加合理。2019年，中国人民银行与澳门金融管理局签署双边本币互换协议，同时先后与苏里南央行、新加坡金融管理局、土耳其央行、欧洲中央银行（European Central Bank，ECB）和匈牙利央行续签双边本币互换协议。截至2019年年末，中国人民银行共与39个国家和地区的中央银行或货币当局签署了双边本币互换协议，覆盖全球主要发达经济体和新兴经济体，以及主要离岸人民币市场所在地。2020年1月，中国人民银行与老挝央行签署《中国人民银行与老挝银行双边本币合作协议》，将本币结算范围由边境贸易扩大至两国已放开的所有经常和资本项下交易，不断消除境外人民币使用障碍。

2. 积极开展第三方市场联合融资，深化"一带一路"资金融通。适应市场需求，探索创立与多边开发机构的联合融资机制。中国人民银行于2018年12月对中国人民银行海外基金业务进行了扩容，具备展业资格的银行类机构已扩展至各股份制商业银行，同时新增八个地区为试点地区，区内金融机构经当地人民银行分支机构备案后，可自主开展人民币海外基金业务。中国人民银行、中资金融机构与多边开发机构和发达国家在"一带一路"沿线国家积极开展联合融资。中国人民银行于2019年与欧洲复兴开发银行（European Bank for Reconstruction and Development，EBRD）签署了加强第三方合作的谅解备忘录，明确双方将发挥各自优势，在中东欧和中亚加强第三方合作，中方鼓励中资金融机构和企业以市场为导向与EBRD在区域内开展联合融资、项目招投标等多种形式的合作。2019年，丝路基金采用可转债对沙特能源公司ACWA的新能源平台公司进行了投资。人民币海外基金业务的推出和快速发展反映了"一带一路"沿线国家乃至国际资本市场对人民币不断上升的需求，有利于不断丰富海外人民币资产种类，也为推动"一带一路"资金融通提供更好的解决方案。

（七）进一步完善人民币汇率形成机制

2019～2020年，中国人民银行继续推进人民币汇率市场化改革，完善以市场供求为基础、参考"一篮子"货币进行调节、有管理的浮动汇率制度，人民币汇率弹性增强，有效发挥了汇率调节宏观经济和国际收支自动稳定器的作用。同时，允许周边国家金融机构作为报价行参与银行间区域市场,不断丰富市场参与主体。2019年4月15日,中国工商银行新疆分行与哈萨克斯坦中国工商银行(阿拉木图)股份公司在银行间市场成交一笔CNY/KZT外汇即期交易,这是坚戈银行间区域市场建立以来首笔新疆当地商业银行与境外坚戈报价之间达成的交易,成为全国银行间外汇市场首笔有境外银行参与的区域交易,实现了境外银行参与中国银行间外汇市场区域交易零的突破。境外金融机构直接参与我国银行间外汇市场坚戈区域交易,有利于实现人民币对坚戈汇率跨境直接形成,为市场提供更多的流动性支持,扩大中哈本币结算,提高双边本币清算效率。

三、2019~2020年度中国外汇管理的基本情况

人民币国际化离不开健全的外汇管理法制保驾护航。2019年1月~2020年12月,中国密集推出了一系列外汇管理法律和政策,使得外汇市场良性发展。

(一)2019年1月~2020年11月外汇市场总览

外汇市场作为金融市场的重要组成部分,承担国际清算、货币兑换、套期保值、授信等功能,并且为全世界的投机者提供了一个套汇获利的广阔平台。我国的外汇市场作为世界外汇市场的重要组成部分,一举一动都影响着世界外汇市场,同时也不可避免地受到其他国家外汇市场变动的影响。

2019年1月至2020年第一季度,我国外汇市场总交易额总体呈现波动中下降的趋势。特别是在2020年第一季度,受到新冠肺炎疫情的影响,外汇市场总交易额下降明显。从2020年第二季度开始,世界新冠肺炎疫情逐渐得到控制,世界主要国家开始逐步恢复生产,全球供应链得以重新运行,我国的外汇总交易额开始反弹并稳步上升(见图2)。2019年1月~2020年11月,我国外汇市场中的主要交易品种,即期、远期、期权和外汇和货币掉期的交易额走势一致,并没有某一种外汇交易品种被大量做多或者做空。尽管受到全球新冠肺炎疫情暴发的影响,2019年1月~2020年11月平均每月外汇交易总额仍然高于2018年,同比增长3.9%。2019年1月~2020年12月,中国跨境资金流动总体稳定,外汇市场保持了相对稳定的格局。根据2019年国际清算银行外汇和衍生产品市场调查,人民币已成为全球第八大交易货币,交易额约占全球外汇交易量的4.3%。

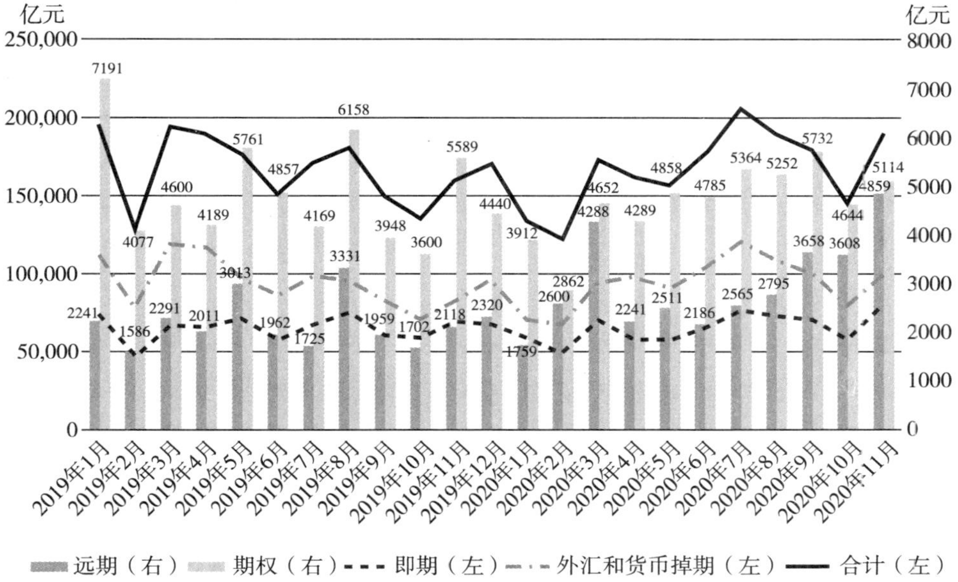

图 2　2019 年 1 月～2020 年 11 月中国每月外汇市场交易概况

资料来源：国家外汇管理局。

（二）银行结售汇概况

除了 2020 年 4 月的小幅上升外，2019 年 1 月～2020 年 11 月，银行每月的结售汇金额波动幅度小，总体保持平稳（本报告仅考察经常项目和资本与金融项目的结售汇情况，见图 3）。2019 年全年银行结售汇呈现逆差 3843.33 亿人民币，但较 2018 年，年逆差收窄了 1.45%，并且全年呈现逆差规模不断收窄的趋势（见图 4）。2019 年经常项目的结售汇是 2019 年结售汇逆差的主要来源，高达 4215.14 亿人民币，而 2019 年资本与金融项目结售汇则呈现顺差。这表明 2019 年中国企业对外贸易的购汇需求大于市场外汇的供给，而我国资本市场对外国投资者继续保持吸引力，大量外资流入资本与金融市场。2020 年 1～11 月总结售汇呈现较大的顺差，高达 6445.56 亿人民币，其间经常项目和资本与金融项目的总结售汇以及每月的结售汇都呈现顺差（除 2020 年 7 月和 8 月呈现小额结售汇逆差），分别为 3648.59 亿元人民币和 1823.85 亿元人民币。这表明 2020 年中国贸易市场和资本市场对外都呈现较强的实力，经济基本面稳健。

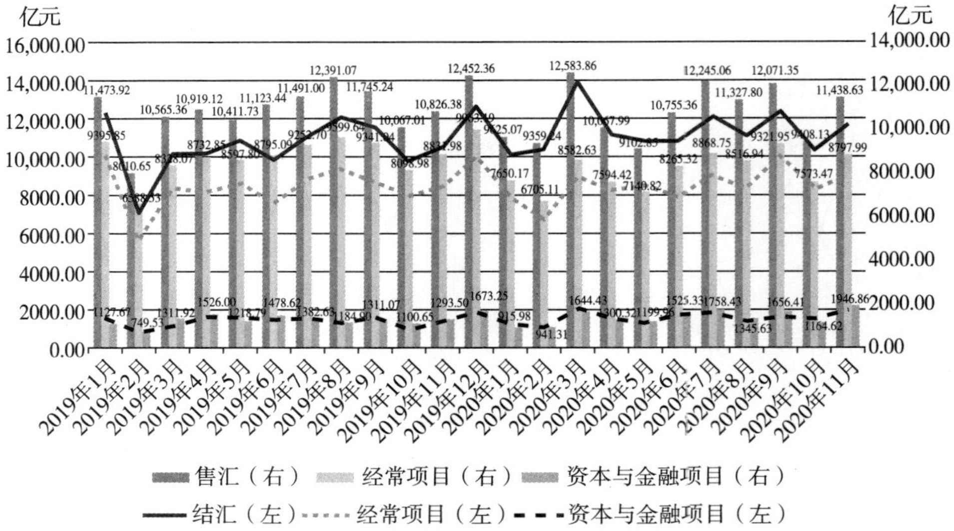

图3　2019年1月～2020年11月中国银行每月结售汇概况（按交易项目）

资料来源：国家外汇管理局。

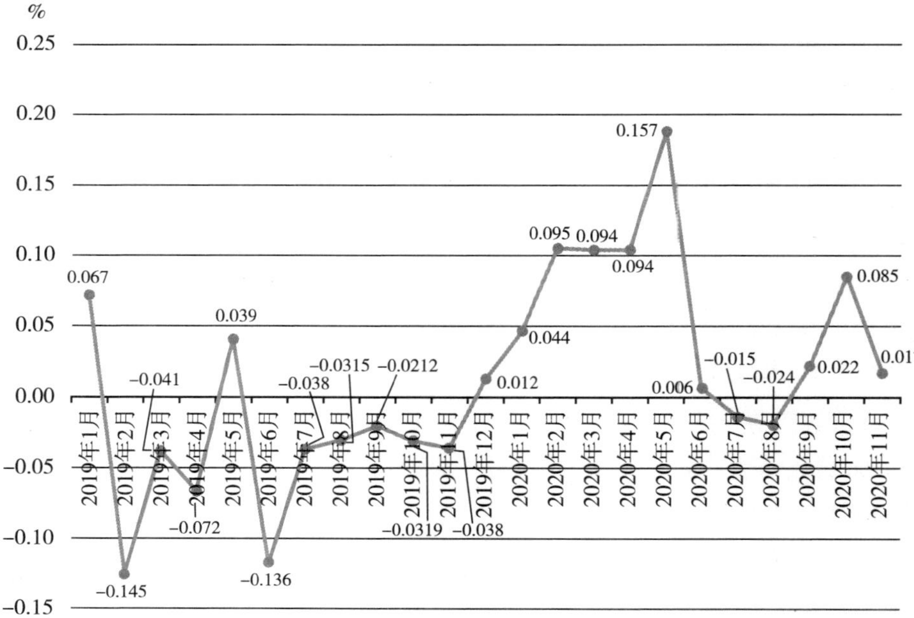

图4　2019年1月～2020年11月中国银行每月结售汇差额比率

（三）人民币汇率概况

2019年1月～2020年12月，人民币兑美元汇率总体呈现上升趋势。特别是从2019年5月开始，除中国新冠肺炎疫情暴发期间外，人民币兑美元汇率持续上升，并在8月初正式突破700关口，且在相当一段时间里维持高位。这次是人民币兑美元汇率自2015年“811汇改”以来首次突破700大关。这段时期，人民币汇率弹性明显增强，发挥了其调节宏观经济和国际收支“自动稳定器”的作用。

2019年第一季度，人民币兑美元汇率中间价最高为668.50元，最低为686.31元。第一季度共有58个交易日，其中32个交易日人民币兑美元升值，最大单日升值幅度为0.70%。而在其余26个交易日中，最大单日贬值幅度为0.61%。第一季度的人民币兑美元汇率总体走强。2019年第二季度，人民币兑美元汇率中间价最高为669.11元，最低为689.94元。在60个交易日中的21个交易日人民币兑美元升值，39个交易日贬值。第二季度人民币兑美元汇率总体趋势逐渐走弱。2019年第三季度，人民币兑美元汇率中间价最高为685.13元，最低为708.84元。65个交易日中的25个交易日人民币兑美元汇率升值，最大单日升值幅度为0.30%，而最大单日贬值幅度为0.66%。第三季度人民币美元汇率总体趋势逐渐走弱，8月甚至跌破700关卡。2019年第四季度，人民币兑美元汇率中间价最高为697.62元，最低为708.84元。在60个交易日中的21个交易日人民币兑美元升值，39个交易日贬值。虽然第四季度的人民币美元汇率总体趋势逐渐走强，但在这个时期，人民币兑美元汇率长时间高于700元，处于一个相对较低的水平。2020年第一季度，人民币兑美元汇率中间价最高为686.06元，最低为710.52元。人民币兑美元汇率在58个交易日中的27个交易日中升值，最大单日升值幅度为0.45%，最大单日贬值幅度为0.76%。第一季度前期的人民币兑美元汇率逐渐走强，后期逐渐走弱。2020年第二季度，人民币兑美元汇率中间价最高为703元，最低为713.16元。人民币兑美元汇率在59个交易日中的33个交易日中升值。第一季度前期的人民币兑美元汇率逐渐走强，后期逐渐走弱。2020年第二季度，人民币兑美元汇率趋势轻微走弱，但整个季度都高于700元。2020年第三季度开始，人民币兑美元汇率持续下降，人民币升值趋势明显。（见图5）

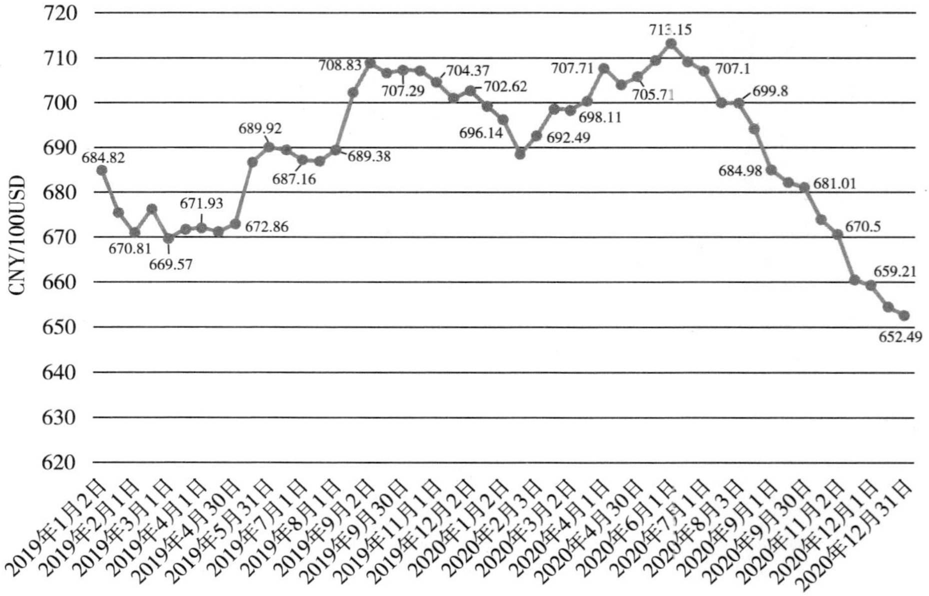

图5　2019~2020年12月人民币兑美元汇率中间价

资料来源:国家外汇管理局。

(四)国家储备资产概况

截至2020年11月末,中国外汇储备规模为34,309.31亿美元,相较于2019年11月增加了2246.68亿美元,升幅为7.01%。相较于2018年8月的外汇储备资产,2019年8月增加了208.75亿美元,升幅为0.65%。2019年1月~2020年11月,中国官方总储备资产规模以及各个储备资产项目规模总体保持稳定,特别是黄金储备。(见图6)

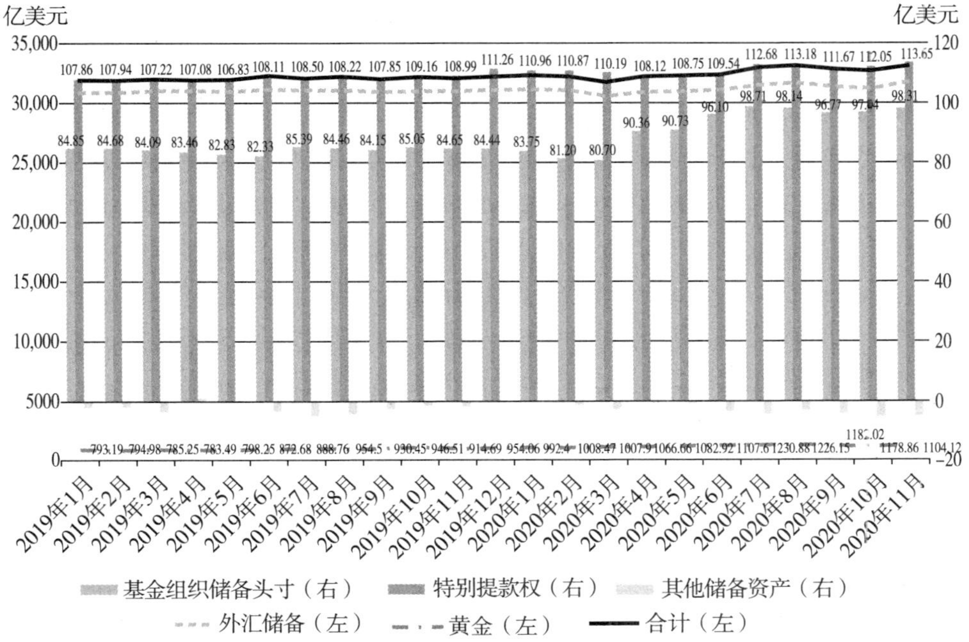

图 6　2019 年 1 月～2020 年 11 月中国官方储备资产

资料来源：国家外汇管理局。

2019 年，中国国家储备资产规模月增长率有 7 个月为正数（见图 7）。这表明，2019 年中国国家储备资产规模持续上升。因受到新冠肺炎疫情的影响，2020 年 2 月和 3 月的中国外汇储备资产规模增长率呈现相对较大幅度的下降，降至负数。随后的 5 个月，中国外汇储备连续正增加，特别是在 4 月和 7 月，外汇储备增长率出现较大幅度的上升。这表明，新冠肺炎疫情最严重的时期过后，资本回流中国的趋势逐渐明朗起来。尽管 2019 年以来，外部经济和政治环境不确定因素较多，经济增长面临下行压力，但中国外汇储备仍然保持稳定，世界看好中国经济。

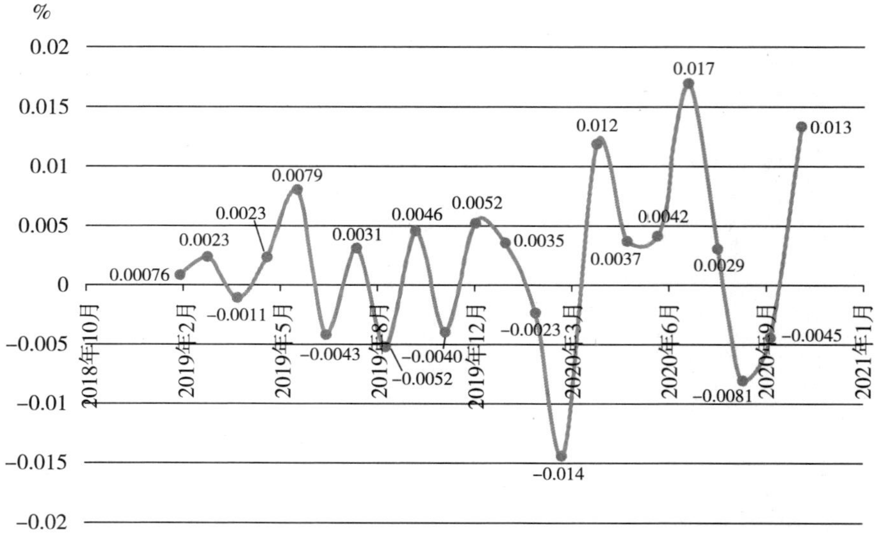

图 7　2019 年 1 月～2020 年 11 月中国官方储备资产规模月增长率

资料来源：国家外汇管理局。

（五）国际收支概况

2019 年第一季度至 2020 年第一季度，经常账户资本和金融账户呈现小幅顺差。中国经常账户顺差为 7416 亿元人民币，资本和金融账户顺差 4658 亿元人民币。相比 2018 年，2019 年第一季度至 2020 年第一季度货物贸易顺差缩小 5.89%。[①] 其中，货物贸易出口 198，125 亿元人民币，较上年下降 1.08%；货物贸易进口 167，108 亿元人民币，较上年下降 0.14%。相比 2018 年，2019 年第一季度至 2020 年第一季度服务贸易逆差收窄 11.78%。其中，服务贸易收入增加 6.91%，支出减少 3.47%。该时期的初次收入逆差较 2018 年大幅度收窄 49.5%，而二次收入差额由逆差转为顺差，由 -133 亿元人民币到 653.6 亿元人民币。资本账户逆差相较于 2018 年持平，而金融账户顺差则大幅下降 62.27%。从 2020 年第二季度开始，中国经常账户盈余强势反弹，其中国际货物交易盈余快速上升，这与疫情后中国经济快速恢复，而其他国家，尤其是欧美国家仍挣扎在新冠肺炎疫情的沼泽中，生产能力未完全恢复的情况是一致的。

① 本部分所有数据已按照年度比例折算成一年的数据。

2019 年第一季度至 2020 年第三季度，中国国际收支保持基本平衡，经常账户、资本和金融账户持续处于合理区间(见表 1)。虽然在此期间，由于国际大宗商品价格、新冠肺炎疫情全球暴发、部分进出口商品需求的周期性改变，经常账户的差额出现了小幅度的波动，但这并不会影响中国国际收支基本平衡的良好局面。直接投资和中长期的证券投资是金融账户顺差的主要来源，这时期金融账户顺差的大幅下降，反映国际资本对投资中国资产的看好程度下降。

表 1　2019 年第一季度～2020 年第三季度中国国际收支平衡

单位：亿元

项目	2019 年第一季度	2019 年第二季度	2019 年第三季度	2019 年第四季度	2020 年第一季度	2020 年第二季度	2020 年第三季度
1. 经常账户	2029	2079	2810	2850	－2352	7804	6383
贷方	44, 595	49, 180	52, 767	53, 943	38, 797	52, 447	57, 317
借方	－42, 566	－47, 101	－49, 957	－51, 093	－41, 148	－44, 642	－50, 934
1. A　货物和服务	829	2667	3501	4402	－1671	9336	7996
贷方	39, 661	44, 497	48, 065	50, 246	36, 312	46, 728	51, 454
借方	－38, 832	－41, 830	－44, 565	－45, 845	－37, 983	－37, 392	－43, 459
1. A. a　货物	5110	7152	8565	8578	1612	11, 427	10, 784
贷方	35, 652	40, 466	43, 886	45, 608	32, 513	42, 777	47, 482
借方	－30, 542	－33, 314	－35, 321	－37, 030	－30, 901	－31, 351	－36, 698
1. A. b　服务	－4281	－4486	－5065	－4176	－3283	－2090	－2788
贷方	4009	4031	4179	4639	3799	3951	3972
借方	－8290	－8516	－9244	－8814	－7082	－6041	－6761
1. B　初次收入	1054	－810	－844	－1736	－791	－1597	－1805
贷方	4524	4215	4250	3238	1845	5140	5197
借方	－3470	－5026	－5094	－4974	－2636	－6737	－7002
1. C　二次收入	146	223	153	184	111	66	193
贷方	409	468	451	458	640	579	666
借方	－263	－245	－298	－274	－529	－514	－473
2. 资本和金融账户	1456	1456	－578	1550	774	－2443	－3492

续表

项目	2019年第一季度	2019年第二季度	2019年第三季度	2019年第四季度	2020年第一季度	2020年第二季度	2020年第三季度
2.1　资本账户	-2	-4	-17	0	-6	-1	-1
贷方	6	2	3	4	1	3	3
借方	-8	-6	-19	-4	-8	-4	-4
2.2　金融账户	1458	1460	-561	1550	781	-2441	-3491
资产	-2238	-2914	-4302	-4305	-3574	-9730	-15,417
负债	3696	4374	3741	5854	4355	7288	11,926
3.净误差与遗漏	-3485	-3535	-2232	-4399	1577	-5362	-2891

资料来源:国家外汇管理局。

四、2019年1月～2020年6月中国外汇管理法律和政策

这一时期是我国外汇管理法制建设的重要时期,也是全面推进依法治国的重要时期,更是全面深化改革的重要时期。2020年1月15日,中美经过多轮贸易谈判,签署了中美第一阶段《经济贸易协议》。随着经贸协定的尘埃落定,我国将对美国扩大贸易和服务进口,对美国的贸易顺差将收窄,净出口对经济增长的拉动作用或将减弱。2020年第一季度,新冠肺炎疫情肆虐全国直至全球。世界各国为了控制和防止疫情的传播,不约而同地采取"闭国"和暂停大部分社会经济活动的措施,世界外汇市场也因此进入"半休眠状态",所有这些新情况都给外汇管理立法提出了新的挑战,需要作出新的调整。2019年1月～2020年6月,中国密集出台了一系列外汇管理法律政策,从七个方面补强了外汇管理制度,助力中国外汇市场整体表现平稳。

(一)外汇管理规范总览

2019年1月～2020年6月,我国共发布现行有效的外汇管理规范31部。①

① 根据国家外汇管理局发布的《现行有效外汇管理主要法规目录(截至2020年6月30日)》整理。参见国家外汇管理局网,http://www.safe.gov.cn/safe/2020/0713/16660.html。

其中,4 部规范外汇业务数据统计,包括《国家外汇管理局关于发布〈金融机构外汇业务数据采集规范(1.2 版)〉的通知》(汇发〔2019〕1 号)、《商务部　国家统计局　国家外汇管理局关于印发〈对外直接投资统计制度〉的通知》(商合函〔2019〕3 号)、《国家外汇管理局综合司关于对外金融资产负债及交易数据接口程序自查、联调和数据报送有关工作的通知》(汇综发〔2019〕31 号)和《中国人民银行　国家外汇管理局关于调整全口径跨境融资宏观审慎调节参数的通知》(银发〔2020〕64 号)。

5 部规范银行外汇业务,包括《国家外汇管理局关于印发〈银行外汇业务合规与审慎经营评估办法〉的通知》(汇发〔2019〕15 号)、《国家外汇管理局关于印发〈通过银行进行国际收支统计申报业务指引(2019 年版)〉的通知》(汇发〔2019〕25 号)、《国家外汇管理局关于印发〈银行结售汇统计制度〉的通知》(汇发〔2019〕26 号)、《中国外汇交易中心发布〈银行间人民币外汇市场交易规则〉通知》(中汇交发〔2019〕401 号)和《国家外汇管理局综合司关于印发〈银行外汇业务合规与审慎经营评估内容及评分标准(2020 年)〉的通知》(汇综发〔2020〕35 号)。

10 部用于规范外汇市场其他参与者行为,包括《最高人民法院　最高人民检察院关于办理非法从事资金支付结算业务、非法买卖外汇刑事案件运用法律若干问题的解释》(法释〔2019〕1 号)、《国家外汇管理局关于印发〈跨国公司跨境资金集中运营管理规定〉的通知》(汇发〔2019〕7 号)、《国家外汇管理局关于印发〈支付机构外汇业务管理办法〉的通知》(汇发〔2019〕13 号)、《存托凭证跨境资金管理办法(试行)》(中国人民银行、国家外汇管理局公告〔2019〕第 8 号)、《国家外汇管理局　海关总署关于印发〈调运外币现钞进出境管理规定〉的通知》(汇发〔2019〕16 号)、《中国人民银行　中国银行保险监督管理委员会　中国证券监督管理委员会　国家外汇管理局关于进一步规范金融营销宣传行为的通知》(银发〔2019〕316 号)、《司法部　国家外汇管理局关于做好律师事务所在境外设立分支机构相关管理工作的通知》(司发通〔2020〕29 号)和《境外机构投资者境内证券期货投资资金管理规定》(中国人民银行、国家外汇管理局公告〔2020〕第 2 号)。

8 部着力提高外汇便利化水平,包括《国家外汇管理局关于进一步促进保险公司资本金结汇便利化的通知》(汇发〔2019〕17 号),中华人民共和国海关总署、国家外汇管理局公告 2019 年第 93 号《关于取消报关单收、付汇证明联合办理加工贸易核销的海关核销联的公告》,《国家外汇管理局关于进一步促进跨境贸易投资便利化的通知》(汇发〔2019〕28号),《国家外汇管理局关于精简外汇账户的通知》(汇发〔2019〕29号),《国家外汇管理局关于取消有关外汇管理证明事项的通知》(汇发〔2019〕38号),《中国人民银行　国家外汇管理局关于进一步便利境外机构投资者投资银行间债券市场有关事项的通知》(银发〔2019〕240号),《国家外汇管理局关于修订〈个人本外币兑换特许业务试点管理办法〉的通知》(汇发〔2020〕6号)和《国家外汇管理局关于废止和失效5件外汇管理规范性文件及7件外汇管理规范性文件条款的通知》(汇发〔2019〕39号)。

4部意在提升外汇市场对外开放程度,包括《中国人民银行　国家外汇管理局关于印发〈境内上市公司外籍员工参与股权激励资金管理办法〉的通知》(银发〔2019〕25号)、《国家外汇管理局关于完善银行间债券市场境外机构投资者外汇风险管理有关问题的通知》(汇发〔2020〕2号)、《国家外汇管理局关于优化外汇管理支持涉外业务发展的通知》(汇发〔2020〕8号)和《商务部　市场监管总局　外汇局关于开展2019年度外商投资信息报告年度报告的公告》(商务部公告2019年第72号)。

剩余两部为《国家外汇管理局关于支持贸易新业态发展的通知》(汇发〔2020〕11号)和《国家外汇管理局关于建立外汇政策绿色通道,支持新型冠状病毒感染的肺炎疫情防控工作的通知》(汇综发〔2020〕2号),分别为促进我国新业态新模式发展和支持疫情防控而制定。

(二)七个主要规制方面

2019年1月～2020年6月,国家外汇管理局共发布19部现行有效外汇管理规范,并联合其他相关部门发布10部现行有效的外汇管理法律规范;最高人民法院和最高人民检察院发布了《关于办理非法从事资金支付结算业务、非法买卖外汇刑事案件运用法律若干问题的解释》;中国外汇交易中心发布《银行间人民币外汇市场交易规则》。该时期发布的外汇管理新规集中规范外汇业务和外汇市场秩序、加快贸易新业态发展、深化"放管服"改革、推动"数字外管"建设和提升数据共享服务能力、应对新冠疫情下的外汇流动性传导机制被暂时堵塞的问题。

第一,深化依法行政和"放管服"改革,继续简政放权和规范性文件清理,进一步优化外汇管理服务。国家外汇管理局在2019年相继发布了《国家外汇管理局关于进一步促进保险公司资本金结汇便利化的通知》《国家外汇管理局关于进一步促进跨境贸易投资便利化的通知》《国家外汇管理局关于精简外汇账户的通知》《国家外汇管理局关于取消有关外汇管理证明事项的通知》。这些措施提升了外汇管理服务实体经济的能力和水平,调动了市场主体参与国际经济活动的积极性,切实提高了市场主体经营效率,促进了跨境贸易投资便利化。美的集团股份有限公司旗下的两家子公司自2019年7月25日参加货物贸易外汇收支便利化试点以来,截至2019年年底,累计办理收付汇业务147笔,金额共计1920万美元。外商投资企业同样是货物贸易外汇收支便利化措施的受益者。乐金显示(广州)有限公司自2019年1月31日至11月末,累计办理试点付汇业务438笔,金额21.73亿美元;收汇业务28笔,金额24.78亿美元。截至2020年第一季度末,全国分别有8个省市和2个省市实施货物贸易及服务贸易外汇收支便利化试点,试点银行41家,试点企业206家,共办理货物贸易及服务贸易外汇收支7.3万笔,涉及金额572亿美元。

第二,进一步规范市场主体外汇业务行为。为了规范和发展外汇市场,促进市场诚信、公平、有序和高效运行,维护市场主体的合法权益,国家外汇管理局以及相关部门分别发布了关于金融机构、跨国公司、支付机构、银行以及律师事务所开展外汇业务的管理办法[《存托凭证跨境资金管理办法(试行)》《金融机构外汇业务数据采集规范(1.2版)》《跨国公司跨境资金集中运营管理规定》《支付机构外汇业务管理办法》《司法部、国家外汇管理局关于做好律师事务所在境外设立分支机构相关管理工作的通知》]。这些管理办法不仅规范了市场主体行为,还为市场主体开展外汇活动界定了权利边界和行为空间,明确了职责,减少灰色地带。

第三,规范结售汇统计行为,强化外汇市场监管。国家外汇管理局根据外汇管理规定变化和调整情况,发布了《银行结售汇统计制度》《银行外汇业务合规与审慎经营评估内容及评分标准(2020年)》《关于调整全口径跨境融资宏观审慎调节参数的通知》《通过银行进行国际收支统计申报业务指引(2019年版)》《金融机构外汇业务数据采集规范(1.2版)》,制定了最新版本的银行进行国际收支统计申报业务指引、银行外汇业务合规与审慎经营评估内容和标准、对外直接投资统计制度,重新调整了全口径跨境融资宏观审慎调节参数。

第四,助力贸易新业态创新发展。为了促进外贸提质增效,优化外贸综合服务企业与跨境电商资金收付,加快跨境电子商务等贸易新业态发展,国家外汇管理局发布《关于优化外汇管理支持涉外业务发展的通知》。2019年,服务贸易创新新业态试点地区的服务进出口占全国比重超过75%,发展速度快于全国平均水平。在试点地区的带动下,全国服务进出口总额从2015年的6542亿美元增长至2019年的7850亿美元,年均增长率为4.7%。其中,服务出口年均增长率为6.7%,高于全球服务出口平均增速和我国货物出口增速。这一时期服务贸易逆差明显下降,2019年服务出口高于进口增速9%,逆差比2018年减少358亿美元,下降14.1%。截至2020年第二季度末,已落地的4家银行累计收汇807万美元,涉及1498家小微企业24.2万笔小额订单。

第五,疫情期间建立外汇政策绿色通道,进一步简化防疫物资进口购汇业务流程,保障防疫物资以及捐赠资金能够及时到位。《国家外汇管理局关于建立外汇政策绿色通道,支持新型冠状病毒感染的肺炎疫情防控工作的通知》规定,对于境内外捐赠的外汇资金,银行可以直接通过受赠单位已有的经常项目外汇结算账户,无须开立捐赠外汇账户;企业办理与疫情防控相关的资本项目收入结汇支付时,无须事前逐笔提交单证材料,由银行事后抽查;如确有需要,企业借用外债限额可取消,并可以网上申请外债登记;鼓励个人通过手机银行等线上渠道办理个人外汇业务。2020年1月27日～3月27日,共办理网上申请外债签约登记742笔、370亿美元。2020年1月27日至第二季度末,全国通过"绿色通道"办理货物贸易收付汇业务1.4万笔,涉及金额49亿美元。

第六,进一步推动境外投资者参与中国资本市场积极性,规范境内上市外籍员工参与股权激励资金收付。国家外汇管理局制定《关于进一步便利境外机构投资者投资银行间债券市场有关事项的通知》、《关于完善银行间债券市场境外机构投资者外汇风险管理有关问题的通知》以及《境外机构投资者境内证券期货投资资金管理规定》,完善银行间债券市场开放政策,取消境外机构投资者额度限制,明确并简化境外机构投资者境内证券期货投资资金管理要求,提高境外机构投资者入市投资的便利性,进一步便利境外投资者参与我国金融市场,维护外汇市场稳定。

第七,严厉打击外汇领域违法违规行为,多部门联合打击地下钱庄及其交易对手,加强跨境监管合作,稳妥处置非法网络炒汇平台。2019年2月1日,最高人民法院、最高人民检察院《关于办理非法从事资金支付结算业务、非法买卖外汇刑事案件适用法律若干问题的解释》正式施行,明确了非法买卖外汇的认定标准。2019年5月20日,国家外汇管理局通报了17例外汇违规典型案件,罚款总金额超8000万元人民币,最高罚款达3734万元人民币。2020年上半年,共查处外汇违规案件714起,罚没款2.39亿元。

(三)四项突出成就

2019年1月~2020年6月,中国外汇管理规定呈现以下四个突出的进步:

第一,简化行政手续,减少行政干预,强调外汇市场自身的调节作用。外汇管理局等行政机关出台了许多便利外汇市场主体开展外汇业务的政策和措施,强调政府是市场的引导者,而不是决定者,坚持以市场为导向,加强市场在资源配置中的基础性作用。

第二,与时俱进,因时制宜,适时支持贸易新业态发展。由于当前传统外贸模式已经很难再拉动中国出口进一步增长,外汇管理局适时地发布政策支持贸易新业态发展。相比传统外贸模式,跨境电商、市场采购贸易、外贸综合服务企业等新业态拓宽了市场渠道,减少了中间环节,成为外贸稳定增长的"助推器"。2020年年初,新冠肺炎疫情暴发后,为了满足新冠疫情防控工作的需要,国家外汇管理局及时出台外汇政策绿色通道,启动应急处置机制,简化银行进口购付汇业务流程和材料。

第三,全力提高统计数据质量,加强统计数据的规范性、关联性和匹配性审核,并严格依法及时、准确、全面报送有关统计数据。统计数据是对经济社会活动结果的客观反映,是政府科学决策的重要依据,对于进一步提高政府统计的公信力,保障全区经济社会平稳健康发展具有重要意义。这段时期出台的一系列法律规定,进一步规范了外汇市场统计数据的报送、管理和使用,力求切实解决统计数据"数出多门"、口径不一,统计信息陈旧、失真,共享不到位等问题,确保统计数据的真实性、准确性、及时性和权威性。

第四,多部门联合行文,共同贯彻执行有关政策以切实维护外汇市场秩序。外汇管理局是主管外汇市场的副部级国家局,主要职责是管理外汇收支、买卖、借贷、转移以及国际结算、外汇汇率以及外汇市场,保证外汇市场运行符合相关法律规范。但是外汇市场的构成包罗万象,其中很多方面并不在外汇管理局管辖权限范围内,因此仅靠外汇管理局管理和监督外汇市场秩序,很难尽如人意。外汇管理局与其他部门联合发文,发布更为清晰的法制规范,建立部门间协作配合,有助于共同完善外汇市场的制度措施。

(四)重点外汇管理法律规范

2019年1月~2020年6月,中国外汇市场遇到了许多新的挑战,这要求国家外汇管理局及时跟进,修改或者发布更符合当前情况的新的外汇管理法律和政策。为贯彻落实党中央、国务院工作部署,解决新的问题和深化外汇管理改革,国家外汇管理局联合其他部门针对重点领域进行立法和开展文件清理工作,切实便利银行、企业、个人等外汇市场参与者参与外汇交易,促进贸易投资自由便利化。

1.《国家外汇管理局关于废止和失效5件外汇管理规范性文件及7件外汇管理规范性文件条款的通知》

为了深化外汇管理"放管服"改革,推进简政放权,便利市场参与者了解和执行外汇管理规定,国家外汇管理局进一步加大规范性文件清理力度,发布了《国家外汇管理局关于废止和失效5件外汇管理规范性文件及7件外汇管理规范性文件条款的通知》。废止和失效具体内容如下:

(1)由于主要内容被新文件代替、与当前管理实际不符,国家外汇管理局废止了2件外汇管理规范性文件——《国家外汇管理局关于简化"三资"企业开立外汇账户和办理汇款的审批手续的通知》([87]汇管条字第135号)和关于执行《外商投资企业境内外汇账户管理办法》有关问题的批复([89]汇管条字第779号)。国家外汇管理局及时发布废止文件信息,有利于企业和个人了解现行有效的外汇管理规则,减少办理外汇业务时产生的无效行为。

(2)由于适用期已过或者调整对象已经消失,部分外汇管理规范性文件实际上已经失效的,国家外汇管理局正式宣布3件外汇管理规范性文件失效,包括《国家外汇管理局综合司关于进一步明确退还境外投资汇回利润保证金有关问题的通知》(汇综发〔2013〕52号)、《国家外汇管理局综合司关于临时性简化修改单位基本情况表中行业属性申请流程的通知》(汇综发〔2014〕68号)和《国家外汇管理局综合司关于做好个人外汇业务监测系统上线准备工作的通知》(汇综发〔2015〕61号)。国家外汇管理局及时宣布失效信息,有利于企业和个人了解现行有效的外汇管理规则,消除不确定性。

(3)国家外汇管理局废止、修改7件外汇管理规范性文件中部分条款。废止《国家外汇管理局关于下放部分资本项目外汇业务审批权限有关问题的通知》(汇发〔2005〕63号)第1条、第2条、第4条、第5条、第6条;废止《国家外汇管理局关于调整部分资本项目外汇业务审批权限的通知》(汇发〔2009〕21号)第1条、第2条、第3条、第4条、第7～10条;废止《国家外汇管理局关于印发货物贸易外汇管理法规有关问题的通知》(汇发〔2012〕38号)附件2《货物贸易外汇管理指引实施细则》第3条第1款第2项、第5条第2款及附件3《货物贸易外汇管理指引操作规程（银行企业版）》“辅导期业务报告”条目部分，并将附件2《货物贸易外汇管理指引实施细则》第13条中的“企业贸易外汇收入应当先进入出口收入待核查账户（以下简称待核查账户）”修改为“企业贸易外汇收入可以先进入出口收入待核查账户（以下简称待核查账户）”；废止《国家外汇管理局关于进一步改进和调整直接投资外汇管理政策的通知》（汇发〔2012〕59号）附件1《资本项目直接投资外汇业务操作规程（外汇局版）》、附件2《资本项目直接投资外汇业务操作指引（银行版）》；废止《国家外汇管理局关于印发〈外国投资者境内直接投资外汇管理规定〉及配套文件的通知》（汇发〔2013〕21号）附件1《外国投资者境内直接投资外汇管理规定》第11条、附件3《境内直接投资业务操作指引》；废止《国家外汇管理局关于进一步简化和改进直接投资外汇管理政策的通知》（汇发〔2015〕13号）附件1《直接投资外汇业务操作指引》第1.5部分、第1.6部分、第1.10部分、第1.11部分、第1.12部分、第1.13部分、第1.14部分、第1.16部分、第1.17部分、第1.18部分、第1.19部分；废止《国家外汇管理局关于改革外商投资企业外汇资本金结汇管理方式的通知》（汇发〔2015〕19号）第6条中的“境外汇入保证金专用账户和境内划入保证金专用账户内的外汇资金不得结汇使用”。国家外汇管理局废止以上条款放宽了外汇管理，简化了外汇市场参与者的外汇业务行政手续，提升跨境结算效率。

2.《国家外汇管理局关于建立外汇政策绿色通道，支持新型冠状病毒感染的肺炎疫情防控工作的通知》

为了应对新型冠状病毒感染的肺炎疫情，国家外汇管理局在疫情期间建立起外汇政策绿色通道。第一，各外汇分支机构启动应急处置机制，对所需的疫情防控物资进口，按照特事特办的原则，简化银行进口购付汇业务流程与材料。第二，银行可直接通过受赠单位已有的经常项目外汇结算账户对境内外汇入的外汇捐赠资金便捷办理资金入账和结汇手续。第三，企业办理与疫情防控相关的资本项目收入结汇支付时，无须事前提交证明材料，由银行事后抽查。第四，确有疫情防控需要，企业借用外债限额等可取消，并可通过“国家外汇管理局政务服务网上办理系统”进行线上申请。第五，鼓励个人通过手机银行等线上渠道办理个人外汇业务。第六，与疫情防控有关的其他特殊外汇业务，银行可先行办理，并向所在地外汇局报备。国家外汇管理局及时开通了外汇政策绿色通道，使得银行能够为疫情防控工作提供快速、便捷、优质的外汇金融服务，为政府部门抵御疫情保驾护航。

3.《国家外汇管理局关于支持贸易新业态发展的通知》

为了解决贸易新业态“小额、高频、电子化”交易中结算不便捷等问题和适应贸易新业态发展的实际情况,国家外汇管理局2020年5月20日印发了《国家外汇管理局关于支持贸易新业态发展的通知》,进一步放宽外汇管理和提升外汇服务,为在疫情期间损失重大的跨境电商等新业态行业的未来发展注入一剂强心针。

该通知规定了以下5个核心内容。第一,银行可申请凭交易电子信息为跨境电子商务和外贸综合服务等贸易新业态市场主体提供结售汇及相关资金收付服务,支付机构可凭交易电子信息为跨境电子商务市场主体提供结售汇及相关资金收付服务。第二,跨境电子商务企业出口至海外仓销售的货物,汇回的实际销售收入可与相应货物的出口报关金额不一致。第三,境内国际寄递企业、物流企业、跨境电子商务平台企业,可为客户代垫与跨境电子商务相关的境外仓储、物流、税收等费用,代垫期限原则上不得超过12个月。第四,从事跨境电子商务的境内个人,可通过个人外汇账户办理跨境电子商务外汇结算。境内个人办理跨境电子商务项下结售汇,提供有交易额的证明材料或交易电子信息的,不占用个人年度便利化额度。第五,为贸易新业态提供服务的银行和支付机构,按照展业原则,应完善贸易新业态客户身份识别和管理制度,加强客户信用分类管理,持续开展客户身份识别与交易抽查验证,健全客户合规约束和分类标识机制,审慎办理重点名单内市场主体的外汇业务,指导客户合规办理外汇收支。

4.《个人本外币兑换特许业务试点管理办法》

为促进个人本外币兑换特许业务合规、有序发展,国家外汇管理局修订并发布了《个人本外币兑换特许业务试点管理办法》,在保持现有个人本外币兑换特许业务许可范围与个人结售汇管理原则不变的基础上,完善相关管理政策,便利个人本外币兑换。

《个人本外币兑换特许业务试点管理办法》总共有5章,分别是总则、市场准入、业务管理、备付金管理和监督处罚。第一章总则是对整个《个人本外币兑换特许业务试点管理办法》的立法目的和原则的阐释、专有名词的解释。第二章中明确了境内非金融机构需要具备什么条件和经过什么程序才能取得兑换特许业务的资格,并将特许机构的全国经营资格审批权下放至机构注册地外汇分局,取消了机构外汇备付金账户开立审批和分支机构市场准入“筹备”环节审批,取消了营业执照、无异议函等市场准入相关证明文件。第三章业务管理简化和优化了兑换特许机构办理个人兑换业务的渠道。兑换特许机构可以通过事前报告的方式,开展电子渠道个人兑换业务(兑入和兑出上限均为每人每天等值5000美元)和电子旅行支票代售及兑回业务。第四章备付金管理明确规定兑换特许机构要加强对库存备付金现钞的管理和规定,应建立备付金交易电子台账以记录备付金项下交易明细情况。第五章监督处罚,要求国家外汇管理局加强对兑换特许机构经营活动的非现场和现场核查,实施对涉及可能危及兑换特许行业稳健运行、损害客户合法权益或危害外汇市场的兑换特许机构和备付金开户银行风险提示、责令整改等措施,收集兑换特许机构上交的兑换特许业务统计报表和年度财务会计报告。

5.《境内上市公司外籍员工参与股权激励资金管理办法》

为深入贯彻党的十九大精神,落实党中央、国务院关于资本市场开放的部署,积极支持境内上市公司外籍员工股权激励政策落地实施,中国人民银行和国家外汇管理局联合发布《境内上市公司外籍员工参与股权激励资金管理办法》。

该办法明确境内上市公司外籍员工参与股权激励所涉及资金的管理原则。第一,境内上市公司外籍员工参与股权激励的,该公司应当在对股权激励计划进行公告后的30日内,持规定的材料,在所在地外汇管理局统一办理境内上市公司外籍员工参与股权激励登记。第二,境内上市公司外籍员工从境外汇入资金参与股权激励的,外籍员工应将资金从境外汇入至境内上市公司账户或个人账户。如果在汇入资金后,限制性股票解锁条件未达成或者股票期权未行权,上市公司或者外籍员工需要持相关材料,将外籍员工汇入资金退回境外。第三,境内上市公司或外籍员工办理股权激励项下资金跨境收付时,应按照《国际收支统计申报办法》《通过银行进行国际收支统计申报业务实施细则》等规定进行国际收支申报。第四,如果股权激励计划已公告事项发生重大变更、参与股权激励计划的外籍员工信息发生变化,或者境内上市公司终止实施股权激励且无外籍员工行使权益,境内上市公司应当持相关材料办理变更或注销登记。《境内上市公司外籍员工参与股权激励资金管理办法》的发布有利于进一步引进外资,提升中国资本市场的开放程度。

6.《关于进一步便利境外机构投资者投资银行间债券市场有关事项的通知》

为了进一步便利境外投资者对中国的投资,实现更高和更广程度的对外开放,中国人民银行和国家外汇管理局联合制定并发布了《关于进一步便利境外机构投资者投资银行间债券市场有关事项的通知》。

该通知规定同一境外机构投资者可以根据自身投资管理需要,将其在QFII或

RQFII 债券账户和银行间债券市场直接投资项下(以下简称直接投资)债券账户中所持有的银行间市场债券进行双向非交易过户;同一境外机构投资者 QFII 或 RQFII 托管账户内资金与直接投资资金账户内资金可以在境内直接双向划转;境内托管行和结算代理人应当根据自身职责,按本通知规定做好境外机构投资者债券非交易过户和资金划转相关服务、数据报送和监测工作;同一境外机构投资者分别通过 QFII 或 RQFII 和直接投资渠道投资境内银行间债券市场的,只需通过 QFII 或 RQFII 境内托管行或者直接投资结算代理人向中国人民银行上海总部备案一次。

7. 中国外汇交易中心《银行间人民币外汇市场交易规则》

为了进一步规范和发展银行间人民币外汇市场,促进外汇市场的公平、高效、诚信,维护外汇市场参与者的权益,中国外汇交易中心对银行间人民币外汇市场相关交易规则统一进行了整合,发布了《银行间人民币外汇市场交易规则》。与此同时,《银行间外汇市场人民币外汇即期交易规则》(中汇交发〔2005〕365 号)、《全国银行间外汇市场人民币外汇远期交易规则》(中汇交发〔2005〕290 号)、《全国银行间外汇市场人民币外汇掉期交易规则》(中汇交发〔2006〕118 号)、《全国银行间外汇市场人民币外汇货币掉期交易规则》(中汇交发〔2007〕283 号)和《全国银行间外汇市场人民币对外汇期权交易规则》(中汇交发〔2011〕34 号)废止。

《银行间人民币外汇市场交易规则》一共有 8 章,分别是总则、会员管理、交易市场、交易机制、交易品种、应急交易与应急撤销交易、监督管理、附则。总则对银行间人民币外汇市场规则的目的、适用范围和基本内容做了纲领性、概括性的简短表述。会员管理章节主要规范会员资格的申请、变更、终止的条件和事宜。交易市场章节规定交易市场的运行规则以及会员在交易市场应遵守的规定。银行间人民币外汇市场的交易机制包括竞价交易、询价交易、撮合交易等交易模式,其他交易模式需要交易中心报主管部门批准或备案。银行间人民币外汇市场交易品种包括即期和衍生品。而衍生品交易品种包括远期、掉期、货币掉期和期权等。如果银行间人民币外汇市场提供其他交易品种,需要交易中心报主管部门批准或备案。第六章对应急交易和应急撤销交易进行定义并阐述与之相关的规则。外汇交易中心依法对银行间人民币外汇市场进行市场监测和异常交易行为处理,制定市场监测范围、标准和处理流程,一旦机构或者个人出现违反行为,外汇交易中心则根据情节严重程度采取一项或者多项措施。

8. 最高人民法院、最高人民检察院《关于办理非法从事资金支付结算业务、非

法买卖外汇刑事案件运用法律若干问题的解释》

为了惩治非法从事资金支付结算业务、非法买卖外汇犯罪活动,维护外汇市场秩序,保护外汇市场参与者的权益,最高人民法院、最高人民检察院《关于办理非法从事资金支付结算业务、非法买卖外汇刑事案件运用法律若干问题的解释》于2019年2月1日正式施行。

该解释的重点内容包括:(1)将《刑法》第225条第3项规定的"非法从事资金支付结算业务"解释为使用受理终端或者网络支付接口等方法,以虚构交易、虚开价格、交易退款等非法方式向指定付款方支付货币资金;非法为他人提供单位银行结算账户套现或者单位银行结算账户转个人账户服务;非法为他人提供支票套现服务;其他非法从事资金支付结算业务的情形。(2)明确了实施倒买倒卖外汇或者变相买卖外汇等非法买卖外汇行为,扰乱金融市场秩序,情节严重的,依照《刑法》第225条第4项的规定,以非法经营罪定罪处罚。(3)界定了何为非法从事资金支付结算业务或者非法买卖外汇的"情节严重",即当非法经营数额在500万元以上或违法所得数额在10万元以上的,应当认定为非法经营行为"情节严重";非法经营数额在250万元以上,或者违法所得数额在5万元以上,但曾因非法从事资金支付结算业务或者非法买卖外汇犯罪行为受过刑事追究的、二年内因非法从事资金支付结算业务或者非法买卖外汇违法行为受过行政处罚的、拒不交代涉案资金去向或者拒不配合追缴工作,致使赃款无法追缴的或造成其他严重后果的,也可以认定为非法经营行为"情节严重"。(4)界定了何为非法从事资金支付结算业务或者非法买卖外汇的"情节特别严重",非法经营数额在2500万元以上的或违法所得数额在50万元以上的,应当认定为非法经营行为"情节特别严重";非法经营数额在1250万元以上,或者违法所得数额在25万元以上,且具有该解释第3条第2款规定的四种情形之一的,可以认定为非法经营行为"情节特别严重"。

(五)外汇违规典型案例

2019年,国家外汇管理局通报了18起外汇违规典型案例,违规者包括5家银行、7家企业和6名个人。2020年,国家外汇管理局通报40起外汇违规典型案例,违规者包括2家企业和38名个人。

1.部分典型案例(见表2所示)

表2 典型案例情况

事由	法律依据	外汇管理局处罚措施
深圳市信克商务咨询有限公司为其境外股东运营的网络炒汇平台提供业务推广服务,招揽境内投资者参与境外外汇按金交易,并违规收取服务费	《外汇管理条例》第12条	依据《外汇管理条例》第41条的规定,对该公司警告,责令改正,并处罚款人民币118万元
2016年9月~2017年9月,农业银行宁波市分行凭企业无效提单或重复单证办理转口贸易付汇业务,未按规定在同一银行网点办理转口贸易收付汇业务	《外汇管理条例》第12条和《国家外汇管理局关于进一步促进贸易投资便利化完善真实性审核的通知》第5条	根据《外汇管理条例》第47条的规定,责令改正,处以罚没款64.48万元人民币
2015年4月~2016年5月,兴业银行台州分行在办理内保外贷签约及履约付汇业务时,未尽审核责任,未按规定对贷款资金用途、预计还款资金来源、担保履约可能性及相关交易背景进行尽职审核和调查	《跨境担保外汇管理规定》第12条及第28条	根据《外汇管理条例》第47条的规定,责令改正,处以罚没款95.31万元人民币
2016年5月,山东清源集团有限公司使用虚假合同、发票、提单,虚构贸易背景对外付汇955.5万美元	《外汇管理条例》第12条,构成逃汇行为	根据《外汇管理条例》第39条的规定,处以罚款309.74万元人民币,处罚信息纳入中国人民银行征信系统
2014年6月~2015年8月,刘某通过地下钱庄分12笔汇入767.17万港元	《个人外汇管理办法》第30条,构成非法买卖外汇行为	根据《外汇管理条例》第45条的规定,处以罚款49.14万元人民币,对其实施“关注名单”管理,并纳入中国人民银行征信系统
2016年1月~2017年7月,孙某利用34名境内个人的个人年度购汇额度,将个人资金分拆购汇后汇往境外账户,非法转移资金合计244.62万美元,用于境外投资等	《个人外汇管理办法》第7条,构成逃汇行为	根据《外汇管理条例》第39条的规定,处以罚款83万元人民币,对其实施“关注名单”管理,并纳入中国人民银行征信系统

续表

事由	法律依据	外汇管理局处罚措施
2018 年 6 月，深圳市博驰供应链管理有限公司通过地下钱庄非法买卖外汇 3 笔，金额总计 301.4 万美元	《外汇管理条例》第 45 条，构成非法买卖外汇行为	根据《外汇管理条例》第 45 条的规定，处以罚款 248.7 万人民币，处罚信息纳入中国人民银行征信系统
2018 年 2～7 月，CHEONG 某利用境内账户通过地下钱庄非法兑换涉赌资金 11 笔，金额折合 63.79万美元	《结汇、售汇及付汇管理规定》第 32 条，构成非法买卖外汇行为	根据《外汇管理条例》第 45 条的规定，处以罚款 41.43 万元人民币，处罚信息纳入中国人民银行征信系统

2019 年的外汇违规典型案例，主要包括虚假转口贸易案例、个人分拆售付汇案例、内保外贷案例、公司逃汇案例、非法买卖外汇案例、个人分拆套汇案例、非法网络炒汇平台案例。从 5 个具体案例来看，国家外汇管理局根据该时期的具体形势，将银行为企业违规办理转口贸易作为重罚的焦点，共有 3 家银行因违规办理转口贸易而被处罚，其中最高罚款达 111.54 万元人民币，5 家银行共被罚 451.33 万元人民币。通报的 7 家企业中有 6 家企业都是因为使用虚假提单，虚构贸易背景的逃汇而被罚款，被罚金额普遍较大，罚款总金额高达 5267.23 万元人民币。其中，广州飚帆贸易有限公司被罚金额 3734 万元人民币，是 2019 年公开通报外汇违规处罚中最大的罚单。为清理整治非法网络炒汇平台，国家外汇管理局专门通报了一例非法网络炒汇平台案例。国家外汇管理局在该案件通报中强调，凡未经批准的机构擅自开展外汇期货和外汇按金交易，属于违法行为；客户（单位和个人）委托未经批准登记的机构进行外汇期货和外汇按金交易，无论以外币或人民币作保证金也属违法行为。6 个个人外汇违规案例中有 5 例是因为个人非法买卖外汇而受到处罚，非法买卖外汇已经成为个人外汇违规重灾区。5 个案例中的个人，主要是通过地下钱庄进行交易，并没有在正规交易所或者其他正规交易场所进行外汇买卖。

2020 年，40 例外汇违规案例中的 8 名个人和 2 家企业因为通过地下钱庄非法买卖外汇被处罚，余下的 30 名个人是因为通过地下钱庄非法买卖外汇并将资金用于境外赌博活动被处罚。可见，地下钱庄非法买卖外汇以及跨境赌博涉及资金非法汇兑行为成为 2020 年国家外汇管理局和公安机关的重点查处对象。在单纯的地下钱庄非法买卖外汇案例中，企业最高罚款为 248.7 万元人民币，个人最高罚款为 1372 万元人民币。而在地下钱庄非法买卖外汇并将资金用于境外赌博活动案例中,个人最高罚款达140万元人民币。

2. 外汇违规典型案例分析

案情简介:2016年9月~2017年9月,农业银行宁波市分行凭企业无效提单或重复单证办理转口贸易付汇业务,未按规定在同一银行网点办理转口贸易收付汇业务,违反《外汇管理条例》第12条和《国家外汇管理局关于进一步促进贸易投资便利化完善真实性审核的通知》第5条,国家外汇管理局根据《外汇管理条例》第47条的规定,责令改正,处以罚没款64.48万元人民币。

案件分析:转口贸易一般是指企业作为贸易中间商,与两个境外交易商分别签订进、出口合同,完成货物买卖、赚取买卖差价,而两个境外交易商之间并不发生贸易联系。转口贸易主要形式为再出口贸易、单据处理贸易、纯粹转口贸易和加工转口贸易。由于在整个转口贸易的环节中,资金流通过境内的贸易中间商进行流转,但货物流却未通过境内流转,从而造成国家外汇管理局无法像传统的货物贸易那样,通过匹配货物流(海关报关数据)与资金流(国家外汇管理局国际收支申报系统)来对境内的进出口企业进行"总量核查"。因此中国人民银行与国家外汇管理局每年都会就"转口贸易"的真实性、合规性审核责任履行情况进行大量的专项核查和检查。但是对银行和金融机构来说,对转口贸易的真实性的判断无法仅依靠报关数据,还需鉴别企业提交的货权凭证是否真实有效,在整个转口贸易过程中是否实现了货权转移。

《外汇管理条例》第12条规定:"经常项目外汇收支应当具有真实、合法的交易基础。经营结汇、售汇业务的金融机构应当按照国务院外汇管理部门的规定,对交易单证的真实性及其与外汇收支的一致性进行合理审查。外汇管理机关有权对前款规定事项进行监督检查。"《国家外汇管理局关于进一步促进贸易投资便利化完善真实性审核的通知》第5条明确规定:"银行为企业办理离岸转手买卖收支业务时,应逐笔审核合同、发票、真实有效的运输单据、提单仓单等货权凭证,确保交易的真实性、合规性和合理性。同一笔离岸转手买卖业务应在同一家银行网点采用同一币种(外币或人民币)办理收支结算。货物贸易外汇管理分类等级为B类的企业暂停办理离岸转手买卖外汇收支业务。"这两条规定明确银行和金融机构要加强转口贸易真实性审核和专项核查,防范和打击企业违法违规行为。而农业银行宁波市分行没有严格遵循以上两条规定,没有对企业的无效提单或重复单证的真实性进行查验,办理了转口贸易付汇业务,并且未按规定在同一银行网点办理转口贸易收付汇业务。

对于农业银行宁波市分行的违规行为，国家外汇管理局根据《外汇管理条例》第47条“金融机构有下列情形之一的，由外汇管理机关责令限期改正，没收违法所得，并处20万元以上100万元以下的罚款；情节严重或者逾期不改正的，由外汇管理机关责令停止经营相关业务：(一)办理经常项目资金收付，未对交易单证的真实性及其与外汇收支的一致性进行合理审查的”的规定，对农业银行宁波市分行责令改正，处以罚没款64.48万元人民币。

五、进一步发展和完善相关法制的建议

推动实现更高水平的人民币国际化，有利于进一步深化金融市场开放，推动我国金融标准与国际接轨，有利于中国更主动深入参与全球金融治理，推动国际货币体系改革；有利于稳定跨境贸易和投资，有利于推动人民币成为周边和“一带一路”沿线国家的货币锚，降低对美元的依赖，优化中国全球资源配置和产业布局。2019年1月～2020年12月，中国的人民币国际化实现了多项突破，外汇管理制度建设取得了长足的进步，但仍然存在不足。在人民币国际化发展进程中，法制建设发挥着重要作用，应认真审视国内有关法律制度，适时修订人民币国际化发展中不相适应的法律制度，建立完善与人民币国际化相适应的法律和政策、外汇管理制度与金融监管制度，推动人民币国际化更高水平、更高质量的发展。

(一)人民币国际化和外汇管理法制仍待进一步完善

1. 资本项目管制以及国内金融市场开放不足。目前我国的人民币国际化是受资本项目管制的人民币国际化，以内外分离型的离岸市场为主渠道，现行的资本项目管制阻碍了中国人民银行与离岸人民币市场之间的流动性往来。虽然我国目前的金融市场开放以及人民币跨境流通政策为离岸人民币投资境内市场提供了条件，但是投资的范围以及相应的结算规则仍有一定的限制，导致人民币在离岸市场上作为投资货币的功能受限。

2. 金融监管制度不完善，金融监管能力不足。随着人民币国际化的进展，境外投资者持有的人民币数量会不断增加，以人民币进行的跨境投资和融资活动将会大幅增加，国内金融市场与国际金融市场的联系也将更加密切，国内金融市场也更

容易受到国际金融市场以及外来资本的影响与冲击,从而产生剧烈波动。当前我国实行的分业监管体制本身,以及中国应对金融风险的能力仍有欠缺,可能对我国金融市场与经济发展造成重大的不利影响。

3. 人民币汇率形成机制市场化程度还不够高。实现人民币国际化需要市场化的人民币汇率形成机制,我国目前实行有管理的浮动汇率制,并参考"一篮子"货币,但是在市场性方面依然存在不足,主要表现在作为外汇市场参与主体的非金融企业较少,境外金融机构参与主体少;银行间外汇市场交易规模偏小,交易品种、货币种类不足;外汇市场的自由度偏低,难以实现外汇的有效流动,阻碍了人民币汇率均衡水平的形成。未来中国的外汇法律制度建设仍需着力在人民币汇率市场化。

4. 法制供给依然不足,不得不以司法解释来补足。例如,为了弥补法律的漏洞,最高人民法院、最高人民检察院《关于办理非法从事资金支付结算业务、非法买卖外汇刑事案件运用法律若干问题的解释》自 2019 年 2 月 1 日起正式施行。司法解释在中国建设社会主义法治国家的进程中发挥了十分独特又重要的作用,尤其是在指导司法实践和为下一步立法积累经验方面;同时司法解释也已经成为各级人民法院审理各类诉讼案件最基本也是最重要的法律依据之一,是推进国家法治进程的一支重要力量。然而,司法解释解决法律适用问题是有局限性的。司法解释无法从源头上消除法律适用中的问题。在我国刑事司法领域,司法解释始终没能取得独立于政策的地位,面对日益突出的社会风险,司法解释的科学性和民主性也受到质疑。[①] 而且法院的根本职能是司法而不是立法,制定法律规则和完善已有法律规则是立法机构的职责,外汇管理法制的完善主要仍应依托各级各类立法。

5. 外汇政策绿色通道并不总是能根据具体情况的变化及时作出调整。《国家外汇管理局关于建立外汇政策绿色通道,支持新型冠状病毒感染的肺炎疫情防控工作的通知》是外汇管理局面对 2020 年年初新冠肺炎疫情全面暴发,急需从国外进口防疫物资和捐赠资金的情况下临时发布的。该通知的发布简化了所需疫情防控物资进口以及境外支援的疫情防控外汇捐赠资金结售汇的流程,有效缓解了当时急需防疫物资和资金短缺的困境。随着新冠肺炎疫情逐渐缓解,防疫物资和疫情捐赠资金需求从"紧缺"到"足额供给",实现了跨越式发展。此时,国家外汇管理

① 参见李翔:《论刑事司法政策司法解释过度化的弊端及其反思》,载《法治研究》2014 年第 8 期。

局设立的专门用于进口防疫物资和境外捐赠资金的外汇政策绿色通道作用就越来越小。

（二）进一步完善建议

1. 以自贸区制度创新为抓手，继续推动金融市场对外开放，逐步推进资本项目可兑换，建设国际金融离岸中心。只有坚持市场化、法治化、国际化的原则，协同推进金融业对外开放、汇率形成机制与资本项目可兑换，才能发挥好人民币作为国际储备货币的公共物品功能。[①] 中国应坚决保持资本项目开放范围和程度的自主性，根据人民币国际化发展的需要和国内金融市场条件的成熟度选择资本项目开放的程度。一方面，人民币国际化并不需要开放一切资本项目，既要开放足以满足货币国际化需要的项目，又要对投机性较强的特定种类的交易加强监管或限制，减少资本流动不稳定的风险。资本市场的开放和加强监管都应法制先行，建议充分发挥自贸区的制度创新试验田功能，在自贸区资本项目可兑换改革经验的基础上，逐步推广乃至提高立法层级，最终纳入基本法律范畴予以规定，明确资本项目可兑换的基本原则，以高层级的立法保证资本项目可兑换的顺利进行，辅之以部门规章具化资本项目可兑换的操作，推动人民币资本项目可兑换的开展，包括但不限于修改外汇管理规范性文件，进一步取消相关法律限制。另一方面，货币国际化离不开离岸金融市场的推动，国际金融中的离岸交易规模决定了货币的国际地位，[②]对于人民币国际化而言，离岸市场的发展既可以扩大人民币国际流通规模、拓展其在国际市场上投融资渠道，又可以疏通人民币在非居民之间以及居民与非居民之间的流通渠道，形成人民币在境外的初始流动性及定价体系，支撑其在国际市场上的流动性。[③] 基于我国目前的金融基础设施、金融自由化程度，我国离岸市场发展模式应当先采取国内金融市场与离岸市场相分离、离岸账户与在岸账户严格相独立的内外分离型，分别构建依托已有国际离岸金融中心开展人民币业务形成的欧洲人民币离岸市场和处于起步阶段的IBF型人民币离岸市场，以上海、天津自贸区为核心，

---

① 参见《充分发挥人民币全球公共物品功能》，载中国人民银行网，http://www.pbc.gov.cn/hanglingdao/128697/2971298/2971306/4027528/index.html，最后访问日期：2020年12月9日。

② 参见赵希伟：《人民币国际化进程中金融法律制度构建研究——以日元和德国马克为例离岸市场与资本项目开放》，载《科学经济社会》2020年第2期。

③ 参见马骏：《人民币离岸市场与资本项目开放》，载《金融发展评论》2012年第4期。

打造自贸区离岸中心,同时严禁离岸账户和在岸账户之间的资金流动,实行严格的内外分离型体制。

2.建构与人民币国际化进程相适应的金融监管制度。充分健全的金融监管体系能降低人民币国际化进程中金融自由化对于我国的冲击,保障我国金融制度平稳顺利运行,保证人民币国际化的进一步发展。中国在推进人民币国际化、推行资本项目可兑换的同时,应当建立与金融业综合经营、混业经营相适应的金融监管制度,由微观审慎监管向宏观审慎监管转变、由机构监管向功能监管转变,加强对金融体系系统性风险的监管和防范,全面落实金融领域的关键国际标准和准则,降低跨境监管套利和风险跨境传播,在人民币国际化进程中维护金融稳定与金融安全。具体而言,一方面,需要进一步加强中国人民银行的宏观审慎管理职能,对银行业、证券业和保险业进行统筹监管,加强对金融控股公司的统筹监管,加强对跨境资金流动的监测、分析和预警,做好逆周期调节,防范跨境资金流动风险。2020年9月,国务院《关于实施金融控股公司准入管理的决定》和中国人民银行《金融控股公司监督管理试行办法》相继发布,初步搭建起金融控股公司监管制度框架,建议进一步参考借鉴巴塞尔银行监督委员会、国际证券联合会、国际保险监管协会三大国际监管组织设立的金融集团联合论坛发布的《金融集团的监管》(supervision of Financial Conglomerate)文件完善中国的混业监管规则。另一方面,随着中国进一步放开金融市场,允许外国银行等金融机构进入,对监管也提出更高的要求。中国监管当局应该适时评判金融机构母国的监管效果,判断是否应当限制或禁止外国银行分支机构在东道国境内的设置和经营,这就要求我国监管当局与外国金融监管机构加强联系合作,促进信息的交流互换。

3.进一步改革完善人民币汇率形成机制,逐步实现根据市场供求关系的自由浮动制,提升人民币汇率的市场化程度。首先要放宽对外汇市场参与主体的限制,使境内外金融和非金融机构参与进来;调整做市商准入门槛或引入新类型的做市商,形成做市商更加多元化的市场格局;增加可供交易的产品品种和货币币种,减少对外汇市场交易的限制;改革人民币汇率中间价形成的方式,实行人民币与非美元货币的直接交易计价,使中间价更加贴近市场,从而形成人民币均衡汇率的有效市场支撑。在以上改革的基础上,适时改革现行的人民币汇率制度,终结人民币汇率参考"一篮子货币"定价制度,改由市场供求关系决定人民币汇率,即实行自由浮动的汇率制度。[①]

4. 在外汇管理上，继续坚持“简政放权、放管结合、优化服务”改革。2019年1月~2020年10月，外汇管理局以及其他政府部门发布了多部以“放管服”为基本精神的外汇管理规范性文件。“放管服”有利于打破长时间以来政府部门改革“精简—扩张—精简—再扩张”的循环怪圈。外汇管理上的“放管服”改革要求国家外汇管理局及相关部门继续推进行政权的下放，减少没有法律依据和法律授权的行政许可，厘清多个部门间和部门内部重复的行政管理措施；减少政府对于外汇市场的干预，尊重经济规律，充分发挥外汇市场的调节作用，让经济活动遵循价值规律的要求，适应供求关系的变化，发挥价格杠杆和竞争机制的功能；推动国际贸易和国外投资自由化便利化改革，简化收付汇手续和资本项目业务等级管理，便利外汇业务使用电子单证，优化银行跨境电商外汇结算；严厉打击各类外汇违法违规活动，针对当前违法违规具体情况调整重点查处对象，对其依法加大打击力度并公开典型案件，真正形成有效威慑。

5. 提升政府部门在外汇管理上的协作配合力度。对政府部门进行划分是为了更好地管理国家事务，提高工作效率，政府部门联合协作同样是为了在处理日益复杂的社会情况的过程中提高工作效率，二者目标一致，需要寻找平衡点。2019~2020年6月，相关政府部门共联合发布了12部外汇管理规范性文件，内容涉及数据统计、外汇市场参与者行为规范、外汇便利化、外汇市场开放程度提升等，涉及的政府部门包括国家外汇管理局、中国人民银行、商务部、市场监管总局、最高人民法院、海关总署、司法部等10个部门。可见，外汇管理涉及面广、内容复杂和难度高，仅依靠国家外汇管理局监管外汇市场，效率低且成效差，需要政府部门在各司其职的前提下，协同合作，共同处理涉及其管辖范围内的实务。为提升政府部门协作配合水平，有必要出台《部门协作办法》，明确部门间协作的办法；制定协作争议处理制度，包括设立争议处理机关和明确各个部门的职能；建立协作工作责任的问责和责任追究制度，对不积极响应部门协作、不主动落实协作工作的部门和个人进行问责和责任追究。

6. 根据实际情况调整外汇政策绿色通道内容。为了配合新冠肺炎疫情防控工

---

① 参见韩龙：《实现人民币国际化的法律障碍透视》，载《苏州大学学报（哲学社会科学版）》2015年第4期。

作,2020 年 1 月发布的《国家外汇管理局关于建立外汇政策绿色通道,支持新型冠状病毒感染的肺炎疫情防控工作的通知》,以简化疫情防控物资进口、与疫情防控有关的外汇捐赠资金结售汇的手续和要求,按照“特殊时期,特事特办”的原理,大大简化了与防疫有关的外汇业务手续。随着中国社会生产活动逐渐恢复,中国对疫情防控物资进口和疫情防控外汇的需求下降。鉴于全球疫情防控情况的动态变化,国家外汇管理局应该调整外汇政策绿色通道具体内容,将更多的关注力转向简化国内出口企业,特别是与疫情物资相关的出口企业的出口购付汇业务流程和材料;简化对外捐赠资金购汇的手续和适度提高外捐赠资金购汇额度;放宽出口企业的国内外汇贷款购汇偿还;开辟紧急通道允许银行优先办理与疫情防控有关的特殊外汇业务。

中国入世金融服务开放承诺及实施调法

龚柏华[*]　梁　咏[**]

2001年12月11日,中国正式加入世界贸易组织(World Trade Organization, WTO),成为WTO第143个成员方。加入WTO标志着中国的改革开放进入了一个新的历史阶段,近20年的时间里,中国深度参与经济全球化,积极践行自由贸易理念,信守加入WTO时的市场开放承诺,在经济全球化中实现互利共赢。

在诸多行业中,金融业作为优化资金配置、调节经济发展的核心行业,关系国民经济与社会稳定。金融服务作为服务贸易中重要的组成部分,在中国加入WTO的过程中也发生了深刻的变革。本文拟从入世金融服务开放承诺的角度出发,考察中国入世金融服务开放承诺及实施调法。本文主要由三个部分组成:第一部分归纳介绍中国入世金融服务开放承诺的具体内容,第二部分按照时间轴顺序梳理中国履行入世开放承诺和WTO框架下涉华金融服务措施争端解决实践,在此基础上,第三部分探究中国进一步开放金融服务的法律问题。

一、中国入世金融服务开放承诺的内容

WTO体系下,有关金融服务贸易的实质性规定包括三个部分,即《服务贸易总协定》(General Agreement on Trade in Services, GATS)、金融服务附件(包括《关于金融服务的附件》《关于金融服务的第二附件》)以及依照GATS第20条提交的服

* 复旦大学法学院教授、博士研究生导师,复旦大学中国金融法治研究院研究人员;研究方向:国际法。

** 复旦大学法学院副教授,复旦大学中国金融法治研究院研究人员;研究方向:国际投资法、国际贸易法。

务贸易具体承诺表中的金融承诺表。① GATS 规定了调整所有国际服务贸易的一般规则,金融服务附件则对 GATS 金融服务领域适用时涉及的重要概念、规则作出了符合该部门特点的解释,服务贸易具体承诺表则是各成员方对于服务贸易开放所作出的具体承诺。具体来看,承诺表中承诺分为两个部分:第一部分是水平承诺,所列举的限制措施适用于承诺表中的所有部分与分部门;第二部分是部门承诺,所做承诺仅适用于所列举的特定部门或分部门。

中国服务贸易具体承诺减让表主要是在《中华人民共和国加入议定书》的附件9"服务贸易具体承诺减让表,第2条最惠国待遇豁免清单(Annex 9: Schedule of Specific Commitments on Services, List of Article II MFN Exemptions)"中规定的。具体承诺内容如下。②

(一)对保险及其相关服务的相关承诺与履行情况

1. 对保险及相关服务的相关承诺

保险及其相关服务包括寿险、健康险、养老金或年金险、非寿险、再保险和保险附属服务。依照服务贸易具体承诺减让表,中国加入 WTO 时在保险及其相关服务方面所做承诺的具体内容包括以下几个方面:

第一,企业形式。中国主要依据各个保险服务自身的特征,对入世后不同时间点合资公司中的外资比例作出了差异化的承诺。自加入时起,允许外国非寿险公司在华设立分公司或合资公司,合资公司外资比例可以达到51%;允许外国寿险公司在华设立合资公司,外资比例可以达到50%,外方可以自由选择合资伙伴;允许大型商业险经纪、再保险经纪、国际海运、空运及运输保险和再保险经纪在华设立合资公司,外资比例不超过50%。加入后2年内,允许外国非寿险公司设立独资子公司,取消企业设立形式限制。加入后3年内,允许大型商业险经纪、

① 《服务贸易总协定》第20条规定:"1. 每个成员都应在承诺表中列明其根据本协定第三部分而承担的具体承诺。在承担该承诺的部门,每个成员应明确列出:(a)市场准入的规定、限制和条件;(b)国民待遇的条件和资格;(c)有关附加承诺的义务;(d)适当情况下,实施这类承诺的时间表;(e)这类承诺的生效日期。2. 与第16条和第17条都不符的措施,应列入与第16条有关的栏目中。在这种情况下,列入的内容也将被视为对第17条规定了一项条件或资格。3. 具体承诺表应作为本协定的附件,并应作为本协定的整体组成部分。"

② 参见《中华人民共和国服务贸易具体承诺减让表》,载中华人民共和国中央人民政府网,http://www.gov.cn/gongbao/content/2017/content_5168131.htm,最后访问日期:2020年12月9日。

再保险经纪、国际海运、空运及运输保险和再保险经纪在华设立合资公司的外资比例达到51%。加入后5年内,允许上述保险经纪公司在华设立外商独资子公司。

第二,开放地域。中国采取逐步开放的方式。自加入时起,允许外国寿险公司、非寿险公司和保险经纪公司在上海、广州、大连、深圳和佛山提供服务。加入后2年内,允许上述公司在北京、成都、重庆、福州、苏州、厦门、宁波、沈阳、武汉和天津提供服务。加入后3年内,取消上述公司提供服务的地域限制。同时,承诺允许保险公司随着地域限制的逐步取消设立国内分支机构。

第三,业务范围。自加入时起,允许外国非寿险公司从事无地域限制的"统括保单"和大型商业风险保险,提供境外企业的非寿险服务、在华外商投资企业的财产险、与之相关的责任险和信用险服务;允许外国保险经纪商在同等条件下与中国保险经纪商同时从事"统括保单"业务;允许外国保险公司向外国公民和中国公民提供个人寿险服务;允许外国保险公司以分公司、合资公司或独资子公司的形式提供寿险和非寿险的再保险业务,没有地域限制或发放的营业许可的数量限制。加入后2年内,允许外国非寿险公司向外国和中国客户提供全面的非寿险服务。加入后3年内,允许外国保险公司向中国公民和外国公民提供健康险、团体险和养老金/年金险服务。不允许外资保险公司经营法定保险业务。中国的具体承诺减让表中的法定保险仅限于下列具体险种:汽车第三者责任险、公共汽车和其他商业运载工具驾驶员和运营者责任险。

第四,营业许可。自加入时起,营业许可的发放不设经济需求测试或许可数量限制。设立外资保险机构条件包括:投资者应为在WTO成员中有超过30年经营历史的外国保险公司;必须在中国设立代表处连续2年;在提出申请前一年的年末总资产超过50亿美元,但保险经纪公司除外。对保险经纪公司的总资产要求逐年降低,中国加入WTO时申请前一年总资产应超过5亿美元;加入后1年内,总资产应超过4亿美元;加入后2年内,总资产应超过3亿美元;加入后4年内,总资产应超过2亿美元。

第五,国民待遇。自加入时起,外国保险机构必须就非寿险、个人事故和健康险的基本风险的所有业务向一家指定的中国再保险公司进行20%的分保。加入后1年,分保比例为15%;加入后2年,分保比例为10%;加入后3年,分保比例为5%;加入后4年,取消强制分保。

2. 对保险及相关服务承诺的履行情况

具体履行情况见表1。

表1 对保险及相关服务承诺的履行

入世承诺		对应措施		是否完成
		时间	政策	
保险服务	企业形式	2001年12月	《外资保险公司管理条例》及《外资保险公司管理条例实施细则》,明确了外资保险公司的设立形式及外资比例	是
	开放地域	2001年12月	开放上海、广州、深州、大连和佛山	是
		2003年5月	开放北京、天津、苏州、成都和重庆	
		2003年12月	开放福州、厦门、宁波、沈阳和武汉	
		2004年12月	取消地域限制	
	业务范围	2002年9月	保监会颁布《再保险公司设立规定》,明确外国再保险公司可以在中国境内设立分公司	是
		2003年12月	中国保监会《关于履行有关入世承诺的公告》,明确外资保险公司可以从事除法定保险业务以外的全部非寿险业务	
		2004年12月	允许外资寿险公司提供健康险、团体险和养老金/年金险业务	
	营业许可	2002年3月	中国保监会《关于印发我国加入WTO法律文件有关保险业内容的通知》,明确营业许可的发放不设经济需求测试或许可数量限制	是
	国民待遇	2003年1月	修订后的《保险法》取消了强制分保	是

(二)对银行服务的相关承诺与履行情况

1. 对银行服务的相关承诺

银行服务包括:接收公众存款和其他应付公众资金;所有类型的贷款,包括消费信贷、抵押信贷、商业交易的代理和融资；金融租赁；所有支付和汇划服务，包括信用卡、赊账卡和贷记卡、旅行支票和银行汇票（包括进出口结算）；担保和承诺；自行或代客外汇交易。依照服务贸易具体承诺减让表，在银行服务方面，中国入世承诺的具体内容有以下几个方面：

第一，跨境交付方面。下列服务可以跨境交付：提供和转让金融信息、金融数据处理以及相关软件；就协议所列各项银行和其他金融服务项目提供咨询、中介和其他附属金融服务，包括信用调查和分析、投资和证券组合的研究和咨询、收购咨询、公司重组和战略制定的建议。

第二，地域限制方面。对于外汇业务，自加入时起，无地域限制。对于本币业务，地域限制将按下列时间表逐步取消：自加入时起，开放上海、深圳、天津和大连；加入后 1 年内，开放广州、珠海、青岛、南京和武汉；加入后 2 年内，开放济南、福州、成都和重庆；加入后 3 年内，开放昆明、北京和厦门；加入后 4 年内，开放汕头、宁波、沈阳和西安；加入后 5 年内，将取消所有地域限制。

第三，客户限制方面。对于外汇业务，允许外国金融机构自加入时起在中国提供服务，无客户限制。对于本币业务，加入后 2 年内，允许外国金融机构向中国企业提供服务。加入后 5 年内，允许外国金融机构向所有中国客户提供服务。获得在中国一地区从事本币业务营业许可的外国金融机构可向位于已开放此类业务的任何其他地区的客户提供服务。

第四，营业许可方面。承诺中国金融服务部门进行经营的批准标准仅为审慎性的。加入后 5 年内，取消现在的限制所有权、经营及外国金融机构法律形式的任何非审慎性措施，包括关于内部分支机构和营业许可的措施。外资金融机构在中国设立外国独资银行、外国独资财务公司、中外合资银行、中外合资财务公司需在提出申请前一年末总资产超过 100 亿美元。外资金融机构在中国设立外国银行的分行需在提出申请前一年末总资产超过 200 亿美元。外国金融机构从事本币业务需在中国营业 3 年，且申请前连续 2 年盈利。

第五，国民待遇方面。外国金融机构可以同外商投资企业、非中国自然人、中国自然人和中国企业进行业务往来，无个案批准的限制或需要。允许外国金融租赁公司与国内公司在相同时间提供金融租赁服务。

2. 对银行服务承诺的履行情况

具体履行情况见表 2。

表 2　对银行服务承诺的履行

<table>
<tr><th colspan="2" rowspan="2">入世承诺</th><th colspan="2">对应措施</th><th rowspan="2">是否完成</th></tr>
<tr><th>时间</th><th>政策</th></tr>
<tr><td rowspan="12">银行服务</td><td rowspan="2">跨境交付</td><td rowspan="2">2001 年 12 月</td><td>中国人民银行《关于外资金融机构市场准入有关问题的公告》,允许外资租赁公司提供金融租赁服务</td><td rowspan="2">是</td></tr>
<tr><td>修订后的《外资金融机构管理条例》允许外资银行依法经营包括吸收公众存款,发放短期、中期和长期贷款,办理票据承兑与贴现等业务</td></tr>
<tr><td rowspan="6">地域限制</td><td>2001 年 12 月</td><td>取消外汇业务地域限制。允许在上海、深圳经营人民币业务;同时,设在天津、大连的外资金融机构可以申请经营人民币业务</td><td rowspan="6">是</td></tr>
<tr><td>2002 年 12 月</td><td>允许外资银行在广州、珠海、青岛、南京、武汉经营人民币业务</td></tr>
<tr><td>2003 年 12 月</td><td>允许外资银行在济南、福州、成都、重庆经营人民币业务</td></tr>
<tr><td>2004 年 12 月</td><td>允许外资银行在昆明、北京、厦门、沈阳、西安经营人民币业务</td></tr>
<tr><td>2005 年 12 月</td><td>允许外资银行在汕头、宁波、哈尔滨、长春、兰州、银川、南宁经营人民币业务</td></tr>
<tr><td>2006 年 12 月</td><td>取消外资银行经营人民币业务的地域限制</td></tr>
<tr><td rowspan="3">客户限制</td><td>2001 年 12 月</td><td>中国人民银行《关于外资金融机构市场准入有关问题的公告》第 1 条取消了外汇业务服务对象的限制</td><td rowspan="3">是</td></tr>
<tr><td>2003 年 12 月</td><td>允许外资银行在已开放人民币业务的地域经营对中资企业的人民币业务</td></tr>
<tr><td>2006 年 12 月</td><td>允许外资银行对所有客户提供人民币服务</td></tr>
<tr><td>营业许可</td><td>2006 年 12 月</td><td>取消对外资银行的非审慎性限制</td><td>是</td></tr>
</table>

(三)对证券服务的相关承诺与履行情况

1. 对证券服务的相关承诺

依照服务贸易具体承诺减让表,在证券服务方面,中国入世承诺的具体内容有以下几个方面:

第一,承诺外国证券机构可不通过中国中介直接从事 B 股交易。

第二,自加入时起,外国证券机构在中国的代表处可成为所有中国证券交易所的特别会员。

第三,自加入时起,允许外国服务提供者设立合资公司,从事国内证券投资基金管理业务,外资股权比例最高可达 33%;入世满 3 年后,外资股权比例上限提升至 49%。

第四,入世后 3 年内,允许外国证券公司设立合资公司,外资最多可达 33%,合资公司可直接从事 A 股的承销、B 股和 H 股及政府和公司债券的承销和交易、基金的发起。

第五,中国金融服务部门对合资公司的批准标准为审慎性的,即不含经济需求测试或营业许可的数量限制。

2. 对证券服务相关承诺的履行情况

具体履行情况见表 3。

表 3 对证券服务相关承诺的履行情况

<table>
<tr><th colspan="2" rowspan="2">入世承诺</th><th colspan="2">对应措施</th><th rowspan="2">是否完成</th></tr>
<tr><th>时间</th><th>政策</th></tr>
<tr><td rowspan="3">证券服务</td><td rowspan="2">企业形式</td><td>2001 年 12 月</td><td>《证券公司管理办法》规定境外机构可以在中国境内设立中外合营证券公司</td><td rowspan="2">是</td></tr>
<tr><td>2002 年 6 月</td><td>《外资参股基金管理公司设立规则》明确外资持股比例不超过 33%,入世后年 3 内,该比例不超过 49%</td></tr>
<tr><td>营业范围</td><td>2002 年 6 月</td><td>《外资参股证券公司设立规则》明确外资参股证券公司经营范围包括股票(包括人民币普通股、外资股)和债券(包括政府债券、公司债券)的承销</td><td>是</td></tr>
</table>

二、中国金融服务主动性开放调法现状

2018年国务院新闻办公室发布《中国与世界贸易组织》白皮书,指出中国加入WTO后,大规模开展法律法规清理修订工作,中央政府清理法律法规和部门规章2300多件,地方政府清理地方性政策法规19万多件,覆盖贸易、投资和知识产权保护等各个方面。[①] 在保险及其相关服务、银行服务、证券服务方面,中国积极履行入世承诺,扎实推进金融服务开放。除了切实按照入世承诺中如期开放金融市场相关领域外,中国还以主动性开放的态度对全面履行WTO争端解决实践中涉华金融服务措施案件的不合规措施进行系统性调法。

(一)保险及其相关服务

事实上,早在中国加入WTO之前,保险服务业就已开始对外资部分开放。1992年,国务院批准上海和广州作为保险业对外开放地区;同年,中国人民银行批准美国友邦保险有限公司在上海设立分公司,标志着中国保险服务市场的大门正式打开,外资保险开始进入保险市场。截至2001年年底,中国共有外资保险公司29家,其中,中外合资保险公司16家,外国保险公司分公司13家。[②]

2001年12月12日,国务院颁布《外资保险公司管理条例》,为中国对外资保险公司监管提供了基本依据。条例明确外资保险公司包括合资保险公司、外国独资保险公司、外国保险公司分公司;设立外资保险公司的地区,由中国保监会按照有关规定确定;外资保险公司的设立形式、外资比例由中国保监会按照有关规定确定。[③]

2002年9月17日,原中国保险监督管理委员会(以下简称原保监会,2018年与银监会合并成立银保监会)颁布《再保险公司设立规定》,打破了中国再保险市场的垄断局面,明确外国再保险公司可以在中国境内设立分公司,营运资金标准和设立

① 参见《〈中国与世界贸易组织〉白皮书(全文)》,载中华人民共和国国务院新闻办公室网,http://www.scio.gov.cn/zfbps/32832/Document/1632334/1632334.htm,最后访问日期:2020年12月31日。

② 参见吴定富主编:《中国保险业发展改革报告(1979～2003)》,中国经济出版社2004年版,第40页。

③ 参见国务院《外资保险公司管理条例》(2002年)第2条、第5条。

要求适用本规定;投资中外合资、外资独资再保险公司的外国保险公司,应符合中国加入 WTO 的有关承诺。①

2003 年 1 月 1 日,修正后的《保险法》正式实施,取消了原《保险法》第 101 条"保险公司应当将其承保的每笔保险业务的百分之二十按照国家有关规定办理再保险"的规定,不再要求强制分保。

2003 年 12 月 11 日,原保监会发布《关于履行有关入世承诺的公告》(保监公告第 59 号),明确自即日起,允许外资财产险公司经营除法定保险业务以外的全部非寿险业务。外资财产险公司可据此办理《经营保险业务许可证》变更等相关手续。同时,增加福州、厦门、宁波、沈阳和武汉 5 个城市为保险业对外开放城市。

2004 年 5 月,原保监会发布《关于外国财产保险分公司改建为独资财产保险公司有关问题的通知》(保监发〔2004〕45 号),允许此前已经设立的外国财产保险分公司在符合一定条件的前提下,改建为独资保险公司。

2004 年年底开始,对外资保险公司取消地域限制,外资保险公司可在任何城市申请设立机构,经营保险业务。

2006 年 11 月 30 日,原保监会发布《入世五周年保险业对外开放情况》报告。报告称保险业严格履行入世承诺,到目前为止,除了外资保险公司不得经营机动车第三者责任险、外资设立寿险公司必须合资且股比不超过 50% 等限制外,保险业基本实现了全面对外开放。②

在之后的 10 多年里,中国保险业一直保持着较高的开放水准,是金融服务行业开放程度最大的领域之一。2018 年,中国开始新一轮金融开放,保险业在已有基础上进一步提升了开放水平。

2018 年 4 月,中国人民银行行长易纲在博鳌亚洲论坛宣布了进一步扩大金融业对外开放的具体措施和时间表。在保险服务业方面,宣布将允许符合条件的外国投资者来华经营保险代理业务和保险公估业务;放开外资保险经纪公司经营范围,与中资机构一致;年底前将全面取消外资保险公司设立前需开设 2 年代表处

① 参见《再保险公司设立规定》(2002 年)第 7 条、第 8 条。

② 参见《信守入世承诺 开创中国保险业融入国际经济新篇章》,载中国保险监督管理委员会网,http://hebei.circ.gov.cn/web/site0/tab5207/info39410.htm,最后访问日期:2020 年 12 月 31 日。

要求。①

2018年4月27日,中国银行保险监督管理委员会(以下简称银保监会)发布《关于放开外资保险经纪公司经营范围的通知》(银保监发〔2018〕19号),进一步扩大开放保险经纪业务。该通知规定,经国务院保险监督管理机构批准取得经营保险经纪业务许可证的外资保险经纪机构,可在中华人民共和国境内经营下列保险经纪业务:(1)为投保人拟定投保方案、选择保险人、办理投保手续;(2)协助被保险人或者受益人进行索赔;(3)再保险经纪业务;(4)为委托人提供防灾、防损或风险评估、风险管理咨询服务;(5)中国银保监会批准的其他业务。

2018年6月28日,银保监会发布《关于允许境外投资者来华经营保险公估业务的通知》(银保监发〔2018〕29号),允许经营保险公估业务3年以上的境外公估机构和开业3年以上的在华外资保险公司可以经营保险公估业务。同日,银保监会还发布《关于允许境外投资者来华经营保险代理业务的通知》(银保监发〔2018〕30号),规定经营保险代理业务3年以上的境外保险专业代理机构和开业3年以上的在华外资保险公司设立的保险专业代理机构可以经营保险代理业务。

2019年7月20日,国务院金融稳定发展委员会办公室发布《关于进一步扩大金融业对外开放的有关举措》,提出人身险外资股比限制从51%提高至100%的过渡期,由原定2021年提前至2020年;取消境内保险公司合计持有保险资产管理公司的股份不得低于75%的规定,允许境外投资者持有股份超过25%;放宽外资保险公司准入条件,取消30年经营年限要求。

2019年9月30日,国务院公布修改后的《外资保险公司管理条例》。修改后的《外资保险公司管理条例》基本涵盖了2018年与2019年密集颁布的政策举措,表明了中国坚持保险服务开放的决心,将政策举措提升到行政法规层面,也给未来外资保险公司管理提供了充分的法律依据。

2019年12月6日,银保监会发布《关于明确取消合资寿险公司外资股比限制时点的通知》(银保监办发〔2019〕230号),明确自2020年1月1日起,正式取消经营人身保险业务的合资保险公司的外资比例限制,合资寿险公司的外资比例可达100%。

---

① 参见《易纲行长在博鳌亚洲论坛宣布进一步扩大金融业对外开放的具体措施和时间表》,载中国人民银行网,http://www.pbc.gov.cn/goutongjiaoliu/113456/113469/3517821/index.html,最后访问日期:2020年12月31日。

2020 年 4 月 24 日，中国人民银行、银保监会、证监会、国家外汇管理局《关于金融支持粤港澳大湾区建设的意见》(银发〔2020〕95 号)，支持在粤港澳大湾区内地设立外资控股的人身险公司。支持在粤港澳大湾区内地设立外资保险集团、再保险机构、保险代理和保险公估公司。

2020 年 6 月 17 日，银保监会批准友邦保险有限公司在中国内地分支机构改建为友邦人寿保险有限公司，①这是在中国首家获得设立批复的外商独资人身保险公司。

(二)银行服务

中国银行服务开放时间远早于保险服务。早在 1979 年，日本输出入银行就在北京设立了中国第一家外资银行办事处，拉开了中国银行业对外开放的序幕。1994 年，中国颁布了第一部全面规范外资银行的法规——《外资金融机构管理条例》，于 1994 年 4 月 1 日起正式施行，该条例对外资银行、外国银行分行、合资银行的设立条件、业务范围、监督与管理等都作出了明确的规定，标志着外资银行在华经营逐步进入法制化、规范化的发展轨道。加入 WTO 以后，中国积极履行开放承诺，制定、修改了一系列相关法律法规，进一步规范银行服务的对外开放。

2001 年 12 月 9 日，中国人民银行发布《关于外资金融机构市场准入有关问题的公告》(中国人民银行公告〔2001〕第 1 号)，明确落实入世承诺，规定自 2001 年 12 月 11 日起：取消对外资金融机构外汇业务服务对象的限制，外资金融机构外汇业务的服务对象，可以扩大到中国境内的所有单位和个人，但必须相应增加营运资金或资本金，更换金融业务营业许可证或金融业务法人许可证；允许设在上海、深圳的外资金融机构正式经营人民币业务，设在天津、大连的外资金融机构可以申请经营人民币业务；外国投资者可以按照中国人民银行公布的《金融租赁公司管理办法》的规定，申请设立独资或合资金融租赁公司，提供金融租赁服务。

2001 年 12 月 20 日，国务院颁布修订的《外资金融机构管理条例》，扩大了外资银行的业务范围，规定独资银行、外国银行分行、合资银行按照中国人民银行批准的业务范围，可以部分或者全部依法经营的业务包括吸收公众存款，发放短期、中

① 参见《中国银保监会关于友邦保险有限公司在中国内地分支机构改建为友邦人寿保险有限公司的批复》(银保监复〔2020〕363 号)，2020 年 6 月 19 日发布。

期和长期贷款,办理票据承兑与贴现,从事同业拆借、银行卡业务等。①

2003年12月5日,原银监会发布《境外金融机构投资入股中资金融机构管理办法》,并于2003年12与31日正式实施。此前,外资入股中资金融机构需个案报请国务院批准,但这种审批方式已不能满足金融市场开放发展对政策确定性和透明度提出的要求。② 该办法的颁布,明确规定了境外金融机构投资入股中资金融机构的条件,审理机构改为银监会,③减少了个案之间的差别和不确定性,提高了政策透明度和行政效率。

2006年11月11日,国务院发布《外资银行管理条例》,同期,银监会发布《外资银行管理条例实施细则》,这两部法律规范分别取代2002年2月生效的《外资金融机构管理条例》以及2004年9月生效的《外资金融机构管理条例实施细则》,是中国履行加入WTO时在金融服务贸易方面所做承诺的重要阶段性法律成果。《外资银行管理条例》及《外资银行管理条例实施细则》作为中国针对外资银行的两部最重要的专门立法,以审慎监管、法人治理为导向,以国民待遇为目标,就境外金融机构在中国境内设立外资银行的市场准入要求、业务范围、监督管理、市场退出机制等作出了详细规定,为外资银行在中国的持续经营提供了明确的法律依据。具体内容如下:首先,在业务范围方面,根据外资银行法律形式的不同,条例作出不同的规定:对于外商独资银行、中外合资银行,按照国务院银行业监督管理机构批准的业务范围,可以经营包括吸收公众存款、发放各期限贷款、办理票据承兑贴现等13项中部分或全部外汇业务和人民币业务。④ 对于外国银行分行,按照国务院银行业监督管理机构批准的业务范围,可以经营吸收公众存款、办理票据承兑与贴现、提供信用证服务及担保等12项业务中的部分或者全部外汇业务以及对除中国境内公民以外客户的人民币业务。外国银行分行可以吸收中国境内公民每笔不少于100万元人民币的定期存款。⑤ 其次,在国民待遇方面。第40~46条关于资产负债比例管理、计提呆账准备金、公司治理、关联交易、资本金要求及流动性资产余额与流动性资产负债余额的比例等规定,要求外资银行应当同内资银行一样遵守国务院

① 参见国务院《外资机构管理条例》(2001年)第17条。

② 参见《外资入股中资金融机构管理办法公布》,载中国法院网,https://www.chinacourt.org/article/detail/2003/12/id/95178.shtml,最后访问日期:2020年12月31日。

③ 参见中国银监会2003年《境外金融机构投资入股中资金融机构管理办法》第4条、第7条。

④ 参见国务院《外资银行管理条例》(2006年)第29条。

⑤ 参见国务院《外资银行管理条例》(2006年)第31条。

银行业监督管理机构的相关规定，均体现了内外统一监管的原则。

2006 年《外资银行管理条例》及《外资银行管理条例实施细则》生效后，中国针对外资银行的立法进入了基本法律规范稳定、具体内容（尤其是监管内容）不断细化的时期，标志着中国在银行业开放的过程中迈出了历史性的一步。

2014 年 7 月和 2014 年 11 月，《外资银行管理条例》进行了两次修订。第一次是在国务院“简政放权”的大背景下，对外资银行市场退出机制条款的细节性调整，针对外资银行“已经或者可能发生信用危机，严重影响存款人和其他客户合法权益的”，银保监会有权采取接管或促成机构重组等措施，从而在此方面基本实现了与中资商业银行的国民待遇，是向《商业银行法》相关规定的靠拢。第二次修订更多地体现为在市场准入和国民待遇层面对外资银行的放宽。其修订内容主要有三：一是取消外资银行在中国境内设立的分行需要有 1 亿元人民币或等值自由兑换货币的最低营运资金的要求；二是取消申请设立外资银行必须首先设立代表处的要求；三是放宽外资银行经营人民币业务的限制，将申请经营人民币业务前的开立最低年限从“3 年”缩短为“1 年”，且不再要求经营人民币业务前必须盈利。基于这两次修订，银监会于 2015 年修订了《外资银行管理条例实施细则》，并废止了 2006 年生效的同名文件，自 2015 年 9 月 1 日起施行。

2015 年 5 月 5 日，中共中央、国务院发布了《关于构建开放型经济新体制的若干意见》，其第 34 条明确提出“扩大金融业开放”，要“有序推进银行业对外开放，形成公平、有序、良性的金融生态环境”。该文件有关“金融业开放”的规定，为中国包括银行业在内的金融业进一步开放指明了方向，并拉开了中国银行业“主动性开放”的序幕。

2017 年 1 月 17 日，国务院发布《关于扩大对外开放积极利用外资若干措施的通知》（国发〔2017〕5 号），明确提出要“放宽银行类金融机构的外资准入限制”。

2018 年 4 月，中国人民银行行长易纲在博鳌亚洲论坛上宣布，取消银行和金融资产管理公司的外资持股比例限制，内外资一视同仁；允许外国银行在中国境内同时设立分行和子行。同时，在 2018 年年底前，鼓励在信托、金融租赁、汽车金融、货币经纪、消费金融等银行业金融领域引入外资，对商业银行新发起设立的金融资产投资公司和理财公司的外资持股比例不设上限，大幅度扩大外资银行业务范围。①

2018年4月27日，银保监会发布《关于进一步放宽外资银行市场准入有关事项的通知》(银保监办发〔2018〕16号)，规定外国银行分行可以依法开展代理发行、代理兑付、承销政府债券业务；外国银行在中国境内设立多家分行的，可以在满足条件的前提下，授权其开办人民币业务和衍生产品交易业务；外国银行向中国境内分行拨付的营运资金合并计算。

2018年8月17日，银保监会废止了《境外金融机构投资入股中资金融机构管理办法》，并对《中资商业银行行政许可事项实施办法》作出了修订，取消了外资参股中资商业银行的最高25%股权比例限制，从而实现了对内外资在股权比例方面一视同仁。

2019年10月15日，国务院发布修订后的《外资银行管理条例》，同年12月25日中国银保监会发布修订后的《外资银行管理条例实施细则》，取消外资银行在准入门槛、机构设置、业务范围和监管考核等方面的多个限制，表明中国银行业进入了全面开放的新阶段。修订的具体内容如下：

首先，修订后《外资银行管理条例》放宽了股东准入门槛，对于外商独资银行，取消了提出设立申请前一年年末股东总资产不少于100亿美元的要求；对于中外合资银行，进一步放宽对中方股东的限制，取消了对中方唯一或主要股东为金融机构的准入限制，同时也取消了提出设立申请前一年年末股东总资产不少于100亿美元的要求；对于外国银行分行，取消了提出设立申请前1年年末总资产不少于200亿美元的限制。② 其次，在机构设置方面，修订后《外资银行管理条例》允许外国银行在中华人民共和国境内同时设立外商独资银行和外国银行分行，或者同时设立中外合资银行和外国银行分行，③为外资银行完善在华展业布局提供多样化选择。再次，业务范围方面，修订后《外资银行管理条例》进一步放宽对外资银行的业务范围限制，允许外资银行经营代理发行、代理兑付、承销政府债券业务和代理收付款项及代理保险业务；④外国银行分行吸收中国境内公民定期存款的门槛由人民币100

① 参见《易纲行长在博鳌亚洲论坛宣布进一步扩大金融业对外开放的具体措施和时间表》，载中国人民银行网，http://www.pbc.gov.cn/goutongjiaoliu/113456/113469/3517821/index.html，最后访问日期：2020年12月31日。

② 参见国务院《外资银行管理条例》(2019年)第10～12条。

③ 参见国务院《外资银行管理条例》(2019年)第25条。

④ 参见国务院《外资银行管理条例》(2019年)第29条。

万元调降至50万元。[①] 最后,在审慎监管方面,修订前《外资银行管理条例》规定外国银行分行营运资金的30%应当以国务院银行业监督管理机构指定的生息资产形式存在,[②]修订后《外资银行管理条例实施细则》降低了生息资产达标压力,规定外国银行分行应按不低于公众负债额的5%持有银保监会指定的生息资产,同时将生息资产指定范围从国债、定期存款扩大至国债、定期存款、央票、政策性金融债等,且存放机构范围不再局限于中资银行,外商独资银行、中外合资银行也纳入可存放的范围之内;同时强化了合并考核和管理行的职责,明确将人民币资本充足比例、流动性比例、生息资产比例,由原先的单家分行考核改为并表考核。[③] 本次修订后,外资银行不仅可以向所有中国客户提供银行金融服务,而且可以在几乎没有特别限制的情况下与所有中国客户开展银行金融服务;境外金融机构在中国经营银行业务,已经取消对企业形式和持股比例的限制。中国银行服务业的对外开放程度已经远超出服务贸易具体承诺减让表的范围。

2020年5月7日,中国人民银行、国家外汇管理局发布《境外机构投资者境内证券期货投资资金管理规定》,明确合格投资者可自主选择汇入币种开展境内证券期货投资。

(三)证券服务

中国入世后证券服务市场对外开放的历程大致可以分为两个阶段:第一阶段为2001年入世后至2007年,中国积极履行加入WTO时有关证券业开放的承诺,截至2007年年底,承诺已全面履行完毕;第二阶段为2008年至今,中国在全面履行入世承诺的基础上,结合经济发展形势,稳步加强证券服务市场开放力度,进一步推动证券服务市场对外开放。

1. 第一阶段(入世后至2007年)

2001年12月28日,中国证券监督管理委员会(以下简称证监会)发布《证券公司管理办法》,规定境外机构可以在中国境内设立中外合营证券公司。中外合营证券公司的业务范围以及外方股东的持股比例应当符合中国有关法律法规和中国证

---

① 参见国务院《外资银行管理条例》(2019年)第31条。

② 参见中国银保监会《外资银行管理条例实施细则》(2019年)第44条。

③ 参见中国银保监会《外资银行管理条例实施细则》(2019年)第58条、第59条。

监会的规定。[①] 虽然早在1995年,美国摩根士丹利和中国人民建设银行(现中国建设银行)就共同出资设立了中国第一家外资参股券商——中国国际金融有限公司,但该项规则的发布实施,正式确认了外资参股证券公司的法律地位,拉开了中国入世后证券服务业开放的帷幕。

2002年6月1日,证监会发布《外资参股证券公司设立规则》,明确了外资参股证券公司的设立条件、设立程序及经营范围,对境外股东的资质、持股比例等都进行了详尽的规定。在经营范围方面,规则明确外资参股证券公司经营范围包括股票(包括人民币普通股、外资股)和债券(包括政府债券、公司债券)的承销、外资股的经纪、债券(包括政府债券、公司债券)的经纪和自营。其中,外资股包括境内上市的外资股(B股)和在境外上市的外资股。[②] 在持股比例方面,规则明确境外股东持股比例或者在外资参股证券公司中拥有的权益比例累计(包括直接持有和间接持有)不得超过1/3;境内股东中的内资证券公司,应当至少有一名内资股东的持股比例或在外资参股证券公司中拥有的权益比例不低于1/3;内资证券公司变更为外资参股证券公司后,应当至少有一名内资股东的持股比例不低于1/3。[③]

2002年6月1日,证监会发布《外资参股基金管理公司设立规则》,加强对外资参股基金管理公司的监督管理,规定了外资参股基金管理公司的设立条件和程序。规则明确外资持股比例或者在外资参股的基金管理公司中拥有的权益比例,累计(包括直接持有和间接持有)不超过33%,在中国加入WTO后3年内,该比例不超过49%。[④] 2002年10月,经证监会批准,由国泰君安证券股份有限公司和德国安联集团作为发起人的国安基金管理公司获准筹建,成为中国第一家中外合资基金管理公司,国泰君安持有67%的股份,安联集团持有33%的股份。[⑤]

2002年7月17日,上海证券交易所发布《上海证券交易所境外证券经营机构申请B股席位暂行办法》,为境外证券经营机构参与中国B股市场交易提供了规范依据,明确境外证券经营机构经批准取得上海证券交易所B股席位后,可直接从事

① 参见中国证监会《证券公司管理办法》(2002年)第16条。

② 参见中国证监会《外资参股证券公司设立规则》(2002年)第5条。

③ 参见中国证监会《外资参股证券公司设立规则》(2002年)第10条。

④ 参见中国证券监督管理委员会《外资参股基金管理公司设立规则》(2002年)第8条。

⑤ 参见中国证券业协会编:《中国证券业发展报告(2003)》,中国财政经济出版社2003年版,第27页。

B 股交易。①

2002 年 7 月 24 日,上海证券交易所发布《上海证券交易所境外特别会员管理暂行规定》,对境外证券经营机构驻华代表处申请成为上海证券交易所境外特别会员的程序、特别会员的权利与义务等都作出了详尽的规定,明确符合条件的境外证券经营机构驻华代表处,经申请并获批准,可以成为上海证券交易所的特别会员。② 2002 年 11 月 6 日,上海证券交易所接纳日本野村株式会社上海代表处为其境外特别会员。

2002 年 12 月 9 日,中国加入 WTO 后首家中外合资证券公司——华欧国际证券有限责任公司正式获得中国证监会批准设立,湘财证券公司持股比例为 67%,法国里昂证券公司持股比例为 33%。③

2004 年 1 月 31 日,国务院颁布了《关于推进资本市场改革开放和稳定发展的若干意见》(国发〔2004〕3 号),明确提出要积极稳妥地推进资本市场对外开放政策,严格履行中国加入 WTO 关于证券服务业对外开放的承诺,鼓励具备条件的境外证券机构参股证券公司和基金管理公司。

2004 年 9 月 16 日,证监会发布《证券投资基金管理公司管理办法》,规定中外合资基金管理公司外资出资比例或者拥有的权益比例,累计(包括直接持有和间接持有)不得超过国家证券业对外开放所做的承诺。④ 该办法未如《外资参股基金管理公司设立规则》中的相关规定明确列出境外股东累计持股比例的具体上限,为中国进一步放宽投资比例限制预留空间。

2007 年 12 月 28 日,证监会修订《外资参股证券公司设立规则》,将外资参股证券公司的经营范围扩大,在原业务范围的基础上,外资参股证券公司还可以从事股票和债券的保荐业务。至此,中国已基本履行了中国证券业对 WTO 承诺的内容。

2. 第二阶段(2008 年至今)

2008 年,美国爆发次贷危机,进而引发全球金融危机。为降低金融危机对国内

① 参见上海证券交易所《上海证券交易所境外证券经营机构申请 B 股席位暂行办法》(2002 年)第 6 条。

② 参见上海证券交易所《上海证券交易所境外特别会员管理暂行规定》(2002 年)第 2 条。

③ 参见《中国首家中外合资证券公司获证监会批准设立》,载东方新闻网,http://news.eastday.com/epublish/gb/paper148/20021219/class014800011/hwz847036.htm,最后访问日期:2020 年 9 月 28 日。

④ 参见中国证监会《证券投资基金管理公司管理办法》(2004 年)第 10 条。

经济的影响,中国适时放缓了金融开放的步伐。直至2012年,国内外经济形势逐步好转,中国在顺应金融市场发展的基础上,循序渐进扩大金融开放的步伐。

2012年10月11日,证监会发布《关于修改〈外资参股证券公司设立规则〉的决定》,进一步降低对外资持股比例的要求。该规则明确境外股东持股比例或者在外资参股证券公司中拥有的权益比例,累计(包括直接持有和间接控制)不得超过49%;境内股东中的内资证券公司,应当至少有1名内资股东的持股比例或者在外资参股证券公司中拥有的权益比例不低于49%;内资证券公司变更为外资参股证券公司后,应当至少有1名内资股东的持股比例不低于49%。① 这一决定的发布重新开启了中国证券业开放的步伐,在履行加入WTO承诺的基础之上,进一步放开了证券服务市场的限制。

2014年5月8日,国务院发布《关于进一步促进资本市场健康发展的若干意见》(国发〔2014〕17号),再次明确提出扩大资本市场开放,逐步提高证券期货行业对外开放水平,适时扩大外资参股或控股的境内证券期货经营机构的经营范围。

2015年10月29日,中国人民银行、商务部、银监会、证监会、保监会、外汇局、上海市政府联合发布《进一步推进中国(上海)自由贸易试验区金融开放创新试点加快上海国际金融中心建设方案》,明确提出要不断扩大金融服务业对内对外开放,探索市场准入负面清单制度,开展相关改革试点工作;对接国际高标准经贸规则,探索金融服务业对外资实行准入前国民待遇加负面清单管理模式。允许外资金融机构在自由贸易试验区内设立合资证券公司,外资持股比例不超过49%,内资股东不要求为证券公司,扩大合资证券公司业务范围。允许符合条件的外资机构在自由贸易试验区内设立合资证券投资咨询公司。

2017年6月19日,证监会发布核准设立东亚前海证券有限责任公司,业务范围为证券经纪、证券承销与保荐、证券资产管理、证券自营,其中,境外股东东亚银行有限公司持股比例为49%。② 此为中国第一家外资控股证券公司。

2018年4月,中国人民银行行长易纲在博鳌亚洲论坛宣布了进一步扩大金融业对外开放的具体措施和时间表,明确将遵循以下3条原则推进金融业对外开放:

① 参见中国证监会《外资参股证券公司设立规则》(2012年)第10条。

② 参见《关于核准设立东亚前海证券有限责任公司的批复》(证监许可〔2017〕955号),2017年6月19日发布。

一是准入前国民待遇和负面清单原则；二是金融业对外开放将与汇率形成机制改革和资本项目可兑换进程相互配合，共同推进；三是在开放的同时，要重视防范金融风险，要使金融监管能力与金融开放度相匹配。具体开放措施包括：将证券公司、基金管理公司、期货公司、人身险公司的外资持股比例上限放宽至51%，3年后不再设限；不再要求合资证券公司境内股东至少有一家是证券公司；不再对合资证券公司业务范围单独设限，内外资一致。①

2018年4月28日，证监会公布《外商投资证券公司管理办法》，适应了证券市场对外开放的需要，加强和完善了对外商投资证券公司的监督管理，明确了外商投资证券公司的设立条件和程序。办法规定境外股东累计持有的（包括直接持有和间接控制）外商投资证券公司股权比例，应当符合国家关于证券业对外开放的安排。② 同时，不再对合资证券公司经营范围作特别限制。

2018年6月10日，国务院颁布《关于积极有效利用外资推动经济高质量发展若干措施的通知》（国发〔2018〕19号），要求全面落实准入前国民待遇加负面清单管理制度；稳步扩大金融业开放，放宽外资金融机构设立限制，扩大外资金融机构在华业务范围，拓宽中外金融市场合作领域。

2018年6月21日，上海自由贸易试验区管委会推出了《中国（上海）自由贸易试验区关于扩大金融服务业对外开放进一步形成开发开放新优势的意见》，明确扩大上海自由贸易试验区证券业对外开放，支持已设立的合资证券公司、基金管理公司和期货公司提高外资股权比例。

2018年6月28日，发改委和商务部联合发布《外商投资准入特别管理措施（负面清单）（2018年版）》，取消了外资对中资银行单一持股不超过20%、合计持股不超过25%的上限限制，并将证券投资基金管理公司、证券公司、期货公司以及寿险公司的外资持股比例限制提升到51%，并承诺至2021年将全部取消对外商投资的比例限制。

2018年11月30日，证监会依法核准UBS AG增持瑞银证券有限责任公司的

① 参见《易纲行长在博鳌亚洲论坛宣布进一步扩大金融业对外开放的具体措施和时间表》，载中国人民银行网，http://www.pbc.gov.cn/goutongjiaoliu/113456/113469/3517821/index.html，最后访问日期：2020年12月31日。

② 参见中国证监会《外商投资证券公司管理办法》（2018年）第7条。

股比至51%,[①]这是《外商投资证券公司管理办法》发布实施后,证监会核准的首家外资控股证券公司。其后,外资控股券商加速落地。截至2020年9月,中国外资控股证券公司数量9家,分别为瑞银证券有限责任公司、汇丰前海证券有限责任公司、野村东方国际证券有限公司、摩根大通证券(中国)有限公司、摩根士丹利华鑫证券有限责任公司、高盛高华证券有限责任公司、瑞信方正证券有限责任公司、大和证券(中国)有限责任公司、星展证券(中国)有限公司,以上证券公司境外股东持股比例均为51%。

2019年7月20日,国务院金融稳定发展委员会办公室对外发布《关于进一步扩大金融业对外开放的有关举措》,将原定于2021年取消证券公司、基金管理公司和期货公司外资股比限制的时点提前到2020年。[②]

2019年10月11日,证监会发布公告,进一步明确自2020年4月1日起,在全国范围内取消基金管理公司外资股比限制。[③] 2020年8月21日,证监会核准设立贝莱德基金管理有限公司,由贝莱德金融管理公司100%持股,[④]这也是中国第一家外商独资基金管理公司。

2020年3月13日,证监会发布消息,明确自2020年4月1日起取消证券公司外资股比限制,符合条件的境外投资者可根据法律法规、证监会有关规定和相关服务指南的要求,依法提交设立证券公司或变更公司实际控制人的申请。[⑤] 至此,中国在证券服务行业开放方面履行承诺的广度和深度超出了2001年的承诺水平。(见图1)

---

① 参见《关于核准瑞银证券有限责任公司变更实际控制人的批复》(证监许可〔2018〕2002号),2018年11月27日发布。

② 参见《关于进一步扩大金融业对外开放的有关举措》,载中华人民共和国中央人民政府网,http://www.gov.cn/xinwen/2019-07/21/content_5412293.htm。

③ 参见《证监会明确取消证券公司、基金管理公司外资股比限制时点》,载中国证券监督管理委员会网,http://www.csrc.gov.cn/pub/newsite/zjhxwfb/xwdd/201910/t20191011_364251.html,最后访问日期:2020年9月28日。

④ 参见《关于核准设立贝莱德基金管理有限公司的批复》(证监许可〔2020〕1917号),2020年8月21日发布。

⑤ 参见《证监会明确取消证券公司外资股比限制》,载中国证券监督管理委员会网,http://www.csrc.gov.cn/pub/newsite/zjhxwfb/xwdd/202003/t20200313_372037.html,最后访问日期:2020年9月28日。

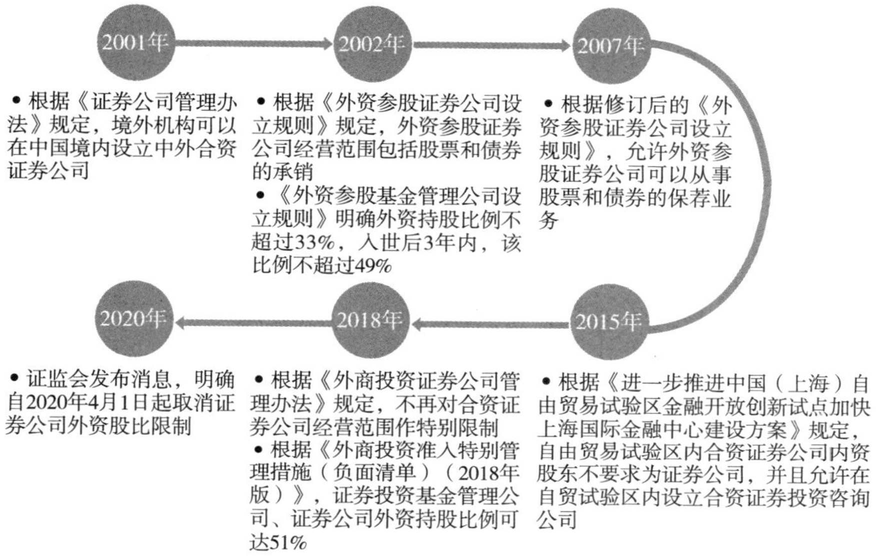

图 1　证券服务开放历程

(四) 上海自由贸易试验区金融服务业开放历程

上海自由贸易试验区是中国金融服务业对外开放的前沿阵地，自 2013 年正式成立以来，金融服务业开放领域不断扩大。根据国务院发布的有关上海自由贸易试验区建设方案，可以将上海自由贸易试验区金融服务开放分为 4 个阶段：

第一阶段为 2013～2015 年。2013 年 9 月 18 日，国务院发布《中国（上海）自由贸易试验区总体方案》，决定建立上海自由贸易试验区，其范围涵盖上海外高桥保税区、上海外高桥保税物流园区、洋山保税港区和上海浦东机场综合保税区。该方案提出积极推进服务业扩大开放和外商投资管理体制改革，加快探索资本项目可兑换和金融服务业全面开放。2013 年 9 月 29 日，上海自由贸易试验区正式挂牌成立，同日，银监会、保监会、证监会分别公布支持中国（上海）自由贸易试验区建设的相应政策措施（《中国银监会关于中国（上海）自由贸易试验区银行业监管有关问题的通知》《保监会支持中国（上海）自由贸易试验区建设》《证监会：支持双向投资境内外市场》），进一步落实上海自由贸易试验区内金融服务业的对外开放政策。

第二个阶段为 2015～2017 年。2015 年 4 月 20 日，国务院发布《进一步深化中国（上海）自由贸易试验区改革开放方案》，该方案扩展了自由贸易试验区实施范围,将陆家嘴金融片区、金桥开发片区、张江高科技片区纳入试验区范围,要求完善以负面清单管理为核心的投资管理制度,以政府职能转变为核心的事中事后监督制度,形成与国际投资贸易通行规则相衔接的制度创新体系。2015 年 10 月 29 日,中国人民银行、商务部、银监会、证监会、保监会、国家外汇管理局、上海市人民政府印发《进一步推进中国(上海)自由贸易试验区金融开放创新试点,加快上海国际金融中心建设方案》,推动了上海自由贸易试验区内金融服务业的更深层次开放。

第三个阶段为 2017～2019 年。2017 年 3 月 31 日,国务院印发《全面深化中国(上海)自由贸易试验区内改革开放方案》,明确进一步对照国际最高标准、查找短板弱项,大胆试、大胆闯、自主改,坚持全方位对外开放,推动贸易和投资自由化便利化。2018 年 6 月 21 日,上海自由贸易试验区管理委员会发布《中国(上海)自由贸易试验区关于扩大金融服务业对外开放进一步形成开发开放新优势的意见》,提出了 25 条关于扩大金融服务业的对外开放措施。

第四个阶段为 2019 年至今。2019 年 8 月 6 日,国务院发布《中国(上海)自由贸易试验区临港新片区总体方案》,明确对标国际上公认的竞争力最强的自由贸易园区,在全面实施综合保税区政策的基础上,取消不必要的贸易监管、许可和程序要求,实施更高水平的贸易自由化便利化政策和制度。2019 年 8 月 20 日,上海自由贸易试验区新港新片区正式挂牌成立。2020 年 2 月 14 日,中国人民银行、银保监会、证监会、国家外汇管理局、上海市人民政府发布《关于进一步加快推进上海国际金融中心建设和金融支持长三角一体化发展的意见》,对加大上海自由贸易试验区临港新片区金融开放水平提出了发展意见。(见表 4)

表 4　上海自由贸易试验区金融服务开放措施

类型	第一阶段 (2013～2015 年)	第二阶段 (2015～2017 年)	第三阶段 (2017～2019 年)	第四阶段 (2019 年至今)
保险服务业	• 发展再保险业务 • 设立外资专业健康医疗保险机构	• 支持在区内设立保险资产管理公司	• 支持设立外资控股的人身险公司 • 支持设立外资保险集团、再保险机构、保险代理和保险公估公司	• 推进人身险外资股比限制从 51% 提高至 100% • 试点保险资产管理公司参股境外资产管理机构等在上海设立理财公司

续表

类型	第一阶段 （2013～2015 年）	第二阶段 （2015～2017 年）	第三阶段 （2017～2019 年）	第四阶段 （2019 年至今）
银行服务业	• 对人民币资本项目可兑换、金融市场利率、人民币跨境使用创造条件 • 外汇管理改革试点 • 金融服务业对民资和外资全开放，支持设立外资银行和中外资合资银行 • 支持区内设立非银行金融机构 • 鼓励开展跨境投融资服务 • 支持区内开展离岸业务	• 逐步扩大本外币兑换限额，率先实现可兑换，进一步扩大人民币跨境使用范围 • 试点建立境外融资与跨境资金流动宏观审慎管理，支持企业开展国际商贷等融资活动	• 建设人民币全球服务体系，有序推进资本项目可兑换试点 • 支持商业银行发起不设外资持股比例上限的金融资产投资公司和理财公司 • 鼓励外资投资信托、金融租赁、汽车金融、货币经纪、消费金融等银行业金融领域	• 简化优质企业跨境人民币业务办理流程，研究开展本外币一体化功能试点 • 试点外资机构与大型银行在上海合资设立理财公司 • 逐步推动境内结算代理向托管行转型，为境外投资者进入银行间债券市场提供多元化服务
证券服务业	• 允许上海期货交易所筹建上海国际能源交易中心 • 逐步允许境外企业参与商品期货交易 • 支持符合条件的单位和个人双向投资于境内外证券期货市场 • 允许区内企业的境外母公司发行人民币债券 • 支持金融衍生品的交易	• 允许区内证券期货经营机构开展证券期货业务交叉持牌试点 • 支持证券期货经营机构在区内开展跨境经纪和资产管理业务 • 允许符合条件的外资机构在区内设立合资证券投资咨询公司	• 支持设立外资控股的证券公司、基金管理公司、期货公司 • 支持已设立的合资证券公司、基金管理公司和期货公司提高外资股权比例	• 支持外资机构设立或控股的证券经营机构、基金管理公司在上海落地 • 继续扩大债券市场对外开放，进一步便利投资者备案入市

（五）WTO 框架下涉华金融服务措施案件实践及调法

截至 2020 年 10 月 30 日，中国在 WTO 争端解决机制被诉 44 起案件中有 4 起涉及金融服务,[①]其中前3起案件(DS372、DS373、DS378)实际是针对中国关于金融服务和外国金融信息服务提供者的管理措施“系列案件”,主要诉请和理由相似,申请方依次为欧共体、美国和加拿大;第4案是美国诉中国外国电子支付案(DS413)。以下对两案分别进行介绍。

1. 欧共体、美国、加拿大诉中国关于金融服务和外国金融信息服务提供者的管理措施案

(1)简要案情

2008年3月3日,欧共体和美国请求与中国磋商,随后加拿大于2008年6月20日提出磋商请求,案件主要涉及1983年3月5日国家工商总局《关于外国企业常驻代表机构的登记管理办法》;1995年12月31日国务院办公厅发布的《关于授权新华通讯社对外国通讯社及其所属信息机构在中国境内发布经济信息实行归口管理的通知》等十多项法律法规和规范性文件。

(2)主要诉请和理由

申诉方认为,上述争议措施不符合中国根据《服务贸易总协定》(General Agreement on Trade in Services,GATS)、《与贸易有关的知识产权协议》(Agreement on Trade-Related Aspects of Intellectual Property Rights,TRIPs)和《中国入世议定书》项下所承担的多项义务,申请人提出的理由包括:①外国金融信息提供者在中国运营只能通过新华通讯社指定的机构代理,不能直接征求接受客户的订阅服务。而新华通讯社只指定了“中国经济信息社”(新华通讯社的一个分支机构)作为代理,只有与该机构签订代理协议,新华通讯社才会续签外国金融信息提供者的许可证。②新华通讯社自身可以在商业基础上提供金融信息服务,与其他服务提供者进行竞争,由于新华通讯社兼具监管者和竞争者的双重身份,其独立性受到质疑。③美国和加拿大提出,中国禁止金融服务使用者直接订阅外国提供者向外国信息管理中心(新华通讯社之内的管理机构)提供涉及金融信息服务消费者和外国提供者的具体和机密信息的服务,对外国金融信息服务和服务提供者的待遇低于其给予中国金融信息服务和服务提供者的待遇。④美国和加拿大还提出,中国禁止外国金融信息服务提供者在中国设立除代表处以外的商业存在。

① 参见《争端解决——成员纠纷》,载WTO官网,https://www.wto.org/english/tratop_e/dispu_e/dispu_by_country_e.htm,最后访问日期:2020年10月30日。

(3)案件结果

经过各方磋商,本案未进入专家组程序。2008 年 11 月 13 日,中国和 3 个申请方达成和解并签署谅解备忘录。

(4)法律完善

2009 年 1 月 31 日,国务院新闻办公室、商务部和国家工商总局发布《外国机构在中国境内提供金融信息服务管理规定》,规定由国务院新闻办公室担任外国机构在中国境内提供金融信息服务的监督管理机关。外国机构在中国境内提供金融信息服务,必须经国务院新闻办公室批准;外国机构可以在中国境内投资设立金融信息服务企业,而不再限于常设代表处;同时,只要经国务院新闻办公室备案,外国机构可以不通过代理或中介,直接与用户订立合同。

2. 美国诉中国外国电子支付服务案

(1)简要案情

2010 年 9 月 15 日,美国就中国对于外国电子支付服务提供者采取的一系列措施请求与中国进行磋商。因双方在磋商期内未能达成和解,本案进入专家组程序。2012 年 8 月 31 日,争端解决机构通过了专家组报告。专家组认定中国 9 项措施违反了 GATS 相关条款。2012 年 11 月 21 日,中美双方达成了 11 个月的合理执行期限,至 2013 年 7 月 31 日结束。本案主要涉诉条款是 GATS 第 16 条和第 17 条。

(2)主要诉请和理由

美国认为,中国具体承诺表的 7. B(d)部门"所有支付和汇划服务,包括信用卡、赊账卡和贷记卡、旅行支票和银行汇票(包括进出口结算)"包括了电子支付服务,也即中国对电子支付服务做出了市场准入和国民待遇承诺。但是,中国采取的六项措施并不符合 GATS 第 16 条的要求,中国违反了其对电子支付服务(Electronic Payment Services,EPS)做出的模式 1 承诺(跨境交付)和模式 3 承诺(商业存在)所做出的不对外国 EPS 提供商设定任何限制的义务;同时,中国给予外国 EPS 提供者的待遇低于给予中国银联股份有限公司(以下简称银联)的待遇也违反了 GATS 第 17 条的要求。六项具体措施包括:①强制使用银联和/或使银联成为所有境内以人民币计价和支付的交易的唯一电子支付服务提供者——"唯一提供商要求";②要求在中国境内发行的所有支付卡标注银联标识——"发卡机构要求";③要求所有中国境内的自动柜员机(ATM)、商户卡处理设备、销售点(POS)终端能够受理银联卡——"终端设备要求";④要求所有收单机构标注银联标识并且能够受理所有带有银联标识的支付卡——收单机构要求;⑤禁止使用非银联支付卡进行异地、跨行或行内交易——“异地/跨行禁令”;⑥与在中国香港特别行政区和中国澳门特别行政区进行基于银行卡的电子交易有关的要求——“香港/澳门要求”。

(3)中方抗辩和理由

中方认为:①电子支付服务应当被分离、拆解成不同的环节,只有发卡服务和收单服务包括在7B(d)项下,而结算服务属于GATS金融服务附件第5条第a款所列的第14类服务部门“金融资产的结算和清算服务,包括证券、衍生产品和其他可转让票据”,中国未对该部门做出开放承诺;②美国没有证明涉诉措施违反GATS第16条项下义务实施,即使专家组认定中国做出了某些承诺,但是美国也没有证明这些措施以垄断或排他性服务提供者的形式对外国服务提供者的数量设立了限制;③美国诉称的“六项措施”与中国承诺GATS项下的国民待遇义务无关。具体而言,中国认为美国没有证明其他成员的EPS提供者属于减让表中的“外国金融机构”;关于模式1承诺,中国认为美国不适当地将第17条和第16条的主张建立在同样的基础上,因为中国是保留了采取市场准入限制权利的,包括第16条第2款中可以视为歧视性的限制。中国认为,这种权利不能由于完全同样的要求被判定不符合第17条而被取消,因为这样就会抵消其在做出市场准入模式1承诺是使用“不作承诺”一词所留下的选择空间。

(4)案件结果

专家组驳回了美国的部分诉请,包括:①驳回对银联市场垄断地位的指控、认定涉案措施没有禁止外国金融服务提供者进入中国市场;②驳回美方对于外国金融服务提供者可以通过跨境提供的方式提供电子支付服务的主张,认定外国金融服务提供者必须根据我国在《服务贸易具体承诺减让表》中的要求设立在华商业存在等。但同时,专家组也支持了美国的部分诉请,包括:①认定电子支付服务应被归为中国在减让表中承诺开放的“所有支付和汇划服务”项下,因而中国应该开放该领域国内市场。②认定我国的具体承诺表中包含对以商业存在方式在华提供电子支付服务的市场准入承诺。③认定一部分被诉的我国争议措施,如要求其他金融服务提供者必须在银行卡上印有银联标志,要求所有支付卡处理终端设备必须与银联系统兼容并联入银联网络,等等,确实违反了中国在GATS下的具体承诺。④认定银联在结算某些类型的人民币计价支付卡交易中的确是唯一一家电子支付服务供应商(外国金融服务提供者只能为外币提供电子支付服务)。

(5)法律完善

针对专家组报告提及建议,中国积极进行了调法。在谅解备忘录中,中国同意设立一个独立的专门机构来对外国金融信息服务提供者进行监管,以消除之前对外国服务提供者做出的不当要求,并同意允许外国金融信息服务提供者在中国建立当地运营机构,开放商业存在的服务提供方式,等等。

2013年6月28日,中国人民银行发布公告,确定了5项废止和失效的规范性文件,包括:①2001年3月13日中国人民银行《关于统一启用"银联"标识及其全息防伪标志的通知》;②2001年3月29日中国人民银行《关于印发〈银行卡联网联合业务规范〉的通知》;③2005年6月16日发布的《关于规范和促进银行卡受理市场发展的指导意见》;④2001年2月19日中国人民银行关于印发《2001年银行卡联网联合工作实施意见》的通知;⑤2003年中国人民银行《关于进一步做好银行卡联网通用工作的通知》。

2013年7月4日,中国人民银行发布公告〔2013〕第7号,宣布中国人民银行发布的中国人民银行《关于统一启用"银联"标识及其全息防伪标志的通知》(银发〔2001〕57号)等3件规范性文件自本公告发布之日起废止,中国人民银行《关于印发〈2001年银行卡联网联合工作实施意见〉的通知》(银发〔2001〕37号)等2件规范性文件自本公告发布之日起失效。

另外,2013年7月5日,中国人民银行发布《关于简化跨境人民币业务流程和完善有关政策的通知》。根据该通知,下列三项争议措施的相关条款将不再执行:①中国人民银行为在香港特别行政区办理个人人民币存款、兑换、银行卡和汇款业务的有关银行提供清算安排的公告(中国人民银行公告〔2003〕第16号)第6条;②中国人民银行为在澳门特别行政区办理个人人民币存款、兑换、银行卡和汇款业务的有关银行提供清算安排的公告(中国人民银行公告〔2004〕第8号)第6条;③2004年中国人民银行《关于内地银行与香港、澳门银行办理个人人民币业务有关问题的通知》第3条、第4条、第17条。

因此,通过本案,中国不仅履行了WTO争端解决机构的建议,并改革了经常项目下跨境人民币结算、银行卡人民币账户跨境清算、境内非金融机构人民币境外放款等业务流程和政策。

三、中国进一步开放金融服务的法律问题和建议

2018年6月国务院新闻办公厅发布的《中国与世界贸易组织》白皮书显示，截至2007年，中国服务贸易领域开放承诺已全部履行完毕。① 但是，自2001年加入WTO至今的20年间，中国经济高速发展，已经发展成为世界第二大经济体，依据2001年加入WTO时国内金融行业发展水平所承诺的开放力度早已经无法满足当今社会发展的需要。根据经济合作与发展组织(Organization for Economic Co-operation and Development, OECD)发布的服务贸易限制指数(Services Trade Restrictiveness Index, STRI)，2019年，中国保险业STRI指数为0.43，银行业STRI指数为0.39，在46个国家中分别排名第4位和第5位，远高于大多发达国家，这说明中国金融服务贸易对于外资的限制指数仍然较高。如何在落实金融服务贸易具体承诺减让表的基础上，进一步提高金融开放标准，落实金融开放政策，扩大金融开放水平，提高中国在经济全球化中的话语权，仍然是中国当前面临的一个重要课题。

(一)进一步开放金融服务的法律问题及建议

整体来看，中国进一步开放金融服务存在以下法律问题：

第一，外资金融外资机构所受限制仍然偏高。虽然中国已全面履行了入世承诺，但从中国整体经济发展程度与金融服务开放程度之对比的角度看，中国当前的金融开放政策仍偏保守，金融开放的力度较为有限。

第二，金融开放政策的实施效果有限。一方面，中国金融业开放政策颁布后，往往缺乏与之相配套的细则和可操作路径，政策实施的标准较为模糊，实践中存在大量的监管机构窗口指导，缺乏明文政策依据，导致原本的金融开放政策无法得到真正的落实。另一方面，在外资金融机构申请相关金融业务的时候，经常涉及跨监管机构、跨部门业务审批，各层级机构发布了诸多政策规定、实施准则、专项制度等，而在此过程中，经常存在金融监管机构("一行两会"即中国人民银行、银保监会、证监会)和非金融监管政府部门(如发改委、商务部)的监管口径与开放步伐不

① 参见《〈中国与世界贸易组织〉白皮书》，载中华人民共和国国务院新闻办公室网，http://www.scio.gov.cn/zfbps/32832/Document/1632334/1632334.htm，最后访问日期：2020年12月31日。

一致的情形,导致政策落实可预见性不强,给外资金融机构带来的利好受到限制。

第三,金融监管体制亟待完善与优化。随着金融开放步伐的加快,中国金融服务市场的外资机构数量不断增加,对金融监管提出了更高层次的要求。一方面,金融监管机构要防范外资金融机构将国外金融市场的波动传到国内市场,防范外部流动性冲击以及可能带来的系统性金融风险。另一方面,中国长期以来实行分业监管模式,虽然银监会与保监会已经合并,但长期以来的分业监管体制在短期内很可能无法对混业经营的国外金融机构进行有效和全面的监管,使金融监管工作的难度不断加大。此外,当前国际政治经济形势复杂多变,贸易保护主义有所抬头,逆全球化趋势日益严重,WTO 多边贸易体制面临危机,加之新冠肺炎疫情的暴发和蔓延,全球经济面临重重挑战,不确定性大大增加。在此情况下,金融风险外溢性增强,金融监管难度进一步增大,金融监管体制亟待完善与优化。

针对上述几个问题,笔者提出以下几点建议:

第一,全面落实准入前国民待遇和负面清单制度。2020 年 1 月 1 日《外商投资法》正式施行,国家对外商投资实行准入前国民待遇加负面清单管理制度。《外商投资准入特别管理措施(负面清单)(2020 年版)》全面取消了对于金融业的准入限制。基于此,中国应全面落实准入前国民待遇加负面清单管理,降低对外资金融机构的限制,实现制度性、系统性开放。

第二,统筹协调各机构职责,将金融开放制度落实到位。统筹协调安排各个机构的职责,解决部门之间难以协调的基础性问题,制定金融开放政策的具体实施细则,明文规定具有可操作性的路径,将金融开放政策真正地落实到位。

第三,完善各自由贸易试验区和各新区等试点先行开放制度,更好地发挥试点在金融对外开放方面的先行先试作用。

第四,优化和完善金融监管体制。面对复杂的世界经济形势,需在扎实稳定推动金融开放的同时更加注重风险防控,加强宏观审慎管理,完善风险防控体系,结合中国国情,并参考国际上的最佳实践,完善监管标准、会计准则等制度和安排,使监管能力和开放水平相适应。一方面,在外资进入前,完善外资安全审查等机制,管控好金融风险源头。另一方面,在外资进入后,持续审慎监管,维护金融安全,防范化解系统性金融风险。同时,加强对金融创新领域的监管,如互联网金融、数字货币等,不断更新优化监管体制。加强金融法治环境建设,加强金融监管协调,完善风险防控体系,把维护金融稳定作为牢牢守住的底线。

(二)保险及其相关服务开放的法律问题及建议

首先,从市场准入与业务范围方面来看,中国对于外资保险机构还存在一定的限制,仍然有进一步扩大开放的空间。例如,在营业许可方面,根据我国《外资保险公司管理条例》第8条的相关规定,申请设立外资保险公司的外国保险公司,应当具备下列条件:一是提出设立申请前1年年末总资产不少于50亿美元;二是所在国家或者地区有完善的保险监管制度,并且该外国保险公司已经受到所在国家或者地区有关主管当局的有效监管;三是符合所在国家或者地区偿付能力标准;四是所在国家或者地区有关主管当局同意其申请;五是国务院保险监督管理机构规定的其他审慎性条件。在业务范围方面,规定外资保险公司不允许经营机动车辆第三者责任险、公共运输车辆及商业用车司机和承运人责任险等法定保险业务;同一外资保险公司不得同时兼营财产保险业务和人身保险业务等。

其次,从监管的角度来看,中国对外资进入保险及其相关服务的监管不足,仍然存在较大的风险。一方面,中国现行的对外资保险机构进行监管的法律体制存在不足,相关法律法规系统性不强,导致了保险监管存在矛盾之处或监管真空区域。例如,中国目前对于外资保险公司和独资保险公司的设立方式并未作任何规定,由于进一步扩大开放后对保险公司的股权份额不再加以限制,外资保险公司可以通过收购国内保险公司的方式获得市场准入的资格。该行为不仅可以规避监管部门对外资保险公司市场准入条件的审查,还可以通过原保险公司的业务基础与外资资金技术的结合,快速获得收益,冲击本土保险市场,对金融市场的稳定造成一定的安全隐患。另一方面,《保险法》是规范保险市场的现行基本法,但是对外资保险公司没有具体的规定,而《外资保险公司管理条例》等主要的监管法律法规,位阶不高,连续性和权威性也得不到保证,导致市场主体无法准确预测到违法可能造成的法律后果,这就为其遵守相关的法律法规造成了困难。

基于此,针对外资保险服务的开放,从市场准入、业务范围以及监管的角度,提出以下建议:

在市场准入与业务范围两个方面,对标《全面与进步跨太平洋伙伴关系协定》(Comprehensive and Progressive Agreement for Trans－Pacific Partnership,CPTPP)等协定中先进的保险服务贸易理念,结合中国保险业发展的具体态势,进一步降低外资保险公司进入中国保险服务市场的实质性难度,放宽外资保险公司的经营范围。

在监管方面,应当尽快建立完善的外资保险监管法律体系,尽可能通过制定位阶较高的法律来强化监管的力度,并制定相关条例的实施细则,建设完善保险监管配套的规章制度,弥补外资保险服务监督制度与体系存在的短板。注重提高保险业开放后的事中和事后监管水平,将主要监管工作集中在保险公司偿付能力、资金监管等事项上,引导外资保险公司在中国更好地发展业务。同时,也要继续加强与境外机关机构的跨境监管合作,防范离岸再保险公司等外资保险企业的监管套利,在不断扩大开放的同时降低风险。

(三)银行服务开放的法律问题及建议

从服务贸易具体承诺减让表的履行情况来看,中国的银行业应还有进一步的开放空间。例如,按照《外资银行管理条例》,外国银行分行只能吸收中国境内公民50万元人民币以上的定期存款,而不能与中资商业银行一样,吸收任意金额的定期存款;同时设有外资法人银行和外国银行分行的,外国银行分行只能从事批发业务,而不能从事零售业务;对于境外金融机构新设的外资银行,是按照《外资银行管理条例》及《外资银行管理条例实施细则》等有关外资银行的法律规定来进行管理,而对于入股中资商业银行所形成的属于中资商业银行序列的合资银行或独资银行,不适用《外资银行管理条例》及《外资银行管理条例实施细则》,而是按照中资商业银行的相关法律规定来管理。

基于此,针对外资银行的开放,特别是在"市场准入"和"国民待遇"方面,中国当前应有更高水平的开放。参照 CPTPP、《服务贸易协定》(Trade in Service Agreement,TISA)和《美国—墨西哥—加拿大协议》(USMCA)等新一代国际金融服务规则树立的高标准,就中国银行服务业进一步对外开放及提高监管能力,笔者提出以下建议:

首先,全方位、高标准地执行中国 2001 年加入 WTO 时服务贸易具体承诺减让表中有关银行业的各项承诺。具体而言,对于附件 9 中由中国明确做出的承诺,中国可以毫无保留地执行;对于附件 9 中提及的、中国在"市场准入"和"国民待遇"方面所作的限制,对照中国的实际情况,能够对境外金融机构和外资银行放宽的,可予以放宽。例如,全面放开对外国银行分行吸收中国境内公民定期存款的限制;在建立风险预防机制基础上,全面放开外国银行分行从事零售业务;对于在中国境内投资设立或者购买中资商业银行股权的外国金融机构,在总资产要求等方面采用与中资商业银行同样的管理标准。

其次,以TISA设定的银行业开放标准为依据,参考CPTPP和USMCA设定的金融自由化的适用例外原则,扩大外资银行在中国境内的"国民待遇",完善中国银行业的监管水平和透明度要求。一是在既有银行业务方面,梳理中资商业银行和外资银行目前存在的业务差异,并参考CPTPP和USMCA设定的贸易自由化的适用例外原则,将不适应对外资开放的业务作为"不符措施"管理,其他业务向外资银行放开,并按照与中资商业银行同样的标准予以监管。二是在银行新业务方面,采取内外资一致的做法,统一允许(或禁止)向商业银行开放新金融产品和服务市场;在"允许"的情况下,进一步研究国际上银行业务的发展态势,并以行政审批、备案等为手段,尽快建立起一套对新金融产品和服务的分类监管机制。三是在适用于外资银行的法律方面,对现行法律、法规和规范性法律文件进行梳理,条件成熟的,进行精简、合并,并逐渐将其法律效力至少上升到"部门规章"层级,以提高外资银行法律规则的透明度。四是从业务监管入手,逐步统一对中资商业银行和外资银行的各项监管措施,逐渐过渡到银行主体的统一监管,阶段性目标是实现《中资商业银行行政许可事项实施办法》和《外资银行行政许可事项实施办法》的"两法合一",对中资商业银行和外资商业银行在机构设立、变更、终止和业务范围的审批方面进行统一的监管。

最后,对于CPTPP和USMCA设定的银行业开放标准,其中高于TiSA设定标准的部分,可根据其相关特点,安排在中国(上海)自由贸易试验区和粤港澳大湾区等特殊区域开展试点,待时机成熟后,在全国范围内推行。一是逐步放宽对外资银行股东的主体身份要求,可投资设立外资银行或者投资入股中资商业银行的境外投资者,不仅仅限于境外金融机构,也可以包括其他符合审慎性监管条件的境外投资者;二是逐步取消在金融机构数量、服务交易和资产总值、金融服务业务总数、雇佣人数、董监高任职的国籍要求等方面的附加条件,允许在这些方面,外资银行有优于中资商业银行的"国民待遇",以检验该等待遇对中国银行业发展可能产生的影响。

(四)证券服务开放的法律问题及建议

在证券服务开放方面,虽然中国已全面履行了入世承诺,但从中国整体经济发展程度与证券服务开放程度对比的角度看,中国当前的开放政策仍偏保守,开放的力度较为有限。

例如,在证券公司准入方面,根据2020年修正的《外商投资证券公司管理办法》第6条的规定,外商投资证券公司的境外股东,应当持续经营证券业务5年以上,近3年未受到所在国家或者地区监管机构或者行政、司法机关的重大处罚,无因涉嫌重大违法违规正受到有关机关调查的情形;且需要具有良好的国际声誉和经营业绩,近3年业务规模、收入、利润居于国际前列,近3年长期信用均保持在高水平等。而对内资证券公司股东并无这些规定。在证券公司经营范围方面,目前仅有港资、澳资金融机构可以在上海市、广东省、改革试验区设立合资全牌照证券公司,台资金融机构可在福建自贸区设立全牌照证券公司,其他外资证券公司业务范围仍然受到一定程度的限制。且中国实行金融业务牌照申请制度,外资机构如要从事经纪、承销、资管等业务,均需单独获取牌照,而不同金融子行业对外资设有不同的股比限制,也阻碍了外资机构在中国开展全面的综合金融服务。

以上这些限制也导致外资证券公司在中国的市场份额和中资机构差距仍然较大。自2001年入世以来,中国外资参股证券公司的数量整体偏低。根据Wind数据统计,截至2020年年末,中国共有152家证券公司,其中合资证券公司15家,总资产为8675.0984亿元,约占全部证券公司总资产的4%。具体情况如图2所示。

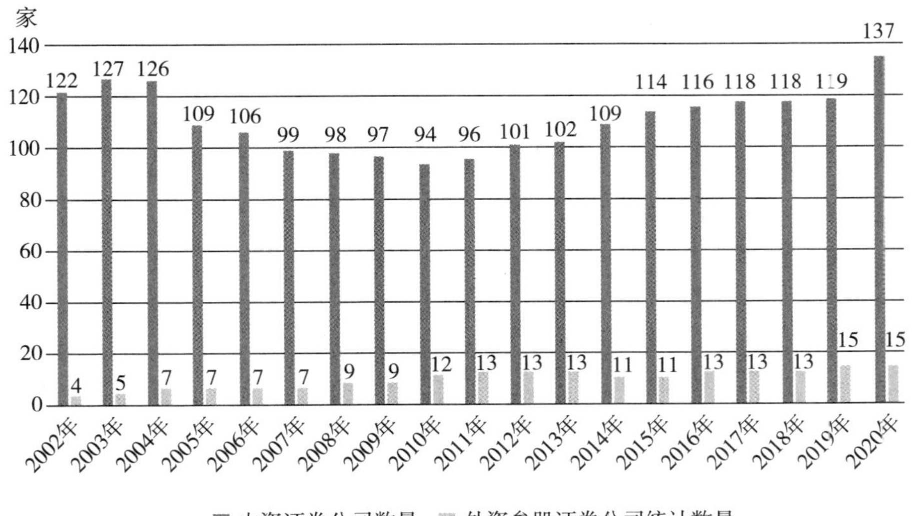

图2　外资证券公司数量统计

数据来源:中国证券监督管理委员会网站、中国证券业协会网站、Wind数据库。

基于此,对证券服务的开放,笔者提出以下建议:

首先,针对现阶段开放力度不够,外资证券公司市场活力不足情况,在市场准入方面,进一步扩大开放的力度,降低外资证券公司进入证券服务市场的实质性条件;在业务范围方面,逐步扩大合资证券公司的业务范围,从部分牌照放宽至全牌照经营。通过引入外资金融机构,丰富国内证券市场产品,鼓励金融产品创新,逐步打破国内证券市场的垄断定价的状态,提升国内证券公司的服务质量,更好地促进金融服务实体经济。

其次,将金融服务开放与资本市场开放相结合,引进来与走出去相结合,扩大金融业双向开放力度。2020年9月25日,经国务院批准,中国证监会、中国人民银行、国家外汇管理局发布《合格境外机构投资者和人民币合格境外机构投资者境内证券期货投资管理办法》,证监会同步发布配套规则《关于实施〈合格境外机构投资者和人民币合格境外机构投资者境内证券期货投资管理办法〉有关问题的规定》,办法及规定降低QFII、RQFII的准入门槛、稳步有序扩大投资范围,为境外投资者创造了更加便利的投资环境。通过QFII、QDII等开放举措,吸引外国投资者,推进资本市场开放。同时,扎实推进人民币国际化,建设人民币跨境支付系统,稳步实现资本项目可兑换。通过营造良好的证券投资环境,提升中国证券市场的吸引力,吸引外国证券服务公司进入中国证券市场,并借鉴其先进的管理服务经验,提升中国金融体系的竞争力;同时,促进中国证券机构走出去,实现证券服务的双向开放。

金融科技法治发展的新趋势

许多奇[*]　任愿达[**]

2019年8月，中国人民银行发布《金融科技（FinTech）发展规划（2019—2021年）》，标志着我国相关金融主管部门通过多年的观察与学习、摸索与借鉴，将登高望远、再进一步，正式围绕金融科技这一主题全面推开相关制度优化与机制改革，立于政策与规范并举、创新与安全并重的制高点，为我国金融市场发展与金融业态完善激发新的活力、注入新的动力。前述发展规划指出："持牌金融机构在依法合规前提下发展金融科技，有利于提升金融服务质量和效率，优化金融发展方式，筑牢金融安全防线，进一步增强金融核心竞争力。"①由此可见，为金融科技发展提供法治保障是重大的理论与实践课题。在实践中，随着"金融科技"概念的泛化与深化，"监管科技""合规科技"等具有理念、术语、对策属性的语汇接踵而至，在对轨国际金融话语体系（尤其是金融科技话语体系）与中国法律制度体系的前提下，厘定金融科技的主要范畴、廓清金融监管的转型维度、释明配套机制的优化路径等，具有积极的理论与现实意义。本文将通过对我国金融科技领域的2019～2020年法治发展情况的综述、立法与监管动态的回顾，进一步梳理金融科技法治发展的主要议题并探讨与之相关的应对路径。

---

* 复旦大学法学院教授、博士研究生导师，复旦大学中国金融法治研究院研究人员；研究方向：经济法、金融法、税法。

** 复旦大学法学院民商法学2020级博士研究生。

① 《金融科技（FinTech）发展规划（2019—2021年）》的前言部分。

一、金融科技领域的年度法治发展综述

(一)金融科技的内涵及其细分领域概述

从词源上观察,我国境内的规范性文件出现"金融科技"这一术语,最早可追溯至中国人民银行《关于印发〈金融科学技术成果鉴定办法〉的通知》(银发〔1992〕7号)。该通知规定,金融科技成果分为3类:技术研究成果(指推进金融行业科技进步的新产品、新技术、新工艺、新材料、新设计与科技情报、标准等技术研究成果),应用研究成果(指金融电子化应用研究成果),理论与软科学研究成果(指为推动金融决策科学化与管理现代化,对促进科技、经济与社会的协调发展起重大作用的理论与软科学研究成果);在境外,"金融科技"(对应英文"FinTech")一词为英文词组"Financial Technology"合并后的缩写,由于金融科技处于不断发展的过程中,涉及的业务模式亦不稳定,对应的业务形态存在差异,故尚无普遍共识的定义,其中较有借鉴意义的定义由全球金融治理的牵头机构——金融稳定理事会(Financial Stability Board,FSB)于2016年3月发布的《金融科技的描述与分析框架报告》作出。FSB首次从国际组织层面对金融科技予以初步定义,认为金融科技属于"技术引发的金融创新"(Technologically Enabled Financial Innovations),系指对金融市场、金融机构与金融服务供给产生重大影响的新业务模式、新技术应用、新产品服务等,其既包括前端产业,亦包含后台技术。① 由此可见,我国规范性文件中对金融科技的"起始"定义与目前学界与业界对金融科技的基本指代并不相同。值得注意的是,中国人民银行等10部委于2015年7月发布的《关于促进互联网金融健康发展的指导意见》(银发〔2015〕221号)对"互联网金融"的定义与FSB对"金融科技"的定义存在相通之处,指导意见认为,互联网金融是传统金融机构与互联网企业利用互联网技术与信息通信技术实现资金融通、支付、投资与信息中介服务的新型金融业务模式。

有学者认为,"金融科技"与国内的"互联网金融"概念既有联系,亦有区别。②从相似性视角观察,二者均体现出金融与科技的融合,均系对运用各种新技术手段

---

① 参见FSB发布的Fintech: Describing the Landscape and a Framework for Analysis(2016),转引自李仁真、申晨:《Fintech监管的制度创新与改革》,载《湖北社会科学》2017年第6期。

② 参见李文红、蒋则沈:《金融科技(FinTech)发展与监管——一个监管者的视角》,载《金融监管研究》2017年第3期。

提供、优化、创新金融服务等行为的概括;从差异性视角观察,"金融科技"更强调新技术对金融业务的辅助、支持与优化作用,其运用仍需遵循金融业务的内在规律、遵守现行法律与监管要求;从中长期视角观察,我国的"互联网金融"概念可能逐步趋近并融入"金融科技"的概念体系,最终与国际通行概念保持一致。截至2019年,根据中国人民银行发布的《关于印发〈金融科技(FinTech)发展规划(2019—2021年)〉的通知》(银发〔2019〕209号),"金融科技是技术驱动的金融创新,旨在运用现代科技成果改造或创新金融产品、经营模式、业务流程等,推动金融发展提质增效",且"金融科技的核心是利用现代科技成果优化或创新金融产品、经营模式和业务流程"。相关定义在较好地承继我国"互联网金融"发展的趋势外,亦在定义方面与FSB对"FinTech"的定义有所"靠拢";FSB于2019年发布的《金融科技与金融服务的市场结构:市场发展与金融稳定的潜在要素》《大型金融科技企业:市场发展与金融稳定的潜在要素》则同样系在其之前报告中相关定义的基础之上开展的研究。[①] 至此,从金融政策的视角观察,我国于金融科技发展规划中的对象框架搭建,与FSB倡导市场发展及金融稳定语境下的金融科技内涵的趋同性已较为明显。从行政规范的视角观察,我国金融主管部门已逐步意识到从"互联网金融"时代向"金融科技"时代迈进的核心要素,并能较好地从机理层面对行政规范中的对象内涵予以合理阐述,为我国在国际化的金融治理话语体系中担当与时俱进的角色提供"政策性"助力,为我国金融科技的法治发展提供更具共识的对话框架与理据支撑。

在金融科技的逻辑外延方面,巴塞尔银行监管委员会(Basel Committee on Banking Supervision,BCBS)基于具体业务模式运作的差异,将金融科技概念进一步细化为四大类,即支付与结算类、存贷款与资本筹集类、投资管理类、市场基础设施类。根据相关学者的观点,支付与结算类主要包括面向个人客户的小额零售类支付与面向机构的大额批发类支付服务;存贷款与资本筹集类主要包括P2P网络借贷与股权众筹,二者的本质均是借助于互联网平台连接个人的投资需求与中小企业的融资需求,P2P以债权形式呈现,股权众筹以股权形式呈现;投资管理类主要包括各类交易的电子化下单撮合与智能投顾;市场设施类主要包括监管部门用来组

---

① See FSB: FinTech and market structure in financial services: Market developments and potential financial stability implications, Accessed October 12, 2020. https://www.fsb.org/wp-content/uploads/P140219.pdf; FSB: BigTech in finance: Market developments and potential financial stability implications, Accessed October 12, 2020. https://www.fsb.org/wp-content/uploads/P091219-1.pdf.

织市场或第三方科技公司开发的供整个行业使用的分布式账户、云计算平台、大数据技术分析等基础技术设施。[①] 本文拟将金融科技的细分领域作如下划分:其一,互联网与移动支付领域;其二,互联网投融资产品领域;其三,互联网金融类服务领域;其四,金融科技基础设施领域。本文采取前述分类方式的思维进路如下:

第一,从我国相关金融市场发展的实际情况出发。在互联网与移动支付方面,将支付方式、支付场景与支付工具等作为一类研究对象予以考虑,侧重于对大数据与区块链技术的服务对象开展系统性的研究;在互联网投融资产品方面,将P2P、股权众筹与互联网信托、互联网保险等结构化产品作为一类研究对象予以考虑,侧重于对接上述指导意见提出的主要规范对象,同时回应《民法典》第125条"民事主体依法享有股权和其他投资性权利"的规定,尽力弥合金融监管与立法框架、司法适用间的"罅隙";在互联网金融类服务方面,将金融信息类服务、金融咨询类服务、金融配套类服务等作为一类研究对象予以考虑,侧重于从服务视角探讨市场规范与风险规则的运用,并与金融产品的监管范式形成"对照组"式研究;在金融科技基础设施领域,将机制配套、程序配套与硬件配套等作为一类研究对象予以考虑,侧重于对技术规则的衔接性与延展性、可解释性与合目的性进行专项研究。

第二,从我国金融科技法治发展的理论需求出发。在互联网与移动支付、金融科技基础设施方面,着重探讨"技术中立"在金融科技法治研究中的具体内涵与理据支撑;在互联网投融资产品、互联网金融类服务方面,着重探讨"市场中立"在金融科技法治研究中的具体内涵与理据支撑。上述分类方式从研究对象、研究方法、研究目的等视角观察,具有在研究"体量"维度较好的平衡性与研究"体系"维度较好的适应性。

第三,从我国金融科技治理体系的国际对轨出发。本文所采取的分类是基于BCBS相关分类基础上的"本土化"微调,并未在分类逻辑上与BCBS产生实质性的冲突,更多的是基于我国金融科技市场业态、产品、服务与设施在各自领域中的发展节奏进行的细项调整;相比于纯粹的"应然"进路下的体系搭建,本文中的分类在我国金融科技治理体系的国际对轨方面具有更好的耦合性。

(二)互联网与移动支付领域的发展综述

在市场环境方面,中国支付清算协会于2020年3月发布的《商业银行及非银行

---

① 参见张定法、杨明月:《金融科技发展对金融行业的影响及监管应对》,载《经济研究参考》2018年第48期。

支付机构金融科技业务发展情况调查报告》显示，在业务发展方面，银行发展金融科技业务的主要方式为外部合作(91.49%)与单位内部孵化(72.34%)，支付机构发展金融科技业务则以内部孵化为主(70.90%)；在组织架构方面，银行与支付机构开展金融科技业务仍以技术部门(分别占44.68%及43.59%)牵头为主，部分机构已设立金融科技部门专职开展相关业务；在技术应用方面，目前有95.74%的银行与60.26%的支付机构已涉及大数据，有80.85%的银行与31.41%的支付机构已涉及云计算，有91.49%的银行与23.72%的支付机构已涉及人工智能，有63.83%的银行与25.64%的支付机构已涉及分布式数据库，有38.3%的银行与17.95%的支付机构已涉及区块链，有23.4%的银行与14.1%的支付机构已涉及物联网，有23.4%的银行与1.92%的支付机构已涉及5G技术；从技术领域视角观察，目前涉及大数据的机构最多，涉及云计算、人工智能、分布式数据库的机构相对较多，涉及区块链、物联网、5G技术的机构较少；从机构类别视角观察，银行整体上比支付机构在金融科技领域布局更广。①

在制度环境方面，一方面，以中国人民银行为主的金融主管部门于2019年发布《关于进一步加强支付结算管理防范电信网络新型违法犯罪有关事项的通知》(银发〔2019〕85号)，要求银行与非银行支付机构健全紧急止付与快速冻结机制，加强账户实名制与转账管理，强化特约商户与受理终端管理，广泛开展宣传教育，落实责任追究机制，并于2020年修订《非金融机构支付服务管理办法实施细则》等五个规范性文件，②完善支付业务信息移交协议签订的相关规范等涉及支付机构具体权利义务的规定。此外，中国人民银行还于2020年先后发布关于《非银行支付机构客户备付金存管办法(征求意见稿)》与《非银行支付机构重大事项报告管理办法(征求意见稿)》公开征求意见，拟对非银行支付机构的风控机制提出更为明确的要求。另一方面，最高人民法院、最高人民检察院于2019年发布《关于办理非法从事资金支付结算业务、非法买卖外汇刑事案件适用法律若干问题的解释》，对"非法从事资金支付结算业务"的金融刑法内涵进行释明，并同步对"情节严重""情节特别严

① 参见《商业银行及非银行支付机构金融科技业务发展情况调查报告》，载中国支付清算协会网，http://www.pcac.org.cn/eportal/ui?pageId=598168&articleKey=609495&columnId=595052，最后访问日期：2020年10月12日。

② 参见《中国人民银行修订〈非金融机构支付服务管理办法实施细则〉等5件规范性文件的公告》(中国人民银行公告〔2020〕第3号)。

重”的标准予以厘定。值得注意的是,除前述关于支付方式与渠道的规范性文件外,中国人民银行副行长范一飞于2019年11月出席第八届中国支付清算论坛时表示,我国法定数字货币DCEP基本完成顶层设计、标准制定、功能研发、联调测试等工作,下一步将合理选择试点验证地区、场景与服务范围,稳妥推进数字化形态法定货币出台应用,商务部于2020年8月发布《关于印发全面深化服务贸易创新发展试点总体方案的通知》,明确将在京津冀、长三角、粤港澳大湾区及中西部具备条件的试点地区开展数字人民币试点。

从总体上观察,2019～2020年我国在互联网与移动支付领域内,就支付市场、支付工具、支付渠道与支付方式等维度,在市场环境与制度环境的健全发展方面,均体现出接纳金融科技的开放性思维与完善制度衔接的法治化进路。

(三)互联网投融资产品领域的发展综述

在市场环境方面,根据网贷之家的数据统计,随着监管部门多次发声表示网贷平台整治仍将以出清为主要目标并引导平台退出与转型,截至2019年12月底,网贷行业正常运营平台数量下降至343家,相比2018年年底减少732家(其中停业及转型平台数量有510家,问题平台222家),2019年退出的平台对行业的影响较大,涉及数家待收规模上百亿的平台。① 根据前瞻产业研究院的数据统计,截至2019年6月底,在处于运营中的众筹平台中,股权型平台数量最多,有39家,占比37%;权益型平台次之,共32家,占比31%;综合型平台14家,占比13%;物权型平台13家,占比12%;公益型平台数量最少,仅有7家,占比不足7%。虽然股权型众筹平台发展势头较为迅猛,但其众筹项目融资金额与成功数量均位列下游。以2018年上半年为例,股权型众筹平台成功项目875个,占比仅为0.58%,成功金额约12.99亿元,占比仅为9.47%。② 此外,根据艾瑞咨询的数据统计,互联网财富管理市场规模于2013年仅有7726亿元左右,而至2018年时已达约5.66万亿元。当前互联网财富管理市场仍然受货币基金主导,预计未来在行业智能化发展、服务提升与政策引导的驱动下,互联网财富管理市场将逐渐向权益类净值型产品转移,且更加接近

---

① 参见《2019中国网络借贷行业年报》,载网贷之家网,http://osscdn.wdzj.com/upload/2019wangdainianbao.pdf,最后访问日期:2020年10月12日。

② 参见《2019年中国众筹行业发展概况及市场趋势分析》,载前瞻产业研究院网,https://www.qianzhan.com/analyst/detail/220/191211-b20362db.html,最后访问日期:2020年10月12日。

财富管理的意义。①

在制度环境方面,互联网金融风险专项整治工作领导小组办公室、网络借贷风险专项整治工作领导小组办公室于2019年下半年先后发布《关于加强P2P网贷领域征信体系建设的通知》②与《关于印发〈关于网络借贷信息中介机构转型为小额贷款公司试点的指导意见〉的通知》(整治办函〔2019〕83号)并召开加快网络借贷机构分类处置工作推进会,明确网络借贷市场的"下一阶段要坚定持续推进行业风险出清,将稳妥有序化解存量风险、多措并举支持和推动机构良性退出或平稳转型作为重点,切实保护投资人合法权益,维护各地经济金融和社会政治稳定"。中国银保监会于2020年9月发布《关于加强小额贷款公司监督管理的通知》,提出四大点要求:一是规范业务经营,提高服务能力;二是改善经营管理,促进健康发展;三是加强监督管理,整顿行业秩序;四是加大支持力度,营造良好环境;中国人民银行与中国银保监会于2020年11月发布《网络小额贷款业务管理暂行办法(征求意见稿)》,明确经营网络小额贷款业务的小额贷款公司的准入条件、所使用的互联网平台条件,强调消费者保护,提出存量跨区业务整改。在股权众筹领域,根据中国证监会印发的2019年度立法工作计划,其拟于2019年内公开发布《股权众筹试点管理办法》。③ 截至目前,前述规范性文件尚未发布;国务院于2019年8月发布的《关于印发6个新设自由贸易试验区总体方案的通知》中则提及"支持股权众筹试点在雄安股权交易所先行先试"。在互联网财富管理方面,财富管理行业中银行渠道一家独大的局面正在发生改变,互联网金融融合财富管理业务成为行业新的突破点,这与互联网金融产品市场的制度环境密不可分。2019年是《关于规范金融机构资产管理业务的指导意见》转型过渡期实施的第一年,不同类别的金融机构作为财富管理的供给端均谋求业务转型,顺应《关于规范金融机构资产管理业务的指导意见》的要求,在破"刚兑"的监管要求下,正规的财富管理机构发行的标准化、净值化产品逐渐被投资者所接受,而非标产品、资金池类、P2P与庞氏化互金理财产品的风

① 参见《2019年中国互联网财富管理行业研究报告》,载艾瑞咨询网,http://report.iresearch.cn/report/201907/3401.shtml,最后访问日期:2020年10月12日。

② 相关通知可于中国人民银行征信中心网站上查阅,载http://www.pbccrc.org.cn/zxzx/zhengcfg/202004/b3e370d88d974643a35977c8e3792bd3/files/22764d7f0bc7447ba47bb3f291f45cd2.pdf,最后访问日期:2020年10月12日。

③ 参见《证监会印发2019年度立法工作计划》,载中国证监会网,http://www.csrc.gov.cn/pub/newsite/zjhxwfb/xwdd/201903/t20190315_352229.html,最后访问日期:2020年10月12日。

险、违约事件使投资者在财富管理方面更加成熟并更具理性。① 2020 年 12 月 31 日,中国银保监会发布《中国银保监会相关部门负责人就近期媒体关注问题答记者问》,该文件针对互联网平台企业开展的类似小贷、保险、理财等业务指出虽科技与金融深度融合扩大了金融服务覆盖面,提升了金融服务效率,提高了风险防控水平,可金融数字化快速发展亦带来了网络安全、市场垄断、数据权属不清、消费者权益保护等方面的问题,影响市场公平与金融稳定。相关部门负责人特别强调以下几点:一是金融创新必须在审慎监管的前提下进行;二是严格落实监管,所有金融活动必须依法全面纳入监管,持牌经营,坚决制止违规监管套利;三是对各类主体一视同仁,依法保护产权,弘扬企业家精神,激发市场主体活力与社会创造力;四是切实维护金融稳定与金融安全。

从总体上观察,2019~2020 年相关主管部门发布与实施的政策始终坚持"审慎、严谨"的态度:诸如在大数据违法与 App 盗取个人信息方面,相关整治于 2019~2020 年内呈现明显"升级"之势,在区块链、互联网保险等具体产品方面,监管举措不断细化,如中国银保监会于 2020 年 12 月发布《互联网保险业务监管办法》等;在当前金融行业供给侧结构性改革、金融科技上升为国家重要战略的背景下,前述机制建设可稳定金融环境以便于更好地迎接改革、开展试点。

(四)互联网金融类服务领域的发展综述

在市场环境方面,互联网金融类服务(主要包括顾问类、信息类、配套类三类)在细分领域内各有所发展。在顾问类服务中,较为体现金融科技成果的业态是智能投顾业务,目前国内外主要的智能投顾企业包括 Betterment、Wealthfront、Future Adivisor、理财魔方、拿铁财经、投米 RA 等。在业务模式上,智能投顾主要分为机器导向模式、人机结合模式、社交平台模式三类:机器导向模式系指资产管理过程由智能投顾通过风险评分、配置组合、跟踪优化的过程自动完成,不需要投资者进行操作,亦不涉及传统投顾参与管理,典型代表有 Wealthfront 等;人机结合模式系指在平台上既有智能投顾为投资者提供投资服务,亦有传统投顾为投资者提供资产配置组合建议,典型代表有 Personal Capital 等;社交平台模式系指智能投顾平台植

① 参见华宝证券:《2019 年互联网金融年度报告:冬去春欲来　改弦当更张》,载 http://pdf.dfcfw.com/pdf/H3_AP202004131377903864_1.pdf,最后访问日期:2020 年 10 月 12 日。

入社交属性，投资者能够跟随智能投顾平台上专业投资者的投资组合，亦能够在智能投顾平台上建立、修改与分享自己的投资组合，典型代表有 Motif Investing 等。[①] 在信息类服务中，根据信息服务的内容，金融信息服务平台可分为信息沟通平台、信息资讯平台与信息搜索平台；根据信息服务的提供模式，可分为独立第三方资讯平台、金融机构兼业服务平台、与第三方机构合作的服务平台等。目前，国内外主要的金融信息服务商包括路透社、彭博社、道琼斯公司、东方财富、大智慧、同花顺等。值得注意的是，随着金融科技向纵深推进，金融机构通过平台、技术、网络提供生活类服务等配套类服务，前述服务的实质是跨界融合，金融机构提供此类服务的动因包括：第一，构建金融服务的场景，发展类电商平台可构建个人客户的生活消费场景与企业客户的生产活动场景，进而延伸传统金融服务（如支付、贷款等）；第二，可直接介入客户交易流程，为客户提供包含金融、信息与物流在内的综合金融服务；第三，可有针对性地满足客户需求、提升客户黏性，实现金融服务与非金融服务的组合；第四，可满足自身业务转型与金融服务创新的需要，提高中间业务收入。前述配套类服务可分为综合性与垂直性服务平台两类，综合性服务平台的典型代表有“中银 e 社区”（中国银行提供）、“悦生活”（中国建设银行提供）、“民生智家”（中国民生银行提供）等，垂直性服务平台的典型代表有平安好医生、平安好车主等。

在制度环境方面，中国人民银行于 2020 年发布修订后的《中国人民银行金融消费者权益保护实施办法》（中国人民银行令〔2020〕第 5 号），明确银行、支付机构向金融消费者提供金融产品或服务，应当遵循自愿、平等、公平、诚实信用的原则，切实承担金融消费者合法权益保护的主体责任，履行金融消费者权益保护的法定义务；要求银行、支付机构建立健全涉及金融消费者权益保护工作的全流程管控机制，确保在金融产品或服务的设计开发、营销推介及售后管理等各个业务环节有效落实金融消费者权益保护工作的相关规定与要求。具体包括：在事前审查机制方面，银行、支付机构应实行金融消费者权益保护事前审查，及时发现并更正金融产品或服务中可能损害金融消费者合法权益的问题，有效督办落实金融消费者权益保护审查意见；在事中管控机制方面，银行、支付机构应履行金融产品或服务营销宣传中需要遵循的基本程序与标准，加强对营销宣传行为的监测与管控；在事后监

① 参见谢平、刘海二：《金融科技与监管科技》，中国金融出版社 2019 年版，第 59 ~ 60 页。

督机制方面,银行、支付机构应做好金融产品与服务的售后管理,及时调整存在问题或隐患的金融产品与服务规则。

从总体上观察,互联网金融产品于其发行时已基本"封口"成型,故具有于一定时限内持续履行特征的互联网金融服务主体,未来在提供非标准化的金融科技服务方面会更有优势,并将成为金融消费者权益保护研究的关注重点;而随着国家政策对虚拟经济服务于实体经济的引导与鼓励、大型金融科技企业(BigTech)在服务领域的革新与扩张,金融科技服务在金融化、科技化特征之外将越发具备生活化的特征,金融科技绑定实体经济的力度与程度,在可预见的未来将大幅超过传统金融于此方面的能级与量级。

(五)金融科技基础设施领域的发展综述

随着金融科技的发展,具有外部属性的金融基础设施在金融体系及更广泛的经济活动中体现出越发重要的作用,即安全高效的金融基础设施可维持金融稳定,促进经济发展。实践中,国际清算银行(Bank for International Settlement,BIS)下设的支付结算体系委员会(Committee on Payment and Settlement Systems,CPSS)与国际证监会组织(International Organization of Securities Commissions,IOSCO)技术委员会先后针对重要支付系统、中央证券存管、证券结算系统等积极开展国际对话,近年来对分布式账本技术(Distributed Ledger,DLT)与数字加密货币讨论较多,帮助学界与业界对金融基础设施的内涵与外延形成更为深刻的认识。CPSS 与 IOSCO 于 2012 年 4 月联合发布《金融市场基础设施原则》(Principles for Financial Market Infrastructures,PFMI),将支付系统、证券结算系统、中央证券存管、中央对手方与交易数据库纳入金融基础设施范畴,并统一协调、适当强化原有国际标准,此后 CPSS 于 2014 年更名为支付与市场基础设施委员会(Committee on Payments and Market Infrastructures,CPMI),负责经济体内与跨经济体的安排、标准、风险、危机管理、央行间协调等事项。中国人民银行与中国证监会则分别于 2009 年 7 月、2009 年 2 月加入 CPSS 与 IOSCO 技术委员会。此后,我国的金融基础设施建设在发展力度与国际对轨力度方面均有明显提升。在金融科技法领域,监管科技所依托的金融基础设施对金融监管的影响主要涉及以下四个方面:一是提高金融主管部门与金融机构识别、计量与处置风险的效率;二是增强金融主管部门非现场监管的效果;三是协助金融机构降低金融合规成本;四是为宏观审慎监管与微观审慎监管提供良好的数据基础。

在市场环境方面，我国搭建的金融基础设施包括但不限于大型商业银行及大型非银行支付机构的内部支付结算系统、大额跨行支付的实时全额结算系统（Real Time Gross Settlement，RTGS）、小额跨行支付的定时（或延时）净额结算（Delayed Netting Settlement，DNS）、人民币跨境支付系统（Cross-border Interbank Payment System，CIPS）、人民银行征信系统、反洗钱系统、主要金融产品的交易所与交易平台系统、证券登记结算系统、融资融券系统、场外市场（Over-the-Counter，OTC）中央对手方（Central Counter Party，CCP）系统等，从市场维度、技术层面的视角观察，前述系统均以账户为基础予以运行，其中一部分系统可提供实时全额结算（包括用户感知上的实时交收），另一部分系统则按金融行业惯例试行定时净额交收、结算，各支付系统均与反洗钱系统建立电子化连接并履行报送义务。根据相关人员的预期，随着金融科技的发展，部分现行系统的实时性在周密论证后尚有进一步提升的空间，部分现行系统系模仿手工操作而设计，暂未能发挥 IT 的智能化功效，尚待进一步完善。①

在制度环境方面，中国人民银行等多个部委于 2020 年 3 月联合发布《统筹监管金融基础设施工作方案》。该工作方案指出，在我国，金融基础设施系指为各类金融活动提供基础性公共服务的系统及制度安排，在金融市场运行中居于枢纽地位，是金融市场稳健高效运行的基础性保障，是实施宏观审慎管理与强化风险防控的重要抓手；我国金融基础设施统筹监管范围包括金融资产登记托管系统、清算结算系统（包括开展集中清算业务的中央对手方）、交易设施、交易报告库、重要支付系统、基础征信系统六类设施及其运营机构。目前，金融基础设施的安全与效率亦面临一定挑战，在法制建设、管理统筹、规划建设等方面均有待加强，相关主管部门后续将“统一监管标准，健全准入管理，优化设施布局，健全治理结构，推动形成布局合理、治理有效、先进可靠、富有弹性的金融基础设施体系”。② 从制度维度、技术层面的视角观察，金融基础设施可分为信息基础设施、支付清算基础设施与监管基础

① 参见杨燕青、周徐编：《金融基础设施、科技创新与政策响应——周小川有关讲座汇编》，中国金融出版社 2019 年版，第 70～78 页。

② 《人民银行、发展改革委等六部门联合印发〈统筹监管金融基础设施工作方案〉》，载中国人民银行官网，http://www.pbc.gov.cn/goutongjiaoliu/113456/113469/3983135/index.html，最后访问日期：2020 年 10 月 12 日。

设施三类：[1]金融行业的风险评估、风险定价与风险监控的核心均系信息处理，对应于信息基础设施；资金融通及伴随的风险转移或缓释，对应于支付清算基础设施；技术迭代会进一步放大金融风险形式的复杂性、综合性与金融风险传导的隐蔽性、急剧性，于此语境下的金融创新则需要依托监管基础设施。信息基础设施、支付清算基础设施与监管基础设施的归类方式于传统金融领域亦成立，而前述金融基础设施类型化的意义在金融科技领域内表现为从信息、交割、监管三个落脚点为金融创新提供设施健全视阈的引导与约束，提升效率价值。

从总体上观察，我国服务于金融科技的金融市场基础设施在建设与健全方面，应关注微观层面的技术持续创新、金融科技服务客户能力与客户触及金融科技能力的提升（包括但不限于大数据、云计算、人工智能、区块链、生物识别等），中观层面的第三方机构服务效能的提升、资金支付结算体系的完善与信用建设体系的强化等，以及宏观层面的法律法规的完善与健全等。[2] 根据上述工作方案，相关金融主管部门还应积极制定统筹监管金融基础设施的时间表，从信息基础设施、支付清算基础设施与监管基础设施以及微观层面、中观层面与宏观层面等两个面向寻求优化进路。

二、金融科技法治立法与监管动态回顾

（一）金融科技相关立法动态的重点回顾

2019～2020年，我国相关金融主管部门发布的立法性、政策性的规范性文件或征求意见稿如表1所示。

表1　2019～2020年我国相关金融主管部门发布的立法性、政策性的规范性文件或征求意见稿

发布时间	文件名称	文号	发文机关
2019年1月	《关于办理非法从事资金支付结算业务、非法买卖外汇刑事案件适用法律若干问题的解释》	法释〔2019〕1号	最高人民法院、最高人民检察院

① 参见邹传伟：《金融科技的基础设施》，载《中国金融》2019年第20期。
② 参见杨涛、贲圣林编：《中国金融科技运行报告（2019）》，社会科学文献出版社2019年版，第230页。

续表

发布时间	文件名称	文号	发文机关
2019 年 3 月	《关于进一步加强支付结算管理防范电信网络新型违法犯罪有关事项的通知》	银发〔2019〕85 号	中国人民银行
2019 年 8 月	《关于印发〈金融科技(FinTech)发展规划(2019—2021 年)〉的通知》	银发〔2019〕209 号	中国人民银行
2019 年 9 月	《关于加强 P2P 网贷领域征信体系建设的通知》	—	互联网金融风险专项整治工作领导小组
2019 年 11 月	《关于印发〈关于网络借贷信息中介机构转型为小额贷款公司试点的指导意见〉的通知》	整治办函〔2019〕83 号	互联网金融风险专项整治工作领导小组办公室、网络借贷风险专项整治工作领导小组办公室
2019 年 12 月	《关于完善外贸金融服务的指导意见》	银保监发〔2019〕49 号	中国银行保险监督管理委员会、商务部、国家外汇管理司
2019 年 12 月	《关于推动银行业和保险业高质量发展的指导意见》	银保监发〔2019〕52 号	中国银行保险监督管理委员会
2020 年 3 月	《统筹监管金融基础设施工作方案》	—	中国人民银行、国家发展和改革委员会、财政部、中国银行保险监督管理委员会、中国证券监督管理委员会、国家外汇管理局
2020 年 4 月	《非银行支付机构客户备付金存管办法(征求意见稿)》	—	中国人民银行

续表

发布时间	文件名称	文号	发文机关
2020年6月	《中国人民银行修订〈非金融机构支付服务管理办法实施细则〉等5件规范性文件的公告》	中国人民银行公告〔2020〕第3号	中国人民银行
2020年7月	《商业银行互联网贷款管理暂行办法》	中国银行保险监督管理委员会令2020年第9号	中国银行保险监督管理委员会
2020年8月	《非银行支付机构重大事项报告管理办法(征求意见稿)》	—	中国人民银行
2020年9月	《关于加强小额贷款公司监督管理的通知》	银保监办发〔2020〕86号	中国银行保险监督、管理委员会
2020年10月	《中国人民银行法(修订草案征求意见稿)》	—	中国人民银行
2020年11月	《网络小额贷款业务管理暂行办法(征求意见稿)》	—	中国人民银行、中国银行保险监督、管理委员会
2020年12月	《互联网保险业务监管办法》	中国银行保险监督管理委员会令2020年第13号	中国银行保险监督、管理委员会

其中,《关于印发〈金融科技(FinTech)发展规划(2019—2021年)〉的通知》《关于网络借贷信息中介机构转型为小额贷款公司试点的指导意见》《商业银行互联网贷款管理暂行办法》《统筹监管金融基础设施工作方案》4个规范性文件的作用较大,本文作如下概述。

1.《关于印发〈金融科技(FinTech)发展规划(2019—2021年)〉的通知》的附件

《金融科技(FinTech)发展规划(2019—2021年)》明确提出我国金融科技的近期发展目标:至2021年,建立健全我国金融科技发展的"四梁八柱",增强金融业科技应用能力,实现金融与科技深度融合、协调发展,增强人民群众对数字化、网络化、智能化金融产品和服务的满意度,推动我国金融科技发展居于国际领先水平。同时,前述发展规划还将重点任务确定为:一是加强金融科技战略部署,把握金融科技发展态势,做好统筹规划、体制机制优化、人才队伍建设等;二是强化金融科技合理应用,以重点突破带动全局发展,规范关键共性技术的选型、能力建设、应用场景与安全管控,全面提升金融科技应用水平;三是赋能金融服务提质增效,合理运用金融科技手段丰富服务渠道、完善产品供给、降低服务成本、优化融资服务,提升金融服务质量与效率;四是增强金融风险技防能力,正确处理安全与发展的关系,运用金融科技提升跨市场、跨业态、跨区域金融风险的识别、预警与处置能力,加强网络安全风险管控与金融信息保护,做好新技术应用风险防范;五是强化金融科技监管,建立健全监管基本规则体系,加快推进监管基本规则拟订、监测分析与评估,探索金融科技创新管理机制;六是夯实金融科技基础支撑,持续完善金融科技产业生态。[①] 前述内容较为具体地勾勒出我国金融科技制度优化与机制改革中的重点。

2.《关于印发〈关于网络借贷信息中介机构转型为小额贷款公司试点的指导意见〉的通知》的附件《关于网络借贷信息中介机构转型为小额贷款公司试点的指导意见》明确提出机构转型的注册资本与出资期限要求:拟转型网贷机构设立的单一省级区域经营的小贷公司注册资本不低于人民币5000万元(出资形式为货币);拟转型网贷机构设立的全国经营的小贷公司注册资本不低于人民币10亿元(出资形式为货币),首期实缴货币资本不低于人民币5亿元且为股东自有资金,其余部分自公司成立之日起6个月内缴足;同时,为提高风险处置和化解能力,小贷公司的首期实缴货币资本还应同时满足不低于转型时网贷机构借贷余额的1/10的要求。前述规定可为化解P2P网贷平台的业务风险与防范互联网金融机构转型风险提供制度保障。

3.《商业银行互联网贷款管理暂行办法》则用专章规定信息科技风险管理,明确提出相关风险管理要求:商业银行应当针对互联网贷款业务建立全面风险管理

---

① 参见经济日报:《央行印发三年发展规划 全面提升金融科技应用水平》。转引自中国政府网,http://www.gov.cn/xinwen/2019-08/23/content_5423631.htm,最后访问日期:2020年10月12日。

体系,在贷前、贷中、贷后全流程进行风险控制,加强风险数据与风险模型管理,同时防范与管控信息科技风险。①

4.《统筹监管金融基础设施工作方案》明确"金融基础设施是指为各类金融活动提供基础性公共服务的系统及制度安排,在金融市场运行中居于枢纽地位,是金融市场稳健高效运行的基础性保障,是实施宏观审慎管理和强化风险防控的重要抓手","我国金融基础设施统筹监管范围包括金融资产登记托管系统、清算结算系统(包括开展集中清算业务的中央对手方)、交易设施、交易报告库、重要支付系统、基础征信系统六类设施及其运营机构"。② 前述规定已对我国金融基础设施的具体范畴与发展方向予以进一步明确。

此外,中国人民银行上海总部于2019年10月发布《关于促进金融科技发展支持上海建设金融科技中心的指导意见》(银总部发〔2019〕67号,以下简称"金融科技40条"③),上海市人民政府办公厅于2020年1月发布《关于印发〈加快推进上海金融科技中心建设实施方案〉的通知》(沪府办规〔2020〕1号),为上海大力发展金融科技提供政策指引与规范依据。"金融科技40条"涵盖打造有全球影响力的金融科技生态圈、深化金融科技成果应用、加大新兴技术研发、持续优化金融服务、加强长三角金融科技合作共享、提升金融科技风险管理水平、提升金融科技监管效能、加强人才培养与合作交流八个方面。④ 而上海市人民政府办公厅2020年的1号文件则提出力争用5年时间将上海打造成为金融科技的技术研发高地、创新应用高地、产业集聚高地、人才汇集高地、标准形成高地与监管创新试验区,将上海建设成为具有全球竞争力的金融科技中心的总体目标;1号文件还从五个方面(全速推进金融科技关键技术研发、全面提升金融科技应用水平、全要素促进金融科技产业集聚、全力推进金融科技监管创新试点、全方位营造一流金融科技发展环境)合计

---

① 参见《中国银保监会发布〈商业银行互联网贷款管理暂行办法〉》,载中国银行保险监督管理委员会官网,http://www.cbirc.gov.cn/cn/view/pages/ItemDetail.html?docId=916833&itemId=916&generaltype=0,最后访问日期:2020年10月12日。

② 参见《人民银行、发展改革委等六部门联合印发〈统筹监管金融基础设施工作方案〉》,载中国人民银行官网,http://www.pbc.gov.cn/goutongjiaoliu/113456/113469/3983135/index.html,最后访问日期:2020年10月12日。

③ 参见段思宇:《"金融科技40条"落地,央行上海全力支持金融科技中心建设》,载《第一财经日报》2019年10月31日,A07版。

④ 同上。

提出25条创新务实的工作举措。①

(二)金融科技相关监管动态的重点回顾

在数据市场方面,根据腾讯网的信息,②第三方数据风控公司魔蝎数据(成立于2016年,在面向企业用户时提供多维度用户画像、授信评分、贷后预警、催收智能运筹等风险管理服务,在面向个人用户时提供运营商、网银、信用卡、借记卡、公积金、社保、支付宝、淘宝、京东与学信网等"一站式"的信息查询服务)与新颜科技的相关负责人均于2019年9月6日被警方带走调查,由此拉开行业整顿的序幕,聚信立、天翼征信、公信宝、同盾科技子公司、51信用卡、考拉征信等诸多公司亦被纳入调查行列。相关业内人士认为,此次整顿与数据公司的爬虫业务与数据违规利用有关,③整顿的核心是进一步规范现金贷业务。④ 随着我国对暴力催收、现金贷业务的监管力度加大,一批数据风控公司被密集调查,爬虫业务暂停,"灰色产业"业原形毕露。可见,金融科技的跨领域与跨行业属性使整个大数据行业均有可能成为金融科技业态发展的利益相关者,数据行业应搭建符合金融监管要求的合规体系,在数据渠道与商用场景方面做好数据安全防范工作。

在资本市场方面,中国证监会于2019年4月与法国金融市场管理局签署《金融领域创新合作谅解备忘录》,双方约定就金融科技领域的发展动态与相应的监管政策共享信息、加强合作,前述备忘录的签署对于中法双方及时就金融科技的发展与

---

① 参见《〈加快推进上海金融科技中心建设实施方案〉正式印发》,载第一财经网,https://www.yicai.com/news/100469554.html,最后访问日期:2020年10月12日。

② 参见《盘点2019年金融科技领域十大事件》,载腾讯网,https://new.qq.com/omn/20200104/20200104A0OID900,最后访问日期:2020年10月12日。

③ 自2013年互联网金融概念兴起以来,金融市场已催生一批为网贷平台、消费金融公司、现金贷公司提供征信风控服务的数据公司,其利用爬虫技术的成熟与国内数据信息监管的宽松,通过自有数据、爬虫抓取、金融机构二次授权、地下黑产交易等方式拓展业务。参见《盘点2019年金融科技领域十大事件》,载腾讯网:https://new.qq.com/omn/20200104/20200104A0OID900,最后访问日期:2020年10月12日。

④ 在现金贷业务最为火热的时候,一些小规模的放贷公司没有能力或不愿意耗费精力去自建风控模型,会直接采购第三方数据公司的风控系统,价格在2万~8万元不等,而后者则利用当时法律监管对于爬虫技术利用相对宽容的机会,滥用权利、疯狂获利。参见《盘点2019年金融科技领域十大事件》,载腾讯网,https://new.qq.com/omn/20200104/20200104A0OID900,最后访问日期:2020年10月12日。

监管问题交换信息、加强监管合作具有重要意义。① 此外,中国证监会于 2018 年通报稽查执法重点领域与工作部署时,已明确查办严重违法违规案件的重点主要有“严重积聚市场风险,危害市场平稳运行的违法行为”,包括“通过违规聚集市场资金,滥用杠杆交易,放大市场风险的案件;借助新型金融工具,滥用金融科技之名,或者跨市场实施违法交易的行为”。② 近两年来中国证监会对“滥用金融科技之名”的风险防范亦已采取积极的应对措施。

三、金融科技法治发展的主要议题梳理

(一)我国金融科技法治的领域法学语境构建

我国学界历来善用“部门法学”理论作为法学“分支化”研究的理论基础,其主要理据在于“部门法学”理论能够“整合性地解释或说明其对象”。③ 按照目前部门法学框架下研究对象与研究方法的分类标准,金融科技法因其目前所涉金融监管手段居多而更“贴近”于行政法,若加以细究,则不难发现金融科技法与行政法依然存在不可协调之处,如金融科技法在硬法规制之外,还涉及软法治理等。从学术话语体系的视角观察,“将法律调整的社会关系及调整方法作为划分法律部门标准的理论是来自苏联的一种偏见”④与否并不重要,重要的是目前以“领域法学”为研究基点的探讨范式已然在新兴法学学科的研究方面具有举足轻重的作用,⑤搭建金融科技法治的领域法学语境已不再属于“无中生有”,而更多体现为“锦上添花”。本文将从以下 3 个维度予以论证。

第一,学科耦合的维度。从广义的视角观察,金融科技法的研究涉及金融学、

① 参见《中国证监会与法国金融市场管理局签署〈金融领域创新合作谅解备忘录〉》,载中国证券监督管理委员会网,http://www.csrc.gov.cn/pub/newsite/zjhxwfb/xwdd/201904/t20190401_353655.html。

② 参见《证监会通报 2018 年稽查执法重点领域和工作部署》,载中国证券监督管理委员会网,http://www.csrc.gov.cn/pub/newsite/jcj/gzdt/201803/t20180327_335802.html,最后访问日期:2020 年 10 月 12 日。

③ 谢晖:《部门法法哲学的长成逻辑——兼论“部门法学”的学理化问题》,载《文史哲》2002 年第 1 期。

④ 陈云良:《傲慢与偏见——经济法的现象学分析》,载《法商研究》2009 年第 4 期。

⑤ 参见刘博涵:《论金融法学体系的建构、重塑与拓展——基于领域法学视角的考察》,载《经济法论丛》2019 年第 2 期。

法学等人文科学与包括但不限于信息科技在内的多门自然科学,民事、刑事与行政的法学研究视野更多地体现在法律法规中的责任体系,一者充分反映立法者对相关金融业务边界的法律划定与金融业务属性的法律评价,二者则是以法律责任作为金融科技规范后续发展以及反映法律强制力的保障机制。而在“调整对象”与“调整方法”的环节,金融科技法因其学科耦合的特点,存在明显的对象与方法“溢出”,需要“领域法学”研究范式的支撑。从狭义的视角观察,金融科技法在法学视阈下所牵涉的科目包括金融法、网络法、科技法等研究学科或研究领域,前述学科或领域亦不属于“标准”的部门法学,而更多以某一社会领域或社会现象(而非社会关系)为研究对象,故曰钩稽前述学科或领域的金融科技法之“领域法学”色彩更为浓重亦言之有据。

第二,科技创新的维度。金融科技法涉及法与科技关系的探讨,是金融法领域内的开放性研究。与传统的行政监管模式相比,金融科技法还蕴含科技创新维度的监管科技(RegTech),后者主张将“科技”与“监管”有机结合,通过将创新性技术应用至现有的监管过程中,以达成更有效的风险识别、风险衡量与风险处置要求。值得注意的是,监管科技从两个相反的侧面展开,即监管机构利用监管科技提升监管水平,而金融机构则利用监管科技降低合规成本,①这与传统民事交易规范、商事治理规范与行政监管规范的相对割裂有所不同,反映出“领域法学”的另一个特点:领域法学以问题为中心,旨在解决现实世界中不同领域的问题,其在方法论上体现出鲜明的问题中心主义,即由于现实世界中的问题具有综合性,领域法学在具体方法上秉持知识体系与研究方法的综合性与开放性,融合部门法学研究方法、工具与手段在内的全要素,②且不以表彰前述研究方法的独立性与部门法学概念体系的闭合性为优位考量,更侧重从法学“聚焦式”的问题分析模式向法学“合作式”的问题解决模式迈进。

第三,金融治理的维度。金融业态的细化与科学技术的迭代使金融科技不断向纵深推进,这要求金融科技法立于搭建现代金融治理框架体系的高度,“承前启后”“左右逢源”,为传统金融模式逐步转型、金融科技市场逐步扩容做好制度铺垫。

---

① 参见许可:《从监管科技迈向治理科技——互联网金融监管的新范式》,载《探索与争鸣》2018 年第 10 期。

② 参见洪治纲:《论领域法学理论在金融法学中的应用》,载《辽宁大学学报(哲学社会科学版)》2019 年第 1 期。

以目前网络金融对金融市场的影响为例,由于网络金融具有存款功能,对货币的流通速度与流通方式带来影响,使货币的供给结构发生改变,从而使各层次的货币划分变得模糊,①并对新形势下的金融宏观调控提出新的要求;由于网络金融风险呈现多元化(操作风险与科技风险尤为突出),呈现交叉感染、传播迅速、突发性与破坏性强等特点,②网络金融对新常态下的金融审慎监管亦带来新的挑战。前述新形势与新常态所呈现的金融宏观调控与审慎监管难题均要求在金融创新与科技创新间形成治理创新的纽带,而以治理为主题的学科研究并非单纯的部门法学体系所能囊括,需要以"领域法学"的思维构建符合金融科技发展诉求的治理网络。

从理论视角观察,金融科技法治的领域法学语境构建重点在于以创新思维铺垫中国金融法学与金融法治话语体系的"构建性"理论路径;从实践视角观察,金融科技法治的领域法学语境构建重点在于,以保留法学研究方法、通过跨域合作研究将既有以传统金融管制为首要、协调治理为补充的监管方式转变为以现代金融多元共治为首要、监管科技为支撑的"改良性"治理范式。

(二)互联网与移动支付领域的主要议题

在互联网与移动支付领域,账户与数字货币是实现支付的两个前提条件,账户是支付的起点与归属,支付是将货币从一个账户转移至另一个账户,其过程即为货币在账户之间的转移。③ 在前述过程中,支付的账户、支付的货币、支付的通道、支付的流程等要素均会因为金融科技的发展而出现综合化、结构化的安排或趋势,亦可能产生一些尚待研究解决的法律议题。

第一,互联网与移动支付的账户。从金融科技的语境考虑,除身份证号、手机号码、银行与证券账户以及前述的电子账户外,虚拟账户与移动电子记录凭证等亦构成实质意义上的账户。就前述账户对金融活动可能产生的影响而言,主要应考虑账户实名制与非实名制的范围问题以及集中式记账与分布式记账的分配问题。相关主管部门仍应从风险防范与鼓励创新并举的视角考虑前述涉及金融消费者保护的基础问题。

---

① 参见邹新月等:《互联网金融对我国货币政策影响分析》,载《湖南科技大学学报(社会科学版)》2014 年第 4 期。

② 参见陈麟、谭杨靖:《互联网金融生态系统发展趋势及监管对策》,载《财经科学》2016 年第 3 期。

③ 参见谢平、刘海二:《金融科技与监管科技》,中国金融出版社 2019 年版,第 29 页。

第二,互联网与移动支付的货币。从狭义的视角观察,货币一般指代法偿币,从广义的视角观察,交换价值与信用机制接近法偿币的“代币”亦属于“准货币”。货币数字化是实现互联网与移动支付的前提,于广义语境下,货币数字化的对象应包括电子货币(数字化的法偿币)与虚拟货币(符合条件的数字化代币)。通常而言,谈及金融资产货币化时,重点考虑其流动性问题;若金融产品具有低波动率、高流动性的特点,其作为可接受的支付手段经过货币视角的度量即可实现支付的效果;而随着金融科技的发展,数据资产货币化亦将是需要重点关注的问题,由于虚拟货币与法偿币并不具有一一对应关系,尚需进一步解决信任与时效问题。相关主管部门应考虑通过试验性监管等方式逐步解决前述问题,并通过功能性监管等方式解决金融科技产品与服务中金融资产货币化与数据资产货币化的兼容与平衡问题。

第三,互联网与移动支付的渠道。通常而言,支付渠道或支付实现的“归宿”主要包括商业银行的内部清算系统、银行卡组织的跨行交易与互联互通系统、第三方支付系统、中央银行支付清算系统以及中央银行支付清算系统与前述其他系统的嫁接等。2018 年之前,支付机构开展的新兴支付业务未能建立起统一的清算安排、支付机构存在通过与银行直连的方式变相开展跨行清算业务的空间,这一模式可能反向导致前段支付交易市场利益激励与分配机制的扭曲;2018 年,中国人民银行主持搭建非银行支付机构网络支付清算平台(以下简称网联平台),对我国非银行支付产业的规范发展具有积极意义,网联平台通过“断直连”的方式对支付交易市场的秩序作出优化。相关主管部门后续仍应根据金融科技的发展与跨界融合的趋势,通过数据驱动的信息平台强化支付交易市场秩序的保障机制。

第四,互联网与移动支付的流程。目前,互联网支付方面,微信与支付宝等支付方式在客户支付的生活场景之外涉及的支付流程较少,在移动支付方面,基于 NFC(Near Field Communication)的移动支付环节较多,涉及银行、第三方支付平台、运营商、手机厂商、芯片商、TSM 平台商、其他服务提供商等。① 当支付场景背后涉及的环节较多时,各方身份的合法性与用户信息的安全性将是相关主管部门需要重点关注的问题。目前的《网络安全法》与《电子商务法》尚未对格式条款下的授权与转授权的效力作出细化的规定,服务提供商利用技术优势获取的信息与授权的

---

① 参见谢平、刘海二:《金融科技与监管科技》,中国金融出版社 2019 年版,第 39 页。

"溢出使用",虽总体上已被法律所禁止,但在实践中仍存在金融消费者举证困难、金融事中监管效果不具备可持续性且无法提供明确标准等问题,前述问题尚待相关主管部门通过更为成熟的监管科技予以规范以及司法部门通过体系化的金融指导案例予以释明。

从理论视角观察,账户实名制与非实名制的范围划分、集中式记账与分布式记账的场景分配、金融科技产品与服务中金融资产货币化和数据资产货币化的兼容与平衡均属于值得关注的理论议题;从实践视角观察,其余问题涉及广义金融科技语境下的信用科技与监管科技的各自进步与互相协调,属于保障机制与规范机制的优化范畴。

(三)互联网投融资产品领域的主要议题

以P2P网贷、股权众筹等为典型代表的互联网投融资产品一度构成互联网金融市场的主要业态,前述业态的规范、转型将逐步见证中国新兴金融市场从互联网金融向金融科技的过渡。

在P2P网贷领域,虽P2P网贷早期在我国蓬勃发展,但其中蕴含非法集资的风险,从性质上分析,所有的P2P网贷原则上均构成非法集资活动。① 鉴于合理的社会需求,监管者在P2P网贷发展早期于不触及犯罪底线与控制风险的前提下,已通过适度监管允许其在一定范围内自由发展。此外,P2P网贷正在日益改变金融资源循环的模式,网络自身的特点则将加剧资金供求链断裂的风险。对此,有学者提出应确立适度为民间金融松绑的理念,明确监管者及其职责、着力完善征信体系、植入反洗钱机制,并应将P2P网贷平台的业务固限于信息技术服务,而不能让其涉足于吸存、放贷与担保等高风险性的领域。② 后续P2P网贷平台由于缺乏法律规范呈现无序的发展状态,并不断异化为另类金融机构。面对P2P网贷平台的异化,一如有的学者的建议,相关主管部门根据现实情况确立以中国银监会(2018年4月后与中国保监会合并为中国银保监会)为主导的监管机构框架,通过实施市场准入监管、业务活动监管、资金监管等措施来规范P2P网贷平台的发展。③ 从机理上观察,

---

① 参见彭冰:《P2P网贷与非法集资》,载《金融监管研究》2014年第6期。

② 参见黎四奇:《我国网络信贷风险规制法律问题研究》,载《法律科学(西北政法大学学报)》2014年第4期。

③ 参见冯果、蒋莎莎:《论我国P2P网络贷款平台的异化及其监管》,载《法商研究》2013年第5期。

信息是P2P网贷市场中的重要资源，是市场主体决策的基本依据；对P2P网贷而言，从信息规则到信息规制，可体现信息视野下P2P网贷治理从规则文本至多元规制的提升，或是未来监管发展的可取方向。①

在股权众筹领域，股权众筹在法律上可分为私募型股权众筹与公募型股权众筹两类，私募型股权众筹依赖于《证券法》对公开劝诱禁止的放开，公募型股权众筹则脱胎于《证券法》在近年来试点的新型发行豁免，符合实践需求的股权众筹豁免模式往往能体现多人小额与信息公开交流两项基本原则。② 对此，有学者提出，应以众筹规制为突破点，通过扩大证券定义的方式逐步使《证券法》成为规制直接融资的主导型法律，根据被规制对象的自身特点与风险，确立相应的规制目标、手段，建立相应的豁免制度。③ 尽管当时出台股权众筹的试点规范或修订《证券法》并未最终实现这一预期，股权众筹依然在"包容性监管"与"原则性监管"的环境下逐步发展。2015年12月，全国首例众筹融资案终审落槌，标志着众筹融资正式从"幕后走到台前"，全国首例众筹融资案虽从司法角度对众筹融资的合法性作出某种意义上的确认，可股权众筹的本质尚需厘清，现行法律框架究竟该如何接纳股权众筹的问题依然亟待解决：一方面，基于"便利融资"的初衷与"草根金融"的特质，股权众筹的募资者应享有小额豁免，投资者门槛亦应予以降低；另一方面，股权众筹仍应在"金融创新"与"风险防控"之间寻求平衡，故中介平台的资质与职责应被赋予更高的准入与监管标准。④

在监管实践层面，金融主管部门在我国互联网金融新业态近20年的发展过程中，分阶段地以包容性监管、原则性监管与运动式监管三种监管方式对互联网金融风险进行回应。在运动式监管的过程中，短期、高频、强制性的专项治理，一方面，有力地对互联网金融乱象作出整肃，对互联网金融创新作出引导；另一方面，"一元单向分业协作"机制在金融创新面前仍暴露出滞后性、片面性、单一性等弊端。若加以细究，互联网金融信息配置失范是造成互联网金融乱象与互联网金融监管低效率的根本原因，建立长效监管机制需要以信息监管为中心，树立"数据驱动"监管

① 参见许多奇、唐士亚：《信息视野下的P2P网贷监管——从信息规则到信息规制》，载《上海政法学院学报（法治论丛）》2018年第5期。

② 参见彭冰：《股权众筹的法律构建》，载《财经法学》2015年第3期。

③ 参见姚海放等：《网络平台借贷的法律规制研究》，载《法学家》2013年第5期。

④ 参见许多奇、葛明瑜：《论股权众筹的法律规制——从"全国首例众筹融资案"谈起》，载《学习与探索》2016年第8期。

理念。[①] 此外,亦有学者提出于互联网金融整治背景下的立法思考:相关立法与监管部门应对互联网金融立法作出一个系统周密的立法安排,循序渐进地构建一套符合互联网金融属性与发展规律,包括效率面向、公平面向以及稳定面向等层面的制度体系;在立法中应保持每一种价值面向的适度性以及与其他价值面向的协调性,从而形成一个相互关照、相互依赖、相辅相成的且促进互联网金融健康发展与维护国家金融安全的互联网金融法律体系。[②]

在制度反思层面,分业监管体制及缺乏科技支撑的传统监管模式难以遏制互联网金融的野蛮生长以及防范金融风险的积累与传染,需要以先进的监管理念、信息共享与合作联动的监管主体、与基础风险源相匹配的监管原则以及科技化的监管模式为内容,建构互联网金融监管体系。[③] 从机理上观察,互联网金融是一种基于"脱媒"后的新金融业态,金融脱媒的结果是风险绕开资本或不显露资本不足风险,此时金融产品表现的是一种信用集合,交易者的行为基于对信息的判断而进行,信息是否充分而透明将决定风险的存在与否及大小,旨在保持金融机构清偿能力的监管要求对互联网金融并不完全适用,反而形成一个去中心的互联网金融运作模式与中心化的监管体系的制度性错配。近年来,我国金融监管改革已为解决去中心的互联网金融运作模式与中心化的监管体系的制度性错配问题开辟道路,如何在国务院金融稳定发展委员会的指导协调下充分发挥中央与地方监管部门以及自律组织的监管作用,尚待实践予以检验。[④]

互联网投融资产品领域是我国学者关注与研究的重点。近年来,有许多学者对互联网金融乱象的成因作出梳理,并进一步提出解决问题的真知灼见,部分学者亦已预见互联网金融迈向金融科技是我国新型金融业态发展的必然趋势。从理论视角观察,现行立法如何包容、接纳相关互联网金融业态所涉及的社会关系作为自身的调整对象,或从领域法学视角考量新型立法与功能监管的结合是值得关注的理论议题;从实践视角观察,则涉及 P2P 平台的合理退出与转型方案的落地、证券规范体系对股权众筹业态的"正名"等议题。若从"治标治本"的维度出发,相关主

① 参见许多奇、唐士亚:《运动式监管向信息监管转化研究——基于对互联网金融风险专项整治行动的审视与展望》,载《证券法苑》2017 年第 4 期。

② 参见刘志云:《互联网金融整治背景下的立法思考》,载《企业经济》2018 年第 7 期。

③ 参见许多奇:《互联网金融风险的社会特性与监管创新》,载《法学研究》2018 年第 5 期。

④ 参见许多奇:《互联网金融的去中心性与监管的"淡中心化"》,载《探索与争鸣》2018 年第 10 期。

管部门仍应考虑如何“无缝”转变、过渡现有的监管方式至符合金融科技逻辑的治理方式，通过现代科技将监管责任逐步转变为可落地的法律责任，通过持续督导实现金融市场与金融监管连贯式的契合。

（四）互联网金融类服务领域的主要议题

在互联网金融类服务领域，相关主管部门应关注技术规则与风险规则在金融科技中的应用。从技术规则视角观察，截至目前，金融科技涉及的技术大类至少包括大数据技术、人工智能技术、互联技术、分布式技术与（物理）安全技术五类；从风险规则视角观察，则涉及金融消费者适格性与权义配置、网络金融交易制度安排等诸多要素。本文以人工智能技术的可控性与金融消费者保护的相关问题为例，作如下分析。

第一，人工智能技术的可控性问题。从技术利用的正面视角观察，智能风控就是人工智能在投资组合管理中的应用，可实现风险压力测试、市场风险预警、自动优化调仓等，人工智能技术中的自然语言识别能力与数据挖掘能力能够增强投资管理机构的风险管理能力，有效监控与防范人为产生的操作风险与道德风险。若立足于金融监管者的视角，智能监管的内核即为获取数据、分析数据，运用人工智能技术使得被监管者实时接受监管者的指令与监督。相较于人眼判别，人脸识别技术、生物识别技术、反克隆技术的引入，可提升整体反欺诈能力；而利用自然语言处理（Natural Language Processing，NLP）技术对以爬虫形式合规获取的非结构化文本进行结构化后入库，可通过语言结构化、语言主题提取、情感检测等方式对文本信息进行主题分析、舆情监控，从而及时有效地防范各类风险。① 从技术利用的反面视角观察，若人工智能技术在金融市场上被滥用，对于金融市场的负面影响则显而易见，通过 HOMS 系统实施的场外配资业务即为典型。② 相关主管部门与司法机关仍应在实践中进一步通过监管科技与案例指导明确“技术中立”与“市场中立”的内涵与外延，确保相关技术的可控性。

第二，金融消费者保护的相关问题。在“要保护谁”的视角，金融科技的发展使相关主管部门于不同场景下更有效区分弱势金融消费者、普通金融消费者、强势金

① 参见臧俊恒：《人工智能与金融科技监管》，载《中国经济时报》2019 年 6 月 28 日，第 5 版。

② 参见《证监会 2015 年上半年稽查执法综述》，载中国证监会网，http://www.csrc.gov.cn/pub/newsite/jcj/gzdt/201507/t20150730_281915.html，最后访问日期：2020 年 10 月 12 日。

融消费者的技术条件,相关主管部门还应利用金融科技协助甄别恶意金融消费者;在“保护什么”的视角,相关主管部门应利用金融科技避免对金融消费者权益界定的“概念化”或“泛化”。针对前述问题,有学者提出构建代码审核制度,其指出金融科技的特点是业务由信息系统支持,代码编写构成业务运营的基础,代码合规属于金融监管者规范的重点,代码质量影响金融消费者的利益,故应建立相关保障机制确保个人数据的真实性并审核数据建模的偏差,[①]避免金融平台的后台数据建模以及与运行相关的算法成为金融监管者与金融消费者的“黑箱”。在实践中,相关主管部门还需考虑搭建激励与惩戒相结合的规范体系,通过鼓励、推广经审核的开源代码方案等降低自身监管与企业合规成本。

从理论视角观察,技术规则的解释路径、转化路径与风险规则的配置路径、援引路径是值得关注的理论议题;从实践视角观察,相关主管部门如何理解技术与市场的中立性角色、如何把握技术规则与风险规则应用层次与适用空间,则将在很大程度上决定我国金融科技的业态发展质量与法治保障水平。

(五)金融科技基础设施领域的主要议题

在物理硬件与技术支持方面,区块链技术能够较好地解决数据可信性问题,多维数据库能够较好地解决数据兼容性问题,前述技术的有机结合能够为完善金融市场设施、整合多数据源信息提供技术支撑。目前,我国正就相关方面不断摸索、努力提高,以夯实我国金融市场的“硬件基础”。在理据支撑方面,包括会计信息与会计政策处理、金融科技反洗钱机制优化、普惠金融理念的有效植入等应引起相关主管部门的关注,以协助我国在金融科技基础设施领域搭建“软硬结合”的体系化保障。

第一,会计信息与会计政策处理。相对于其他实物、实践计量,货币更能反映出企业的经营情况,因此在会计层面主要以货币为计量单位进行计量、记录。金融科技的发展将会对会计的货币计量造成一定影响,为满足金融市场动态发展与金融科技结构创新的需求,一些非货币性数据(包括但不限于电子货币、行为数据)等均需逐步纳入会计计量体系之中,部分会计准则与标准应以金融科技新形势与新

① 参见陈文君:《金融科技发展中的消费者保护机制建设》,载《上海立信会计金融学院学报》2019年第3期。

常态下的大数据、云计算等为背景予以推陈出新。①

第二,金融科技反洗钱机制优化。有关资料显示,全球电子交易业务中的近20%与洗钱犯罪有关。② 中国人民银行等部委于2018年发布《互联网金融从业机构反洗钱和反恐怖融资管理办法(试行)》,要求从业机构根据法律法规与行业规则,建立健全反洗钱和反恐怖融资内部控制制度,完善相关风险管理机制;同时,中国人民银行设立互联网金融反洗钱与反恐怖融资网络监测平台,使用前述平台完善线上反洗钱监管机制、加强信息共享。相关主管部门可在前述相关规则不断完善的同时,与技术行业主体全面合作,依托前者的数据信息与后者技术优势,积极对基于大数据的互联网金融反洗钱模型等进行深度研究,并学习、采用科技手段加强网络交易监控识别,根据不断发展、演变的网络交易形式及其特征设置科学的识别参数与标准,通过数据甄别、分析的智能化与持续化对大额交易与可疑交易进行自动、及时的监测、记录。

第三,普惠金融理念的有效植入。二十国集团(Group of 20,G20)普惠金融指标体系按照金融服务的使用情况、可获得性与质量三个维度搭建评价指标。③ 根据前述维度,检验普惠金融发展的成效,应关注金融产品与服务的可及性,使金融产品与服务的受益对象包含被传统金融所排斥的群体,并保障前述群体开始使用金融产品与服务并逐步扩大使用规模;当相关金融产品与服务真正惠及前述群体时,再进一步提高金融产品与服务的质量并相应增加相关产品与服务的种类。此前,受传统金融市场格局与业务模式的约束,普惠金融追求的商业性与社会性往往难以兼顾,致使普惠金融产品与服务的可及性难以有效实现,在金融科技的语境下,前述关注的重点有望通过网络效应进行突破,以实现金融权利的平等化并提升金融资源配置效率的最终目的。相关主管部门应充分关注网络效应的“双刃”特征以及涉及金融消费者保护的多重效应(行业生态产生的长尾效应、行业创新产生的鲇鱼效应、投资决策诱发的羊群效应)的协调问题,尤其应考虑从金融基础设施的视角限缩网络放大效应的不利因素,通过硬件设施与制度配套的耦合实

---

① 参见杨涛、贲圣林主编:《中国金融科技运行报告(2019)》,社会科学文献出版社2019年版,第234页。

② 参见林毅鹏:《论第三方支付洗钱犯罪的若干问题》,载中国社会科学网,http://ex.cssn.cn/fx/fx_yzyw/201609/t20160929_3221120.shtml,最后访问日期:2020年10月12日。

③ See GPFI:G20 Leaders Endorse Enhanced Financial Inclusion Indicators,Accessed October 12,2020. https://www.gpfi.org/news/g20-leaders-endorse-enhanced-financial-inclusion-indicators.

现扬长避短的社会效果。

从理论视角观察,普惠金融理念的有效植入等是值得关注的理论议题;从实践视角观察,相关主管部门应密切关注数据资产语境下的反洗钱机制的优化以及会计政策与规范的更新。

四、金融科技法治发展的应对路径瞻望

(一)关注金融科技立法权限与立法模式

曾有学者从科技的视角予以解读,认为"科技金融"的要义在于让金融资本参与创新活动,分散科技创新的风险、分享科技创新的收益,具体指科技资源借助金融实现风险分散与价值发现,金融对科技资源进行开发;亦在于让科技创新更快、更大地财富化,为金融资本带来丰厚回报,具体指科技进步产生的生产效率的提高可为金融资本提供更为丰厚的回报。① 其提出"科技资产财富化""科技金融是科技工作的深化"的主张,重心落于金融对科技资源的开发,与本文预设的语境不尽相同,亦与中国人民银行发布的《关于印发〈金融科技(FinTech)发展规划(2019—2021年)〉的通知》在对象的内涵理解方面存在差异,故本文不予置评。不过值得关注的是,其已从侧面论证科技对金融资源进行开发时,金融科技抑或金融工作的深化,相对应地,金融科技立法权限应属于金融立法权限的下位概念,金融科技立法模式与传统金融立法模式应有所区别。

在立法权限问题方面,涉及两个关注焦点:一是在金融科技立法语境下,中央与地方立法权限的分配问题;二是在监管科技与多元共治的立法语境下,金融主管部门间的部际协调在立法权限中的映射问题。就焦点一而言,应充分考虑中央发布的基本法以外的行政规定的执行效果问题,包括其应对我国不同地区所呈现的不同经济发展水平的"适应"能力与原则性规范在对接地方金融执法工作时的"适用"能力,并在此基础上,合理分配中央与地方间制定带有金融政策色彩的规范性文件的立法权限,有效揭示中央层面"宏观审慎监管"与"原则性监管"间的差异、地方层面"微观审慎监管"与行政地域性"维稳式监管"间的差异。就焦点二而言,应充分考虑国务院金融稳定发展委员会在强化中国人民银行宏观审慎管理与系统性

① 参见房汉廷:《关于科技金融理论、实践与政策的思考》,载《中国科技论坛》2010年第11期。

风险防范职责、金融监管部门监管职责与确保金融安全与稳定发展方面的作用，通过贯通不同金融主管部门在监管科技方面的监管水平，为既有分业监管体制应对金融科技发展提供机制性保障与功能性标准，保障多元共治的规范框架不存在制度"洼地"。

在立法模式问题方面，亦涉及两个关注焦点：在充分考虑金融科技对立法具有前沿性与延展性要求的语境下，一是要协调金融政策与金融立法间的衔接问题；二是要协调以制定法为基本法框架体系时，法律的稳定性要求与金融科技法对立法者提出的先验性要求，并实现立法体制、立法技术在立法模式视角的"转化"。就焦点一而言，应关注金融政策与金融立法在"职责范围"层面的衔接而非"作用对象"层面的划分，即金融政策的制定者应侧重于金融政策对金融市场的"校准"作用，而非侧重于制定"试点"的对象或范围，政策相较于法律而言的"弹性"在金融科技的范畴内更多体现为对金融原则性规范的释明，而非多元化、多层次"试点"的创设；对金融科技立法而言，由于技术迭代等客观因素致使立法直接接纳"监管沙盒"具有相当的合理性，而金融立法的"职责范围"亦不仅是对既有行为模式的法律评价，还应在关注宏观审慎监管的同时关注技术规则对金融市场的影响，从个体行为之外另一微观维度构建金融市场科技化的体系性规范。就焦点二而言，应关注在制定法固有的局限性与僵化性的掣肘之前提下，金融行政性规范性文件的适用体系与法律续造在金融科技法领域的应用体系，即金融科技的立法者需要探索我国固有的多层次金融行政性规范性文件体系，通过有效的立法技术与监管科技转化为动态且长效的规范机制的具体路径，并且在立法规范中厘定司法机关释明权的张力范围，廓清法律续造的适格主体与适格条件。

（二）关注功能性监管与试验性监管理念

金融监管历来是学界与业界关注的焦点，而金融科技在传统金融体系之外快速形成全新的金融生态、金融再造工程绕开多数传统金融监管与法律规范[如在银联之外已诞生第三方支付与网联，在银行这一信用中介之外出现 P2P 信息中介，在各类交易所市场之外出现股权众筹，在首次公开募股（Initial Public Offering，IPO）之外出现首次币发行（Initial Coin Offering，ICO），在法定货币之外出现虚拟货币与数字货币，在征信（央行征信中心）之外出现大数据征信（信联），在传统理财之外出现互联网理财、智能投顾、各类大资]等监管形势的变化，要求相关金融主管部门重构金融监管以应对科技驱动不断加速迭代创新的金融业。[①] 其中,围绕金融监管体制的机构性监管与功能性监管之辩亦是金融科技监管外源性的制度环境问题的关注焦点,而根据业态深化与技术迭代应运而生的"试验性监管"则是金融科技监管内生性的制度机理问题的关注焦点。

就功能性监管而言,通过近20年的探讨,[②]学界基本已达成功能性监管具备机构性监管所不具有之优势的共识,研究的重点则落于如何在我国既有的机构性监管体制之上,合理嵌入功能性监管理念。[③] 对机构性监管的扬弃之争,主要在于:第一,我国金融分业体制的长期实践,孕育出在监管辐射范围方面相对制衡银行、信托、证券、基金、期货、保险等行业的金融主管部门,相关金融主管部门通过金融持牌的市场准入管理,已较好地实现主体监管,并形成较为稳定的监管"定势"与"惯性";第二,我国传统金融市场在2008年金融危机之后,在"金融抑制"的强监管框架下,更进一步提出"穿透监管",似乎无法给予金融主管部门从机构性监管向功能性监管转型的"过渡期"。而金融科技的崛起可打破传统金融市场监管模式的"总体效用",将金融监管体制转变的"选择题"变成"问答题",监管科技概念的提出,则为以大数据、区块链、云计算等智能监管的范式运用提供研究与学习的起点,亦为在既有体制之下通过科技手段实现功能性监管提供构建与融入的起点。有鉴于此,有必要在开展金融科技立法时积极考虑机构性—穿透性监管向机构性—数据性监管过渡时,从技术保障与机制保障视角嵌入功能性监管理念并制定相关规范。

就试验性监管而言,则主要是探讨符合我国国情的"监管沙盒"模式。为适应金融与科技融合发展,英国金融行为管理局(Financial Conduct Authority, FCA)于2015年首次提出"监管沙盒"概念,并将其引入金融监管。监管沙盒是一个安全的空间,企业可以在其中测试其创新产品、服务、商业模式与支付机制,原则上不会导致其立即遭受违反现有法规的监管后果。监管沙盒对监管者、被监管者与金融消费者而言,均具有积极的意义并体现出金融监管理念的转变。根据克雷顿·克里斯汀生的"破坏性创新"理论以及从中归纳出的"技术的非竞争性"、初始阶段的低

① 参见杨东:《监管科技——金融科技的监管挑战与维度建构》,载《中国社会科学》2018年第5期。

② 早年已有学者对此开展了较为系统地研究,参见王衡:《论金融功能监管:金融监管核心思想——从全球金融监管新发展看中国金融监管法律变革》,载《中国青年政治学院学报》2002年第1期。

③ 其中较早提出系统性建议的学者为中国人民大学法学院的杨东教授。参见杨东:《论金融服务统合法体系的构建——从投资者保护到金融消费者保护》,载《中国人民大学学报》2013年第3期。

端性、易获得性以及消费者价值导向性四个特点，可得出金融科技属于破坏性创新的结论，而“破坏性创新”要求监管者能善于识别金融科技创造的新产品或价值的“改变”、敏锐捕捉具有高度指示效应的“替代性潜力”、预见替代性变化的“结构性冲击”，进而转变与创新监管理念、培育科技监管的新模式以及在学习型社会中将监管科技应用于金融科技合规的全过程。① 若我国拟通过“监管沙盒”实践“试验性监管”，需要协调好试验性监管原则与依法行政原则的关系、机构性监管与功能性监管的关系及金融管制与多元共治的关系。在“监管沙盒”的本土化方面，我国包容性监管理念的样本、协调性监管框架的出现与试点性法律法规的实践，则可为“监管沙盒”的本土化提供理念的适应性、体制的兼容性及规则的合法性基础。② 此外，“监管沙盒”亦体现出实验主义治理③的进路：我国的法治实践中已经存在实验主义倾向，实验主义治理理论对我国的金融监管同样具有突出优势，可为我国的金融监管理论创新与实践创新提供动力。④

（三）关注各相关方协同治理的软法进路

从“试验性监管”的特性观察，其载体“监管沙盒”所呈现的监管模式在某种意义上是金融主管部门对“硬法”与“软法”间界限的模糊化处理，一如绝缘体与导电体之间并不存在不可逾越的沟壑一般，治理规范的实施效果与物理世界的导电效果相似，是在“工具”与“价值”标尺上的“游走”，是金融主管部门探索软法治理的重要组成部分。根据协同治理的相关理论，政府与企业、社会组织、公民等利益相关者，为解决共同的社会问题，以比较正式的适当方式进行互动与决策，并分别对结果承担相应责任。⑤ 将前述理论应用到金融科技语境下时，应注意金融治理的实

① 参见许多奇：《金融科技的“破坏性创新”本质与监管科技新思路》，载《东方法学》2018 年第 2 期。

② 参见刘志云、刘盛：《金融科技法律规制的创新——监管沙盒的发展趋势及本土化思考》，载《厦门大学学报（哲学社会科学版）》2019 年第 2 期。

③ 形成于 20 世纪后期欧盟治理实践的实验主义治理理论，是当代较为成熟且新颖的治理理论之一。《牛津治理手册》（*The Oxford Handbook of Governance*）将这一治理方法定义为一种递归过程。这种递归过程的基础是：对不同条件下达成目标的路径进行对比，并进行比较与学习，以寻求临时性的目标设定与路径修正。参见钱弘道、杜维超：《论实验主义法治——中国法治实践学派的一种方法论进路》，载《浙江大学学报（人文社会科学版）》2016 年第 6 期。

④ 参见张红：《监管沙盒及与我国行政法体系的兼容》，载《浙江学刊》2018 年第 1 期。

⑤ 参见田培杰：《协同治理概念考辨》，载《上海大学学报（社会科学版）》2014 年第 1 期。

施涉及多方,从金融市场结构规范到监管科技功能实现,包括金融主管部门在内的各相关方均存在因循软法进路参与治理的适格性与必要性。鉴于此,我国金融市场的多元共治需要所有利益相关者的共同参与、协同治理。

从金融市场结构规范的软法治理进路观察,监管者应关注软法先行与硬法托底相结合、柔性监管与刚性监管相结合,结合美式的以行政监护为主、市场监管为辅与英式的以社会创新探索为基础、政府监护为辅的经验,①摸索与确认我国金融监管中的软法权重。具体而言,在对网络金融开展软法治理与实施柔性监管时,金融主管部门要把握3根"红线":第一,要考虑风险管理的各个环节,即风险识别、风险排查、风险量化、风险定价、风险防范与应急预案,防止发生系统性风险与区域性风险;第二,要注重金融消费者保护,防止经营者侵犯消费者的权益;第三,要注意法律边界与底线,不能让网络金融演变成非法集资、集资诈骗。② 此外,针对金融主体多元化、金融业务跨界化、颠覆性创新与系统性风险并存等特征,金融监管需要进行适应性变革,引入多元主体、多元规范、多元机制的合作治理模式,实现多元共治,由政府单向监管向多层次、多主体共同治理转变,由控制命令对抗模式向分权协作互动模式转变,形成中央政府与地方政府、行政监管与自我监管良性互动的合作治理格局。③

从监管科技功能实现的软法治理进路观察,监管科技作为金融科技的重要分支,其本质是采用新技术在监管部门与金融机构之间建立可信赖、可持续、可执行的监管协议与合规性评估机制,提高监管部门的监管效能、降低金融机构的合规成本。从外部治理视角观察,金融主管部门通过运用大数据、云计算、人工智能等技术,能够更好地感知金融风险态势,提升监管数据收集、整合、共享的实时性,有效发现违规操作、高风险交易等潜在问题,提升风险识别的准确性与风险防范的有效性,④从动态约束的软法进路提供保障机制;从内部治理视角观察,金融机构采取应用对接、系统嵌入等方式,将规章制度、监管政策与合规要求"翻译"成数字协议,以自动化方式减少人工干预,以标准化方式减少理解歧义,更加高效、便捷、准确地操

---

① 参见黄震、蒋松成:《监管沙盒与互联网金融监管》,载《中国金融》2017年第2期。

② 参见黄震:《互联网金融软法治理的思考》,载《科技与法律》2014年第3期。

③ 参见李有星、王琳:《金融科技监管的合作治理路径》,载《浙江大学学报(人文社会科学版)》2019年第1期。

④ 参见李伟:《金融科技发展与监管》,载《中国金融》2017年第8期。

作与执行,降低合规成本、提升合规效率,[①]从动态合规的软法进路提供响应机制。

(四)关注多层次金融司法案例指导体系

应对复杂的金融纠纷,多层次的金融司法案例指导体系既能较好地实现“法律续造”,满足金融科技法体系的延展性要求,补强法的预测作用与指引功能;亦能支持司法机关较好地落实类案类判,保障司法判决的既判力不受挑战。

关于指导性案例的法源地位问题,有学者提出法源双层构造论:就法源性质论而言,法律渊源是司法裁判中基于制度性权威并具有规范拘束力的裁判依据;就法源分量论而言,法源拘束力的大小同时受它在法源等级序列中的位置与依据实质理由偏离其难度大小的影响;因最高人民法院拥有法律解释的制度性功能、法律规范的复合型确证授权与试行立法的制度性实践,指导性案例已成为司法裁判中基于附属的制度性权威并具有弱规范拘束力的裁判依据,具备“准法源”的地位。[②] 有学者进一步指出,指导性案例在法律续造中的角色问题:与两大法系判例制度比较,案例指导制度有鲜明的国情与时代特色,其中最核心的特点是承载司法管理职能并以行政化方式运行,这使案例指导制度面临司法行政化的弱化与强化之困以及指导性案例与司法解释混同之虞,我国应建立更好地平衡约束与尊重司法自由裁量权为核心的、符合案例作用规律的、更柔性的案例作用机制。[③] 在基于前述指导性案例的框架论断之下,金融法领域的司法案例指导体系与民商事或刑事领域的司法案例指导体系存在一定差异,后两者仍是司法与立法的直接对接,法官的自由裁量权更大一些。而在金融法领域内,金融司法案例指导体系原则上需要考虑金融监管案例指导体系在法的预测作用与指引功能上的协调性,形成“遥相呼应”的案例指导体系,并具有以下特点:第一,考虑金融司法指导性案例与司法解释的平衡关系、与监管指导案例以及行政规定的承继关系;第二,基于前述平衡关系与承继关系,需要对法官的自由裁量权作出符合金融实践的重新厘定。由于金融科技相较于传统金融更具有发展性与更迭性,金融科技法在金融法领域中属于最为活跃的部分之一,与之相对应的金融司法案例指导体系需要通过公报案例、指导性案例、参考性案例等多层次的体系指导,确定不同案例在指导作用上的效力稳定性

---

① 参见李伟:《金融科技发展与监管》,载《中国金融》2017 年第 8 期。

② 参见雷磊:《指导性案例法源地位再反思》,载《中国法学》2015 年第 1 期。

③ 参见秦宗文:《案例指导制度的特色、难题与前景》,载《法制与社会发展》2012 年第 1 期。

与效力约束性。

基于上述论述,建立案例指导制度的关键在于明确指导性案例的效力。而在另一方面,指导性案例发挥作用的关键在于通过“识别”确定系争案件与指导案例之间是否存在类似性,指导性案例的指导作用包括但不限于在填补法律漏洞、认定法律事实、明确法律适用等方面。① 具体而言,案例指导体系的另一优势则是在司法领域内实质性地推动类案类判:案例指导制度是保障司法公正的重要举措,其对保障裁判的口径统一与法律的准确适用等均具有十分重要的意义,即其将与司法解释制度相辅相成,共同发挥解释法律、统一裁判尺度、保障法律的准确适用的功能。在落实指导性案例指引作用的保障机制方面,应首先明确指导性案例裁判要点的独特内容、结构化构成模式及其适用前提等为探究裁判要点类型化适用方式的理据基础,并进一步明确裁判要点的类型化方式可削减法官滥用或不用指导性案例裁判等现象,故有必要为指导性案例“嵌入”智慧司法提供“有效喂养参数”,在适用指导性案例裁判的司法实践中,应根据裁判要点的不同类型及其适用的不同法律方法,将裁判要点的适用方式调适为“可以参照式”“应当援引式”“直接重述式”三种类型。②

(五)关注国际监管合作与跨境司法协助

在国际监管合作方面,金融实践发展不仅使国内监管走向集中化,整个全球金融体系的监管亦出现集中化与国际化的趋势,证券化等金融创新使全球金融的链式特征越发明显。有效的监管不仅需实现国际监管标准化,还需构建信息流动链与风险定价链,并进一步构建权力分配链。③ 对金融科技而言,其属于在大数据的背景下,利用现代科技(如新的支付方式、人工智能、数字化货币、区块链、生物识别等)对信用进行识别、获得、评估、量化的新的工具与方式,以便全面提升对信用风险定价的能力,从而让金融市场的信用基础、信用关系、信用媒介及信用担保方式等都发生根本性的变化,并由此打造出新的金融业态、新的金融科技市场、新的商

---

① 参见王利明:《我国案例指导制度若干问题研究》,载《法学》2012 年第 1 期。

② 参见侯晓燕、王立峰:《论指导性案例裁判要点的类型化适用方式》,载《河北法学》2020 年第 9 期。

③ 参见窦尔翔、乔奇兵:《金融监管的国际化选择——跨国网链式监管》,载《经济学动态》2012 年第 3 期。

业模式。[①] 鉴于此，许多发达国家已先后通过颁布法案或采用"监管沙盒"的方式形成刚性或柔性的标准，政策效果相对显著。对此，我国应以区域合作与"金砖合作"为突破口，重视与国际自律组织以及智库的合作，增强跨境监管合作能力，在国际金融监管合作平台上发出声音、制定标准，以应对我国开放性政策推进带来的各类挑战。

在跨境司法协助方面，我国《民事诉讼法》对电子域外送达与电子域外调查取证虽已作出一些规定，但前述规定对金融科技的适用性相对较弱。目前，我国应合理利用并严格遵循法定程序，做好金融科技环境下国际民事司法协助的立法研究，提高电子域外送达与电子域外调查取证的水平，通过分析对比、归纳总结国际社会上在处理相关程序方面的有效做法，加强对我国涉外民事司法协助机制优化的理据支撑。

以加密数字货币为例，加密数字货币的创建已为现有货币体系与市场交易提供新的思路，同时其因具有虚拟性与跨境性特征亦已产生诸多新的跨境法律问题。除面临传统的管辖权难题外，ICO 监管、违法犯罪活动追查、重复监管协调与司法协助等亦需各国形成共识。在加密数字货币监管国际合作体系的构建方面，应以积极协作和用户信息与资格审查共享为监管原则，确立以二级市场为监管核心的监管模式，并通过技术与法律结合的方式划分权利义务，强化加密数字货币的国际监管合作问题。[②] 此外，随着越来越多的持有者使用加密数字货币进行交易，涉及加密数字货币的违法犯罪事件呈现不断增长的态势，作为腐败资产的加密数字货币在国际法及国内法层面上均可以作为追回的对象；而在证据收集认定时，由于各国对加密数字货币的定性及认识不同，将造成前述腐败资产跨境追回中法律适用冲突及司法协助的实质性障碍。对此，有必要通过完善加密数字货币反洗钱的法律法规，提升相关腐败资产的查找与确权能力，倡导建立统一的取证与数据交换制度，推动国际司法协助的发展。[③]

对金融科技而言，经济金融的全球化可为开展国际监管合作与跨境司法协助

① 参见易宪容：《金融科技的内涵、实质及未来发展——基于金融理论的一般性分析》，载《江海学刊》2017 年第 2 期。

② 参见李智、黄琳芳：《数字货币监管的国际合作》，载《电子科技大学学报（社科版）》2020 年第 1 期。

③ 参见［加］Leo Zeng：《作为腐败资产的加密数字货币之跨境追回的特点、困境与展望》，载《国际经济法学刊》2020 年第 1 期。

提供前提条件,互联网信息技术的应用与其他数据驱动型智能技术的发展则可为相关合作与协助提供技术条件;同时,鉴于金融科技在金融领域中的作用越发关键,各国在争夺金融话语权、标准制定权等方面亦会存在博弈,故金融科技法领域内的国际监管合作与跨境司法协助,将在未来较长一段时间内呈现合作性与竞争性的双向互动性不断增强的格局,我国应密切关注国内外金融科技及对应监管科技的发展动态,在新形势与新常态下寻求在国际金融治理话语体系构建中发挥积极作用的契机。

依法行政:证券行政处罚法治新态势

朱淑娣* 等

金融的本质在于跨时空的价值转换,金融处于现代社会经济之核心地位。习近平总书记指出,“金融是国家重要的核心竞争力,金融安全是国家安全的重要组成部分,金融制度是经济社会发展中重要的基础性制度”,要“扎牢制度防火墙”。① 放眼全球,征诸事实,来势汹汹的金融危机,乱象丛生的金融违规,日新月异的金融创新,无不彰显着金融行政法治建设的重要性。形成融资功能完备、基础制度扎实、市场监管有效、消费者或投资者合法权益得到有效保护的多层次资本市场体系,是执政为民、依法行政的理念在金融行政中的必然要求,也是金融行政法治的主要目标。②

近年来,我国金融体系的一个重要变化是非银行金融部门的崛起,体现为各类证券、保险、信托金融机构快速发展。其中,证券市场特有的高风险性和易传导性对于金融行政法治提出了十分严峻的挑战。证券行政法治是金融行政法治系统中的重要组

---

* 复旦大学法学院教授、博士研究生导师,复旦大学中国金融法治研究院研究人员;研究方向:行政法、国际行政法。

合作者:万玲,上海外国语大学贤达经济人文学院国际交流学院副教授;孙秀丽,上海电机学院马克思主义学院讲师;陈文清,复旦大学法学院宪法与行政法学2019级博士研究生;谭艺渊,复旦大学法学院宪法与行政法学2020级博士研究生。宪法与行政法学2020级项目来源:朱淑娣教授主持的上海市人大项目“国际金融中心建设规制立法比较研究”(2010RD10LX075)。

作者分工:朱淑娣,确定研究重点、审核大纲,统稿;万玲,协助确定研究重点、审核大纲,并撰写总论及发展态势评论部分内容;孙秀丽,协助确定研究重点、审核大纲,并主要撰写建议与前瞻部分;陈文清,协助确定研究重点、复核大纲,撰写案件综述以及发展态势评论部分内容,计1.3万字;谭艺渊,协助确定研究重点、复核大纲,撰写法律规范综述以及发展态势评论部分内容,计1.1万字。

① 《推动金融业高质量发展,习近平这样部署》,载新华网,http://www.xinhuanet.com/politics/xxjxs/2019-02/24/c_1124156143.htm。

② 习近平总书记在2017年7月14~15日召开的全国金融工作会议上强调,要把发展直接融资放在重要位置,形成融资功能完备、基础制度扎实、市场监管有效、投资者合法权益得到有效保护的多层次资本市场体系。

成部分，其中证券行政处罚制度是筑牢金融安全防火墙，构建公平公正稳定的证券市场体系，规范与控制证券行政权行使，保护投资者等市场多元主体合法权益的具象抓手。因此，证券行政处罚制度的完善对于证券市场的健康发展具有极其重要的意义。

“科学立法、严格执法、公正司法、全民守法”是党的十八大报告中提出的“新十六字方针”，是建设法治国家，实现依法治国的基本要求。其中，科学立法、严格执法、公正司法是全民守法的前提和保证。证券领域相关法律规范是否科学健全、行政执法是否严格、司法裁判是否公正，均为证券行政处罚法治化的重要考量基准。习近平总书记强调：“制度更加成熟更加定型是一个动态过程，治理能力现代化也是一个动态过程，不可能一蹴而就，也不可能一劳永逸。”①鉴于证券行政处罚法治的动态演化性，为鉴往知今，瞩目未来，本文以 2019 年至今的证券行政处罚法律规范、证券行政处罚执法与司法案件为研究对象，探寻证券行政处罚法治发展的新态势，以此，对金融行政法治发展提出建议。

本文的总体逻辑呈现如图 1 所示。

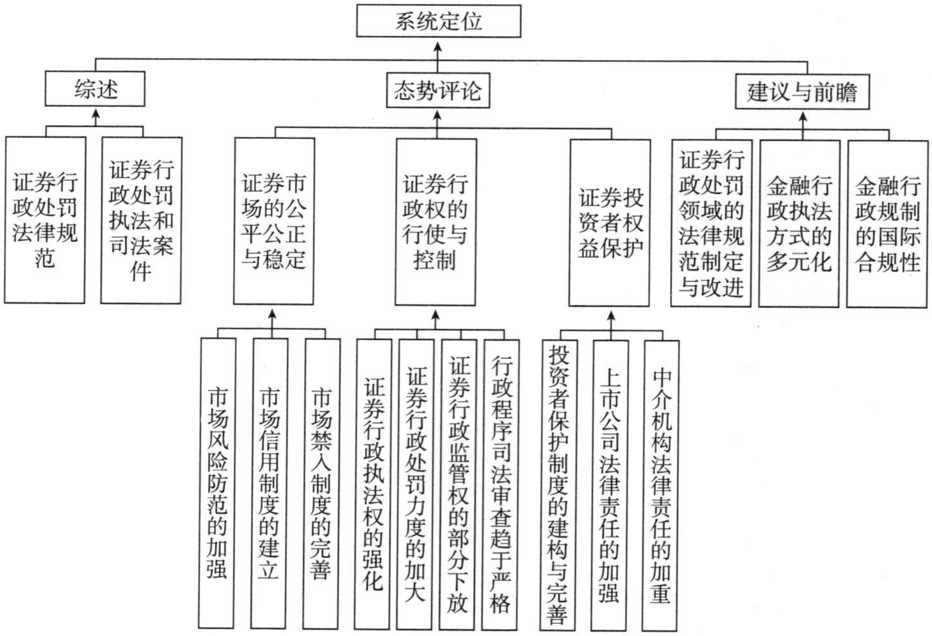

图 1　本文总体逻辑

① 《习近平：坚持和完善中国特色社会主义制度推进国家治理体系和治理能力现代化》，载新华网，http://www.xinhuanet.com/politics/leaders/2020-01/01/c_1125412005.htm。

一、证券行政处罚法律规范综述

证券行政处罚集中体现了证券市场行政规制的全方位图景。在静态层面，证券行政处罚法律规范体系化建设成果显著，奠定了证券市场行政处罚的制度基础。

（一）整体概述

2019～2020年，证券行政处罚领域法律规范体系得到进一步完善，法律、部门规章、规范性文件等不同位阶层次的制度获得更新、补强，进一步织密了规章制度之网，并为提升行政处罚效能，加大打击证券违法行为的力度和效度，建设规范、透明、开放、有活力、有韧性的资本市场提供更好的制度支持。

1. 规范体系框架

经检索和统计，2019～2020年发布、修订、制定（含公开征求意见）的，与证券行政处罚具有一定相关性的各层级规范文件主要有2个法律、1个司法解释、34个部门规章、40个规范性文件。[①]（见图2）具体如下：（1）在法律层面，主要包括第二次修订的《证券法》和《行政处罚法（修订草案）》。[②]（2）在部门规章层面，主要包括《信用评级业管理暂行办法》、《证券期货违法行为行政处罚办法（征求意见稿）》、《证券期货违法违规行为举报工作暂行规定》（2020年修订）、《证券期货市场诚信监督管理办法》（2020年修订），以及修订《行政处罚委员会组成办法》（公开征求意见稿）等。[③]

---

① 以“证券”“行政处罚”为关键词进行检索和筛选。

② 《证券法》（第二次修订），中华人民共和国第三十七号主席令2019年12月28日颁布，2020年3月1日起施行。《行政处罚法（修订草案）》，全国人民代表大会常务委员会2020年7月3日发布，公开征求意见截至2020年8月16日。《行政处罚法》由全国人大常委会2021年1月22日修订通过，自2021年7月15日起施行。

③ 《信用评级业管理暂行办法》，中国人民银行、国家发展和改革委员会、财政部、中国证券监督管理委员会令〔2019〕第5号，2019年11月26日发布，2019年12月26日生效。《证券期货违法行为行政处罚办法（征求意见稿）》，中国证券监督管理委员会2020年7月17日发布，意见反馈截止时间为2020年8月16日。《证券期货违法行为行政处罚办法》（中国证券监督管理委员会第186号）于2021年7月14日公布并施行。《证券期货违法违规行为举报工作暂行规定》（2020年修订），中国证券监督管理委员会公告〔2020〕7号，2020年1月14日发布，当天生效，《证券期货违法违规行为举报工作暂行规定》（证监发〔2014〕53号）同时废止。《证券期货市场诚信监督管理办法》（2020年修订），中国证券监督管理委员会2020年3月20日发布，当天生效，《证券期货市场诚信监督管理暂行办法》（证监会令第106号）同时废止。中国证券监督管理委员会2020年7月3日发布《关于就修订〈行政处罚委员会组成办法〉公开征求意见的通知》，意见反馈截止时间为2020年8月3日。《关于修改〈行政处罚委员会组成办法〉的决定》（中国证券监督管理委员会公告〔2021〕6号）于2021年3月8日公布并施行。

(3)在规范性文件层面,主要包括国务院办公厅《关于贯彻实施修订后的证券法有关工作的通知》(国办发〔2020〕5号)、证监会《关于做好投资者保护机构参加证券纠纷特别代表人诉讼相关工作的通知》(证监发〔2020〕67号)、证监会《关于做好当前上市公司等年度报告审计与披露工作有关事项的公告》(中国证券监督管理委员会公告〔2020〕22号)等。(4)在司法解释层面,主要为2020年7月23日最高人民法院《关于证券纠纷代表人诉讼若干问题的规定》。①

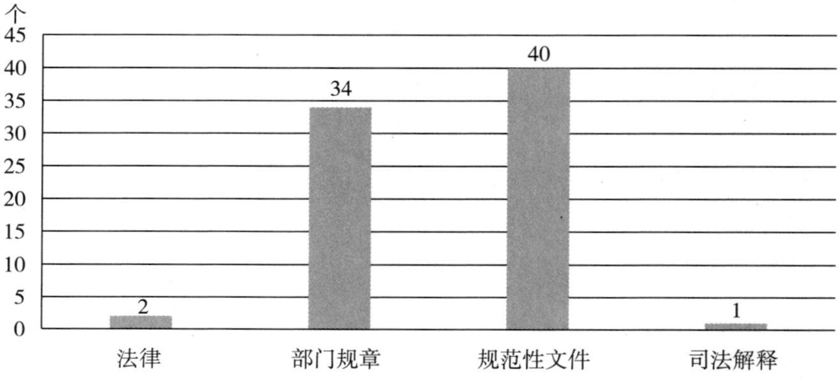

图2　2019年至2020年9月制定或修订的与证券行政处罚相关的法律规范分布情况

2. 提升制度体系融贯性

提升制度体系融贯性是本文所属期间制度完善的重要基调,也是与往年报告相比较的重要不同点。《证券法》的修订带动了证券领域下位制度规范的整体性完善和更新。中国证券监督管理委员会(以下简称证监会)《关于修改部分证券期货规章的决定》(中国证券监督管理委员会令第166号)指出,为做好2019年修订的《证券法》的贯彻落实工作,中国证监会对有关规章制度进行了清理,决定对13部规章的部分条款予以修改。其中关涉行政处罚方面的,依据2019年《证券法》第181条、第192条、第193条、第197条、第213条等规定,对《上市公司重大资产重组管理办法》第54条、第55条、第58条、第60条,《非上市公众公司收购管理办法》第37条、第39条、第40条、第41条,《非上市公众公司重大资产重组管理办法》第30条、第32条作了调整。另外《证券交易所管理办法》增加一条作为第87条,适应了

① 最高人民法院《关于证券纠纷代表人诉讼若干问题的规定》由最高人民法院审判委员会第1808次会议通过,自2020年7月31日起施行。

上位法的新变化与新要求,推动各条块工作证券行政处罚依据及时修正,避免执行层面的细化制度与法律冲突而造成行政处罚合法性缺失以及执法主体与对象无所适从,保障依法处罚、依法治理。此外,最高人民法院《关于证券纠纷代表人诉讼若干问题的规定》与2019年《证券法》规定的证券集体诉讼制度相衔接,促进证券市场实际与审判实践耦合。

3. 规范性文件的动态调整

新冠肺炎疫情防控是本文所属期间与往年相比较的重要特殊之处,规范性文件的及时性、动态性和灵活性为应急应对提供了较为有效的支持。为统筹做好当前有关上市公司、公司债券上市交易的公司和股票在国务院批准的其他全国性证券交易场所交易的公司(以下简称公司)的新冠肺炎疫情防控工作和年度报告审计与披露工作,妥善解决有关公司和会计师事务所面临的实际困难,维护资本市场秩序,保护投资者合法权益,《关于做好当前上市公司等年度报告审计与披露工作有关事项的公告》根据《证券法》《突发事件应对法》等法律法规规定作出了带有应急性、现实性、实操性意义的要求,对于确因疫情影响,有关公司和会计师事务所客观上不能按照《证券法》规定完成年度报告的审计和披露工作,属于不可抗力造成的,证券交易场所在有关公司按公告延迟披露的期限内,不因此而对有关证券采取停牌、退市风险警示、终止上市(挂牌)等措施;证监会依法不因此而对有关公司和会计师事务所进行行政处罚。在疫情防控紧急状态下,证券监管机关通过发布规范性文件的方式及时跟进,为执法主体和市场主体提供明确指引,有助于塑造依法并合理行政的良好形象,降低重大突发事件对资本市场秩序的不良影响。

(二)重要规范

2019~2020年新出台或进入完善操作阶段的与证券行政处罚具有一定相关性的各层级规范文件主要有2部法律、34个部门规章、40个规范性文件,数量众多、覆盖面广、内容复杂多元,对其逐个进行描述和分析不具有可行性和必要性。根据高相关性、强影响性、重要性以及不同效力位阶规范的代表性等因素进行综合考量,本文选取了2019年修订的《证券法》《行政处罚法(修订草案)》《信用评级业管理暂行办法》《证券期货违法行为行政处罚办法(征求意见稿)》《证券期货违法违规行为举报工作暂行规定》作为证券行政处罚法治发展实证描述之重要规范描述内容。

1.《证券法》

《证券法》是证券领域的基本法律,其修订对包括证券行政处罚在内的诸多下位规范产生系统性的深远影响。2019 年修订的《证券法》第十三章"法律责任"章节,对行政处罚、民事赔偿、刑事责任、诚信记录等方面作了更加全面、细致的规定,扩大违法行为、违法主体的认定范围,明确先行赔付、诉讼代表人等制度,鼓励投资者举报违法违规行为,加重了证券违法行为的行政法律责任,显著增强了对证券违法行为的处置力度,大幅度提高了违法成本。此外,2019 年《证券法》第 2 条第 4 款规定:"在中华人民共和国境外的证券发行和交易活动,扰乱中华人民共和国境内市场秩序,损害境内投资者合法权益的,依照本法有关规定处理并追究法律责任。"该条款是我国法律域外适用法律体系建设的重要进展,将成为统摄我国证券领域跨境治理的规范基础。

2019 年《证券法》颁布后,经国务院同意,国务院办公厅下发《关于贯彻实施修订后的证券法有关工作的通知》,要求严格落实修订后的《证券法》规定,进一步完善证券监管执法标准,提高监管能力和水平。中国证监会出台《关于修改部分证券期货规章的决定》,落实 2019 年《证券法》新内容、新要求,系统修改与 2019 年《证券法》冲突或未体现 2019 年《证券法》相关新规定的部分规章条款,强化制度体系的融贯性和法的权威性。

2.《行政处罚法(修订草案)》

《行政处罚法(修订草案)》增加设定的限制从业行政处罚,从概念意涵的范围上看,涵括了《证券法》第 221 条规定的证券市场禁入处罚措施,即"证券市场禁入,是指在一定期限内直至终身不得从事证券业务、证券服务业务,不得担任证券发行人的董事、监事、高级管理人员,或者一定期限内不得在证券交易所、国务院批准的其他全国性证券交易场所交易证券的制度"。增加设定的责令停止行为处罚,与《证券法》第 180 条规定"擅自公开或者变相公开发行证券的,责令停止发行"、第 183 条规定"证券公司承销或者销售擅自公开发行或者变相公开发行的证券的,责令停止承销或者销售"相关联。此外,增加设定的责令作出行为处罚,涵括了《证券法》第 24 条第 2 款规定"股票的发行人在招股说明书等证券发行文件中隐瞒重要事实或者编造重大虚假内容,已经发行并上市的,国务院证券监督管理机构可以责令发行人回购证券,或者责令负有责任的控股股东、实际控制人买回证券"。

3.《信用评级业管理暂行办法》

中国人民银行等4部门联合发布的《信用评级业管理暂行办法》,搭建了信用评级行业统一监管的制度框架,有利于推动行业规范发展和金融市场高质量发展。该暂行办法对信用评级从业人员一系列违反本办法规定的行为设定了相应的处罚措施。违规行为包括:从事与信用评级业务有利益冲突的兼职行为的;以礼金、回扣等方式输送或者接受不正当利益的;接受受评经济主体、受评债务融资工具发行人等相关主体的礼物或者现金馈赠,参与受评经济主体、受评债务融资工具发行人等相关主体组织的可能影响评级结果独立、客观、公正的活动的;离职并受聘于曾参与评级的受评经济主体、受评债务融资工具发行人、信用评级委托方或者主承销商,未通知信用评级机构的;等等。

4.《证券期货违法行为行政处罚办法(征求意见稿)》

证监会对行政许可、市场禁入、查封冻结、现场检查等均制定了相关规章统一规范,证券期货违法行为行政处罚办法若成功出台,将成为部门规章层面首部对证券期货违法行为行政处罚作出统一规定的规范。2019年《证券法》加大了对行政违法行为的惩处力度,完善了监管执法方式、手段和措施,该处罚办法的起草存在必要性和紧迫性,不仅回应执法实践需要,还具体落实《行政处罚法》《证券法》,特别是落实修订后的《证券法》对行政处罚的相关规定。该处罚办法的目标定位是程序规范,完善行政处罚程序,规范执法行为,严格执法责任,提供行政处罚公信力,既发挥行政处罚维护市场秩序、惩治违法活动、保护投资者合法权益的重要作用,又建立起权责统一、权威高效的行政执法体制,规制随意执法、过度执法、粗暴执法、执法寻租等问题,促进和保障严格、规范、公正、文明执法。①

5.《证券期货违法违规行为举报工作暂行规定》

证券期货违法违规行为举报制度是监管机关对公民或单位举报的线索,按照规定进行调查处理以保障公民依法在资本市场行使民主权利的制度,有利于加大对证券期货违法违规行为的打击力度,提升执法效果。《证券期货违法违规行为举报工作暂行规定》(2020年修订)主要有以下几个方面的完善:一是扩大奖励范围,明确将证监局处理的举报符合奖励条件的纳入奖励范围。在举报奖励适用于举报何种违法行为的规定中,在原有列举的基础上增加了兜底条款,即将“其他重大证

① 党的十八大报告和党的十九大报告强调,推进依法行政,严格规范公正文明执法。

券期货违法行为”纳入其中,有利于防止制度的不周严性,以及灵活应对社会情势的变迁性。二是对举报方式不作预设性引导,即将“鼓励举报人实名举报”的条款删除。三是增加对内部举报人的保护和奖励措施。四是加强对举报行为的规范,对于通过网络举报系统进行恶意举报、重复举报或者没有具体证据随意举报的,举报中心可以对举报账户采取限制措施。

6. 关于证券纠纷代表人诉讼若干问题的规定

最高人民法院出台《关于证券纠纷代表人诉讼若干问题的规定》落实2019年《证券法》集体诉讼制度。该司法解释第5条规定了普通代表人诉讼的条件,其中要求原告提交“证明证券侵权事实的初步证据”,比2003年最高人民法院《关于审理证券市场因虚假陈述引发的民事赔偿案件的若干规定》规定“提交行政处罚决定或者公告,或者人民法院的刑事裁判文书”的范围有较大的扩展,将被告自认材料、证券交易所和国务院批准的其他全国性证券交易场所等给予的纪律处分或者采取的自律管理措施等纳入前置条件范围。该条规定便利投资者提起诉讼,减轻投资者举证压力,降低投资者通过司法途径维权的门槛,加大对资本市场违法违规行为的司法惩治力度,有利于进一步保护投资者合法权益。

二、证券行政处罚案件综述

在动态层面,证券行政处罚执法与司法多环节规制,形成了维护证券市场秩序、保护投资者合法权益的保障体系。中国证监会作为国务院直属正部级事业单位,依照法律、法规和国务院授权,统一监督管理全国证券期货市场,维护证券期货市场秩序,保障其合法运行。会机关内设20个职能部门、1个稽查总队、3个中心。中国证监会在省、自治区、直辖市和计划单列市设立36个证券监管局,以及上海、深圳证券监管专员办事处。证监会的行政处罚权源于法律(《证券法》)的授予,而36个派出机构(证监局)的行政处罚权源于证监会的授予。①

① 2013年9月27日,证监会36家派出机构在各自网站上统一发布了行政处罚听证规则,标志着派出机构行使行政处罚权工作即将正式启动。在派出机构中,上海、深圳证券监管专员办事处在经历多次职能调整后,目前主要负责内幕交易、市场操纵、虚假陈述等案件调查职责;其他案件相关事项协助调查职责,与所在地证券期货交易所、证券犯罪侦查部门的业务联系等,证券公司风险处置收尾相关工作和会计师事务所及评估机构检查职责,不享有行政处罚权。

(一)整体概述

1. 执法案件

从过去10年(2010~2019年)证监会作出的行政处罚决定来看,除去部分年限(2014年和2016年)出现数量激增的情况外,总体呈现上升趋势。① (见图3)

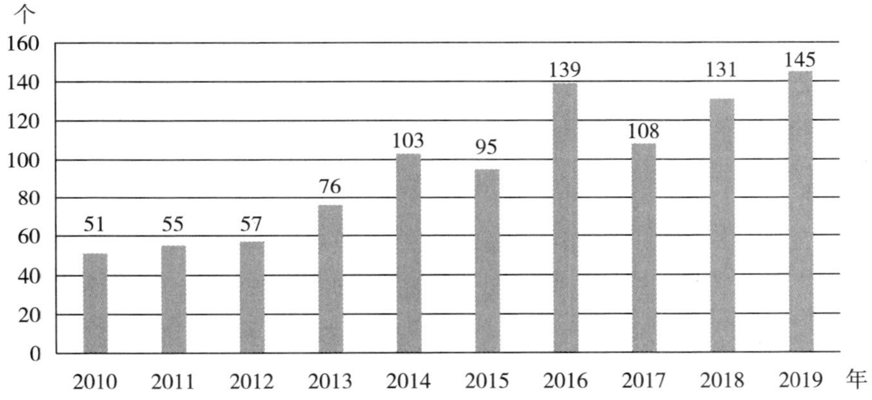

图3 2010~2019年证监会行政处罚决定数量

笔者进一步择取了一年的时间周期(2019年10月1日~2020年9月30日),对证监会和36个证监局的行政处罚执法案件进行了统计。在这一年的周期内,证券监管部门共计作出310个行政处罚决定。其中,中国证监会88个,北京证监局9个,山西证监局7个,福建证监局8个,吉林证监局8个,江苏证监局7个,新疆证监局7个,广西证监局9个,河南证监局1个,广东证监局20个,青海证监局3个,辽宁证监局3个,甘肃证监局3个,安徽证监局14个,江西证监局6个,湖南证监局6个,陕西证监局4个,天津证监局2个,浙江证监局19个,山东证监局10个,海南证监局4个,宁波证监局7个,厦门证监局4个,大连证监局3个,云南证监局1个,内蒙古证监局1个,黑龙江证监局1个,重庆证监局6个,四川证监局10个,河北证监局2个,上海证监局18个,深圳证监局10个,宁夏证监局1个,青岛证监局1个,湖北证监局7个,西藏证监局0个,贵州证监局0个。笔者对案件数量排名前十的中央及地方证券监管部门进行了统计,具体如图4所示。

① 数据源于证监会及各证监局官网。

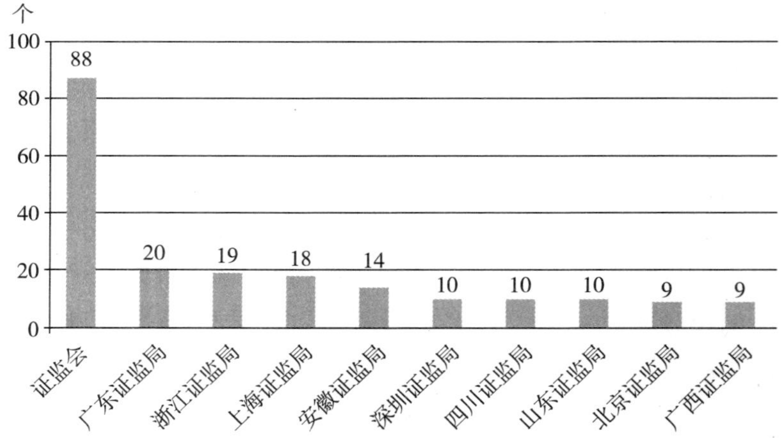

图4　证券行政处罚决定案件数量分布(前十)

总体来看,除证监会外,地方证券监管部门所作出的行政处罚决定数量与地方证券市场发展水平基本保持一致,符合证券市场发展的一般性规律。此外,行政处罚决定案件数量较多的地方监管部门主要集中在东部及南部沿海地区,内陆地区案件数量相对较少,这表明内陆地区的证券市场发展水平同沿海地区相比仍存在一定差距。

从案件违法事实类型来看,主要包括信息披露违法违规案件、内幕交易案件、市场操纵案件、限制期内交易案件以及其他类型案件。具体分布(占比)如图5所示。

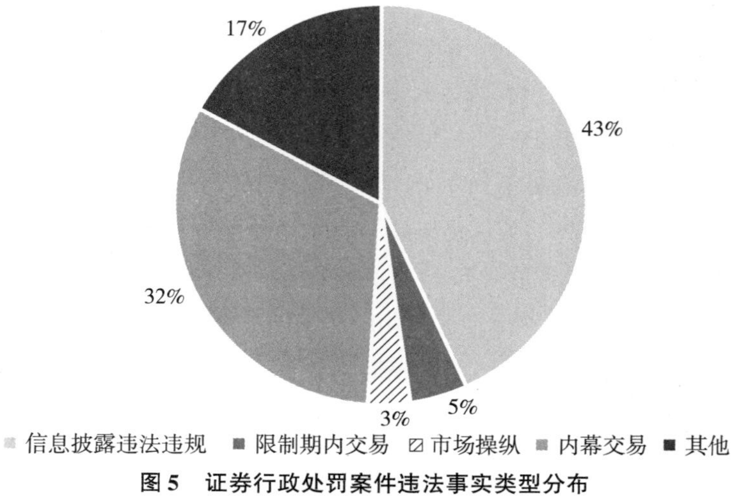

图5　证券行政处罚案件违法事实类型分布

从案件类型分布来看,信息披露违法违规案件以及内幕交易案件在所有案件类型中占比最高,分别为 143 个、106 个,占比分别为 43%、32%。从证监会以及各地方证监局所作出的行政处罚决定来看,信息披露违法违规案件以及内幕交易案件基本上占比最高。以证监会为例,2019 年 10 月 1 日 ~ 2020 年 9 月 30 日,共作出行政处罚决定 88 个,其中信息披露违法违规相关案件 24 个,内幕交易相关案件 29 起,共计 53 个,占案件总数 60% 以上。

从案件处罚结果来看,违法金额(违法所得)超过 1000 万元的案件共有 13 个,其中金额超过 1 亿元的案件共 3 个(由证监会和浙江证监局作出);罚款数额超过 1000 万元的案件共 13 个,其中罚款数额超过 1 亿元的案件共 3 个(由证监会和浙江证监局作出);罚款倍数 2 倍以上的案件总共 35 个,其中 3 倍以上的案件 24 个,此外,还有顶格处罚案件 20 个。基于 2019 年《证券法》修改完善了证券市场禁入制度,规定被市场禁入的主体在一定期限内不得从事证券交易,这一年市场禁入相关行政处罚案件有所增加,共有 18 个;此外,针对中介机构的处罚案件也有 10 余个。

2. 司法案件

经过统计,①2019 年 1 月 1 日 ~ 2020 年 9 月 30 日,以证券监管部门为被告,以行政处罚为案由的行政诉讼案件共有 115 个,其中一审案件 36 个、二审案件 65 个、再审案件 14 个。审理法院及审理法院层级分布情况见图 6、图 7。

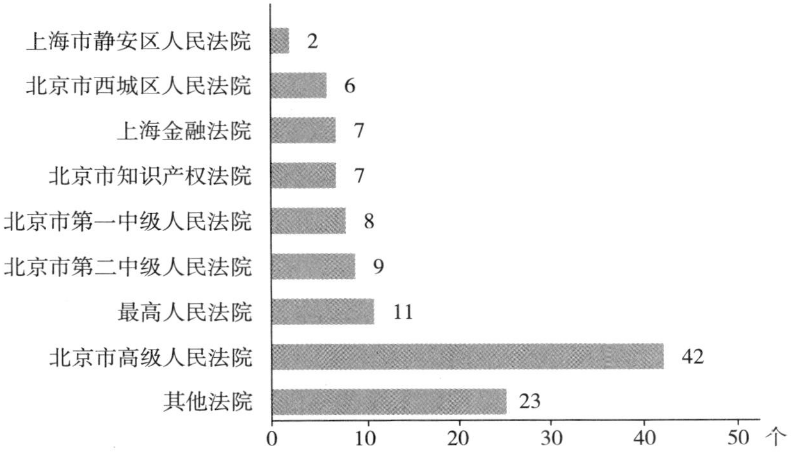

图 6　证券行政处罚相关行政诉讼案件审理法院分布

① 数据源于无讼案例网站。

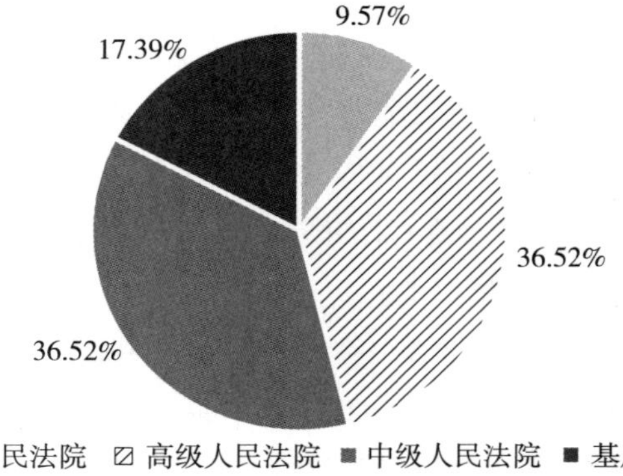

图7　证券行政处罚相关行政诉讼案件审理法院层级分布

从审理法院的层级来看,高级人民法院及中级人民法院占比较多;此外,相较于其他领域的案件,以证券行政处罚为案由提起再审的案件数量也相对较多。具体划分证券处罚行为所认定的违法事实类型,115 个案件中共有内幕交易案件 15 个,信息披露违法违规 29 个,市场操纵案件 9 个,限制期交易案件 3 个,其他类型案件 59 个。具体占比如图 8 所示。

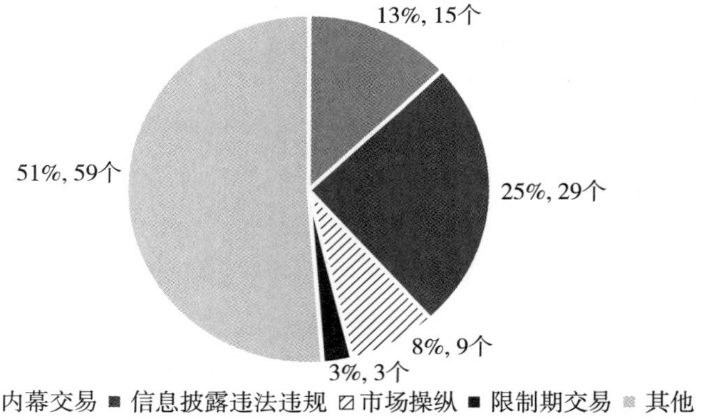

图8　被诉行政处罚行为认定的违法事实类型分布

总体来看,由于司法案件中存在较多因不具有利害关系而无权提起行政诉讼的案件,除去此类案件之外(主要包含在其他部分),对认定为信息披露违法违规、内幕交易的行政处罚提起行政诉讼的案件占比最多,与上文行政处罚决定执法案件数量占比相似。不仅如此,在所有行政诉讼案件中,被诉行政处罚决定基本都较为严厉。罚款数额超过 1000 万元的案件共有 14 个,数额超过 1 亿元的案件共有 1

个(罚款69,376万元),还有13个被处以市场禁入5~10年不等的案件。对比上文数据可见,对于处罚较重的行政处罚决定,几乎所有相对人都选择了向法院提请行政诉讼。不难发现,金融行政诉讼已经成为行政相对人寻求权利救济的重要路径。虽然证券监管部门遭遇败诉的行政诉讼案件极少,但自从2018年证监会首次败诉的苏某某案开始,证券行政处罚被确认违法、撤销的情形已经逐渐增多。在2019年11月7日北京市第一中级人民法院审理的周某某诉证监会案中,证监会的行政处罚被法院认定程序违法,予以撤销(对于该案的介绍将在下文具体展开)。由此可见,金融行政诉讼对于规范证券行政处罚权,保护相对人权利正在发挥着愈加重要的作用。

(二)重点案件

2019年发生的证券行政处罚执法和司法案件数量较多,笔者在综合考量了案例情节的新颖性、特殊性、影响度等因素后,分别选取了2个执法案件、2个司法案件进行重点介绍,从这些典型案例中可以明显窥见证券行政处罚实践的发展趋势。

1. 獐子岛行政处罚案——高科技手段辅助执法

獐子岛集团股份有限公司(以下简称獐子岛公司)于2006年9月在深圳证券交易所中小板上市。公司主要从事水产品养殖、加工等业务,主要产品为底播虾夷扇贝、鲍鱼、海参等。2014年10月14日,獐子岛公司停牌,称正在核查与底播增值海域相关的重大事项。10月31日,公司发布公告,称受北黄海冷水团异常变化的影响,部分海域底播虾夷扇贝发生重大损失,决定对大额存货进行核销处理及计提大额存货跌价准备,合计影响净利润7.63亿元。该信息披露后,市场出现大量质疑声音,集中反映獐子岛涉嫌3年前虾夷扇贝底播苗种造假、大股东违规占用资金等问题。

针对上述质疑,证监会依据2005年《证券法》的有关规定,对獐子岛公司信息披露违法违规行为进行了立案调查、审理。最终,证监会认为獐子岛公司存在虚假陈述以及未及时进行信息披露的违法事实,主要表现为獐子岛公司及相关当事人的上述行为违反了2005年《证券法》第63条、第67条第2款第12项、第68条的规定,构成2005年《证券法》第193条第1款所述的信息披露违法行为。

本案的关注焦点在于,证监会如何通过行政调查证实獐子岛公司存在信息披露违法行为。由于海底库存及采捕情况难发现、难调查、难核实,因此本案的调查一直从2014年持续至案件结束。最终证监会披露，獐子岛行政处罚案的查证涉及对深海养殖水产品底播、捕捞、运输和销售记录的全过程追溯。证监会统筹执法力量，走访渔政监督、水产科研等部门寻求专业支持，依托科技执法手段开展全面深入调查。虽然在听证过程及听证会后，獐子岛提出申辩意见，包括《中科宇图报告》不具备真实性、合法性；《东海所报告》所采用的方法是基于东海所张某茂发明专利《一种北斗船位数据提取拖网捕捞状态的方法》中所述的方法，该方法以捕鱼作业为实验模型，不适用于扇贝采捕等，但证监会认为这些报告具有权威性、科学性，并且第三方机构出具的专业意见能够相互印证。

最终，根据当事人违法行为的事实、性质、情节与社会危害程度，证监会决定对獐子岛公司给予警告，并处以60万元罚款，并对吴某某、梁某等管理人作出行政处罚。獐子岛行政处罚案是证监会采用高科技手段查处的一个典型案例，证监会动用卫星定位、计算机技术等高科技手段复原獐子岛公司真实的扇贝等采捕养殖数据，从而最终认定獐子岛公司存在财务造假行为。

2. 惠而浦行政处罚案——相对人自查对执法的影响

惠而浦(中国)股份有限公司(以下简称惠而浦公司)于2004年7月27日在上海证券交易所主板上市，主要从事家电制造业务，总部位于安徽合肥。公司通过自查过往的会计报告发现存在虚假陈述行为，并向安徽证监局和交易所报告。依据2005《证券法》，安徽证监局依法对惠而浦公司信息披露违法行为进行了立案调查、审理。

安徽证监局经查明确认了惠而浦公司的违法事实，主要包括：(1)编制虚假的销售订单并确认收入以及提前确认未发货的订单收入，虚增2016年度营业收入和利润；(2)少记销售折扣，虚增2015年度和2016年度营业收入和利润；(3)延迟确认销售费用，虚增2015年度和2016年度利润；(4)收入跨期确认，导致少记2015年度营业收入和利润，多记2016年度营业收入和利润；(5)少记营业成本，虚增2016年度利润。安徽证监局认为，惠而浦公司作为上市公司，虚增营业收入和利润，披露的2015年年度报告、2016年年度报告存在虚假记载，违反了2005年《证券法》第63条之规定，构成2005年《证券法》第193条第1款所述情形。依法对惠而浦公司给予警告，处以40万元罚款，并对相关管理人员予以罚款、警告。

由于本案中公司的违法事实由公司内部自查发现，且公司自查发现相关问题后，及时向监管部门和交易所报告并积极配合监管部门调查，同时聘请第三方中介机构进行独立调查。公司确定相关违法事实后,及时纠正自身违法行为,审议并发布重大会计差错更正议案,公告的会计差错更正情况与安徽证监局调查结果一致,符合《行政处罚法》第27条之规定,安徽证监局依法对本案当事人予以从轻减轻处罚。

3. 周某某诉证监会案——程序公正的价值

证监会于2019年2月1日对周某某作出行政处罚决定。经证监会查明,周某某的违法事实主要表现为:在2015年金一文化重组期间,介绍成都天鑫洋等项目给金一文化董事长钟某,不晚于2015年4月底知悉内幕信息。周某某在介绍项目之后的2015年6~7月,与钟某、黄某某在一起吃饭时进一步了解收购进程。周某某利用内幕信息于2015年7月1日至6日买入涉案股票共计2,143,773股,成交金额144,831,970.87元,获利28,448,626.59元。周某某的上述行为违反了2014年《证券法》第76条第1款的规定,构成内幕交易行为,决定对周某某处以60万元罚款。周某某不服证监会作出的行政处罚决定,向北京市第一中级人民法院提起行政诉讼。

本案的争议焦点,是证监会是否存在程序违法。周某某诉称,被告作出被诉处罚决定程序严重违法——在处罚决定所依据的事实、法律和结果与行政处罚事先告知书相比已经发生重大变化的情况下,未重新告知当事人,剥夺了原告陈述、申辩的权利。主要有如下改变:(1)行政处罚事先告知书并未记载原告和内幕信息知情人钟某通话情况这一处罚所依据的重要事实。(2)行政处罚事先告知书认定原告作为内幕信息知情人,不晚于5月10日知悉内幕信息,而被诉处罚决定认定原告不晚于4月底知悉内幕信息。(3)行政处罚事先告知书认定原告的账面获利共计28,448,626.59元,并以此作为原告的违法所得。被诉处罚决定认定原告账户亏损,并作出罚款60万元的决定。(4)被告作出被诉处罚决定未经法制部门审核、负责人集体讨论,亦未告知原告申请回避的权利。对此,证监会辩称,本案在案证据足以证明原告知悉内幕信息,调查部门的调查程序合法有效,不存在瑕疵;以及被告在听证之后,对行政处罚事先告知书中事项的调整,均是听取了原告意见后作出的调整,不必再次让原告陈述申辩。

法院最终审理认为,根据《行政处罚法》第31条和第32条第1款的规定,行政机关在作出行政处罚决定之前,应当告知当事人作出行政处罚决定的事实、理由及依据,并告知当事人依法享有的权利。当事人有权进行陈述和申辩。行政机关必须充分听取当事人的意见,对当事人提出的事实、理由和证据,应当进行复核;当事人提出的事实、理由或者证据成立的,行政机关应当采纳。本案中,被告在听取了原告的陈述申辩意见后,增加了部分违法事实,并对内幕交易的形成时间进行了更正,尤其是对违法所得重新进行了核算。这些均属于《行政处罚法》第 31 条所规定的作出行政处罚决定的事实、理由及依据。对该部分内容,原告并未进行陈述和申辩。尤其需要指出的是,被告在听取原告陈述申辩后确实减少了对原告的罚款数额,但根据《证券法》第 202 条的规定,存在违法所得和没有违法所得或者违法所得不足 3 万元属于不同的情形,对应的罚则亦不相同。被告变更该认定后,原告仍然有权在被告认定没有违法所得或者违法所得不足 3 万元的前提下,针对罚款数额的多少进行陈述申辩,而被告剥夺了原告该项权利,违反了《行政处罚法》第 31 条和第 32 条第 1 款的规定,构成程序违法。故依法撤销被告针对原告作出的被诉处罚决定。

本案是 2019 年唯一一起证监会败诉案件,败诉的理由是程序违法,具体表现为证监会在增加部分违法事实的同时未就该部分内容听取原告陈述申辩。本案对于证券行政执法警醒意义极大。

4. 北八道公司诉证监会案——顶格处罚的适用

2018 年 4 月 9 日,证监会对北八道公司作出行政处罚,认为 2017 年 2 月 7 日~2 月 17 日,北八道公司控制账户组,通过采用集中资金优势、持股优势连续交易,在自己实际控制的证券账户之间交易方式操纵涉案股票,影响了股票价格,违反了 2014 年《证券法》第 77 条第 1 款第 1 项、第 3 项规定,构成了市场操纵违法行为。证监会根据 2014 年《证券法》第 203 条规定,决定没收北八道公司违法所得 138,752,520.32 元,并处罚款 693,762,601.6 元。北八道公司不服,向证监会申请行政复议,证监会于 2018 年 9 月 3 日作出行政复议,决定维持行政处罚。北八道公司不服行政处罚决定和行政复议决定,起诉至北京市第一中级人民法院(一审法院),请求撤销行政处罚决定和行政复议决定。

一审法院总结了本案的争议焦点:(1)北八道公司是否实际控制了涉案账户组?(2)如果北八道公司实际控制了涉案账户组,其交易涉案股票的行为是否构成操纵证券市场?(3)被诉处罚决定中对于违法所得的认定是否正确?处罚幅度是否适当?(4)被诉处罚决定和被诉复议决定的程序是否合法?经审查,一审法院认为被诉处罚决定认定事实清楚,适用法律正确,程序合法,处罚幅度适当,被诉复议决定程序合法,维持被诉处罚决定亦无不当,一审法院应予支持。北八道公司不服一审判决,上诉至北京市高级人民法院(二审法院),请求撤销一审判决,撤销被诉处罚决定及被诉复议决定。

二审法院进一步总结了本案的5个焦点问题:一是北八道公司是否实际控制了证监会认定的涉案账户组;二是北八道公司是否实施了控制涉案账户组通过集中资金优势、持股优势连续交易,在自己实际控制的账户之间交易的活动;三是北八道公司实施的上述活动是否操纵了涉案股票的股票交易价格,构成2014年《证券法》第77条第1款第1项、第3项所指的操纵证券市场行为;四是证监会对北八道公司违法所得的认定是否准确,处罚幅度是否适当;五是被诉处罚决定及复议决定的作出是否符合法定程序,适用法律是否有误。其中最为核心的问题是证监会行政处罚幅度是否适当,对此,法院专门审查了证监会在办理市场操纵类案件时的"行政惯例"——以操纵涉案股票期间卖出涉案股票的金额扣减买入金额、相关税费金额作为违法所得的计算方法,认为被诉处罚决定及被诉复议决定的作出均符合法律规定。

本案二审后,北八道公司又向最高人民法院申请再审,最高人民法院认为中国证监会对该公司从重顶格处罚,并不存在行政处罚明显不当的情形,最终驳回了北八道集团的再审申请。本案是2019年证监会开出的最高罚单,对此,证监会反复强调北八道公司操纵涉案股票的交易金额和交易量巨大。实际上,顶格处罚案件在证券行政处罚案件中虽然占比不高但并不少见。

三、证券行政处罚法治发展态势评论

基于前述实证研究可以看到,证券行政处罚法治的发展围绕证券市场公平公正与稳定的行政规制目标,通过完善立法、强化执法、严格司法来加强市场风险防范,优化市场信用制度与市场禁入制度,保障证券市场的良性发展。在行政法学的理论视阈内,在证券行政处罚法律关系框架之下,从行政主体维度,证券行政权在强化执法权与加大行政处罚力度的同时,通过下放部分监管权限推进执法改革,以趋于严格的行政程序司法审查进行控权约束;从行政相对人维度,证券投资者保护的重要地位进一步明确,市场主体的法律责任进一步强化,中介机构的法律责任进一步夯实。

(一)证券市场的公平公正与稳定

1. 市场风险防范的加强：系统性与应急性

防范化解金融风险是金融工作的永恒主题。2019 年 2 月 22 日，习近平总书记在中共中央政治局就完善金融服务、防范金融风险举行第十三次集体学习时强调，对存在的金融风险点，我们一定要胸中有数，增强风险防范意识，未雨绸缪，密切监测，准确预判，有效防范；要抓住完善金融服务、防范金融风险这个重点，推动金融业高质量发展。证券市场风险治理须树立系统化思维，构建预防与惩治相结合、提质量与去糟粕相结合的全面治理措施体系，对“灰犀牛”风险、“黑天鹅”风险作出科学判断，对症下药实施应急治理和系统治理。2019 年《证券法》对证券监管机构的职能定位作了优化，增加了“防范系统性风险”“促进证券市场健康发展”的规定，将防范证券市场风险放到更高站位去部署。2019 年《证券法》的出台实施，以及《证券期货违法行为行政处罚办法》(征求意见稿)、《证券期货违法违规行为举报工作暂行规定》等系列规章对 2019 年《证券法》的体系化衔接，强化对证券违法行为的防范与惩处，将有助于提高上市公司质量，更好地维护投资者合法权益，进而有效防控市场风险，为资本市场全面深化改革提供坚实法治保障。

值得注意的是，新冠肺炎疫情对包括金融市场在内的各领域产生了巨大影响，引发风险治理的现代化命题。证监会发布的《关于做好当前上市公司等年度报告审计与披露工作有关事项的公告》，对新冠肺炎疫情的影响作出应对，避免生硬机械的行政处罚带来较大市场波动。《行政处罚法(修订草案)》增加了应对重大传染病疫情等突发事件条文(第 46 条)，即“发生重大传染病疫情等突发事件，为了控制、减轻和消除突发事件引起的社会危害，行政机关对违反突发事件应对措施的行为，依法从重处罚，并可以简化程序”，加重了违反突发事件应对措施行为的行政法律责任，避免因任意违反突发事件应对措施带来的危机放大效应和风险放大效应。

2. 市场信用制度的建立：监管合力与加重处罚

《信用评级业管理暂行办法》的实施，将推动中国人民银行、发改委、财政部、证监会在统一监管规则的基础上，加强协调配合，强化监管合力，打破债券信用市场的分割态势和多头监管局面，推动我国信用评级业实现新发展。一是进一步改善行业竞争秩序，推动国内信用评级机构高质量发展。二是坚持开放对等原则，促进我国信用评级机构走出去，支持和引导我国信用评级机构在“一带一路”倡议实施中发挥更大作用。三是促进评级市场资源整合,形成具有一定国际影响力的国内信用评级机构,发挥行业引领示范作用。四是加强国际评级监管合作,建立跨境评级监管协调机制。五是进一步健全自律机制,强化评级行业自我约束。[①] 面对信用评级领域存在的失范、失序等治理难点,《信用评级业管理暂行办法》划出了明确禁止和予以惩处的行为红线,强调信用评级机构及从业人员的独立性和利益冲突管理,提高罚款金额,将对违法违规行为形成有效威慑,促进行业规范发展。

2019 年《证券法》增加了关于诚信档案的规定,由证监会依法将证券市场行为人遵守本法的情况纳入证券市场诚信档案。证监会 2008 年 11 月在北京召开的证券期货市场诚信建设暨诚信档案启动运行工作会议,启动了证券期货市场建立以来第一个统一的诚信档案。经过数年的探索积累后,证监会出台部门规章《证券期货市场诚信监督管理暂行办法》(2012 年 4 月发布,2014 年 9 月修订),明确规定建立全国统一的证券期货市场诚信档案数据库,记录证券期货市场诚信信息。2019 年《证券法》将证券市场诚信档案提升到法律规定层面,拉高了效力位阶,有助于进一步在证券市场发挥诚信约束作用,为有效监管和证券市场诚信建设提供明确的法律依据。

2020 年 7 月 11 日,国务院金融稳定发展委员会召开第三十六次会议强调,市场主体的诚信建设,事关资本市场长期健康发展。欺诈发行、财务造假等违法犯罪行为是资本市场的"毒瘤",损害广大投资者合法权益,危及市场秩序,制约资本市场功能的有效发挥,必须坚决、果断、及时地加以纠正。一段时间以来,资本市场违法犯罪成本较低,发生了多起恶性财务造假案件。2019 年修订的《证券法》已大幅提高资本市场违法犯罪成本,监管规章制度正在不断完善,构建了立体处罚的有力框架。证监会和相关部门要进一步加强证券执法和司法工作,坚决打击、遏制资本市场违法犯罪活动,保护投资者特别是中小投资者权益,回应社会各方面期待。[②]

3. 市场禁入制度的完善:范围拓展与案例上升

2019 年《证券法》进一步完善了证券市场禁入制度。2005 年第一次修订《证券法》时设定了证券市场禁入制度,对于违反法律、行政法规和证监会规定,情节严重

---

① 参见《四部门联合发布〈信用评级业管理暂行办法〉》,载中国政府网,http://www.gov.cn/xinwen/2019-12/02/content_5457474.htm。

② 参见《刘鹤主持召开国务院金融稳定发展委员会第三十六次会议》,载中国政府网,http://www.gov.cn/guowuyuan/2020-07/12/content_5526162.htm。

的,证监会可以采取一定期限直至终身的证券市场禁入制度,即不得从事证券业务,不得担任上市公司的董事、监事、高级管理人员。2019 年《证券法》在原有规定的基础上扩大了不得从事业务的范围,增加了不得从事证券服务业务,或者一定期限内不得在证券交易所、国务院批准的其他全国性证券交易场所(如新三板)交易证券,拓展了市场禁入制度的适用面,增加了对违法行为人的处罚严厉性,助力证券市场生态建设和重塑。《证券期货违法行为行政处罚办法(征求意见稿)》第 38 条规定:"对当事人采取证券、期货市场禁入措施的,实施程序参照本办法的规定执行。"这一规定促进了禁入措施的实施程序规范化,保障了程序公正。2020 年 6 月 12 日发布的中国证券监督管理委员会令第 168 号《创业板上市公司证券发行注册管理办法(试行)》和 2020 年 7 月 3 日发布的中国证券监督管理委员会令第 171 号《科创板上市公司证券发行注册管理办法(试行)》作了更具体的规定,上市公司在证券发行文件中隐瞒重要事实或者编造重大虚假内容的,对相关责任人员,视情节轻重,采取认定为不适当人选的监管措施,或者采取证券市场禁入的措施,为创业板和科创板建设保驾护航。从具体的执法、司法案件来看,这一年市场禁入相关行政处罚案件有所增加,共有 18 个,相关的行政诉讼案件共有 13 个,占案件总数的 12% 左右。

(二)证券行政权的行使与控制

从行政主体维度,证券行政权是证券行政处罚法治化的核心关切。一方面,证券行政主体需行使法律赋予的权力,通过行政管理措施实现公共治理目标,保证证券市场的健康与稳定;另一方面,权力的行使也应配有适度的控制,从而避免行政权对市场主体的不当侵害,限制证券市场的自由发展。证券行政权的行使与控制,在近年的证券行政法治发展中均有所体现。

1. 证券行政执法权的强化:调查、"边控"与处罚

2019 年《证券法》完善了监管执法手段,强化了监管执法权力,进一步破除监管执法阻力,提升监管执法效能。2019 年《证券法》第 170 条第 1 款扩展了证监会的调查权限,增强了调查措施手段。证监会有权对监管对象实施现场检查;进入涉嫌违法行为发生场所调查取证;有权询问当事人和相关单位、个人,并要求其报送有关文件材料;有权查阅、复制财产权登记、通信记录等文件资料;有权查阅、复制证券交易记录、登记过户记录、财务会计资料等文件资料,并在有被转移、隐匿或者毁

损之虞时进行封存、扣押;有权查询、复制资金账户、证券账户、银行账户以及其他具有支付、托管、结算等功能的账户信息,并在履行内部批准程序后实施不超过两年的冻结、查封;有权在履行内部批准程序后对当事人实施不超过6个月的限制买卖证券;有权通知出境入境管理机关依法阻止涉嫌违法人员、涉嫌违法单位的主管人员和其他直接责任人员出境,此即实践中所称的“边控”。对拒绝、阻碍证券监督管理机构及其工作人员依法行使监督检查、调查职权的违法行为,2019年《证券法》第218条对原法律规定进行了完善和强化,增加了责令改正和处以罚款的规定,即“由证券监督管理机构责令改正,处以十万元以上一百万元以下的罚款”,并明确由公安机关依法给予治安管理处罚。

2019年《证券法》修订对证券行政执法权强化的必要性也已经反映在具体的执法案件中。证券行政执法具有复杂性,尤其在对违法事实的调查方面,需要较高的专业能力。在著名的獐子岛行政处罚案中,证监会与相对人上市公司獐子岛围绕其年度报告中是否存在虚假记载展开了激烈的辩论。2019年6月24日下午,獐子岛公司终于收到了来自证监会的终结审理和行政处罚决定,旷日持久的獐子岛行政处罚案落下了帷幕。至此,围绕着獐子岛公司的“扇贝跑路”“扇贝死亡”等离奇事件也终于真相大白。

事件始于2014年,獐子岛公司对外宣称“冷水团”突降獐子岛,即将进入收获期的虾夷扇贝颗粒无收,公司同年亏损近12亿元。2017年,獐子岛公司再次披露扇贝大规模死亡事件,年度亏损超7亿元。根据证监会行政处罚决定中披露的信息,獐子岛公司在2014年、2015年已连续两年亏损的情况下,客观上利用海底库存及采捕情况难发现、难调查、难核实的特点,不以实际采捕海域为依据进行成本结转,导致财务报告严重失真;2016年通过少记录成本、营业外支出的方法将利润由亏损披露为盈利;2017年将以前年度已采捕海域列入核销海域或减值海域,夸大亏损幅度。最终,公司2016年度虚增利润13,114.77万元,虚增利润占当期利润总额的158.11%;2017年度虚减利润27,865.09万元,占当期披露利润总额的38.57%。

獐子岛公司作为一家水产品养殖生产企业,对于其财务报告数据的核算,证监会不得不在调查过程中寻求外部审计技术提供协助。在行政处罚决定书中,证监会所披露的獐子岛行政处罚案的查证涉及对深海养殖水产品底播、捕捞、运输和销售记录的全过程追溯。证监会走访渔政监督、水产科研等部门寻求专业支持,依托科技执法手段开展全面深入调查。獐子岛每月虾夷扇贝成本结转的依据为当月捕捞区域,在无逐日采捕区域记录可以核验的情况下,证监会借助卫星定位数据,对公司采捕船只以及数百余万条海上航行定位数据进行分析,委托两家第三方专业机构运用计算机技术还原了采捕船只的真实航行轨迹,复原了公司最近两年真实的采捕海域,进而确定实际采捕面积,并据此认定獐子岛公司成本、营业外支出、利润等存在虚假。

综上,证监会通过北斗导航定位信息,分析捕捞船状态,确定拖网轨迹,进而确定实际采捕面积,在此基础上按獐子岛公司的成本结转方法进行成本结转,最终确定年度报告中成本、利润存在虚假记载。在獐子岛行政处罚案行政处罚决定书作出后,预计目前持股量最大且打算启动索赔诉讼的个人投资金额已经超过200万元。证监会在本次执法过程中的表现极佳,该案也从侧面反映了证券行政执法的高难度和高专业性。由此可见,基于当前证券市场主体的多样化以及经济规模的扩大化,法律确有必要适当赋予和扩张证券监管部门的行政执法权,一方面可以提高行政调查的准确率与效率,另一方面也能更好地实现投资者权益保护。

2. 证券行政处罚力度的加大:提高罚款标准与拓展处罚范围

2019年《证券法》大幅度提高了对欺诈发行、虚假陈述、内幕交易、操纵市场等各类违法行为的行政处罚力度,大大提升了违法成本和执法惩治效果,将对潜在的违法行为人产生震慑和心理压制。处罚标准由原来的1～5倍,提高到1～10倍;对于定额罚金额,由原来多数规定的30万～60万元,按不同违法情况进行不同幅度的提高。如对欺诈发行、尚未发行证券的,给予发行人200万元以上2000万元以下的罚款,而修订前的处罚金额幅度是30万元以上60万元以下;已经发行证券的,要处非法所募资金金额10%以上1倍以下的罚款,而修订前的处罚幅度是1%以上5%以下;对直接负责的主管人员和其他直接责任人员,处以100万元以上1000万元以下的罚款,而修订前的处罚金额幅度为30万元以上60万元以下。据此可见,若发行人募集资金规模较大,10%以上1倍以下的罚款将产生巨额罚单。

2019年《证券法》延续了原来的"双罚制",如对欺诈发行,除了要对发行人进行处罚,对发行人直接负责的主管人员和其他直接责任人员也要给予处罚。对于发行人的控股股东、实际控制人、组织指使导致欺诈发行的,对发行人的控股股东、实际控制人也要给予高额的行政处罚。2019年《证券法》在某些违法行为处罚规定中拓展了"双罚制"的覆盖范围,如信息披露义务人未按照《证券法》规定报送有关报告或者履行信息披露义务的,增加了发行人的控股股东、实际控制人的处罚措施,对发行人的控股股东、实际控制人组织、指使从事上述违法行为,或者隐瞒相关事项导致发生上述情形的,处以50万元以上500万元以下的罚款。

2019年《证券法》关照了人工智能在金融市场的创新运用趋势,首次在法律层级对程序化交易明确规制条款,有利于对智能金融展开监管,对智能金融新业态的违法行为进行处罚。[①] 总体而言,2019年《证券法》进一步丰富了行政处罚的种类,大幅度提高了行政罚款额度,拓宽了对违法主体的处罚覆盖面,显示了党和国家对证券市场违法行为严惩重处的坚决态度。此外,《证券期货违法行为行政处罚办法》有望出台进一步落实2019年《证券法》的行政处罚法律规定,《证券期货违法违规行为举报工作暂行规定》的修订完善将有利于进一步强化社会监督力量,丰富证券违法线索的来源。

证券行政处罚权的强化也已经在实践中也有所体现。总体来看,2019~2020年的行政处罚执法与司法案件中违法金额(违法所得)超过1000万元的案件共有13个,其中金额超过1亿元的案件共3个;罚款数额超过1000万元的案件共13个,其中罚款数额超过1亿元的案件共3个(由证监会和浙江证监局作出);罚款倍数2倍以上的案件总共35个,其中3倍以上的案件24个,此外,还有顶格处罚案件20个。由此可见,在具体执法案件中,证券行政处罚的力度普遍较重。

上文的北八道诉证监会案中,证监会认为北八道公司存在严重的市场操纵行为,并根据当事人违法行为的事实、性质、情节与社会危害程度,依据2014年《证券法》第203条的规定,决定没收北八道公司违法所得138,752,520.32元,并处罚款693,762,601.6元。这一案件是2019年证监会开出的最高罚单,罚款倍数高达5倍,属于顶格处罚。一审法院在审理时认为,2004年《证券法》第203条第2款规定,"违反本法规定,操纵证券市场的,责令依法处理非法持有的证券,没收违法所得,并处以违法所得一倍以上五倍以下的罚款",本案中中国证监会对北八道公司处以违法所得5倍的罚款,并未超出法定处罚幅度。考虑到北八道公司控制账户组规模庞大,股票交易量、交易金额及获利金额巨大,造成股价上涨幅度严重偏离同期中

① 《证券法》第45条规定:"通过计算机程序自动生成或者下达交易指令进行程序化交易的,应当符合国务院证券监督管理机构的规定,并向证券交易所报告,不得影响证券交易所系统安全或者正常交易秩序。"第190条规定:"违反本法第四十五条的规定,采取程序化交易影响证券交易所系统安全或者正常交易秩序的,责令改正,并处以五十万元以上五百万元以下的罚款。对直接负责的主管人员和其他直接责任人员给予警告,并处以十万元以上一百万元以下的罚款。"

小板综合指数,严重扰乱证券市场秩序,中国证监会据此在法定处罚幅度内予以从重处罚并无不当,不存在滥用行政自由裁量权之情形,处罚结果亦不存在显失公平之情形。但北八道公司始终认为5倍违法所得的处罚构成处罚幅度畸重,滥用了行政裁量权,并提起上诉。二审法院再次对证监会的行政处罚幅度是否适当进行了审查,法院认为,鉴于北八道公司通过控制数量庞大的账户组进行股票操纵行为,操纵涉案股票的交易金额和交易量巨大(买卖交易量均约3000万股,买卖交易金额均逾16亿元),短期内造成涉案股票涨跌幅度严重偏离同期中小板综合指数,严重扰乱证券市场交易秩序且造成负面社会影响,同时考虑到北八道公司在被调查期间存在不配合执法调查等情况,证监会在法定处罚幅度内对北八道公司处以违法所得5倍的处罚是适当的,不存在处罚幅度过重、滥用自由裁量权的情况。

在北八道诉证监会案中,证监会作出了顶格处罚的处理结果,顶格处罚表明了该行政处罚达到了证券执法部门行政处罚自由裁量权的上限,同时也表明证监会认为低于5倍的罚款已经不能满足违法行为严重性与行政处罚严厉性相适应的要求,无法发挥行政处罚的制裁效果。一般而言,证券行政处罚的作出应当符合比例原则,其中的最小侵害原则更是要求行政机关实施行政管理可以采用多种方式实现行政目的的,应当避免采用损害当事人权益的方式。因此,证监会作出顶格处罚,应当以充分的事实与法律依据为基础,否则难以应对司法机关的合法性审查。从本案审理结果来看,一、二审法院都认为,北八道的市场操纵行为性质极为恶劣(主要表现为买卖交易量、交易金额庞大),对证券市场秩序造成严重破坏,因而证监会的顶格处罚并无不当。这一结果,一方面,表明了在证券领域的违法案件中,尤其是市场操纵、内幕交易等较为严重的违法案件,行政处罚力度的加大符合社会主体的普遍期待;另一方面,也隐射了过去《证券法》所规定的行政处罚幅度已经难以与现实违法案件严重性相匹配的事实。对此,2019年《证券法》专门针对罚款幅度做了大幅调整,对于本案中的市场操纵行为,2019年《证券法》第192条规定操纵证券市场的,责令依法处理其非法持有的证券,没收违法所得,并处以违法所得1倍以上10倍以下的罚款。相比于过去的1～5倍,提升了整整1倍。

3. 证券行政监管权的部分下放:交易所承接部分审核功能

《行政处罚法(修订草案)》根据党和国家机构改革和行政执法体制改革要求,明确综合行政执法的法律地位,增加规定:国家在城市管理、市场监管、生态环境、文化市场、交通运输、农业等领域实行综合行政执法,相对集中行政处罚权,由一个行政机关统一实施相关领域的行政处罚。同时,根据基层整合审批服务执法力量改革要求,推进行政执法权限和力量向基层延伸和下沉,增加规定:省、自治区、直辖市根据当地实际情况,可以决定符合条件的乡镇人民政府、街道办事处对其管辖区域内的违法行为行使有关县级人民政府部门的部分行政处罚权。虽然修订草案拟定的行政执法权限下沉与证券行政监管权的下放无必然联系,但这种立法动向值得关注。

2019 年《证券法》调整了证券发行的程序,取消了发行审核委员会制度,明确规定国务院证券监督管理机构或者国务院授权的部门作为注册机关,授权国务院规定证券公开发行注册的具体办法,且按照国务院的规定,证券交易所等可以审核公开发行证券申请,判断发行人是否符合发行条件、信息披露要求,督促发行人完善信息披露内容。注册制在科创板试点中,审核权限由证监会下放到了交易所。证监会将事前监管权下放给交易所后,更强调事中、事后监管,包括对交易所的监管,从而不能让行政权力下放变成自由落体运动。本轮改革改变了证监会包揽监审全过程的模式,实现了“监审分离”,但要注意证监会与交易所之间的关系,应明确交易所是接受证监会监督的对象,不能将交易所异化为证监会的功能部门,避免形式上监审分离、实质上监审不分的改革失灵陷阱。

4. 行政程序司法审查趋于严格:深入化与细节化

分析近年的金融行政诉讼案件可以发现,当前法院对于证券行政行为的司法审查正趋于严格。尤其在证券行政处罚方面,证券执法部门已经多次遭遇行政处罚被质疑甚至被撤销、被确认违法的处境。

证监会首次迎来行政诉讼败诉发生在 2018 年的苏某某诉证监会案。在该案中,证监会在行政调查程序上遭到了司法机关的质疑与否定:证监会认定苏某某知悉内幕信息的依据是其曾与被认定为内幕信息知情人的殷某某进行过频繁联系,且进行过会面,并推定苏某某系在上述接触、联络中从殷某某处获知了内幕信息。苏某某在本案行政处罚听证中主张其并不认可曾与殷某某联系的事实,也未从殷某某处获知内幕信息。行政诉讼过程中,苏某某进一步主张证监会在调查过程中并未对殷某某进行调查,故行政处罚决定关于殷某某系内幕信息知情人的认定事实不清。但证监会认为,其已穷尽调查手段收集证据,尽管作为涉案人员的殷某某未被找到,但结合案涉其他证据已足以证明殷某某参与案涉交易事项、足以认定其为内幕信息知情人。由于这一行政调查程序上的问题,法院指出既然证监会认定殷某某为内幕信息知情人,除结合其他证据外,还必须对殷某某本人进行调查询问,除非穷尽调查手段而客观上无法对其本人进行调查了解。本案中,证监会虽然为该等调查付出了一定努力,但是,在证监会掌握殷某某"139"手机号码的情况下,却未通过该号码联系本人。并且该遗漏号码恰是苏某某接受询问时强调的殷某某联系方式,也是证监会调查人员重点询问的殷某某联系方式,更是证监会认定苏某某与殷某某存在联络的号码。因此,法院确认证监会在认定殷某某为内幕信息知情人时未尽到全面、客观、公正的法定调查义务,相关认定事实不清,证据不足。

通过法院判决可以发现,在苏某某诉证监会案中,法院对证监会的行政调查程序作了深入审查,无论是从审查范围还是审查程度上都较为严格。虽然判决作出后有学者认为这份判决没有考虑到证券行政稽查工作的难度,会束缚未来的证券行政执法,但毫无疑问证监会在该案调查中确实存在一定的"瑕疵",法院的质疑也并非全无道理。实际上,无论法院的判决到底是否"正确",法院作为司法审查的唯一主体无疑拥有撤销行政处罚决定的法定权力。透过该案,应当认识到的是,司法机关已经亮出了收紧证券行政行为审查的信号。

这一趋势也已经呈现在此后的金融行政诉讼中。在过去一年,证券执法部门作出的行政处罚决定频繁遭到司法机关的质疑,而在2019年11月9日的周某某诉证监会案中,证监会又一次迎来败诉。对于该案的具体案情,上文已经作了详尽介绍。在该案中,证监会行政处罚被予以撤销的关键在于,证监会在听取了原告的陈述申辩意见后,增加了部分违法事实,并对内幕交易的形成时间进行了更正,尤其是对违法所得重新进行了核算。这些均属于《行政处罚法》第31条所规定的作出行政处罚决定的事实、理由及依据。对该部分内容,周某某并未进行陈述和申辩。证监会变更该认定后,法院认为周某某仍然有权在证监会认定没有违法所得或者违法所得不足3万元的前提下,针对罚款数额的多少进行陈述申辩,而证监会剥夺了周某某的该项权利,构成程序违法。在周某某诉证监会案中,证监会又一次因程序违法被法院撤销行政处罚决定。

由此可见,司法机关对证券行政处罚审查的收紧,更多地表现在对行政程序审查的严格化。这一趋势虽然为证券监管部门带来了一定的行政执法压力,但更为积极的意义在于,既从司法层面督促了证券监管部门必须在法律制度的框架行使权力,也进一步要求其应当在日常执法中强化依法行政的理念。

(三)证券投资者权益保护

从行政相对人维度进行阐释,金融市场主体权益保护主要分为消费者权益与投资者权益两大部分,在证券领域主要表现为投资者权益保护。中国证监会主席易会满在“5 · 15 全国投资者保护宣传日”活动上掷地有声地说:“投资者是资本市场发展之本,尊重投资者、敬畏投资者、保护投资者,是资本市场践行以人民为中心发展思想的具体体现,也是证券监管部门的根本监管使命。”“投资者保护”历来是各国证券监管的重点内容,一国证券市场法治化、成熟化的重要标志即在于该国是否以科学的制度设计保障证券投资者利益,《证券法》修改从立法上明确投资者保护的重要地位,大幅度加强对证券违法行为的行政处罚力度,从而强化市场主体的法律责任,夯实中介机构“看门人”的责任。

1. 投资者保护制度的建构与完善:整体保护、设立专章与吹哨人制度

着眼于构建并完善投资者保护制度,2019 年《证券法》无论是在立法形式还是在实质保护方面都作出了积极的调整。该法设立“投资者保护”专章,区分普通投资者和专业投资者,从投资者与证券公司、上市公司、控股股东、证券服务机构之间的多方角度,有针对性地作出投资者权益保护制度安排。可以说,对“投资者保护”设立专门的章节,是立法例上的一次创新尝试,体现立法者稳定金融市场与保护投资者权益的决心。2019 年《证券法》第二章、第三章、第四章分别对证券发行、交易和上市公司收购等行为予以规制,从源头上遏制侵害投资者利益的违法违规行为。第五章强化信息披露要求,进而加强对投资者知情权的保护。2019 年《证券法》引入证券集体诉讼机制,赋权投保机构受 50 名以上投资者委托,可以作为代表人参加诉讼,对于经证券登记结算机构确认的受害投资者则采取“默示加入、明示退出”的诉讼参与规则,形成较大规模的原告集团。2019 年《证券法》还确定了先行赔付制度,通过证券纠纷调解,由投资者服务中心接受发行人的控股股东、实际控制人、相关的证券公司的委托,就赔偿事宜与受到损失的投资者达成协议,从而拓宽投资者维权路径。值得一提的是,2019 年《证券法》适时引进“吹哨人制度”,鼓励中小投资者积极举报违法违规行为。伴随科创板注册制的推行,“吹哨人制度”在国家立法层面上得到重视。2019 年 9 月国务院出台《关于加强和规范事中事后监管的指导意见》,鼓励“吹哨人”,对举报者予以奖励和保护。2019 年《证券法》以法律的形式明确规定对涉嫌证券违法、违规行为,任何单位和个人有权向国务院证券监督管

理机构举报,查证属实的,予以奖励并对举报人的身份信息予以严格保密。由此,多维立体的制度为证券投资者权益提供科学、系统的保护措施,制度的实施中会伴随现实中新情况新问题的挑战,期待更为深入和全面的实施细则和司法解释的出台,以推进并完善证券投资者权益保护制度。

2. 上市公司法律责任的加强:规范设定与执法要案

加强上市公司法律责任,可对市场主体形成震慑,为投资者权益的保障筑牢防火墙。通过加强证券发行人、上市公司、控股股东等主体的义务,从制度上预防投资者权益遭受损害。2019 年《证券法》"证券发行"一章禁止发行人、承销机构虚假陈述,"证券交易"一章禁止内幕交易、操纵市场等行为。在"信息披露"专章,扩大信息披露义务人的范围和信息披露的要求,促进公平交易。对欺诈发行的行为,最高可处 2000 万元罚款;已经发行的可处非法募资金额 10% 以上 1 倍以下罚款。责任人最高可处 1000 万元罚款。对于虚假记载、误导性陈述或者重大遗漏的信息披露违法行为,对公司最高处以 1000 万元罚款,对责任人最高可处 500 万元罚款。相比调整之前,处罚普遍提升 5～10 倍。在诉讼领域,最高人民法院颁布《关于证券纠纷代表人诉讼若干问题的规定》,在法律适用上践行投资者友好的理念,在虚假陈述、内幕交易、操纵市场等失信行为引发的群体性证券纠纷中,除上市公司及其控制股东、实际控制人、董事、监事与高级管理人员被列为被告群体外,证券公司、会计师事务所、律师事务所及资产评估机构等证券服务机构可被列为共同被告。

上市公司法律责任的加强,对于促进企业合规、倒逼企业进行自我审查有着重要作用。在惠而浦行政处罚案中,极为罕见地出现了由行政相对人自查发现违法事实的情形。根据行政处罚决定所披露的信息,惠而浦公司在自查发现相关问题后,及时向监管部门和交易所报告并积极配合监管部门调查,同时聘请第三方中介机构进行独立调查。公司确定相关违法事实后,及时纠正自身违法行为,审议并发布重大会计差错更正议案。最终,公告的会计差错更正情况与安徽证监局的调查结果一致。虽然本案中惠而浦公司作为上市公司确实存在虚假记载的违法事实,也因此被安徽证监局处以警告和 40 万元罚款,对直接负责的主管人员也作出了相应处罚,但是鉴于惠而浦公司系自查发现公司违法行为后,及时向监管当局报告,并纠正自身违法行为,减轻相关危害后果,最终安徽证监局对本案当事人予以从轻减轻处罚。在《行政处罚法(修订草案)》中,已经明确将主动供述行政机关尚未掌握的违法行为作为从轻或减轻处罚的法定情形。从成本收益分析的角度来看,惠而浦公司自查并作出主动向证监局报告相关问题的行为表明其认为相较于隐瞒违法事实,主动接受行政处罚的后果更为有利。一方面,体现了对于知名上市公司而言,财务报告的可信任度、企业的诚信度至关重要;另一方面,无疑也说明了当前证券违法行为的法律责任后果越发严重。

3. 中介机构法律责任的加重:行政监管与自我规制

在一个成熟的资本市场运行中,证券公司、证券服务机构等中介扮演着"看门人"角色,不仅要对委托人负责,还要对投资者负责。2019 年《证券法》明确规定了中介服务机构应当勤勉尽责、按照相关业务规则提供相关服务。证券交易所承担起一线直接监管的职责,在被赋权审核公开发行证券申请的同时也增加了敦促发行人信息披露等义务。相应地,证监会的监管职责、监管手段得以强化,如新增扣押权、限制出境权等;同时行政处罚力度也有较大提高,以精准打击违法违规行为,提高违法违规成本。2020 年 6 月 12 日,证监会发布《证券发行上市保荐业务管理办法》,与 2019 年《证券法》衔接,该办法明确证券交易所对保荐业务的自律监管职责,要求保荐机构配合交易所审核,相应调整上市保荐等安排。另外,该办法取消保荐代表人事前资格准入,强化事中事后监管,相应将暂停、撤销保荐代表人资格等监管措施调整为认定为不适当人选。除此之外,证监会可以视情节轻重,采取责令改正、监管谈话、出具警示函等监管措施;情节严重的,中国证监会可以在 3 ~ 12 个月内不受理保荐机构、保荐代表人具体负责的推荐。由此可见,证监会加大中介机构的问责力度以强化保荐机构的内部控制,压实中介机构责任。

四、金融行政法治发展:建议与前瞻

(一)证券行政处罚法律规范:制定与改进

1. 证券立法规范维度:提高处罚力度

2017 年,证监会对龙薇传媒、万家文化、黄某某、赵甲、赵乙、孔某某作出行政处罚和市场禁入,这一案件引发了公众对《证券法》行政处罚的激烈评论。在公布的行政处罚决定书中,证监会对万家文化责令改正,给予警告,并处 60 万元罚款;对孔某某给予警告,并处 30 万元罚款;对龙薇传媒责令改正,给予警告,并处 60 万元罚款;对黄某某、赵甲、赵乙给予警告,并分别处以 30 万元罚款;对孔某某、黄某某、赵甲分别采取 5 年证券市场禁入措施。该案中的龙薇传媒、万家文化涉嫌信息披露违法,通过高杠杆收购对资本市场产生了恶劣影响(在30.6亿元的收购资金中,股东赵甲自有资金仅为6000万元,其余资金均为第三方借款及融资,杠杆高达50倍)。然而,证监会最终的处罚结果却令公众感到不满,《证券法》行政处罚力度不足的问题已经跃然纸上。

2019年《证券法》的修改专门对行政处罚权予以强化,在实践中,证券行政处罚力度也普遍加大。然而,即便如此,依然有学者指出《证券法》的顶格处罚力度仍然不够。2019年修订的《证券法》虽然将顶格处罚提高到2000万元,但与上市后带来的十几亿、几十亿收益相比,还远远不够。[①] 虽然就目前来看,《证券法》关于行政处罚幅度的立法提升应当遵循循序渐进的步调,但是相较于资本市场的发展速度而言,这样的增长幅度确实难以与之相匹配。因此,未来《证券法》的修改还需要再度提高处罚力度,以增加违法成本、提高威慑力。

2. 证券行政执法维度:明确处罚裁量基准

虽然2019年《证券法》赋予了证券执法机关更大的行政处罚权,但是这一变革同时也增加了行政处罚尤其是罚款在证券执法中被误用以及滥用的可能性。此外,行政处罚司法审查的严格化趋势也不得不引起重视。尤其是在行政处罚裁量基准方面,法院已在数起金融行政诉讼案件中指出证券执法部门在裁量基准上缺乏统一标准,并明确建议证券监管部门抓紧研究证券行政处罚领域中行政裁量权基准制度,并以部门规章形式公布于众。目前,证监会发布的关于行政处罚的指导文件中,并未规定不同类型违法行为的具体罚款基准金额和调整程序,缺少效果格式,操作性不强。因此,就目前而言无论是迫于司法压力还是顺应现实执法需求,制定我国的证券市场罚款指引是非常必要的。在具体的立法体例上,我国既可以就证券行政处罚发布专门的指引文件,也可以发布适用于包括罚款在内所有类型处罚措施的综合性行政处罚指引。[②]

3. 与证券民事诉讼关系维度:取消行政前置程序

在证券行政处罚与民事诉讼的关系上,证券行政处罚决定一般被认为是民事诉讼的前置程序。在2002年1月15日最高人民法院制定的《关于受理证券市场因

① 参见王海燕、谈燕:《做好信息披露,让"一次作假,立即回家"》,载《解放日报》2020年5月27日,第2版。

② 参见刘宏光:《证券监管机构如何罚款——基于行政裁量基准视角的研究》,载《财经法学》2020年第4期。

虚假陈述引发的民事侵权纠纷案件有关问题的通知》中,最高人民法院对虚假陈述的民事诉讼问题作出了规定,[①]为虚假陈述民事诉讼设置了前置程序,即须以证监会及其派出机构调查并作出生效处罚决定为诉讼前提。此后,2003 年最高人民法院发布《关于审理证券市场因虚假陈述引发的民事赔偿案件的若干规定》仍坚持了前置条件的做法,但将前置条件的范围予以扩大。[②] 为证券民事诉讼设置行政前置程序,虽然从尊重证券机关专业性角度而言具有一定合理性,但在执行过程中也暴露出重大问题。首先,行政处罚决定的作出往往需要较长时间,这使投资人的权利不能及时甚至可能无法通过民事诉讼得到救济;其次,当司法判断与行政判断不一致时,厘清二者间的位阶关系存在困难。实际上,从该规定可以看出立法者固守的仍然是重行(刑)轻民的思维定式,过分依赖行政和刑事手段来维持证券市场秩序。[③]

最高人民法院于 2020 年 7 月 31 日发布实施了《关于证券纠纷代表人诉讼若干问题的规定》,扩大了民事诉讼的前置条件范围,除 2003 年司法解释规定的行政处罚决定、刑事判决等,该规定还把被告自认材料、证券交易所纪律处分或自律管理措施等也作为初步证据,列入普通代表人诉讼程序启动的审查要件之一。这一司法解释虽然在证券纠纷代表人诉讼领域再度扩大了前置程序的范围,具有明显的进步性,将大大促进和便利投资者的权益救济;但从根本上而言,证券民事诉讼行政前置程序依然存在。

因此,要进一步扩大金融市场的开放,笔者认为在规则制定上还宜做改进,主要表现为应彻底取消证券民事诉讼的行政前置程序。理由主要在于:第一,取消行政前置程序,司法权可以更多地发挥和释放自身的独立性,同时也能达到对行政权的监督效果。而行政前置程序的存在,将行政权的行使方式混同于司法权的行使过程之中,会导致行政权所担负的政策性功能主导甚至替代司法权的判断。[④] 换言之,行政判断与司法判断不一致的问题仍然无法解决。第二,国际金融市场的纠纷

---

① 此前,法律只规定了对虚假陈述的刑事责任和行政责任的追究,而没有明确规定对其民事责任的追究。

② 第一,扩大了作为立案前提的行政处罚的作出主体,财政部及其他行政机关的行政处罚也可以作为立案的前置条件;第二,刑事判决也可作为证券虚假陈述民事诉讼立案的前置条件。

③ 参见岳冰:《证券欺诈民事救济的困境与出路》,载《河南财经政法大学学报》2016 年第 1 期。

④ 参见黄丽娟、王旭涛:《论证券民事诉讼中的行政程序前置制度》,载《四川师范大学学报(社会科学版)》2006 年第 2 期。

解决大多采用英美法系的规则,即民事程序不以行政程序为基础,随着国内资本市场与国际资本市场的接轨与融合,在国际层面的往来中理应适用国际通用的准则。

4. 体系化与具体化:梳理和完善下层级位阶的规范

此外,还要根据2019年《证券法》进一步梳理和完善下层级位阶的规范,如《证券市场禁入规定》(2006年发布)、《证券期货市场诚信监督管理暂行办法》(2012年4月发布,2014年9月修订),应根据法律关于证券市场禁入制度、证券市场诚信监督制度的新规定作修订,补足规章的合法性,补充优化规范内容,强化落地执行效果。关注《行政处罚法》修订的立法动向,部门规章和规范性文件应与之良好衔接,避免与上位法律冲突。有学者对《证券期货违法行为行政处罚办法(征求意见稿)》的语言表述、职权配置等细节提出了修改建议,如其第5条第2款规定:"中国证监会派出机构,按照规定对证券期货违法案件实施调查,作出行政处罚决定。"第1款规定:"中国证监会设立行政处罚委员会,按照规定对调查终结并向其移交的证券期货违法案件进行审理,提出审理意见。"但究竟由哪一个机关进行证券期货违法案件调查,并在调查终结后移交行政处罚委员会进行审查并提出意见,有待进一步明确。根据该条款"由中国证监会作出行政处罚决定"的规定,推断出应当由中国证监会对证券期货违法案件进行调查。这并不符合行政权力行使的合法性要求,尤其是在涉及公权力行使的领域,应当遵循"法无授权不可为"的原则性规定,明确证券期货违法案件的调查、处理权限。①

(二)金融行政执法方式的多元化:行政和解与行政指导

当前,金融市场在金融创新的发展与金融风险集聚的浪潮中呈现显著变化,客观上对金融行政执法提出更高的要求。其一,金融市场主体的利益多元化。金融市场中有金融交易组织者、金融从业者、金融投资者或消费者等不同群体,其角色、地位、利益存在差别甚至冲突。从行政执法目的出发,既要考虑保障金融市场秩序,又要考虑多元化的利益平衡。其二,金融市场主体的诉求多样化。从金融市场群体到整体维度来看,金融市场整体利益并不排斥个体权益,而是对特定个体的权益加以必要限制,对多数个体的权益提供切实保障,使得金融市场主体诉求多样

① 参见任颖:《〈证券期货违法行为行政处罚办法(征求意见稿)〉修改建议》,载《民主与法制时报》2020年8月8日,第3版。

化。其三,金融市场主体权利意识和参与意识的增强。金融规制法律通过限制具有系统性风险的金融机构,要求其披露金融产品信息为中小投资者提供救济渠道,金融行政执法对弱者的保护提高了市场主体权利与参与意识。因此,在行政处罚方式之外,还需要更加多元化的金融行政执法方式。

1. 完善并逐步推广金融行政和解的运用

在证券行政执法领域,应完善并逐步推广行政和解的运用,推动金融行政执法方式从强制性向兼顾强制性与柔性化方向转变。2015 年,中国证监会公布施行《行政和解试点实施办法》(证监会令第 114 号),2020 年修订起草《证券期货行政和解实施办法(征求意见稿)》,拟进一步扩大行政和解的适用领域。依据《行政和解试点实施办法》规定,行政和解是指证监会在对公民、法人或者其他组织涉嫌违反证券法律、行政法规和相关监管规定行为进行调查执法的过程中,根据行政相对人的申请,与其就改正涉嫌违法行为、消除涉嫌违法行为不良后果、交纳行政和解金等达成行政和解协议,并据此终止调查执法程序的行为。行政和解方式的运用重构了行政执法主体与行政相对人之间的关系。第一,从证券监管部门的角度看,行政和解是一种较为柔性的证券行政执法模式,相对于大量的违法违规案件查证处罚过程,行政和解可以有效缓解执法压力,降低执法成本,在提高行政效率的同时实现执法目的。第二,行政和解的适用始于行政相对人的申请,强化了行政执法过程中行政相对人的意思自治与协商民主,给予行政相对人对于涉嫌违法行为处理方式一定的选择权。行政和解改变了行政执法机关单方面主导的执法模式,针对行政相对人提出的行政和解申请,行政机关在法定裁量权范围内决定是否采用行政和解。第三,行政和解的执法框架有利于快速恢复证券市场秩序,同时,投资者作为利益相关人也可参与行政和解过程,表达诉求,并有机会通过和解金及时弥补损失,实现投资者权益保护的目的。

2019 年,证监会依法与高盛(亚洲)有限责任公司、北京高华证券有限责任公司以及相关工作人员等 9 名行政和解申请人达成行政和解协议,申请人履行行政和解协议规定的义务,交纳行政和解金 1.5 亿元人民币,并采取必要措施加强相关公司的内控管理,证监会依照规定终止对申请人有关行为的调查、审理程序。[①] 该案也

① 证监会与相关申请人达成行政和解协议,参见中国证监会官网,http://www.csrc.gov.cn/pub/newsite/zjhxwfb/xwdd/201904/t20190423_354755.html,最后访问日期:2020 年 9 月 28 日。

是2015年《行政和解试点实施办法》施行后,证监会适用行政和解执法的首个案例。2020年,证监会与上海司度、富安达基金、中信期货、千石资本、国信期货及其相关工作人员达成了第二例行政和解,5家公司共交纳6.85亿元和解金并按协议要求采取了必要措施加强公司的内控管理。证券行政和解相关制度正在进一步完善中,如《证券期货行政和解实施办法(征求意见稿)》即放宽了申请行政和解的期间要求,调整行政和解的适用范围和条件,并将"可以依照规定申请和解"作为证监会对当事人的告知事项之一。

未来,金融行政和解将会有更多的适用空间,鉴于证券行政和解的适用有其理论依据、现实需要及实践可能,建议积极稳妥地将金融行政和解制度逐步扩大到银保监领域,从而逐步构建和完善金融行政和解制度体系。

2. 通过金融行政指导引导市场加强金融风险防范

加强金融行政指导,推动金融行政执法方式从单一性趋于多样性。以行政指导为例,证券监管部门可以充分考量金融市场发展变化的时效性,适时运用推荐和建议的方式,给予市场主体充分的风险预警指导。行政指导是行政机关在其所管辖事务的范围内,运用非强制性手段,获得行政相对人的同意或协助,引导其作出或不作出某种行为,以实现一定行政目的的行为。在实务方面,行政指导在工商领域的应用起到了积极的示范作用。金融领域行政指导契合了当前金融市场风险规制与权利保障的客观需求。第一,从证券监管部门角度来看,行政指导作为一种柔性执法方式,构成传统行政执法的有效补充。证券监管部门通过对证券市场的判断与风险预估,可以选择通过规章、政策、规范性文件等方式进行抽象性行政指导,也可以结合规制对象,本着实现行政目的对特定的行政相对人进行建议、示范、劝告、提倡、鼓励等,引导行政相对人作出或不作出某种行为。第二,从行政相对人角度来看,行政指导方式既兼顾了市场主体的自主权,又体现了行政权对于金融市场发展的方向引导。第三,金融市场创新的自发性与利益追逐的盲目性,随着金融风险隐患。行政指导模式下的法律关系框架,行政主体作为公共利益的代表者,以权威性的信息优势和专业优势给予行政相对人以指导,可以有效防范金融市场调节失灵。

证监会在对上市公司监管过程中进行窗口指导,也是行政指导在证券领域运用的体现。例如,为防止基金业出现较大流动性风险,提示基金公司注意仓位控制。浙江省温州市的金融行政指导工作是地方金融行政指导的典型代表。2020年

5月,温州市人民政府金融工作办公室根据《温州市深化涉企行政指导实施方案》(温法建领办〔2020〕1号)编制了《温州市金融办涉企行政指导目录》,可开展行政指导的项目主要有:指导民间资金管理企业、民间融资信息服务企业建立健全业务流程及相关管理制度;指导行业协会自律;指导新设小额贷款公司主发起人按照小额贷款公司日常管理要求规范经营;指导交易场所解散过程中的风险规范和处置工作;指导小额贷款公司金融创新;指导小额贷款公司做好财务业务数据材料报送;指导全市金融管理人才培训和国际交流合作工作;指导市信保基金业务发展;指导全市行业协会应急转贷资金的运作工作等。

(三)金融行政规制的国际合规性:从《证券法》域外适用规范说起

2019年《证券法》明确规定了域外适用的效果原则,"扰乱证券市场秩序和损害投资者合法权益"的效果口径较宽,为司法机关和行政监管执法提供了灵活度和开放度。证券监管机构将来可依法治理涉外证券发行和交易活动,依法合理主张域外管辖权,震慑企图在境外实施扰乱我国证券市场秩序和损害投资者合法权益违法犯罪活动的人员。在跨境规制协作方面,我国证券监管机构应与国际证监会组织、各国证监会组织形成协同机制,借助其国际协调、监管执法的机制资源和人力资源,突破单边调节的冲突性和局限性,共同推进域外规制管辖问题和国际、各国国内证券市场治理问题的融合性解决。① 例如,在瑞幸咖啡财务造假案中,中国证监会已于2020年4月27日派调查组进驻在美上市公司瑞幸咖啡依法进行立案调查,同时根据国际证监会组织(International Organization of Securities Commissions,IOSCO)跨境监管合作机制安排,配合美国证券监管部门开展跨境协查。

金融行政规制国际合规性产生的直接动因在于经济全球化下金融市场问题的全球应对,特别是金融危机的全球蔓延。金融风险具有系统性、传导性,金融危机会造成世界范围内的经济重创,跨境金融危机的解决成为当前国际社会所共同面

---

① 我国2019年《证券法》第177条第1款规定:"国务院证券监督管理机构可以和其他国家或者地区的证券监督管理机构建立监督管理合作机制,实施跨境监督管理。"美国证券交易委员会对证券法域外管辖权的实施,内容上主要包括对内幕交易等违法行为的监管和调查以及以离岸交易为代表的跨境证券发行与交易的登记、信息披露等的交易监管,方式上从单边主义的扩张转向了双边主义国际执行的合作,如签订各类法律互助条约、谅解备忘录等。参见李国清:《美国证券法域外管辖权问题研究》,厦门大学出版社2008年版,第166~245页、第289~290页。

对的时代课题;同时,金融领域的行政规制需要全球力量的汇集,尤其是国际层面金融行政规制思路、框架与制度的完善。① 金融行政规制的规则制定以及规制决策等部分规制重点,已经从国内层面转移到国际层面,这一变化及发展趋势所带来的一些全新的全球金融治理难题值得关注,集中表现为金融规制的全球化与行政执法体系的区域化之间的冲突与矛盾,解决这一矛盾关系,金融行政监管的国际合规性可作为应对方案。

1. 在尊重国家主权基础上加强金融行政执法跨境合作与国际协调

信息技术迅猛发展所推动的金融全球化,为世界范围内的资本流动创造了便捷条件,人们享受着网络化与经济全球化带来丰富体验的同时,金融市场的脆弱性也进一步加剧,人们也无力阻挡金融风险随之传播的便捷性。金融安全问题成为全球金融治理领域需要共同面对的问题,而应对危机的经验在于强化金融领域在国际层面的监管与协调力度。唯有如此,才能保证国际层面的金融监管改革在国内层面的实现。② 合作是人类在社会实践中的普遍行为,在任何时代,人类的共同生活都会造就一种合作精神。③ 而金融全球化背景下的金融安全、秩序,在很大程度上取决于各国金融领域行政执法参与国际合作的质量。任何国家(地区)的金融市场都离不开良好的市场秩序,而且当前影响市场秩序的因素、行为等又不仅仅局限于国境范围之内,因此,在尊重国家主权的基础上,各国(地区)的行政执法主体必须打破存在的封闭性,促使本国行政执法机制置于国际合作与协调体系之中。金融领域的国际合作与协调机制应包括金融法律协调合作机制、金融监管合作机制、金融信息共享机制与金融风险管理合作机制,④特别是信息共享在金融监管国际合作中有很重要的作用。

2. 在传递现代执法理念基础上提升金融行政执法的国际合规性

受制于主权国家的界限,金融领域行政执法国际合规性的践行,需要形成具有一定普遍性的现代执法理念,进而恰当处理行政执法国际合规性与主权国家界限

① 事实上,金融行政规制带来了世界经济和全球规制架构的结构性改变。参见 Gabriela J. Ramos, *The OECD in the G20: A Natural Partner in Global Governance*, 43 Geo. Wash. Int'l L. Rev. 325, 344 (2011)。

② See GU Bin, LIU Tong, *Enforcing International Financial Regulatory Reforms*, 17 (1) Journal of International Economic Law, Oxford University Press, 2014.

③ 参见张康之:《走向合作治理的历史进程》,载《湖南社会科学》2006 年第 4 期。

④ 参见翁东玲:《"一带一路"建设的金融支持与合作风险探讨》,载《东北亚论坛》2016 年第 6 期。

之间的关系,其关键在于把握好以下关系与理念:

(1)市场与政府:政府干预边界的适当性

金融市场调节方式与政府干预方式交融并存,特别是金融秩序(安全)价值需求的存在,政府干预的作用更是不容忽视。行政执法的主体、方式、程序以及行政执法主体与行政相对人之间的互动关系映射了行政执法与市场调节之间的关系。以金融市场信息披露为例,信息在金融市场拥有着商品属性价值。为了使金融竞争市场有效运行,金融消费者需要掌握充分的信息评估金融产品,如果消费者缺乏重要信息,就会处于不利地位,市场实际上处于失灵状态,金融市场行政规制很重要的作用之一便是弥补信息的不完全。追本溯源,金融市场与行政执法之间的关系是市场调节与行政权力运行之间的关系,仍然需要将之置于市场调节与政府干预之间关系范畴予以考量,提高行政执法国际合规性共同的核心在于市场调节与政府干预之间关系的处理,把握政府干预边界的适当性,以行政执法服务于金融市场的发展,在市场价值回归的基础上进行有效的行政规制。

(2)价值冲突的选择:回归本国宪法的规范性约束

一国行政权的运行必然内在地反映出本国对待经济规制的态度与行政执法方式手段的偏好,这些金融领域行政执法呈现出来的面相也将折射出不同的价值选择。特别是在当前经济全球化时代,政府公共行政的价值取向更为复杂,需要在公平、效率、正义、国家主权乃至全球公共利益等诸多价值因素相互冲突的目标体系中寻求平衡。[①] 如何平衡行政执法国际合规性与本土性之间呈现的价值冲突,关键在于行政执法所内在的价值选择应回归本国宪法的规范。中国金融领域的行政执法,即以法治、民主、改革、开放为标志的宪法的规范性背景与我们当下所处的时代潮流有关。行政法基本原则和具体制度等受到全球化、市场化、信息化、民主化等世界潮流的影响,已经发生了或正在发生着重大变革,客观上要求我们创建的行政法体系应该是具有现代民主化、市场化、信息化、全球化基因和特色的中国行政法体系。[②]

---

① 参见陈瑞莲、刘亚平:《全球化时代的公共行政:危机与重构——从价值观与合法性的视角看》,载《中山大学学报(社会科学版)》2003 年第 2 期。

② 参见姜明安:《法治思维与新行政法》,北京大学出版社 2013 年版,第 115 ~ 116 页。

(3)绿色金融[①]观念:融入新时代金融领域行政执法

在绿色金融理念推广与深入的实践进程中,中国在信贷、债券、基金等多方面并进,并且进展显著。当前,中国的绿色信贷占国内全部贷款余额的近10%,中国已成为全球最大的绿色债券市场。[②] 如何推动绿色金融理念的传播,2016年9月4～5日在我国杭州举办的20国集团(Group 20,G20)第十一次领导人峰会上讨论了该议题,并达成一定共识。绿色金融理念已经通过G20平台向全世界广泛传播,从而推动全球范围内绿色金融国际合作的开展。中国作为全球范围内首个构建了较为完整的绿色金融政策体系的经济体,正积极致力于推动绿色金融理念在国际社会生根发芽,同时也表明我国金融领域的发展理念获得了一定的国际社会认同。具体来说,绿色金融理念将为行政执法国际合规性之建构拓展多个方向:

其一,随着绿色金融内涵界定与体系建构的不断完善,绿色金融理念将日益深入整个社会。在绿色金融领域,行政执法部门可以充分发挥行政指导行为的功能,为相关市场主体参与绿色金融提供引导、建议。

其二,相关上市公司和发债企业的信息披露内容方面将进一步强化对环境信息的披露。《关于构建绿色金融体系的指导意见》指出应逐步建立和完善上市公司和发债企业强制性环境信息披露制度,行政执法主体将依照环境信息披露要求展开行政执法,对相关企业的环境信息披露是否符合法律规范作出判断。

其三,制定绿色金融行政奖励相关措施,正向激励市场主体全面参与绿色金融,主动适应绿色发展理念指导下的经济转型。现代国家行政体系下应格外重视行政奖励手段的科学运用,充分调动和激发金融市场的积极性。

其四,绿色金融国际合作。通过绿色金融领域国际合作的广泛开展,加强信息交流,推广绿色金融发展经验,深化绿色金融发展共识,有利于各国金融领域的行政执法在国际层面的国际合规性评价形成共同接受之准据。

3.推动开放基础上依托“一带一路”倡议进行规则建构

金融行政执法的国际合规性,归根结底是各国制度的国际合规,意即各国制度

---

① 中国人民银行与财政部、发展改革委、原银监会、证监会、原保监会等七部委联合发布的《关于构建绿色金融体系的指导意见》中指出,绿色金融指的是“为支持环境改善、应对气候变化和资源节约高效利用的经济活动,即对环保、节能、清洁能源、绿色交通、绿色建筑等领域的项目投融资、项目运营、风险管理等所提供的金融服务”。

② 参见李国辉:《德国决定2017年G20继续研讨绿色金融议题》,载《金融时报》2016年10月10日,第1版。

是否顺应当前世界金融领域发展主流。因此,各国在国际金融领域的话语主导从根本上奠定了本国行政执法国际合规性的制度基础。与此同时,“旧有全球治理结构的提升空间有限,中国为此需要提出新的国际制度倡议,应对全球治理问题”。[①]中国依托“一带一路”倡议的推动,在亚投行倡议与良好发展开端的基础上,有能力进一步推动在亚投行所践行的运行机制,主动参与国际金融规则的重构。增强国际金融新秩序新规则建构的话语权,需要发挥规则制定的领导力;引领合作的规则制定与机制建设,需要更为积极地提出中国方案、确定行动规则、制定行业规范、贡献中国智慧。当然,这也离不开“一带一路”沿线国家乃至更广范围的国际社会共识。

首先,提升国际合规性表现为中国金融领域涉外法制的完善。金融领域的涉外法律制度是保障金融领域行政执法国际合规性的第一道门槛,金融领域涉外法律制度的完善是行政执法国际合规性对接国际的基础。金融领域涉外法制的完善也是世界贸易组织(World Trade Organization,WTO)法制在我国适用的主要方式,落实 WTO 硬法约束,也是对国际金融领域治理的一些共识性原则与规则的具体化。虽然国际金融领域的软法规范不具有强制性约束,但是建立在对全球金融危机深刻反思基础上所形成的一些监管理念、规范乃至具体的工具,具有深刻的启发意义。

其次,基于国际礼让原则的金融领域行政法域外效力的承认与适用。公法的域外效力在金融全球化深入发展进程中不可避免,而域外效力的承认与适用又会遭到国际社会的诟病。如果过度推行金融领域行政法的域外效力,则会形成国际社会新的冲突。对金融领域行政法域外效力的承认与适用,需把握基于国家主权和国际礼让原则的适度性,中国也应在适度推行法律域外效力与国际协调的基础上改变他国法律域外效力滥用行为对我国造成的损害。

最后,提升本国在国际金融领域规则制定的话语权,在开放视域下进行金融领域行政执法国际合规性之建构。随着中国“一带一路”倡议,以亚投行和丝路基金为代表的相关金融举措以及 G20 机制中中国的地位和角色,中国在国际金融领域的影响力明显增强。中国在全球经济金融治理领域所提倡的完善全球经济金融治

① 参见李国辉:《德国决定 2017 年 G20 继续研讨绿色金融议题》,载《金融时报》2016 年 10 月 10 日,第 1 版。

理、发展普惠金融、绿色金融等倡议得到了国际社会的广泛认同,也给传统国际金融秩序下西方国家主导话语体系增添了一些话语元素,彰显了开放的风度与勇担国际责任的大国风范。

银行业金融风险防范法治的新实践

季立刚*　解正山**

一、银行业金融风险防范法治新框架概览

目前，银行业基础法律框架主要由《商业银行法》（1995 年）与《银行业监督管理法》（2003 年）以及《企业破产法》等构成，其中包括了化解金融风险的制度规范，如接管制度、银行破产处置［在《商业银行法》第 71 条及《银行业监督管理法》第 38 条等危机处置条款基础上，《企业破产法》（2007 年）第 134 条进一步明确了问题银行破产处置原则］等。《存款保险条例》（2015 年）、《商业银行流动性风险管理办法》（2018 年）等法规及监管规范则为金融风险事件处置提供了更具体的法律依据。

2019～2020 年，监管机构更多地从微观审视视角夯实防范金融风险的监管框架。

1. 通过改善资本结构等措施，增强银行自身抗风险及损失吸收能力

为优化银行优先股发行相关制度，尤其为银行资本补充以及为增强银行损失吸收能力提供相应的政策指引。2019 年 7 月，银行保险业监督管理委员会（以下简称银保监会）先是会同证监会制定实施新版的《关于商业银行发行优先股补充一级资本的指导意见（修订）》（银保监发〔2019〕31 号），并于 2019 年 11 月制定实施新版的《关于商业银行资本工具创新的指导意见》（银保监发〔2019〕42 号）。这些政策文件的核心内容包括：(1)商业银行发行优先股不仅应符合监管机构关于募集资本补充工具的条件且核心一级资本充足率不得低于银保监会规定的审慎监管要求，而且银行发行优先

* 复旦大学法学院教授、博士研究生导师，复旦大学中国金融法治研究院执行院长、金融法治研究中心主任，中国法学会银行法学研究会副会长；研究方向：民商法、经济法、金融法。

** 上海对外经贸大学法学院副教授；研究方向：民商法、金融法。

股补充一级资本还应符合《商业银行资本管理办法(试行)》和《关于商业银行资本工具创新的指导意见》规定的其他一级资本工具合格标准(《关于商业银行资本工具创新的指导意见》从触发事件、设定要求、包含减记条款的资本工具、包括转股条款的资本工具以及损失吸收顺序五个方面确立了合格资本工具的认定标准);(2)优先股股息率应与投资者承担的风险相适应;(3)银行不得发行附回购条款的优先股;(4)发挥优先股作为资本工具的损失吸收功能,设置优先股强制转换为普通股的条款。较之于旧版,2014 年版《关于商业银行发行优先股补充一级资本的指导意见》(银监发〔2014〕12 号)的最大亮点是将适用对象扩大到非上市商业银行,而 2014 年版的资本工具创新指导意见则更有利于商业银行增强资本实力。

2. 着力提升银行流动性风险管理水平

近年来,随着金融创新和金融市场快速发展,利率市场化改革不断推进,流动性风险已成银行业面临的主要风险之一。为强化市场约束,尤其为化解突发性和系统性的流动性风险,2019 年 3 月,银保监会颁布实施《商业银行净稳定资金比例信息披露办法》(银保监发〔2019〕11 号)。根据该办法以及《商业银行流动性风险管理办法》规定,资产规模不小于 2000 亿元人民币的商业银行或经银保监会批准且资产规模小于 2000 亿元但适用流动性覆盖率和净稳定资金比例的商业银行均应披露净稳定资金比例信息,其中,实施资本计量高级方法的银行及其他不实施资本计量高级方法的银行适用不同的披露要求:前者首先应至少按照半年度频率,在其财务报告或官网披露最近两个季度的净稳定资金比例信息,同时应按照并表口径披露季末净稳定资金比例及各明细项目数值以及净稳定资金比例各项目折算前和折算后的金额。此外,下列定性信息也应披露:(1)净稳定资金比例季内及跨季变化情况。(2)净稳定资金比例计算中的各构成要素对净稳定资金比例的影响及其变化情况;流动性风险管理策略、融资结构和经营环境等对净稳定资金比例的影响;相互依存的资产和负债项目以及相关交易的关联程度。对于后者,只需遵从简化披露要求,即至少按照半年度频率和并表口径,在财务报告或官网上披露最近两个季度的净稳定资金比例、可用稳定资金、所需稳定资金期末时数值,其他各明细项目数值及定性信息则无须强制披露。从整体上看,上述披露办法的意义在于:有利于"发挥市场约束机制在流动性风险管理中的积极作用,促进商业银行加强流动性风险管理”。①

3. 增强银行应对突发事件的能力与社会责任

鉴于现有监管规则和突发事件管理制度主要在于维护信息系统和银行自身业务的稳健性以及应对银行自身风险事件的程序要求，缺乏在自然灾害、公共卫生事件等突发事件状况下保持金融服务可及性、监管要求调整等方面制度安排，②银保监会于2020年9月制定实施《银行保险机构应对突发事件金融服务管理办法》（银保监会令2020年第10号）。该办法主要内容包括：首先，定义“突发事件”，诸如自然灾害、事故灾难、公共卫生事件和社会安全事件等，确立“常态管理”“及时处置”“最小影响”“社会责任”四项原则，要求银行保险机构建立突发事件应对组织管理体系等。其次，要求银行保险机构应在突发事件中采取多种措施保持金融服务连续性，切实履行社会责任，除向受突发事件重大影响的客户提供多元的金融支持，如减免业务资费，协商调整债务期限、利率和偿还方式，提供连续信贷服务，风险可控时的信贷加速审批等，还得向受突发事件重大影响的企业、重点地区等提供金融支持。最后，要求银行守住风险底线，加强贷前审查和贷后管理，通过行业自律和联合授信等方式，切实防范客户不正当获取、利用融资便利或优惠条件，避免多头授信或过度授信，防止挪用获得的融资等行为，同时，银行机构还须对应对突发事件金融服务措施的效果与风险状况进行事后评估。总体而言，上述办法“贯彻支持实体经济和维护金融体系稳健相结合、提供便利金融服务和有效防范风险相结合、坚持审慎监管底线和灵活应对突发情况相结合的基本理念”，尤其是“考虑到突发事件往往情形复杂、紧急、多变，《办法》坚持框架性、包容性和原则性的导向，为监管部门和银行保险机构应对突发事件提供全面指引”。③

4. 确立问题银行风险处置框架的政策指引

2019年6月，国家发展改革委会同中国人民银行（以下简称央行）、银保监会、

---

① 《中国银保监会相关负责人就发布〈商业银行净稳定资金比例信息披露办法〉答记者问》，载银保监会网，http://www.cbirc.gov.cn/cn/view/pages/ItemDetail.html?docId=212977&itemId=917&generaltype=0，最后访问日期：2020年10月11日。

② 参见《中国银保监会相关部分负责人就〈银行保险机构应对突发事件金融服务管理办法〉答记者问》，载银保监会网，http://www.cbirc.gov.cn/cn/view/pages/ItemDetail.html?docId=929545&itemId=917&generaltype=0，最后访问日期：2020年10月11日。

③ 同上。

中国证券监督管理委员会(以下简称证监会)等13个中央部委联合下发《加快完善市场主体退出制度改革方案》(发改财金〔2019〕1104号),明确指出应"完善相关法律法规,明确对问题金融机构退出过程中接管、重组、撤销、破产处置程序和机制,探索建立金融机构主体依法自主退出机制和多层次退出路径","建立金融机构风险预警及处置机制。明确风险处置的触发条件,制定退出风险处置预案,丰富风险处置工具箱,建立健全信息共享机制。完善金融机构市场化退出损失分担机制,明确股东和无担保债权人应先于公共资金承担损失"。为有效防范并化解银行体系各类风险,2019年12月,银保监会还在其公布实施的《关于推动银行业和保险业高质量发展的指导意见》(银保监发〔2019〕52号)中进一步强调,应"积极稳妥推进问题金融机构处置。注重统筹规划、协调推进,压实金融机构、地方政府和金融管理部门责任。推动制定并实施恢复与处置计划,把握强化市场纪律、防范道德风险和维护金融稳定之间的平衡。对不同机构,必须分类施策,遵循市场规律,在充分评估潜在影响的基础上稳妥实施,严防出现处置风险的风险。多措并举深化高风险中小机构改革和风险化解,采取不良资产处置、直接注资重组、同业收购合并、设立处置基金、设立过桥银行、引进新投资者以及市场退出等方式。加大资产清收力度,维护机构合法债权,最大限度减少损失。推动建立审慎文化,增强风险意识和合规意识,提升制度约束力和执行力"。这些规范性文件为银行机构的风险处置尤其是破产处置提供了政策指引与框架。

二、银行风险处置新实践:包商银行破产案评述

2019年5月24日,央行会同银保监会依法对陷入严重信用风险的包商银行股份有限公司(以下简称包商银行)实施接管。[①] 这是近20年来中国问题银行接管第一案,从而使银行破产问题再次进入人们视野。虽然央行联手银保监会及时对该问题银行实施了接管,但还是给金融市场带来强烈冲击。近年多在学理上讨论的银行破产危机事件终究是发生了,给银行破产立法优化带来了现实压力。目前,经历一年有余的接管,包商银行破产危机暂告解除,通过最大限度保留其好的

① 参见中国人民银行、中国银行保险监督管理委员会:《关于接管包商银行股份有限公司的公告》,载 http://www.gov.cn/xinwen/2019-05/27/5395040/files/38b6ca29e9d8420597774be85f0c0ec5.PDF。

"营业"并将不良的剩余资产纳入司法破产程序,为未来的银行破产处置提供了实践样本。

(一)包商银行危机事件始末

1998年12月16日,包头市商业银行成立。2007年,包头市商业银行更名为包商银行股份有限公司。其后,明天控股有限公司成为该银行的控制股东("明天系"法人股东持股比例89.27%)。

2019年5月24日,包商银行因严重信用危机(数据显示,2005~2019年,"明天系"关联公司共计违规占款高达1560亿元人民币且都逾期未还,形成不良贷款,不良贷款率达98%)①而被央行、银保监会联合接管(为避免银行挤兑、维护金融稳定,包商银行被接管后,央行与银保监会决定由存款保险基金和央行提供资金先行对约500万户个人存款以及20万个个人理财客户与3万户中小微企业等绝大多数机构债权予以全额保障;同时,为严肃市场纪律尤其是打破刚性兑付,并在兼顾市场主体风险可承受性的前提下,机构类大额债权平均获得90%的金额赔付),②包商银行经营管理权转由接管组行使,建设银行接受委托以托管包商银行的业务。

为避免银行挤兑、阻断危机蔓延、维护市场信心,监管机构采取了进一步的稳定措施,其中包括:(1)接管包商银行当日,央行还独自出资设立存款保险基金管理有限责任公司,注册资本100亿元人民币,经营范围包括:股权、债权、基金投资、管理存款保险基金资产以及存款保险等核心业务。(2)2019年6月2日,央行相关负责人员接受媒体采访,说明包商银行负债偿还方案并强调包商银行危机事件仅系个案。(3)2019年6月9日,银保监会新闻发言人接受《金融时报》记者采访,说明包商银行被接管后各类业务正常办理;同时,央行表示将保持金融市场合理的流动性并向中小银行提供定向支持。(4)2019年6月16日,包商银行接管组公开称包商银行债权收购和转让事宜已告完成,托管第一阶段工

---

① 参见周学东:《中小银行金融风险主要源于公司治理失灵——从接管包商银行看中小银行公司治理的关键》,载《中国金融》2020年第15期。

② 同上;中国人民银行货币政策分析小组:《中国货币政策执行报告(2020年第二季度)》,载http://www.gov.cn/xinwen/2019-08/10/5420319/files/7b2b0c92449d44bc85d748e3a0d09ba3.pdf。

作告一段落。[①] (5)2019年10月,包商银行改革重组工作正式启动,拟为问题银行引入战略投资者,寄望于在不使用公共资金分担损失前提下,以收购股权溢价款抵补包商银行损失缺口,因无战略投资者愿意“接盘”,该市场化收购方案未能成功。其间,为确保包商银行流动性,央行在接受足额优质抵押品前提下向其提供了235亿元额度的常备借贷便利流动性支持。[②] (6)2020年1月,包商银行接管组委托北京金融资产交易所,遴选出徽商银行股份有限公司(以下简称徽商银行)作为包商银行内蒙古自治区外4家分行的收购方;同时,确定新设银行——蒙商银行股份有限公司(以下简称蒙商银行)股东的认购份额和入股价格(央行全资设立的存款保险基金管理有限责任公司、内蒙古自治区财政厅以及徽商银行持股比例分别为27.50%、16.6667%、15%,股权比例位居前三;作为包商银行托管方,建设银行通过其全资子公司建信金融资产投资有限公司持有5%股份)。(7)2020年4月9日,银保监会批准设立蒙商银行;2020年4月30日,蒙商银行完成工商登记;同日,包商银行接管组发布公告,将包商银行核心“营业”分别转让至蒙商银行和徽商银行,其中蒙商银行“承接”包商银行内蒙古地区的全部资产、负债、业务及人员等,包商银行内蒙古地区之外的资产、负债、业务及人员等则由徽商银行承继。

另外,央行发布的2020年第二季度《中国货币政策执行报告》披露,随着接管工作有序推进,包商银行破产危机基本得以化解。尤其值得注意的是,鉴于包商银行已达破产界限(前期资产清查结果表明,包商银行已属严重资不抵债状态),“营业”(业务、资产或负债,下同)转让后“剩余的包商银行”将进入破产程序,以对原股东股权以及对获偿付的债权进行清算。包商银行清算程序的启动标志着我国商业银行危机处置将跨入正式的司法破产程序时代(以前诸如海南发展银行危机事件多以行政关闭模式予以处置而非司法破产程序),具有标志性意义。

---

① 参见陈哲、范效军:《问题金融控股公司的风险处置——基于“安邦系”和“明天系”的案例研究》,载《银行家》2020年第8期。

② 参见中国人民银行货币政策分析小组:《中国货币政策执行报告(2020年第二季度)》,载http://www.gov.cn/xinwen/2019-08/10/5420319/files/7b2b0c92449d44bc85d748e3a0d09ba3.pdf。

（二）包商银行风险处置方案法律分析

1. 监管机构的“行政”接管

通常，在大多数国家银行法以及相关法律中，都会授予监管机构广泛权力，以便监管机构及时针对问题银行采取矫正措施（包括采取非正式矫正措施与正式矫正措施），从而使问题银行满足监管要求。目前，我国已建立相应的危机前监管介入措施。

首先，根据《银行业监督管理法》第34条规定，银保监会可根据审慎监管要求，对问题银行采取如下监管措施：一是直接进入银行机构进行检查；二是询问银行工作人员，要求其对有关检查事项作出说明；三是查阅、复制相关联的文件、资料，对可能被转移、隐匿或毁损的文件、资料予以封存；四是检查银行机构的电子计算机管理业务数据系统等。

其次，银保监会还可根据需要，与银行机构董事、高级管理人员进行监督管理谈话，要求该机构的董事、高级管理人员就本机构的业务活动和风险管理的重大事项作出说明。[①] 一旦发现银行机构违反审慎经营规则（审慎经营规则主要包括风险管理、内部控制、资本充足率、资产质量、损失准备金、风险集中、关联交易、资产流动性等方面的内容）的，银保监会（或其派出机构）就会责令该银行限期改正；若逾期未改正，或者其行为严重危及该银行的稳健运行、损害存款人和其他客户合法权益的，银行监管机构即有权区别不同情况，对未遵守审慎经营规则的银行业金融机构采取递进的监管强制措施，如责令暂停部分业务、停止批准开办新业务；限制分配红利和其他收入；限制资产转让；责令控股股东转让股权或者限制有关股东的权利；责令调整董事、高级管理人员或者限制其权利；停止批准增设分支机构等。[②] 无疑，早期的监管介入对防范或控制银行危机的爆发具有极为重要的意义。

然而，早期监管介入并非灵丹妙药，其不可能杜绝部分银行陷入破产危机。因此，对陷入破产危机的银行机构采取更进一步的监管措施是防范或控制危机蔓延的必然选择。根据《商业银行法》第64条的规定，银行已经或者可能发生信用危机，严重影响存款人的利益时，银保监会可接管问题银行。另根据《银行业监督管

① 参见《银行业监督管理法》第35条。

② 参见《银行业监督管理法》第37条。

理法》第38条的规定,银行业金融机构已经或者可能发生信用危机,严重影响存款人和其他客户合法权益的,银保监会可依法对该问题机构实行接管。本次包商银行即因"严重信用危机"而被央行与银保监会接管,上述规定成为接管的法律依据。接管系我国金融监管机构较常用的一种化解风险事件的措施。近期金融风险处置实践中,除包商银行外,安邦保险集团同样被原保监会依据《保险法》第144条接管,后银保监会依据《保险法》第146条规定决定将安邦保险集团接管期限延长1年。

监管机构采取接管的目的主要是"恢复商业银行的正常经营能力","保护存款人的利益";不过,接管并不导致问题银行原有债权债务关系的变化,①但对问题银行管理层将产生一些不利影响。其中,根据《商业银行法》的规定,自接管之日起,"由接管组织行使商业银行的经营管理权力"。此外,监管机构还有权要求问题银行董事、高级管理人员和其他工作人员按照其要求履行职责,并有权对问题银行管理层采取如下措施:一是直接负责的董事、高级管理人员和其他直接责任人员出境将对国家利益造成重大损失的,可通知出境管理机关依法阻止其出境;二是申请司法机关禁止问题银行管理层转移、转让财产或者对其财产设定其他权利。② 总之,一旦问题银行被接管,其股东及管理层的治理权将受到显著影响。从接管效果看,问题银行最终命运主要有两种:一是破产危机解除,"恢复正常经营能力";二是被合并或被宣告破产,进入正式的破产程序。本次包商银行危机事件中,包商银行已不具备"恢复正常经营能力"的条件,因此,经过"营业"转让后,"剩余的包商银行"将被依法宣告破产(根据《商业银行法》第71条的规定,商业银行经监管机构同意方可宣告破产,并由监管机构等成立清算组予以清算)。

2. 央行的流动性支持

在包商银行危机事件中,央行除作为接管者之外,还作为"银行的银行"(最后贷款人)向处于接管中的包商银行提供贷款援助,即为确保包商银行流动性,央行在接受足额优质抵押品前提下向包商银行提供了235亿元额度的常备借贷便利流动性支持。

根据《中国人民银行紧急贷款管理暂行办法》(银发〔1999〕407号)第2条及第

---

① 参见《商业银行法》第64条第2款。

② 参见《银行业监督管理法》第40条。

3 条规定，央行可向具有法人资格的城市商业银行、城市信用合作社和农村信用合作社提供紧急贷款——“中国人民银行为帮助发生支付危机的上述金融机构缓解支付压力、恢复信誉，防止出现系统性或区域性金融风险而发放的人民币贷款”。另根据《中国人民银行紧急贷款管理暂行办法》第 5 条的规定，受援助机构一般应满足以下条件：(1)在中国人民银行开户行设立“准备金存款”账户，且经批准已全额或部分动用法定存款准备金；(2)当地政府及有关部门对处置借款人的支付风险高度重视，并已采取增加其资金来源以及其他切实有效的救助措施；(3)借款人已采取了清收债权、组织存款、系统内调度资金、同业拆借、资产变现等自救措施，自救态度积极、措施得力；(4)当地政府和组建单位或股东制定的救助方案已经中国人民银行总行或分行批准，并承诺在规定时限内实行增资扩股，逐步减少经营亏损，改善其资信情况，查处违规、违纪行为和违法案件，追究有关当事人的经济、行政或刑事责任；(5)提供了相应的担保；(6)中央银行已实施现场监管等。在本次包商银行危机事件中，央行向其提供流动性支持的目的即在于防范危机恶化进而导致区域性金融风险乃至系统性风险；就受助条件而言，包商银行提供了足额优质的担保品且已处于央行与银保监会的联合接管状态。

传统上，“最后贷款人”机制是金融监管当局向发生暂时流动性困难的银行金融机构提供资金援助，使其渡过危机、避免破产倒闭的一种法律机制，其最终目的是防止特定的暂时流动性危机转化为破产危机继而引发系统性危机。本质上，该机制“源于中央银行发行法定货币的垄断权和中央银行维护金融稳定的法定职责”，“银行的容受挤兑性、挤兑得传递性和挤兑传递所引起的系统风险性是中央银行以最后贷款人贷款的形式维护金融体制稳定的原因所在”。① “最后贷款人”的理论基础由桑顿(Thornton)于 1802 年首次提出，1873 年巴杰特(Bagehet)进一步阐明和深化了这些理论基础，他们指出了该制度的 4 个经典原则：一是作为最后贷款人的中央银行应阻止发生暂时流动性困难但仍有清偿能力的银行陷入破产；二是中央银行紧急贷款应执行惩罚性利率；三是中央银行应向发生危机前抵押物价值良好的银行提供资金通融；四是中央银行应清楚地表明其愿意向危机银行提

① 参见周仲飞：《最后贷款人制度的比较法研究》，载《法学家》2005 年第 3 期。

供贷款。[①] 除了以上的原则外,还有两项颇具代表性的应用规则:一是中央银行的最后贷款人地位是由其自由裁量的;二是不仅需要中央银行对流动性不足或破产进行评估,还要求其对银行破产是否会引发其他银行机构的破产进行评估。[②] 汉弗莱(1985 年)与梅尔泽(1986 年)则进一步总结和发展了巴杰特的思想。[③] 2008 年全球金融危机后,最后贷款人机制再次成为理论研究的热点,理论界对其中的利率政策、抵押品政策、建设性模糊政策、救助对象的选择等展开了进一步讨论。更重要的是,相较于传统的最后贷款人救助原则,最后贷款人机制关注的焦点开始从援助特定的问题金融机构移转至为整个市场提供流动性。[④] 此外,创建或完善国际或区域性最后贷款援助机制已渐成为一个新趋势。[⑤]

作为一种防范性监管措施,最后贷款人机制一般具有如下法律特征:第一,一国法律往往规定,最后贷款救助的对象是仍具偿付能力且未进入破产程序的危机银行,从而决定了该制度只是一国银行破产法律体系的"序幕";第二,在实施方式上,最后贷款人机制往往是由一国的中央银行通过抵押贷款或票据贴现等方式来实施,且法律规定的流动性支持的时间具有短期性的特征;第三,中央银行流动性支持的非强制性,即一国的法律往往会赋予中央银行自由裁量权,但中央银行在决定是否实施最后贷款援助时,一般要考虑出现流动性危机的银行机构的规模和银行业面临的风险、特定市场的风险、金融中心的声誉等因素。[⑥] 最后贷款援助是中

---

① See Thornton, *An Enquiry into the Nature and Effects of the Paper Credit of Great Britain* (1802) *and W. Bagehet*, *Lombard Street*: *A Description of the Money Market* (1873), in Rosa M. Lastra and Henry N. Schiffman, Bank Failures and Bank Insolvency Law in Economic in Transition, Kluwer Law International Ltd, 1999, p.23. "最后贷款人"机制自形成之初即饱受争议,争议的焦点就是围绕巴杰特等提出的四项经典原则,即到底应采取惩罚性利率还是优惠利率,是救助缺乏流动性机构还是包括丧失清偿力机构,是采取建设性模糊还是明确声明实施救助等。相关分析可参见刘亚莉、周峰:《最后贷款人理论变革及对我国金融监管的启示》,载《国际金融研究》2019 年第 9 期。

② See Rosa M. Lastra, *Central Banking and Banking Regulation*, in Rosa M. Lastra and Henry N. Schiffman, Bank Failures and Bank Insolvency Law in Economic in Transition, Kluwer Law International Ltd, 1999, p.23.

③ 参见孙天琦、刘社芳:《最后贷款人理论发展综述及对我国的启示》,载《上海金融》2007 年第 7 期。

④ 参见刘亚莉:《最后贷款人理论变革及对我国金融监管的启示》,载《国际金融研究》2019 年第 9 期。

⑤ 相关分析参见汤凌霄:《国际最后贷款人研究进展》,载《经济学动态》2018 年第 11 期;苏醒侨:《危机后欧元区最后贷款人机制最新发展研究》,载《上海金融》2019 年第 6 期。

⑥ See Rosa M. Lastra and Henry N. Schiffman, *Bank Failures and Bank Insolvency Law in Economic in Transition*, Kluwer Law International Ltd, 1999, p.25.

央银行信用的直接表现形式,它的信用使其特别适合作为最后贷款人应对银行的紧急情势。

通常,当银行机构因流动性问题引发银行破产甚至诱发系统性危机时,或因公众信心普遍丧失继而引起其他良好银行机构破产风险时,一国中央银行将会以最后贷款人的身份提供援助,但如果中央银行认为危机是独立的或易于遏制,它或将不会提供紧急援助。尽管最后贷款援助在防范系统性危机方面具有重要的功能,但其也有明显局限性。首先,可能诱发道德风险,此举可能促使银行经营者和股东为获得更多救助补贴而去冒更大的风险,而且央行或其他最后贷款人向问题机构提供资金的可能性降低存款人监督金融机构经营行为和业绩的积极性,并且由于救助是对所有存款人提供隐性保险,这也会削弱银行同业监督的积极性。① 其次,可能使政府面临通胀压力与风险。通常,遭受流动性问题困扰的金融机构资产的价值往往超过其债务,但其无法迅捷地变现资产以满足支付短期债务的需要;而资本充足率低的金融机构在资产价值迅速下降或其债务突然增加时,即使其资产能迅速变现也无法满足其支付债务的需求。由此,破产将不可避免地发生。② 在这种情况下,中央银行注资或者监管容忍也不是完全没有可能令银行起死回生,但该做法可能会与货币政策相冲突,因为中央银行大规模货币投入会增加货币供应量,若有几家银行同时发生问题,这样的做法会带来通货膨胀的压力。③ 最后,对市场秩序产生负面影响。严格地说,最后贷款人机制并不符合市场经济原理,其可能造成不公平的竞争优势。若银行危机不是因为整体经济形势恶化而引起,只是因自身经营管理不善而导致了流动性困难或破产危机的,本应受到市场力量的惩罚。不过,在本次包商银行危机事件中,央行流动性支持的道德风险有限,毕竟,包商银行即将进入司法破产程序,其主体地位将因清算程序而归于消灭。

比较而言,央行作为“银行的银行”介入银行危机事件的法律框架有待进一步完善。比较法上,多数国家均通过法律对央行或其他机构的最后贷款予以规范。在我国,根据《中国人民银行紧急贷款管理暂行办法》第 2 条的规定,央行仅可向具

---

① 参见孙天琦、刘社芳:《最后贷款人理论发展综述及对我国的启示》,载《上海金融》2007 年第 7 期。

② See CRS Report RL34730, the Emergency Economic Stabilization Act and Current Financial Turmoil: Issues and Analysis, by Baird Webel and Edward V. Murphy.

③ 参见王楠:《我国银行破产法律制度问题研究》,载《法学家》2007 年第 4 期。

有法人资格的城市商业银行、城市信用合作社和农村信用合作社提供紧急贷款。但上述暂行办法只是部门规章，援助对象狭窄，援助条件也有待进一步完善。鉴于最后贷款援助对防范危机恶化、控制风险无序蔓延均具有显著的意义，因此有些国家扩大了央行的援助对象，如美联储已不再局限于救助传统的银行机构，而是把援助对象扩展到那些具有系统性影响的非银行金融机构。2008 年金融危机期间，美联储即根据《联邦储备法》“沉睡”多年的第 13 条第 3 款向陷入困境的美国国际集团（American International Group，AIG）等大型非银行金融机构提供流动性支持。①我国央行是否应向更大范围的金融机构提供危机之际的流动性支持，是未来金融危机立法中应予考虑的重要问题之一。

3．“营业”转让②（资产剥离与承接交易）

2020 年 4 月 30 日，包商银行接管组发布《关于包商银行股份有限公司转让相关业务、资产及负债的公告》。根据该公告，经央行及银保监会等监管机构批准，包商银行将主要“营业”分别转让给徽商银行以及新设的蒙商银行，其中，蒙商银行承接包商银行总行及内蒙古区内分支机构的以下业务：（1）存款、贷款、信用卡等个人业务；（2）个人理财产品和对公理财产品；（3）对公存款业务、同业负债业务；（4）对公贷款业务、保函与信用证以及银行承兑汇票等表外业务，在内蒙古自治区内注册的表内外投资的非标准化债权类资产和权益类资产；（5）托管业务及内蒙古自治区内各分支机构的中间业务；（6）包商银行的股权投资。除此之外的业务，即包商银行在内蒙古自治区外各分支机构的个人业务、对公存款业务、同业负债业务、注册地在区外的表内外投资的非标准化债权类资产和权益类资产以及区外各分支机构的中间业务（包括代销国债、保险、基金、信托及其他资管产品业务，委托贷款业务及现金管理业务）等则由徽商银行承接。类似的“营业”转让风险处置方案此前还被用于安邦保险集团的危机处置（2019 年 6 月 25 日，经银保监会批准，新设的大家

---

① 美国《联邦储备法》第 13 条第 3 款规定：“非常及紧急情形下，如果有证据表明任何个人、合伙企业或公司无法从其他银行机构获得足够的信用融资……联邦储备系统董事会经不少于五个成员的投票同意，可授权任何联邦储备银行……向任何个人、合伙企业或公司……进行贴现。”

② 作为破除政府援助道德风险的一项破产解决方案，“营业”转让是 2008 年金融危机后很多国家引入的银行破产立法重要危机处置工具之一，旨在确保关键金融功能不致因问题金融机构的退出而中断。相关分析参见 M Haentjens，“Party Autonomy，Public Policy and European Bank Insolvency Law”，Hazelhoff Research Paper Series No. 7，available at http://papers. ssrn. com/abstract－2608903；Matthias Lehmann，*Bail-in and Private International Law*：*How to Make Bank Resolution Measures Effective*，*across Borders*，66 Int'l & Comp. L. Q. 107，108－109（2017）。

保险集团有限公司注册成立，其后不久，大家保险集团有限公司受让安邦人寿、安邦养老和安邦资管股权，并设立大家财险，承接安邦财险的合规保险业务、资产和负债。经过该等“营业”转让后，安邦保险集团股份有限公司于2020年9月14日召开股东大会并达成解散公司的决议）。

采用颇具市场化意味的“营业”转让，是本次包商银行风险处置（包括安邦保险集团危机管理）中的一项成功经验（目前，我国银行立法中未及明确规定“营业”转让完整的法律框架，①包商银行接管组更多是借鉴了国际金融风险处置中的惯常做法——从国际层面上，“营业”转让是比较常见的问题金融机构处置方案，不少国家的立法中也都有相应规定）。鉴于银行的特殊性，将问题银行清算了事并非首选，清算前进行危机干预更为重要。此种市场化的风险处置方案的优势在于：第一，可通过引入第三方金融机构从而减少公共资金介入，避免向市场主体传递错误激励——只要发生危机，监管机构就会施以援手，进而破除银行不能破产的迷思；第二，通过购买与承接交易，问题银行“关乎全局功能”——关系局部乃至整个金融体系稳定的“营业”——得以保留，有助于避免银行挤兑、防范系统性风险发生；第三，较之于冗长的司法程序，“营业”转让体现了效率优势，有助于快速阻断风险蔓延。有时，单独引入第三方金融机构承接问题银行“营业”可能存在困难或无力化解危机，需借助新设金融机构承接问题银行部分或全部“营业”，这同样是域外不少国家金融风险处置的惯常做法之一。例如，英国2009年银行破产法即授权英格兰银行新设过渡银行受让问题银行全部或部分“营业”。本次包商银行危机，新设的蒙商银行即参与了包商银行核心“营业”的受让。

通常，在问题银行“营业”转让过程中，公共资金介入不可避免：一是新设的过渡机构的资金往往来自央行资金（央行全资设立的存款保险基金管理有限责任公司是蒙商银行第一大股东）；二是作为存款保险基金的管理者，于危机之际设立的存款保险基金管理有限责任公司根据《存款保险条例》第18条规定向蒙商银行、徽商银行受让包商银行“营业”提供了资金支持（《存款保险条例》第18条规定，存款保险基金可用于“为其他合格投保机构提供担保、损失分摊或者资金支持，以促成其收购或者承担被接管、被撤销或者申请破产的投保机构的全部或者部分业务、资

---

① 我国《银行业监督管理法》第38条仅是原则性规定，“银行业金融机构已经或者可能发生信用危机，严重影响存款人和其他客户合法权益的，国务院银行业监督管理机构可以依法对该银行业金融机构实行接管或者促成机构重组，接管和机构重组依照有关法律和国务院的规定执行”。

产、负债”),以促成两家银行承接相应业务并确保问题银行关键功能继续运行。作为对公共资金使用的限制,立法者通常要求使用公共资金时遵从成本最小化原则。例如,我国《存款保险条例》第18条第2款规定:“存款保险基金管理机构在拟订存款保险基金使用方案选择……应当遵循基金使用成本最小的原则。”不得不说,减少或控制公共资金介入时的道德风险是金融风险处置立法中的重点与难点,其中,如何破除“太大不能倒”、“太重要不能倒”或者“太复杂不能倒”的迷思一直是一项严峻挑战。① 因此,如何在确保问题金融机构“关乎全局功能”得以保留前提下,打破银行不能破产的迷思是未来银行立法亟须解决的难题。

4.“剩余的包商银行”的清算

据央行2020年第二季度《中国货币政策执行报告》披露,包商银行主要“营业”经过购买与承接交易实现了有序分离及继续运行,但包商银行债权人持有的未由存款保险基金提供保障的债权仍保留在“剩余的包商银行”,该“剩余的包商银行”将被提起正式的司法破产程序,从而对上述未获赔付债权以及问题银行的股东股权等进行清理。这将是我国首个正式进入司法破产程序的银行破产案件。1998年,陷入破产危机的海南发展银行适用的是行政关闭而非司法破产程序。应该说,允许问题银行进入清算程序意义重大,银行不能破产的神话或将自此破灭,一直以来多数人认为的不会发生银行破产或不应让银行破产的认知将被打破,这对抑制银行等金融机构无所顾忌地从事高风险行为、要求银行自身乃至其股东自负其责具有重要意义。

其实,对于银行破产,现已有相应的原则性规定。首先,根据《商业银行法》第71条第1款的规定:“商业银行不能支付到期债务,经国务院银行业监督管理机构同意,由人民法院依法宣告其破产。商业银行被宣告破产的,由人民法院组织国务院银行业监督管理机构等有关部门和有关人员成立清算组,进行清算。”其次,根据《企业破产法》第134条的规定,银行等金融机构若不能清偿到期债务并且资产不

---

① 2008年金融危机表明,不少国家处置问题金融机构时面临艰难选择:是利用公共资金援助问题金融机构从而承担由此导致的道德风险,还是遵从市场规律、放任不管从而冒危机恶化的风险。“太大不能倒”金融机构带来的挑战是:因对政府援助的预期从而不节制地从事高风险业务,进而把经营失败或破产风险成本“社会化”。金融危机后,如何克服这一困局已成为很多国家金融危机立法的重要课题,立法者既要避免被大型银行等金融机构“绑架”,又要尽力确保支付系统等关键金融功能的持续性。See Matthias Lehmann, *Bail-in and Private International Law: How to Make Bank Resolution Measures Effective, across Borders*, 66 Int'l & Comp. L. Q. 107, 108 (2017).

足以清偿全部债务或者明显缺乏或丧失清偿能力的，金融监管机构可向法院提出对该等问题机构进行重整或者破产清算的申请。这些规定不仅为银行破产提供了初步的法律框架，而且为制定“系统完整的金融机构破产制度奠定了合法性基础”。[①] 较之于一般的商业企业，银行机构在一国经济体系中扮演着不可或缺的角色，乃至关系到整个经济体系的健康运行。或因如此，是否允许问题银行彻底退出市场的决定权从来都是掌握在银行监管机构手中，而非债权人。例如，我国银行法与破产法一致规定：问题银行进入破产程序，应先获得金融监管机构（银保监会）同意或由其向法院申请启动针对问题银行的重整或清算程序。这一规定体现了银行破产的审慎性与专业性，毕竟，普通债权人甚少或几乎不会考虑银行等金融机构破产危机的外溢性风险，如银行挤兑乃至更大范围的系统性风险等。

值得一提的是，《存款保险条例》的施行已预示着银行破产将成为现实，现今的包商银行破产为此提供了注解。作为一项重要的配套制度，存款保险机制为银行破产提供了相应的制度支持，尤其是小额银行债权的赔付对避免银行挤兑意义重大。为降低道德风险，《存款保险条例》要求银行机构根据基准费率以及风险差别费率向新设的存款保险基金管理机构投保存款保险，并于银行破产危机发生时（包括投保银行被存款保险基金管理机构接管或由其负责被撤销投保银行的清算以及投保银行向法院申请破产等情形），向投保银行之小额存款人进行限额赔付（最高赔付限额为50万元，[②]本次包商银行危机，设立不久的存款保险基金首次发挥了作用）。另外，《存款保险条例》第15～17条规定，存款保险基金管理机构（包商银行危机事件后，央行全资设立存款保险基金管理有限责任公司作为存款保险基金管理机构）并非纯粹的“付款箱”，而是承担部分监管职责，包括早期纠正与风险处置职责，例如：（1）在发现投保银行存在资本不足等影响存款安全情形时对其提出风险警示；（2）当投保银行资本充足率大幅下降并危及存款与存款保险基金安全时可要求该机构补充资本、控制资产增长、降低杠杆率等；（3）发现投保银行机构陷入信用危机时，向银行监管机构提出危机监管建议等。这些规定将强化存款保险基金

① 参见张世君：《我国金融机构破产制度的反思与重构》，载《经贸法律评论》2019年第1期。

② 研究表明，《存款保险条例》目前所设定的50万元的赔付额度已涵盖存款总额的46%，能为全国99.6%的存款人提供全额保护。然而，“50万的限额已处于增加银行风险的区域，不利于存款保险制度稳定效应的发挥，政策制度者未来应根据我国实际情况，适时调整保险额度”。参见赵胜民、陈蓓：《存款保险制度能够降低银行风险吗——基于116个国家面板数据的研究》，载《国际金融研究》2019年第7期。

管理机构作为金融安全网一部分的法律地位。总之,一套制定良好的存款保险制度对控制银行危机恶化、防止银行挤兑至关重要。

三、银行破产处置立法的未来展望

目前,我国关于问题银行处置的法律规定,只是散见于一些部门法或行政法规中(没有相应的专门立法,通过专门立法处置问题银行是金融市场发达的国家的普遍做法,如历来将普通破产法适用于银行破产的英国于2009年金融危机之际制定了专门的银行破产法并采用针对问题银行的特别处置制度;德国通过专门立法规定了适用于银行破产的特别制度),法律层面上主要有《商业银行法》(1995年)、《银行业监督管理法》(2003年)、《企业破产法》(2006年)等;行政法规及部门规范性文件主要包括《金融机构撤销条例》(2001年)、《存款保险条例》(2015年)等。现行立法表明,商业银行破产立法较不成熟,一般(破产)法并未充分考虑商业银行破产的特殊性,不能对商业银行破产完全适用。而商业银行破产的特殊规则不仅极为零散,不成体系,而且规定缺乏可操作性。[①] 例如,从严格意义上说,本次包商银行通过"营业"转让化解风险的解决方案并无明确的法律框架。正因如此,国家发展改革委、最高人民法院、司法部、财政部、国资委、中国人民银行、银保监会、证监会以及人社部等13个中央部委联合下发的《加快完善市场主体退出制度改革方案》(发改财金〔2019〕1104号)强调:"完善金融机构资产、负债、业务的概括转移制度。依托存款保险制度和保险保障基金、证券投资者保障基金、信托业保障基金等相关行业保障基金,进一步完善金融机构强制退出时的储蓄存款合同、保险合同、证券业务合同、资产管理业务合同、信托财产和信托事务等各类合同和业务的转移接续。"

其实,对于银行破产危机,需从系统性影响、风险快速阻断与控制等价值立场出发,强调效率而非正式司法破产程序所强调的公平,并据此确立更具针对性且更加高效的破产解决方案。正因如此,英美等国银行破产立法,尤其是英国《2009年银行法》,不仅明确规定银行破产立法的政策目标,并在该目标统领下,从问题银行

---

① 参见杨松等:《银行法律制度改革与完善研究——调控与监管的视角》,北京大学出版社2011年版,第342页。

破产前介入(如英格兰银行采取的将问题银行部分或全部"营业"——股份或资产,包括负债——出售给私人机构或由其设立的"桥梁银行"承继),到问题银行重整与清算以及英国财政部的国有化措施,赋予银行监管机构明确的危机处置权,确立了一整套较为完整的问题银行处置法律框架。这些对我国也都具有相应的启发或借鉴意义。

截至目前,我国虽尚未发生大规模系统性风险,但随着金融业开放持续推进,金融市场激烈竞争态势逐渐形成,单个或多个金融企业竞争失败在所难免。包商银行危机表明,银行破产事件并非理论上的臆测。一个个不经意的危机事件,如果在立法上应对失据包括对危机处置的懈怠或延误,都可能导致连锁式的风险蔓延。正如学者所言,缺乏处置金融企业尤其是银行破产法律框架是加剧金融危机的重要因素之一。① 为此,有必要进一步完善现有银行破产法律框架,这对防范或减少系统性风险、保护公众对银行业的信心、促进银行业的良性竞争具有重要意义。

(一)银行破产立法例

银行破产究竟是适用普通破产法还是专门的银行破产法历来是一个颇具争议的理论问题。

赞成制定专门银行破产法的人认为:首先,银行是经济信用的提供者,为确保银行业稳定,监管者有必要对银行业保持谨慎的监管,在银行危机刚现端倪之际,监管者就有必要介入,其应被授予早期的干预权力;其次,遭遇银行失败时,监管者作出"是否已经支付不能",或"是否进行重组及清算"更加恰当,法院虽能很好地处理经由债权人或债务人提起的普通破产程序,但在银行破产方面,法院对系统性金融风险等问题的评估面临严峻挑战(普通破产程序中法院通常不需考虑单个企业破产的系统性影响),而任何的程序拖沓对银行破产而言或许都将是致命性的;再次,银行破产法多以监管者为中心,强调对系统性金融风险的控制与防范(倾向以注资或提供政府担保等方式来平抑危机),普通破产程序则强调债权人与债务人的平等对待,追求的是个案的公平与公正;最后,银行破产法中一个重要的考虑因素是充分保护存款人利益,通过对众多存款人利益的优先保护来避免银行挤兑,切断

① 参见[美]卡尔-约翰·林得格林:《金融部门危机与重组——亚洲的经验教训》,康以同等译,中国金融出版社2000年版,第51页。

风险的蔓延。[①] 总之,对于银行破产而言,“不仅需要能够防止银行破产的特殊监管制度,而且还应该有一个有效的制度尽量避免银行倒闭”。[②]

相反,认为银行破产应适用普通破产法的人认为:首先,无论是银行破产,还是普通公司破产,两者处置原则并无二致,只是主体稍有不同而已;其次,破产程序中,各种不同经济活动的特殊性已经降低,而保护债权人利益、破产保护、破产救济等共同特性增加了,对破产财产的界定、权利主张的核实、优先权的适用、财产的清理及分配等,很大程度上与公司清算相同。[③] 尽管如此,在立法实践中,仍有越来越多国家规定银行破产不适用一般的公司破产法而是适用特殊规定,这样做的原因在于:银行对于经济的重要性以及银行破产对其他经济领域显著的负面影响,银行破产通常被认为是特殊的,完全不同于其他公司。[④] 最新的例证便是英国。在英国,因受美国次贷危机冲击,该国第五大抵押贷款机构——北岩银行危机一度引发挤兑风潮。英国的危机处置实践同时表明,在宏观政策目标层面,银行破产适用普通破产法存在明显的局限性:普通破产法着眼于个案,追求的是平等对待债权人和债务人的利益,无法顾及银行破产的特殊性,尤其是无法兼顾公众信心的维持、系统性危机防范与金融稳定等银行破产监管目标的实现。正因如此,普通破产法授予银行监管当局干预问题银行的权力有限,在破产界定、早期干预、破产解决方案等方面没有对监管当局进行充分而明确的授权。[⑤]

比较各国立法,一个明显趋势是,越来越多国家采用了针对银行破产的特殊处置制度。例如,2008 年金融危机后,英国与德国接连制定了专门的银行破产制度。比较而言,英国银行破产立法例更具有参考意义:一方面,英国银行破产首先适用《2009 年银行法》;另一方面,该专门的银行破产法并未从根本上改变英国普通破产

---

① See Henry N. Schiffman, *Legal Measures to Manage Bank Insolvency in Economies in Transition*, in Bank Failures and Bank Insolvency Law in Economies in Transition (Rosa M. Lastra and Henry N. Schiffman, editors), Klumer Law International, 1999, p. 88 - 89; Eva H. G. Hüpkes, Insolvency—Why a Special Regime for Banks?, http://www.imf.org/external/np/leg/sen/2002/colmf/eng/ Hüpkes/pdf.

② 参见[瑞士]艾娃·胡普凯斯:《比较视野中的银行破产法律制度》,季立刚译,法律出版社 2006 年版,第 31 页。

③ 同上书,第 16~17 页。

④ See Robert R. Bliss and George G. Kaufman, *U. S. Corporate and Bank Insolvency Regimes: A Comparison and Evaluation*, 2 Va. L. & Bus. Rev. 143, 147 (2007).

⑤ 参见解正山:《金融稳定与存款人保护——英国银行法破产法改革及其借鉴意义》,载《金融论坛》2011 年第 11 期。

法与公司法中关于管理及清算程序及其效力以及管理人与清算人的一般性权力与职责，只是作了必要的修订，新的银行破产框架“力图尽可能地遵从现有破产法律及实践，以便银行破产处置与普通的破产清算保持一致”。[①] 我国已有相对完善的普通破产法，且《企业破产法》第134条第2款规定，金融机构破产时，国务院可根据《企业破产法》和其他有关法律的规定制定实施“办法”（此种立法用意很大程度上将银行等金融机构破产纳入现行破产法律体系，同时也意识到金融机构破产处置特殊性并期望制定另外适用的专门制度）。更重要的是，包商银行危机处置已先通过监管介入快速阻断风险蔓延并以“营业”转让等稳定措施化解风险，最终将问题银行不良资产纳入破产清算之中，初步形成了问题银行“危机管理（重整）与清算”并行且以行政性管理程序为主的模式。如果说现有立法为未来银行破产立法提供了“通道”，那么，当前的问题银行处置实践则为立法选择提供了实践基础。

（二）银行破产法律框架核心内容的完善

银行破产法律框架的优化方面，主要应考虑以下几个方面：

1. 破产申请人

关于破产申请人，域外国家多规定由银行监管机构启动破产程序。如英国《2009年银行法》规定，英格兰银行排他性享有问题银行重整申请权（英国《1986年破产法》曾规定银行或其董事、债权人亦可提出重整申请），清算令的申请则由英格兰银行、审慎监管机构及国务大臣向法院提出。我国也宜采用监管机构申请启动破产程序的模式。这不仅与立法体例选择相符，而且与我国的现有制度相吻合（现有立法都是授权监管机构实施接管或提出破产申请）。更重要的是，这可增加银行破产程序启动上的审慎性与专业性。相反，若允许问题银行自身或其债权人提出破产申请可能损害市场信心或银行信誉；况且，银行债权人分布广泛难以采取一致行动，这些都不利于保护银行资产并将损害债权人的总体利益。[②]

2. 破产原因

关于破产原因，各国银行破产法规定主要有以下三种标准：流动性标准、资产

---

① See Roman Tomasic, *Creating a Template for Banking Insolvency Law Reform after the Collapse of Northern Rock: Part Ⅱ*, Insolvency Intelligence, Vol. 22, Issue 6, 2009, p. 83－84.

② 参见苏洁澈：《英美银行破产法述评——以银行特殊破产制度为中心》，载《环球法律评论》2013年第2期。

负债表标准与监管性标准。三种标准各有优劣,如完全“适用现金流标准会不合理地扩大商业银行破产的范围”,对“金融稳定极为不利”,而“商业银行资本负债本身浮动难以确定,因此赖于资产与负债比较的资产负债表标准就难以准确地反映银行的真实经营状况”。[①] 至于监管性标准,大多数银行法赋予了银行监管机构广泛的裁量权,由其决定在银行经营状况达到何种程度时可采取措施,以及决定问题银行何时已处于信用降低状况,而不论银行是否存在完全丧失清偿能力或其他一些反映银行陷入困境的症状。[②] 监管性标准可确保监管当局尽早介入,以将存款人和存款保护机构的损失降到最小(在监管性标准下,银行监管机构一般不会考虑:银行是否存在完全丧失偿债能力的危险;银行是否还能正常营业;银行是否处于异常严重、危及其自身资产的状况,也不管其稳定性、流动性、可支付能力究竟如何;银行是否正处于金融困境当中,而这种困境的严重程度和持续时间的长短给其偿付能力带来重大风险;银行监管机构是否已察觉到危及或可能危及信用机构支付能力和流动性的其他征兆;谨慎监管是否已经失败,是否已严重损害存款人利益;在银行监管机构看来,银行是否能偿付到期债务;银行是否存在中止支付的风险;是否存在不利于存款人和债权人利益的行为或者状况;银行是否拥有充足资金以保护存款人和债权人;银行的账面资产是否令人满意;是否出现公众对银行丧失信心的状况或其财务状况受到严重削弱和威胁;银行的监管资本达到什么程度或者正以某种方式被侵蚀,可能危害到存款人和债权人)。[③]

综上,我国可兼采流动性标准、资产负债表标准及监管性标准(以前两种标准为主),并由银行监管机构进行实质性监管判断。增加监管性标准主要是考虑银行失败有可能对公众产生全面影响,且银行失败的风险将会全部或部分地转嫁给政府(纳税人)或由存款保护机构来承受。为了公共利益,在银行真正破产之前,银行监管机构尽早介入就显得尤为必要。只有这样,才能避免损失的发生。[④] 英国

---

① 参见杨松等:《银行法律制度改革与完善研究——调控与监管的视角》,北京大学出版社2011年版,第386页。

② 参见[瑞士]艾娃·胡普凯斯:《比较视野中的银行破产法律制度》,季立刚译,法律出版社2006年版,第12页。

③ 同上书,第12～13页。

④ See G. N. Olson, *Government Intervention: The inadequacy of Bank Insolvency Resolution-Lessons from the American Experience*, in Bank Failures and Bank Insolvency Law in Economies in Transition (Rosa Maria Lastra and Henry Schiffman), Kluwer Law International Ltd., 1999, p. 117.

《2009年银行法》即采用了混合型标准。根据《2009年银行法》的规定，审慎监管机构一旦认定银行已经或可能无法满足《金融服务与市场法》中规定的准入条件(如流动性、资本充足率以及风险管理等方面的监管要求)，且如果不采取监管措施，银行就无法重新满足上述准入条件，英格兰银行即可对问题银行采取监管行动(其中英格兰银行提出破产管理令或清算令的条件之一就是问题银行"不能清偿其债务"或"可能丧失清偿能力"或"对银行进行清算符合公平原则")。① 在美国，下列情况(一个或多个)将被认为是破产原因：银行机构资产低于其对债权人及其他人的所负债务；正常经营状况下，银行机构不能偿还债务或满足存款人的需求；银行机构遭受的损失或将要遭受的损失使其丧失全部或几乎全部资本。即使银行未达到无偿债能力的状况，但若出现一个公历年度严重资不抵债持续时间达270日时，也被视作严重资不抵债，银行监管机构将任命破产管理人。②

3. 流动性危机干预

一般认为，银行若有合格票据可以抵押或贴现，可通过正常渠道融通资金。然而，有时候银行可能遇到无法预料的事态，使之无法通过上述方式获得流动性资金，从而威胁其清偿到期债务的能力。这些突发事态可能是由宏观经济状况，如货币危机或某个金融机构倒闭所引发的公众信心的突然丧失等情形所引起的，银行对此无能为力，从而阻断其通过同业拆借市场获得流动性资源，最终导致挤兑，使银行面临灾难性的流动性亏空。银行从事风险业务，就应该预料到有可能面临破产，因此，问题并非要考虑是否允许一般的银行破产，而是应考虑若一家银行具有特殊性，那么它是否应该破产或它是否应获得中央银行的最后贷款援助。③ 因此，应考虑银行等金融机构破产是否会危及金融体系的完整性与安全性。如果某个金融机构破产被认为会引起银行金融机构挤兑或该机构是整个金融体系不可或缺的部分，此时，金融监管当局的介入就尤为必要。显然，最后贷款援助的出发点在于

① 相关分析可参见解正山：《系统重要性金融机构监管法律问题研究》，中国政法大学出版社2017年版，第67~68页。

② See Henry N. Schiffman, *Legal Measures to Manage Bank Insolvency in Economies in Transition*, in Bank Failures and Bank Insolvency Law in Economies in Transition 9 (Rosa M. Lastra and Henry N. Schiffman, editors), Kluwer Law International, 1999, p. 98.

③ See Tobias M. C. Asser, *Legal Aspects of Regulatory Treatment of Bank in Distress*, International Monetary Fund, 2001, p. 21.

控制系统性危机,或是因问题银行"太大不能倒"的考虑。[①] 可以看出,当银行金融机构因流动性问题引发银行破产甚至诱发系统性危机时,或因公众信心普遍丧失继而引起其他良好银行机构破产风险时,中央银行将会以最后贷款人的身份提供援助,但如果中央银行认为危机是独立的或易于遏制的,将不会提供紧急援助。

但是,最后贷款援助也有自身的局限性,如上文提及的容易诱发道德风险、通货膨胀风险或导致不公平的金融竞争优势等。[②] 为此,首先,立法上可考虑明确中央银行的最后贷款人地位;其次,明确提供流动性支持的对象范围、条件与程序,尤其是针对大型银行以及包括"影子银行"在内的非银行机构的最后贷款援助更应审慎考虑。鉴于央行作为最后贷款人向问题机构提供流动性支持一直存在争议,[③] 2008 年金融危机后,部分国家的最后贷款援助的条件更加严格了。例如,在美国,2010 年《多德 – 弗兰克法》对此类政府救助行为进行了严格限制。根据规定,美联储被允许在金融系统不稳时为运营良好的银行或具有系统性影响的金融交易提供资本支持,但任何紧急贷款计划须经财政部部长批准,且不应针对个别银行,同时贷款还必须有充分的担保。此外,联邦存款保险公司(Federal Deposit Insurance Corporation,FDIC)对银行的债务担保同样受到了严格限制:FDIC 仅在可能出现系统性风险威胁时,才可向有清偿能力的参保银行提供担保,且应经美联储、财政部同意,总统向国会申请后方可实施;同时,由此引起的一切成本均应由受担保银行承担。[④]

4. 破产危机处置程序

银行危机处置程序的选择关涉监管当局与司法机构之间的权力分配,问题本质在于是要建立以监管机构为主导的行政程序,还是以法院为主导的司法程序。

---

① 所谓"太大不能倒",是指一家银行如果足够大,政府应采取必要的措施防止其破产,即由政府通过某种形式保护所有存款人的利益,同时也使银行债权人的利益受到保。参见 Rosa M. Lastra and Henry N. Schiffman, *Bank Failures and Bank Insolvency Law in Economies in Transition*, Kluwer Law International, 1999, p. 14。

② 关于最后贷款人机制局限性的进一步分析,可参见 Kathryn Judge, *Guarantor of Last Resort*, 97 Tex. L. Rev. 707 (2019)。

③ See Nadav Orian Peer, *Negotiating the Lender of Last Report: The* 1913 *Federal Reserve Act as a Debate over Credit Distribution*, 15 N. Y. U. J. L. & BUS. 367 (2019).

④ 参见 § 167 of Dodd-Frank Wall Street Reform and Consumer Protection Act, H. R. 4173;伏军:《论银行"太大不能倒"原则——兼评美国〈2010 华尔街改革与消费者保护法案〉》,载《中外法学》2011 年第 1 期。

其实,两种方案各有优劣。前者合理之处在于:金融监管机构具有比法院更专业的危机评估能力,市场准入及随后的市场行为监管是由监管当局负责的,其更有资格与能力判断金融机构是否满足准入条件或是否达到破产界限。由此一来,可提高解决问题的效率、迅速支付储户的存款、控制金融系统风险,快速处置破产银行问题对维护公众的信心有重大帮助,而且会切断银行危机的传播链。[①] 当然,在实践中,此种程序也有缺陷:对权利进行变更的决定是由行政机关而非法院作出的。相反,司法程序的优势在于其司法权威性,这对采取限权措施以及出售财产或变更所有权等重要事项尤为重要。在这个制度下作出的任何决定都有必要的执行和惩罚机制予以支撑,正当程序在任何时候都能得到全面使用,它还具有终局性和完整性的特点。[②] 只是,正式的司法程序耗时费力,其因追求程序正义与公平而难以快速地化解危机,若银行储户等中小债权人无法及时获得赔付或风险难以及时阻断,势必减损公众对银行的信心,进而可能引发挤兑乃至风险的持续蔓延。[③]

鉴于上述两种方案各有优劣,折中主义实践开始出现,即赋予金融监管机构尽可能多的行政裁量权,但一些法定的重大决定应经过法院的批准或确认,从而把快捷性、灵活性与权威性、有效性结合起来。一个最新的例证就是英国。英国《2009年银行法》就力图修正此前一直适用的司法程序(改革前,英国银行破产适用普通破产法中的管理或清算程序),转而赋予监管机构(英格兰银行)在银行危机处置中更大的裁量权。据此,监管机构可迅捷采取措施处置问题银行,且在具体解决方案的选择享有更多自主权(如英格兰银行可选择设立"桥梁银行"受让问题银行全部或部分"营业")。同时,对诸如重整与清算等重大事项的决定则交由法院定夺(如法院对英格兰银行就转让部分"营业"后的"剩余银行"的重整或清算申请的最终审查权),体现了一种新型的行政权与司法权的均衡,实现了两种权力的对接与制约,最终将破产前干预与司法重整或清算有机地结合。实际上,本次包商银行危机事

① 如果按照一般的破产程序,由债权人会议选任破产财产管理人并实施控制,在实践中是难以操作的,只能导致漫长的司法程序和复杂的讨价还价过程,造成极高的决策成本。因此,如果由监管机构(如美国的FDIC)直接作为破产管理人,可以节约围绕程序产生的交易成本,使银行的问题迅速得到解决,从而最大限度地减少银行资产价值的损失。参见徐光东:《银行破产程序的经济分析》,载《国际金融研究》2007年第3期。

② 参见George Walker、Douglas Arner、崔利国等:《银行破产法》(中期报告),载http://www.adb.org/Documents/Reports/TA3890/chinese/chap8 - cn.pdf,最后访问日期:2017年10月21日。

③ See Tobias M. C. Asser, *Legal Aspects of Regulatory Treatment of Bank in Distress*, International Monetary Fund, 2001, p. 112.

件处置已初步把追求效率、安全的稳定措施(“营业”转让)与追求公平的司法措施(破产清算)进行了有机的结合并取得了良好效果。

事实上,鉴于银行的特殊性,将问题银行清算了事并非首选,清算前的危机干预更为重要。一般认为,基于效率与安全以及专业性等考虑,破产前的危机干预应由监管机构实施。这也是2008年金融危机后,英国、德国等国家银行破产改革的一个重要趋势。监管机构一旦认定某家银行面临破产风险,即可采取类似于英国《2009年银行法》规定的多种稳定措施,如将问题银行部分或全部的“营业”(股份或资产,包括负债)出售给运营状况良好的第三方金融机构或另行设立的“桥梁银行”承接问题银行“营业”,甚至可通过财政部门对问题银行实施国有化措施等。同时,还应授权监管机构对被剥离了“关乎全局功能”后的“剩余银行”进行重整或清算的权力。例如,当监管机构实施“营业”处分后的“剩余银行”已不能清偿到期债务或因转移部分“营业”致使其可能丧失偿付能力时,可向法院提出破产重整申请。重整程序中,经选任的管理人可根据监管机构指示向受让问题银行全部或部分“营业”的第三方机构或“桥梁银行”提供支持,确保“剩余银行”能提供必要的服务并将该“剩余银行”作为一个盈利实体加以拯救或为债权人利益争取更好结果。① 若“剩余银行”没有重整价值,即应进行破产清算。总之,银行危机处置程序应以监管机构为中心来构建,②在确保效率的同时也应维护公平(法院对破产申请的最终审

① 参见解正山:《系统重要性金融机构监管法律问题研究》,中国政法大学出版社2017年版,第66页。

② 其实,对于金融机构危机处置中行政权与司法权配置问题历来是存在争议的。一种意见认为:金融机构的危机处置往往会涉及资产、债务和股权的重组问题,然而,“在司法重整程序下要完成这项工作难度相当大”,除司法程序本身带来的交易成本外,“实践中还会出现行政审批权与司法权力之间的冲突”。如根据《企业破产法》关于重整的规定,重整计划经法院批准后即可生效,但当重整计划中涉及上市公司的诸如发行股票、发行债券、债转股、重大资产转让等原本需要证监会等行政部门审批的事项时,司法权和行政权的关系如何处理?这种不明确导致了实践中的混乱,一个明显的现实困境就是——就重大资产转让和股权出售问题,证监会的意见是其批准须以法院的裁定为前提,而法院则坚持其裁定要以证监会的批准为前提(黄韬:《我国金融机构市场退出法律机制中的“权力版图”——司法权与行政权关系的视角》,载《中外法学》2009年第6期;王欣新、李江鸿:《破产法制中司法权与行政权关系探析》,载《政治与法律》2008年第9期)。另一种意见认为:“处于转型期的当下中国,券商市场退出的立法还远未达到完善的程度,如果司法能够很好地履行对各种利益进行合理再分配的功能,能够对因券商退出引发的不当行为所造成的损害提供及时的法律救济,便会有效地缓解社会矛盾。一套公正透明且有社会公信力的司法程序介入问题券商的市场退出过程,不仅可以增强投资者的内心确信,最大限度地保护其合法权益,而且也是资本市场法治化的题中应有之意。”(冯果、李安安:《问题券商市场退出法律机制之审思——在资本市场法治化的拷问之下》,载《证券法苑》2010年第3期)。

查包括任命管理人或清算人,即实现公平的重要途径)。

进一步而言,银行破产法还应明确规定以下内容:其一,明确重整命令或清算令颁发及实施的条件(在比较法上,对于银行重整或清算令的颁发均规定了较严格的条件。例如,作为对申请清算令的限制,英格兰银行仅在下列条件成就时才可申请银行清算:一是审慎监管委员会确认银行已无法满足2000年《金融服务与市场法》中规定的准入条件,且如果不行使稳定权或财政援助该银行就无法重新满足准入条件;二是银行有合格的存款人且该银行已不能清偿其债务或有丧失清偿能力之虞,或对银行进行清算符合公平原则。作为最直接的银行监管者,审慎监管机构可自行判断银行是否满足监管要求,且有权根据银行的偿付能力状况或公平原则申请破产清算令,但根据《2009年银行法》的规定,审慎监管机构提出破产清算申请应事先征得英格兰银行的同意。当国务大臣申请破产令时,其虽不受英格兰银行或金融服务局的限制,但应满足以下3项条件:一是银行具有合格存款人;二是对银行进行破产清算有利于保护公共利益;三是对银行进行清算符合公平原则。所有这些充分体现了立法者对银行破产清算的谨慎态度以及对监管机构行使权力的制约)。[①] 其二,规定具体的破产解决方案(包括授权监管机构设立"桥梁银行","承接"问题银行全部或部分的"营业";以及授权财政部对问题银行实施国有化),把破产预防措施与司法重整与清算有机地结合在一起。其三,规定对违反法律的行为实施撤销或宣告无效的程序。其四,在清算程序中,既要确定财产的分配顺序,更要明确存款人的充分保护(包括发挥存款保险制度功能)。其五,充分考虑银行破产特殊性,对免除债权人会议召集等事项作出规定(存款人为数众多且分布广泛,若根据普通破产法之要求召集债权人会议存在显而易见的困难)。其六,也是最为重要的一点,要为问题银行的股东、董事等高级管理人员以及债权人提供一种司法救济渠道,即当这些利害关系人的权益因监管当局破产监管行为而遭受损害时,法院应提供相应的司法救济。总之,一套制定良好的银行破产法律框架对破除"太大

① 参见解正山:《金融稳定与存款人保护——英国银行破产法改革及其借鉴意义》,载《金融论坛》2011年第11期;解正山:《系统重要性金融机构监管法律问题研究》,中国政法大学出版社2017年版,第68~69页。

不能倒”迷思具有重要意义。①

5. 存款保险机制的优化

一般认为,设立存款保险的合理之处在于:可以降低挤兑与恐慌的危险,且可将它与适当的退出机制结合,从而使银行监管机构在考虑银行倒闭时有更大的自由。② 因此,虽然存款保险制度在一些具体规定上因各个国家的具体情况而不同,但他们的基本目标是相同的:一是保护存款人的利益,尤其是小额存款人的利益;二是建立对出现严重问题濒临破产的银行进行处置的合理程序;三是提高公众对银行的信心,保证银行体系的稳定。③ 然而,作为一种事后监管措施,存款保险自成立以来就因其可能诱发道德风险而多受责难,但其在银行危机处置中所发挥的显著作用则又使越来越多的国家建立了这样一种保护性监管措施。④

尽管受到非议,但最近的金融危机再次表明,存款保险不仅必要而且应适时完善。如在英国,为确保存款人在破产清算中受到保护,《金融服务与市场法》曾规定“金融服务补偿计划”(Financial Services Compensations Scheme,FSCS)。但北岩银行危机暴露了这一事后救济计划已无法适应快速发展的金融市场现状。⑤ 于是,英国《2009 年银行法》对此进行完善:一是要求在银行清算委员会中增加“金融服务补偿计划”人员;二是把存款保险限额由 35,000 英镑增加到 50,000 英镑;三是加快赔付存款人,并培育公众对存款赔付程序及存款保险体系的认知。美国也于 2008 年金融危机后对存款保险制度进行了必要的修订。危机之初,美国根据《2008 年紧急经济稳定法》规定,将存款保险限额暂时由 10 万美元提高至 25 万美元;其后,《多德-弗兰克法》即将存款保险限额永久性提高至 25 万美元,以缓解对广大的普通存款人的挤兑冲动。欧盟则于 2008 年金融危机后对 1994 年的存款保险计划指

① 相关分析可参见 Stephen J. Lubben, *A Functional Analysis of SIFI Insolvency*, 96 Tex. L. Rev. 1377 (2018); Oscar Couwenberg, Stephen J. Lubben, *Not a Bank, Not a Sifi; Still Too Big to Fail*, 35 Emory Bankr. Dev. J. 53 (2019); Mark R. Maciuch, *Backstop, Not Bailout: The Case for Preserving the Orderly Liquidation Authority under Dodd-Frank*, 13 Brook. J. Corp. Fin. & Com. L. 263 (2018)。

② See Basel Committee on Banking Supervision, Core Principles for Effective Banking Supervision, Appendix 2, Basle, Sep., 1997.

③ 参见中国人民银行存款保险制度课题组:《美日存款保险制度研究》,载《金融时报》2003 年 4 月 16 日。

④ 存款保险的制度设计、道德风险及其控制等内容,可参见周仲飞:《银行法研究》,上海财经大学出版社 2010 年版,第 307~335 页。

⑤ 参见解正山:《金融稳定与存款人保护——英国银行法破产法改革及其借鉴意义》,载《金融论坛》2011 年第 11 期。

令进行了修改(2009/14/EC 指令),确定了最新的欧洲国家关于存款保险的标准:欧盟立法者将最低存款保险金额上限由 5 万欧元提高至 10 万欧元,且应于作出赔付决定之日起 20 个工作日进行赔付,特殊情况经主管部门批准最多可延长 10 个工作日;①2009/14/EC 指令还将存款保险金额的最高赔付比例统一为 100%。②

作为一种事后危机监管机制,存款保险的必要性毋庸置疑(通常,制定存款保险旨在保护存款人利益并防范系统性风险),③我国目前已初步建立存款保险机制(研究表明,我国"存款保险制度的实施弱化了特许权价值和资本比率与银行风险间的负向关系,表明存款保险制度有效且效果存在异质性。此外,存款保险制度的实施确实降低了高风险银行的风险,但同时也激励了低风险银行调高风险")。④ 此外,《商业银行法》第 71 条还赋予存款人优先受偿权。在实践中,应把这一优先受偿权转换成切实的保障,即可由存款保险机构先行偿付存款人,并由后者代为取得求偿权参加"剩余银行"的清算程序。另外,未来对存款保险制度进行完善时,还应考虑以下问题:一是要明确存款保险机构在银行破产中的权限(我国将来完善存款保险机构功能时,一方面可以在银行破产立法中包含存款保险的内容,另一方面存款保险机构参与到由央行与银保监会等银行监管当机构主导的危机处置程序中);⑤二是设计合适的快速赔付程序;三是要增强公众对存款保险制度的认知。

---

① 2009/14/EC, art. 1, esc. 6, cl. a.

② 2009/14/EC, art. 1, esc. 3, cl. c.

③ 中国人民银行金融稳定局解释存款保险制度时提出三项主要政策目标:一是保护存款人权益、建立维护金融稳定的长效机制;二是完善金融安全网,增强风险处置能力;三是营造更加公平的竞争环境,为中小银行包括民营银行发展提供制度环境。参见刘莉亚等:《存款保险制度变革与银行流动性创造》,载《财经研究》2021 年第 1 期。

④ 参见项后军、张清俊:《存款保险制度是否降低了银行风险:来自中国的经验证据》,载《世界经济》2020 年第 3 期。另有研究表明,现行存款保险制度在降低银行风险方面取得了一定成效,但也存在一些不足之处。例如,因银行资产负债端的调整,其流动性创造水平降低,有损原本预期的支持中小银行发展这一政策目标。解决之道在于实施差异化政策,对于民营银行和中小银行,可提高保险额度或在保费核算等方面给予一定比例优惠等。参见刘莉亚等:《存款保险制度变革与银行流动性创造》,载《财经研究》2021 年第 1 期。

⑤ 另有研究者主张,"为了实现我国存款保险'双重功能'的制度目标,首先应以法律形式明确存款保险基金管理机构是与中国银监会具有同等属性的监管主体,然后结合我国现有监管规范体系中的早期干预制度,对存款保险基金管理机构的该项监管权能进行系统化的法律设计"。参见郭金良:《我国存款保险基金管理机构早期纠正问题探析》,载《政法论丛》2017 年第 1 期。

证券纠纷代表人诉讼制度及其实践

段厚省[*]　叶夏铭[**]

一、引　　言

证券民事纠纷形态多样，因上市公司虚假陈述所引发的案件往往涉及众多投资者，尤其是中小投资者。在我国的民事诉讼立法中，很早就确立了代表人诉讼制度，包括人数确定的代表人诉讼和人数不确定的代表人诉讼制度，上市公司虚假陈述所引起的损害赔偿之诉，在构成要件方面通常符合代表人诉讼制度的适用条件，但因证券民事赔偿案件往往社会影响大，甚至会有维稳的压力，以至于人民法院对证券民事纠纷的处理向来十分慎重，往往趋于保守，在过去很长时间各地法院以各种理由拒绝受理证券虚假陈述引起的涉及众多受害人的民事案件。

为解决证券民事赔偿纠纷案件的受理与审理问题，最高人民法院于 2003 年发布《关于审理证券市场因虚假陈述引发的民事赔偿案件的若干规定》（以下简称《证券民事赔偿规定》），对相关程序问题和实体问题进行了明晰，之后各地法院才开始零星受理证券民事赔偿案件，但对代表人诉讼制度的适用，仍采慎重立场。上海金融法院成立后，在证券纠纷代表人诉讼方面有所突破，制定了有关证券纠纷示范诉讼的内部规程，并受理典型案件。2019 年《证券法》就一般证券代表人诉讼和证券特别代表人诉讼制度进行专门规定，最高人民法院又制定相应司法解释，一些法院开始适用证券代表人诉讼制度受理案件。

---

* 复旦大学法学院教授、博士研究生导师，复旦大学中国金融法治研究院研究人员；研究方向：民事诉讼法。

** 复旦大学法学院诉讼法学 2019 级硕士研究生。

我国《公司法》和2019年《证券法》规定了一般股东派生诉讼制度和特别股东派生诉讼制度,前者的既有实践虽案由多样,但较少涉及证券民事纠纷;而后者乃是新生制度,迄今尚未发现实践案例。中证中小投资者服务中心(以下简称投服中心)就此展开研究,探讨在证券民事纠纷领域提起特别派生诉讼的可行性。从趋势上看,我国证券纠纷民事诉讼的制度和实践开始从谨慎保守向有序突破方向发展。我国证券民事纠纷诉讼制度目前已大致形成了如图1的架构。

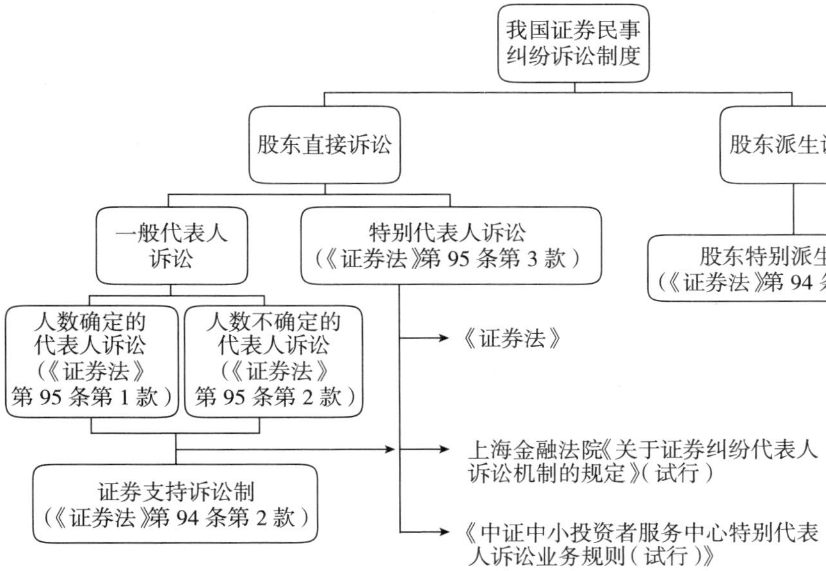

图1 我国证券民事纠纷诉讼制度概览

二、证券纠纷代表人诉讼制度概览

我国《民事诉讼法》第53条、第54条规定了两种代表人诉讼,其中第53条规定了人数确定的代表人诉讼制度,即人数众多的代表人诉讼可由当事人推选代表人进行,代表人的诉讼行为对其所代表的所有当事人发生效力,代表人作出变更或放弃诉讼请求、和解等诉讼行为时需经被代表的当事人同意;第54条则规定了人数不确定的代表人诉讼制度,采用"加入制"方式确定原告范围,即针对同一种类诉讼标的,在起诉时当事人一方人数尚未确定的,人民法院可发出公告,通知权利人在一定期间内向人民法院登记,参加登记的权利人可推选代表人进行诉讼,也可由人民法院与参加登记的权利人商定代表人,代表人作出的诉讼行为效力和限制与人数确定的代表人诉讼相同。

由于《民事诉讼法》对代表人诉讼制度规定过于笼统、抽象,加之代表人诉讼在实践操作上的复杂性,导致这一制度在实践中极少适用。虽然2003年最高人民法院《证券民事赔偿规定》第12条规定证券民事赔偿案件的原告可以选择单独诉讼或者共同诉讼方式提起诉讼,然这一语境下的"共同诉讼"主要指向《民事诉讼法》第53条人数确定的代表人诉讼,且司法实践中对共同诉讼立案管理比较严格,故长期以来证券民事赔偿诉讼仍以单独起诉为主。①

2019年12月,《证券法》修订后新增第95条,就证券民事赔偿领域的代表人诉讼进行了专门规定。其中,第1款规定人数确定的普通代表人诉讼,第2款规定人数不确定的普通代表人诉讼,第3款则创设性地规定了证券特别代表人诉讼制度,但仍比较笼统,可视为在证券领域对《民事诉讼法》代表人诉讼制度的重述,并未作出更具体的制度安排。对涉及代表人诉讼常见的实践难题:如何妥善处理代表人与被代表人关系(如代表人的资质、选任、权利和义务、监督)、如何进行调解问题、如何确定代表人诉讼判决效力问题等,②也未具体回应。2020年3月,上海金融法院制定《关于证券纠纷代表人诉讼机制的规定》(以下简称上海金融法院《规定》),尝试对证券代表人诉讼中常见的程序问题进行具体规范。

在总结各地法院处理证券群体性纠纷实践经验和对证券代表人诉讼机制探索的基础上,2020年7月最高人民法院制定《关于证券纠纷代表人诉讼若干问题的规定》(以下简称最高法《规定》),对证券代表人诉讼的具体诉讼程序运作进行了详细规范,也对证券代表人诉讼实践中的常见难题进行回应。这一司法解释在我国证券民事赔偿诉讼发展历程中具有里程碑意义,标志着我国正式搭建起加入制与退出制并存、普通代表人诉讼和特别代表人诉讼相结合的证券代表人诉讼制度框架,为该制度在实践中的运用铺平了道路。③

投服中心作为投资者保护机构,被赋予提起证券特别代表人诉讼的原告资格,

---

① 参见宋一欣:《证券集体诉讼制度司法解释意义重大》,载《证券时报》2020年8月6日,A03版。

② 参见张卫平:《证券纠纷代表人诉讼的制度创新与建构》,载《人民法院报》2020年8月8日,第2版。

③ 参加张文研、朱江:《证券集体诉讼制度为投资者护航》,载《证券时报》2020年9月3日,A03版。

为履行职责,制定《中证中小投资者服务中心特别代表人诉讼业务规则(试行)》(以下简称《业务规则》),为证券民事赔偿特别代表人诉讼制度的体系建构填补了最后一块空白。(见图2)

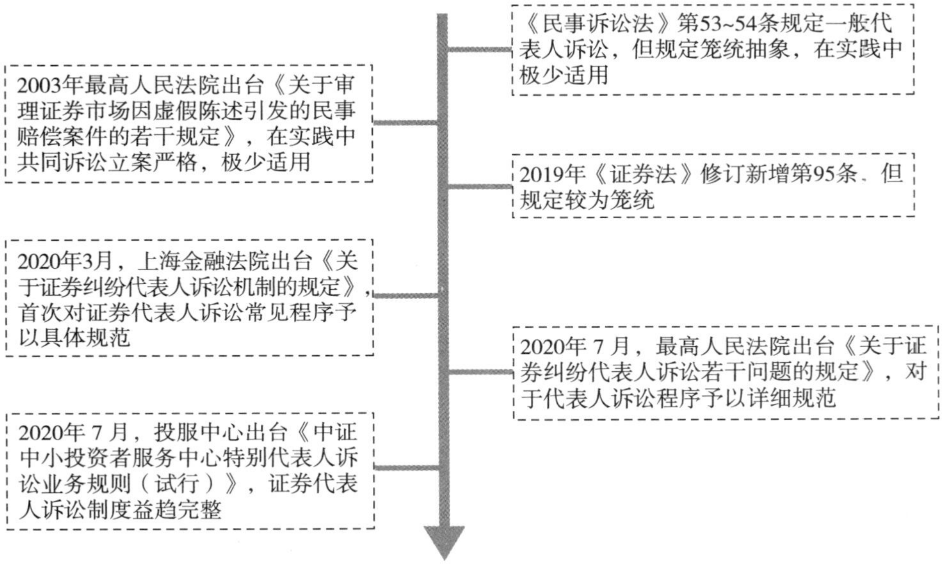

图2　证券纠纷代表人诉讼制度概览

三、证券纠纷代表人诉讼制度评述

(一)对证券普通代表人诉讼制度的评述

1.管辖及原告范围的确定

证券群体性纠纷量多面广,中小证券投资者成千上万、遍及全国且地域分散,虚假陈述、内幕交易、操纵市场等证券侵权行为引发的证券赔偿纠纷审判对法官的专业性提出更高要求。对这类案件集中管辖,一方面可以提高证券纠纷代表人诉讼机制的运转效率,另一方面也有利于统一裁判标准、实现公正裁判。①《民事诉讼法》第53条、第54条和2019年《证券法》第95条均未对证券代表人诉讼的管辖进行特别规范,2020年最高法《规定》回应证券代表人诉讼集中优质审判资源的需求,

① 参见肖建国:《证券纠纷代表人诉讼的中国特色》,载《人民法院报》2020年8月7日,第2版。

明确证券普通代表人诉讼采用集中管辖的方式,由省、自治区、直辖市人民政府所在的市、计划单列市和经济特区中级人民法院或者专门人民法院管辖;对多个被告提起的诉讼,则由发行人住所地有管辖权的中级人民法院或专门人民法院管辖,如被告中无发行人,则由被告住所地有管辖权的中级人民法院或专门人民法院管辖。(见图3)

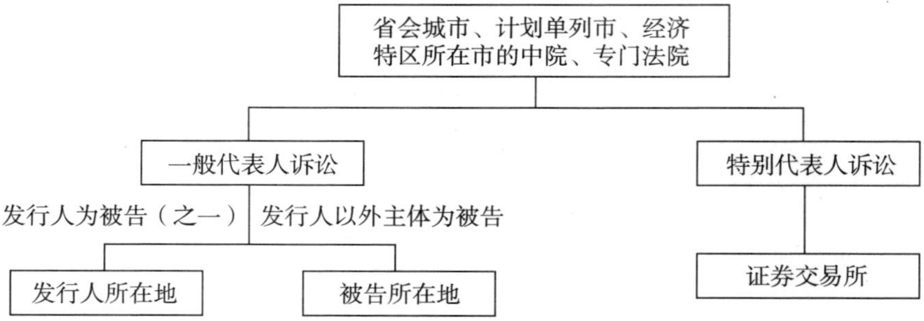

图3 2020年最高法《规定》第2条证券纠纷代表人诉讼管辖

人数不确定的代表人诉讼,如何确定原告范围是代表人诉讼制度的核心问题之一。我国《民事诉讼法》第54条规定采用"加入制",即权利人需主动登记以成为代表人诉讼案件之原告,最高法《规定》进一步明确在证券普通代表人诉讼中采用"加入制"以确定原告范围,同时还开创性地新增了证券特别代表人"退出制"诉讼程序,形成加入制与退出制并存的制度格局。就普通代表人诉讼程序而言,人民法院确定以普通代表人诉讼程序审理案件后,需通过阅卷、调查、询问和听证等方式对被诉证券侵权行为的性质、侵权事实等进行审查,最终以裁定方式确定具有相同诉讼请求的权利人范围并发出权利登记公告,通知相关权利人在30日内向人民法院登记,作为"明示加入"之程序;未按期登记的权利人可在一审开庭前向人民法院申请补充登记;登记程序完成后,人民法院对已登记的权利人进行审核,对符合前述权利人范围的投资者确认其原告资格,反之则不予确认。①

经审查符合权利人范围的投资者在人民法院确认其原告资格后,仍有两次机会退出诉讼程序另行起诉,第一次机会是在诉讼代表人确定后,人民法院对确定代表人的情况进行公告,权利人自公告之日起10日内可向人民法院申请撤销权利登

① 参见最高法《规定》第6～9条。

记;①第二次机会是案件初步达成调解后,人民法院准备制作调解书时需通知对调解书草案提出异议的原告,前述原告可在收到通知后 10 日内向法院申请退出调解。② 也就是说,证券普通代表人诉讼之原告的加入和退出都需经过"明示"程序,且一经加入,只有在法律规定两个诉讼阶段中才能够明示退出。(见图 4)

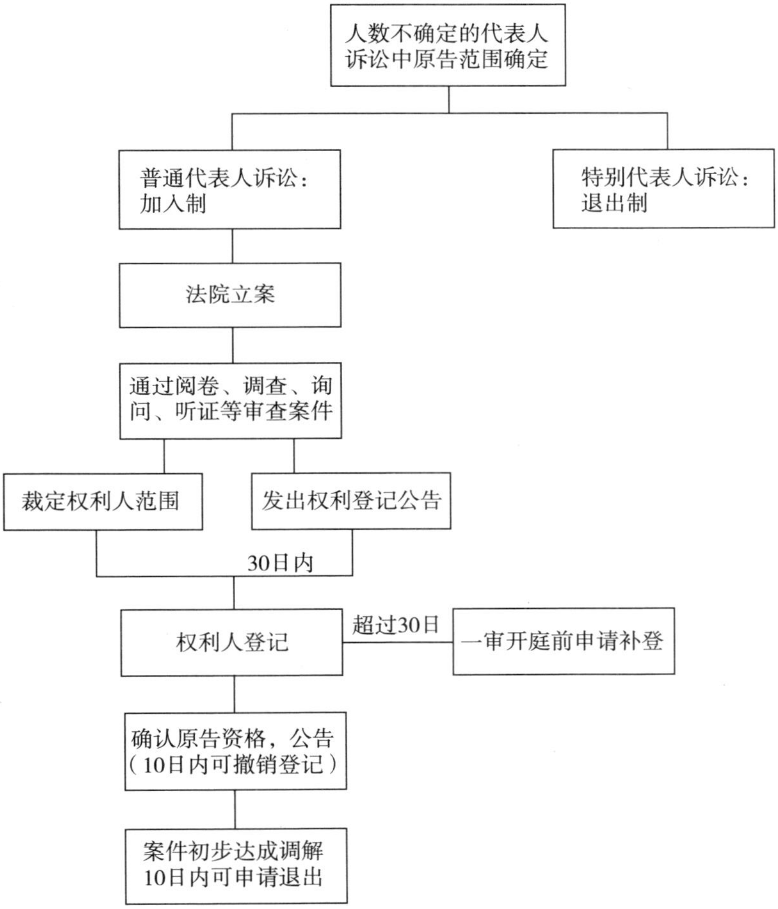

图 4　人数不确定的代表人诉讼中原告范围确定

2. 代表人选任和权限

为使诉讼代表人能更好地代表其他原告的利益,上海金融法院《规定》和司法

---

① 参见最高法《规定》第 16 条。
② 参见最高法《规定》第 21 条。

解释都对代表人资质进行了限制。上海金融法院《规定》中要求该院推荐的代表人符合四项条件:一是自愿担任;二是具备诉讼能力和相应诉讼知识;三是其诉讼请求具有典型性;四是占据一定的利益诉求份额。最高法《规定》与上海金融法院《规定》基本一致,仅在表述上略有不同,其第12条对代表人诉讼请求的典型性未作要求,而在自愿原则、利益诉求份额、诉讼能力的基础上,进一步要求代表人"能忠实、勤勉地履行维护全体原告利益的职责"。上述两项《规定》都专门涉及投资者保护机构参与普通代表人诉讼的情形,规定投资者保护机构作为原告参与诉讼,或接受投资者的委托指派工作人员或委派诉讼代理人参与案件审理活动的,人民法院可以指定该机构为代表人。① 最高法《规定》明确:与被告有关联关系等可能影响履行职责的原告不得担任代表人。

根据最高法《规定》,人数确定的代表人诉讼需在起诉前确定特别授权的代表人,并在起诉书中说明;而人数不确定的代表人诉讼,其代表人的产生包括三种方式:诉前确定、推选产生、法院指定,三种方式依次适用。人数不确定的代表人诉讼在起诉时,应在起诉书中说明拟任代表人人选和条件,如登记期间向人民法院登记的权利人对拟任代表人人选未提出异议且无人申请担任代表人的,则上述2~5名人选确定为诉讼代表人,此为诉前确定方式;若在登记期间有登记权利人对起诉书中代表人人选提出异议或自己申请担任代表人的,则须由人民法院组织推选,代表人的推选实行一人一票,每位代表人的得票数应不少于参与投票人数的50%,按得票数排名确定2~5名代表人,产生2名以上符合要求的代表人则为推选成功。上海金融法院《规定》明确若推选未成功,则由金融法院推荐候选人与原告协商,协商不成的由人民法院指定代表人。② 最高法《规定》没有采纳协商程序,其规定首次推选未成功后人民法院应组织原告在得票数前5名的候选人中进行二次推选,若二次推选仍未成功,则直接由人民法院综合考虑投票情况、诉讼能力、利益诉求份额等因素,指定诉讼代表人。③

另有一种情形,无论是人数确定的还是人数不确定的代表人诉讼,均适用法院指定方式确定代表人,在诉讼过程中如遇代表人缺失情形,即已选任的代表人因丧失诉讼行为能力或其他事由影响案件审理或可能损害原告利益的,原告可申请撤

① 参见最高法《规定》第12条,上海金融法院《规定》第22条。

② 参见上海金融法院《规定》第20条。

③ 参见最高法《规定》第13~15条。

销代表人资格，人民法院依申请决定撤销代表人资格后，若剩余代表人不足二人的，需补充新的代表人。最高法《规定》未采纳上海金融法院《规定》中由人民法院重新组织推选代表人的方式，而是规定由人民法院直接补充指定新的代表人。①（见图5）

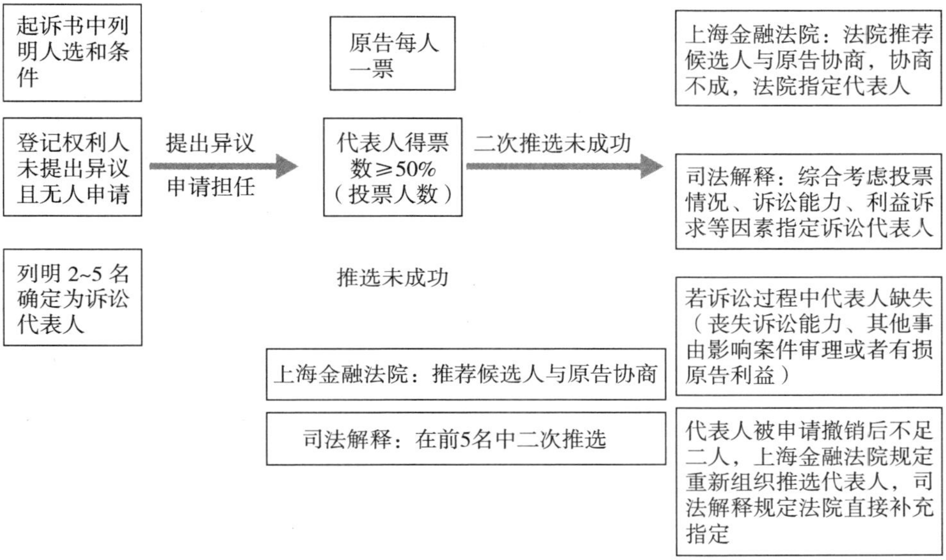

图5　人数不确定的代表人诉讼中代表人的确定

关于代表人权限问题，最高法《规定》明确代表人权限包括代表原告参加开庭审理、变更、放弃诉讼请求或承认对方当事人诉讼请求、与被告达成调解协议、提起或者放弃上诉、申请执行、委托诉讼代理人等；此外还特别规定，人民法院在通知权利人进行登记的公告中，应以醒目的方式向权利人提示代表人所拥有的权限，并提示权利人参加登记则视为对代表人进行特别授权；②而对于代表人权限，最高法《规定》明确：代表人变更或放弃诉讼请求、承认对方当事人诉讼请求、决定撤诉的，应向人民法院提交书面申请并通知全体原告，人民法院收到申请后根据原告所提异议情况依法裁定是否准许，“征得原告同意”的标准是原告收到上述通知之日起十日内未提出异议。③

① 参见最高法《规定》第17条。
② 参见最高法《规定》第7条。
③ 参见最高法《规定》第22条。

3. 判决的效力

《民事诉讼法》第54条第4款概括性规定"人民法院作出的判决、裁定，对参加登记的全体权利人发生效力"。在实践中，判决效力相关问题是代表人诉讼制度适用中的常见难题，如本案判决对于案件结束后就相同事实和理由提起诉讼的权利人是否发生效力？在不同当事人上诉情形下判决效力如何确定？对于前者，根据《民事诉讼法》的规定，代表人诉讼中未参加登记的权利人在诉讼时效未满期间提起诉讼的，适用该案判决、裁定，但就适用该案判决的具体条件和审查程序未作规范；对于后者，则完全未作规定。最高法《规定》基本认可了上海金融法院的先行实践，对上述两个问题作出了具体、恰当的制度安排。

首先，关于未参加登记的权利人能否适用该案判决，最高法《规定》第29条第1款明确：证券代表人诉讼案件结束后，若有符合该案权利人范围但于前述诉讼中未参加登记的投资者提起诉讼，且主张的事实和理由与前述代表人诉讼生效判决、裁定所认定的基本事实和法律适用相同的，人民法院经审查裁定适用已生效的判决、裁定，且裁定一经作出立即生效。

其次，对于不同的上诉情形，最高法《规定》也作出了明确规定：一审判决送达后（被告不上诉情形下），代表人决定放弃上诉的，则原告采用"明示上诉，默示放弃"方式，原告需自收到代表人放弃上诉通知起15日内提交上诉状，15日内未明示上诉的原告则视为放弃上诉，一审判决在未上诉的原告和被告间生效，二审裁判的效力仅及于"明示"上诉之原告。反之，若代表人决定上诉的，则原告采用"明示放弃，默示上诉"方式，放弃上诉的原告需自收到代表人决定上诉通知起15日内通知一审人民法院，在15日期限内未明示放弃上诉的原告则视为提起上诉，一审判决在前述明示放弃上诉的原告和被告之间生效，二审裁判的效力不及于放弃上诉的原告。[1]（见图6）

---

① 参见最高法《规定》第27条、第28条。

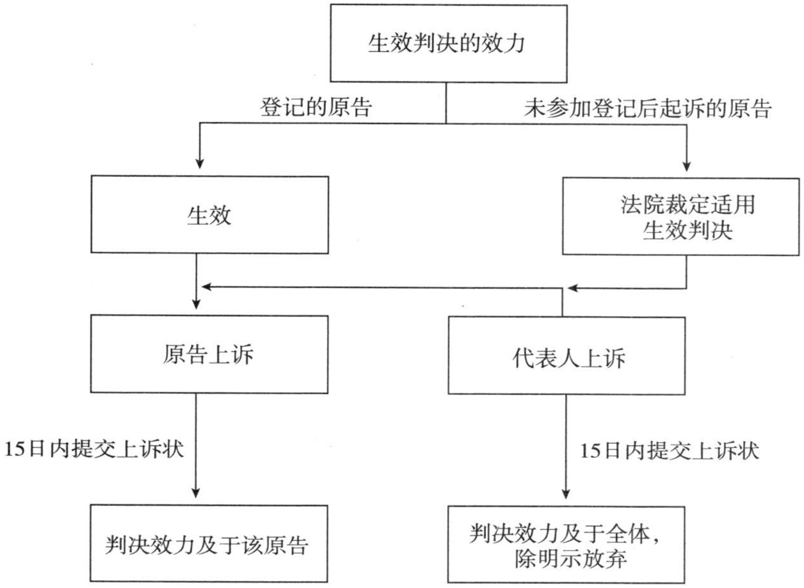

图 6　生效判决的效力

4. 调解

最高法《规定》体现了注重调解的司法理念，其第 3 条规定人民法院应充分发挥多元纠纷解决机制功能，按照自愿、合法原则引导和鼓励当事人通过行政调解、行业调解、专业调解等非诉讼方式解决证券纠纷，如当事人选择诉讼方式的，也应在案件审理过程中着重调解。最高法《规定》第 18 ~ 21 条详细规定了调解草案的制作、提交、审查、通知、听证、修改以及调解书的制作和效力等。

根据上海金融法院《规定》第 30 条第 2 款的规定，和解协议、调解协议应于本院指定的在线平台向全体原告公示，原告可在公示之日起 10 日内声明退出，和解协议或调解协议的效力不及于声明退出的原告。最高法《规定》对调解书效力的规定，基本采纳上海金融法院做法，同样规定了 10 日的退出期限，调解书效力不及于期限内申请退出的原告，超过期限未声明退出的原告则视为接受调解协议。上海金融法院《规定》明确在线上平台向全体原告进行通知，而最高法《规定》存在调解书制作前的听证程序，故而在调解书制作时仅需通知对调解协议草案提出异议的原告，未规定必须在线上平台进行通知。

(二)对证券特别代表人诉讼制度的评述

2019年《证券法》第95条第3款明确规定证券特别代表人诉讼制度:“投资者保护机构受五十名以上投资者委托,可以作为代表人参加诉讼,并为经证券登记结算机构确认的权利人依照前款规定向人民法院登记,但投资者明确表示不愿意参加该诉讼的除外。”最高法《规定》对特别代表人诉讼制度进行了更为具体的规范,在原告范围确定、管辖、诉讼费用等方面作出诸多特别程序安排,与普通代表人诉讼最大的区别在于原告范围的确定,普通代表人诉讼采用“加入制”,人民法院发布通告后由权利人自行向人民法院登记,人民法院经审核认为符合权利人范围的则列为原告;而特别代表人诉讼制度采用“退出制”,最高法《规定》在特别代表人诉讼中,投资者保护机构需依据公告确定的权利人范围向证券登记结算机构调取权利人名单,人民法院对投资者保护机构提供的权利人应予以登记,列入代表人诉讼原告名单,并通知全体原告。前述投资者若不愿意参加诉讼的,应在公告期间届满后15日内向人民法院声明退出,判决、裁定的效力不及于明确声明退出的投资者;投资者15日内未明示退出的,则视为同意参加该特别代表人诉讼,①此即“默示加入,明示退出”的原告范围确定规则。该种证券诉讼退出制规则、原告范围确定方式意味着在投资者保护机构参与的证券特别代表人诉讼中,有关权利人无须作出任何积极行为,就能在胜诉的情况下获得赔偿,提高了专业机构保护投资者合法权益的效率,对规范证券市场秩序具有重要意义。

在管辖方面,证券特别代表人诉讼案件在普通代表人诉讼案件集中管辖的基础上,由涉诉证券交易的证券交易所、国务院批准的其他全国性证券交易场所所在地中级人民法院或者专门人民法院管辖,②对普通代表人诉讼有管辖权的法院按照普通代表人诉讼程序发布权利登记公告后,若投资者保护机构受50名以上权利人授权作为特别代表人参加到诉讼中,则该诉讼案件成为特别代表人诉讼案件,应移送对特别代表人诉讼有管辖权的人民法院管辖。③

出于证券特别代表人诉讼的公益性质,司法解释在诉讼费用方面给予了特别待遇。最高法《规定》第39条明确特别代表人诉讼案件无须预交案件受理费;第40

---

① 参见最高法《规定》第34条、第35条。

② 参见最高法《规定》第2条。

③ 参见最高法《规定》第32条。

条则规定投资者保护机构在特别代表人诉讼中申请财产保全的，人民法院可不要求其提供担保。

此外，因特别代表人系投资者保护机构的特殊身份，相比一般代表人，其被赋予更多保护投资者利益的义务。如最高法《规定》第38条要求投资者保护机构应采取必要措施保障被代表的投资者持续了解案件审理的进展情况，回应投资者诉求，对投资者提出的意见和建议不予采纳则需做好解释工作，投服中心制定的业务规则将“发布通知、公告”列为投服中心需履行的义务之一，并详细说明信息公开的方式，将中国投资者网（http://www.investor.org.cn）和投服中心官方网站（http://www.isc.com.cn/）列为指定公告信息发布平台。①

虽最高法《规定》除上述信息公开义务外，未要求特别诉讼代表人承担比普通诉讼代表人更多的义务，但投服中心在其《业务规则》中规定了多项措施保证自身能够更为忠实、勤勉、专业地履行特别诉讼代表人职责，切实保护投资者的合法权益，包括：第一，《业务规则》第11条明确其作为特别诉讼代表人需履行发布通知和公告、聘用和监督评估专家、聘用和监督公益律师、建立并执行信息知情人的保密管理制度等义务。第二，设置完善的工作人员、评估专家及公益律师回避规则，在本人或其近亲属系案件对方当事人或其控股股东、实际控制人、董事、监事、高级管理人员及本人或其近亲属、本人所在工作单位近两年内为案件对方当事人提供财务、法律、咨询服务等可能存在利害关系进而影响其忠实勤勉履职的情形下，需进行回避，不得参与相关案件。第三，《业务规则》第四章详细规定了投服中心选定案件的标准及相应预研和评估机制，其第16条明确投服中心参加特别代表人诉讼的案件选择标准为：（1）有关机关作出行政处罚或刑事裁判的；（2）案件典型重大、社会影响恶劣、具有示范意义的；（3）被告具有一定偿付能力的；（4）投服中心认为必要的其他情形。对于上述情形案件，投服中心将结合公司基本信息及经营情况、违法事实及被处罚内容、适格原告投资者范围等法律争点因素进行预研，预研完成后，投服中心认为有必要参加的案件，可启动重大案件评估机制，由评估专家充分讨论预研报告内容，结合国家经济金融形势、资本市场改革发展、社会舆情等情况对案件发表意见。

---

① 投服中心《特别代表人诉讼业务规则（试行）》第8条、第11条。

四、证券纠纷代表人诉讼的前沿实践

(一)证券纠纷普通代表人诉讼之前沿实践:15 五洋债案①

2020 年 3 月 1 日《证券法》实施。2020 年 3 月 13 日,杭州市中级人民法院在其官方微博发布公告,通知"15 五洋债""15 五洋 02"证券虚假陈述纠纷案的相关权利人向杭州市中级人民法院进行权利登记。该案是 2020 年《证券法》实施后普通证券代表人诉讼第一案,对证券代表人诉讼制度实践具有重要示范作用,该案情况如下:

2015 年 8 月和 9 月,五洋建设集团股份有限公司(以下简称五洋建设)发行公司债 8 亿元和 5.6 亿元,合计 13.6 亿元;2017 年 8 月 14 日,在上海证券交易所(以下简称上交所)公募债"15 五洋债"回售中构成实质性违约,并触发"15 五洋债 02"交叉违约,两期债券本息合计 14.2 亿元。在该案中,五洋建设集团的法定代表人为陈某某,主承销商与受托管理人为德邦证券股份有限公司(以下简称德邦证券),审计机构为大信会计师事务所,律师机构为上海市锦天城律师事务所,评级机构是大公国际资信评估有限公司。

2018 年 7 月 6 日,中国证券监督管理委员会(以下简称证监会)对五洋建设进行行政处罚,《行政处罚决定书》指出,五洋建设存在 3 项违法行为:第一,以虚假申报文件骗取公开发行公司债券核准。五洋建设在编制用于公开发行公司债券的 2012～2014 年年度财务报表时,违反会计准则,通过将所承建工程项目应收账款和应付款项"对抵"方式,虚减企业应收账款和应付账款,导致上述年度少计提坏账准备、多计利润,2012～2014 年年度虚增净利润分别不少于 3052.27 万元、6492.71 万元和 15,505.47 万元;2015 年 7 月,五洋建设在自身最近三年平均可分配利润不多于 9359.68 万元、不足以支付公司债券一年的利息(10,352 万元)、不具备公司债券公开发行条件的情况下,通过上述财务处理方式编制 2012～2014 年年度虚假财务

---

① 参见中国证券监督委员会"行政处罚决定"、新浪财经"法律人士:《证券民事赔偿代表人诉讼第一案示范意义大》",载 http://www.csrc.gov.cn/pub/zjhpublic/G00306212/201911/t20191120_366278.htm;http://www.csrc.gov.cn/pub/zjhpublic/G00306212/201807/t20180710_341034.htm;http://www.csrc.gov.cn/pub/zjhpublic/G00306212/201807/t20180710_341031.htm;http://finance.sina.com.cn/roll/2020-09-05/doc-iivhuipp2638397.shtml;http://finance.sina.com.cn/roll/2020-03-13/doc-iimxyqwa0220199.shtml,最后访问日期:2020 年 10 月 12 日。

报表申请公开发行公司债券,于2015年7月骗取证监会的公司债券公开发行审核许可,并向合格投资者公开发行公司债券。第二,五洋建设非公开发行公司债券披露的文件存在虚假记载。2015年11月,五洋建设以前述2013年、2014年年度虚假财务文件分别向上交所和深圳证券交易所(以下简称深交所)申请非公开发行公司债券,并向合格投资者披露相应债券募集说明书,且于2015年12月和2016年4月分别在上交所和深交所非公开发行1.3亿元和2.5亿元公司债券,违反2014年《证券法》第63条关于"发行人、上市公司依法披露的信息,必须真实、准确、完整,不得有虚假记载、误导性陈述或者重大遗漏"的规定,构成2014年《证券法》第193条第1款"发行人、上市公司或者其他信息披露义务人未按照规定披露信息,或者披露的信息有虚假记载、误导性陈述或者重大遗漏"行为。第三,五洋建设未按规定及时披露相关信息,具体包括未按规定披露年报审计机构变更事项以及未在规定时间内披露年度报告,截至2017年8月,五洋建设无正当理由未披露2016年年度报告,违反2014年《证券法》第66条,构成2014年《证券法》第193条第1款"发行人、上市公司或者其他信息披露义务人未按照规定披露信息,或者披露的信息有虚假记载、误导性陈述或者重大遗漏"行为。基于上述违法行为,证监会对五洋建设处以非法所募资金金额3%的罚款,即4080万元罚款,对五洋建设实际控制人陈某某处以30万元罚款,并对其他相关负责人处以相应罚款。同日,证监会对陈某某发布《中国证监会市场禁入决定书》,责令其终身不得从事证券业务或者担任上市公司及非上市公众公司董事、监事、高级管理人员职务。

2019年11月11日,证监会对主要承销商德邦证券、周某某、曹某等6名责任人员下发《行政处罚决定书》,称德邦证券存在3项违法事实:第一,未充分核查五洋建设应收账款;在五洋建设发行13.6亿元公司债券中,德邦证券作为主承销商出具《关于五洋建设公开发行公司债券之核查意见》,未充分核查公开发行募集文件的真实性和准确性,在关注到五洋建设应收账款回收风险时,未充分履行核查程序,违反2014年《证券法》第31条"证券公司承销证券,应当对公开发行募集文件的真实性、准确性、完整性进行核查"和2015年《公司债券发行与交易管理办法》第7条"为公司债券发行提供服务的承销机构、资信评级机构、受托管理人、会计师事务所、资产评估机构、律师事务所等专业机构和人员应当勤勉尽责,严格遵守执业规范和监管规则,按规定和约定履行义务"的规定。第二,德邦证券对于五洋建设投资性房地产未充分履行核查程序。第三,德邦证券未将沈阳五洲投资性房地产出售问题写入核查意见，相关邮件记录及询问笔录显示，德邦证券项目组成员知悉其控股子公司沈阳五洲商业广场发展有限公司与沈阳出版发行集团有限公司签订协议，将东舜百货以大幅低于公允价值的价格对其出售，可能会对五洋建设产生重要影响，但德邦证券未将此写入核查意见中，违反2015年《公司债券发行与交易管理办法》第7条的规定。基于上述违法行为，证监会责令德邦证券改正并给予警告，没收非法所得1857.44万元，并处以55万元罚款，同时对相关负责人给予警告、罚款25万元、撤销证券从业资格的处罚，对项目组负责人给予警告、罚款15万元的处罚。

自2018年9月起，杭州中级人民法院受理了“15五洋债”“15五洋债02”债券投资者时某等诉五洋建设、陈某某、德邦证券、大信会计师事务所、上海市锦天城律师事务所、大公国际资信评估有限公司证券虚假陈述责任纠纷系列案件。时某等人起诉称“15五洋债”“15五洋债02”债券系五洋建设在不符合债券发行条件的情况下，通过虚假财务报表、误导性陈述以及重大遗漏而欺诈发行，损害了投资者的合法权益，请求五洋建设偿付债券本金以及利息、赔偿为实现债权支付的律师代理费，陈某某、德邦证券、大信会计师事务所（特殊普通合伙）、上海市锦天城律师事务所（特殊普通合伙）、大公国际资信评估有限公司承担连带责任。

2020年3月13日，杭州市中级人民法院在官方微博发布《“15五洋债”“15五洋02”债券自然人投资者诉五洋建设集团股份有限公司等人证券虚假陈述责任纠纷系列案件公告》，宣布因该证券虚假陈述责任纠纷案件诉讼标的为同一种类、原告人数众多且起诉时人数尚未确定，故采取人数不确定的代表人诉讼方式审理该案，通知相关权利人在自通告发布之日起30日期限内向法院登记。该公告发布之时，最高法《规定》尚未发布，杭州市中级人民法院的公告并未明确权利人的范围，而是说明“向本院登记的权利人应当证明与对方当事人的法律关系和所受到的损害，证明不了的，本院不予登记”。经登记和审查程序，最终确定共有496名符合条件的债券投资者起诉五洋建设等6名被告，权利人共推选产生4名投资者作为诉讼代表人，代表全体适格投资者进行诉讼。

2020年9月4日，这一证券普通代表人诉讼案件在杭州市中级人民法院开庭审理。庭审中，各方当事人就“原告诉讼主体资格、案涉虚假陈述行为的认定、各被告是否应当承担责任、投资损失的计算方式”等发表意见，因开庭时最高法《规定》已经发布，根据该《规定》第3条的规定，人民法院需引导和鼓励当事人通过调解等方式解决证券纠纷。目前,杭州市中级人民法院已委托中国证券投资者保护基金有限责任公司、浙江证券业协会开展调解工作;若调解不成将择期宣判。

(二)证券纠纷特别代表人诉讼之前沿实践:康美药业案①

除五洋案外,康美药业案无疑是国内证券诉讼受关注的新案件。自2020年5月康美药业因财务造假受到证监会行政处罚以来,相关投资者陆续通过诉讼维权、索赔,该案情况如下:

1997年康美药业股份有限公司(以下简称康美药业)成立于广东,1998年康美药业通过国家GMP认证,逐步成功研制出利乐、诺莎等国家级新药;凭借这几款新药,康美药业迅速在医药市场站稳脚跟,从广东一家不知名的地方药企迅速成长为医药界新星,于2001年登陆上交所挂牌上市。

近几年,关于康美药业财务造假的质疑之声不断。2018年10月16日,康美药业盘中跌停,17日再度闪崩跌停;17日后的4个工作日,康美药业市值迅速被腰斩。这一波动引起证监会注意,2018年12月证监会以涉嫌信息披露违法违规,正式对康美药业立案调查。

2019年4月29日,康美药业发布《关于前期会计差错更正的公告》称,由于财务数据出现会计差错,造成2017年营业收入多计入88.98亿元,营业成本多计入76亿元,销售费用少计入5亿元,财务费用少计入2亿元,销售商品多计入102亿元,货币资金多计入299亿元,筹资活动有关现金项目多计入3亿元;货币资金多计入299亿元的消息震惊证券市场。2019年8月,康美药业收到证监会《行政处罚及市场禁入事先告知书》,证监会决定对康美药业责令改正、给予警告,并处以60万元

① 参见《中国证监会行政处罚决定书(康美药业股份有限公司、马某某、许某某等22名责任人员)》,载中国证券监督委员会官网,http://www.csrc.gov.cn/pub/zjhpublic/G00306212/202005/t20200515_376440.htm,最后访问日期:2020年10月12日;《"ST康美:收到证监会行政处罚及市场禁入事先告知书""康美药业危机始末""康美药业:A股史上最大索赔案开启"》,载新浪财经网,http://finance.sina.com.cn/stock/s/2019-08-16/doc-ihytcern1363261.shtml、http://finance.sina.com.cn/stock/relnews/cn/2020-06-08/doc-iircuyvi7422228.shtml、http://finance.sina.com.cn/stock/2020-05-15/doc-iircuyvi3259803.shtml,最后访问日期:2020年10月12日;《造假300亿罚款60万,复盘昔日大白马康美药业爆雷全过程》,载第一财经网2020年5月15日,https://www.yicai.com/video/100630746.html,最后访问日期:2020年10月12日;《康美药业(600518、ST康美)索赔专题》,载股盾网,http://www.lawyerwh.com/8.html,最后访问日期:2020年10月12日;《康美药业索赔:7月15日广州中院立案,静待后续进展》,载https://baijiahao.baidu.com/s?id=1672977937786714965&wfr=spider&for=pc,最后访问日期:2020年10月12日。

的罚款;对康美药业创始人马某某、许某某夫妇给予警告,分别处以90万元的顶格罚款,并终身禁入证券市场。2020年5月13日,证监会发布对康美药业、马某某、许某某等22名责任人员的《行政处罚决定书》。

证监会在《行政处罚决定书》中称,康美药业存在四项违法行为:

第一,康美药业《2016年年度报告》《2017年年度报告》《2018年半年度报告》《2018年年度报告》存在虚假记载,虚增营业收入、利息收入及营业利润,其中《2016年年度报告》虚增营业收入89.99亿元,多计利息收入1.51亿元,虚增营业利润6.56亿元,占合并利润表当期披露利润总额的16.44%;《2017年年度报告》虚增营业收入100.32亿元,多计利息收入2.28亿元,虚增营业利润12.51亿元,占合并利润表当期披露利润总额的25.91%;《2018年半年度报告》虚增营业收入84.84亿元,多计利息收入1.31亿元,虚增营业利润20.29亿元,占合并利润表当期披露利润总额的65.52%;《2018年年度报告》虚增营业收入16.13亿元,虚增营业利润1.65亿元,占合并利润表当期披露利润总额的12.11%。

第二,《2016年年度报告》《2017年年度报告》《2018年半年度报告》存在虚假记载,虚增货币资金。2016年1月1日~2018年6月30日,康美药业通过财务不记账、虚假记账,伪造、变造大额定期存单或银行对账单,配合营业收入造假伪造销售回款等方式,虚增货币资金;其中《2016年年度报告》虚增货币资金22,548,513,485.42元,占公司披露总资产的41.13%和净资产的76.74%;《2017年年度报告》虚增货币资金29,944,309,821.45元,占公司披露总资产的43.57%和净资产的93.18%;《2018年半年度报告》虚增货币资金36,188,038,359.50元,占公司披露总资产的45.96%和净资产的108.24%。

第三,康美药业《2018年年度报告》存在虚假记载,虚增固定资产、在建工程、投资性房地产,将前期未纳入报表的亳州华佗国际中药城、普宁中药城、普宁中药城中医馆、亳州新世界、甘肃陇西中药城、玉林中药产业园等6个工程项目纳入表内,分别调增固定资产11.89亿元,调增在建工程4.01亿元,调增投资性房地产20.15亿元,合计调增资产总额36.05亿元。经查明,《2018年年度报告》调整纳入表内的6个工程项目不满足会计确认和计量条件,虚增固定资产11.89亿元,虚增在建工程4.01亿元,虚增投资性房地产20.15亿元。

第四,康美药业《2016年年度报告》《2017年年度报告》《2018年年度报告》存在重大遗漏,未按规定披露控股股东及其关联方非经营性占用资金的关联交易情况。2016 年 1 月 1 日 ~2018 年 12 月 31 日，康美药业在未经过决策审批或授权程序的情况下，累计向控股股东及其关联方提供非经营性资金 11,619,130,802.74 元用于购买股票，替控股股东及其关联方偿还融资本息、垫付解质押款或支付收购溢价款等用途。根据有关法律规定，康美药业应当在相关年度报告中披露控股股东及其关联方非经营性占用资金的关联交易情况，然康美药业未在《2016 年年度报告》《2017 年年度报告》《2018 年年度报告》中披露前述情况，存在重大遗漏。

针对上述 4 项违法行为，证监会表示康美药业“有预谋、有组织，长期、系统实施财务欺诈行为，践踏法治，对市场和投资者毫无敬畏之心，严重破坏资本市场健康生态”，《行政处罚决定书》对康美药业责令改正，给予警告，并处以 60 万元的罚款；对马某某夫妇及其他相关董事、监事和高级管理人员处以相应的处罚措施。

被立案调查前，康美药业市值最高达 1300 多亿元，但至 2020 年 5 月 14 日收盘，康美药业公司市值仅剩 134 亿元，缩水近 9 成。康美药业违法行为致使投资者损失巨大，个人亏损多者达数百万。《行政处罚决定书》公布后，新浪股民维权平台开放了康美药业投资者维权通道，至 2020 年 5 月 15 日有 5600 多名投资者在该平台登记索赔。

在康美药业案中，多个律师事务所、线上维权平台开展投资者索赔登记和起诉准备工作。2020 年 5 月 14 日，首例股民起诉康美药业证券虚假陈述案在深圳市中级人民法院立案。2020 年 7 月 15 日，另有 205 名股东向广州市中级人民法院起诉。康美药业案涉及投资者众多且金额巨大，被预言或将成为 A 股史上最大索赔案，如果最终确定适用证券代表人诉讼程序，也将是证券代表人诉讼制度的又一重大实践。

除以上案例外，上海金融法院受理了飞乐音响股份有限责任公司虚假陈述民事责任纠纷案，也以代表人诉讼程序进行。①

---

① 参见《“飞乐音响”案代表人诉讼权利登记公告(附操作指引)》，载澎湃新闻网，https://www.thepaper.cn/newsDetail_forward_9398957，2020-09-29。

五、对证券纠纷代表人诉讼制度发展的评价与展望

(一)对我国证券纠纷诉讼制度发展的评价

1. 证券纠纷代表人诉讼制度仍有障碍待除

证券纠纷代表人诉讼制度障碍及消除措施见表1。

表1 证券纠纷代表人诉讼制度障碍及消除措施

制度障碍	具体表现	负面影响	措施
管辖	特别代表人提起代表人诉讼的前置程序	•浪费司法资源 •投保机构无案可选 •对专业律师的负面激励	•取消特别代表人诉讼制度的前置程序。 •投保机构可以直接在管辖法院提起诉讼,并发布公告,引导权利人登记
诉讼费用	败诉时面临高额的诉讼费用	谁承担诉讼费用尚无规定,根据共同原告规则,由全体原告承担,与初衷不符	由投资机构承担,可设置定额案件受理费、费用缴纳上限
举证责任	一般代表人举证难度大	一般代表人天然处于信息劣势地位,举证难度大	•减轻原告方的证明责任 •赋予其更大的证据获取能力
案由规则	案由规定模糊	仅示范性地列举了证券市场虚假陈述、内幕交易、操纵市场三项诉因,无法在实践中得到充分运用	形成完善的案由规则,对于证券市场的何种侵权行为可以提起代表人诉讼进行逐一列举、明确规范

2019年《证券法》、最高法《规定》搭建起我国加入制与退出制并存、普通代表人诉讼和特别代表人诉讼相结合的证券代表人诉讼制度框架,对规范证券市场秩序、保护投资者利益具有重大意义。但该项制度要顺利付诸实践,仍需进一步明确和完善具体程序规则。特别是特别代表人诉讼制度,在实践上仍然面临诸多

障碍。

首先是管辖问题。根据司法解释的现有规定,投资者保护机构提起特别代表人诉讼,需在普通代表人诉讼发布权利登记公告期间,收集50名以上权利人的特别授权后前往人民法院登记,方能将诉讼转为特别代表人诉讼程序,投资者保护机构无法直接提起一项新的诉讼,只能参与到已存在的普通代表人诉讼程序中。因普通代表人诉讼由被告住所地所在省、自治区、直辖市人民政府所在的市、计划单列市和经济特区中级人民法院或者专门人民法院管辖,而特别代表人诉讼由证券交易所所在地的中级人民法院或者专门人民法院管辖。这意味着除了被告所在地和证券交易所所在地重合的案件,其他特别代表人诉讼案件一经提起,必然要经历一次管辖移送。这对司法资源是极大的浪费,且实行难度也非常大,其困难之处在于:大规模的证券侵权案件往往有多个被告和大量的受害股东,这些受害股东并不会有组织地集中在一地统一提起诉讼,而是分散地委托不同律师事务所在不同的法院提起诉讼。例如在康美药业案中,有一部分股东在广州市中级人民法院提起诉讼,而另有一部分股东在深圳市中级人民法院提起诉讼,不排除还会有其他股东在其他有管辖权的人民法院提起诉讼。在起诉如此分散的普通代表人诉讼中,若投资者保护机构发起特别代表人诉讼,就会面临两难的情况,如果仅挑选一家法院所管辖的普通代表人诉讼参与,仅将此案件移送至对特别代表人诉讼有管辖权的法院进行审理,就意味着其他法院仍需各自对自己管辖的案件进行审理,不仅浪费司法资源,还可能导致同类案件的审理标准不一致,意味着同一侵权行为的受害人无法得到投资者保护机构同等的保护。如果投资者保护机构在参与到普通代表人诉讼案件后,将在各地中级人民法院所有因相同事实引发的证券纠纷一起移送至证券交易所所在地中级或专门人民法院管辖,移送工作将是一项在时间、空间上都极其浩大的工程。

除管辖移送会浪费司法资源和产生实行困难外,将普通代表人诉讼作为特别代表人诉讼提起的前提,还可能导致投资者保护机构最终“无案可选”的尴尬。一方面,立案难一直是我国司法实践中的老大难问题,这一问题在证券代表人诉讼中也同样存在,大型证券市场侵权案件仅以普通代表人诉讼,很可能难以立案;被投资者保护机构所选择的影响重大、有示范意义的代表人诉讼案件,其被告通常是当地规模非常大的上市公司,自然也可能是当地的纳税大户,该公司所在地法院往往不愿意立案,若前置普通代表人诉讼无法成功立案,特别代表人诉讼也就无从提起。另一方面,投资者保护机构受到50人以上的委托参与到普通代表人诉讼程序中,就能直接获得代表人资格,事实上是排斥了原普通代表人诉讼程序中原定代理律师,久而久之,专业律师团队担心被特别代表人诉讼排斥的风险,也就不愿意再代理那些规模较大、符合投资者保护机构案件选择标准的普通代表人诉讼案件,这不仅会导致特别代表人诉讼的前置诉讼被扼杀在摇篮里,也非常不利于普通代表人诉讼形成一个健康的市场竞争秩序。

取消普通代表人诉讼这一前置条件,允许投资者保护机构直接向证券交易所所在地的专门法院以特别代表人提起全新的代表人诉讼,上述问题便可迎刃而解。其一,投资者保护机构直接向对特别代表人诉讼有管辖权的法院提起诉讼,免去了案件移送之累。特别代表人诉讼立案成功后,投资者保护机构可利用其自身的关注度发布相关公告,告知其他各地的权利人前往该法院登记,避免了案件分散的情况。其二,投资者保护机构本身具有较高的社会关注度和证券市场声望,由其直接提起诉讼,可以给地方保护主义带来多方压力。而且,投资者保护机构直接向证券交易所所在地中级人民法院和专门人民法院提起诉讼,若与被告公司不在一地便可回避地方保护主义的风险,而专门人民法院在此类案件审理中高度专业,即使刚好处于被告公司所在地,也不可能刻意保护被告。其三,彻底将普通代表人诉讼与特别代表人诉讼分开,普通代表人诉讼不再面临中途变成特别代表人诉讼的情况,其代理律师自然也不必再承担中途被截和的风险,这将有助于证券普通代表人诉讼市场竞争秩序的形成,有助于相关领域专业律师团队的成长。

此外,在诉讼费用、举证责任、案由规则方面,需进一步为证券代表人诉讼之实践扫清障碍。关于诉讼费用,虽最高法《规定》有特别代表人诉讼无须预交案件受理费的规定,但当原告败诉或部分败诉时,仍需承担全部或部分案件受理费。根据《诉讼费用交纳办法》之规定,特别代表人诉讼作为财产类案件,案件受理费根据诉讼标的按超额累进比例计算;而特别代表人诉讼原告人数众多,且往往选择的是侵权规模大、索赔金额巨大的侵权案件,这就意味着一旦败诉,原告需要承担的诉讼费用是非常高昂的。我国现有规则并未明确规定,在代表人诉讼中如果原告败诉,诉讼费用是由代表人承担还是由全体原告共同承担;若将代表人诉讼视为一种特别的共同诉讼,那么按照我国共同诉讼的费用承担规则,诉讼费用由全体原告共同承担;若借鉴美国集团诉讼的费用缴纳规则,则由集团代表人和律师自己承担诉讼费用损失,以防止集团代表人和集团律师滥用集团诉讼机制。① 然而,无论是哪一种诉讼费用缴纳规则,在特别代表人诉讼中都不合理。

第一,投资者保护机构提起特别代表人诉讼在原告范围的确定上采用"默示加入、明示退出"的方式,意在权利人无须耗费精力就以"搭便车"的方式获得赔偿,以达到投资者保护之目的;而如果特别代表人诉讼的原告需承担败诉时缴纳诉讼费用的风险,显然违背了这一制度的设立初衷,也与默示加入规则相矛盾。由投资者保护机构作为特别代表人承担败诉时的诉讼费用,比前者稍显合理,但是对于投保机构而言并不公平。这是因为,一方面,美国集团诉讼之所以让代表人承担高额诉讼费用是为了规制滥诉,但是投资者保护机构不存在滥诉情形,无须这一规制手段;另一方面,如前所述,特别代表人诉讼中被选择的案件往往是诉讼标的额巨大、案件受理费十分高昂的,而投资者保护机构是非营利的公益机构,让其在为公共利益提起的诉讼中承担如此大的诉讼成本和诉讼风险并不合理。因此,特别代表人诉讼在诉讼费用方面最为合理的做法应当是,原告败诉时由投资者保护机构承担诉讼费用,但是必须通过采用定额案件受理费或设置诉讼费用缴纳上限等方式,将特别代表人诉讼的诉讼费用控制在合理的数额范围内,使投资者保护机构无须承担过大的诉讼风险和诉讼成本。

第二,在举证责任方面,因代表人诉讼中被指控的不法行为通常会涉及公司最为核心的业务和机密,无论是投资者保护机构还是一般代表人,都很难获取到真实数据和材料来证明公司的不法行为,且因证券市场本身的波动性,证明公司不法行为与原告所受损害之间的因果关系需要较高的专业知识,一般代表人很难做到。因此,在证券代表人诉讼中,应适当减轻原告方的证明责任,并赋予其更大的证据获取能力。具体来说,可适当降低因果关系方面的证明标准,赋予代表人前往被告公司取证的特别权限,在涉及争议事实的核心信息上强制要求被告公司提供相关真实数据和材料,在必要时由法院进行职权调查。除此之外,在原告确无能力证明的事项上,可适用举证责任倒置规则。

目前,证券代表人诉讼制度的案由规则非常模糊,或者可以说还没有形成案由规则,最高法《规定》仅示范性地列举了证券市场虚假陈述、内幕交易、操纵市场三项诉因;证券代表人诉讼制度要在实践中充分运用,需形成完善的案由规则,对于

① 参见杜要忠:《美国证券集团诉讼程序规则及借鉴》,载《证券市场导报》2002 年第 7 期。

证券市场的何种侵权行为可以提起代表人诉讼逐一列举、明确。

2. 证券纠纷民事诉讼应特别重视利益平衡与调解机制的运用

如上所述,“案件典型重大、社会影响恶劣、具有示范意义”是投资者保护机构选择案件提起特别代表人诉讼的条件。第一,这类案件涉及的上市公司往往规模巨大,在违法行为披露之前市值非常可观;第二,该上市公司的财务已经出现不小的问题,以至于需要通过虚假陈述、财务造假等违法方式来掩盖其财务漏洞;第三,该上市公司违法行为性质严重,且持续时间长、涉及金额大;第四,相关违法行为因其性质的严重性和涉及利益的广泛性,受到证监会行政处罚后,一般会在证券市场引起轩然大波,该公司的股票随之大跌,持股人数多且单个投资者的损失金额大,该上市公司一旦败诉,将面临极其巨额的赔偿金。

基于上述特点,投资者保护机构在选择参与影响重大的证券代表人诉讼案件时,就必须要考虑到如下两种后果:第一,投资者保护机构在证券市场有较大的影响力并受到投资者信任,投资者保护机构将参与到某上市公司证券纠纷诉讼中并启用证券特别代表人诉讼程序的消息一经披露,必然会造成被告公司股票再次大跌,被告公司早已出现财务问题,且经证监会行政处罚后股票已经大跌,如果股票再次大跌,可能会直接导致公司破产;即使此时公司尚未破产,那么在代表人诉讼案件结束后,也很有可能因为无法偿付巨额赔偿金而面临破产。第二,根据我国《企业破产法》的规定,企业破产后债务清偿次序为:(1)破产费用和共益债务;(2)职工的工资和医疗、伤残补助、抚恤费用,职工的基本养老保险、基本医疗保险费用,以及法律、行政法规规定应当支付给职工的补偿金;(3)破产人欠缴的除前项规定以外的社会保险费用和所欠税款;(4)普通破产债权。[①] 也就是说,股东所持有的债权作为普通破产债权,其受偿次序在最后。这意味着证券代表人诉讼很可能最终“竹篮打水一场空”,股东不仅无法真正获得被告公司的赔偿,还会因为持有被告公司股票而再次遭受无法挽回的损失。这样的结局显然违背了特别股东代表人诉讼制度维护中小投资者合法利益的初衷。

为避免鱼死网破,投资者保护机构在参与证券特别代表人诉讼的过程中必须关注利益平衡问题(具体可见图7),这不仅是对投资者保护机构实际操作提出的要求,而且是对特别代表人诉讼制度进一步细化规则的要求。

---

① 参见《企业破产法》第41条、第42条、第113条。

第一,在选择案件过程中,需慎重考虑被告公司是否还能经得起股票再次暴跌的打击,如《业务规则》第 16 条所规定的投服中心参加特别代表人诉讼的案件选择标准中,"被告具有一定偿付能力"一项,具体判断标准为何,仍需进一步明确,这一标准应具有准确性和预见性。

第二,在特别代表人诉讼过程中,需利用好调解制度;相比于等待判决执行,调解结案对于原告来说虽然会损失一部分利益,但其优势在于可以让股东快速取得一定的赔偿金额,同时也给予被告喘息之机,避免产生因被告破产而使原告无法受偿的风险。因此,在特别代表人诉讼制度框架下进一步完善调解规则尤为重要,其中最为重要的问题是如何确定调解方案。一方面,如何在原告可实现利益最大化和被告偿付能力之间进行权衡,以选择最为合适可行的调解金额,该调解金额由何种专业机构参与确定、经由何种程序确定的问题,都需要通过具体规则来明确;另一方面,关于调解方案确定程序的问题,目前最高法《规定》并未就特别代表人诉讼的调解程序进行任何特殊规定,即按照一般代表人诉讼的调解程序进行:人民法院初步审查调解草案合法性并向全体原告发出通知、对调解协议草案有异议的原告出席听证会或提交意见、代表人和被告根据听证会情况修改调解协议草案并由人民法院再次通知所有原告,如有必要可再次召开听证会、人民法院综合考虑当事人意见等各项因素决定是否制作调解书、对人民法院通知提出异议的原告并开放退出调解申请期。

然而,一般代表人诉讼和特别代表人诉讼适用同一调解程序并不是最为合理的制度安排,因其所追求的效果并不尽然相同。一般代表人诉讼的代表人及其律师团队推进诉讼与获取自己利益和报酬相关,不能排除其为自身利益而损害原告利益的可能性,因而一般代表人诉讼达成调解过程中,必须有完善的合法性审查机制、代表人权限制约和监督机制、原告意见反馈机制和相应的救济制度,以防止代表人与被告串通达成对原告不利的调解。

作为特别代表人的投资者保护机构,其专业性强,在何种调解方案对原告最为有利上能够作出更为准确的判断;具有公益性质,提起代表人诉讼的目的是维护广大投资者的权益,没有自己的特殊利益,自然没有动机去损害大多数原告的利益;保护投资者权益是投资者保护机构存在的意义,若在履行诉讼职责过程中与被告串通达成对原告不利的调解,对该机构的名誉和声望将是毁灭性打击,投资者保护机构爱惜羽毛,通常不会损害原告利益。基于此,特别代表人诉讼中的调解制度应与一般代表人诉讼有所区分,如果说一般代表人诉讼之调解制度的关键词是“商议”和“制约”,那么特别代表人诉讼的关键词应当是“效率”和“知情”。一方面,在一般代表人诉讼的基础上简化反复商议环节,舍去不必要的掣肘,提高调解效率;另一方面,如最高法《规定》第38条所要求的,投资者保护机构应保障被代表的投资者持续了解案件的进展情况,同样适用于调解程序,特别代表人需将调解草案的细节和理由向原告公布,对于投资者不解或质疑之处做好解释工作。

第三,万一被告公司在诉讼过程中破产,那么证券代表人诉讼的原告具有公司股东和公司债权人双重身份,其破产债权在债权人会议上受到质疑,应如何保障其权利的实现,也需实体法作进一步明确。

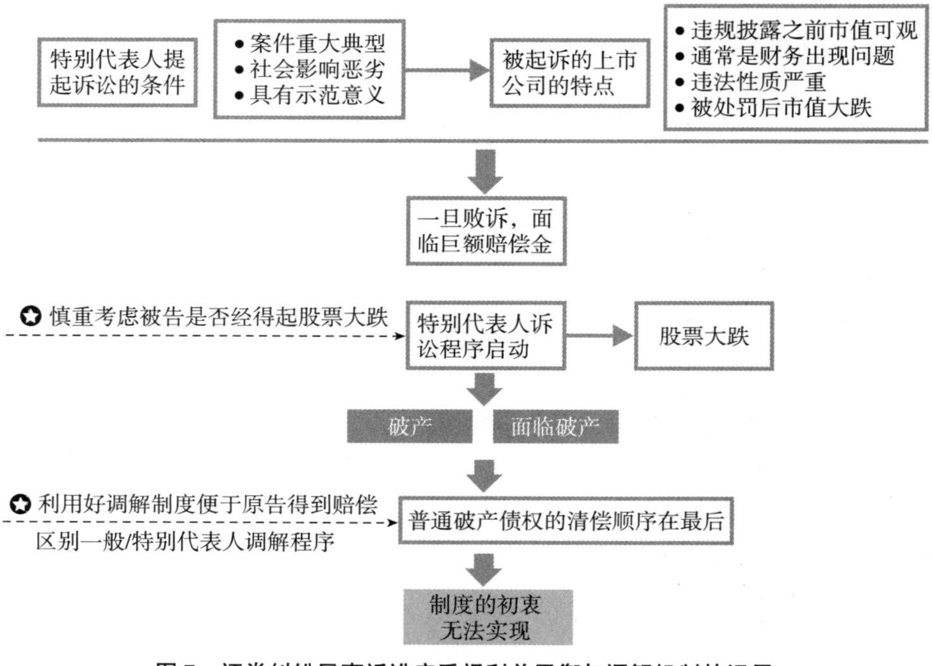

图7　证券纠纷民事诉讼应重视利益平衡与调解机制的运用

(二)对我国证券纠纷代表人诉讼制度完善的展望

我国目前构建的证券纠纷诉讼制度框架中,合法利益受到侵害的投资人可选择单独直接诉讼,也可选择和其他原告一起提起普通代表人诉讼,还可由投资者保护机构提起特别代表人诉讼,处于并行状态。为避免较为极端情形的出现,我国证券纠纷诉讼,特别是证券代表人诉讼制度在逐渐成熟后,应形成分层分工发展。其中,特别代表人诉讼制度应在现有基础上进一步求精,充分发挥示范引领作用,特别是案件选择问题需进一步明确,何为投服中心《业务规则》第 16 条规定的"典型重大、社会影响恶劣、具有示范意义"案件,是否有量化的标准可以参照?此外,投服中心《业务规则》中所规定的重大案件评估机制并非强制性,而是仅在"认为有必要"时方启动,为确保投服中心选择的案件能够具有充分示范意义,重大案件评估机制或可设为强制程序。最后,为确保投资者保护机构的专业性,其聘请的评估专家、公益律师有何资质门槛、如何监督也需明文规范。

特别代表人诉讼制度在投资者保护中不仅要发挥示范作用,还需发挥"兜底"保护作用,这是由投资者保护机构的公益性质所决定的。投资者保护机构在选择案件时,不仅要选择影响重大、有示范效果的案件,还需充分关注到那些案情复杂、利益关系复杂、取证难度大、专业性强的"硬骨头",这些案件对专业性要求高又伴随较大的诉讼风险,如果完全交给市场,很可能无人愿意接手,这就需投资者保护机构迎难而上,"啃下硬骨头"。

在特别代表人诉讼制度发挥功能的同时,一方面,需充分鼓励中小型公益性投资者保护机构和相关领域律师团队的发展、鼓励普通代表人诉讼的市场自由竞争,扫清小规模证券侵权案件受害人寻求救济的技术障碍;另一方面,需进一步完善相关实体和程序法规范,扫清小规模证券侵权案件受害人寻求救济的制度障碍,取消普通代表人诉讼的前置程序。根据最高法《规定》第 5 条的规定,证券普通代表人诉讼原告起诉时需提交有关行政处罚决定、刑事裁判文书、被告自认材料、证券交易所和国务院批准的其他全国性证券交易场所给予纪律处分或者采取自律管理措施等证明,若无法提供证券侵权事实的初步证据,就无法适用代表人诉讼程序。我国在构建证券群体性纠纷解决制度时创造性地设立普通与特别并存之代表人诉讼制度,是希望两者在投资者保护中履行不同的职能、达到不同的效果,对普通代表人诉讼和特别代表人诉讼无差别地设置行政处罚这一前置程序,显然违背了制度构建的初衷。那些虽规模较小、涉及金额小、社会影响也相对小,但是上市公司违法行为确实损害股东合法权益的案件,理应由普通代表人诉讼制度来解决,不能仅因其尚未受到行政处罚而将其拒于代表人诉讼制度之门外、拒于我国证券市场法治发展最新成果之门外。

在普通和特别代表人制度分层分工发展中，投资者保护机构分层发展也是不容忽视的问题。目前，我国主要投资者保护机构仅有中国证监会《关于做好投资者保护机构参加证券纠纷特别代表人诉讼相关工作的通知》中所列的中证中小投资者服务中心有限责任公司和中国证券投资者保护基金有限责任公司两家。可以预期，未来在投资者保护事业充分发展后，我国会出现诸多中小型公益性投资者保护机构，前述对特别代表人诉讼制度发展中所提及的管辖、诉讼费用、调解程序等诸多特别程序便利，都只能给予具有充分专业性、公益性和证券市场声望的大型投资者保护机构，如若无差别地给予所有投资者保护机构，既不能完全保证小型投资者保护机构能够忠实、勤勉地维护原告投资者利益，也对上市公司不公平，在证券代表人诉讼制度分层分工发展态势下，须考虑投资者保护机构资质的区分问题。例如，可为特别代表人诉讼的代表人设置机构资质门槛，只有符合相关法律规定条件的投保机构才能够作为特别代表人，其他小型投资者保护机构则可以根据最高法《规定》第12条作为普通代表人参加普通代表人诉讼，在选任程序中享受优先选任资格。

总之，特别代表人诉讼和普通代表人诉讼应各自形成自己的发展态势，而不单单是并列的程序选择；特别代表人诉讼制度保持其公益性质，由公益性投资者保护机构主导，普通代表人诉讼则交给市场自由竞争机制，由专业律师团队或小型投资者保护机构主导；特别代表人诉讼制度主要针对那些规模大、案情和利益复杂，小股东和私人律师团队没有能力解决的证券侵权案件，为证券侵权纠纷的解决提供示范性案例，而普通代表人诉讼制度覆盖小规模、未经行政处罚的证券群体性纠纷；特别代表人诉讼“求精”，负责啃下“难啃的硬骨头”，普通代表人诉讼“求量”，为证券市场侵权纠纷提供明确、可行的纠纷解决途径。如此，我国证券代表人诉讼制度方能全方位、立体地保护证券市场投资者的合法利益。

金融犯罪刑事司法现状及治理对策

汪明亮[*]　安汇玉[**]

打好防范化解重大风险攻坚战,重点是防控金融风险。随着我国开放程度的日益提高,经济运行中的各种矛盾日渐显现,不断集中传导和体现于金融领域,逐渐演化为系统性与全局性风险因素,事关人民群众财产安全与国家经济发展大局。在刑法理论上,金融犯罪并非一个独立的罪名,而是包含在经济犯罪之中的某类犯罪的总称。这类犯罪活动多发生在金融领域,并且指向国家金融管理制度与金融管理秩序,因而被称为"金融犯罪"。金融犯罪主要规定在我国现行《刑法》分则第三章"破坏社会主义市场经济秩序罪"第四节"破坏金融管理秩序罪"和第五节"金融诈骗罪"中。本文在概述近两年金融犯罪刑事司法现状的基础上,对社会关注度较高的罪名作具体分析,剖析犯罪成因并尝试提出针对性应对策略、预测其发展趋势,以期有效规制金融领域各类犯罪活动,为我国金融市场的稳健发展提供坚实保障,助力打赢防范化解重大风险攻坚战。

一、金融犯罪刑事司法现状

笔者登录中国裁判文书网,以"案件类型:刑事案件""审判程序:刑事一审""文书类型:判决书"为基础检索条件,分别添加"案由:破坏金融管理秩序罪""案由:金融诈骗罪""裁判年份:2019 年""裁判年份:2020 年"等检索条件,将检索所得数据

* 复旦大学法学院教授,复旦大学中国金融法治研究院研究人员;研究方向:刑法。

** 复旦大学法学院刑法学 2019 级硕士研究生。

分别绘制罪名统计图表(见表1)和地区分布图表(见表2)。①

表1 金融犯罪刑事一审判决数量(罪名统计)

单位:件

罪名	案件数量		
	2019年	2020年	合计
非法吸收公众存款罪	7742	5891	13,633
信用卡诈骗罪	3088	1654	4742
妨害信用卡管理罪	1054	1273	2327
集资诈骗罪	1059	855	1914
骗取贷款、票据承兑、金融票证罪	974	627	1601
窃取、收买、非法提供信用卡信息罪	443	661	1104
保险诈骗罪	438	451	889
贷款诈骗罪	337	236	573
吸收客户资金不入账罪	263	272	535
违法发放贷款罪	210	182	392
持有、使用假币罪	210	108	318
出售、购买、运输假币罪	196	98	294
伪造货币罪	190	93	283
伪造、变造金融票证罪	159	96	255
票据诈骗罪	149	92	241
高利转贷罪	91	103	194
洗钱罪	70	112	182
违规出具金融票证罪	14	19	33
利用未公开信息交易罪	15	6	21
内幕交易、泄露内幕信息罪	9	8	17
金融凭证诈骗罪	11	4	15
骗购外汇罪	9	5	14
操纵证券、期货市场罪	1	12	13

① 参见中国裁判文书网,https://wenshu.court.gov.cn/,最后访问日期:2021年1月2日。

续表

罪名	案件数量		
	2019 年	2020 年	合计
信用证诈骗罪	7	3	10
伪造、变造国家有价证券罪	4	3	7
逃汇罪	5	1	6
擅自设立金融机构罪	3	1	4
伪造、变造股票、公司、企业债券罪	1	2	3
有价证券诈骗罪	1	2	3
伪造、变造、转让金融机构经营许可证、批准文件罪	0	2	2
擅自发行股票、公司、企业债券罪	1	1	2
违法运用资金罪	2	0	2
非法出具金融票证罪	2	0	2
金融工作人员购买假币、以假币换取货币罪	0	1	1
背信运用受托财产罪	0	1	1
违法向关系人发放贷款罪	1	0	1
合计	16, 759	12, 875	29, 634

表 2　金融犯罪刑事一审判决数量(地区分布)

单位:件

地域或法院	破坏金融管理秩序罪	金融诈骗罪	总量
河南省	2209	601	2810
上海市	1907	511	2418
浙江省	1528	693	2221
江苏省	1538	562	2100
河北省	1397	460	1857
山东省	1271	479	1750
福建省	1274	292	1566
广东省	802	645	1447
湖南省	980	428	1408
北京市	876	192	1068

续表

地域或法院	破坏金融管理秩序罪	金融诈骗罪	总量
四川省	677	358	1035
辽宁省	491	351	842
安徽省	559	278	837
吉林省	533	266	799
江西省	450	317	767
湖北省	591	163	754
天津市	548	199	747
山西省	377	276	653
黑龙江省	448	203	651
陕西省	498	142	640
云南省	492	148	640
内蒙古自治区	312	129	441
新疆维吾尔自治区	288	122	410
甘肃省	167	186	353
重庆市	230	111	341
贵州省	225	114	339
广西壮族自治区	209	118	327
宁夏回族自治区	81	70	151
青海省	62	52	114
海南省	48	21	69
新疆维吾尔自治区高级人民法院生产建设兵团分院	17	6	23
西藏自治区	9	3	12

根据表1、表2数据,将近两年金融犯罪刑事司法现状概括如下:

第一,案件类型多元,非法集资案件居榜首。检索所得裁判文书涉及"非法吸收公众存款罪""信用卡诈骗罪""妨害信用卡管理罪""集资诈骗罪"等36个具体罪名,涵盖非法集资犯罪、证券期货犯罪、涉信用卡犯罪、金融票证犯罪、洗钱犯罪、假币犯罪、保险诈骗犯罪、贷款诈骗犯罪以及存贷款犯罪等。其中,"非法吸收公众存款罪”裁判文书数量最多，占金融犯罪刑事一审判决总量约 46.00%；“信用卡诈骗罪”次之，占比约 16.00%；“集资诈骗罪”位居第四，与“非法吸收公众存款罪”合计占比约 52.46%。

第二，空间分布失衡，中东部地区相对高发。统计近两年金融犯罪一审刑事判决数量，河南省位居前十榜首，多达 2810 件，其后依次是上海市、浙江省、江苏省、河北省、山东省、福建省、广东省、湖南省、北京市，共计占比 63.01%。可见，金融犯罪案件分布集中于东南沿海一带经济相对发达的地区，以及中部人口分布稠密、经济发展较为迅速的地区，反观西藏自治区等经济相对落后、人口稀疏的边陲地区，金融犯罪刑事一审判决全年数量寥寥。

第三，犯罪手段多样，与传统财产犯罪交织。一般认为，金融犯罪与传统财产犯罪的界限较为分明，前者侵害的主要是国家的金融管理制度和金融管理秩序，其对象具有不特定性，只能发生在金融活动过程中并以违反金融法规为前提；后者侵犯的主要是公私财产所有权，其对象一般是特定的，无须在金融活动过程中进行，也不以违反金融法规为前提条件。但是，近年来，金融要素与传统财产犯罪的碰撞逐渐增多，许多犯罪分子假借金融活动实施传统财产犯罪，比如利用金融平台或者假借金融交易实施传统诈骗犯罪等。

第四，涉案区域、金额、人数均达空前规模。一是在区域上，跨省市区作案以及跨国越境作案情形频发，部分金融犯罪团伙多地流窜作案，还有犯罪分子与境外不法势力相勾结，案发后携款逃窜国外。二是在金额上，金融犯罪案件普遍涉案金额较大，非法集资犯罪、证券期货犯罪案件更是动辄上亿。仅北京检察机关 2019 年办理涉案金额过亿元的重大非法集资案便多达 142 件；①近期“爆雷”的“微贷网”，作为杭州最大的 P2P 平台，其累计借贷金额近 3000 亿元。② 三是在人数上，不仅“非法吸收公众存款罪”“集资诈骗罪”等涉众型案件集中多发，而且不乏金融机构内部人员与外部人员伙同、境内犯罪分子与境外不法势力勾结作案情形。

---

① 参见《北京检方去年办理 142 件重大非法集资案，涉案金额均过亿》，载中新网，http://www.chinanews.com/gn/2020/01-15/9060315.shtml。

② 参见《又见爆雷！杭州第一大 P2P 遭立案 借贷 3000 亿》，载新浪财经网，http://finance.sina.com.cn/roll/2020-07-05/doc-iirczymm0593013.shtml。

二、金融犯罪重点罪名解构

当前,关注度较高的主要有非法集资犯罪、证券期货犯罪以及洗钱犯罪等。具体而言,首先,非法集资犯罪作为数量最为庞大的一类,其司法适用存在泛化之嫌,相关罪名面临罪刑法定原则的诘问;其次,证券、期货犯罪在实践中存在大量犯罪暗数,还有许多仅冠以交易之名的其他犯罪活动,有待引起格外关注;最后,洗钱犯罪的主要问题即自我洗钱行为规制,尽管司法实务倾向于自我洗钱行为不可罚,但在立法论上,将自我洗钱行为纳入本罪处罚范围具有合理性。

(一)非法集资犯罪

根据中国裁判文书网近两年金融犯罪一审刑事判决数据统计,"非法吸收公众存款罪""集资诈骗罪"文书数量之和占金融犯罪文书总量的52.46%之多。这一数据虽然客观上反映了当前犯罪形势之严峻,但是不免引人深思,实践中的非法集资犯罪司法适用是否过于扩张?根据2010年最高人民法院《关于审理非法集资刑事案件具体应用法律若干问题的解释》第1条规定,此类犯罪的成立要件包括非法性、公开性、利诱性和社会性,这"四性"即民间融资行为的刑事法律边界。

所谓"非法性",是区分融资活动罪与非罪的界限,其认定包括"未经有权机关批准"之形式标准与"借用合法经营的形式吸收资金"之实质标准。结合我国司法实践来看,前者契合于我国对吸收公众存款实行审批制的法律规定,且认定标准比较清晰;后者则带有"穿透式审查"的标签,认定标准的弹性和模糊空间很大,可能导致打击范围过于扩大化,有待司法实践对其合理限缩适用。

所谓"公开性",是指以各种途径向社会公众传播吸收资金的信息,或者明知吸收资金的信息向社会公众扩散而予以放任。需要注意的是,个别私募机构采取"先备后募"方式,变相突破私募基金的行业底线,为了通过相关备案而在前期程序中不向社会公开宣传,但在报备成功后,任意扩大私募的对象和资金规模,这实质上依然满足"公开性"的要求,司法实践应当对此情形精准识别。

所谓"利诱性",是指集资人承诺在一定期限内,以货币、实物、股权等方式还本付息或者给付回报。具体而言,非法集资具有承诺性,不是现时给付回报,而是承诺在将来给付回报;至于给付回报的名义,除了较为常见的利息、分红之外,还有工资、佣金、奖金、提成、代理费、好处费、返点费等。关于回报的形式,除货币之外,还有实物、消费、股权等形式;至于回报的额度,在相关司法解释中,并没有强调高额的回报,即“利诱性”的成立不以高额为必要。

所谓“社会性”,是指集资人向社会公众即社会不特定对象吸收资金,要求受众具有广泛性与不特定性。非法集资属于典型的涉众型金融犯罪,具有参与人数多、影响范围广的特性,社会危害较大,处理此类涉众型刑民交叉案件,司法工作人员应当坚持受害人权益优先保护原则,无论是程序的选择还是既判力的认定,都应该优先考虑受害人的权益,将案件查办与追赃挽损、维护稳定相结合,防止引发次生风险。为此,必须改变“先刑后民”的司法习惯,重视“刑民并存”程序的意义。从P2P“爆雷”案件处理的实践看,一些非法集资犯罪嫌疑人逃至境外,司法机关根本无法启动刑事程序,致使投资人的合法权益难以得到及时救济。①

对于“非法吸收公众存款罪”扩张为非法集资犯罪“口袋罪”现状,我国学者认为其问题主要在于该罪行为对象从“存款”异化为“资金”,应当坚持“存款”的特定金融学含义,区别于处于不确定状态的“资金”概念。② 此外,对于私募基金领域“爆雷”情形,应当谨慎识别行为活动的本质属性,不应一味依赖于非法集资类罪名处理此类案件,可以考虑激活“背信运用受托财产罪”适应性规制管理人违背受托义务的行为,在减少“象征性立法”的同时有效遏制非法集资类罪名滥用。当然,处理此类案件必须坚持罪刑法定原则,防止刑事手段过分介入民间融资活动,以致违背保护民营企业发展、维护投资者合法权益的初衷。

(二)证券期货犯罪

随着我国证券、期货市场的快速发展,欺诈发行、财务造假、操纵市场、内幕交易、利用未公开信息交易等违法违规行为不断发生,严重损害广大投资者合法权益,严重破坏证券、期货市场管理秩序。从“牛市内幕交易第一案”杭萧钢构案、国内最大“老鼠仓”马某案,到富豪黄某某等内幕交易案、股神级副省长周某某内幕交易案,再到“私募一哥”徐某操纵证券市场案,证券、期货犯罪已然成为金融犯罪领域的热点。虽然此类犯罪的数量相对于非法集资犯罪而言较为有限,但其涉案金

---

① 参见汪明亮:《刑民交叉案件的处理规则与原则》,载《法律适用》2019 年第 16 期。

② 参见王新:《非法吸收公众存款罪的规范适用》,载《法学》2019 年第 5 期。

额与社会危害性毫不逊于前述非法集资类罪名,直接关系到国家金融安全和金融市场健康发展。

为有效规制交易中的欺诈、操纵等不法行为,保护投资者的合法利益,创造一个公平、公正、公开、有序的投资和交易环境,包括我国在内的许多国家和地区均对证券、期货市场相关犯罪活动予以刑法规制。从我国刑事立法变迁看,1997年《刑法》在《证券法》《期货交易管理条例》出台之前便对相关违规行为设定了规制框架,初步建构了证券、期货犯罪刑罚惩治体系。经过《刑法修正案》的几度完善,目前已经形成了相对完善的证券、期货犯罪刑罚惩治体系。具体来看,证券、期货犯罪的典型罪名主要在《刑法》第三章第四节"破坏金融管理秩序罪"中,另在第三节"妨害对公司、企业的管理秩序罪"中,还有"欺诈发行股票、债券罪""违规披露、不披露重要信息罪"等与证券、期货市场相关。

应当指出的是,尽管刑事立法较早介入了此类犯罪行为,但是司法实践情况未能尽如人意。以内幕交易罪为例,虽然1997年《刑法》已经设立该罪,但直到2003年才查处第一起刑事案件。另外,根据中国裁判文书网数据,2019年1月~2020年12月,涉及证券、期货市场犯罪主要罪名的一审刑事判决仅73篇。[①] 一定程度上看,上述数字透析出相关犯罪活动查处难度之大,现行刑事司法实践远未实现刑事立法规制初衷。白建军教授曾对证券领域犯罪行为作实证研究,发现证券市场中违法违规行为的"暗数"是相当大的,未被发现的证券违法违规案件可能是被发现的违法违规案的1~4倍之多。[②] 考虑到期货市场违法违规行为与证券市场违法违规行为具有共通性,期货犯罪相关罪名的刑罚适用的必定性自然也不容乐观,势必有相当多的违法违规行为以"暗数"形式存在。这一严峻现状应当引起司法人员的高度关注,以有效落实证券、期货犯罪相关刑事立法,实现保护证券、期货交易市场秩序与国家金融管理制度的良好初衷。

不仅如此,司法实践还应重点关注以交易之名行其他犯罪之实的情形,如近期备受关注的网络非法期货交易犯罪。上海作为国际金融中心,在防范化解金融风险、优化金融法治环境方面承担着艰巨使命。2020年8月,首届"防范化解金融风

① 其中包括6篇"欺诈发行股票、债券罪"一审刑事判决、2篇"违规披露、不披露重要信息罪"一审刑事判决。

② 参见白建军:《证券犯罪惩戒应坚持"严而不厉"》,载《中国经济时报》2005年9月14日,第5版。

险刑事实务论坛”在上海市第一中级人民法院召开,针对网络非法期货交易犯罪的法律适用问题进行专题研讨,就其性质认定、共同行为人的刑事责任认定以及情节认定标准展开讨论。在实践中,此类犯罪表现为行为人未经国务院期货监督管理机构批准,设立可通过互联网实现委托指令、交易模式具有期货特征的交易平台,其具体行为模式主要有三种:第一种,行为人吸纳投资人资金并实施真实期货交易活动,投资人资金真实进入期货交易市场;第二种,行为人吸纳投资人资金但未实施真实期货交易活动,投资者入金未真实进入期货市场,行为人与投资人实质上形成对赌关系;第三种,行为人所设电子交易平台实为博彩赌场,通过对期货指数买涨买跌的形式实施赌博活动。具体而言,第一种行为模式与期货市场交易存在直接关联,属于未经国家有关主管部门批准非法经营期货业务,严重扰乱期货交易市场正常管理秩序的,可能构成非法经营罪;第二种行为模式并未与期货交易市场发生直接联系,其行为性质已经超脱于“虚拟交易”,属于一种“虚假交易”,行为人存在虚构数据等欺诈行为的情形,可能构成诈骗罪或合同诈骗罪、集资诈骗罪等;第三种行为模式与期货交易市场亦无直接联系,刑法所保护的法益只是社会公共秩序,行为人可能构成开设赌场罪等罪名。由此可见,办理此类网络非法期货交易案件,司法人员务必以准确识别犯罪行为本质为先。

(三)洗钱犯罪

洗钱犯罪是金融犯罪领域的重点打击内容,相关犯罪活动不仅严重侵害国家金融管理秩序和金融管理制度,而且滋生腐败犯罪、毒品犯罪等上游犯罪活动。经济全球化时代下,洗钱是社会危害最大、影响范围最广、科技含量最高的犯罪之一,已被国际社会列为非传统性安全问题。近年来,随着我国资本市场国际化程度不断提高,跨国越境洗钱行为日渐多发,直接关涉国家经济安全与政治稳定。

根据中国人民银行《反洗钱报告》,仅 2019 年,中国人民银行共发现和接收重点可疑交易线索 15,755 份;向侦查机关移送线索 4858 条,同比增长 33.17%;协助侦查机关对 4007 起案件开展反洗钱调查共 38,692 次,同比分别增长 50.47% 和 73.24%;协助破获涉嫌洗钱等案件共 622 起,同比增长 15.19%。[①] 然而,笔者登录

---

① 参见中国人民银行反洗钱局:《2019 年中国反洗钱报告》,载中国人民银行官网,http://www.pbc.gov.cn/fanxiqianju/resource/cms/2020/12/2020122918425737536.pdf。

中国裁判文书网检索“洗钱罪”一审刑事判决,2019 年有 70 篇,为同期金融犯罪一审刑事判决文书总量的 0.42%;2020 年有 112 篇,为同期金融犯罪一审刑事判决文书总量的 0.87%。不难发现,洗钱活动虽较为多发却极少以“洗钱罪”论处。从立法论视角看,其重要原因即自我洗钱行为尚未纳入洗钱罪规制范畴。

根据我国《刑法》第 191 条的规定,第一,关于“明知”,只有上游犯罪行为人以外的其他行为人才涉及明知与否的问题,上游犯罪行为人对于自己违法所得的来源当然清楚,无需强调明知;第二,关于“提供”“协助”,也只有其他行为人才会涉及此类帮助性质行为,上游犯罪行为人作为本犯当然不涉及此类行为;第三,第 1 款第 5 项“以其他方法”系兜底规定,虽无帮助性质的表述,但考虑到条文间逻辑关系,其行为性质应与前四项具有相当性,且 2009 年最高人民法院《关于审理洗钱等刑事案件具体应用法律若干问题的解释》第 2 条明确规定了“通过典当、租赁、买卖、投资等方式,协助转移、转换犯罪所得及其收益”等具体情形。基于此,司法实务均否定上游犯罪行为人可以构成洗钱罪,如汪某洗钱案①以及潘某某、祝某某、李某某、龚某洗钱案等。② 理论界亦有学者论述自我洗钱行为不可罚的理由:第一,自我洗钱行为派生于七种法定上游犯罪,是行为人在上游犯罪实施完毕后的必然选择,与上游犯罪存在依附从属性质的吸收关系,属于“不可罚的事后行为”,本质上具有阻却责任的性质;第二,第 191 条洗钱罪和第 312 条掩饰、隐瞒犯罪所得、犯罪所得收益罪成立特别关系法条竞合,且第 312 条系一般规定、第 191 条系特别规定,由于第 312 条的行为主体不包括上游犯罪行为人,所以第 191 条的行为主体自然也不包括上游犯罪行为人。

但是,否定上游犯罪行为人可以构成洗钱罪的现行立法规定存在诸多问题。第一,不利于打击洗钱犯罪。我国洗钱活动的可疑交易数量与追诉定罪数量差距悬殊,而自我洗钱行为未入罪即导致大量洗钱行为未受追诉;并且,吸收关系的适用要求一国对数行为均有管辖权,若行为人将境外所得赃钱转移至境内清洗,则难以实施司法管辖。第二,不利于开展跨境合作。不仅英美法系立法例多将本犯纳入洗钱罪行为主体(如英国、美国、加拿大、澳大利亚和我国香港特别行政区),而且

---

① 本案中,区某某因清洗本人毒品犯罪所得赃款而被另案处理,载《最高人民法院公报》2004 年第 10 期。

② 本案中,元某因清洗本人破坏金融管理秩序犯罪(信用卡诈骗罪)所得赃款而被另案处理,载《最高人民检察院公报》2008 年第 2 期。

大陆法系立法例也逐步放弃传统赃物犯罪的立法思路(如德国),肯定上游犯罪行为人可以构成洗钱罪。第三,不符合国际组织要求。1988年《联合国禁毒公约》中"为了隐瞒或掩饰"和"为了协助"的措辞差异足以表明行为主体包括本犯;2000年《联合国打击跨国有组织犯罪公约》、2003年《联合国反腐败公约》及反洗钱金融行动特别工作组(Financial Action Task Force on Money Laundering,FATF)《40+9项建议》"缔约国法律原则有要求则可排除本犯"的规定并非本旨,且我国并无相关法律原则作为适用依据。

基于司法论,根据我国《刑法》第191条的规定,洗钱罪的行为主体不包括上游犯罪行为人是毋庸置疑的。但是,基于立法论,应当对自我洗钱行为独立定罪处罚。主要理由如下:一方面,自我洗钱行为具有独立于上游犯罪的处罚必要性,不属于"不可罚的事后行为"。在违法性层面,自我洗钱行为不仅造成了上游犯罪所无法评价的新的法益侵害,而且以侵害国家金融管理秩序法益为主,社会危害性严重,处罚该行为符合刑法基本原则的要求;在有责性层面,禁止自我洗钱行为不会导致上游犯罪行为人陷入两难困境,不仅实践表明洗钱行为并非其必然选择,而且期待可能性作为责任规范要素只能根据法规范要求进行个案判断,既不能由司法实践逆推罪责规范,也不应在个罪法条拟定之初即泛化预设免责事由。另一方面,自我洗钱行为当罚性不受法条竞合关系制约,否定论者的质疑有失妥当。从论据上看,第191条洗钱罪与第312条掩饰、隐瞒犯罪所得、犯罪所得收益罪并非特别关系法条竞合;从论证逻辑上看,无论两罪是否成立法条竞合,均不影响自我洗钱行为的当罚性。并且,即便现行法下两罪成立法条竞合,修改后的第191条也异于第312条,因而不会影响他罪适用以致不当扩张刑罚范围。综上所述,自我洗钱行为具有当罚性,我国《刑法修正案(十一)》修改第191条洗钱罪,将该罪行为主体范围扩大至包括上游犯罪行为人,不仅符合刑法理论要求,而且适应司法实践需要。

三、金融犯罪治理及其发展趋势

目前,我国经济已由高速增长阶段转向高质量发展阶段,建设现代化经济体系是跨越关口的迫切要求和发展目标。社会主义市场经济本质是法治经济,确保金融行业健康发展离不开法治的规范。剖析金融犯罪形成原因是金融法治建设的关键,在此基础上才能更好地探析金融犯罪治理路径、预测金融犯罪未来趋势。

(一)金融犯罪成因分析

为有效防范金融风险、切实治理金融犯罪,首要的是摸清金融犯罪行为的成因。

第一,社会因素方面,在新旧经济体制更迭的现实背景下,社会资源分配不公的现象客观存在,贫富差距无法彻底消除。逐利性与市场经济相伴相生,经济领域各类违法违规行为不可避免,决定了金融犯罪行为的存在具有必然性。

第二,法律因素方面,金融资本市场仍存监管真空地带,金融治理结构、产权约束机制尚不完善,社会控制不足导致金融领域违法违规行为多发。不仅行政监管体系有待健全,金融犯罪刑事立法与刑事司法也多有不足。在立法层面,如自我洗钱行为尚未被独立定罪处罚、证券犯罪有待与2019年《证券法》联动修订等;在司法层面,如"背信运用受托财产罪"适用固化以致未能适应性规制基金管理人背信行为、"非法吸收公众存款罪"适用泛化以致大量不符合要件的行为被纳入规制范畴等。当然,这与地方保护主义影响以及办案人员能力局限不无关联。

第三,个体因素方面,具体可以分为犯罪人和被害人(投资人)两个角度。从犯罪人角度看,贫富差距导致相对剥夺感滋生了行为人贪求不法财富的动机,加之金融犯罪系高暗数犯罪,其罪责感体验弱于故意杀人、伤害等低暗数犯罪,[①]使行为人选择实施金融领域违法违规行为。从被害人(投资人)角度看,同样是受贫富差距伴生的相对剥夺感支配,其虽然试图以金融领域投资行为谋取合法财富,但被逐利心理蒙蔽导致必要防范意识不足,给部分不法分子实施犯罪行为提供了便利条件,尤其给非法集资类金融犯罪人提供了可乘之机。

(二)金融犯罪对策制定

客观而言,考虑到社会因素的客观性以及犯罪行为的不可避免性,法律因素与个体因素才是防范化解金融领风险的工作重点。

在刑事法律框架内,需要金融犯罪刑事立法工作与刑事司法活动共同发力。在立法层面,一方面,应当联动新修订的《证券法》等其他部门法规及规章,及时更新证券犯罪等金融犯罪构成与刑罚设定,以提升其与整体法秩序的协调性;另一方

---

① 参见白建军:《犯罪轻重的量化分析》,载《中国社会科学》2003年第6期。

面，应当积极回应国际层面规范性文件的原则要求，顺应国际金融资本市场法治建设发展潮流，切实重视自我洗钱等行为的刑法规制问题。同时，在司法层面，一要坚持罪刑法定原则，反思并限缩非法集资类罪名的泛化适用，适时激活司法适用实效性严重不足的“僵尸罪名”；二要加快建设高素质金融犯罪审判队伍，充分发挥审判人员能动司法的积极作用，不断优化涉众型民刑交叉案件的处理路径，提高金融犯罪案件办理精准度与质效；三要切实营造公正、民主的法治环境，坚持刑事司法审判活动的中立性，避免受制于地方保护主义等负面因素。此外，还可尝试探索大数据信息平台建设，推进人工智能与金融犯罪司法实务的深度融合。

此外，针对犯罪人以及被害人（投资人）个体因素，除了提高金融犯罪刑罚适用必定性、遏制和降低犯罪暗数之外，还有赖于政治、经济、文化、教育等领域多种刑罚替代措施的跟进，比如通过强化金融调控与监管以弱化犯罪人的侥幸心理、通过普及金融法律知识以强化投资人的自我保护意识和理性投资意识等，及时分析金融市场建设发展的新情况、新特点，充分运用大数据信息技术等加强金融安全形势研判，注重社会舆论、网络媒体对金融投资行为的引导，促使刑罚治理手段与刑罚替代措施协同发力，为打好防范化解金融风险攻坚战凝聚力量。

（三）金融犯罪趋势预测

客观而言，在未来一段时间内，金融犯罪治理仍将面临较大压力。尽管我国已经基本建立了金融监管体系与金融法律框架，但是，我国正处于现代化建设的转型期，面临着增长速度换挡期、结构调整阵痛期、前期刺激政策消化期“三期叠加”的严峻挑战和国际金融危机的持续外溢影响。在此复杂环境下，金融犯罪难免持续处于高位运行态势，特别是涉众型金融犯罪以及证券、期货犯罪案件，将对金融犯罪的侦查和审判工作形成较大挑战。与此同时，随着信息网络技术的迅速发展以及大数据的覆盖应用，利用互联网实施的金融犯罪活动将持续加剧，金融犯罪案件将越来越呈现出多重复合型变化趋势，活动范围、涉及领域、行为主体以及犯罪手段的综合化程度将更高，相关金融案件所涉金额、人数以及地域等势必继续扩大，洗钱犯罪等甚至直接影响我国在国际社会中的经济形象。

为此，面对日益严峻的金融犯罪形势，必须正视现实，在全面认识金融犯罪刑事司法现状的基础上，认真分析新常态下金融活动运行模式以及犯罪成因，坚持以改革的方式化解金融风险、持续提升金融市场运行体系健康性，持续加强新常态下的金融领域法治建设,尤其抓牢刑事立法建构与刑事司法运作这两大关键,充分发挥刑事法律在法秩序体系中的保障作用,为金融发展提供充足制度供给与坚实司法保障。

遏制涉恐融资法治动态

朱　丹*

一、2019～2020 年遏制涉恐融资法治发展综述

(一)遏制涉恐融资国际法制新发展

恐怖主义对人类的生存、发展构成巨大的现实危害与潜在威胁,源源不断的资金则是恐怖主义的生命线。①虚拟货币作为近年来新兴的一种支付方式,也被恐怖组织青睐和利用。为了应对虚拟货币带来的恐怖融资威胁,2019 年,联合国与反洗钱金融行动特别工作组(Financial Action Task Force on Money Laundering,FATF)合作,出台了一系列文件以指导全球虚拟货币的反恐怖融资实践。继 2018 年 10 月金融行动特别工作组修订了《FATF 新 40 项建议》中的"建议 15"("新技术"部分)以明确将反恐融资要求应用于虚拟资产及其服务提供商的监管要求后,联合国安理会于 2019 年 3 月通过了《联合国安理会第 2462 号决议》,强调金融行动特别工作组在设立全球反恐怖融资标准方面的重要地位,敦促所有国家实施《金融行动特别工作组建议》所确立的综合性国际反恐怖融资标准。该决议在国际法层面明确了各国遵守《金融行动特别工作组建议》的国际义务,即应该将反恐怖融资措施应用于虚拟资产和虚拟资产服务提供商,评估和了解虚拟资产活动和虚拟资产服务提供商的活动或业务所产生的恐怖融资风险,并采取有效行动来减轻这种风险。2019

* 复旦大学法学院副教授,复旦大学中国金融法治研究院研究人员;研究方向:国际刑法,跨国刑法,白领犯罪。

① See Michael Freeman, *The Sources of Terrorist Financing: Theory and Typology*, 34(6) Studies in Conflict & Terrorism 461, 461 –475(2011).

年6月,金融行动特别工作组进一步发布了《基于风险的角度:监管数字资产和数字资产服务商的章程指南》,以帮助各国和虚拟资产服务提供商了解其恐怖融资风险,并有效实施适用于该行业的FATF建议与要求。

2020年6月金融行动特别工作组召开了第31届第3次全体会议,会议讨论了一项为期12个月的审查结果,该审查主要检测了各国对虚拟资产服务提供商的监管情况。2020年7月7日,金融行动特别工作组发布了针对虚拟货币及其服务商修订标准实施情况的审查报告,并提出了相关的行动提议,其中包括呼吁所有的司法管辖区优先执行修改后的特别组织标准。① 金融行动特别工作组还于同一天在官网上公布了提交给二十国集团(Group of 20,G20)成员国财长和央行管理者的稳定币报告,在报告中阐述了新修订的标准。②

(二)我国遏制涉恐融资法制新动态

在国内层面,为了落实国务院办公厅《关于完善反洗钱、反恐怖融资、反逃税监管体制机制的意见》,继2018年中国人民银行印发了《法人金融机构洗钱和恐怖融资风险管理指引(试行)》后,中国银行保险监督管理委员会(以下简称银保监会)在2019年2月发布了《银行业金融机构反洗钱和反恐怖融资管理办法》,要求金融机构,特别是银行业金融机构要建立完善的反恐怖融资内控制度,按照风险为本的原则,将恐怖融资风险管理纳入全面风险管理体系,履行客户身份识别、客户身份资料和交易记录保存以及大额交易和可疑交易报告等各项反恐怖融资义务。从总体上实现了人民银行和银保监会两家金融监管机构对恐怖融资的全面监管和联合监管。

与2018年中国人民银行颁布的《法人金融机构洗钱和恐怖融资风险管理指引(试行)》相类似,银保监会于2019年发布的《银行业金融机构反洗钱和反恐怖融资管理办法》也是在我国接受金融行动特别工作组互评期间出台的监管规定,目的同样是对国务院办公厅《关于完善反洗钱、反恐怖融资、反逃税监管体制机制的意见》的落实。相比于指引,办法对于涉恐融资监管规定有了一些新的发展,具体参见图1。

---

① See FATF (2020), 12 – month Review Virtual Assets and VASPs, Accessed December 31, 2020. www. fatf-gafi. org/publications/fatfrecommendations/documents/12 – month-review-virtual-assets-vasps. html。

② See FATF (2020), FATF Report to the G20, Accessed December 31, 2020. www. fatf-gafi. org/publications/virtualassets/documents/report-g20 – so-called-stablecoins-june – 2020. html。

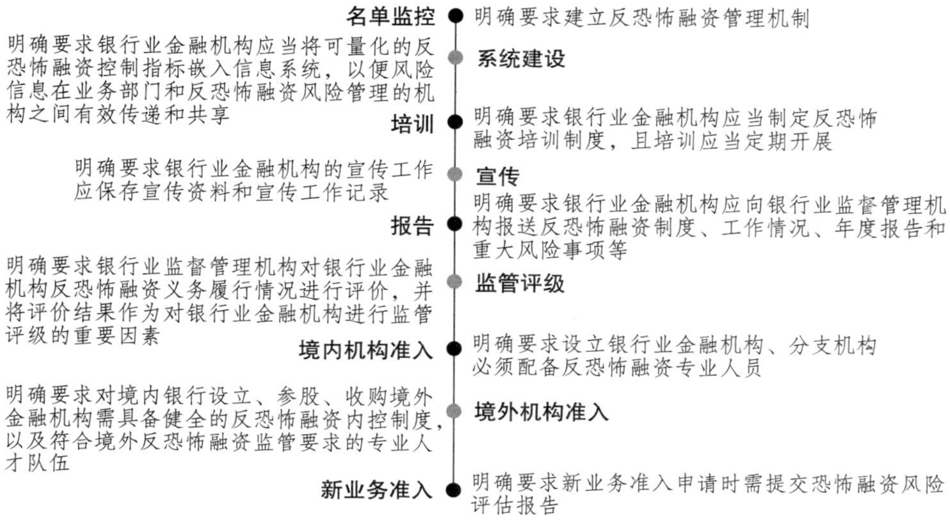

图 1　2019 年《银行业金融机构反洗钱和反恐怖融资管理办法》的新发展

2019 年 6 月，为组织互联网金融从业机构落实中国人民银行反洗钱局印发的《法人金融机构洗钱和恐怖融资风险管理指引（试行）》等规定，协助从业机构加强反洗钱和反恐怖融资风险管理及内控机制建设，中国互联网金融协会正式发布《互联网金融从业机构反洗钱和反恐怖融资风险管理及内控框架指引手册》。2019 年 12 月，中国银保监会发布了《关于进一步做好银行业保险业反洗钱和反恐怖融资工作的通知》，要求银行保险机构应当强化组织保障，加大反洗钱和反恐怖融资资源投入，加强对从业人员的反洗钱和反恐怖融资培训，提高反洗钱和反恐怖融资工作能力。

（三）第四轮《中国反洗钱和反恐怖融资互评估报告》通过

自 2018 年起，金融行动特别工作组委托国际货币基金组织牵头，组成国际评估组对我国开展了一年的互评估。2019 年 2 月 21 日，即银保监会发布《银行业金融机构反洗钱和反恐怖融资管理办法》的同一天，金融行动特别工作组第三十届第二次全会审议通过《中国反洗钱和反恐怖融资互评估报告》。① 该报告认为，我国高度

---

① See FATF（2019），Anti-money laundering and counter-terrorist financing measures-People's Republic of China，Fourth Round Mutual Evaluation Report，Accessed December 31，2020. http://www.fatf-gafi.org/publications/mutualevaluations/documents/mer-china-2019.html.

重视反恐怖融资工作,采取实质措施健全反恐怖融资法律体系。但该报告同时指出,我国在特定非金融部门恐怖融资监管以及执行联合国安理会定向金融制裁决议方面存在问题(包括义务主体、资产范围和义务内容不全面,国内转发决议机制存在时滞等问题)。

二、我国遏制涉恐融资的法律制度现状

(一)我国涉恐融资法律制度的主要渊源

我国遏制涉恐融资法制脱胎于反洗钱法制,并仍处于与反洗钱立法的交叉领域,从总体上形成了包括国际标准、国家法律、行政法规和行业规范等多层次的发展现状,但亟待进一步完善。

1. 国际法渊源

作为联合国安理会常任理事国,我国缔结了相关国际公约并致力于推动安理会各项反恐怖融资决议的制定与通过。我国于 2001 年签署了由联合国大会在 1999 年通过的《制止向恐怖主义提供资助的国际公约》,并在 2006 年正式批准了该公约。根据该公约的相关规定,作为缔约国的我国承担着以下几项主要义务:一是必须在本国刑法中将恐怖融资行为定为刑事犯罪;二是各缔约方之间必须开展反恐怖融资合作;三是采取适当的措施认定、侦查、冻结疑似恐怖组织的资金。在 1999 年,联合国安理会通过了第 1267 号决议,要求各国承担冻结恐怖分子资金的义务,并在 2000 年第 1333 号决议对第 1267 号决议进行了修正,其中要求停止为恐怖主义活动提供资金。在 2001 年"9 · 11"事件后,联合国安理会又通过了第 1373 号决议,进一步要求所有国家均应"防止和制止资助恐怖主义行为",并全面制裁恐怖组织所有金融活动,制裁对象囊括一切"恐怖主义组织和个人",同时决定成立反恐怖主义委员会。联合国安理会此后又通过了多项决议来推动成员国的反恐怖融资工作。在 2019 年,针对虚拟货币的恐怖融资问题,联合国安理会通过了第 2462 号决议,从国际法上进一步明确了金融行动特别工作组关于虚拟货币的管理建议,指出各国应该加强评估和处理与虚拟资产有关的潜在风险,采取步骤确保此类资产的提供者遵守反洗钱和反恐怖融资的义务(相关安理会的反恐怖融资决议参见图 2)。

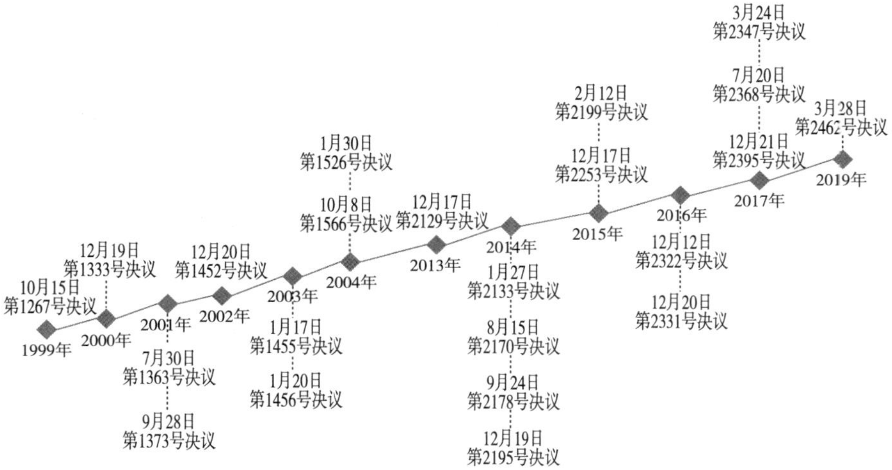

图 2　联合国安理会的反恐怖融资决议

金融行动特别工作组于 1989 年由七国集团在巴黎峰会上建立，是目前最有影响力的反恐怖融资国际组织。自其成立后，一直在调整和改善其制定的全球反恐怖融资标准。1990 年，金融行动特别工作组在巴黎召开的反洗钱峰会上提交报告，详细描述了各国如何打击非法洗钱的 40 条建议。①2001 年“9 · 11”事件后，在原有的 40 项建议的基础上，金融行动特别工作组发布了《反恐怖融资八项特别建议》，在国际合作、汇报可疑交易、规制非政府组织、管理电汇和携带现金等方面建立起了国际标准。为了加大对恐怖活动资金的监管力度，金融行动特别工作组于 2004 年增加了一项针对跨境现金运输的特别建议，并修订为《反恐怖融资九项特别建议》。在 2012 年，金融行动特别工作组将该建议完全融入《反洗钱四十项建议》中，修订为《反洗钱、反恐怖融资和反扩散融资的国际标准》，②也称为“40 + 9 项建议”，主要目的是加强各国反洗钱反恐怖融资和国际合作的力度和程度。虽然“40 + 9 项建议”并不具有严格意义上的法律拘束力，但其确立的标准已得到全球大多数国家和国际组织的认可与接受，已实际上成为公认的反恐怖融资的国际标准。此外，金融行动特别工作组定期组织对各国反洗钱和反恐怖融资工作进行合规性的互评

① See FATF (1990), The Forty Recommendations of the Financial Action Task Force on Money Laundering, Accessed December 31, 2020. https://www.fatf-gafi.org/media/fatf/documents/recommendations/pdfs/FATF%20Recomme ndations%201990.pdf.

② See FATF (2012 - 2020), International Standards on Combating Money Laundering and the Financing of Terrorism & Proliferation, Accessed December 31, 2020. www.fatf-gafi.org/recommendations.html.

估。我国在2007年通过了第三轮互评估,并正式成为金融行动特别工作组的成员。2018年,我国接受了金融行动特别工作组的第四轮互评估;2019年2月金融行动特别工作组全会通过了对我国的互评估报告。

2.国内法渊源

我国目前的反恐怖融资国内法律体系主要包括3个部分:一是反恐怖融资的刑法体系。为了更好地落实《制止向恐怖主义提供资助的国际公约》下的反恐怖融资义务,我国在2001年人大常委会通过的《刑法修正案(三)》中增设了“资助恐怖活动罪”,并将“恐怖活动犯罪”增加为洗钱的上游犯罪。二是由全国人大通过的涉及恐怖融资的专门法律。2006年,我国出台了《反洗钱法》,其中第2条反洗钱的定义将恐怖活动犯罪列为洗钱的上游犯罪,第36条又特别指出:“对涉嫌恐怖活动资金的监控适用本法;其他法律另有规定的,适用其规定。”2015年,我国颁布了《反恐怖主义法》,从立法层面规定了反恐怖融资行政主管机关的监督管理职能以及其他相关部门对涉恐融资活动的通报义务。在法律层面,我国反恐怖融资体系已经形成了由《刑法》与《反洗钱法》《反恐怖主义法》所组成的“一刑二法”的立法框架。三是反恐怖融资的行政管理法规体系,是我国金融反恐法律机制中最为庞大和细致的保障体系,进一步落实了金融机构反恐怖融资的相关法律义务。

2003年,中国人民银行颁布了《金融机构反洗钱规定》,明确了中国人民银行是国务院反洗钱行政主管部门,要求金融机构必须按照国家相关法律规定,建立并完善客户身份识别制度、交易记录保存制度和大额交易报告制度等。2007年,中国人民银行又出台了《金融机构大额交易和可疑交易报告管理办法》,除了要求中国反洗钱监测分析中心要及时接收与识别大额交易、可疑交易报告信息,还规定了金融机构履行大额交易、可疑交易报告义务的标准、时间、方式和路径。同年,中国人民银行颁布了我国首部专门针对反恐怖融资的规章——《金融机构报告涉嫌恐怖融资的可疑交易管理办法》,明确要求金融机构一旦发现客户试图支持与资助恐怖主义、恐怖组织及其成员,无论金额大小,都应立即上报给中国反洗钱监测分析中心等监管机构,并上交可疑交易报告。同样在2007年,中国人民银行与原银监会等机构还共同发布了《金融机构客户身份识别和客户身份资料及交易记录保存管理办法》,要求金融机构必须建立并完善客户身份识别、客户身份资料保存等制度,以协助相关部门更好地开展反恐怖融资工作。针对支付机构的反恐怖融资义务,中国人民银行于2012年专门颁布了《支付机构反洗钱和反恐怖融资管理办法》,要求支付机构应当建立健全反洗钱和反恐怖融资的内部控制制度，主要保护客户身份识别措施、客户身份资料和交易记录保存措施、可以交易标准和分析报告程序、反恐怖融资内部审计和培训以及反恐怖融资工作保密措施等。针对涉恐资产冻结，中国人民银行于2014年颁布了《涉及恐怖行动资产冻结管理办法》，明确赋予金融机构、特定非金融机构立即冻结涉恐人员与组织资产的权力，同时需要把冻结资产的数量、权属、位置、交易信息等相关情况上报给国家安全机关、公安机关等部门。为了更好地落实联合国安理会的相关恐怖融资制裁决议，中国人民银行于2017年发布了《关于落实执行联合国安理会相关决议的通知》，要求金融机构和特定非金融机构应采取必要和合理的措施保证及时准确地执行联合国安理会的决议，防止出现差错。

2017年，国务院办公厅出台了《关于完善反洗钱、反恐怖融资、反逃税监管体制机制的意见》，强调了“三反”工作的重要意义，明确了“三反”工作的目标，并从健全工作机制、完善法律制度、健全预防措施、严惩违法犯罪、深化国际合作、创造良好氛围等6个方面提出了20余项具体措施。同年，中国人民银行发布了《关于加强贵金属交易场所反洗钱和反恐怖融资工作的通知》，要求贵金属交易所和交易商积极履行反恐怖融资义务，并将其纳入中国人民银行的反恐怖融资监管范畴。2018年，针对特定非金融机构的反洗钱及反恐怖融资监管，中国人民银行办公厅发布了《关于加强特定非金融机构反洗钱监管工作的通知》，要求特定非金融机构应当遵守法律法规等规章制度，开展反恐怖融资工作。如有对特定非金融机构开展反恐怖融资工作更为具体或者严格的规范性文件，特定非金融机构应从其规定；如没有更为具体或严格规定的，特定非金融机构应参照金融机构的反恐怖融资规定执行。

为了落实国务院办公厅的“三反意见”，中国人民银行于2018年发布了《法人金融机构洗钱和恐怖融资风险管理指引（试行）》，中国银保监会则于2019年出台了《银行业金融机构反洗钱和反恐怖融资管理办法》。前者在体制机制、人员配备、工作方法、信息系统、数据管理、检查考核等多个方面对金融机构洗钱及恐怖融资风险管理明确了要求；后者要求金融机构，特别是银行业金融机构要建立完善的反恐怖融资内控制度，按照风险为本的原则，将恐怖融资风险管理纳入全面风险管理体系，履行客户身份识别、客户身份资料和交易记录保存以及大额交易和可疑交易报告等各项反恐怖融资义务。2019年，中国银保监还发布了《关于进一步做好银行业保险业反洗钱和反恐怖融资工作的通知》，要求银行保险机构应当强化组织保障，加大反洗钱和反恐怖融资资源投入，加强对从业人员的反洗钱和反恐怖融资培训，提高反洗钱和反恐怖融资工作能力。

针对互联网领域的反恐怖融资问题，中国人民银行、银保监会、证监会于2018年联合发布了《互联网金融从业机构反洗钱和反恐怖融资管理办法（试行）》，首先明确了互联网金融领域的反洗钱、反恐怖融资义务，对互联网金融从业机构反洗钱和反恐怖融资工作进行规范。同时，明确由中国互联网金融协会协调其他行业自律组织制定行业规则，实现监管和自律管理的有效衔接。按照2018年《互联网金融从业机构反洗钱和反恐怖融资管理办法（试行）》的规定及相关要求，中国互联网金融协会于2019年发布了《关于互联网金融从业机构接入互联网金融反洗钱和反恐怖融资网络监测平台的公告》，通知互联网金融反洗钱和反恐怖融资网络监测平台已上线试运行，金融机构、网络支付机构及其他经有权部门批准或者备案设立的依法经营互联网金融业务的机构已可接入网络监测平台。同年，互联网金融协会又出台了《互联网金融从业机构反洗钱和反恐怖融资风险管理及内控框架指引手册》，协助从业机构加强反洗钱和反恐怖融资风险管理及内控机制建设。该手册严格遵循了中国人民银行确定的“风险为本”的反洗钱工作理念和相关要求，归纳总结了境内外从业机构反洗钱最佳实践，并结合互联网金融及反洗钱工作的最新发展，提供了一个可供广大从业机构开展反洗钱风险管理体系和内控机制建设借鉴参考的框架性文件。（见图3）

2003年 ●《金融机构反洗钱规定》，中国人民银行

2007年 ●《金融机构大额交易和可疑交易报告管理办法》，中国人民银行
●《金融机构报告涉嫌恐怖融资的可疑交易管理办法》，中国人民银行
●《金融机构客户身份识别和客户身份资料及交易记录保存管理办法》，中国人民银行、银监会等

2012年 ●《支付机构反洗钱和反恐怖融资管理办法》，中国人民银行

2013年 ●《金融机构洗钱和恐怖融资风险评估及客户分类管理指引》，中国人民银行
●《关于防范比特币风险的通知》，中国人民银行

2014年 ●《涉及恐怖活动资产冻结管理办法》，中国人民银行、公安部、国家安全部

2017年 ●《关于防范代币发行融资风险的公告》，中国人民银行等
●《关于完善反洗钱、反恐怖融资、反逃税监管体制机制的意见》，国务院办公厅
●《关于加强贵金属交易场所反洗钱和反恐怖融资工作的通知》，中国人民银行
●《关于落实执行联合国安理会相关决议的通知》，中国人民银行

2018年 ●《关于加强特定非金融机构反洗钱监管工作的通知》，中国人民银行
●《互联网金融从业机构反洗钱和反恐怖融资管理办法（试行）》，中国人民银行、证监会、银保监会等
●《法人金融机构洗钱和恐怖融资风险管理指引（试行）》，中国人民银行

2019年 ●《关于互联网金融从业机构接入互联网金融反洗钱和反恐怖融资 网络监测平台的公告》，中国互联网金融协会
●《互联网金融从业机构反洗钱和反恐怖融资风险管理及内控框架指引手册》，中国互联网金融协会

图3　我国反恐怖融资相关的行政法规和部门规章

(二)我国遏制涉恐融资法制的主要内容

结合2019年国际社会遏制涉恐融资的法治发展,尤其是金融行动特别工作组发布的最新指引文件和《中国反洗钱和反恐怖融资互评估报告》,我国目前遏制涉恐融资法制建设的重点主要在虚拟资产的恐怖融资监管、特定非金融行业反恐怖融资监管以及涉恐定向金融制裁机制完善几个方面。

1. 虚拟资产的恐怖融资监管

目前国内外对虚拟资产尚无统一定义。①金融稳定理事会在向2019年6月二十国集团财政部长和中央银行行长会议提交的《虚拟资产:工作进展、监管方式和潜在差距》的报告中,将虚拟资产定义为"主要使用加密技术、分布式账户或类似技术,并由此产生部分内在价值或者感知价值的私营部门资产"。② 虚拟资产的名称多种多样,如虚拟货币、加密货币、数字货币、代币、圈币等。比较典型的虚拟资产为投资者众多的比特币,以及脸书(Facebook)于2019年6月宣布拟推出的与世界主要货币挂钩的天秤币(Libra)等。

2019年6月21日,金融行动特别工作组发布了新的指引文件,澄清了反恐怖融资要求对虚拟资产和虚拟资产服务提供商的适用问题。由于虚拟货币本身的匿名性和跨国流动性强等特征导致对其进行监管难度比较大,加上监管能力的提高一般都滞后于金融科技创新的发生,这为恐怖分子和组织利用虚拟货币进行恐怖融资提供了可乘之机,虚拟货币的监管问题逐渐成为世界金融安全的重大现实课题。

金融行动特别工作组早在2014年6月发布的《虚拟货币:关键定义和潜在的反洗钱/反恐怖融资风险》中即揭示了虚拟货币交易过程中存在的恐怖融资风险,提出制定一套反映虚拟货币运作方式的通用术语对政府部门、执法官员等有效防范这种风险的重要性。2015年6月,金融行动特别工作组在《基于风险的虚拟货币方法指南》中详细列举了基于风险的前提下防范虚拟货币恐怖融资风险的方法,指出各国应该在结合金融行动特别工作组方法建议的基础上对虚拟货币实施反洗钱和

① See Isaac Kfir, *Cryptocurrencies*, *National Security*, *Crime and Terrorism*, 39(2) Comparative Strategy 113, 113-127(2020).

② See FSB (2019), Crypto-assets: Work Underway, Regulatory Approaches and Potential Gaps, Accessed December 31, 2020. https://www.fsb.org/wp-content/uploads/P310519.pdf.

反恐怖融资的监管,加强客户的尽职调查、可疑交易的披露,加强对风险的识别、理解和评估,从而做到有效防范。

金融行动特别工作组于2018年10月修订了发布于2012年的《FATF新40项建议》中的"建议15"("新技术"部分),以明确说明它们适用于涉及虚拟资产的金融活动,并在词汇表中添加了两个新定义,即虚拟资产和虚拟资产服务提供商。经修订的建议15要求对虚拟资产服务提供商进行反融资监管并将其纳入许可或注册范畴。2019年6月,金融行动特别工作组通过了对建议15的解释性说明,以进一步阐明金融行动特别工作组的要求应如何应用于虚拟资产和虚拟资产服务提供商,特别是关于将基于风险为本的方法应用于其活动或运营的问题。同时强调应当为该类活动建立监测系统;许可或注册机制;预防措施,如客户尽职调查、记录保存和可疑交易报告等;制裁和其他强制措施;国际合作等一系列机制和政策体系。

《基于风险的角度:监管虚拟资产和虚拟资产服务商的章程指南》讨论了符合虚拟资产服务提供商定义的5种类型,并提供了与之有关的金融活动示例,以明确那些可以被排除在金融行动特别工作组建议范围之外的交易与活动。在这方面,金融行动特别工作组强调了成为虚拟资产服务提供商所需的关键要素,即具有代表客户办理业务并积极促进或促成虚拟资产金融交易的特征。同时,该指引文件还描述了各国主管当局的职责要求以及参与虚拟资产金融活动的其他义务实体,包括银行和证券经纪交易商等金融机构的义务。

2020年6月,金融行动特别工作组在其发布的年度虚拟资产监管报告中指出,公共部门和私营部门在执行修改后的金融行动特别工作组标准方面都有一定的成效,特别是在开发技术解决方案以及实现开发数据转移规则(Travel Rule)方面取得了进展。在2020年9月,金融行动特别工作组公布了有关虚拟资产恐怖融资风险的危险信号指标。①同时,金融行动特别工作组将在2021年6月前进行第二次为期12个月的审查,继续加强对虚拟资产及其服务的监控,并考虑是否有必要对金融行动特别工作组标准进行更新。

虽然修订后的标准将反恐怖融资行为的义务赋予从事涉及虚拟资产的某些虚拟资产服务提供商,但是对于没有通过受监管的中介机构进行的点对点的交易,修

---

① See FATF (2020), Money Laundering and Terrorist Financing Red Flag Indicators Associated with Virtual Assets, FATA, Accessed December 31, 2020. www. fatf-gafi. org/publications/fatfrecommendations/documents/Virtual-Assets-Red-Flag-Indicators. html.

改后的金融行动特别工作组标准没有明确的适用性。例如，拥有非托管钱包的用户之间的私人交易，如果两者都不是企业，是不受制于修改后的金融行动特别工作组标准的监管的，因此，点对点的交易仍可能被用来规避对反恐怖融资的监管。

此外，金融行动特别工作组也积极关注包括稳定币资产在内的新兴资产。在其于2020年7月发布的稳定币报告中，金融行动特别工作组特别审查了稳定币目前存在的和潜在的恐怖主义融资风险以及脆弱性，并指出用户通过交易所或钱包提供商将稳定币兑换成法币或虚拟资产需要接受尽职调查。

目前来看，各国对虚拟资产相关金融活动的监管方式主要分为两类：一是对与虚拟资产相关的金融活动进行限制甚至禁止；二是根据与虚拟资产相关金融活动的实质，将其纳入现行监管框架，并明确所应适用的监管标准。① 我国属于对虚拟资产相关的金融活动实施严格禁止的国家。2017年9月，中国人民银行等七部委联合发布《关于防范代币发行融资风险的公告》，在2013年12月中国人民银行等五部委联合发布的《关于防范比特币风险的通知》基础上，除了要求金融机构和第三方支付机构不得参与比特币等虚拟资产交易活动，不得直接或间接为客户提供与其相关的托管、结算、法币兑换等服务，进一步认定代币发行融资本质上是一种未经批准非法公开融资的行为，涉嫌非法发售代币票券、非法发行证券以及非法集资、金融诈骗、传销等违法犯罪活动。此外，还禁止网络平台开展法定货币与代币、“虚拟货币”相互之间的兑换、定价、信息中介等业务。

然而，虚拟货币的跨国性决定了仅在一国内部采取禁止虚拟货币交易的政策难以取得实质性效果，有效遏制场外、境外非法交易需要国际社会的共同努力和协调配合。②尽管我国在虚拟货币监管经验与技术较为缺乏情形下，可以采取禁止虚拟货币交易的过渡性安排，但是整体而言，金融行动特别工作组仍倾向于各成员国对虚拟资产服务提供商进行适当、有效的监督管理而不是简单地加以禁止。从长远来看，为了从根本上防控虚拟货币的违法犯罪风险，对虚拟货币实行适当、有效的监管是未来趋势和努力方向。

---

① 参见兰立宏、庄海燕：《论虚拟货币反洗钱和反恐怖融资监管的策略》，载《南方金融》2019年第7期。

② See Apolline Blandin *et al.*, *Global Cryptoasset Regulatory Landscape Study*, Cambridge Centre for Alternative Finance Reports, 2019, Accessed December 31, 2020. https://www.jbs.cam.ac.uk/wp-content/uploads/2020/08/2019-04-ccaf-global-cryptoasset-regulatory-landscape-study.pdf.

2. 特定非金融行业反恐怖融资监管

2019 年金融行动特别工作组通过的《中国反洗钱和反恐怖融资互评估报告》指出，我国对特定非金融行业反恐怖融资监管不足。行业主管部门对特定非金融机构的风险认识不足，监管制度尚不健全。特定非金融机构尚未认识到其面临的恐怖融资风险，以及需要承担的反恐怖融资义务，未实施有效的风险控制程序和措施，可疑交易报告数量较少，降低了中国反恐怖融资预防措施的整体成效。

与源于犯罪所得的洗钱活动不同，恐怖融资的资金来源更为广泛，相当一部分资金源自合法经营和自身筹集，对金融机构的依赖性远远不及洗钱活动，非金融机构由此成了恐怖融资的重灾区。金融行动特别工作组在 2012 年修改《40 项建议》时，专门将对特定非金融机构的反恐怖融资建议单独列出，包括以下几项：第一，界定特定非金融行业的范围。建议第 22 项明确了特定非金融行业的范围包括赌场、不动产中介、贵金属和珠宝交易商、律师/公证人/其他独立的法律专业人士及会计师、信托和公司服务提供商等。第二，明确特定非金融行业履行反恐怖融资的义务，建议第 22 项要求上述几类特定非金融行业需要履行与金融机构相同的客户尽职调查与记录保存义务，建议第 23 项要求上述几类特定非金融行业在集团内部控制、高风险国家、可疑交易报告以及泄漏和保密义务等方面也应该履行与金融机构相同的义务。第三，建立法人的受益所有权制度。要求各国采取措施，使特定非金融行业可以获取建议第 22 项关于客户尽职调查中所要求的受益所有权和控制权信息。第四，明确特定非金融行业的监管要求。建议第 28 项要求各国对赌场实施许可制度，对其他特定非金融行业应指定主管部门或行业自律组织实施反恐怖融资监管，防止犯罪分子获得上述职业认证或相应控制权。除此之外，各国应对特定非金融行业违规行为实施有效、适当、劝诫性的处罚，并按建议第 35 项要求制定相关指引。

根据我国《反洗钱法》和《反恐怖主义法》等法律要求，国内特定非金融机构负有对恐怖融资交易依法采取预防、监控措施，对涉及恐怖活动资产进行冻结的义务，《反洗钱法》第 35 条明确规定，特定非金融机构的范围、其履行反洗钱义务和对其监管管理的具体办法，应由国务院反洗钱行政主管部门会同国务院有关部门制定。2017 年国务院办公厅《关于完善反洗钱、反恐怖融资、反逃税监管体制机制的意见》明确提出要建立特定非金融机构的反恐怖融资监管制度。随后，2018 年中国人民银行办公厅发布的《关于加强特定非金融机构反洗钱监管工作的通知》明确了特定非金融机构的主体范围，主要包括房地产开发企业、房地产中介机构、贵金属交易商、贵金属交易产所、会计师事务所、律师事务所和公正机构等，并对非金融机构的反恐怖融资义务作出了一般性的要求，即特定非金融机构应当遵守法律法规等规章制度，开展反洗钱和反恐怖融资工作。如有对特定非金融机构开展反洗钱和反恐怖融资工作更为具体或者严格的规范性文件，特定非金融机构应从其规定；如没有更为具体或者严格规定的，特定非金融机构应参照适用金融机构的反洗钱和反恐怖融资规定执行。

虽然中国人民银行的相关文件在一定程度上填补了我国特定非金融机构反恐怖融资的法规空白，但仍存在一些制度上的不足。第一，对于特定非金融机构范围的界定。按照《反洗钱法》的规定，特定非金融机构的范围应该由国务院反洗钱行政主管部门会同国务院有关部门制定，而目前已出台的界定非金融机构范围的文件是由中国人民银行单独发布的。第二，有关反恐怖融资义务方面的规定仍然是原则性的，缺乏与具体行业业务相结合的具体要求。由于特定非金融机构涉及的行业跨度大、企业规模庞大、经营业务差异性明显，统一的原则性义务难以有效地指导反恐怖融资实践，因此在特定非金融领域开展反恐怖融资工作缺乏相应的制度依据和操作指南。第三，特定非金融机构的反恐怖融资监管职责、分工和监管程序相对模糊，也没有明确的监督管理办法，因此监管工作总体上无法实质性开展。第四，我国的最终受益人制度目前仍然缺失。随着反洗钱反恐怖融资体系的完善，犯罪分子开始利用复杂股权、所有权及控制权关系操作企业法人或信托等法律安排从事洗钱和恐怖融资等犯罪活动，隐藏幕后的最终受益人。我国在 2017 年评估了不同类型法人的洗钱和恐怖融资风险，并根据金融行动特别工作组的标准获取了部分法人最终受益人的信息，但目前我国尚未建立相应的制度。

3. 对涉恐融资的定向制裁

虽然《中国反洗钱和反恐怖融资互评估报告》肯定了我国在 2016 年颁布的《反恐怖主义法》为建立健全涉恐定向金融制裁体系奠定了法律基础，但也指出目前中国定向金融制裁体系存在三方面的主要问题：第一，目前我国国内冻结涉恐资产的义务主体仅限于金融机构和特定非金融机构，而没有扩展到所有法人和自然人；此外，也没有明令禁止境内实体和自然人与制裁对象进行交易。第二，在冻结的对象上也没有覆盖到所有类型的财产、资产和交易。我国目前只能冻结一部分资产（一般是由银行所持有的），但不能冻结那些由被制裁对象或第三方所持有的资产。

对于其他类型的资产(如不动产、土地和现金)或其他交易都没有证据表明可以通过有效的途径被冻结或禁止。第三,执行联合国安理会定向金融制裁的时效性较差。

我国实际上已建立了以《反恐怖主义法》为核心的定向金融制裁体系,对恐怖组织和人员名单的认定和发布、涉恐资产冻结、责任追究、名单监控等方面作出了一系列制度安排。[①] 中国人民银行及相关行业主管部门还发布了规范性文件,对反洗钱、反恐怖融资义务机构开展名单监控工作提出要求,即义务机构应主动通过联合国网站进行名单查询或购买第三方名单数据库,在回溯性审查的基础上,对有开户和交易情况的客户及时采取相关措施,确保联合国安理会决议的有效执行。

2011 年 10 月 29 日,第十一届全国人民代表大会常务委员会第二十三次会议通过了《关于加强反恐怖工作有关问题的决定》,虽然该决定已经失效,但是该决定首次在我国建立了涉恐资产冻结制度,即对于法律列举的特定组织和人员,金融机构和特定非金融机构负有立即全面冻结其资金和其他资产的法定义务,无须任何司法机关或者执法机关下达资产冻结的命令。这种法定冻结制度不是以资产保全为目的,而是以实行金融制裁为目的,旨在削弱特定组织和人员的经济实力、切断其经济来源和命脉。该决定将恐怖活动组织及其人员名单认定的具体办法授权由公安部门、安全部门和发洗钱等行政主管部门制定。2014 年中国人民银行、公安部、国家安全部 3 部门联合起草并颁布了《涉及恐怖活动资产冻结管理办法》,该办法在 2011 年《关于加强反恐怖工作有关问题的决定》的基础上对我国的涉恐资产冻结法律制度进行了细化,涉及冻结措施的实施条件、被冻结资产的管理、当事人合法权益保障、监督与处罚等方面的具体制度。这是我国首次以部门规章的形式对涉恐资产的冻结问题作出规制。

2015 年 12 月 27 日,全国人民代表大会常务委员会第十八次会议通过了《反恐怖主义法》,从全国人大立法的高度再次对涉恐资产冻结法律制度进行了认可。该法第 14 条重申了我国对恐怖组织和人员资产予以冻结的主体是金融机构和特定非金融机构。当相关国家机关披露了涉恐人员名单后,金融机构与特定非金融机构要及时甄别本机构是否存在涉恐资产情况,一旦发现存在涉恐资产,需要立即冻结

---

① 参见吴正德:《关于涉恐资产冻结相关问题的研究》,载《金融观察》2017 年第 12 期。

资产,避免资产转移或用于恐怖袭击活动,并及时把自身所掌握的信息(被冻结资产的金额、数量、交易情况等)上报相关部门(公安机关、国家安全机关等)。

第一,关于冻结涉恐资产的义务主体。我国2014年颁布的《涉及恐怖活动资产冻结管理办法》规定了金融机构和特定非金融机构对恐怖资产的冻结义务,此外还包括金融机构和特定非金融机构对其境内外分支机构和附属机构,但并未扩展到所有法人和自然人,没有明令禁止境内实体和自然人与制裁对象进行交易。虽然规定了特定非金融机构对于恐怖活动资金和资产的冻结义务,但对于具体何为特定非金融机构,包括哪些行业和业务范围,并未有相关法律作出明确规定。例如,地下钱庄、非营利性组织、古玩交易等非金融行业恰恰是恐怖活动组织和人员筹措资金的重要渠道,能否对这些非金融机构反恐怖融资进行监管,仍不明确。对于除了金融机构和特定非金融机构以外的其他机构仅规定了针对恐怖融资的报告义务而非冻结义务,如规定财政、审计、税负等部门发现涉恐融资的流入流出资金,应当及时通报公安机关;规定海关部门发现进出境人员携带的现金和债券等物有涉嫌恐怖主义融资的,应当立即通报反洗钱主管部门和相关公安机关。

第二,关于冻结涉恐资产的范围。根据《涉及恐怖活动资产冻结管理办法》第5条第1款的规定,“资产”的范围限定在恐怖活动组织及其恐怖活动人员拥有或者控制的资产范围内,根据第2款的规定,该“资产”应当包括恐怖活动组织及恐怖活动人员的资金或者其他资产,不仅是银行存款等可计算金额的财产。《涉及恐怖活动资产冻结管理办法》第20条第3款对“资产”进行了更为明确的列举,即规定这里的“资产”包括但不限于:银行存款、汇款、旅行支票、银行支票、邮政汇票、保单、提单、仓单、股票、债券、汇票和信用证,房屋、车辆、船舶、货物,其他以电子或者数字形式证明资产所有权、其他权益的法律文件、证书等。虽然从立法上看,《涉及恐怖活动资产冻结管理办法》对于涉恐资产的内涵和外延作出了界定,但在实践中还有很多形式的资产并没有囊括到《涉及恐怖活动资产冻结管理办法》以及《关于加强反恐怖工作有关问题的决定》所给的范围之中,无法被当作涉恐资产进行法定冻结。恐怖组织及其恐怖活动人员直接拥有或者间接控制的资金、资产等产生的收益形式多样,有些尚不能包含到现有规定中。例如,个体经营或合伙股份所产生的利益、资产增长或产生的利息分红等收入、保险或价值以及抵销权、担保、履约保证金或者其他财务承诺等。这些“经济资源”虽然不是资金,但是它们可以被用来获取资金、服务以及商品,可以被恐怖活动组织及其人员利用来进行恐怖袭击,我国法律应将这些纳入涉恐资产的范围。全面彻底地切断恐怖组织及其人员的资金支持。

三、我国反恐怖融资相关行政及司法实践

反恐怖融资首要工作是发现涉恐资金的线索。为了做好恐怖融资资金监测与分析工作,我国参照有关国际标准并结合我国具体情况,于2004年在中国人民银行成立了中国反洗钱监测分析中心,作为我国金融情报机构,对涉恐资金进行监测和分析,同时为国家安全部门开展相关工作,为公安机关部门打击违法犯罪,为司法与审判部门进行涉恐案件司法判决、量刑确定提供了重要依据。

根据《中国反洗钱报告》的统计,中国反洗钱监测分析中心以及中国人民银行的分支机构每年接收大量的大额交易报告和可疑交易报告,详见表1。中国反洗钱监测分析中心以及中国人民银行的分支机构均对涉嫌洗钱的交易线索进行了积极的移交、通报和协助调查,涉案数量基本上呈逐年上升趋势。

表1 中国反洗钱监测分析中心及中国人民银行各分支机构移送和协查洗钱线索情况

年份	中心接收大额交易报告(亿份)	中心接收可疑交易报告(万份)	中心移送和通报可疑交易线索(份)	中心协查洗钱案件数(件)	分支机构接收可疑交易报告(份)	分支机构移送线索(份)	分支机构协助调查洗钱案件(件)	分支机构协助破获洗钱案件(件)
2014	4.04	1772.53	416	1699	4940	866	925	180
2015	4.16	1118.6	588	2647	5893	1540	1494	268
2016	4.12	543.57	720	2701	8504	1965	1652	307
2017	6.3	272.38	792	2805	10265	2667	1790	366
2018	9.19	160.20	649	3096	13467	3648	2663	540

资料来源:《中国反洗钱报告》(2014~2018年)。

相比之下,近年来,我国涉及恐怖融资线索的移送和协查数量较少,而且中国人民银行在反洗钱报告中对相关信息的披露不够完整和持续,详见表2。

表 2　中国反洗钱监测分析中心及中国人民银行各分支机构移送和协查恐怖融资线索情况

年份	中心接收涉恐怖融资可疑交易报告（份）	中心移送和通报涉恐怖融资可疑交易线索（份）	分支机构向侦查机关移送涉恐融资线索（份）	中心协助涉恐怖融资资金查询（次）	中心协助侦查机关调查涉恐融资案件（件）	分支机构协助侦查机关调查涉恐融资案件（件）
2014	未公布	96	15	258	40	未公布
2015	1529	140	134	41	未公布	338
2016	未公布	未公布	未公布	未公布	未公布	未公布
2017	未公布	未公布	未公布	未公布	未公布	未公布
2018	未公布	未公布	未公布	未公布	未公布	未公布

资料来源：《中国反洗钱报告》（2014～2018 年）。

在司法实践方面，我国对洗钱案件开展了有效的调查、起诉和宣判，罪名主要涉及“洗钱罪”“掩饰、隐瞒犯罪所得、犯罪所得收益罪”“窝藏、转移、隐瞒毒品、毒赃罪”，而且相关信息的披露和统计完整且及时，详见表 3。

表 3　洗钱相关犯罪起诉审判统计

单位：件

年份	批准逮捕	提起公诉	审结案件	生效判决
2014	5277	8942	8901	15，329
2015	3769	6130	6794	12，563
2016	3370	5587	5309	9367
2017	3856	5716	5896	10，382
2018	3873	5142	4825	11，428

资料来源：《中国反洗钱报告》（2014～2018 年）。

相比之下，我国对于恐怖融资案件的审判数量较少，主要以“帮助恐怖活动罪”定罪，具体的结案数量和涉案人数并没有在中国人民银行每年公布的反洗钱报告中得到完整而及时的呈现，详见表 4。

表4　帮助恐怖活动罪起诉审判统计

单位：件

年份	批准逮捕	提起公诉	审结案件	生效判决
2014	41	27	未公布	未公布
2015	92	71	55	51
2016	141	134	57	152
2017	未公布	未公布	未公布	未公布
2018	未公布	未公布	未公布	未公布

资料来源：《中国反洗钱报告》（2014～2018年）。

四、对我国涉恐融资法治发展的展望

当前，我国面临的国内外恐怖融资形势严峻复杂，反恐怖融资国际标准正在发生深刻的变化，我国反恐怖融资体系虽初步建立并有所发展，但其仍存在一定的不足，影响到我国反恐怖融资体系的有效性，有待进一步完善。此外，我国学界还应进一步加强开展反恐怖融资对策之研究，以便为构建高效的反恐怖融资法律机制提供理论和智力支持。①

总体上，我国反恐怖融资法制仍处于反洗钱立法的框架内，虽然洗钱活动与恐怖融资的方式和途径在很多方面存在相似之处，但恐怖融资具有自身的独特性，不能完全被洗钱活动所囊括。因此，我国现有的反恐怖融资立法框架未能充分反映恐怖融资的特殊性，也很难适应恐怖融资活动的新动态，无法为我国的反恐怖融资工作提供充分的法律保障。目前，其他国家国内关于反恐怖融资的立法例大体上分为两种：一种是对反恐怖融资单独立法；另一种是对反恐怖融资与反洗钱合并立法，但法律条文规定反恐怖融资的特别规范。在我国已经颁布《反洗钱法》和《反恐怖主义法》的背景下，建议修订《反恐怖主义法》，并在其中增加有关反恐怖融资的专门章节。根据《反洗钱法》的规定，对涉嫌恐怖活动资金的监控适用本法；其他法律另有规定的，适用其规定。我国可以考虑在《反恐怖主义法》中对恐怖融资问题

① 参见兰立宏：《国内外反恐怖融资研究现状、原因及对策分析》，载《刑法论丛》2018年第2期。

作出特别规定,从立法上完善我国的反恐怖融资法律体系。在具体的制度建设上,我国可以《中国反洗钱和反恐怖融资互评估报告》和金融行动特别工作组确立的反恐怖融资最新国际标准作为重点,着重完善以下几个方面:

第一,我国应高度重视特定非金融行业的恐怖融资风险并完善特定非金融机构反恐怖融资法律制度。首先,从法律的层面明确特定非金融机构反恐怖融资义务主体范围、内容、方式和法律责任,以及有关部门的监管权限等,为监管提供充分的法律依据。其次,在监管模式方面,建议确立以国务院反恐怖融资行政主管部门为主、各行业主管部门为辅的共同监管形式,充分发挥行业主管部门和行业自律组织的作用。国务院反恐怖融资行政主管部门应当会同特定非金融行业主管部门,参考金融机构的反恐怖融资经验,考虑特定非金融机构的特点,尽快制定既能对特定非金融机构进行一般性规范,又能体现其不同行业差异性的反恐怖融资管理规范,以指导特定非金融机构有效落实反恐怖融资义务。此外,高效全面的监测信息平台是开展特定非金融机构反恐怖融资工作的重要基础。建议我国的反恐怖融资行政主管部门发挥引导作用,协调不同行业的主管部门,运用大数据等科技手段,建立跨行业、跨系统的数据监测平台,实现特定非金融机构不同机构间反恐怖融资检测信息的互通,真正提高特定非金融机构的反恐怖融资信息化水平。最后,建立我国的法人受益所有权制度,搭建统一的受益所有权信息登记平台和系统,以利于主管部门直接查询或立即获取全面而准确的受益所有权信息。

第二,我国可借鉴金融行动特别工作组于 2019 年发布的《基于风险的虚拟资产和虚拟资产服务提供商方法指南》完善对虚拟货币的反恐怖融资法律规制。首先,由于虚拟货币已经跨越国界作为交易媒介使用,我国在立足本国国情的基础上,可借鉴域外国家在虚拟货币监管方面的做法,确立我国对虚拟货币恐怖融资监管的相关立法。对于立法路径的选择,建议将虚拟货币的监管纳入我国现有的反恐怖融资法律体系中,并将监管内容具体化,从虚拟货币的界定、性质、分类、监管对象、监管内容和法律责任等方面对虚拟货币进行全面而系统的监管。其次,建议参照《金融行动特别工作组建议》所确立的"以风险为本"的反洗钱基本原则,在对虚拟资产活动及虚拟资产服务提供商的活动和运营进行监管时,也采取风险为本的评估方法,确保预防或缓解恐怖融资的措施与识别的风险相称。此外,我国应加大对虚拟货币进行科技监管和研发的投入力度,将大数据以及人工智能等技术应用于虚拟货币的监管。

第三,我国可听取金融行动特别工作组《中国反洗钱和反恐怖融资互评估报告》的建议,完善涉恐定向金融制裁制度。适当将反恐金融制裁实施的义务主体范围扩展到金融机构和特定非金融机构之外,扩展可冻结的涉恐资产范围,并完善执行联合国定向金融制裁的相关法律规定,提高国内转发决议机制的效率。执行联合国安理会金融制裁决议是我国履行《联合国宪章》下的国际义务和安理会常任理事国特殊职责的需要,①也是衡量我国国内反恐怖融资法制建设的重要指标。为了更高效且及时地转发安理会的相关金融制裁决议,建议我国建立实时跟踪联合国制裁名单的系统与机制,并由外交部与公安部联合创设统一的信息共享渠道和平台,即时向金融机构发布和更新涉恐组织和人员的名单、相关信息以及涉恐资产的冻结政策。

第四,加强我国对涉恐融资案件的信息汇总和公示程度。中国人民银行可以参照其 2014 年和 2015 年的反洗钱报告,在今后的年度报告中就其所接收的涉恐融资可疑交易报告数量、移送和通报的涉恐怖融资可疑交易线索以及其协助侦查的涉恐融资案件数量作出专门的统计和公示,以更好地向社会和公众发布恐怖融资的风险提示和警示,也利于开展国家间的反恐怖融资合作。②

---

① See Harry Aitken, *Policing the Police: Security Council Monitoring of States' Sanctions Implementation Obligations*, 51 International Law and Politics 707, 707 - 769 (2019).

② See Arabinda Acharya, *Targeting Terrorist Financing: International Cooperation and New Regimes*, Routledge, 2009.

金融消费者保护水平的新高度

葛江虬*

近年来,我国居民财富水平不断提高,对所持资产的收益性提出了更高的要求。购买金融产品或服务已经越发成为消费者们的日常选择。然而,在面对日益复杂的产品与服务(即便是相对传统的储蓄与汇款业务)时,消费者缺乏专业知识与经验、掌握信息严重不足、风险承受能力非常有限的特质导致其处于极为弱势的地位。① 再加上金融产品和服务价值高昂,涉及人数众多,且金融机构往往由于消费者权益保护工作无法直接创造收益而缺乏内在驱动力主动作为,②金融消费者保护的议题开始越来越多地被立法者、审判机关与金融监管机构所关注。从中央文件精神的角度看,金融消费者保护也在完善社会主义市场经济的大背景下具有重要意义——2020 年 5 月 11 日印发的中共中央、国务院《关于新时代加快完善社会主义市场经济体制的意见》在"创新政府管理和服务方式,完善宏观经济治理体制"一章中明确提出"建立健全金融消费者保护基本制度"。

2019 年 1 月 ~2020 年 9 月,我国金融消费者保护领域的新发展可从"规则制定""司法实务"两大角度予以观察。

"规则制定"层面的新发展主要集中于监管机构发布的各类规范性文件。2019 年 1 月 ~2020 年 9 月,在国家法律层面,无论是《消费者权益保护法》(以下简称《消

---

* 复旦大学法学院讲师;研究方向:民商法、消费者权益保护法。

复旦大学法学院法律硕士 2020 级研究生刘子悦协助收集案例;复旦大学法学院法律硕士 2019 级研究生梁海强协助整理图表。

① 参见孙天琦:《金融业行为监管与消费者保护研究》,中国金融出版社 2017 年版,第 4 ~6 页。

② 参见赵萌:《银保监会为何强力推进消费者权益保护工作》,载《金融时报》2019 年 11 月 14 日,第 3 版。

法》)这一专门保护消费者的法律,还是《证券法》《商业银行法》《保险法》《银行业监督管理法》等金融领域的专门立法,都没有围绕保护金融消费者这一主题作专门修改。最高人民法院、中国人民银行、银保监会、证监会等司法机关、国家部委则出台了一些引起社会广泛关注的规范性文件,其中包括《关于全面推进金融纠纷多元化解机制建设的意见》(以下简称《意见》)《中国人民银行金融消费者权益保护实施办法》(以下简称《办法》)等重要官方文本。"我国金融业监管近些年已形成了规范性文件先行的治理特点,故这类规范性文件往往在实践中具有重要地位并发挥重要作用。"①它们在加强多元金融纠纷化解机制、明确监督执法依据与政府部门职责、确立违法行为的具体罚则等方面进一步加强了对金融消费者的保护。

"司法实务"角度的新发展则指向司法实务中对于金融消费者保护的一些新思路。由于消费者之间存在明显的个性差异,金融机构在介绍、推荐产品或服务时须履行适当性义务,这在近年来的司法实践中得到了多姿多彩的展开。法院和其他纠纷解决机构着眼于个案事实,提出了许多细化、合理且具有可操作性的判断标准。与此同时,司法机关与其他纠纷解决机构也越发关注保护金融消费者的人格尊严,尤其体现在对老年人、残疾人等弱势群体的保护,旗帜鲜明地反对歧视,落实"普惠金融"的精神与价值。此外,《证券法》《保险法》上一些具体制度的理解与适用,如上市公司虚假陈述的评价标准与损失认定,仍在实践中得到了许多关注。

本文将基于前述重要规范文本、结合宏观角度的司法及行政处罚实践介绍金融消费者保护法治的发展概况,继而围绕"金融消费者之概念""特殊群体保护""经营者的如实陈述义务""经营者的适当性义务""经营者的信息保护义务""金融消费多元解纷路径"等六大议题,呈现近两年金融消费者保护法治的最新进展与实践案例。

一、金融消费者保护法治发展综述

(一)重点规范性文件梳理

我国《消法》在2013年修订时便要求提供证券、保险、银行等金融服务的经营

① 姚佳:《"金融消费者"概念检讨——基于理论与实践的双重坐标》,载《法学》2017年第10期。

者，应当向消费者提供经营地址、联系方式、商品或者服务的数量和质量、价款或者费用、履行期限和方式、安全注意事项和风险警示、售后服务、民事责任等信息（第28条），这在法理上为金融纠纷适用《消法》排除了障碍。在此之后，2015年国务院办公厅发布了《关于加强金融消费者权益保护工作的指导意见》；中国人民银行又在2016年发布了《金融消费者权益保护实施办法》，为金融消费者保护提供了新的制度资源。

近年来，考虑到互联网金融的发展以及相关金融活动中产生的新风险，不断有两会代表建言，需要对原有的金融消费者权益保护相关规则予以升级。监管机构相关人士也提出，我国《消法》《产品质量法》等立法对于金融消费者的保护主要适用于一般的消费者，对专业性比较强、法律关系更为复杂的金融消费权益保护问题缺乏针对性安排，而《中国人民银行法》《商业银行法》《保险法》《证券法》等法律法规从金融监管、行业监管的角度与需求出发对金融消费者权益保护作出的规定又过于原则，是行政法规中提及的附带性条款，而非正面规定，故同样欠缺对金融消费者的保护力度。①

对此，最高人民法院在2019年11月8日发布的第九次《全国法院民商事审判工作会议纪要》（以下简称《九民纪要》）中对经营者的适当性义务作出了重点规定；最高人民法院、中国人民银行、中国银保监会在2019年出台《意见》，从纠纷化解路径的角度为金融消费者保护提供了制度支持；中国人民银行也在2019年12月27日公布了《中国人民银行金融消费者权益保护实施办法（征求意见稿）》广泛征求意见，其间收集了108条意见。② 在吸收采纳了近1/3的意见建议后，《办法》于2020年9月18日正式公布。近两年金融消费者保护领域规范文本见表1。

---

① 参见马腾跃、李庶民：《金融为民守初心——访全国人大代表、人民银行参事周振海》，载《中国金融家》2020年第6期。

② 参见黄大智：《解读〈金融消费者权益保护实施办法〉八大重点变化》，载澎湃新闻网，https://www.thepaper.cn/newsDetail_forward_9270876，最后访问日期：2020年9月23日。

表1 2019～2020年金融消费者保护领域重要规范性文件

生效时间	发文机关	文号	规范性文件名称
2019年9月24日	中国银保监会	银保监办发〔2019〕194号	《关于开展银行保险机构侵害消费者权益乱象整治工作的通知》
2019年11月8日	最高人民法院	法〔2019〕254号	《全国法院民商事审判工作会议纪要》
2019年11月19日	最高人民法院、中国人民银行、中国银保监会	法发〔2019〕27号	《关于全面推进金融纠纷多元化解机制建设的意见》
2020年1月25日	中国人民银行、中国银保监会、中国证监会、国家外汇管理局	银发〔2019〕316号	《关于进一步规范金融营销宣传行为的通知》
2020年3月1日	中国银保监会	银保监会令2020年第3号	《银行业保险业消费投诉处理管理办法》
2020年11月1日	中国人民银行	中国人民银行令〔2020〕第5号	《中国人民银行金融消费者权益保护实施办法》

下面本文将归纳整理前述重要规范性文件的具体内容,并作出评述。

1.《中国人民银行金融消费者权益保护实施办法》

《办法》发布于2020年9月18日,自2020年11月1日起施行,总计7章68条。

第一,就其具体内容而言,《办法》对立法依据、适用范围及基本原则进行了规定。尤其值得关注的是对适用范围的规定:《办法》第2条第3款将金融消费者定义为"购买、使用银行、支付机构提供的金融产品或者服务的自然人。"此外,《办法》在第七章附则的第65条亦明确了"商业银行理财子公司、金融资产管理公司、信托公司、汽车金融公司、消费金融公司以及征信机构、个人本外币兑换特许业务经营机构"都可参照适用《办法》。由此可以看出,券商、保险公司并不在列,与《办法》的适用范围存在隔离关系。

第二,《办法》对"金融机构行为"作出了新的规范。《办法》从银行、支付机构的行为角度,对涉及金融消费者权益保护的内控制度(第8条)、全流程管控机制

(第 9 条)、适当性义务(第 12 条)、禁止歧视(第 14 条)、信息披露(第 16 条)、强制交易(第 19 条)、格式条款(第 21 条)和营销宣传(第 22 条、第 23 条)等方面作了规定。例如,《办法》第 16 条第 3 项强制经营者向金融消费者展示贷款产品的年化利率,被认为是金融营销宣传领域的新发展;隐瞒、误导、夸大收益、承诺保本、用监管部门备案做背书等宣传行为亦都在禁止之列。有观点认为:"这些内容实质上是承继了 2019 年 12 月中国人民银行等四部委发布的《关于进一步规范金融营销宣传行为的通知》中对金融营销行为进行的规范。"①

第三,《办法》从消费者金融信息安全角度,进一步强化了信息知情权和信息自主选择权。《办法》第三章被认为是本次《办法》出台的亮点之一。根据《办法》第 30 条的规定,消费者有权自主决定银行、支付机构是否将其金融信息用于营销、用户体验改进或者市场调查等目的。如果消费者不同意,经营者不得因此拒绝提供金融产品或服务。与此同时,如果消费者拒绝提供必要信息,致使银行、支付机构无法履行反洗钱义务的,经营者可以根据《反洗钱法》的相关规定对其金融活动采取限制性措施;确有必要时,银行、支付机构可以依法拒绝提供金融产品或者服务(第 29 条)。

第四,《办法》为金融消费领域争议解决提供了新的程序性规范,并对非诉第三方解决机制作了细化和完善。值得一提的是,金融消费纠纷的定性问题再一次在《办法》中得到明确:金融消费争议,是指金融消费者与银行、支付机构因购买、使用金融产品或者服务所产生的民事争议(第 35 条第 3 款)。《办法》同时明确了中国人民银行的投诉受理资格——《办法》第 40 条第 1 款规定:金融消费者对银行、支付机构作出的投诉处理不接受的,可以通过银行、支付机构住所地、合同签订地或者经营行为发生地中国人民银行分支机构进行投诉。在这一章,中国人民银行受理投诉的范围(第 42 条)、时限(第 43 条),消费者需要提供的信息(第 41 条),调解、中立评估等多元化解纠纷路径(第 45 条、第 46 条)也得到了进一步细化。

第五,《办法》根据《中国人民银行职能配置、内设机构和人员编制规定》,进一步就中国人民银行在制度制定(第 47 条)、监督检查等方面的权限,以及和其他监管部门、政府之间的工作协调机制(第 48 条、第 50 条)等事项作了规定。根据《办

① 黄大智:《解读〈金融消费者权益保护实施办法〉八大重点变化》,载澎湃新闻网,https://www.thepaper.cn/newsDetail_forward_9270876,最后访问日期:2020 年 9 月 23 日。

法》第54条第1款的规定,中国人民银行及其分支机构在监督检查过程中有权进入被监管机构进行检查;有权询问被监管机构的工作人员,要求其对有关检查事项作出说明;有权查阅、复制被监管机构与检查事项有关的文件、资料,对可能被转移、隐匿或者毁损的文件、资料予以登记保存。在银行、支付机构有侵害金融消费者合法权益行为时,中国人民银行及其分支机构可以采取如下措施:要求提交书面说明或者承诺;约见谈话;责令限期整改;视情况将相关信息向其上级机构、行业监管部门反馈,在行业范围内发布,或者向社会公布;建议银行、支付机构对直接负责的董事、高级管理人员和其他直接责任人员给予处分(第55条)。

第六,《办法》规定了银行、支付机构责任、高管责任以及人民银行工作人员责任。由于2016年《办法》没有配置相应罚则,其规则对侵害金融消费者合法权益的违法违规行为震慑力有限,难以起到预期效果。2020年《办法》专章设置了法律责任,解决了金融消费者权益保护领域违法违规成本较低的问题。《办法》第60条、第61条专门链接了《消法》第56条,第62条、第63条、第64条则授权中国人民银行对侵害金融消费者权益的行为处以警告和罚款。

总的来说,2020年《办法》不仅提升了保护金融消费者权益专门文件的法律效力位阶,[①]在金融消费纠纷的定性、金融消费者的受尊重权与个人信息保护、中国人民银行的监管职责、多元纠纷化解路径和法律责任等多个方面也可谓亮点颇多。尤其是“法律责任”一章,回应了《消法》到底能否成为金融消费者纠纷处理依据的关键问题。除了“法律责任”一章外,《办法》第31条也链接到《消法》第29条,为后续更广泛的体系解释适用留下了空间。

2.《九民纪要》

《九民纪要》发布于2019年11月8日,共计12章130条,其中与金融消费者相关的主要是第五章“关于金融消费者权益保护纠纷案件的审理”。

具体来看,第一,《九民纪要》明确了适当性义务的概念和内容:适当性义务是指金融产品发行人、销售者以及金融服务提供者(以下简称卖方机构)在推介、销售高风险等级金融产品和提供高风险等级金融服务时,应当履行了解客户、了解产品、将适当的产品(或者服务)销售给适合的金融消费者等义务(第72条)。

---

① 参见《中国人民银行有关部门负责人就〈中国人民银行金融消费者权益保护实施办法〉答记者问》,载中华人民共和国中央人民政府网,http://www.gov.cn/zhengce/2020-09/18/content_5544667.htm。

第二,《九民纪要》扩展了人民法院认定卖方机构适当性义务的法律渊源——根据《九民纪要》,行政监管规范也可作为确定卖方机构适当性义务的标准和依据(第73条)。

第三,《九民纪要》规定了违反适当性义务承担民事责任的责任主体:金融消费者有权请求金融产品的发行人、销售者共同承担连带赔偿责任(第74条)。

第四,《九民纪要》划分了卖方机构与金融消费者各自应承担的举证内容和举证责任——金融消费者应对购买产品(或接受服务)、遭受的损失等事实承担举证责任,金融消费者履行了举证责任后,卖方机构应对其是否履行了适当性义务承担举证责任(第75条)。

第五,《九民纪要》规定了人民法院对卖方机构是否履行金融产品或投资活动告知说明义务的判断标准,将"一般理性人的客观标准"和"金融消费者的主观标准"相结合,并且人民法院对此趋向于实质性审查而非形式判断(第76条)。

第六,《九民纪要》明确了卖方机构未尽适当性义务导致金融消费者损失所应赔偿数额的计算方式(第77条)。

第七,《九民纪要》规定了卖方机构违反适当性义务后的免责事由:一是金融消费者自身过错,即金融消费者故意提供虚假信息、拒绝听取卖方机构建议等;二是金融消费者遭受的损害结果与卖方机构违反适当性义务的行为缺乏因果关系,即根据消费者既往投资经验、受教育程度等事实,即使卖方机构违反适当性义务也不影响金融消费者作出自主决定,在这两种情况下卖方机构的赔偿责任可以相应地减轻或免除(第78条)。

总体来看,《九民纪要》认为,在审理金融消费者与卖方机构之间关于金融消费者权益保护的各类民商事案件中,应当坚持"卖者尽责、买者自负"原则,实质性审查卖方机构是否尽到适当性义务,判断金融消费者是否在充分了解卖方机构提供的金融产品或金融服务、充分认识投资活动的性质及风险的基础上作出自主决定,根据卖者是否实质上尽责来判断买者是否应该对风险自负。可以看出,《九民纪要》第五章的相关规定对卖方机构的适当性义务提出了更高的要求,更注重保护金融消费者的合法权益,规范卖方机构的经营行为,促使金融消费领域形成更加公平、公正、公开的市场环境和市场秩序。

3.《关于全面推进金融纠纷多元化解机制建设的意见》

《意见》发布于2019年11月19日,共计22条,涉及与全面深化金融纠纷多元化解机制建设工作有关的“工作目标”“工作原则”“工作内容”“工作要求”4 项议题。

从具体内容来看,第一,《意见》要求各级人民法院、中国人民银行及其分支机构和中国银保监会及其派出机构等金融管理部门加强分工协作,主动融入党委和政府领导的诉源治理机制建设(第 3 条),建立完善金融纠纷调解组织(第 4 条)、强化调解员队伍建设和经费保障(第 5 条),并探索建立小额纠纷快速解决机制(第 6 条)、中立评估机制(第 7 条)和“一站式”金融纠纷解决机构(第 8 条)。与此同时,前述主体还需完善保障机制,提升金融解纷信息化水平,建立完善金融纠纷典型案例库、金融投诉数据库,深化司法、金融信息共享,充分发挥智慧法院、智慧金融建设对金融纠纷多元化解的积极作用(第 16 条),并在内部管理等多个层面加大对多元解纷机制的支持力度(第 17 条)。

第二,就多元纠纷化解机制的制度设计而言,《意见》对金融纠纷调解的受案范围、调解协议的司法确认制度等内容作出了具体规定。申言之,平等民商事主体之间因金融业务产生的合同和侵权责任纠纷,可以向金融纠纷调解组织申请调解(第 10 条)。《意见》明确,经金融纠纷调解组织调解员主持调解达成的调解协议,具有民事合同性质。经调解员和金融纠纷调解组织签字盖章后,当事人可以向有管辖权的人民法院申请确认其效力。经人民法院确认有效的具有明确给付主体和给付内容的调解协议,一方拒绝履行的,对方当事人可以申请人民法院强制执行(第 14 条)。

第三,《意见》还对人民法院受理、审理金融案件引导当事人适用多元机制化解纠纷提出了要求。根据《意见》规定,人民法院在受理和审理金融纠纷案件过程中,应当落实“调解优先、调判结合”方针,对于具备调解基础的案件,按照自愿、合法原则,采取立案前委派、立案后委托、诉中邀请等方式,引导当事人通过金融纠纷调解组织解决纠纷(第 11 条)。

第四,就具体落实而言,最高人民法院民事审判第二庭、立案庭与中国人民银行金融消费权益保护局、中国银保监会消费者权益保护局将成立金融纠纷多元化解机制工作小组,具体负责金融纠纷多元化解机制建设的指导和协调工作(第 22 条)。

可以看出,《意见》的出台是践行司法为民宗旨,保护金融消费者合法权益的重要举措;是加强金融制度建设、优化营商环境的重要内容;在满足人民群众多元司法需求、推动金融业高质量发展等方面,无疑将发挥重要作用。正如最高人民法院院长周强所说:“金融纠纷多元化解机制是一站式多元解纷机制建设的重要组成部分,全面推进金融纠纷多元化解机制建设,是坚持和发展新时代‘枫桥经验’、推进社会治理现代化的重要体现。”①

4. 其他规范性文件

(1)中国银保监会办公厅《关于开展银行保险机构侵害消费者权益乱象整治工作的通知》

《关于开展银行保险机构侵害消费者权益乱象整治工作的通知》发布于 2019 年 9 月 24 日,列举了银行、保险业侵害消费者权益乱象的表现形式。具体来说,银行业侵害消费者权益乱象包括产品设计方面、营销宣传方面、产品销售方面、内部管理方面以及与第三方机构合作方面等;保险业侵害消费者权益的乱象包括产品方面、销售方面、理赔方面、互联网保险方面等。该通知明确整治重点,强化整治问责,落实机制整改,以此规范经营行为,保护消费者合法权益。

(2)中国人民银行、中国银保监会、中国证监会、国家外汇管理局《关于进一步规范金融营销宣传行为的通知》

《关于进一步规范金融营销宣传行为的通知》于 2019 年 12 月 20 日出台,对金融营销宣传行为相关事宜作出安排,要求建立健全金融营销宣传内控制度和管理机制、建立健全金融营销宣传行为监测工作机制、加强对业务合作方金融营销宣传行为的监督,明令不得非法或超范围开展金融营销宣传活动,不得以欺诈或引人误解的方式对金融产品或金融服务进行营销宣传,不得以损害公平竞争的方式开展金融营销宣传活动,不得利用政府公信力进行金融营销宣传,不得损害金融消费者知情权,不得利用互联网进行不当金融营销宣传,不得违规向金融消费者发送金融营销宣传信息。

(3)中国银行保险监督管理委员会《银行业保险业消费投诉处理管理办法》

《银行业保险业消费投诉处理管理办法》发布于 2020 年 1 月 14 日,旨在完善银行保险机构消费投诉处理法律制度,明确消费投诉处理流程、责任分工、处理时限等要求,督促银行保险机构做好消费者权益保护工作。在论者看来,该管理办法是落实国务院要求的重要举措,“是对金融消费者权益保护的进一步明确和落实,有

① 张晨:《加强金融纠纷多元化解机制建设》,载《法制日报》2019 年 11 月 22 日,第 1 版。

助于纠纷的及时解决,将进一步推动银行保险机构投诉管理的规范化和法制化,对于切实维护好金融消费者合法权益具有非常重要的意义”。[①]

(4)国务院金融稳定发展委员会办公室《加强金融违法行为行政处罚的意见》

2020年5月27日,国务院金融稳定发展委员会办公室发布11条金融改革措施,其中包括出台《加强金融违法行为行政处罚的意见》。根据金融委发布的说明,在现行法律框架下,该意见将按照过罚相当原则,明确对金融机构违法行为的按次处罚和违法所得认定标准,从严追究金融机构和中介机构责任,对违法责任人员依法严格追究个人责任,加大对金融违法行为的打击力度,对违法者形成有效震慑,切实保护金融消费者合法权益。[②] 论者认为,侵害金融消费者权益行为之所以屡禁不止,其重要原因在于对其违法行为处罚太轻,金融领域行政处罚力度需要加强。由此,有关部门提出加大行政处罚力度,将对违法者形成有效震慑,切实保护金融消费者合法权益。[③]

除国家层面的规范性文件外,各地方亦有不少意在保护金融消费者的规范性文件接连出台。比如,2020年9月4日,上海市市场监督管理局、上海市地方金融监督管理局、上海市互联网信息办公室、上海市公安局、上海市文化和旅游局、上海市通信管理局、中国人民银行上海总部、中国银保监会上海监管局、中国证监会上海监管局联合发布的《关于进一步加强金融广告监管工作的意见》,便着眼于金融广告,意在通过进一步明确金融广告宣传资质和行为规范,进一步细化金融广告内容准则,进一步厘清金融广告法律责任,进一步完善金融广告协同监管机制,综合施策,持续强化“凡从事金融业务必须获得相应资质,凡发布金融广告须以金融从业资质为基础”的社会共识,构建起“主体责任落实,行业自律规范,处罚震慑有力,监管协同高效,社会共治和谐”的金融广告治理格局,为切实保护金融消费者权益、维护良好的市场秩序,服务自贸区金融改革创新和国际金融中心建设营造良好环境。

(二)司法审判与行政处罚的整体情况

近年来,我国以“金融消费者”为主旨的案件数量整体呈上升趋势。例如,在

---

① 李凤文:《切实将金融消费者权益保护落到实处》,载《证券时报》2019年5月9日,A3版。

② 参见中国证券报:《五部门研究制定〈关于加强金融违法行为行政处罚的意见〉》,载新华网,http://www.xinhuanet.com/fortune/2020-05/29/c_1126048748.htm。

③ 参见彭江:《把对金融消费者保护落到实处》,载《经济日报》2020年7月2日,第5版。

“威科先行”数据库上以“金融消费者”为关键词检索,共得到案例 3754 件;①在“裁判文书网”数据库中检索,共得案例 3770 件。② 总体趋势可见图 1:

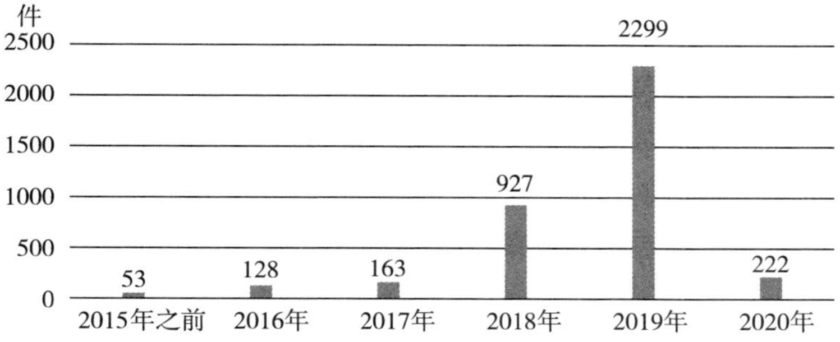

图 1　涉及“金融消费者”的案件数量

由案由视角观察,可得常见案由图。(见图 2)③

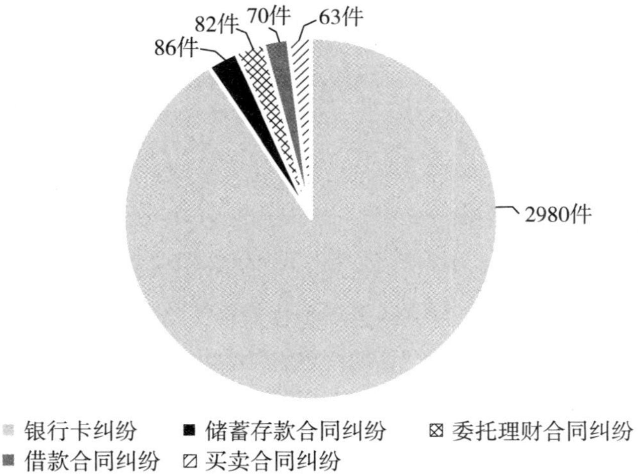

图 2　金融消费者案件常见案由

---

① 参见威科先行·法律信息库,https://law.wkinfo.com.cn。

② 参见中国裁判文书网,https://wenshu.court.gov.cn。

③ 该图乃以在“威科先行”上搜索“金融消费者”所得案例为基准,继而统计在“合同纠纷”这一大的案由下的各个小的案由的比例。略去了只有个位数案件的案由。参见威科先行·法律数据库,https://law.wkinfo.com.cn/judgment-documents/list? q = 金融消费者 ‖ bodyExtend:((%22 金融消费者%22))&fq = causeOfAction ‖ 01000000000000 民事 ‖ ≠民事 &fq = causeOfAction ‖ 01000000000000 民事%2F01040000000000 合同、无因管理、不当得利纠纷 ‖ ≠合同、无因管理、不当得利纠纷 &fq = causeOfAction ‖ 01000000000000 民事% 2F01040000000000 合同、无因管理、不当得利纠纷%2F01040010000000 合同纠纷 ‖ ≠合同纠纷 &tip = 金融消费者,最后访问日期:2020 年 10 月 18 日。

由行政处罚视角观察,据民间机构不完全统计,2019 年全国银保监系统共计公布行政处罚文书 3996 份。其中,涉及消费者权益保护类的有 266 份,罚没金额合计 4971 万元。涉及消费者权益保护的主要行政处罚包括:禁业、责令改正、警告、罚款、没收违法所得、取消任职资格等。其中,罚款处罚类型最多,共计 168 份,处罚额度最高的罚单数额为 160 万元。行政处罚金额位列前三案件见表 2。①

表 2　行政处罚金额前三位案件

排名	执法机构	处罚金额/万元	基本案情
1	吕梁银保监会分局	160	文水县农村信用合作联社向关系人发放担保贷款的条件优于其他借款人同类贷款的条件;违规发放借名贷款、违规签发银行承兑汇票,形成垫款;违规核销贷款;违规办理贴现,违规使用会计科目隐匿贴现资产,形成重大风险
2	中国银保监会江西监管局	120	中国农业银行股份有限公司江西省分行办理国内信用证业务浮利分费,柜面销售理财产品未同步"双录",部分销售理财产品人员不具有理财从业资格,设立时点性存款规模考评指标且与职工个人薪酬挂钩
3	上海银保监局	100	2016 年 12 月、2017 年 6 月,华侨永亨银行(中国)有限公司在办理部分贷款业务时,存在以贷收费的行为等

二、"金融消费者"之概念界定

(一)发展概述

金融消费者保护相关规则的适用,其前提在于购买产品或服务的是所谓"金融消费者"。虽然近两年来该领域涌现了许多新的重要规范性文件与司法案例,但"何谓金融消费者"这一前置性命题仍未得到完美回答。②

① 参见袁婷:《对侵害消费者权益说不! 银保监会一年处罚 266 次,罚没金额 5000 万》,载腾讯网,https://new.qq.com/omn/20200309/20200309A0T6LF00.html。

② 参见于春敏:《金融消费者保护研究——以权利倾斜配置为视角》,上海财经大学出版社 2017 年版,第 33～34 页。

前述《办法》对此作出专门回应,将金融消费者定义为“购买、使用银行、支付机构提供的金融产品或者服务的自然人”。然而,该定义并不能解决在证券或保险语境下何谓金融消费者,尤其是证券投资者能否适用及如何适用《消法》的问题。毕竟《办法》的发布机构是中国人民银行,其作为部门规章适用范围有限,无法处理证券投资者的问题。从机构设置的角度来看,我国银保监会内设机构中包括“消保局”,而证监会仅有“投资者保护局”而非“消费者保护局”,似乎可以佐证“银行保险领域的消费者保护规则并不能当然适用于证券投资者”的结论。

然而,前述提及2015年国务院办公厅发布的《关于加强金融消费者权益保护工作的指导意见》并没有区别对待银行、保险、证券等业务场景,而是要求“人民银行、银监会、证监会、保监会(以下统称金融管理部门)要按照职责分工,密切配合,切实做好金融消费者权益保护工作”。作为法律的《消法》,其第28条更是没有将证券排除在外,又与区别对待的观点相异。① 基于此,从解释论的角度出发,认为《消法》为所有金融交易场景提供了一般性的消费者保护规则,以《办法》为代表的消费者保护细则仅适用于银行、信托、保险等业务场景,并不适用于证券,这种观点或许更值得支持。

需要注意的是,在混业经营广泛存在的大背景下,虽然出售金融产品、提供金融服务的机构可能性质上存在不同,但产品或服务的内容却高度相似。从立法论的角度看,是否将银行、信托、保险领域的保护对象称为“消费者”,而将证券领域的保护对象称为“投资者”,②从而认为两者须因部门规章的发布机构不同而适用不同规则,证券投资者仅适用《消法》上对于金融消费者保护的一般性规则,保护细则须另起炉灶借助投资者保护制度实现,仍然值得进一步讨论。换言之,长期以来学者所讨论的“是否有必要以及如何区分投资者与金融消费者”“是否对证券投资者的保护业已足够,无须另外安排金融消费者保护法”等议题,③恐怕并不能因前述《办法》的出台(仅处理银行、保险机构之消费者,与证券机构之相对人切分)而终结。

---

① 虽说如此,《消法》第28条的规定极其含混。它只是规定了金融经营者的消费者保护义务,“并未规定金融机构的哪些客户是消费者,进而可以获得新《消法》保护”。参见阳建勋:《我国金融机构惩罚性赔偿责任落空的反思与制度完善》,载《法律科学(西北政法大学学报)》2019年第5期。

② 参见王鑫:《2017年、2018年中国金融消费者/投资者保护政策动态与述评》,载盛松成主编:《中国金融消费者保护报告2019》,中国金融出版社2019年版,第101~131页。

③ 比如,有学者认为,有必要构建统一的金融消费者概念,“即专业投资者和一般投资者都嬗变为金融消费者,与存款人、投保人、受益人等传统金融消费者共同组成统一的金融法主体”。杨东:《论金融消费者概念界定》,载《法学家》2014年第5期。

此外,即便采取统一的“金融消费者”概念,持续性大额投资金融产品或服务的自然人(实务中所谓高净值客户),是否应与仅参与储蓄、稳健理财服务的普通百姓享有同样的保护力度,也值得进一步思考。对此,有学者主张,作“专业金融消费者”与“一般金融消费者”的划分,以监管部门规定的机构性质、财力、专业能力和风险承受能力为标准,给予这两类消费者以不同保护力度,[①]同时允许两者之间通过符合前述标准实现动态转化——“允许专业投资者通过申请转化为普通消费者,同时允许具有一定财力、专业能力和风险承受能力的自然人申请成为专业投资者,进行高风险的金融投资活动”。[②] 虽然这样的立法安排暂时也没有在我国法律法规中窥见踪影,但是未来究竟应当如何回答“金融消费者”这一基础性命题——是在《消法》中予以专章规定,还是单独立法,[③]又或者淡化其与普通消费者的区别,[④]以及在金融消费者内部是否还需要作进一步类型化细分——确实值得规则制定者通盘考虑。眼下,亦需要司法裁判机关、行政执法部门在个案中予以判断。[⑤]

为行文方便,本文对前述《办法》语境下的金融消费者及交易相对人为证券公司的其他投资者做一体把握,即以广义的“金融消费者”统摄两者。

(二)典型案例:刘某某诉广发证券股份有限公司财产损害赔偿纠纷案[⑥]

本案为我国审判实践中为数不多的法院在说理部分明确证券公司金融产品的购买者为金融消费者的案例。其基本案情为:2010 年 12 月 3 日,原告在被告分支机构广发证券烟台大海阳路证券营业部开设证券交易账户,开户确认书中投资风险整体态度评分表载明原告分数为 28 分,属于积极型。在证券投资者调查问卷中,原告确认自有丰富专业知识、主要投资股票与基金、能承受较大风险、能承受 30%

---

① 这种做法可获得比较法支持,韩国《金融消费者法》即采此种定义。参见董新义:《一部金融消费者保护强化法案——评韩国〈金融消费者保护法〉》,载《河北法学》2020 年第 8 期。

② 杨东:《论金融消费者概念界定》,载《法学家》2014 年第 5 期。

③ 有学者从社会系统维度的结构特性与微观行为维度的结构特性出发,认为金融消费者具有重大特殊性,故不仅应提倡“金融消费者”之概念,甚至在观念上应与普通消费者作切分,匹配以更为细致、特殊的制度安排。参见林越坚:《金融消费者:制度本源与法律取向》,载《政法论坛》2015 年第 1 期。

④ 反对“金融消费者”之观点,参见姚佳:《“金融消费者”概念检讨——基于理论与实践的双重坐标》,载《法学》2017 年第 10 期。

⑤ 关于判断的具体流程,可参见王美舒:《类型思维下的金融消费者:从语词认识到裁判逻辑》,载《法律科学(西北政法大学学报)》2019 年第 2 期。

⑥ 参见广州市中级人民法院(2019)粤 01 民终 7659 号民事判决书;广州市黄埔区人民法院(2018)粤 0112 民初 3880 号民事判决书。

以上亏损、金融类资产价值为50万~100万元。根据泽泉A基金合同与泽泉B基金合同的约定,该基金为私募证券投资基金,不承诺保本和最低收益,具有一定的投资风险,适合风险识别、评估、承受能力较强的合格投资者。原告在2015年8月10日与8月11日通过WEB交易终端进行电子合同签署和产品认购操作,被告设置的系统认定原告的风险登记与泽泉A、B基金的产品风险匹配,允许其认购200万份泽泉A基金和100万份泽泉B基金。

2017年7月14日,原告自行赎回泽泉B基金价值892,070.07元的份额。2018年2月2日,泽泉公司向基金份额持有人发布《触及止损通知函》,称泽泉A基金单位净值低于止损线0.70元;2月5日发布《触及止损通知函》,称泽泉A基金、泽泉B基金的单位净值已连续两个交易日低于止损线0.70元,基金管理人将按照基金合同的约定对基金进行清算;2月7日,发布泽泉A、B基金的止损清算通知;2018年2月22日原告被强行赎回泽泉A基金价值1,154,017.64元的份额,3月1日被强行赎回价值54,365.24元的份额;扣除3万元认购费用,原告亏损899,547.05元。

原告主张,原告、被告之间存在金融服务合同关系,而被告在销售证券私募基金产品过程中存在公开宣传推荐、夸大宣传、未充分揭示风险、未签署风险揭示书、未评估原告风险识别能力和承受能力、没有签署适当性评估结果确认书、未向原告提供基金合同、未要求原告书面承诺符合合格投资者标准、销售人员无基金从业资格、未及时告知涉案基金情况等违规行为,给原告造成巨大损失,应承担侵权赔偿责任。

广州市黄埔区人民法院作出判决,驳回原告刘某某的全部诉讼请求。宣判后,刘某某提出上诉。广州市中级人民法院于2019年6月24日作出判决,驳回上诉,维持原判。

人民法院的裁判理由是,原告主张被告违反相关法律法规要求的“适当性”义务。告知说明义务是“适当性”义务的核心,是原告等金融消费者能够真正了解产品和服务的投资风险和收益的关键。确定被告等金融机构是否已经履行告知说明义务,应当根据产品的风险和投资者的实际状况,并综合一般人能够理解的客观标准和投资者能够理解的主观标准来确定。如果根据投资者的既往投资经验、受教育程度等事实,金融机构能够证明“适当性”义务的违反并未影响投资者的自主决定的,也应当认定免责抗辩事由成立,由金融消费者自负投资风险。在案中,原告主张被告存在的夸大宣传、隐瞒风险、诱导购买等情况,但没有足够证据予以支持;虽然原告向主管部门提起投诉,但主管部门未认定被告销售涉案基金过程中存在违规。被告已提供上述证据证实其符合相关法规要求,原告亦未能提供其他反证支持其主张的事实,故对原告主张被告违规的事实不予采纳。原告、被告与泽泉公司所签订的基金合同是各方真实意思表示,合法有效;原告依法取得两份基金合同中对应的300万份基金份额,涉案基金合同交易完毕,予以确认;对原告提出被误导购买的事实不予确认。

三、特殊群体保护

(一)发展概述

如前所述,购买金融产品或服务的消费者内部存在显著差异——在财力、专业知识、风险承受能力等方面均有重大不同。其中值得特别关注者,无疑是那些严重缺乏金融素养、财力极为有限,但又有日常金融服务需求之弱势群体,如农民、低收入者、残疾人等。对这类特殊群体的保护无疑在金融消费者保护各项议题中占据重要位置。

特殊群体保护与"普惠金融"之概念息息相关。后者旨在以可负担的成本为有金融服务需求的社会各阶层和群体提供适当、有效的金融服务,该概念由联合国在2005年提出,①小微企业、农民、城镇低收入人群等弱势群体是其重点服务对象。2015年国务院《关于印发推进普惠金融发展规划(2016—2020年)的通知》于"整体目标"部分明确指出:"到2020年,建立与全面建成小康社会相适应的普惠金融服务和保障体系,有效提高金融服务可得性,明显增强人民群众对金融服务的获得感,显著提升金融服务满意度,满足人民群众日益增长的金融服务需求,特别是要让小微企业、农民、城镇低收入人群、贫困人群和残疾人、老年人等及时获取价格合理、便捷安全的金融服务,使我国普惠金融发展水平居于国际中上游水平。"在"加强普惠金融教育与金融消费者权益保护"部分,"加大金融消费者权益保护力度"再次得到强调,普惠金融要求:"加强金融消费者权益保护监督检查,及时查处侵害金融消费者合法权益行为,维护金融市场有序运行。金融机构要担负起受理、处理金融消费纠纷的主要责任,不断完善工作机制,改进服务质量。畅通金融机构、行业协会、监管部门、仲裁、诉讼等金融消费争议解决渠道,试点建立非诉第三方纠纷解

① 参见星焱:《普惠金融的效用与实现——综述及启示》,载《国际金融研究》2015年第11期。

决机制,逐步建立适合我国国情的多元化金融消费纠纷解决机制。”

由此可见,金融消费者中的特殊群体保护至少包含两项内容。首先,须提升金融产品与服务在弱势群体中的可获得性,改变传统金融体系的金融排斥(Financial Exclusion)。[①] 对此,我国基于互联网的数字经济在近年来的高速发展使金融服务的可得性和便利性有了大幅度的改善,“特别是对于原先被传统金融排除在外的群体,这为改善机会不平等提供了条件”。[②] 其次,特殊群体保护要求金融机构在与特殊群体实施金融交易活动时负担更重的注意义务——在金融服务合同的磋商、缔结、履行等各个环节都充分考虑交易相对人的特殊情况,予以特别对待,从而在实质上起到保护特殊群体的效果。

(二)典型案例:李某某诉广发银行协助激活信用卡案[③]

本案为2019年度人民法院十大商事案件之一,由《人民法院报》评出。[④] 其基本案情为:李某某系视力残障人士,2018年8月通过电话向广发银行申领信用卡,如实告知职业、收入及身份信息等,广发银行审核后向李某某寄送了信用卡。2018年9月,李某某至广发银行营业厅办理信用卡激活手续遭拒,理由是李某某不能在“申请人确认栏”抄录“本人已阅读全部申请材料,充分了解并清楚知晓该信用卡产品的相关信息,愿意遵守领用合同(协议)的各项规则”字样,也无法进行签名确认,不符合信用卡开卡的有关规定。李某某认为广发银行行为构成对视力障碍者歧视,诉请法院判令广发银行协助激活信用卡。

南京市中级人民法院二审认为,广发银行完全可以采取抄录和签名之外的其他方式来确认李某某是否愿意遵守领用信用卡的各项规则,以此保障残障人士作为金融消费者的合法权益,而非采取简单方式拒绝,判决支持了李某某诉讼请求。

人民法院的裁判理由是:首先,李某某系视力残障人士,其无法阅读、签名系其身体残疾所致,系身体不能为,而非意思不作为。其次,该条款系信用卡审核、发放前要求李某某愿意受信用卡领用合同约束的意思表示,而本案中信用卡已发放给

---

① 参见星焱:《普惠金融的效用与实现——综述及启示》,载《国际金融研究》2015年第11期。

② 张勋等:《数字经济、普惠金融与包容性增长》,载《经济研究》2019年第8期。

③ 参见南京市中级人民法院民事判决书,(2019)苏01民终4641号。

④ 参见韩芳:《人民法院报评出2019年度人民法院十大商事案件》,载中国法院网,https://www.chinacourt.org/article/detail/2020/01/id/4777002.shtml,最后访问日期:2020年10月5日。

李某某,双方已达成信用卡领用合约,广发银行以此为由拒绝为李某某激活信用卡于法无据。再次,信用卡领用合约为格式条款合同,广发银行要求李某某抄录内容后签名确认的目的是达成向李某某尽到了格式条款的明确说明义务。本案中李某某系视力残障人士,抄录、签名显然不能为,广发银行应采取其他措施向李某某履行明确说明义务,而非采取简单的方式予以拒绝,不考虑李某某视力残障的特殊情况,广发银行的行为违背了诚实信用原则,拒绝协助李某某激活信用卡存在不当。

四、经营者的如实陈述与说明义务

(一)发展概述

知情权是消费者权利的核心组成部分之一,在金融消费领域更是如此。由于金融市场充满着信息不对称,倘若消费者无法获得充分、正确、及时且可被理解的信息,则无法作出理性决策,也容易引发金融机构道德风险,诱使金融机构逆向选择,[①]最终妨碍金融市场健康、稳定发展。知情权所对应的义务,即经营者的信息提供(披露)义务,[②]它首先被规定于我国《消法》第28条;前述国务院办公厅《关于加强金融消费者权益保护工作的指导意见》也曾在"规范金融机构行为"一章中明确要求"保障金融消费者知情权",即"金融机构应当以通俗易懂的语言,及时、真实、准确、全面地向金融消费者披露可能影响其决策的信息,充分提示风险,不得发布夸大产品收益、掩饰产品风险等欺诈信息,不得作虚假或引人误解的宣传。"其中,禁止提供不实信息所对应的如实陈述义务尤为重要。从消费者权益保护的视角出发,经营者所负有的如实陈述义务至少体现在如下两个方面:

首先,经营者基于《消法》《广告法》等基础性法律法规负有提供真实、全面之信息,不得在广告等各类宣传渠道中提供虚假信息的义务。在实践中,一些中小型金融机构存在使用各类"高息诱惑"(如"稳赚不赔、100%本金收益保障""全网首推即投即计息20%年息""安全和高收益成就互联网理财第一首选品牌,让您的财富每年增值20%"等)与"虚假增信"(如使用政府公信力"背书"、虚构软实力或谎称

① 参见于春敏:《金融消费者保护研究——以权利倾斜配置为视角》,上海财经大学出版社2017年版,第115~116页。

② 参见任超:《网上支付金融消费者权益保护制度的完善》,载《法学》2015年第5期。

获得国家资质等)话术诱使消费者上当受骗的情况,[①]市场监管机构近年来倾向于适用《广告法》相关规范对其处以高额罚款。除违法广告这一类型外,绝对化用语也在执法雷达范围中。比如,瑞安农村商业银行股份有限公司东山支行在经营场所大厅发布名称为"瑞安农商银行东山支行贴心存"海报广告,含有"以满足客户利息收益最大化""实现收益最大化"等内容,违反《广告法》相关规定,被瑞安市市场监管部门责令停止发布广告,处以罚款203,000元。[②]

其次,经营者基于《证券法》等法律法规负有不得在特定金融活动中虚假陈述之义务。[③] 虽然与之相关的虚假陈述问题,尤其是虚假陈述引发民事赔偿,在审判实践中始终处于重要位置,并非近几年涌现的新问题。但在本文关切的时间跨度内,实务部门亦提出过一些新思路,如将判决的论述重心聚焦于"信息披露是否足以影响投资者的投资决策或市场交易价格",使用"移动加权平均法"等新的计算方法衡量虚假陈述行为对证券投资者的影响。[④]

(二)典型案例:潘某等诉方正科技公司证券虚假陈述责任纠纷案[⑤]

本案为2019年度上海法院金融商事审判十大案例之一,由上海市高级人民法院发布。[⑥] 其基本案情为:被告方正科技公司系在上海证券交易所上市的公司,其公开发行的股票代码为600601。2017年5月5日,中国证监会〔2017〕43号《行政处罚决定书》对被告方正科技公司及其他相关责任人作出行政处罚:认为方正科技公司未按照规定披露关联交易,方正科技公司等具有信息披露违法行为。根据《企业会计准则》,方正科技公司与其28家经销商因受方正集团控制而存在关联关系。方正科技公司在各期年报及2015年半年报中未依法披露与经销商的重大关联交易事项。原告据此起诉被告,要求被告承担证券虚假陈述民事赔偿责任。

上海金融法院于2019年5月5日作出判决:被告方正科技公司赔偿潘某等四

---

① 参见崔长夫、梁峰康:《加大金融违规广告惩戒力度》,载《金融时报》2018年9月10日,第10版。

② 同上。

③ 参见《证券法》第63条、第65条、第66条、第67条、第193条等条文。

④ 参见本部分"典型案例"。

⑤ 参见上海金融法院民事判决书,(2018)沪74民初330号;上海市高级人民法院民事判决书,(2019)沪民终263号。

⑥ 参见《中英文-2019年度上海法院金融商事审判十大案例》,载上海市高级人民法院官网,http://www.hshfy.sh.cn/css/2020/05/15/20200515155000868.pdf。

人268,536.5元。一审判决后,方正科技公司提出上诉。上海市高级人民法院于2019年8月7日作出判决:驳回上诉,维持原判。

审理法院认为,在审查上市公司是否构成证券虚假陈述侵权时并不以其在实施行为时存在欺诈、诱导等主观故意为必要条件,审查的核心是未披露的信息是否属于"重大事件",判断的标准应当是"信息披露是否足以影响投资者的投资决策或市场交易价格"。投资人在虚假陈述实施日及以后,至揭露日或者更正日之前买入与虚假陈述直接关联证券的行为,应推定均受到了虚假陈述的诱导。投资者存在多笔买入卖出交易的,可采用自第一笔有效买入后的"移动加权平均法"确定证券平均买入价格。此种计算方法考虑了从实施日至揭露日整个期间内投资者每次买入证券的价格和数量,同时剔除了因卖出证券导致的盈亏问题,符合《关于审理证券市场因虚假陈述引发的民事赔偿案件的若干规定》的规定精神,能够较为客观、公允地反映投资者持股成本,避免畸高畸低的计算结果,更易于被市场各方接受。关于证券市场系统风险因素扣除比例,如果采用统一比例扣除,将无法真实反映不同投资者经历的市场系统风险,导致形式公平而实质不公平的结果。因此,本案根据每个投资者的持股期间和交易记录,将同期个股跌幅均值与大盘、行业指数的跌幅同步对比,用相对比例方法确定市场风险对每个投资者损失的影响程度,所得结果更为公平合理。

五、经营者的适当性义务

(一)发展概述

早在2016年12月12日,证监会已颁布《证券期货投资者适当性管理办法》,规定金融机构向投资者销售公开或者非公开发行的证券、公开或者非公开募集的证券投资基金和股权投资基金(包括创业投资基金)、公开或者非公开转让的期货及其他衍生产品,或者为投资者提供相关业务服务时,应当进行投资者适当性管理。该管理办法首次将投资者适当性管理的理念引入大资管行业,并规定了投资者分类管理等规范化要求。在此之后,关于投资者适当性管理的规定频繁出现在各种金融监管的规范性文件中,成为保护金融消费者权益的重要手段。[①] 其中集大成

① 参见张伟华、李锴:《金融机构的适当性义务简析》,载《上海法治报》2019年12月2日,B7版。

者，无疑是《九民纪要》第72条以下对于适当性义务的具体规定。前文已有详细介绍，此处不赘。

值得一提的是，适当性义务要求经营者应当根据消费者的风险承受能力履行全面、真实、准确之说明义务，这一点和如实陈述与说明义务存在重合。不过，适当性义务更加注重与消费者的风险承受能力等相匹配，“把合适的商品和服务推荐给合适的消费者”，与前文所介绍的如实陈述义务各有侧重。有学者认为，适当性义务是对说明义务的强化，也是检验金融服务者是否真正履行了说明义务的必要保障。①

在审判实践中，已经有越来越多法院适用适当性义务之规范精神处理金融消费纠纷，②以实现保护金融消费者之制度目的。

（二）典型案例：胡某诉甲银行、乙基金公司财产损害赔偿纠纷案③

本案为2019年度上海法院金融商事审判十大案例之一，由上海市高级人民法院发布。④ 其基本案情是：2011年3月，胡某在甲银行处认购乙基金公司为管理人的100万元开放式基金，约定投资范围为A股、股指期货、基金、债券、权证等，胡某在交易凭条上签字确认，签名下方记载：“本人充分知晓投资开放式基金的风险，自愿办理甲银行代理的基金业务，自担投资风险。”胡某在交易凭条背面的《风险提示函》下方签字。胡某风险承受能力评级及适合购买的产品为稳健型。同日，胡某提交的《个人产品理财业务交易信息确认表》记载：“根据贵行为本人进行的风险评估结果显示，本人不适宜购买本产品。但本人认为，本人已经充分了解并清楚知晓本产品的风险，愿意承担相关风险，并有足够的风险承受能力和投资分辨能力购买该产品。现特别声明此次投资的决定和实施是本人自愿选择，其投资结果引致风险由本人自行承担。”涉案合同文本后附《股指期货交易风险提示函》中资产委托人落款处为空白。另查明，胡某曾于2010年购买100万元与本案理财产品结构类似的基金并盈利，且担任某公司股东。再查明，2015年起，胡某开始从事股权投资，投资

---

① 参见杨东：《论金融消费者概念界定》，载《法学家》2014年第5期。

② 本文第二部分“刘某某诉广发证券股份有限公司财产损害赔偿纠纷案”、第七部分介绍的“投资者A与X银行委托理财纠纷案”的核心争议也与适当性义务有关。

③ 参见上海市高级人民法院民事判决书，(2016)沪民再31号。

④ 参见《中英文－2019年度上海法院金融商事审判十大案例》，载上海市高级人民法院官网，http://www.hshfy.sh.cn/css/2020/05/15/20200515155000868.pdf。

金额较高。之后，因涉案理财产品发生亏损，胡某以甲银行主动推介高于其风险承受能力的理财产品为由，起诉要求甲银行赔偿投资损失180,642.62元及利息。

上海市高级人民法院于2019年10月8日作出判决：甲银行赔偿胡某损失72,142.95元，驳回胡某的其余诉讼请求。

人民法院的裁判理由是：涉案理财产品的损失分担应结合双方的过错责任的大小予以综合考量。首先，根据风险评估结果，胡某系稳健型投资者，其风险承受能力高于"保护本金不受损失和保持资产的流动性为首要目标"的保守型投资者。胡某作为具备通常认知能力的自然人，在甲银行履行风险提示义务的情况下，对其从事的交易行为的风险与上述书面承诺可能的法律后果应属明知。从胡某的投资经验来看，在购买本案系争理财产品之前，其曾经购买与本案系争理财产品风险等级相当的理财产品，并获得盈利，结合胡某曾担任某公司股东及之后从事股权投资等风险较高投资行为等情形综合考量，胡某应系具备一定经验的金融投资者，因此对系争理财产品发生亏损的风险应有所预期。在胡某书面承诺愿意自担风险，在无证据证明甲银行存在主动推介行为的情况下，按照"卖者尽责、买者自负"原则，胡某应自担涉案理财产品本金损失的主要责任。其次，甲银行在销售系争理财产品过程中风险提示手续不完备，未充分、完整地履行理财产品的风险提示义务，存在过错，应对本金损失承担相应赔偿责任，鉴于胡某本人对本金损失承担主要责任，甲银行承担的赔偿责任可以适当减轻，应承担40%的赔偿责任。

六、经营者的信息保护义务

（一）发展概述

金融机构为金融消费者提供产品或服务时，往往在磋商阶段就需要收集大量消费者个人信息，以便了解消费者的财力、风险偏好、征信状况，并由此确定提供产品或服务之具体内容。在履行合同的阶段，以账户信息为中心的个人信息同样为金融机构所享有。正是考虑到上述信息的重要性、敏感性，及其泄露可能给金融消费者带来的巨大损失，根据我国相关法律法规，金融机构负有妥善保管经营者个人

信息之义务。[①] 它主要体现在以下两个方面:

首先,经营者负有保护业务信息的义务。如金融机构负有保护金融消费者之银行卡卡号、密码等个人信息的义务。虽然就本文所关切的时间段来说,这并不是什么新问题,但在近两年也有若干重要案例对金融机构与金融消费者的义务分配与责任认定做出了最新解读,对其他案件的处理具有示范效应,因此值得关注。[②]

其次,经营者负有保护一般性个人信息的义务。如金融机构负有保护金融消费者之姓名、住址、电话号码等个人信息的义务。在媒体调研过程中,消费者往往会提出个人信息遭泄露的怀疑,如在购买保险之后便不断接到保险以及信用卡推销电话——“对方知道我的姓名、住址等信息,细问之下还能说出我买过什么保险,基本确定就是保险公司泄露的信息”。[③] 对此,我国法律法规将民事行政两者并重,一方面明确其属于基本民事权利、可通过私力救济手段予以保护,[④]另一方面加强监管、切实保障金融消费者个人信息不外泄、不被非法利用。

为实现这一目的,法律法规往往会对金融机构收集信息的过程科加各类法定义务,以保障消费者在个人信息领域之权利,比如确保金融消费者知晓自己的哪些个人信息为金融机构所收集的知情同意权;在收集的个人信息超出一定范围时,金融消费者还享有拒绝的权利。在近两年的理论研究中,关于“二次利用必须重新获得授权”,以及“消费者在整个信息利用流程中享有随时拒绝金融机构继续进行信息加工分析的权利”等内容,也开始越来越多地得到学者的关注。[⑤] 毫无疑问,金融消费者关于个人信息保障的具体权利将在未来得到更广泛的讨论,并进入立法。

在当前语境下,上述个人信息保护制度将依托于业已生效的《民法典》与正在立法轨道上坚定前行的《个人信息保护法》。尤其是后者,个人信息保护领域的基

---

① 例如,我国《商业银行法》第29条第1款规定:“商业银行办理个人储蓄存款业务,应当遵循存款自愿、取款自由、存款有息、为存款人保密的原则。”就“为存款人保密”而言,第29条第2款赋予了商业银行在法律未有规定的情况下拒绝任何人查询个人储蓄存款的权利。

② 参见本部分“典型案例”。

③ 刘萌:《金融消费被吐槽“坑”多,金融委表态将出“重拳”》,载《证券日报》2020年5月29日,A3版。

④ 如学者认为,我国需要构建民法框架内的个人信息权利保护基本制度,继而在民法保护的规则体系(个人信息主体所享有的权利、信息控制者、使用者基本义务及责任体系)之下结合新时期(如互联网、大数据等)金融行业所呈现的不同特点作分类细化。参见张继红:《论我国金融消费者信息权保护的立法完善——基于大数据时代金融信息流动的负面风险分析》,载《法学论坛》2016年第6期。

⑤ 参见张继红:《论我国金融消费者信息权保护的立法完善——基于大数据时代金融信息流动的负面风险分析》,载《法学论坛》2016年第6期。

本问题无疑将通过该法予以解决，金融消费者保护领域与个人信息有关的各项权利亦将由其进一步夯实。虽然有学者提出，《个人信息保护法》的一般法性质决定了它不可能从根本上解决金融领域个人信息保护方面的一些深层次障碍，[①]但是《个人信息保护法》提供的一般性规范一定能够在法律未有明确规定的情况下起到补充适用的作用；其对企业处理个人信息作出的一般性要求也将对当下大量收集消费者个人信息的金融机构形成制约；该法中一些具有指引作用的规范，后续也将被落实为细则，为金融消费者个人信息保护指明方向。

（二）典型案例：丁某诉甲银行储蓄存款合同纠纷案[②]

本案为2019年度上海法院金融商事审判十大案例之一，由上海市高级人民法院发布。[③] 其基本案情为：2011年4月24日，原告丁某在被告甲银行处开立储蓄账户并领取储蓄卡。2015年9月16日7时29分至35分，原告账户使用短信验证码转账功能共向户名为章某的他行账户转账104，750元，同日7时49分许原告口头挂失该卡，并至上海市公安局黄浦分局经侦支队报警。经刑事调查，网银账户资金系犯罪分子通过非法渠道获取大量包含公民个人信息的数据，采取“撞号”手法，利用扫号软件批量尝试登录他人网银账户，试出正确相匹配的登录名及密码。然后通过变号软件拨打通信运营商客服电话，为他人手机开通短信过滤、短信保管等功能，再登录其网银，输入截取的银行转账验证码将其账户中的钱款转走。原告认为被告对网上银行交易的安全保障存在严重疏漏，应对原告的资金损失承担赔偿责任。被告辩称不存在违约行为，其是在验证转账所需安全要素后才进行的划款，已尽安全保障义务，原告违反信息保管义务，被告不应承担赔偿责任。

上海市黄浦区人民法院于2019年1月8日作出判决：被告甲银行应赔偿原告丁某资金损失及相应利息损失。宣判后，被告甲银行提出上诉。上海金融法院于2019年5月17日作出判决：驳回上诉，维持原判。

人民法院的理由是，甲银行向冒名者的付款行为不能产生清偿效果。在储蓄

---

① 史广龙：《金融消费者隐私保护法律问题研究——国际经验与中国道路》，载盛松成主编：《中国金融消费者保护报告2019》，中国金融出版社2019年版，第65页。

② 参见上海市黄浦区人民法院民事判决书，（2018）沪0101民初1312号；上海金融法院民事判决书，（2019）沪74民终200号。

③ 参见《中英文－2019年度上海法院金融商事审判十大案例》，载上海市高级人民法院官网，http://www.hshfy.sh.cn/css/2020/05/15/20200515155000868.pdf。

存款合同关系中,发卡行负有向持卡人提供安全用卡环境的义务,持卡人则负有妥善保管银行卡卡号、密码等银行卡信息的义务。即便丁某在其他网站使用了与案涉银行卡相同的用户名和密码,亦不能即得出丁某未尽到妥善保管自己银行卡信息的义务。被告未提供相应的证据证明丁某未尽到适当注意义务导致银行卡信息泄露,应承担举证不能的后果。根据我国《商业银行法》第 6 条及《电子银行业务管理办法》第 38 条规定,被告作为专业金融机构,具有保障账户资金安全的法定义务。被告作为借记卡的发行者及相关技术、设备和交易平台的提供者,应对交易机具、交易场所、交易平台加强安全管理,并对各项软硬件设施及时更新升级,最大限度地防范资金交易安全漏洞。从双方利益衡量的角度,商业银行作为电子交易系统的开发、设计、维护者,也是从电子交易的风险中获得经济利益的一方,相较于持卡人而言应当也更有能力采取更为严格的技术保障措施,以防范有关违法犯罪行为。

七、金融消费纠纷的多元化解机制

(一)发展概述

由于金融消费者与金融机构在财力、专业知识等方面差距悬殊,在纠纷发生时,消费者往往无力通过民事诉讼或其他传统私力救济手段获得有效保护;即使两造进入纠纷解决程序(如启动民事诉讼),这种地位上的差异所带来的消费者的不安感和不信任感往往也会给纠纷的有效化解带来障碍。因此,在金融消费领域,是否存在有效的多元纠纷化解机制对于金融消费者保护而言十分重要。

在学者看来,我国金融消费的非诉纠纷解决机制曾存在“金融调解体系非常零散,既有调解体系完全依附于人民法院或行政框架,与真正金融调解所追求的权威性、专业性和中立性相悖”“监管机构始终在安全与效率间徘徊,行政处理功能未能充分发挥作用”“消保工作由数个机构承担,各个机构之间信息封闭,缺乏协调机制”等问题。[①] 对此,前述第一部分介绍的《办法》抑或《意见》,都对多元解纷的程序性安排、各部门职权分工等内容作了进一步探索,此处不赘。不过,尽管规范性

① 参见吴弘:《金融纠纷非讼解决机制的借鉴与更新——金融消费者保护的视角》,载《东方法学》2015 年第 4 期。

文件提出了要求,中国人民银行及其分支机构与其他金融监管部门、地方政府有关部门究竟如何建立健全金融消费者保护协调机制、如何加强信息共享和部门间沟通协作,在实践中还需要进一步细化。监管部门须“防止因金融监管机制的职责重叠、法律规定的模糊与回避而在实践中产生金融消费争议处理上的矛盾”。①

与此同时,有学者提出,针对近年来蓬勃发展的、以“互联网金融”“数字金融”等概念为名依托于互联网的金融交易活动,也须针对网上金融消费的特点,建立与之相应的消费纠纷在线解决机制,才能实现互联网金融有序发展。② 对此,我国一些地区已有初步探索。如广州于2019年业已上线互联网金融纠纷在线批量审理系统,“全程覆盖存证调证、催告、和解、调解、申请立案、立案审查、送达、证据交换、庭审、宣判、执行等诉讼环节,实现了全程在线快速、批量、智能办理”。③

(二)典型案例一:投资者A与X银行委托理财纠纷案

本案为2019年度金融纠纷多元化解十大典型案例之一。④ 其基本案情为:投资者A是一位退休老人,起诉称:2015年4月3日去X银行购买理财产品,明确告诉理财经理徐某他是厌恶风险的稳健性投资者,来银行目的是购买稳妥、保值增值的产品。A认为股市风险很大,希望购买专门申购新股的基金。理财经理徐某给他推荐了Y绝对收益基金,A申购了10万元。一周后,A再次到该银行,要求再买10万元的上述Y绝对收益基金,但基金经理徐某向他推荐了一款95%以上用于申购新股的Z宏观策略基金,封闭期3个月,A购买了10万元基金。由于2015年6月股市开始暴跌,Z宏观策略基金的市值只有0.62,经询问徐某得知,该基金并未按约定进行新股申购,而是购买了大量的创业板股票,受股市大跌影响,发生亏损。A认为,X银行未遵守适当推介义务,未按其要求推荐合适的理财产品,造成其经济损失,故将X银行起诉至上海市黄浦区人民法院,要求X银行赔偿所有本金和利息损

---

① 孙宏涛、徐甜梦:《〈金融消费者权益保护实施办法(征求意见稿)〉之完善》,载《民主与法制时报》2020年2月6日,第6版。

② 参见胡光志、周强:《论我国互联网金融创新中的消费者权益保护》,载《法学评论》2014年第6期。

③ 《广州上线首个互联网金融纠纷在线批量审理系统》,载新华网,http://m.xinhuanet.com/gd/2019-08/11/c_1124861207.htm。

④ 参见天津市第二中级人民法院:《关于多元化解金融纠纷,这些宝贵经验+典型案例建议收藏》,载澎湃新闻网,https://www.thepaper.cn/newsDetail_forward_5082404,最后访问日期:2020年10月6日。

失。X银行答辩称,在购买涉诉基金前对其进行了风险测评,结果为进取型投资者,并非A所述的稳健性投资者,X银行向其推荐的产品为混合型基金产品,未超出其承受能力;该涉诉基金是X银行的代销基金,产品是通过客户A的手机银行操作购买的,因此银行并无不当推介的情形。庭审中,A否认其购买产品前做过风险测评,并称其是在柜台购买的,他仅在柜台上输入了密码等信息,其他操作都是由理财经理操作的。

第一次休庭后,黄浦区人民法院委托上海市金融消费纠纷调解中心参与庭审调解。第二次开庭时,当事双方均同意调解。调解员分析虽然涉诉基金是通过手机银行购买,但消费者A是到银行网点在理财经理的推荐和协助下完成的申购操作,银行应负有适当性推荐的义务。虽然银行称客户的风险等级为进取型,但客户否认其做过风险测评,银行也未能提供由客户签字的风险测评材料,也没有证据证明其向客户充分提示了所购基金的风险。且客户A为退休老人,根据客户提供的购买理财产品记录,均是风险等级较低的产品,该涉诉基金发生了近30%的亏损,与其到银行购买稳妥、保值理财产品的初衷不符,也超过了其风险承受能力。因此建议银行出于维系客户角度,补足客户的本金亏损。双方均同意调解员建议,X银行补偿A的本金损失。协议履行后,A撤诉。

(三)典型案例二:柴某与某银行基金到期收益纠纷案

本案为2019年度金融纠纷多元化解十大典型案例之一。① 其基本案情为:2017年7月,柴某与其年近八旬的母亲,一起来到宁波市金融消费纠纷人民调解委员会(以下简称金调委)称,2015年12月17日,柴某在某银行用其母亲存款购买了34万元某债券型基金,当时理财经理未充分说明该基金风险,并承诺该基金到期收益能达到年化5%以上。但是,2017年6月底基金到期赎回时实际年化收益只有1.2%。柴某认为某银行应当按照年化收益5%的标准补足其基金收益,具体补偿金额为人民币19,380元。

柴某与其母亲来金调委时,柴某母亲的情绪不稳定,调解员出于柴某母亲的身体健康考虑,建议柴某代表母亲参加调解,柴某十分认可。因双方关系恶化,调解

① 参见天津市第二中级人民法院:《关于多元化解金融纠纷,这些宝贵经验+典型案例建议收藏》,载澎湃新闻网,https://www.thepaper.cn/newsDetail_forward_5082404,最后访问日期:2020年10月6日。

员开展调查前,首先站在第三方公正的立场对双方进行劝解,缓和对立态势,等双方都冷静下来后再客观地调查纠纷争议事项。

金调委调查后认定,2015 年 12 月,柴某在某银行用其母亲存款购买了 34 万元某债券型基金,柴某已在《基金/集合资产管理计划业务申请单》和《证券投资基金投资人权益须知》上签字,《证券投资基金投资人权益须知》第三项内容为基金投资风险提示:“基金管理人……不保证旗下基金一定盈利,也不保证最低收益,旗下基金的过往业绩及其净值高低并不预示其未来业绩表现……基金运营状况与基金净值变化引致的投资风险,由投资人自行负担。”柴某尚无证据证明某银行销售基金时曾给予收益承诺,双方签订的相关协议未明确约定到期收益具体额度。

调解员对双方的情况进行深入分析,并做了耐心劝导,继而指出,某银行已向柴某说明该基金风险,但提示内容字体较小,提示方式不够显著,同时风险测评工作不到位,银行服务存在瑕疵。根据债券型基金收益浮动的特点,在双方未明确约定到期收益具体额度的情况下,柴某要求某银行按照年化收益 5% 的标准补足其基金收益的要求缺乏事实和法律依据。综上,调解员建议某银行从维系客户的角度出发,以 2015 年 12 月的两年期定期存款年利率 2.1% 为基础给予柴某和母亲一定的收益补偿。

本案最后一次调解选在宁波市中级人民法院的诉讼(调解)服务中心进行,最终双方达成协议,银行同意以年利率 2.1% 为基础给予柴某和母亲一定收益补偿,柴某和母亲放弃其他诉求。调解协议书签订后,依双方申请,宁波市诉讼(调解)服务中心安排法官现场进行了司法确认,由宁波市鄞州区人民法院出具民事裁定书。

值得一提的是,本案的调解过程具有典型性,值得类似案件参考。其过程分为 3 个步骤——讲情、讲理、讲法。首先“讲情”,以情为先。在本案中,柴某与其母亲来金调委申请调解时,调解员不仅向柴某了解案情,而且注意到其母亲身体欠佳,提出以老人身体健康为重的建议,取得柴某认同;在柴某与某银行关系不佳的前提下,调解员先与双方讲情,缓和双方对立态势,为之后调解成功提供了可能性。其次“讲理”,以理为基。在调解过程中,调解员以事实为基础,耐心向双方当事人客观分析案情,明确双方责任,并提出补偿金额以两年期定期存款利率为基础的建议,有理有据,极具说服力。最后“讲法”,以法为准。调解员在调解过程中,以双方签订的协议为根本,坚持“谁主张,谁举证”原则,依据原《合同法》和《商业银行理财产品销售管理办法》相关规定区分责任。调解员考虑到双方当事人之前因此纠纷闹到公安机关,建议双方将调解协议申请司法确认,获得一致同意,最终由法院出具民事裁定书,纠纷得到圆满解决。

八、余　论

除前文介绍的内容外,在“金融消费者保护”这一主题之下还有诸多值得继续探索的议题。因篇幅所限,仅就其中四则再作些许评述。

第一,是否应当认可金融消费者的惩罚性赔偿请求权仍颇具争议。如认可,从正面观察无疑将对市场化金融机构具有震慑作用,进一步压抑其实施违法行为的动机;但由于金融产品或服务往往价值高昂、金额巨大,如认可消费者之惩罚性赔偿请求权,可能造成过度威慑的问题,引起“行政目标的重复实现”。可能是出于上述考量,《办法》并没有提及惩罚性赔偿之问题。在实践中,也少有金融消费者的惩罚性赔偿请求得到法院的支持。① 不过,由于我国《消法》第 28 条包含“证券、保险、银行等金融服务”的文本内容,从解释论角度应认为金融消费场景也属于《消法》的适用范围,故《消法》的其他条文也有适用之余地。且《办法》虽对惩罚性赔偿之问题未有明言,但在其他内容中有若干与《消法》具有显著关联的条款(如《消法》第 56 条),故应认为规则制定者已为后续消费者主张惩罚性赔偿留下了空间。② 这一问题与前述“何谓‘金融消费者’”的问题具有关联,同样值得论者进一步思考。

第二,《民法典》业已生效,它无疑将对金融消费者保护产生深远影响。申言之,其一,《民法典》总则部分与合同编将为金融产品与服务之交易行为提供基本制度资源。在特别法没有专门规定时,《民法典》规定的(关于合同的)一般规定将得以适用——无论是诸如格式条款这样的具体规则,③还是诚实信用这样的民法原

① 参见阳建勋:《我国金融机构惩罚性赔偿责任落空的反思与制度完善》,载《法律科学(西北政法大学学报)》2019 年第 5 期。

② 但是,也有观点认为:“金融监管部门制定的规范性文件,只是为金融监管部门处罚金融机构的违法行为提供依据,旨在通过公法规范规制金融市场行为,并没有规定金融机构违反上述义务应当承担何种民事责任。”参见阳建勋:《我国金融机构惩罚性赔偿责任落空的反思与制度完善》,载《法律科学(西北政法大学学报)》2019 年第 5 期。

③ 参见我国《民法典》第 496 ~ 498 条。

则,[1]都将为金融消费者保驾护航。其二,作为我国《民法典》重大亮点的人格权编无疑也将为保护金融消费者权利添上重要砝码。比如,在2018年人民法院审结的一起案件中,法院就曾认为,金融机构向中国人民银行征信中心提供个人信用信息时,应当遵循及时、准确、完整之规则,若金融机构怠于删除客户不良信息,造成客户信用度评价的贬损,则构成侵害名誉权。[2] 在《民法典》的语境下,人民法院将适用名誉权与信用权相关规则,[3]辅以侵权责任编相关规则,更为直接、准确地回应实践中的类似问题。总之,《民法典》对保护金融消费者的作用值得进一步研究,相关条文涉及的解释论工作值得学界与实务界关注。

第三,金融消费者保护还要求监管部门与金融机构做好教育工作。虽然时间已经进入21世纪第三个10年,但我国消费者金融素养及自我保护能力仍待提升。在实践中,前述值得特别保护的特殊群体因财力与知识能力限制,往往难以识别金融风向和侵权行为。即便是有相当投资经验的消费者,在面对日益复杂的金融技术、产品结构带来的金融商品或服务时,往往也有力不从心之感。因此,“金融机构应进一步强化金融消费者教育,积极组织或参与金融知识普及活动,开展持续的日常性金融消费者教育活动,帮助广大金融消费者提高对金融产品的认知能力及自我保护能力”。[4]

第四,把传统业务做好也是保护金融消费者的题中之义。虽然前文大部分内容都是围绕近年来金融业与消费者保护实践发展出的新问题而展开的,但实际上金融机构在从事传统业务时若能妥善履行各项法律与合同义务,并依诚实信用原则将消费者保护置于重要位置,无疑也将有助于整体消费者保护水平的提升。比如,在帮助客户办理跨境汇款业务过程中,如果能够严格遵循《个人外汇管理办法实施细则》与《外汇管理条例》之要求,依法合规办理业务,尽职调查交易性质、目的及背景信息,对业务背景的真实性和合理性做尽职审核,有时就能防止消费者为跨国金融诈骗所害。[5]

---

① 参见我国《民法典》第6条、第7条。

② 参见《案例二 金融机构怠于删除客户不良信息被判侵犯名誉权》,载盛松成主编:《中国金融消费者保护报告2019》,中国金融出版社2019年版,第138～139页。

③ 参见我国《民法典》第1024条、第1029条、第1030条。

④ 彭江:《把对金融消费者保护落到实处》,载《经济日报》2020年7月2日,第5版。

⑤ 参见本刊编辑部:《警惕跨境汇款骗局——金融消费者权益保护纠纷典型案例二则》,载《中国银行业》2020年第10期。

综上所述,近两年时间里我国金融消费者保护取得了长足发展。一系列重要规范性文件的出台与重磅案例的发布,无疑使金融消费者保护水平踏上了“新高度”。不过,金融消费者保护工作任重道远,目前取得的发展显然不是终点。无论立法者和监管部门,还是金融机构与消费者,都还需要共同努力,结合时代发展,尤其是金融业与科技发展,把消费者保护水平推向更新的高度。

金融纠纷解决机制的新探索

林暖暖*

随着2020年上海“全球性金融市场地位”的基本确立，随着包括普惠金融、人民币国际化在内的金融发展与改革的持续推进，随着一个公平法治、创新高效、透明开放的金融服务体系的基本形成，如何按照《国民经济和社会发展第十三个五年规划纲要》《上海国际金融中心建设行动计划（2018—2020年）》（银发〔2019〕17号）等文件的要求，完善适应现代金融市场发展的金融监管框架，提升金融法治建设水平，加强金融消费者权益保护，有效防范和化解金融风险，就成为金融法治理论与实务工作者亟须思索和解决的一项紧迫课题。

金融纠纷多元化解机制是完善金融监管、提升金融法治、加强金融消费者权益保护、防范和化解金融风险不可或缺的制度手段。正如最高人民法院党组书记、院长周强所指出的：金融是现代经济的血脉，金融纠纷集中反映了经济社会发展中的矛盾和问题；全面推进金融纠纷多元化解机制建设，是推进社会治理现代化的重要体现，是保护金融消费者合法权益的重要举措，是加强金融制度建设、优化营商环境的重要内容，在满足人民群众多元司法需求、推动金融业高质量发展等方面发挥着重要作用。① 近年来，人民法院、国家金融监管机构、中央和地方各级政府及其相关部门不断加强合作、积极探索，在非诉讼纠纷解决机制的建设与创新、诉讼与非诉讼对接机制的建设与创新、法院委派、委托调解和特邀调解制度的建设与创新、

---

* 复旦大学法学院讲师，复旦大学中国金融法治研究院研究人员；研究方向：民商法、非讼纠纷解决机制。

① 参见乔文心：《加强金融纠纷多元化解机制建设　促进经济社会健康发展》，载《人民法院报》2019年11月22日，第1版。

金融纠纷诉讼解决机制的建设与创新、行业性金融纠纷调解制度的建设与创新等领域取得了令人瞩目的成就。

一、金融纠纷多元化解机制发展综述

本文旨在对我国多元化纠纷解决机制的制度发展及其在金融领域内的运用和创新进行总结。这一部分略述近年来金融纠纷所呈现的类型化发展趋势,以此阐明发展金融纠纷多元化解机制的现实必要性和紧迫性,并对近年来金融纠纷解决机制的发展状况予以概述。

(一)金融纠纷类型化发展概况

近年来,我国金融行业高质量发展,金融科技高速增长,金融市场开放度持续提升。以金融资产增长为例,2019 年,我国银行业总资产突破 280 万亿元(除特殊说明外,本文币种均为人民币),保险业全年实现保费收入 4.26 万亿元,证券公司总资产突破 7 万亿元;与之相应的是金融产品与服务的稳步增长,2019 年,我国实现普惠型小微企业贷款余额 11.6 万亿元,金融机构个人贷款余额突破 55 万亿元;截至 2019 年第三季度,我国每万人对应 POS 机 232 台,每万人对应 ATM 7.80 台,银行卡持有率 49.04%,人均持卡数为 5.89 张。[①] 然而,在金融行业蓬勃发展的同时,金融纠纷的数量和标的金额快速增长,各类风险隐患由此迅速聚集。根据 2020 年上海、重庆、江苏等地人民法院金融审判白皮书所公布的数据可知,当前我国金融纠纷已成为类型化特征相对明显的一种纠纷类型,并在总体上呈现以下三个方面的发展趋势:

1. 纠纷数量呈现快速增长趋势

以上海市为例,全市法院在 2019 年共受理一审金融商事案件 192,559 件,同比上升 12.72%;共受理二审金融商事案件 1995 件,同比上升 91.46%。其中,收案数量位居前五位的分别是银行卡纠纷 143,438 件,同比上升 8.36%;金融借款合同纠纷 27,188 件,同比上升 13.62%;融资租赁合同纠纷 10,993 件,同比上升

① 参见《2019 年金融业白皮书》,载新浪财经网,http://finance.sina.com.cn/roll/2020-03-10/doc-iimxxstf7849933.shtml。

110.76%;保险类纠纷3931件,同比上升11.83%;证券与期货类纠纷3424件,同比上升41.02%。上述五类案件在全市法院一审金融商事案件总数中分别占比74.49%、14.12%、5.71%、2.04%和1.78%,合计占比达98.14%。[①](见图1、图2)上海金融法院是全国首家金融专门法院,自成立以来受理案件数量大幅度增长。据报载,该院2019年受理各类金融案件6888件,审结6924件,案件量是设立金融法院之初预测收案量的近两倍。[②]其他城市也出现了类似的增长。例如,重庆全市法院在2018年共受理一审金融商事案件59,483件(新收56,126件,旧存3357件),较2017年增长14.22%;2019年1～6月,全市法院共受理一审金融商事案件34,674件(新收31,427件,旧存3247件),较2018年同期增长14.85%。[③]

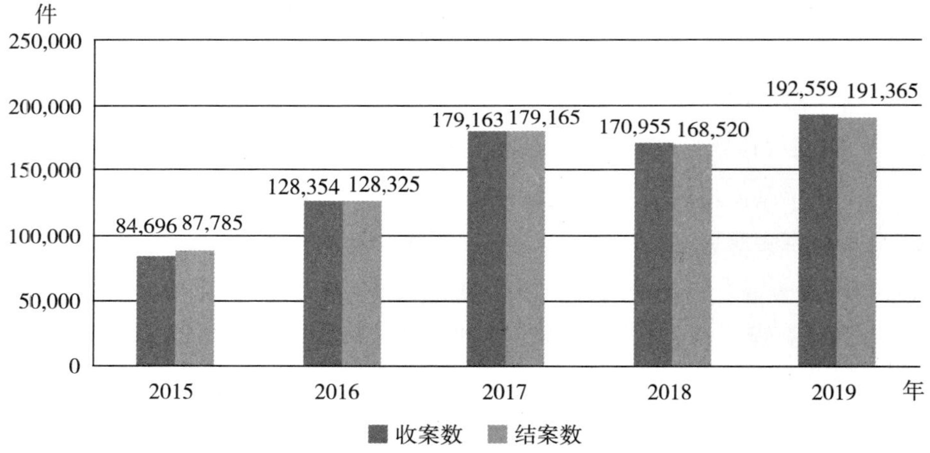

图1　近5年上海法院一审金融商事案件数量变化

资料来源:上海市高级人民法院《2019年度上海法院金融商事审判情况通报》。

① 参见上海市高级人民法院:《2019年度上海法院金融商事审判情况通报》。

② 参见孙航:《在线诉调对接机制助力金融纠纷高效便捷化解——专访上海金融法院院长赵红》,载《人民法院报》2020年3月17日,第4版。

③ 参见《重庆法院发布金融商事审判白皮书》,载重庆法院网,http://cqfy.chinacourt.gov.cn/article/detail/2019/11/id/4687562.shtml,最后访问日期:2020年11月26日。

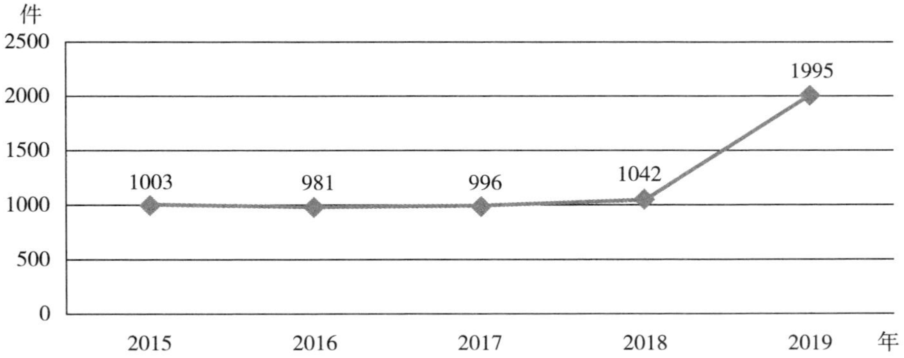

图2　近5年上海法院二审金融商事案件数量变化

资料来源:上海市高级人民法院《2019年度上海法院金融商事审判情况通报》。

2. 涉案标的金额整体呈现上升趋势

2018年,上海全市法院受理一审金融商事案件标的总额首次突破1000亿元。2019年,标的总额迅速突破2000亿元,达到2218.41亿元,同比上升57.26%。(见图3)其中,案件标的金额位居前三位的分别是金融借款合同纠纷773.92亿元,同比上升31.95%,占标的总额的34.89%;银行卡纠纷258.09亿元,同比上升52.95%,占标的总额的11.63%;融资租赁合同纠纷236.04亿元,同比上升112.13%,占标的总额的10.64%。此外,上海全市法院受理标的额5000万元以上的金融借款合同纠纷在近两年快速增长,由2017年的85件、2018年的192件,上升至2019年的243件。①

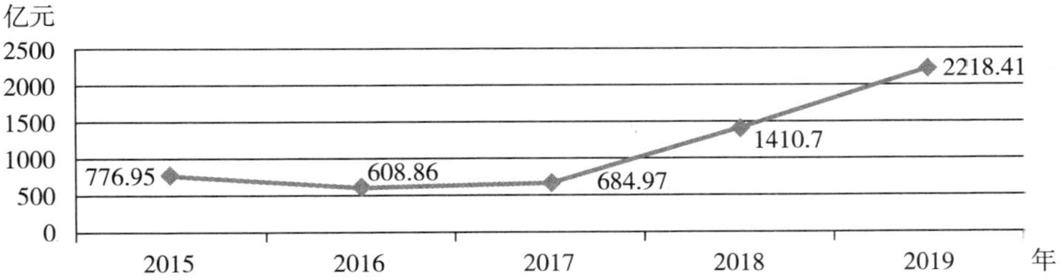

图3　近5年上海法院金融商事案件标的金额趋势

资料来源:上海市高级人民法院《2019年度上海法院金融商事审判情况通报》。

① 上海市高级人民法院:《2019年度上海法院金融商事审判情况通报》。

3. 非传统金融纠纷所占比重呈现增长趋势

传统意义的金融纠纷主要集中于银行类、保险类案件，与之不同的是，近年来融资租赁、保理等非银行融资纠纷在金融商事案件中所占比重日趋突出。各类纠纷标的额比例（见图 4）。近 5 年来，上海全市法院一审融资租赁合同纠纷案件年收案数量增长 3.24 倍，标的额增长 3.68 倍；一审涉保理公司纠纷案件年收案数量上升 1.19 倍，标的总额上升 19.2 倍。（见图 5、图 6）①重庆全市法院 2018～2019 年上半年新收一审金融商事案件中，融资租赁合同纠纷标的额居于前三位，受案标的额 20.13 亿元，占总受案标的额的 4.62%。② 此外，随着互联网保险行业的发展，因网络投保引发的纠纷逐年增多。例如，北京市昌平区人民法院发布的金融审判白皮书显示，在该院近 5 年受理的保险合同纠纷案件中，网络保险纠纷占比 30%。③ 自 2018 年以来，重庆市所有主城区法院受理的 P2P 案件数量达到千余件，涉案标的金额接近 2 亿元。④

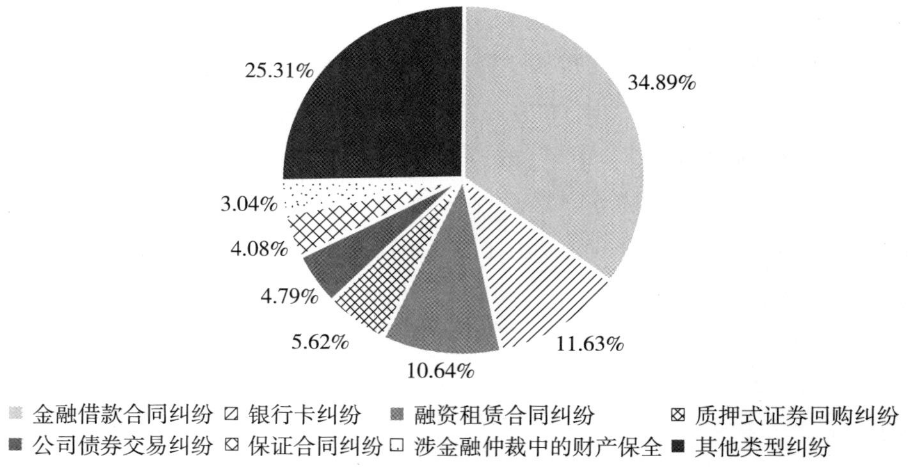

图 4　2019 年上海法院金融商事案件标的额比例

---

① 参见上海市高级人民法院：《2019 年度上海法院金融商事审判情况通报》。

② 参见《重庆法院发布金融商事审判白皮书》，载重庆法院网，http://cqfy.chinacourt.gov.cn/article/detail/2019/11/id/4687562.shtml，最后访问日期：2020 年 11 月 26 日。

③ 参见黄洁、张雪泓：《涉银行金融商事案件中信用卡纠纷占七成》，载《法制日报》2020 年 8 月 24 日，第 3 版。

④ 参见《重庆法院发布金融商事审判白皮书》，载重庆法院网，http://cqfy.chinacourt.gov.cn/article/detail/2019/11/id/4687562.shtml，最后访问日期：2020 年 11 月 26 日。

图5　近5年上海法院一审融资租赁合同案件及涉保理公司案件数量变化

资料来源:上海市高级人民法院《2019年度上海法院金融商事审判情况通报》。

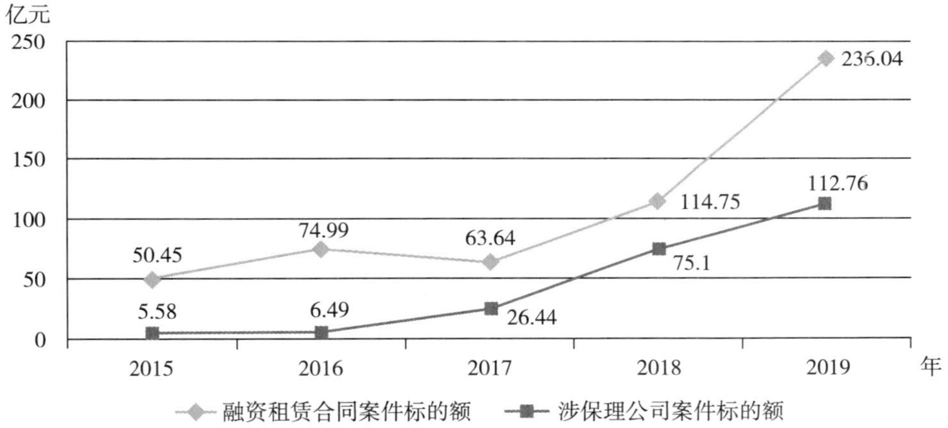

图6　近5年上海法院融资租赁合同案件及涉保理公司案件标的额变化

资料来源:上海市高级人民法院《2019年度上海法院金融商事审判情况通报》。

除人民法院受理的金融纠纷数量不断上升之外,金融监管机构受理的金融纠纷也呈现数量快速增长、赔付金额和处罚金额急剧增大的趋势。2019年,中国银行保险监督管理委员会(以下简称银保监会)受理银行、保险消费者投诉3.13万件,同比增长69%;全年督促银行保险机构清退、赔付消费者40.92亿元。① 2020年第

① 参见《银保监会国新办新闻发布会答问实录》,载银保监会官网,http://www.cbirc.gov.cn/cn/view/pages/ItemDetail.html?docId=885078&itemId=915&generaltype=,最后访问日期:2020年11月26日。

二季度,银保监会及其派出机构共接收并转送银行业消费投诉67,248件;其中,涉及信用卡业务投诉33,732件,涉及个人贷款业务投诉15,146件,涉及理财类业务投诉10,612件,上述三类投诉分别占投诉总量的50.2%、22.5%、15.8%;(见图7)就平均每千万个人客户投诉量而言,国有大型商业银行、股份制商业银行和外资法人银行的中位数分别为55.1件/千万个人客户、270.0件/千万个人客户、487.5件/千万个人客户。[①] 2019年,银保监会共处罚银行保险机构2849家次,处罚责任人3496人次,罚没金额合计14.49亿元;[②]2017～2019年,银保监会共处罚银行保险机构8818家次,处罚责任人员10,713人次,罚没合计72.4亿元,超过以往十几年总和。[③] 金融监管机构不断加大的监管与处罚力度,从侧面说明了我国金融纠纷的增长态势及其可能引发金融风险的潜在危害。

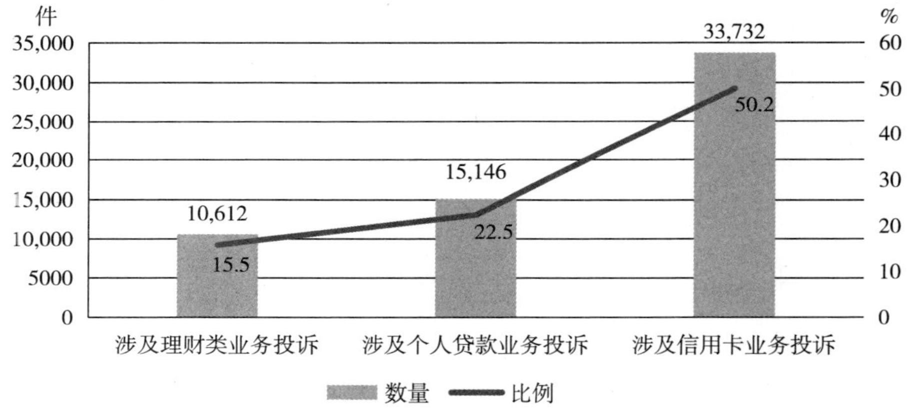

图7　2020年第二季度银保监会及其派出机构接受并转送银行业消费投诉类型

金融纠纷的快速增长与保持金融稳定、防范金融风险的迫切需求,向我国现行金融纠纷解决机制提出了新的挑战。其中,最紧迫的挑战集中表现在以下四个方面:一是如何在金融审判领域完善风险监测预警机制,妥善审理金融纠纷案件,积

① 《中国银保监会消费者权益保护局关于2020年第二季度银行业消费投诉情况的通报》,银保监消保发〔2020〕10号。

② 中国银行保险监督管理委员会:《中国银保监会2019年法治政府建设工作情况》。

③ 参见胡志挺:《银保监会:三年罚没银行保险机构逾72亿,超以往十几年之和》,载澎湃网,https://www.thepaper.cn/newsDetail_forward_9169429,最后访问日期:2020年11月26日。

极防范和化解金融风险；[①]二是如何回应金融领域改革开放的司法需求，妥善化解各类跨境金融纠纷，[②]同时促进互联网（包括微信、支付宝等支付平台）等新兴金融领域纠纷的解决；三是探索建立和解、专业调解、仲裁等金融纠纷的非诉讼解决机制，鼓励金融行业协会、自律组织独立或者联合依法开展专业调解，建立调解与仲裁、诉讼的对接机制；四是优化消费者投诉处理流程，完善小微企业小额金融纠纷快速解决机制，[③]探索构建与国际接轨的多层次金融纠纷解决机制。[④] 在回应上述挑战和要求的过程中，人民法院、金融监管机构、中央和地方职能部门积极探索，在持续健全金融司法诉讼和审判体制的基础上，不断推进金融纠纷多元化解机制的制度创新，一系列与国情相结合的制度创新形式拓展了金融纠纷解决机制的内涵和外延。

（二）金融纠纷多元化解机制发展现状

金融纠纷多元化解机制是诉讼解决机制与非诉讼解决机制的有机结合。所谓"诉讼解决机制"，是指一种由纠纷当事人提起诉讼，由国家审判机关采用诉讼和庭审程序处理纠纷的法律机制。所谓"非诉讼纠纷解决机制"（Alternative Dispute Resolution，ADR），又称"替代性纠纷解决机制"，是指一种不同于法庭裁决，由当事人或中立第三方采用诉讼和庭审程序以外的程序处理纠纷的法律机制。近年来，在人民法院的司法引领、司法推动和司法保障下，我国金融领域的多元化纠纷解决机制建设取得了长足发展，相应的制度创新包括以下两个方面：一是金融纠纷诉讼解决机制的发展与创新；二是金融纠纷非诉讼解决机制的发展与创新。

1. 金融纠纷诉讼解决机制的制度创新

近年来金融纠纷诉讼解决机制的发展与创新，主要表现为金融专门法院的设

① 参见最高人民法院《关于人民法院贯彻落实党的十九届四中全会精神推进审判体系和审判能力现代化的意见》，2020 年 3 月 16 日。

② 参见最高人民法院《关于人民法院为中国（上海）自由贸易试验区临港新片区建设提供司法服务和保障的意见》（法发〔2019〕31 号）。

③ 参见工业和信息化部、国家发展和改革委员会、科学技术部、财政部、人力资源和社会保障部、生态环境部、农业农村部、商务部、文化和旅游部、中国人民银行、海关总署、国家税务总局、国家市场监督管理总局、国家统计局、中国银保监会、中国证券监督管理委员会、国家知识产权局《关于健全支持中小企业发展制度的若干意见》（工信部联企业〔2020〕108 号）。

④ 参见中国人民银行、中国银保监会、中国证券监督管理委员会、国家外汇管理局《关于金融支持粤港澳大湾区建设的意见》（银发〔2020〕95 号）。

立、证券示范判决机制的司法实践,以及证券集体诉讼制度的发展三个方面。

第一,设立了全国首家金融专门法院——上海金融法院。在上海浦东新区人民法院全国首家基层法院“金融审判庭”、上海区级法院“金融法院试点”等前期工作的基础上,上海金融法院于2018年8月正式挂牌成立。上海金融法院依照直辖市中级人民法院的组织方式组建,设立立案庭、综合审判一庭、综合审判二庭、执行局、政治部(司法警察支队)、综合办公室(研究室、审判管理办公室)六个内设机构。根据最高人民法院《关于上海金融法院案件管辖的规定》(法释〔2018〕14号),上海金融法院管辖上海市辖区内应由中级人民法院受理的第一审金融民商事案件,管辖上海市辖区内应由中级人民法院受理的以金融监管机构为被告的第一审涉金融行政案件,管辖以住所地在上海市的金融市场基础设施为被告或者第三人与其履行职责相关的第一审金融民商事案件和涉金融行政案件,管辖当事人对上海市基层人民法院作出的第一审金融民商事案件和涉金融行政案件判决、裁定提起的上诉案件。当事人对上海金融法院作出的第一审判决、裁定提起的上诉案件,由上海市高级人民法院审理。

第二,上海金融法院首推证券示范判决机制。2018年11月13日,最高人民法院和中国证券监督管理委员会(以下简称证监会)联合印发了《关于全面推进证券期货纠纷多元化解机制建设的意见》(法发〔2018〕305号),对建立示范判决机制提出了指导性意见。所谓“示范判决机制”,是指人民法院选取在事实认定、法律适用上具有代表性的若干个案作为示范案件,先行审理、作出判决,并通过示范判决所确立的事实认定和法律适用标准,引导其他当事人通过证券期货纠纷多元化解机制解决纠纷,从而降低投资者维权成本,提高矛盾化解效率的法律机制。2019年1月16日,上海金融法院发布了《关于证券纠纷示范判决机制的规定(试行)》,将证券示范判决机制具体定义为金融法院在处理诉讼标的为同一种类,且同一方当事人累计人数为10人以上的群体性证券纠纷时,选取具有代表性的案件作为示范案件先行审理、先行判决,通过发挥示范案件的引领作用,迅速化解与示范案件有共通的事实争点、法律争点的平行案件的法律机制。该机制的制度设置主要包括以下内容:(1)示范案件选定后,平行案件可以中止审理;(2)示范案件选定后至示范判决生效前,所涉群体性证券纠纷的后续案件,在征求当事人意愿的基础上,引导当事人在诉讼立案登记前先行调解;(3)示范案件的当事人应当围绕共通的事实争点和法律争点充分发表辩论意见,示范判决应当围绕共通的事实争点和法律争点展开充分论述,着重分析共通的证据,认定共通的事实,阐明共通的法律适用;(4)示范判决生效后,根据示范判决所认定的共通事实和法律适用标准,平行案件原则上应先行委托调解,平行案件的一方当事人拒绝接受依照示范判决提出的调解方案,且在后续诉讼中未能获得更有利的判决结果,法院可酌情增加其诉讼费用的负担部分;(5)经当事人同意,可以将若干平行案件合并开庭审理,同时简化庭审程序。这些制度设置旨在在审理群体性证券纠纷时,实现适法统一、提升审判效率、节约司法资源、降低诉讼成本,同时促进诉讼与非诉讼纠纷解决机制的制度衔接,促进平行案件的调解与和解。

第三,完善证券纠纷代表人诉讼制度。2020 年 7 月 23 日,最高人民法院发布了《关于证券纠纷代表人诉讼若干问题的规定》(法释〔2020〕5 号),将代表人诉讼区分为"普通代表人诉讼"和"特别代表人诉讼"两种类型:前者以"明示加入"为特征;后者以"明示退出"为特征。证券代表人诉讼制度以集体诉讼的方式为证券领域的投资者,尤其是中小投资者,提供了便利、快捷、低成本的诉讼纠纷解决机制,有助于提升诉讼效率。与此同时,代表人诉讼制度还实现了集体诉讼与调解的制度衔接,具体包括以下内容:(1)当事人即便选择通过诉讼方式解决纠纷,法院在案件审理过程中也应当注重调解;(2)人民法院准备制作调解书的,应当通知提出异议的原告,告知其可以在收到通知后 10 日内向人民法院提交退出调解的申请;(3)代表人诉讼调解结案后,人民法院对后续涉及同一证券违法事实的案件可以引导当事人先行调解。这些制度设置有助于促进证券领域内群体纠纷的多元化解。2020 年 7 月 31 日,中国证监会发布了《关于做好投资者保护机构参加证券纠纷特别代表人诉讼相关工作的通知》(证监发〔2020〕67 号),要求投资者保护机构对于典型重大、社会影响恶劣的证券民事案件,依法及时启动特别代表人诉讼;投资者保护机构可以先行在被告具有一定偿付能力、已被有关机关作出行政处罚或者刑事裁判等案件上进行试点诉讼,积累经验,主动探索引领证券纠纷代表人诉讼;与此同时,投资者保护机构应当及时将参加特别代表人诉讼相关重要情况向中国证监会报告,案件结案后进行专项报告。

上述三个方面的制度创新是诉讼解决机制改革在金融领域的具体体现。2020 年 1 月 15 日,最高人民法院印发了《民事诉讼程序繁简分流改革试点方案》(法〔2020〕10 号),要求试点法院扩大独任制适用范围,探索基层人民法院由法官一人适用普通程序独任审理部分民事案件、中级人民法院和专门人民法院由法官一人独任审理部分简单民事上诉案件的具体情形和审理方式,建立独任制与合议制的转换适用机制。我国的金融纠纷诉讼解决机制正朝着进一步优化司法资源配置、便捷纠纷解决渠道、降低纠纷解决的时间和经济成本的方向迈进。

2. 金融纠纷非诉讼解决机制的制度创新

近年来金融纠纷非诉讼解决机制的发展与创新,主要表现为行业性金融纠纷调解机制的发展与创新。在行业性金融纠纷调解制度创新中,较为突出的当属银行业第三方纠纷调解机构的制度发展。

2016 年 2 月 14 日,原中国银监会(现银保监会)办公厅发布《关于加强银行业消费者权益保护解决当前群众关切问题的指导意见》(银监办发〔2016〕25 号),要求开办个人业务的银行业金融机构应设立专门的消费者权益保护委员会;同时,应当在法人机构层面设立专职部门,负责组织推动本机构消费者权益保护各项工作。2020 年 9 月 15 日,中国人民银行发布《中国人民银行金融消费者权益保护实施办法》(中国人民银行令〔2020〕第 5 号),提出中国人民银行及其分支机构牵头构建非诉讼第三方解决机制,鼓励、支持金融消费者权益保护社会组织依法履行职责,推动构建公正、高效、便捷的多元化金融消费纠纷解决体系。2015 年 7 月 22 日,深圳市成立了我国第一家银行业消费者权益保护第三方机构——深圳市银行业消费者权益保护促进会;2016 年 5 月 10 日,上海市成立了上海银行业纠纷调解中心(以下简称调解中心);同年 10 月 9 日,四川银行业纠纷调解中心成立,成为全国第三家从事银行业纠纷调解的非营利性社会服务组织;2017 年 1 月 19 日,北京秉正银行业消费者权益保护促进中心成立,成为北京地区首家独立的第三方银行业服务纠纷调解机构。以调解中心为例,根据上海市高级人民法院与原中国银监会上海监管局(现银保监会上海监管局,以下简称上海银监局)签订的《关于建立银行业纠纷诉调对接工作机制的合作备忘录》,调解中心"作为行业调解组织依法对银行业纠纷进行调解",上海市高级人民法院和上海银监局对调解中心的调解工作进行指导和监督。自 2016 年成立至 2020 年 6 月末,调解中心累计受理调解纠纷 8740 件,完成调解 7582 件,调解成功 5695 件,调解成功率 75%。① 2017 年,调解中心成为全国首家获 ISO9001 质量管理体系认证证书的专业调解机构。就非诉讼纠纷解决机制的

① 参见许矛朋:《"宅在家"也能"在线调"——上海银行业纠纷化解机制多元化》,载 http://xw.sinoins.com/2020-09/09/content_362011.htm。

制度实践而言,调解中心在以下三个层面创造了工作实绩:

第一,承接法院委派、委托的金融纠纷案件。目前,调解中心已可承接上海金融法院、上海市中级人民法院,以及中心城区几乎所有基层人民法院委派或委托调解的银行类纠纷案件,迄今累计受理法院委派、委托调解案件 571 件,成功调解 333 件,调解成功率约 71%;2020 年 1 月,调解中心实现了与上海市高级人民法院“一站式多元解纷平台”的系统对接,可在线受理上海各个法院委派委托调解案件,2020 年 1~6 月收到法院委派、委托调解的纠纷案件 7000 余件。[①]

第二,建立银行业“一站式”纠纷调解平台。2018 年 1 月 10 日,调解中心“银行业一站式纠纷调解平台”正式上线运行,纠纷双方可通过平台在线申请调解,调解中心在对纠纷进行评估后,将适宜调解的纠纷分配给调解员,后者联系双方当事人通过平台在线调解,并视调解情况在线签署调解协议。2020 年 3 月,调解中心上线“AI 智能语音外呼”功能,将部分简单重复的辅助性工作交由系统处理,以此减少调解员的工作负荷;同年 6 月中旬,调解中心上线“异步调解”功能,方便各方当事人查询调解进度、处理调解信息。[②] 在处理上海金融法院委托调解的一起跨区域、超亿元的金融合同纠纷时,调解中心针对当事人和调解组织分处北京、黑龙江、上海三地的特殊情况,组织双方当事人同时登录中心的在线调解平台,通过远程视频会议进行网上“面对面”调解;与此同时,上海金融法院的法官通过平台对接,在线见证了当事人达成调解的全过程。[③]

第三,建构金融纠纷解决机制的多元对接。目前,调解中心已与上海市区几乎所有基层人民法院建立了诉调对接合作机制,并与上海市第一中级人民法院签署了诉调对接合作协议,在调解中心达成的调解协议可向对应的法院申请司法确认。[④] 此外,调解中心与上海仲裁委员会、上海国际经济贸易仲裁委员会建立了“仲调对接”合作机制,与上海仲裁委员会合作完成了首起“在线调解、批量仲裁”案件,与石家庄、南京、武汉等地的仲裁委员会建立对接合作,联合武汉仲裁委成功对一起信用卡还款纠纷案件进行“在线仲调对接”;2020 年 5 月,调解中心完成了首起与

---

① 参见许矛朋:《“宅在家”也能“在线调”——上海银行业纠纷化解机制多元化》,载中国银行保险报网,http://xw.cbimc.cn/2020-09/09/content_362011.htm。

② 同上。

③ 参见最高人民法院:《金融纠纷多元化解十大典型案例》。

④ 参见韩沂主编:《银行业纠纷调解实务研究》,上海人民出版社 2018 年版,第 78 页。

人民检察院对接的案件,通过在线调解的方式,成功促使一起由上海市人民检察院第三分院邀请予以协助的纠纷案件达成和解。①

有关金融纠纷的调查表明,大多数卷入纠纷的金融消费者都会首先选择向提供金融产品或服务的金融机构寻求纠纷解决。然而,“大部分机构的纠纷解决结果有失偏颇……与金融消费者交涉的工作人员往往从银行的利益出发,以敷衍、搪塞,或者以实际存在的‘霸王条款’为由拒绝对消费者进行赔偿”。② 正是基于这一状况的存在,国务院办公厅在2015年发布了《关于加强金融消费者权益保护工作的指导意见》,要求金融机构切实履行金融消费者投诉处理主体责任,在机构内部建立多层级投诉处理机制,完善投诉处理程序,建立投诉办理情况查询系统。同年12月31日,国务院发布《推进普惠金融发展规划(2016—2020)》(国发〔2015〕74号),要求金融机构担负起受理、处理金融消费纠纷的主要责任,同时要求畅通金融机构、行业协会、监管部门、仲裁、诉讼等金融消费争议解决渠道,试点建立非诉讼第三方纠纷解决机制,逐步建立适合我国国情的多元化金融消费纠纷解决机制。2019年9月29日,银保监会和中国人民银行发布《2019年中国普惠金融发展报告》,要求推进金融消费纠纷非诉讼第三方解决机制建设、开展银行业第三方纠纷调解试点、完善诉讼与调解对接机制。同年11月19日,最高人民法院、中国人民银行、银保监会发布《关于全面推进金融纠纷多元化解机制建设的意见》(法发〔2019〕27号),要求探索建立独立于金融管理部门,可承担投诉受理、转办、调解、裁决等职能的专业性金融纠纷解决机构。这一系列规范性文件对金融机构在金融纠纷处理中的责任给予了明确定位,并在此基础上为第三方行业性金融纠纷调解机制的发展奠定了政策基础。

二、多元化纠纷解决机制的制度基础与创新

金融纠纷多元化解机制是我国多元化纠纷解决机制建设在金融领域的制度体现和制度拓展,其建设与发展必然立足于、取决于,也得益于多元化纠纷解决机制的建设与发展。换言之,我国多元化纠纷解决机制的制度创新与实践,一方面,为

① 参见许矛朋:《“宅在家”也能“在线调”——上海银行业纠纷化解机制多元化》,载中国银行保险报网,http://xw.cbimc.cn/2020-09/09/content_362011.htm。

② 韩沂主编:《银行业纠纷调解实务研究》,上海人民出版社2018年版,第78页。

金融纠纷多元化解机制的建设和发展奠定了基础；另一方面，也为将多元化纠纷解决机制运用于金融领域创造了条件。这一部分概述我国多元化纠纷解决机制的政策基础和制度内容，并对我国多元化纠纷解决机制中最主要的制度形式——调解制度——近年来的主要制度创新予以总结。

（一）多元化纠纷解决机制的制度框架

"多元化的纠纷解决机制"最早出现于最高人民法院2005年10月27日发布的《人民法院第二个五年改革纲要》，这份法院系统的改革规划首次提出"共同探索新的纠纷解决方式，促进建立多元化的纠纷解决机制"。2009年7月24日，最高人民法院发布《关于建立健全诉讼与非诉讼相衔接的矛盾纠纷解决机制的若干意见》（法发〔2009〕45号），要求推动各种纠纷解决机制的组织和程序制度建设，推动非诉讼纠纷解决方式向更加便捷、灵活、高效的方向发展，要求人民法院在诉讼与非诉讼纠纷解决方式之间建立衔接机制，为纠纷解决机制的繁荣发展提供司法保障。2014年10月23日，党的十八届四中全会审议通过了《中共中央关于全面推进依法治国若干重大问题的决定》，提出健全社会矛盾纠纷预防化解机制，要求加强行业性、专业性人民调解的组织建设，完善人民调解、行政调解、司法调解的联动工作体系，完善调解、仲裁、行政裁决、行政复议、诉讼等纠纷解决机制的有机衔接，建立各种机制相互协调的多元化纠纷解决机制。在党的十八届四中全会决定精神的指引下，多元化纠纷解决机制的建设与发展从原初仅限于司法领域的改革规划，上升和扩展成为国家治理体系建设和国家治理现代化的一个重要组成部分。

2015年11月4日，国务院办公厅印发《关于加强金融消费者权益保护工作的指导意见》（国办发〔2015〕81号），要求金融管理部门、金融机构建立和完善金融消费投诉处理机制，畅通投诉受理和处理渠道，建立金融消费纠纷第三方调解、仲裁机制，形成包括自行和解、外部调解、仲裁和诉讼在内的金融消费纠纷多元化解决机制，及时有效解决金融消费争议。同年12月6日，中共中央办公厅和国务院办公厅联合印发《关于完善矛盾纠纷多元化解机制的意见》（中办发〔2015〕60号），对人民法院在多元化纠纷解决机制改革中的作用给予制度定位，要求人民法院发挥司法在矛盾纠纷多元化解机制中的引领、推动和保障作用，建立健全诉讼与非诉讼相衔接的矛盾纠纷解决机制。诉讼与非诉讼的衔接在制度层面，一方面，体现为人民法院派员进驻各种调解站和联系点，指导非诉讼纠纷解决机制的建立和运作；另一方面,也体现为调解组织进驻法院内设的调解室,处理法院在立案前委派调解、在立案后委托调解的纠纷案件。我国的多元化纠纷解决机制建设,正是通过在人民法院与各类非诉讼纠纷解决机制实施主体之间建立对接关系,将司法诉讼的规则性和强制力与非诉讼纠纷解决机制的自愿性和灵活性有机地结合在一起。

2015 年 5 月 1 日,厦门市人大常委会颁布了《厦门经济特区多元化纠纷解决机制促进条例》,将"多元化纠纷解决机制"定义为"由诉讼和各种非诉讼方式共同构成的纠纷解决体系",将该机制的目标确立为合理配置社会资源,实现纠纷解决程序的合理衔接和相互协调,为纠纷当事人提供便捷和适宜的纠纷解决途径,并将该机制所包含的纠纷解决方式列举如下:一是协商和解;二是人民调解、行业调解、商事调解以及其他具有调解职能的组织和个人调解;三是行政调解、行政指导、行政裁决、行政复议以及行政机关处理纠纷的其他方式;四是仲裁;五是诉讼;六是法律、行政法规规定或者当事人认可的其他方式。这是我国第一部对多元化纠纷解决机制及其发展予以规范的地方法规,首次通过立法对多元化纠纷解决机制及其方式进行了界定。

2016 年 6 月 28 日,最高人民法院发布《关于人民法院特邀调解的规定》(法释〔2016〕14 号),对人民法院特邀调解制度进行了规范,为人民法院委派、委托调解和建立特邀调解制度提供了司法解释依据。在这部有关特邀调解制度的司法解释颁布之前,由于《民事诉讼法》及其司法解释主要侧重于对法院调解制度进行规范,《人民调解法》及其司法解释主要侧重于对人民调解制度进行规范,因此在司法诉讼与调解制度的对接上形成了制度空白。特邀调解与法院委派、委托调解制度的确立,在完善我国调解制度方面迈出了极其重要的一步。

2016 年 6 月 28 日,最高人民法院发布了《关于人民法院进一步深化多元化纠纷解决机制改革的意见》(法发〔2016〕14 号)。这部司法解释堪称指导全国法院开展多元化纠纷解决机制改革的纲领性文件,为发展我国的多元化纠纷解决机制奠定了制度框架。根据其所设定的框架,可将我国多元化纠纷解决机制的制度内容归结为以下三个方面:

1. 诉调对接机制建设

主要包括以下内容:第一,建立人民法院"诉调对接平台",要求人民法院将"诉调对接平台"建设与"诉讼服务中心"建设结合起来,建立集诉讼服务、立案登记、诉调对接、涉诉信访等多项功能为一体的综合服务平台;第二,在完善人民法院委派、委托调解制度的基础上，引导调解、仲裁、公证等机构或者组织进入诉讼服务中心，通过调解工作室或服务窗口开展工作；第三，完善诉前导诉和案件分流制度，人民法院应当对诉至法院的纠纷进行适当分流，对于适宜调解的纠纷，应当引导当事人选择采用非诉讼的方式予以解决；第四，完善司法确认制度，为非诉讼纠纷解决机制提供司法保障。

2. 调解制度的发展与完善

主要包括以下内容：第一，建立特邀调解组织和特邀调解员名册，提出人民法院可以吸纳人民调解、行政调解、商事调解、行业调解或者其他具有调解职能的组织作为特邀调解组织，吸纳人大代表、政协委员、人民陪审员、专家学者、律师、仲裁员、退休法律工作者等具备条件的个人担任特邀调解员；第二，建立法院专职调解员制度，提出人民法院可以在诉讼服务中心等部门配备专职调解员，由擅长调解的法官或者司法辅助人员担任，从事调解指导工作和登记立案后的委托调解工作；第三，鼓励律师参与调解，提出吸纳律师加入人民法院特邀调解员名册，探索建立律师调解工作室；第四，完善刑事诉讼中的和解、调解制度；第五，完善行政调解、行政和解、行政裁决制度，支持行政机关对行政赔偿、补偿以及行政机关行使法律法规规定的自由裁量权的案件开展行政调解工作，支持行政机关通过提供事实调查结果、专业鉴定或者法律意见，引导促使当事人协商和解，支持行政机关依法裁决同行政管理活动密切相关的民事纠纷；第六，探索建立“无争议事实记载机制”和“无异议调解方案认可机制”，对当事人未达成调解协议时双方没有争议的事实和调解方案予以确认。

3. 纠纷解决机制的整合与创新

主要包括以下内容：第一，建立“一站式”纠纷解决平台，提出人民法院在纠纷多发领域可以与行政机关、人民调解组织、行业调解组织等进行资源整合，推进建立“一站式”纠纷解决服务平台，切实减轻群众负担；第二，推动纠纷在线解决，要求推动建立在线调解、在线立案、在线司法确认、在线审判、电子督促程序、电子送达等为一体的信息平台，实现纠纷解决的案件预判、信息共享、资源整合、数据分析等功能，促进多元化纠纷解决机制的信息化发展；第三，探索民商事纠纷中立评估机制，人民法院可以聘请相关专业领域的专家担任“中立评估员”，“中立评估员”协助出具评估报告，对判决结果进行预测；第四，加强我国与其他国家和地区司法机构、仲裁机构、调解组织的交流和合作，提升我国纠纷解决机制的国际竞争力和公信力。

在上述制度框架的基础上,最高人民法院、国家金融监管机构以及相关部门不断出台新的司法解释或规范性文件,对我国多元化纠纷解决机制的制度内容不断进行拓展、深化和完善。例如,2017 年 9 月 30 日,最高人民法院与司法部联合发布了《关于开展律师调解试点工作的意见》(司发通〔2017〕105 号),要求试点地区的各级人民法院要将律师调解与诉讼服务中心建设结合起来,在人民法院诉讼服务中心、诉调对接中心或具备条件的人民法庭设立律师调解工作室,配备必要的工作设施和工作场所。2018 年 12 月 31 日,中共中央办公厅、国务院办公厅发布了《关于完善仲裁制度提高仲裁公信力的若干意见》,进一步阐明了仲裁制度在多元化纠纷解决机制建设中的重要地位。正如本文下面将进一步予以说明的,近年来新发布的司法解释或规范性文件,为在制度层面进一步健全我国的纠纷多元化解机制、在法律层面考虑通过立法规范我国的纠纷多元化解机制、在金融领域实践和发展我国的纠纷多元化解机制奠定了基础。

(二)调解制度的整合、创新与实践

调解制度以实施调解的主体为标准,可以划分为以下两种类型:一是法院内调解,即在法院系统之内运作,主要由法官或法院其他工作人员主持的调解制度;二是法院外调解,即在法院系统之外运作,主要由律师、专业调解人员或退休法官主持的调解制度。我国调解制度最主要的制度形式是法院内调解,又称司法调解,是指《民事诉讼法》所规定的"人民法院进行调解,可以由审判员一人主持,也可以由合议庭主持"的制度形式。2012 年 4 月 10 日,最高人民法院发布的《关于扩大诉讼与非诉讼相衔接的矛盾纠纷解决机制改革试点总体方案》,将我国的法院内调解制度进一步拓展为法院探索建立"专职调解员"队伍,由调解能力较强的法官或者司法辅助人员专职从事立案前或者诉讼过程中的调解工作。与法院调解制度共同发展的,是法院特邀调解和委派、委托调解制度的不断完善,是调解协议司法确认制度的不断完善,是诉调对接与"一站式"纠纷解决机制的不断完善。

1. 法院特邀调解制度的创新与实践

所谓特邀调解,是指人民法院吸纳符合条件的人民调解、行政调解、商事调解、行业调解等调解组织或者个人成为特邀调解组织或者特邀调解员,接受人民法院立案前委派或者立案后委托,依法进行调解,促使当事人在平等协商基础上达成调

解协议、解决纠纷的一种调解活动。[①] 特邀调解制度主要包括两个方面的内容：第一，人民法院建立和管理特邀调解组织和特邀调解员名册，建立特邀调解组织和特邀调解员业绩档案，定期组织开展特邀调解评估工作，并及时更新名册信息。第二，明确特邀调解员相关义务，包括告知义务，即调解程序开始之前，特邀调解员应当告知双方当事人权利义务、调解规则、调解程序、调解协议效力、司法确认申请等事项；报告义务，即特邀调解员发现双方当事人存在虚假调解可能的，应当中止调解，并向人民法院或者特邀调解组织报告；保密义务，即特邀调解员不得泄露调解过程或调解协议内容。

近年来，我国各地人民法院在建立特邀调解组织和特邀调解员名册、引导特邀调解制度发挥纠纷化解功能方面不断创新，取得了积极成效。例如，深圳市福田区人民法院建立了调解员分类招募机制，将特邀调解员分为金融纠纷调解员、商事纠纷调解员、劳动纠纷调解员、家事调解员、爱心调解员 5 个门类，明确各类调解员的选聘条件、工作职责和考核标准，从医疗、金融、互联网等领域的高端人才中定向招募特邀调解员 429 名，从自荐的社会爱心人士中吸纳爱心调解员 110 名，同时专门组建了 3 个以法官为核心的调解团队，与区司法局、区妇联等单位深入合作，促使具有专业特长的调解员驻点法院开展调解工作。[②] 就深圳市整体而言，目前，全市法院共引入特邀调解组织 258 家、特邀调解员 1305 名，其中律师调解员 692 名、港澳特别行政区调解员 62 名。[③]

2. 法院委派、委托调解制度的创新与实践

所谓法院委派调解，是指人民法院在登记立案之前，经当事人同意，将适宜调解的纠纷委派给特邀调解组织或者特邀调解员进行调解的一种调解活动；所谓法院委托调解，是指人民法院在登记立案后或者在审理过程中，经当事人同意，将适宜调解的纠纷委托给特邀调解组织或者特邀调解员进行调解的一种调解活动。近年来，法院委派、委托调解制度呈现“在线化”和“平台化”的发展趋势。例如，深圳市中级人民法院自主开发了“深融调解平台”，可全程在线办理诉前调解，并保留所

---

① 最高人民法院《关于人民法院特邀调解的规定》（法释〔2016〕14 号）。

② 参见《建设高质量特邀调解员队伍　打造分类分级分层名册管理新模式》，载《人民法院报》2020 年 8 月 9 日，第 4 版。

③ 参见《抓好四个关键问题　系统优化司法确认程序》，载《人民法院报》2020 年 8 月 8 日，第 4 版。

有节点数据以便监管。纠纷在登记立案之前,若当事人同意调解,即可一键转入深融调解平台开展调解;在调解成功后,可一键转入司法确认程序;若调解不成,亦可一键转入诉讼程序。深融调解平台与人民调解、诉讼、电子卷宗等系统实现数据联通,通过人脸识别、关联案件信息检索、远程视频听证询问、在线阅卷等信息化手段,法官可清晰掌握调解过程中的重要节点,准确掌握各方当事人真实意愿,预防虚假调解风险。①

3. 司法确认制度的创新与实践

调解是非诉讼纠纷解决机制的一种主要形式,其显著特征在于由纠纷双方而非调解人选择裁决争端的标准,并经双方协商寻求纠纷解决。在此过程中,纠纷双方具有很强的主动和能动性,通过相互之间的直接沟通和协商,可以在很大程度上自行主导纠纷的解决。由于调解协议是双方同意的产物,因而往往能够较好地得到纠纷双方的自愿遵守和执行;但是,也正因为纠纷之解决高度依赖于双方的自愿同意,无果而终或半途而废的概率较大。就此而言,完善调解制度的核心在于强化调解协议的可执行性。

2004 年 9 月 16 日,最高人民法院《关于人民法院民事调解工作若干问题的规定》(法释〔2004〕12 号,法释〔2008〕18 号修正)首次对司法确认程序作出规定;2011 年 3 月 23 日,最高人民法院发布《关于人民调解协议司法确认程序的若干规定》(法释〔2011〕5 号),进一步完善司法确认制度;2010 年颁布的《人民调解法》和 2012 年、2017 年修正的《民事诉讼法》则在法律层面上肯定了司法确认的独立程序价值。我国的司法确认制度正是以人民法院的司法权威性和强制力,为调解协议的遵守和执行提供了制度保障。

近年来,各地人民法院在完善司法确认制度方面积极探索,各种创新形式层出不穷。以深圳市中级人民法院为例,该院在街道、社区、派出所设立了 86 个在线司法确认工作室,同时在法院设立了司法确认联络员,当事人通常只需半个小时即可完成司法确认,并通过电子送达即时拿到裁定书。此外,该院还推行"形式审查为主,实质审查为辅"的司法确认审查模式:对于申请司法确认的简单纠纷调解协议,由法官独任进行书面审查;对于少量标的金额巨大、法律关系较为复杂的商事纠纷

① 参见《抓好四个关键问题　系统优化司法确认程序》,载《人民法院报》2020 年 8 月 8 日,第 4 版。

调解协议，由法官组成合议庭进行审查；对调解协议内容不明确或不具备执行性的，要求当事人补充证据，法院通过听证等方式进行实质审查；对于有虚假调解嫌疑或存在虚假调解风险的调解协议，法院从严予以审查。以往因司法确认方面的问题，有大量专利技术纠纷和标的金额较大的金融商事纠纷不愿接受调解，如今由于优化了司法确认程序，致使许多类似纠纷转而经委派调解达成调解协议。①

4. “一站式”纠纷解决机制的创新与实践

最高人民法院2012年发布的《关于扩大诉讼与非诉讼相衔接的矛盾纠纷解决机制改革试点总体方案》要求试点法院设立“诉调对接中心”，诉调对接中心作为诉讼外调解机制可依托法院建立工作平台，相关调解组织可在法院诉调对接中心设立调解室，办理法院委派或委托调解的案件，特邀调解员可依托诉调对接中心开展调解工作。2019年7月31日，最高人民法院发布《关于建设一站式多元解纷机制一站式诉讼服务中心的意见》（法发〔2019〕19号），进一步要求促进诉调对接实质化，要求推动形成分层递进、繁简结合、衔接配套的“一站式”多元解纷机制，加快建设立体化、集约化、信息化的“一站式”诉讼服务中心，加快各地法院审判流程管理系统、自建调解平台与最高人民法院在线调解平台实现对接，实现本地区解纷资源全部汇聚在网上，做到调解数据网上流转，为当事人提供在线咨询评估、调解、确认、分流、速裁快审等“一站式”解纷服务。

所谓“一站式”纠纷解决，是一种通过广泛整合各种有利于纠纷解决的法律资源和纠纷解决方式，实现纠纷快速和妥善解决的纠纷解决机制。据报载，2019年，全国法院设立调解工作室近7000个，建立在线调解室的法院达到3200余家，诉前调解案件近300万件，同比增加66%，立案后庭前调解近220万件，同比增长83%；截至2020年8月中旬，全国已有3331家法院运行了在线调解平台，平台入驻调解组织3.3万个，调解员11.9万名，累计汇聚调解案件743万件，调解成功率61%，平台日均调解的纠纷数量从最初的十余起迅速增长为目前的近万件；在2020年的前八个月间，在线音视频调解数量达到14.4万件，超过平台上线两年以来的累计总量。②

① 参见《抓好四个关键问题 系统优化司法确认程序》，载《人民法院报》2020年8月8日，第4版。

② 参见乔文心、雷蕾：《矛盾纠纷“一站化解” 公平正义提速增效——全国法院一站式多元解纷和诉讼服务体系建设综述》，载《人民法院报》2020年9月1日，第1版、第4版。

我国调解制度借助于法院特邀调解、法院委托和委派调解、司法确认以及“一站式”纠纷解决机制等制度创新形式,在司法诉讼机制、法院内调解机制、法院外调解机制之间建立了制度性衔接,呈现了实施主体多元化、调解形式多样化、诉讼与非诉讼相结合的制度特点。

三、金融纠纷解决机制的未来展望

我国金融纠纷解决机制在未来会朝着多元化方向深化发展,强化金融纠纷的司法诉讼解决机制是金融法治建设的重中之重,而在金融纠纷非诉讼解决机制的各种制度形式中,调解制度包括法院特邀调解和委派、委托调解以及行业性金融纠纷调解,依然是未来发展的重点。然而,目前金融纠纷多元化解机制存在形式相对单一的制度缺陷,未来应当着重丰富非诉讼纠纷解决机制的制度形式,特别是应当建设专业性、国际性和独立于金融管理部门的金融纠纷非诉讼解决机制,以助力于国际金融中心的建设。本文最后为金融纠纷解决机制的未来发展作出展望,并且提出如何弥补上述制度不足的建议。

(一)金融纠纷解决机制发展的新趋向

早在20世纪五六十年代,我国就已形成人民调解、法院调解、行政调解三大调解的制度雏形,并相继在1954年《人民调解委员会暂行组织通则》、1982年《民事诉讼法(试行)》、1997年《合同争议行政调解办法》等行政法规、法律或部门规章中得到确认。20世纪90年代中后期以来的经济与社会结构变革对调解制度带来挑战,三大调解制度均不同程度地受到影响;以人民调解为例,调解数量从1990年的740余万件下降到2000年的500余万件,调解与诉讼案件的比例从20世纪80年代的10∶1下降到1∶1,调解制度的发展一度停滞。① 近年来,特别是在党的十八届四中全会构建“多元化纠纷解决机制”精神指引下,三大调解制度重又焕发活力,并呈现多元化、体系化、专业化的发展态势。2019年最高人民法院发布的《关于建设一站式多元解纷机制 一站式诉讼服务中心的意见》首次提出“一站式多元解纷、一站式诉讼服务”工作要求,人民调解、行政调解、律师调解、行业调解、专业调解、商会

① 参见洪冬英主编:《调解程序概述》,法律出版社2020年版,第31页。

调解等调解机制将在类型化、专业化调解平台中与诉讼以及其他非诉讼纠纷解决机制分流对接、信息共享、相辅相成,为金融纠纷提供在线咨询评估、调解、确认、分流、速裁快审等"一站式"解纷服务。

最高人民法院、中国人民银行、银保监会2019年发布的《关于全面推进金融纠纷多元化解机制建设的意见》对建立健全金融纠纷调解机制提出了一系列指导性意见,主要包括以下四个方面的内容:第一,在专业性调解组织建设方面,强调建立和完善金融纠纷调解组织;第二,在健全委托、委派和调解程序方面,要求人民法院在委派、委托调解时,应当向金融纠纷调解组织发送委派、委托调解函,并将相关材料移送金融纠纷调解组织;第三,在建立在线网络调解平台和信息共享方面,要求人民法院鼓励当事人通过"人民法院调解平台"提交调解申请,人民法院亦通过该平台向金融纠纷调解组织委派、委托调解案件,金融纠纷调解组织通过中国金融消费纠纷调解网等在线网络调解平台接受委派、委托并开展调解工作;第四,要求鼓励金融纠纷调解组织通过与金融机构签订备忘录或者协议的方式,推出小额纠纷快速解决机制。正是在上述四个方面的制度实践领域,各地人民法院和金融纠纷调解组织积极探索,促使金融纠纷调解制度呈现了以下发展趋势:

1. 金融纠纷调解组织的发展趋于专业化

我国《消费者权益保护法》仅仅将"为生活消费需要购买、使用商品或者接受服务"作为是否能够作为消费者受此法律保护的唯一标准,由此导致消费者权益保护组织的调解范围往往局限于一般小额日常金融消费纠纷,而卷入金融民商事纠纷的金融产品和服务消费者则很难通过调解快速解决纠纷。近年来,随着金融非讼纠纷解决机制的不断发展,调解范围已实现了从日常金融消费向金融民商事纠纷的跨越。例如,东莞市金融消费纠纷调解委员会成功地调节了一起涉及6亿元债务、9个债务人和19份贷款合同的金融借款合同纠纷,为债务人节省了约600多万元诉讼费。① 与此同时,调解的专业化程度也在不断加强。例如,调解中心成功调解了一起大额贷款纠纷案件,涉及本金4705.5万余欧元(折合人民币约3.67亿元),由于牵涉境外公司,需要调解员了解境内外相关法律规定,并基于事实和法律规定尽力寻找各方诉求的平衡点。② 此案是调解中心接受调解委托的首例涉外对

① 参见最高人民法院:《金融纠纷多元化解十大典型案例》。

② 参见许矛朋:《"宅在家"也能"在线调"——上海银行业纠纷化解机制多元化》,载中国银行保险报网,http://xw.cbimc.cn/2020-09/09/content_362011.htm。

公纠纷,标志着金融纠纷调解机构及其调解员无论是在金融和法律专业知识方面,还是在纠纷调解的技能上都已迈向了专业化的发展方向。

2. 诉调对接机制的发展趋于模式多样化

近年来,各地人民法院和调解组织在诉调对接的制度实践中形成了多种模式,较为典型的包括:一是"归州模式",即以人民法院对人民调解进行业务指导的方式实现诉调对接;二是"鼓楼模式",即以人民法院内部附设人民调解的方式实现诉调对接;三是"白河模式",即以人民调解派驻人民法院的方式实现诉调对接;四是"静安模式",即以法官派驻人民调解组织的方式实现诉调对接。

在金融纠纷多元化解的制度实践中,上述模式不仅多元共存,而且有了新的制度创新。例如,安庆市中级人民法院与由安庆市银监局、检察院、公安局、经济信息化委、市农委、市住房城乡建设委、市商务局、市科技局、市国税局、市地税局、市融资担保公司、各金融机构、城区各区政府、安庆经开区、安庆高新区等单位人员组成的不良资产处置领导小组,将调解制度与多种社会治理资源相结合,采用"府院联动"的综合协调模式,成功地化解了一起大额金融借款合同纠纷案。① 东莞市中级人民法院在审理一起大额复杂标的金融借款合同纠纷案时,将法院调解与委派、委托调解相结合,对部分债务约 1.1 亿元进行了诉中调解,将余下约 6 亿元债务于 2017 年 9 月 25 日移交东莞市金融消费纠纷调解委员会进行诉前调解,并在当事人达成一致意见后对调解协议进行了司法确认。② 北京市第四中级人民法院在审理一起涉房地产金融借款合同纠纷案时,邀请"一带一路"商事调解中心金融借贷领域的专家调解员与法官共同调解,并采用法官立足案件事实释明法律,调解员立足行业情况提出方案建议的方式,分别从诉讼风险和经营风险的角度引导双方当事人达成和解。③ 上海金融法院将诉讼与非诉讼纠纷解决机制相结合,分别与上海市金融消费纠纷调解中心,调解中心,中证中小投资者服务中心有限责任公司,上海市证券、基金、期货业纠纷联合人民调解委员会,上海市保险同业公会五家单位签署了《诉调对接工作机制合作协议》,实现了涉银行、证券、保险等金融行业多元化纠纷解决机制的全覆盖。④

① 参见最高人民法院:《金融纠纷多元化解十大典型案例》。
② 同上。
③ 同上。
④ 同上。

3. 调解制度与其他纠纷解决机制的结合趋于紧密

最高人民法院2020年发布的《民事诉讼程序繁简分流改革试点方案》提出完善小额诉讼程序，要求加强小额诉讼程序适用，适当提高小额诉讼案件标的额基准，明确适用小额诉讼程序的案件范围。这一诉讼体制的改革与创新形式在调解制度中已有尝试，并呈现倾向于保护金融消费者的制度取向。例如，上海市金融消费纠纷调解中心与上海地区银行业金融机构签订合作备忘录，对赔付金额5000元以下、经调解当事人无法达成一致的纠纷，由调解员根据法律、法规、国家政策和行业惯例提出纠纷解决意见，如果作为争议一方的消费者接受纠纷解决意见，则争议双方均应接受协议并承诺履行，如果消费者不接受该意见，则调解意见作为专家意见供各方当事人参考，但无约束力；此外，根据合作备忘录，对适合调解且符合中心受案范围的金融消费纠纷，金融消费者申请调解且中心受理的，银行业金融机构作为被申请方不得拒绝。[①] 2020年，江苏省高级人民法院、中国人民银行南京分行、银保监会江苏监管局联合发布《关于全面推进金融纠纷多元化解机制建设的实施意见》，明确争议纠纷标的额在10,000元以下的金融纠纷可采用小额纠纷快速解决机制，如果金融业务相对人接受调解员的意见，则争议各方当事人均应当接受并承诺履行该调解意见；如果金融业务相对人不接受该意见的，则调解意见对各方当事人均无约束力，作为专家意见供当事人参考。小额诉讼程序在司法诉讼中的运用与小额纠纷快速解决机制在调解制度中的运用，体现了诉讼与非诉讼纠纷解决机制在特定制度形式上的衔接趋于紧密，而小额纠纷快速解决机制又结合了调解的灵活性和金融申诉专员侧重于保护消费者的裁决约束性，体现出非诉讼纠纷解决机制不同制度形式之间的结合趋于紧密。

（二）结语

金融是专业性极强，复杂度极高，牵涉面极广的一个领域。金融业务的专业性、金融产品的复杂性、金融服务的广泛性，要求金融纠纷的处理者准确理解纠纷的性质、内容及其相应的权利义务关系。尽管，目前我国各金融监管部门都已设立专门的金融消费权益保护工作机构，但相应的纠纷解决往往缺乏实质性的约束效

---

① 参见高改芳：《上海市金融消费纠纷调解中心成立》，载中证网，http://www.cs.com.cn/sylm/jsbd/201605/t20160510_4965863.html。

力,对金融消费者的损失也往往难以实现实质性的补偿。金融专门法院的设立,一方面为遏制上述缺漏提供了制度屏障,为金融纠纷的最终解决提供了司法保障;另一方面也通过建立具备金融专业知识的法官队伍,强化了人民法院在审理金融纠纷时所应具有的专业性。证券集体诉讼制度与证券示范判决机制等司法诉讼制度的改革与创新,也为积极化解金融纠纷、避免金融风险和社会矛盾积聚起到了积极作用。就此而言,强化金融纠纷的司法诉讼解决机制依然是当前以及未来金融法治建设的重中之重。金融纠纷多元化解机制的建设与发展,必须以健全和强化金融司法诉讼体制为前提,以培育和拓展非诉讼纠纷解决机制为基础,持续完善诉讼与非诉讼相衔接的纠纷解决机制。

金融纠纷多元化解机制是金融纠纷司法诉讼解决机制与非诉讼解决机制的有机结合。在诉讼解决机制与非诉讼解决机制的关系问题上,曾经存在一种疑虑:疑惑于非诉讼解决机制将有可能发展成为司法诉讼的补充性机制,还是将有可能取代司法诉讼并最终与司法体系脱钩。[①] 基于非诉讼纠纷解决机制的制度实践,理论界已充分了解并达成共识,认为该机制只能是司法诉讼的补充机制,而绝非司法诉讼制度的替代品。非诉讼纠纷解决机制的功能与目标集中表现在以下两个方面:一是为纠纷双方提供渠道多元、方式灵活、简便高效、纠纷解决成本较低的制度途径;二是缓解法院受理和审理诉讼的工作负荷,缓解国家司法资源投入的物力和人力负荷,促使国家司法资源集中应用于公共性的议题。目前,普通法国家的法院大多设置了法院内非诉讼纠纷解决机制。以美国的法院为例,自1937年《联邦民事程序规则》实施以来,"审前程序"以及以此为基点的民事诉讼体制改革极大地促进了以和解方式解决纠纷。该规则要求法院采用合乎法律法规的特定程序以和解的方式解决纠纷,法院可以要求出庭律师以及当事人出席"审前会议"以促进和解。[②] 该规则推动了非诉讼纠纷解决机制的发展,"各式各样的调解、中立性案件评估、简易陪审团审理发展成为旨在帮助法院促进和解的新形式"。[③] "审前会议"在美国的广泛应用造成了一个奇特现象:一方面,向法院提交的诉讼数量不断增加;另一方

① See Harry T. Edwards, *Alternative dispute resolution: Panacea or anathema?*, Harvard Law Review 99(3), 668-684 (1986).

② See Federal Rules of Civil Procedure (amended 2018). U. S. A. (1938).

③ Carrie Menkel-Meadow, *Pursuing Settlement in an Adversary Culture: A Tale of Innovation Co-Opted or "The Law of ADR"*, Florida State University Law Review 19(1), 1-46 (1991).

面，由法院最终作出裁决的案件数量不断减少。数据显示，美国联邦法院在1938年受理的民事案件中，最终由法院作出裁决的约占19.9%，这一比例随后降至1940年的15.2%、1952年的12%、1972年的9.1%、1982年的6.1%、1992年的3.5%、2002年的1.8%；在州法院受理的民事案件中，最终由法院作出裁决的比例在1992～2005年减少了50%；在州法院2002年作出裁决的所有案件中，陪审团参与审理的案件仅占0.6%。① 这一现象被称为"正在消失的民事审判"，其发展态势与20世纪60年代骤然勃兴并一直持续至今的非诉讼纠纷解决机制的发展密不可分。美国以及其他普通法国家的相关实践证明，非诉讼纠纷解决机制是司法诉讼机制的有益补充，在为纠纷双方提供多元化纠纷解决途径的同时，缓解了法院和国家司法资源的投入和负荷。

我国的金融纠纷非诉讼解决机制近年来显现了极强的制度优势，主要表现在以下两个方面：一是发展势头极其迅猛，例如，目前，广东、宁波、青岛等11地已建成省级或副省级金融消费纠纷调解（金融ADR）组织；②二是金融纠纷调解组织与人民法院建立了相对完善的诉调对接机制，从接受调解到信息同步共享，再到司法确认均可通过在线平台完成。不过，当前我国金融纠纷非诉讼解决机制的建设与发展仍存在一些不足，主要表现在以下三个方面：一是制度形式相对单一，无论是法院特邀调解和委派、委托调解还是行业性金融纠纷调解，都是相对单一地采用调解的方式解决金融纠纷。二是调解的程序设置相对薄弱，例如，以下程序问题我国调解制度及金融纠纷调解制度均未作出制度性回答：何种情况下适用程序性调解，即调解人专注于程序正义，不对纠纷内容、解决方式和结果提供实质性意见；何种情况下适用实质性调解，即调解人在秉持中立的基础上对纠纷内容、解决方式和结果进行评估，并指导纠纷双方达成调解协议；何种情况下调解员应当主动中止或终止调解等。三是专业性金融纠纷非诉讼解决机制的发育相对不足。普通法国家行业组织申诉专员（Ombudsman）机制对修正上述三个方面的不足提供了有益参考。

在普通法国家所建立的行业性非诉讼纠纷解决机制中，最典型的莫过于行业组织申诉专员。作为专业性纠纷处理机构，申诉专员由行业组织设立并予以资助，主要受理消费者对于该行业组织成员单位的投诉以及因商业产品或服务而引发的

---

① See John H. Langbein, *The Disappearance of Civil Trial in the United States*, The Yale Law Journal 122(3), 522－573 (2020).

② 参见中国银保监会、中国人民银行：《2019年中国普惠金融发展报告》。

纠纷。尽管在组织设置和资金来源上依附于行业组织,但在纠纷解决过程中,行业组织申诉专员强调其第三方立场,侧重于隐私权保护,着眼于以非正式和不公开的方式解决商业服务纠纷,其裁决对投诉方不具有约束力,但对作为行业组织成员单位的商业机构具有法律约束力。也正是因为具有独立、中立和不公开等特性,申诉专员日益成为普通法国家非诉讼纠纷解决机制中的主要机制之一,"独立""中立""不公开"也被美国律师协会确立为申诉专员机制的3个核心要素,并被写入《申诉专员设立与运作标准》。① 就其实际运作而言,以澳大利亚金融申诉专员(Australian Financial Ombudsman Service)为例,该机构于2008年经整合数个金融行业组织的纠纷处理机构而设立,其目的在于为作为该机构成员的金融服务商及其客户提供"一站式"纠纷解决服务。这项服务不向申诉方收取任何费用,所作裁决亦不对申诉方构成约束力,而被申诉的金融服务商则必须遵守申诉专员的裁决。澳大利亚金融申诉专员通常采用协商(negotiation)、调和(conciliation)、调解(mediation)等方式,帮助和引导卷入纠纷的金融服务商提出纠纷解决方案;若协商和调解无果,则由金融申诉专员依据法律原则、行业规范或司法先例作出裁决(determination)。与非诉讼纠纷解决机制的另外两种主要方式——调解和仲裁相比,申诉专员机制兼具调解机制的主动性、灵活性和仲裁机制的专业性、权威性。由于申诉专员所作裁决对而且仅对金融服务商具有法律约束力,因而一定程度上既消弭了调解机制常常无果而终的缺陷,又消弭了仲裁机制可能给相对弱势的、作为申诉方的金融服务消费者和小型企业造成的压力,在提升纠纷解决的效率和公信力的同时,为相对弱势方的消费者寻求其他法律救济途径留出了空间。就此而言,申诉专员机制与调解、仲裁等其他非诉讼纠纷解决机制互有补充。②

我国的金融行业发展日趋专业化、国际化,并呈现与金融科技高度结合的发展态势。在金融科技方面,我国中小企业金融科技采纳率为61%,位居全球第一,排名第二的美国仅为23%。(2019年全球中小企业金融科技采纳率见图8)③随着金融业持续对外开放,将上海"基本建成与我国经济实力以及人民币国际地位相适应

① See American Bar Association. *Standards for the Establishment and Operation of Ombudsman Offices*, 2001, 2004.

② See Lin Nuannuan and Weijun Hu, *Systemic Issue Resolution in Two Dimensions: A Reflection Based on a Ten-year Review of Australian Financial Ombudsman*, Harvard Negotiation Law Review 26, (2020).

③ 参见《2019年金融业白皮书》,载新浪财经网,http://finance.sina.com.cn/roll/2020-03-10/doc-iimxxstf7849933.shtml。

的国际金融中心"的条件也日益成熟。目前,上海已集聚了包括股票、债券、货币、外汇、票据、期货、黄金、保险等各类全国性金融要素市场,多个品种交易量位居全球前列。例如,上海证券市场股票筹资总额位居全球第二,股票交易额和股票市值均位居全球第四;上海黄金交易所场内现货黄金交易量位居全球第一;上海期货交易所螺纹钢、铜、天然橡胶等10个期货品种交易量位居全球第一。与此同时,各类国际性、总部型金融机构不断落户上海,各类新型、功能性金融机构不断涌现,金融业发展规模不断扩大。2019年,上海金融市场成交总额1934.31万亿元,比2018年增长16.6%;上海证券交易所总成交金额283.48万亿元,增长7.1%;上海期货交易所总成交金额112.52万亿元,增长19.3%;上海黄金交易所总成交金额14.38万亿元,增长33.2%;中国金融期货交易所总成交金额69.62万亿元,增长1.7倍;全年实现金融业增加值6600.60亿元,比2018年增长11.6%。[①]

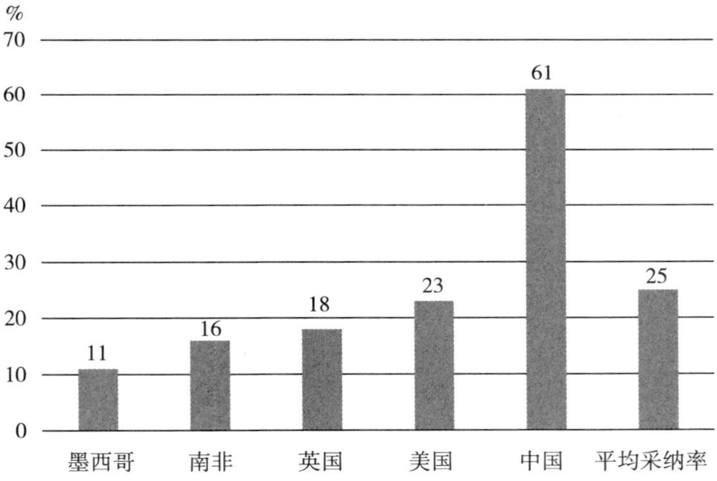

图8　2019年全球中小企业金融科技采纳率

我国金融发展的专业化、国际化和科技化,要求金融纠纷解决组织及其纠纷解决机制具有相应的专业性、国际性,并与日新月异的科技发展紧密结合。就此而言,建立专业性和国际性金融纠纷非诉讼解决机制,完善金融纠纷调解机制,实现金融纠纷多种非诉讼解决机制的衔接与整合,将成为今后我国金融纠纷解决机制建设的一个重要方向。

---

① 中国人民银行、国家发展和改革委员会、科技部、工业和信息化部、财政部、中国银保监会、中国证监会、国家外汇管理局:《上海国际金融中心建设行动计划(2018—2020年)》,银发〔2019〕17号。

金融司法典型案例及裁判规则新塑造

朱颖琦* 张天行** 潘子怡***

在金融民商事审判中，司法机关保护金融交易方合法权益、维护市场正常交易秩序、防范系统性金融风险，[①]通过个案裁判，发挥金融审判适用、创设规则，促进金融发展的作用。

一、金融审判理念的革新

审判理念通常指法官在适用法律裁断是非、制裁违规、惩治犯罪的司法过程中形成的系统化认识。[②] 具体到金融审判领域，可理解为基于对金融活动本质的认识，以实现司法功能与金融审判整体目标为价值导向的思维模式。金融审判承担着个案定分止争和法律秩序塑造的双重任务。近年来司法机关受理的金融案件数量迅速攀升，大量集中涌现的新型案件在专业属性和复杂程度上远远超越传统的民商事案件，特别是面对创新型金融业态带来的规则供给不足，急需司法对新型金融法律纠纷的解决提供专业化的裁判路径。[③] 新时期的金融审判也逐步形成了符合金融市场发展规律、回应现实需求的金融司法审判理念。

---

* 上海金融法院四级高级法官，复旦大学法学院民商法学2019级博士研究生。

** 复旦大学法学院民商法学2020级博士研究生。

*** 复旦大学法学院民商法学2019级博士研究生。

① 《最高人民法院印发〈关于为维护国家金融安全和经济全面协调可持续发展提高司法保障和法律服务的若干意见〉的通知》（法发〔2008〕38号）。

② 参见董治良：《人民法院审判理念的更新》，载《法制资讯》2011年第11期。

③ 参见朱飞：《金融法剩余立法权的司法主张》，华东政法大学2019年博士学位论文，第1～3页。

近年来,金融裁判体现出运用自由裁量权,以利益衡平追求实质性正义的能动主义倾向。[①] 中国语境下的能动司法最早出现在应对金融危机所产生的各种矛盾冲突,诉讼数量快速上升的背景下,[②]具有鲜明的应急补救的特征。随着金融市场体制机制不断完善,新时期金融法治的主要矛盾转变为金融商事交易法律规则供给不足与强烈需求之间的矛盾,能动型金融审判运用政策考量、利益衡量等法律方法行使剩余立法权,使司法裁判与金融监管政策有效衔接,以填补法律空隙,烫平法律褶皱,[③]有效缓解了金融市场全面深化改革转型时期金融立法与金融市场发展间的紧张关系。

(一)金融审判的司法政策功能

金融审判的能动主义表现为服务于金融发展大局、贯彻宏观金融政策、保障金融市场平稳运行,通过具体案件裁判和制定司法文件将党和国家的公共政策转化为指导审判实践的司法政策。[④] 首先是追求实现个案裁判的法律效果、政治效果和社会效果的有机统一。其次是司法程序中通过依职权释明、依职权调取证据以及财产保全等方面执行司法政策,如为应对新冠肺炎疫情,多地法院暂缓对与疫情防控有关的药品和物品进行查封,暂缓对涉及疫情防控相关医院及人员采取财产查控和限制消费等措施。[⑤] 同时,我们也应注意到司法机关在对金融公共政策的具体执行中,出现了一定程度的过度注重社会效果、裁判说理不充分等问题。[⑥] 因此,法院应保持一种较为克制的态度,在实现政府话语体系下的公共政策到现实形态的司法政策转化过程中避免亦步亦趋式的“比附”,保证法律运作系统内部的相对独

① 参见关倩:《法律方法与能动司法——以当代中国民商事审判为中心的分析》,南京师范大学2013年博士学位论文,第21~22页。

② 参见张志铭:《中国司法的功能形态——能动司法还是积极司法?》,载《中国人民大学学报》2009年第6期。

③ 参见[英]丹宁勋爵著:《法律的训诫》,杨百揆、刘庸安、丁健译,法律出版社1999年版,第12~13页。

④ 参见黄韬:《“金融安全”的司法表达》,载《法学家》2020年第4期。

⑤ 参见《最高法:加强对涉疫情相关案件审判执行工作指导》,载人民网,http://legal.people.com.cn/n1/2020/0217/c42510-31590695.html。

⑥ 参见孟融:《中国法院如何通过司法裁判执行公共政策——以法院贯彻“社会主义核心价值观”的案例为分析对象》,载《法学评论》2018年第3期。

立与封闭。[①]

(二)金融审判的利益衡量

利益衡量是指法官在查清案情事实的基础上,综合社会环境、经济状况、价值观念等,对双方当事人的利害关系进行比较衡量,作出案件当事人哪一方应当受保护或如何保护的判断。[②] 在衡平手段上,通常包括在适用法规间发生价值冲突时的“选择推导”和直接适用法规会导致实质不公时的“衡平推导”。[③] 作为连接法律规则与价值的交合点,[④]法律原则承载着人们对特定价值的理解和追求。换言之,在法律原则的衡量中自始至终存在法律价值的衡量,法律原则的选用正是利益衡量的结果。

首先,在金融纠纷的个案裁判中进行利益衡量,要注重对民商事基本原则的辩证运用,化解价值冲突,辩证理解金融创新与契约自由、公序良俗原则间的联系与冲突。一方面,金融市场的活力来源在于金融创新,金融创新的能力及其配套法律保障制度,也构成了一个国家经济竞争力的重要组成部分。[⑤] 司法机关打破长期以来基于管制性裁判惯性所形成的、对市场主体的融资诉求和金融创新采取的忽视甚至压制的司法态度,实现对金融创新由排斥到包容的态度转变。坚持商事审判中的契约自由原则,充分尊重金融交易主体的意思自治,依法认定新类型担保、非典型担保等各类金融创新的法律效力,不轻易否定金融创新成果的合法性。另一方面,作为一种具有创造性的破坏力量,不受规制与约束的金融创新也存在引发市场动荡和社会不安的风险,[⑥]需要司法在市场失灵时实施必要的干预,否定逾越界限背俗行为的法律效力,实现私法自治与国家干预间的平衡。

---

① 参见郑智航:《最高人民法院如何执行公共政策——以应对金融危机的司法意见为分析对象》,载《法律科学》2014 年第 3 期。

② 参见梁慧星:《裁判的方法》(第 3 版),法律出版社 2017 年版,第 291 页。

③ 参见关倩:《法律方法与能动司法——以当代中国民商事审判为中心的分析》,南京师范大学 2013 年博士学位论文。

④ 参见[英]麦考密克、魏因贝格尔:《制度法论》,周叶谦译,中国政法大学出版社 1994 年版,第 90 页。

⑤ 参见丁冬:《金融司法的逻辑——中国金融司法专门化的组织构建与未来走向》,华东政法大学 2019 年博士学位论文。

⑥ 参见王奕、李安安:《法院如何发展金融法——以金融创新的司法审查为中心展开》,载《证券法苑》2019 年第 3 期。

其次，在借鉴民商事领域利益衡量模式的同时，运用金融法不同于其他部门法特质的独特利益衡量方法。平衡各方利益原则，从法经济学的角度是追求总体利益的最大化，区别于民事主体强调个别利益的一般保护，金融司法更侧重于对市场交易整体利益的保护。例如，在审理对赌协议纠纷时，既要鼓励投资方对科技创新型企业投资，又要保护债权人合法权益，协调好各方利益冲突。再如，在对金融消费者权益提供司法保护时，一方面，要看到权利核心在于利益，法律保护的本质在于保护更应保护的利益，①金融消费者与金融机构间存在严重信息不对称而处于弱势地位，保障金融消费者合法权益、维护金融消费信心是金融市场赖以生存和发展的基础，②所以对弱势群体的倾斜保护，是对平等保护原则的必要补充；③另一方面，也要承认金融机构的义务履行存在一定限度，金融消费者应具备必要的风险意识，审慎参与交易，实现风险自担、买者自负和适当性义务间的利益平衡。④

（三）金融审判中的协同治理

在"诉讼社会"涉法纠纷急剧增长、诉讼案件层出不穷的背景下，⑤司法机关主动加强与社会的沟通协调，包括尊重金融交易主体行为取向中蕴含的价值判断，运用行业通行的交易惯例，能动地解释与适用法律；借助监管政策的适度介入，维护市场运行机制，不断调适与完善对司法审判的社会治理功能。

第一，尊重金融交易规则和行业惯例。金融交易规则作为市场主体在长期的金融交易过程中逐步自发形成并被广泛接受的一套习惯性做法，不仅在金融活动中发挥着确定交易主体权利义务、维护交易秩序的作用，在金融审判中也扮演着填补法律漏洞、促进纠纷化解的角色。交易习惯在审判中既可依当事人主张而适用，法官也可在缺少法律规定的前提下援引交易习惯，发挥交易习惯解释法律、合同和商事自治规则的实体法功能和解决举证责任分配、事实认定和证据评价等事实判

---

① 参见梁上上：《利益衡量的界碑》，载《政法论坛》2006 年第 5 期。

② 参见张忠军：《金融立法的趋势与前瞻》，载《法学》2006 年第 10 期。

③ 参见最高人民法院民事审判第二庭编著：《〈全国法院民商事审判工作会议纪要〉理解与适用》，人民法院出版社 2019 年版，第 67～68 页。

④ 参见王鑫、顾权、顾天翔：《创新审判理念，维护消费者权益——互联网背景下金融消费者权益保护研讨会综述》，载《人民法院报》2017 年 5 月 3 日，第 7 版。

⑤ 参见张文显：《联动司法——诉讼社会境况下的司法模式》，载《法律适用》2011 年第 1 期。

断的程序法功能。[①]《民法典》第 10 条将习惯列为民法的正式法源,成为法官在审理案件时可直接引用并作为裁判依据的有效法律形式。交易习惯在司法适用中普遍存在法院适用态度模糊、认定标准不一和总体认定率低等现实问题。[②] 在《民法典》正式实施后,金融审判应规范和完善金融商事习惯的适用行为,明确商事习惯的实体性和形式性审查标准,确定各种习惯间的效力层次和适用顺序;在经大量案例积累及商事习惯法在个案中的反复适用与修正,至成熟时体系化汇编形成制定法。[③]

第二,准确把握金融审判监管化尺度。金融监管和司法裁判基于不同功能定位,本应在各自权力边界内各司其职,服务于保障金融稳定、健康发展的目标。但在金融业强监管的背景下,司法审查也呈现鲜明的监管化特征,表现为审判思维向监管思维靠拢,穿透式审判思维发轫于近年来金融监管部门提出的穿透式监管概念,并逐渐成为金融案件审理中的普适性理念。穿透式思维的核心是实质重于形式,在适用范围上主要限定于《民法典》第 146 条中有关通谋虚伪表示行为及其效力认定,具体表现为对意思表示的审查路径由外观主义转向实质主义。近年来,当事人往往采取多层嵌套、循环交易、虚伪意思表示等复杂交易模式规避监管,客观上增加了法院查明事实和认定行为性质的难度。[④] 2017 年最高人民法院就在《关于进一步加强金融审判工作的若干意见》中提出:对以金融创新为名掩盖金融风险、规避金融监管、进行制度套利的违规行为,以其实际构成的法律关系确定其效力和各方的权利义务。2019 年《全国法院民商事审判工作会议纪要》(以下简称《九民纪要》)正式提出"穿透式审判思维",并将其扩展到金融创新以外的一般民商事领域,[⑤]是对片面商事外观主义、私人自治的纠偏。

多年来,我国金融审判实践在认定合同无效问题上恪守严格态度,[⑥]将否定合

---

① 参见陈彦晶:《商事习惯之司法功能》,载《清华法学》2018 年第 1 期。

② 参见彭海波:《商事交易习惯司法适用困境透析与完善进路——以 315 份生效判决书为分析样本》,载微信公众号"金融法治研究",2019 年 6 月 4 日。

③ 参见许中缘、高振凯:《司法裁判文书中商事习惯的实证研究——以〈民法总则〉第 10 条中"商事习惯"的适用为视角》,载《民间法》2017 年第 2 期。

④ 参见关丽:《强监管背景下的金融商事审判》,载微信公众号"法盏",2018 年 10 月 17 日。

⑤ 参见最高人民法院民事审判第二庭编著:《〈全国法院民商事审判工作会议纪要〉理解与适用》,人民法院出版社 2019 年版,第 69 页。

⑥ 参见博智资本基金公司与鸿元控股集团有限公司其他合同纠纷案,最高人民法院民事判决书(2013)民四终字第 20 号。

同效力的规范严格限定于法律或行政法规的强制性规范，区分了管理性规范与效力性规范，对行政监管介入私法自治领域保持一定的警惕。2018 年最高人民法院审理天策公司和伟杰公司股权代持纠纷案中将违反金融监管规章的合同因损害社会公共利益认定无效，[①]《九民纪要》第 31 条认为违反有关金融安全、市场秩序、国家宏观政策的金融规章就属于背俗行为、否定合同效力，反映出行政规章借助司法路径成为准法源，进而干预合同效力的趋势。[②] 一方面，金融法具有公私融合的二元化规范结构，私人自治欠缺宏观治理思维、无力防范微观金融交易诱发的系统性风险，司法中引入具治理优势的金融规章具有合理性与正当性；[③]另一方面，我国金融市场在很大程度上是政府主导下强制性制度变迁的产物，[④]司法监管化实质上是剩余立法权行政化导向在金融审判领域的延伸，立法资源分配不均导致大量微观层面具体规则以行政部门制定各种规章和规范性文件形式确立。[⑤] 但司法机关应清晰界分与行政监管的职责定位，行政监管与金融审判有不同的话语体系和思维模式，金融司法主要通过给予权利人及时有效私权救济的同时，兼顾实现金融交易秩序的矫正和保障，不应成为金融规章的执行者和行政命令的实施者，还要发挥司法审查功能，纠正行政滥权。这就需要严格限定背俗无效规则的适用范围，只有在不存在法律或行政法规强制性规定时，才能采用违反公序良俗无效的裁断；在分析规章的规范对象、监管强度和社会影响等因素基础上，审慎作出判断，如某些交易安排并非监管套利的脱法行为，可能出于权利义务特殊配置的需求、风险回报承担与取得的特殊安排等商业利益需求所致，不应一概予以穿透并否定其效力。[⑥] 只有司法与监管二者各归其位、各司其职，才能实现真正的金融

---

① 参见邓纲、吴英霞：《穿透式监管如何嵌入合同治理———以“天策公司和伟杰公司股权代持纠纷一案”为例》，载《安徽大学学报（哲学社会科学版）》2019 年第 3 期。

② 参见李建伟：《行政规章影响商事合同效力的司法进路》，载《法学》2019 年第 9 期。

③ 参见吴英霞：《金融监管政策作为司法案件裁判依据的争议与方法论回应》，载《南方金融》2019 年第 11 期。

④ 参见王奕、李安安：《法院如何发展金融法——以金融创新的司法审查为中心展开》，载《证券法苑》2019 年第 3 期。

⑤ 参见黄韬：《为什么法院不那么重要——中国证券市场的一个观察》，载苏力主编：《法律和社会科学》（2012 年卷），法律出版社 2012 年版，第 79 页。

⑥ 参见最高人民法院民事审判第二庭编著：《〈全国法院民商事审判工作会议纪要〉理解与适用》，人民法院出版社 2019 年版，第 252 ~257 页。

法治。①

二、2019～2020年金融司法典型案件

(一)涉金融指导性案例

2019年2月25日,最高人民法院发布涉“一带一路”建设专题的第21批指导性案例,其中指导案例109号和指导案例111号为涉金融指导性案例。②

1. 指导案例109号——安徽省外经建设(集团)有限公司诉东方置业房地产有限公司保函欺诈纠纷案

本案争议焦点为独立保函的委托方能否援引“欺诈例外”止付,具体涉及以下几个方面的问题:

其一,关于独立保函独立性认定规则问题。本案当事方与第三人对涉案保函和反担保保函见索即付的性质均无异议,且三方当事人在论证说理时均提及《见索即付保函统一规则》《联合国独立保证与备用信用证公约》,法院结合保函文本内容从尊重当事人意思自治的角度出发,对保函独立性予以认可。③

其二,实现独立保函项下的权利是否构成保函欺诈问题。独立保函欺诈是突破独立性原则对基础关系进行审查的唯一情形,在双方当事人均主张对方在基础合同履行中存在违约行为并依据基础交易主张权利的情况下,对基础关系的审查成为司法判断的必需与前提,法院必须判断受益人是否具有初步证据证明基础合同项下的违约行为构成其索赔请求的基本事实依据,同时法院认为在对基础关系进行必要性审查时,应坚持有限原则和必要原则,审查范围应限于受益人是否明知基础合同相对人并不存在基础合同项下的违约事实或者不存在其他导致独立保函付款的事实,即法院只审查与受益人欺诈有关的事项,不应超出欺诈范围对基础合同是否违约作出认定;否则,对基础合同的审查将动摇独立保函“见索即付”的制度

① 参见李志刚:《商事审判的理念与方法——〈纪要〉的释法路径与实务运用》,载微信公众号“明德商法”,2020年7月20日。

② 参见《最高人民法院关于发布第21批指导性案例的通知》,法〔2019〕3号。

③ 参见《当前我国法院对独立保函独立性的认定规则》,载大成官网,http://www.dachenglaw.com/info/058e8315d1ad46d6b4f29b0cd8d550e9,最后访问日期:2020年11月12日。

价值。①

其三,涉及受益人在基础合同履行中存在违约情形又要求实现保函权利是否构成欺诈问题。法院认为独立保函独立于委托人和受益人间的基础交易,出具独立保函的银行只负责审查受益人提交的单据是否符合保函条款规定并有权自行决定是否付款,担保行的付款义务不受委托人与受益人间基础交易项下抗辩权的影响;受益人在基础合同项下的违约情形,并不影响其按照独立保函的规定提交单据并进行索款的权利;无论是否启动争议解决程序并经上述程序确认相对方违约,无论基础合同存在正在进行的诉讼还是存在仲裁程序,都不影响受益人保函权利的实现,甚至在生效判决或者仲裁裁决认定受益人构成基础合同项下的违约,该违约事实的存在也不必然成为构成保函欺诈的充分必要条件。

其四,涉及与独立保函有关的独立反担保函问题。法院认为,基于独立保函的特点,担保人于债务人之外构成对受益人的直接支付责任,独立保函与主债务之间没有抗辩权上的从属性,即使债务人在某一争议解决程序中行使抗辩权,并不当然使独立担保人获得该抗辩利益;另外,即使存在受益人在独立保函项下的欺诈性索款情形,亦不能推定担保行在独立反担保函项下构成欺诈性索款;只有担保行明知受益人系欺诈性索款且违反诚实信用原则付款,并向反担保行主张独立反担保函项下款项时,才能认定担保行构成独立反担保函项下的欺诈性索款。

综上,法院认定不能证明受益人存在独立保函欺诈情形和担保行明知收益人存在独立保函欺诈并予以付款的情形。本案的意义在于:第一,重申了独立保函欺诈认定中对基础交易实施有限审查的原则,并结合案件界定了具体判断内容;第二,进一步明确了独立保函的独立性特征,对基础合同项下违约的认定不影响保函权利的实现;第三,确立了独立反担保函欺诈例外的双重权利滥用标准,即同时符合独立保函项下受益人存在欺诈事实和独立保函开立人付款并非善意两个要件,才能构成欺诈例外情形。②

2. 指导案例 111 号——中国建设银行股份有限公司广州荔湾支行诉广东蓝粤能源发展有限公司等信用证开证纠纷案

本案涉及提单持有人享有物权的类型及行使提单质权的方式。本案的第一个

---

① 参见东方置业房地产有限公司诉安徽省外经建设(集团)有限公司信用证欺诈纠纷案,最高人民法院民事判决书(2017)最高法民再 134 号。

② 参见杨弘磊、许英林:《独立保函欺诈的认定规则》,载《人民司法》2019 年第 29 期。

争议焦点是提单持有人的权利性质问题。具体而言,包括提单是否为所有权凭证以及如果提单是所有权凭证,提单持有人是否对提单项下货物享有所有权两个问题。其一,对于提单的权利性质,在海商法学界和司法实务界长期存在物权凭证说、债权凭证说、物权和债权兼具的双重属性说、权利凭证说和有价证券说等。[①] 在本案判决前,提单物权凭证说曾是我国海商法理论与司法审判中的主流观点,而该案判决明确跟单信用证对应的提单具有物权凭证和债券凭证的双重属性。根据《海商法》第78条第1款的规定,提单规定承运人同收货人、提单持有人之间的权利义务关系,表彰提单持有人在运输合同项下作为相对方所享有的债权,提单是其持有人请求承运人交付货物的债权请求权凭证;同时,货物所有权人并未因货物转移占有而丧失所有权,其仍享有基于所有权产生的原物返还请求权,此时提单作为用以表彰物权请求权的唯一凭证,亦系所有权凭证。其二,持有提单不必然等同于享有货物所有权,提单持有人是否当然享有提单所表彰的债权请求权及物权请求权,应视情况作具体分析,提单持有人依法正当地向承运人行使提单权利,应以一定的法律关系存在为前提,因此提单持有人享有的具体权利,取决于提单流转所依据的基础法律关系中当事人间的合同约定。

本案的第二个争议点是提单持有人对处置案涉货物所得价款是否享有优先受偿权。法院运用体系解释方法探究合同内容的真实意思表示,认定《关于开立信用证的特别约定》第4项约定的"担保权利"应是指除第5项约定的担保权利之外的担保。根据跟单信用证惯例,开证行持有提单的目的是担保其债权的实现,在开证行既主张以提单项下货物所有权担保其债权,又主张提单质权的情况下,表明当事人关于担保权利和处分权的真实意思表示包括设定提单质押的权利,符合权利质押设立所需具备的书面质押合同和物权公示两项要件,即开证行享有对提单项下货物折价、变卖、拍卖后所得价款的优先受偿权。[②] 该判决的意义在于,最高人民法院遵循解释论规则,立足于现行法规定,实现制定法内的法律续造,创设若干法律规则,如提单的法律属性和功效、合同的系统解释方法等。

---

① 参见李文湘:《提单物权凭证说之流弊——解析最高人民法院(2015)民提字第126号民事判决书的逻辑错误》,载《海大法律评论》2017年刊。

② 参见最高人民法院民事判决书,(2015)民提字第126号。

（二）涉金融典型案例

2019年11月20日，最高人民法院、中国人民银行、银保监会联合召开金融纠纷多元化解机制建设推进会，并发布金融纠纷多元化解十大典型案例，包括府院联动化解重大信贷资产风险案、刑民并行处置网贷公司破产清算案等，这些案件体现司法机关、金融监管部门和政府职能部门协力化解信贷资产风险，保障银行金融债权及时实现和不良资产处置，拓展多元化纠纷化解纠纷参与主体，实现法律效果与社会效果统一的努力。

最高人民法院发布的2019年公报案例涉及金融纠纷的有3例：一是李某某与德盛期货有限公司期货经纪合同纠纷案，法院认为交易指令发出的IP地址为期货公司的，应认定该指令的发生为期货公司员工操作，除非期货公司能够举示相反证据；员工违规操作客户账户造成损失的，应认定期货公司疏于管理，期货公司应承担相应的过错赔偿责任。[①] 二是黑龙江闽成投资集团有限公司与西林钢铁集团有限公司、第三人刘某某民间借贷纠纷案，法院认为合同是否已成立、生效并全面实际履行，应从签约、履约两方面判断，出借人应举示借款合同、银行交易记录、对账记录等证据证明，且相关证据应能相互印证，当事人以签订股权转让协议方式为民间借贷债权进行担保，此种非典型担保方式为让与担保；在不违反法律、行政法规效力性强制性规定的情况下，相关股权转让协议有效；至于股权让与担保是否具有物权效力，应以是否已按照物权公示原则进行公示作为判断标准；股权设定让与担保并办理变更登记后，让与担保权人又同意以该股权为第三人对债务人的债权设定质押并办理质押登记的，第三人对该股权应优于让与担保权人受偿。[②] 三是上海浦东发展银行股份有限公司深圳分行与梅州地中海酒店有限公司等借款合同纠纷案，法院认为委托贷款已纳入国家金融监管范围，由金融机构作为贷款人并履行相应职责，又因其资金来源等特性与民间借贷存在相通之处，体现出金融借款和民间借贷的特点，在现行法律及司法解释未明确规定的情况下，可通过分析委托贷款更近似金融借款还是民间借贷的特点，进而确定可参照的规则。[③]

2020年3月，最高人民法院发布了《全国法院服务保障疫情防控期间复工复产

---

① 参见最高人民法院民事判决书，（2019）最高法民再228号。

② 参见最高人民法院民事判决书，（2019）最高法民终133号。

③ 参见最高人民法院民事判决书，（2018）最高法民再54号。

民商事典型案例(第一批)》,涉及4件有关“依法加强金融案件调解,妥善化解企业债务纠纷”的案例,通过上述案件的司法裁判可见,人民法院在保证债权人金融债权的基础上加大调解力度,降低企业违约成本,推动受新冠肺炎疫情影响企业的复工复产,维护与涉案企业相关供应商、企业员工和消费者等多方主体利益,反映出人民法院保障经济社会发展大局、维护金融债权安全和保障企业生存发展并重的审判理念。[①] 2020年9月24日,最高人民法院发布7件依法惩处证券、期货犯罪典型案例,涉及欺诈发行股票、违规披露重要信息、“晃骗交易”操纵证券期货市场、内幕交易、泄露内幕信息和利用未公开信息交易等,案件判决体现了从严惩处“老鼠仓”等金融犯罪的司法政策。

2020年5月15日,上海市高级人民法院发布2019年度上海法院金融商事审判十大案例,[②]包括证券虚假陈述责任纠纷案、物流公司诉保险公司保险合同纠纷案、投保人与保险公司人身保险合同及财产保险合同纠纷案、投资人诉证券公司融资融券交易纠纷案、保理合同纠纷案、融资租赁合同纠纷案等,上述案件“案件类型新、规则意义强、社会影响广”,涵盖银行、保险、证券、保理、融资租赁等多个金融行业,涉及金融机构和投资者根据各自过错对理财产品投资损失承担相应责任、投资人应对其自行规避监管规定的“绕标”投资行为承担责任、融资租赁出租人自行收回并处置租赁物应遵循公平原则等诸多裁判规则。

2020年11月23日,上海市高级人民法院发布《上海法院服务保障进一步扩大金融业对外开放若干意见》及6起涉外金融纠纷典型案例,包括:(1)渣打银行(中国)有限公司诉张家口联合石油化工有限公司金融衍生品种交易纠纷案,涉及原油掉期交易条款效力、违约责任及责任承担,裁判理由充分遵循金融衍生品交易的国际惯例及金融衍生品交易的自身特性,计算提前终止款项的相应市场公允价值,对此类案件的裁判具有一定的指引作用,有助于促进金融衍生品交易市场特别是掉期交易市场的发展,促进上海国际金融中心建设及金融业对外开放。(2)甲基金与HX集团间“维好协议”(Keepwell Deed)纠纷香港特别行政区法院生效判决认可与

① 参见《全国法院服务保障疫情防控期间复工复产民商事典型案例(第一批)》,载最高人民法院官网,http://www.court.gov.cn/zixun-xiangqing-223631.html,最后访问日期:2020年11月12日。

② 参见《上海高院发布中英文版2019年度金融商事审判白皮书》,载上海市高级人民法院网,http://www.hshfy.sh.cn/shfy/gweb2017/xxnr.jsp?pa=aaWQ9MjAxNzAxNzgmeGg9MSZsbWRtPWxtMTcxz&zd=xwxx,最后访问日期:2020年11月12日。

执行案,跨境融资交易中"维好协议"是境内公司为境外关联公司发债增信的常用措施,上海金融法院认为无论原缺席判决还是对席判决,维好协议在境内法律效力的实体法问题不属于本案审查范围,对《最高人民法院关于内地与香港特别行政区法院相互认可和执行当事人协议管辖的民商事案件判决的安排》第 9 条第 2 款之"社会公共利益"应作严格解释,不能以内地法律关于实体事项的判断作为认可和执行该香港特别行政区判决是否违反内地社会公共利益的认定标准,而只应考量认可和执行相关判决是否有悖于公共利益,本案对香港特别行政区法院判决的认可和执行,有助于稳定和提升国际评级机构对此类债券的评级,有效降低中国公司海外主体发债利息成本,有助于营造良好的国际营商环境。(3)杉浦某某作为外国人在境内不违反禁止性规定的投资应依法予以保护案,外国人代持境内公司股权,除非其属于法律法规所禁止的情形,不因其外国人身份而致合同必然无效;上市公司在证券发行过程中应如实披露股份权属情况,禁止发行人的股权存在隐名代持情形;隐名代持证券发行人股权的协议因违反公共秩序而无效,投资收益应适用公平原则,根据对投资收益的贡献程度以及对投资风险的承受程度等情形,即"谁投资,谁收益"与"收益与风险相一致"进行合理分配。(4)脉织控股集团有限公司诉交通银行股份有限公司银行信用证纠纷案,涉及通知行如何审核信用证表面真实性的问题,判决认定审核方式应符合国际银行实务惯例,尽到"一个理性银行信用证业务人员运用与其专业知识及普通常识能够做到的注意和谨慎",《跟单信用证统一惯例》(UCP600)下信用证通知行对信用证及修改系基于合理理由审核其表面真实性。(5)交通银行股份有限公司上海市分行诉保乐力加(中国)贸易有限公司独立保函纠纷案,上海金融法院认为在独立保函项下,开立人付款义务成就的条件仅为单据与保函条款间、单据与单据间表面相符,审理独立保函索赔案件中应充分尊重并且适用当事人约定的国际交易规则,准确界定当事人权利义务,保障独立保函交易秩序。(6)中国航空技术上海有限公司与中国出口信用保险公司上海分公司财产保险合同纠纷案,涉及短期出口信用综合险合同的效力问题,上海市第二中级人民法院认为,财产保险合同中不以投保人对保险标的具有保险利益为保险合同生效的要件,但要求被保险人在保险事故发生时应对保险标的具有保险利益,被保险人对保险标的不具有保险利益则不得向保险人请求赔偿保险金,保险利益存否不必然导致保险合同效力变化,本案裁判结果填补了此类纠纷处理的规则空白,有利于出口信用保险助力企业贸易出口与海外投资。

三、2019~2020年金融司法新型案件

近年来,随着金融交易模式不断创新,企业融资方式发生变革,涉及金融创新、融资方式创新和资本市场的新型案件不断涌现,各级司法机关发挥审判的制度供给职能,弥补法律空白,提供规则指引。

(一)涉资本市场新型案件的审理

1. 股权让与担保纠纷案件

股权让与担保作为让与担保的一种形式,是指债务人或者第三人为担保债务的履行,将其股权转移至债权人名下并完成变更登记,在债务人不履行到期债务时,债权人可就股权折价后的价款受偿的一种担保。[①] 根据中国裁判文书网的数据,股权让与担保纠纷自2015年进入诉讼领域,此后呈现逐年递增趋势,2015~2020年年底全国法院共审理股权让与担保纠纷案件276件,其中2019年审理88件,2020年审理136件,较上一年度同比增长54.5%。案件数量的快速增长源于2015年开始推行的供给侧结构性改革,去杠杆压力下的民营企业囿于担保财产不足,转向以股权让与担保为代表的新型融资方式。相关案件也呈现融资金额较大和担保股权份额较高的特点。[②] 长期以来,法院曾常以通谋虚伪意思表示、违反物权法定原则或禁止流押流质规定等理由径直否认股权让与担保的效力。目前,司法实践对此已达成共识,对不具有合同无效法定情形的股权让与担保应认定为有效。现存主要争议为:

第一,涉及股权让与担保的性质认定。即对股权让与担保与股权转让和股权质押等进行区分。在商业实践中,整体性的股权让与担保架构通常由当事人之间签订的借贷协议、股权转让及股权回转等多项合同组成。在审判中,法院通常不会依据单项合同的名称或形式来认定双方交易的性质,而是综合审查当事人的真实

---

① 参见最高人民法院民事审判第二庭编著:《〈全国法院民商事审判工作会议纪要〉理解与适用》,人民法院出版社2019年版,第77页。

② 参见王贺:《股权让与担保法律构成的检视与完善》,载《甘肃政法学院学报》2020年第3期。

意思是否是通过股权让与担保主合同债务清偿。[①] 根据《民法典》第 142 条的规定，应当按照所使用的词句，结合相关条款、行为的性质和目的、习惯以及诚信原则，确定相对人意思表示的含义。具体到个案裁判中，通常存在以下考察要点：首先，股权让与担保作为一种非典型担保具有从属性，因此是否存在主合同是界分财产转让和让与担保的重要标准。[②] 如果无法证明借款关系确实存在，法院通常认为不具有股权让与担保成立之前提。[③] 同时主债权不以业已存在的现实债权为必要，将来变动中的不特定债权也可以作为主债权。[④] 其次，协议措辞是否明确使用了担保等用语。[⑤] 再次，股权让与担保的合同目的在于为主债务提供担保，受让人通常无偿受让或为此支付极低的对价，因此，转让价款是否合理以及是否实际支付是认定股权让与担保的重要依据。[⑥] 最后，受让人行使股东权利是否受限。尽管债权人对外享有股东的权利外观，但就当事人间的内部关系而言，权利的行使仍归属于实际股东，通常债权人不能行使公司内部的相关社员权利，不能实际参与公司的经营管理。[⑦] 其他因素还包括是否存在股权回购条款，当债务人如约偿还债务时，担保权人应履行股权返还的义务。[⑧]

第二，涉及让与担保权人的权利实现与责任承担。首先，让与担保权人处置股权的方式及是否享有优先受偿权问题。根据清算时债权人实现权利的方式不同，

---

① 参见贺小荣主编：《最高人民法院民事审判第二庭法官会议纪要——追寻裁判背后的法理》，人民法院出版社 2018 年版，第 19 页。

② 参见最高人民法院民事审判第二庭编著：《〈全国法院民商事审判工作会议纪要〉理解与适用》，人民法院出版社 2019 年版，第 403 页。

③ 参见潘某某诉四川信托有限公司合同纠纷案，最高人民法院民事判决书（2019）最高法民终 688 号。

④ 参见修水县巨通投资控股有限公司诉福建省稀有稀土（集团）有限公司合同纠纷，最高人民法院民事判决书（2018）最高法民终 119 号。

⑤ 参见肖燕琦：《信托业务中股权让与担保性质认定及权利义务分配》，载微信公众号“天同诉讼圈”，2020 年 11 月 9 日。

⑥ 参见西藏信托有限公司等诉胡某某股东资格确认纠纷案，北京市高级人民法院（2019）京民申 3169 号民事裁定书。

⑦ 参见北京金威中嘉科技有限公司等诉北京凯智鑫龙投资咨询有限公司股东资格确认纠纷案，北京市第一中级人民法院民事判决书（2019）京 01 民终 6072 号；陆某某诉广州市泛美房地产开发有限公司合同纠纷案，最高人民法院民事判决书（2020）最高法民申 4636 号。

⑧ 最高人民法院《关于适用〈中华人民共和国民法典〉担保部分的解释》（征求意见稿）第 67 条第 2 款规定：“人民法院在认定某一交易是股权转让还是将股权转移至债权人名下的方式为债务履行提供担保，需要综合考察以下因素：（一）是否存在被担保的主债权债务关系；（二）是否存在股权回购条款；（三）股东是否享有并行使股东权利。”但最终的《民法典担保制度司法解释》删掉了该款规定。

让与担保可分为处分清算型与归属清算型。处分清算型指用标的物拍卖、变卖的价金清偿债务,与一般担保物权的实现方式并无二致,当然有效。归属清算型指让与担保权人将标的物予以公正估价,超过担保债权数额部分交还让与担保设定人,标的物所有权由债权人取得。① 对于事前约定的归属清算型让与担保条款,即债务到期前约定股权归债权人所有的条款,过往的司法裁判和《九民纪要》以及最高人民法院《关于适用〈中华人民共和国民法典〉有关担保制度的解释》(以下简称《民法典担保制度司法解释》)均认定违法禁止流质流押规定,依法无效。② 但事后归属清算型让与担保,即债务人违约后,对标的股权进行评估作价,并约定股权价值清算方式的,则不属于流质流押条款,应合法有效。③ 关于让与担保权人对股权折价、拍卖或变卖所得的价款所享有优先受偿权,最高人民法院在《〈全国法院民商事审判工作会议纪要〉理解与适用》和《九民纪要》中都予以了确认,《民法典担保制度司法解释》第68条继续沿用了此观点。其次,让与担保权人股东权利的行使与限制问题。在对内关系上,让与担保项下股权的所有和行使主体产生了分离,通常情况下,债权人仅为名义股东,依据合同约定,在实现担保目的的范围内行使股权,④ 由设立人实际享有股东真正的权利义务,办理了工商变更登记,只产生财产权利转移的法律效力,不影响设立人行使社员权利。⑤ 当事人之间关于受让人享有参与目标公司管理、收取分红等股东权利的约定也一般认定为有效。⑥ 在目标公司内部,如果在公司或其他股东不知情,且受让人已记载于股东名册的情况下,依据商事外

① 参见修水县巨通投资控股有限公司诉福建省稀有稀土(集团)有限公司合同纠纷,最高人民法院民事判决书(2018)最高法民终119号。

② 根据《九民纪要》第71条规定,债务人到期没有清偿债务,债权人请求确认财产归其所有的,人民法院不予支持,但债权人请求参照法律关于担保物权的规定对财产拍卖、变卖、折价优先偿还其债权的,人民法院依法予以支持。

③ 参见江苏华汇投资集团有限公司诉无锡汇鑫置业有限公司、中国金谷国际信托有限责任公司股东资格确认纠纷案,江苏省无锡市中级人民法院民事判决书(2018)苏02民终954号;黑龙江闽成投资集团有限公司诉西林钢铁集团有限公司民间借贷纠纷案,最高人民法院民事判决书(2019)最高法民终133号。

④ 参见蔡立东:《股权让与担保纠纷裁判逻辑的实证研究》,载《中国法学》2018年第6期。

⑤ 参见西藏信托有限公司等诉胡某某股东资格确认纠纷案,北京市第一中级人民法院民事判决书(2019)京01民终2736号。

⑥ 参见尤杨、赵之涵、张树祥:《〈九民纪要〉规定的股权让与担保如何落地?》,载微信公众号“金杜研究院”,2020年1月3日。

观主义对公司其他股东的合理信赖进行倾斜保护，亦可推定受让人有股东资格。①在涉及与公司外部第三人关系时，存在担保权人是否承担股东瑕疵出资责任以及其实现债权并回转股权时，是否构成抽逃出资的问题。相关判决和最高人民法院都认为在目标公司外部，名义股东本质上仍是担保权人，不应承担相应公司义务，②且有权合法实现债权，并且不因此而承担抽逃出资的责任。③

2. 质押式证券回购纠纷案件

质押式证券回购是指符合条件的资金融入方以所持有的股票或其他证券质押，向符合条件的资金融出方融入资金，并约定在未来返还资金、解除质押的交易。④ 总体而言，质押式证券回购纠纷案件绝对数量不大但增幅较大。经中国裁判文书网检索，属于民事案件四级案由的"质押式证券回购纠纷"自2018年开始出现在司法实践中，截至2020年年底，全国法院共审理质押式证券回购纠纷案件174件，其中2018年审理22件，2019年审理80件，同比增长263.6%。同时，质押式证券回购纠纷案件呈现涉案标的额大、涉及投资者人数众多的特点。据江苏省高级人民法院统计，质押式证券回购纠纷案均标的额近年来不断攀升，其中2018年平均标的额1.53亿元，2019年平均标的额2.11亿元，2020年平均标的额3.3亿元，总标的额从2019年位居一审金融商事案件标的额第五位上升到2020年的第三位。⑤在场内交易的语境下，融出方可通过《股票质押式回购交易及登记结算业务办法》规定的场内违约处置程序，在融入方违约时直接通过二级市场抛售标的证券以实现债权，诉诸司法途径通常是交易违约处置机制的补充救济。当质押标的证券为有限售条件股份或者因司法冻结而不能处置，且双方签订的《股票质押回购交易业务协议》未明确规定如何处置，或对《业务协议》本身效力存在争议时，交易方会选

① 参见最高人民法院民事审判第二庭编著：《〈全国法院民商事审判工作会议纪要〉理解与适用》，人民法院出版社2019年版，第405～406页。

② 参见湖南湘融资产管理有限公司诉广东摩德娜科技股份有限公司执行异议之诉纠纷案，湖南省衡阳市中级人民法院民事判决书(2018)湘04民初262号。

③ 参见新华信托股份有限公司诉邓某某执行异议之诉纠纷案，吉林省松原市中级人民法院民事判决书(2017)吉07民初87号；《民法典担保制度司法解释》第69条。

④ 参见《股票质押式回购交易及登记结算业务办法(2018年修订)》第2条。

⑤ 参见《江苏法院金融审判白皮书(2018—2020)》，载江苏省高级人民法院网，http://www.jsfy.gov.cn/art/2020/09/17/25_101506.html。

择向法院提起诉讼请求救济。[①] 股票质押式回购交易违约纠纷的司法争议焦点主要体现在以下几点：

第一,涉及质押式证券回购协议的效力问题。在司法实践中,作为被告的资金融入方常以各种理由对效力提出异议。首先,质押物适格性问题,根据原《担保法》和原《物权法》规定,只有同时具备价值性和可转让性的标的证券才是合格的质押标的物。限售股符合价值性要求,其可转让性取决于是否在限售期,在限售期满后行权的,不会影响质押物处分。因此,对于解除限售日早于回购到期日的,应当认定质押合同有效。[②] 其次,质押物范围问题。根据标的证券产生的股东权益是否属于质押物的范围,应当在交易业务协议中予以明确约定。没有约定的,对于无须支付对价的股东权益,如送股、转增股份、现金红利等,一般认定属于质押财产的孳息,一并予以质押。[③] 最后,格式条款效力问题,法院通常不轻易否定其效力,而是要求合同制定方采用合理方式提请对方注意,并予以适当的说明和风险揭示。融入方作为专业从事股票质押式回购交易的成熟商事主体,具有较丰富的股票市场投融资经验和能力,对于标的额大的合同,应当尽到比普通民事主体相对更高的注意义务。[④]

第二,涉及违约处置和责任承担问题。首先,违约处置顺序问题。当出现违约事项时,融出方先行处置股票是否是选择起诉或仲裁的前置程序。法院认为先行处置质押股票并非诉诸司法程序的前置条件,可直接提起诉讼。[⑤] 融出方直接通过诉讼途径向融入方主张融资本金、利息与违约金,不影响其享有优先受偿权。[⑥] 其次,融出方强制平仓的责任承担问题。当融出方在触发平仓条件时行使标的证券平仓权时,因其对标的证券违约处置的时机、价格、数量、交易方式等选择而引发争

---

① 参见杨鹏飞:《股票质押式回购交易违约的司法救济研究》,载《法律与金融》编辑委员会组编:《法律与金融》第6辑,当代世界出版社2019年版,第199～214页。

② 参见《最高人民法院执行工作办公室关于上市公司发起人股份质押合同及红利抵债协议效力问题请示案的复函》([2002]执他字第22号)。

③ 参见《股票质押式回购交易及登记结算业务办法》第59条、第68条;招商证券股份有限公司诉王某某等股票回购合同纠纷案,北京市东城区人民法院民事判决书(2015)东民(商)初字第11735号。

④ 参见东方证券股份有限公司诉贾某某证券回购合同纠纷案,上海市第二中级人民法院民事裁定书(2017)沪02民初505号。

⑤ 同上。

⑥ 参见招商证券股份有限公司诉王某某等股票回购合同纠纷案,北京市东城区人民法院民事裁定书(2015)东民(商)初字第11735号。

议，包括未及时平仓或平仓后股价上涨而导致的融入方经济损失，融入方是否有权要求融出方承担部分责任，判断标准在于强制平仓是否属于融出方的权利。在实践中，有融入方以《民法典》第591条守约方减损义务为由，主张融出方负有在违约后防止损失扩大的义务，没有及时采取适当措施致使损失扩大的，应对扩大部分的损害负责。但也有观点认为，平仓是依据《业务协议》约定赋予融出方在满足平仓条件时通过交易系统处置出质证券以清偿债权的权利，融入方无权干涉融出方正当行权。融出方可根据自己的合理判断选择是否以及如何行权，即使后续因股价波动造成融入方损失，融入方也无权抗辩，更不能主张损失赔偿。[①] 司法实践也肯定了该意见，股价波动所导致的市场风险无法预测，[②]在融出方不存在恶意的情况下一般不认定其承担责任，同时融入方也不能因此免除违约责任。[③] 再次，违约责任和实现债权的费用承担问题。对于利息及违约金的计算，近年来司法实践中已形成相对统一的裁判意见，法院通常参考最高人民法院《关于审理民间借贷案件适用法律若干问题的规定》（法释〔2015〕18号）第30条规定合并计算，以约定的逾期利率、违约金等各项违约责任之和不超过民间借贷利率上限年利率24%为衡量标准来审查融出方的请求是否合理。[④] 2020年8月20日最高人民法院修正后新发布的《关于审理民间借贷案件适用法律若干问题的规定》（法释〔2020〕6号）将民间借贷利率上限调整至中国人民银行授权全国银行间同业拆借中心自2019年8月20日起每月发布的一年期贷款市场报价利率（Loan Prime Rate，LPR）的4倍，引发金融机构及类金融机构利率上限是否也同步调整的问题。目前，在最高人民法院对此尚未有明确规定的情况下，多数法院依然保持年利率24%为上限的裁判尺度。关于债权实现费用的承担，法院一般会考虑合同中是否有条款明确约定；[⑤]费用标

① 参见洪艳蓉：《股票质押式回购的法律性质与争议解决》，载《法学》2019年第11期。

② 参见侯某某诉某某证券有限责任公司河北分公司、某某证券有限责任公司质押式证券回购纠纷案，石家庄市新华区人民法院民事判决书（2016）冀0105民初299号。

③ 参见娄底中钰资产管理有限公司诉东吴证券股份有限公司证券回购合同纠纷案，最高人民法院民事判决书（2019）最高法民终1184号案。

④ 参见东方证券股份有限公司诉贾某某证券回购合同纠纷案，上海市第二中级人民法院民事判决书（2017）沪02民初505号。

⑤ 参见广州证券股份有限公司诉李某、程某某证券回购合同纠纷案，广东省深圳市中级人民法院民事裁定书（2018）粤03民初1402号。

准是否合规,即实现债权费与违约金合计不得超过民间借贷利率上限;[①]费用是否已经实际发生等。[②] 最后,责任承担主体的确认问题。在实践中,不少融资人配偶会出具有关同意融资人进行股票质押交易融资的证明,对于债务融出方主张夫妻关系存续期间融入方配偶与融入方作为共同债务人承担偿还义务的,依据《关于审理涉及夫妻债务纠纷案件适用法律有关问题的解释》规定,配偶同意函并不必然产生配偶方的连带责任,需要函件内容有明确承担连带责任的意思表示。[③]

3. 股票场外配资纠纷案件

场外配资并非物理场域下的空间概念,而是以是否受到金融监管作为区分标准。[④] 场外配资合同是指未经金融监督管理部门批准,法人、自然人或其他组织之间约定融资方向配资方交纳一定保证金,配资方按杠杆比例,将自有资金、信托资金或其他来源的资金出借给融资方用于买卖股票,并固定收取或按盈利比例收取利息及管理费,融资方将买入的股票及保证金让与给配资方作担保,设定警戒线和平仓线,配资方有权在资产市值达到平仓线后强行卖出股票以偿还本息的合同。[⑤] 场外配资公司并非从事证券经纪业务的合法机构,其通过高杠杆率放大了投资风险,与个人投资者风险承受力明显不匹配,极易诱发系统性金融风险。近两年,伴随证券期货市场回暖,高额的潜在收益使投资者趋之若鹜,游离于监管之外的场外配资活动有所抬头。[⑥] 在司法审判实践中,此类案件争议焦点通常包括以下几个方面:

第一,涉及配资合同法律效力的问题。长期以来,司法实践中对场外配资的法律性质与合同效力存在争议。对于场外配资的法律属性,有的认为是委托理财合同,基于场外配资交付的是股票账户而非资金,且融资方对账户没有控制权,具有

---

① 参见蒋某某诉华安证券股份有限公司股权质权纠纷案,最高人民法院民事判决书(2018)最高法民终1207号。

② 同上。

③ 参见国泰君安证券股份有限公司诉李金林质押式证券回购纠纷案,上海市第一中级人民法院民事判决书(2018)沪01民初977号案。

④ 参见刘燕:《场外配资纠纷处理的司法进路与突破——兼评深圳中院的〈裁判指引〉》,载《法学》2016年第4期。

⑤ 参见《关于审理场外股票融资合同纠纷案件的裁判指引》,2015年11月12日深圳市中级人民法院审判委员会民事行政执行专业委员会第16次会议讨论通过。

⑥ 参见《最高法、证监会齐发力　严打场外配资》,载中国经济网,http://finance.ce.cn/stock/gsgdbd/201912/19/t20191219_33924142.shtml,最后访问日期:2020年12月25日。

委托配资方管理并投资于证券，按期支付给委托人一定比例收益的外观。[①] 有的因合同内容约定配资方只获得固定收益，而不承担投资损益，形式上符合借款合同构成要件，认定其实质为民间借贷法律关系。[②] 对于配资合同的法律效力，最为普遍的裁判思路是，以违反证券账户实名制和禁止出借证券账户的规定、[③]违反融资融券业务专营规定、构成非法借贷或违法承诺最低收益的委托理财等为由，对配资合同效力持否定态度。《九民纪要》统一了裁判尺度，明确场外配资本质上属于国家特许经营的金融业务，对没有取得融资融券资格的任何单位或者个人与用资人的场外配资合同，一律认定无效。[④] 而《九民纪要》对于信托公司等金融机构配资合同的效力问题却语焉不详。最高人民法院民事审判第二庭认为，单一资金信托业务属于信托公司正规的证券投资信托方式，依法成立的单一资金信托合同应属有效。对于具有股票配资功能的结构化信托和伞形信托合同，则应当认定为场外配资合同，在信托公司未取得融资融券国家特许经营许可的情况下，应当认定合同无效。[⑤]

第二，涉及合同无效时的责任承担问题。在以往多数判决无效的案例中，对于配资方不存在故意或重大过失的，法院一般支持配资方取回本金的请求。[⑥] 关于利息、管理费等约定，通常认为因合同无效而自然无效，已收取的超额利息及管理费应返还或抵充融资方应承担的损失。[⑦]《九民纪要》认可了此种观点，认为盈利时配资方无权向融资方主张约定的利息、费用，也无权分享收益。对于资金占用损失，

① 参见金某某诉中金中投国际投资管理（北京）有限公司委托理财合同纠纷案，北京市朝阳区人民法院民事判决书（2015）朝民（商）初字第3348号。

② 参见胡某诉刘某某民间借贷纠纷案，江苏省南京市中级人民法院民事判决书（2019）苏01民终3745号；黄某某诉吴某某民间借贷纠纷案，浙江省温州市中级人民法院民事判决书（2018）浙03民终1464号。

③ 参见江翔宇：《场外配资认定的法律与实践分析》，载微信公众号“上海市法学会”，2020年12月3日。

④ 参见《最高人民法院明确场外配资合同无效》，载中国证监会官网，http://www.csrc.gov.cn/shanxidong/ztzl/djffzqhd/201912/t20191212_367318.htm。

⑤ 参见最高人民法院民事审判第二庭编著：《〈全国法院民商事审判工作会议纪要〉理解与适用》，人民法院出版社2019年版，第455页。

⑥ 参见陈某某诉杭州米云科技有限公司合同纠纷案，浙江省杭州市中级人民法院民事判决书（2017）浙01民终3954号。

⑦ 参见杨某诉杭州来玺投资管理有限公司、潘某某民间借贷纠纷案，浙江省杭州市滨江区人民法院民事判决书（2017）浙0108民初6798号。

法院倾向认可配资方要求用资人支付资金占用期间利息损失的请求。[①] 对强制平仓后交易损失分担问题争议较大。从认定强制平仓侵犯融资方利益,要求配资方赔偿融资方的买卖差价损失,到对兼具过错的交易双方要求共担损失,并以平仓线作为损失分担的参考依据,再到肯定配资方依约强制平仓,融资方自行承担亏损后果。由于非市场风险外的配资方过错未及时平仓导致融资方损失的,可以请求赔偿。[②]

4. 证券虚假陈述民事责任纠纷案件

证券市场虚假陈述,是指信息披露义务人违反证券法律规定,在证券发行或者交易过程中,对重大事件作出违背事实真相的虚假记载、误导性陈述,或者在披露信息时发生重大遗漏、不正当披露信息的行为。[③] 我国证券虚假陈述相关法律规定完善过程相对缓慢,长期对证券违法行为的赔偿性案件持不予受理的态度。[④] 2002年1月最高人民法院印发的《关于受理证券市场因虚假陈述引发的民事侵权纠纷案件有关问题的通知》(以下简称《虚假陈述通知》)与2002年12月最高人民法院《关于审理证券市场因虚假陈述引发的民事赔偿案件的若干规定》(以下简称《虚假陈述司法解释》)首次对证券虚假陈述诉讼作出规定,确立了证券虚假陈述民事赔偿诉讼案件的程序性制度,但囿于虚假陈述前置程序的设定、虚假陈述责任主体的有限性和被诉行为的特定化,民事赔偿诉讼制度并未真正发挥保护救济消费者的作用。《九民纪要》在"关于证券虚假陈述"中,对案件移送、代表人诉讼、专家证人、重大性认定予以规定。《证券法》(2019年修订)确立了证券虚假陈述赔偿案件的代表人诉讼制度、先行赔付制度,改变了控股股东与实际控制人赔偿规则,强化了中介机构的责任,重构了证券虚假陈述民事赔偿诉讼制度,使相关制度更具可操作性。同时,随着证券投资者法律与权利的意识增强,证券虚假陈述纠纷案件数量呈逐年上升的趋势,中国裁判文书网的数据可以清晰地展现这个规律,2010～2020年年底全国法院共审理证券虚假陈述民事责任纠纷案件46,357件。其中2010年审理证券虚假陈述民事纠纷1件,2013年为100件,2014年为1130件,2018年全国法

---

① 参见张灿:《九民纪要之"关于场外配资"——真实案例解读司法实践变化与新问题》,载微信公众"海华永泰律师事务所",2020年5月22日。

② 参见缪因知:《证券交易场外配资合同及其强平约定的效力认定》,载《法学》2017年第5期。

③ 参见《关于审理证券市场因虚假陈述引发的民事赔偿案件的若干规定》第17条。

④ 参见最高人民法院《关于涉证券民事赔偿案件暂不予受理的通知》(已废止)(法明传〔2001〕406号)。

院共审理证券虚假陈述民事纠纷 9064 件,2019 全年共审理 15,612 件,2020 年审理 11,317 件。在司法实践中,人民法院也积极探索证券欺诈纠纷的多元化解机制。2019 年 1 月 16 日,上海金融法院发布的《关于证券纠纷示范判决机制的规定》是全国首个关于证券纠纷示范判决机制的具体规定,对示范案件的选定、示范案件的审理、示范案件的专业支持、示范判决的效力、示范案件的审判管理等作出规定。2019 年 5 月 5 日上海金融法院公开宣判全国首例证券群体性纠纷示范案件,该案对受行政处罚与民事侵权的关系、因果关系的认定、投资差额损失的计算方法、证券市场系统风险扣除比例等进行了认定,在引入第三方专业机构损失核定机制的同时,创设性地构建了精细化的损失计算方法,对同类案件具有较强的示范意义和引领作用。① 目前,证券虚假陈述民事责任纠纷案件存在的主要争议点包括:

第一,涉及诉讼前置程序的问题。主要是行政处罚与虚假陈述民事侵权行为的关系。《虚假陈述通知》规定,法院受理的虚假陈述民事赔偿案件,当事人需依据证监会生效处罚决定或生效刑事判决作为提起民事诉讼的事实依据。人民法院立案登记制全面实施后,最高人民法院发布的《关于当前商事审判工作中的若干具体问题》,取消了虚假陈述诉讼案件以行政处罚或生效的刑事判决为立案前置条件。同时,在判断证券虚假陈述行为是否构成民事侵权时,行政处罚的行为的存在并不足以认定民事侵权成立,需根据《虚假陈述司法解释》并结合侵权责任构成要件审查。②

第二,涉及证券虚假陈述纠纷的民事责任的认定问题。首先,证券虚假陈述纠纷的民事责任性质的认定。民事责任的性质由当事人之间的权利义务关系性质决定,又影响到构成要件、救济方式和损害赔偿方式等诸多问题。③ 目前,学术界主要存在合同责任说和侵权责任说两种观点。④ 合同责任说将证券募集类比为合同订立过程,认为发行人的虚假陈述是对合同义务的违反。侵权责任说主张信息披露

---

① 参见林晓镍、单素华、朱颖琦:《全国首例证券群体性纠纷示范判决解析——投资者诉方正科技公司证券虚假陈述责任纠纷案》,载《证券法苑》2020 年第 1 期。

② 参见方正科技集团股份有限公司诉卢某某、杨某某、蔡某某、潘某某证券虚假陈述责任纠纷案,上海市高级人民法院民事判决书(2019)沪民终 263 号。

③ 参见李勤峰:《我国证券市场虚假陈述民事责任的主体范围和归责原则研究》,载微信公众号"中国民商法律网",2015 年 1 月 22 日。

④ 参见马君慧、凌然:《改革开放四十年与虚假陈述研究》,载郭锋主编:《金融服务法评论》(2019 年第 10 卷),中国法制出版社 2019 年版,第 198 页。

义务是法律法规对信息披露义务人施加的强制性法定义务,侵害了投资者获得真实信息的知情权和财产权。同时,适用侵权损害赔偿可以最大限度赔偿受害人遭受的全部实际损失,侵权责任说也是司法实践中的主流观点。① 其次,证券虚假陈述侵权责任构成要件。在信息披露人过错的认定上,采用现代侵权法理论中的客观过错说,不以上市公司在实施行为时存在欺诈、诱导等主观故意为必要条件,②只要行为人实施了违反法律规定的规则和义务的行为,即存在过错,并采用“理性人”标准进行客观性验证。③ 同时,《证券法》第85条确立了实际控制人、控股股东虚假陈述民事赔偿责任的过错推定原则。在损失和虚假陈述行为之间因果关系的认定上,《虚假陈述司法解释》第18条、第19条规定以“推定信赖”的原则,来确定投资损失与虚假陈述之间的因果关系存在与否。④ 在司法实践中,对《虚假陈述司法解释》第18条规定的虚假陈述关键日期节点的认定问题争议较多。法院一般以《虚假陈述司法解释》规定为原则结合具体个案作出认定,⑤对于作出了一系列内容一致、性质相同的虚假陈述行为,通常认定其虚假陈述实施日为首次实施之日。⑥ 对于虚假陈述揭露日和更正日,在揭露主体上,一般不认可自媒体具有全国性和权威性的特点。⑦ 在揭露内容上,过去法院一般要求达到系统且完备揭露的程度。⑧《九民纪要》降低了内容相关性标准,不要求达到全面、完整、准确的程度,只要被市场所知悉、了解即可,并结合市场是否存在明显反应作出判断。同时,虚假陈述类型的不同对因果关系成立的判断标准也会产生影响。虚假陈述行为可分为诱骗投

① 参见饶爱民:《证券虚假陈述民事责任性质之界定》,载《法治研究》2010年第4期。

② 参见方正科技集团股份有限公司诉卢某某、杨某某、蔡某某、潘某某证券虚假陈述责任纠纷案,上海市高级人民法院民事判决书(2019)沪民终263号。

③ 参见郭锋:《虚假陈述侵权的认定及赔偿》,载《中国法学》2003年第2期。

④ 参见郭锋:《证券市场虚假陈述及其民事赔偿责任——兼评最高法院关于虚假陈述民事赔偿的司法解释》,载《法学家》2003年第2期。

⑤ 参见《虚假陈述司法解释》第20条规定:“本规定所指的虚假陈述实施日,是指作出虚假陈述或者发生虚假陈述之日。虚假陈述揭露日,是指虚假陈述在全国范围发行或者播放的报刊、电台、电视台等媒体上,首次被公开揭露之日。虚假陈述更正日,是指虚假陈述行为人在中国证券监督管理委员会指定披露证券市场信息的媒体上,自行公告更正虚假陈述并按规定履行停牌手续之日。”

⑥ 参见吴某某诉云南云投生态环境科技股份有限公司证券虚假陈述责任纠纷案,云南省高级人民法院民事判决书(2015)云高民二终字第136号。

⑦ 参见北京无线天利移动信息技术股份有限公司等诉郭某某证券虚假陈述责任纠纷案,北京市高级人民法院民事判决书(2017)京民终597号。

⑧ 参见林某某诉深圳市彩虹精细化工股份有限公司证券虚假陈述责任纠纷案,广东省高级人民法院民事判决书(2015)粤高法民二终字第1041号。

资者在股价高位时买进的诱多型虚假陈述和诱骗投资者在股价低位时卖出的诱空型虚假陈述。[①]《虚假陈述司法解释》是以诱多型虚假陈述的因果关系为蓝本制定的,因诱空型虚假陈述具有合理的期待利益受损的因果关系特性而无法适用。[②] 法律空白导致了司法实践中存在裁判标准不一和类推适用诱多型虚假陈述的因果关系认定模式带来的论证逻辑上的扭曲和错配问题。[③] 目前比较合理的一种判断标准是,当投资者在虚假陈述行为实施日前持有并在虚假陈述行为揭示日前卖出股票或在实施日后揭示日前买入又卖出而遭受损失的,可以认定为具备因果关系。[④] 如果存在造成投资者损失的其他因素,且对股价波动有相当影响的,应当认定该非虚假陈述原因与损害结果不存在因果关系。例如,系统性风险因素就是被告常提出否定因果关系存在的抗辩理由。在实践中,通常就虚假陈述期间,系争个股的涨跌幅与沪深大盘指数、同板块或行业股票走势等进行对比,作为判断系统风险因素是否存在以及影响大小的参考依据。[⑤] 同样,包括公司发展战略、经营状况、自身声誉、预期发展前景、投机炒作行为和投资者心理因素等非系统风险也会影响股票价格和投资判断。[⑥] 法院通常将上市公司在案涉期间是否发布了重大业绩亏损等重大利空公告作为判断非系统风险因素是否存在的依据。[⑦] 在虚假陈述行为的认定上,《虚假陈述司法解释》第 17 条规定了包括虚假记载、误导性陈述、重大遗漏和不正当披露共四种证券虚假陈述的行为。同时,虚假陈述行为是否具有"重大性"是判断是否构成虚假陈述的核心要素,是指可能对投资者进行投资决策具有重要影响的信息。[⑧]《证券法》第 81 条和《上市公司信息披露管理办法》第 30 条等法律法

---

① 参见杨祥:《论诱空型虚假陈述中因果关系的认定》,载《宁夏大学学报(人文社会科学版)》2016 第 2 期。

② 参见贺颖慧:《论诱空型虚假陈述因果关系认定规则在司法实践中的运用——以北大医药虚假陈述案为例》,载《新疆财经大学学报》2020 年第 2 期。

③ 参见韩某诉山东京博控股股份有限公司证券虚假陈述责任纠纷案,山东省高级人民法院民事判决书(2015)鲁商终字第 327 号。

④ 参见林某某诉深圳市彩虹精细化工股份有限公司证券虚假陈述责任纠纷案,广东省高级人民法院民事判决书(2015)粤高法民二终字第 1041 号。

⑤ 参见吴某某诉黄石东贝电器股份有限公司、黄石东贝机电集团有限责任公司证券虚假陈述责任纠纷案,武汉市中级人民法院民事判决书(2016)鄂 01 民初 1161 号。

⑥ 参见郭某某诉国民技术股份有限公司证券虚假陈述责任纠纷案,广东省深圳市中级人民法院民事判决书(2018)粤 03 民初 1480 号。

⑦ 参见郑某某诉山西安泰集团股份有限公司证券虚假陈述责任纠纷案,太原市中级人民法院民事判决书(2016)晋 01 民初 682 号。

⑧ 参见《九民纪要》第 85 条。

规规定了上市公司信息披露"重大性"标准的具体认定情形,在司法审判中法院根据上述规定酌情予以认定。考虑到"重大性"问题的复杂性和专业性,法院通常会依据相关行政处罚或刑事处罚进行认定,①《九民纪要》进一步强化了"受到行政处罚"与"重大事件"之间的联系,凡是受到行政监管部门处罚的虚假陈述行为,均直接认定为具有"重大性"。

第三,涉及对投资者具体损失的计算问题。首先,证券买入均价的确定。由于《虚假陈述司法解释》只给出了原则性规定,缺乏具体而统一的计算方法,法院通常从公平和保护多数投资者的角度出发,根据个案情况确定具体的计算方法。② 常见的计算方法:一是"先进先出法"。在会计学上,这是一种根据先购入的商品先卖出这种假设,在存货和商品销售成本之间摊销成本的方法。③ 在股票交易领域,即假定投资人先买入的股票先卖出。实践中常将其与其他计算方法相结合,用以确定可索赔股票的范围。④ 但也有部分法院认为,投资人在实施日至揭露日期间多次买进卖出且股票性质和数量难以区分,此种方法无法确定卖出股票与所买入股票的对应性。⑤ 二是"实际成本法"。这是司法实践中比较常用的一种买入均价计算方法,是指以实施日至揭露(更正)日期间,投资者买入股票的总成本减去其在此期间卖出该股票收回的资金,除以买入股数与卖出股数之差,计算出股票买入均价。⑥ 该办法简单快捷、便于计算,且通常能计算出较高的买入平均价,倾向于保护投资者,故被法院长期采纳。但其缺点明显,将揭露日前的投资收益或亏损情况纳入考虑范围,可能导致畸高或畸低的买入均价,有失公平合理。⑦ 三是"普通加权平均

① 参见何某某诉华锐风电科技(集团)股份有限公司证券虚假陈述责任纠纷案,北京市第一中级人民法院民事判决书(2017)京01民初225号。

② 参见陈某某等23名投资人诉大庆联谊公司、申银证券公司虚假陈述侵权赔偿纠纷案,载《最高人民法院公报》2005年第11期。

③ 参见[美]约翰·J.怀尔特等:《会计学原理》,崔学刚译,中国人民大学出版社2012年版,第171页。

④ 参见曲某某与恒天海龙股份有限公司证券虚假陈述责任纠纷案,山东省济南市中级人民法院民事判决书(2016)鲁01民初889号。

⑤ 参见黄某某诉协鑫集成科技股份有限公司证券虚假陈述责任纠纷案,江苏省高级人民法院民事判决书(2016)苏民终1481号。

⑥ 参见陈某某等23名投资人诉大庆联谊公司、申银证券公司虚假陈述侵权赔偿纠纷案,载《最高人民法院公报》2005年第11期。

⑦ 参见方正科技集团股份有限公司诉卢某某、杨某某、蔡某某、潘某某证券虚假陈述责任纠纷案,上海市高级人民法院民事判决书(2019)沪民终263号。

法”。即买入均价 = 实施日至揭露日期间的买入总金额 ÷ 在此期间的买入总股数。[①] 当投资者在此期间多次买卖该证券的情形下，将导致持股成本的计算更接近揭露日前的股价，无法客观反映投资者的投资成本。特别是在该期间内股价出现大幅下降的情况时，此种计算方法往往导致投资者的投资差额损失很小，无法获得有效救济。[②] 四是“直接加权平均法”。这是在排除先进先出法的基础上直接适用加权平均法，以该期间内买入股票的总价除以买入的总股票数得出买入平均价。而投资人在揭露日或更正日前卖出股票的行为，无论是亏损还是获益，均被法院认定为正常的商业风险，不予评价。该方法能够较客观反映投资人在案涉时间段内购入股票的平均成本价格情况，不致出现均价畸高或畸低的情形。[③] 五是“移动加权平均法”。即指投资人于实施日至揭露日期间每次买入股票后，以新买入的股票成本加上前次的持仓成本，除以本次买入的股票数量加上前次的持仓数，计算出股票买入均价。该方法考虑了从实施日至揭露日整个期间内投资者每次买入证券的价格和数量，同时剔除了因卖出证券导致的盈亏问题，符合《虚假陈述司法解释》的规定精神，更为客观真实地反映投资者持股成本。[④]

其次，系统风险因素的计算方式。法院在计算损害赔偿的投资差额损失中扣除系统风险致损的金额的计算方式也存在较多争议。有的地方法院在综合考虑案件中所涉影响投资人损失的因素后，酌情确定系统风险因素占比大小。[⑤] 有的法院采用划定时间范围的方法确定损失，将某一部分时间内的损失全部认定为系统风险造成而予以排除，[⑥]与系统风险和虚假陈述因素共同作用的实际情况不符。除此之外，更多法院以相关指数及案涉个股的涨跌幅度为基本素材，对系统风险比例进行更为精确和合理的数理计算。例如，以投资者交易发生的大盘指数比作为计算

---

① 参见黄某某诉协鑫集成科技股份有限公司证券虚假陈述责任纠纷案，江苏省高级人民法院民事判决书(2016)苏民终1481号。

② 参见方正科技集团股份有限公司诉卢某某、杨某某、蔡某某、潘某某证券虚假陈述责任纠纷案，上海市高级人民法院民事判决书(2019)沪民终263号。

③ 参见原告王某某诉被告南京纺织品进出口股份有限公司证券虚假陈述责任纠纷案，江苏省南京市中级人民法院民事判决书(2015)宁商初字第161号。

④ 参见郑某诉青岛中资中程集团股份有限公司证券虚假陈述责任纠纷案，山东省青岛市中级人民法院民事判决书(2018)鲁02民初1749号。

⑤ 参见许某某诉宁波富邦精业集团股份有限公司证券虚假陈述责任纠纷案，浙江省宁波市中级人民法院民事判决书(2014)浙甬商初字第38号。

⑥ 参见张某诉湖北武昌鱼股份有限公司证券虚假陈述责任纠纷案，湖北省武汉市中级人民法院民事判决书(2014)鄂武汉中民商初字第00061号。

系统风险比例数值的依据。[①] 有的以指数变动幅度与案涉个股变动幅度之比作为计算系统风险的比例数值的依据。[②] 还有的将大盘指数、行业指数等多项指数的变动幅度与个股变动幅度之比分别计算后取平均值,以求比例计算的精准和公正。[③]

(二)其他涉金融新型案件审理

对于融资租赁、保理等金融资本与实体经济结合的融资模式,司法机关从支持和保障金融服务实体经济的角度出发,不轻率否定合同效力,按照实际的法律关系确定交易各方的权利义务,充分尊重当事人意思自治。[④]

1. 融资租赁合同纠纷案件

自20世纪80年代以来,融资租赁作为集融资与融物、贸易与技术服务为一体的新型金融模式,有效促进了市场资金与产业之间的互动融通,逐渐为各行业所采纳。近年来,伴随我国经济的高速发展和企业融资需求的增加,融资租赁合同纠纷案件数量增长迅速,标的额逐年上升。中国裁判文书网的数据显示,2001～2011年全国法院每年审理的以"融资租赁合同纠纷"为案由的案件不超过20件,2012年后开始迅速增长,2019年共审理48,697件,2020年共审理53,030件,比2019年同比增长8.9%。上海法院受理的融资租赁合同纠纷一审案件从2014年的952件增长到2018年的5216件,标的额从2014年的37.85亿元增长到2018年的114.75亿元。[⑤] 近年来,融资租赁业务模式和涉及领域呈现出多样化的发展趋势。融资租赁交易结构创新致使涉诉法律关系更加复杂,出租人为控制经营风险、保障权益,往往会采用增加增信措施方式,将回购、保证等纳入融资租赁交易体系,如出租人为实现其融资需求,还可能将其融资租赁合同项下的租赁收益权对外转让,涉及第三方私募投资基金及背后投资人多方利益;租赁物类型多样化也引发权属公示问题,随着融资租赁业务向生活消费扩张,租赁物呈现由生产经营性机械设备转变为消

---

① 参见佛山电器照明股份有限公司与汪某某证券虚假陈述责任纠纷案,广东省高级人民法院民事判决书(2015)粤高法民二终字第13-967号。

② 参见刘某某与兴业证券股份有限公司证券虚假陈述责任纠纷案,福建省福州市中级人民法院民事判决书(2017)闽01民初456号。

③ 参见曹某某与吉林紫鑫药业股份有限公司证券虚假陈述责任纠纷案,吉林省长春市中级人民法院(2015)长民四初字第271号民事判决书。

④ 参见《最高人民法院印发〈关于进一步加强金融审判工作的若干意见〉的通知》(法发〔2017〕22号)。

⑤ 参见上海市高级人民法院研究室:《2014～2018年上海法院融资租赁合同纠纷案件审判情况分析》,载微信公众号"上海司法智库",2019年8月13日。

费产品等新型种类,名实不符的冒牌融资租赁频现。[①] 但因目前我国尚未出台规制融资租赁的专门性立法,在当前的司法实践中,融资租赁合同纠纷存在不少争议。

第一,融资租赁合同法律关系的认定。在司法实践中,不履约还款的承租人常以“名为融资租赁,实为民间借贷”进行抗辩,使融资租赁合同法律关系的认定成为案件的争议焦点。融资租赁的司法判断标准整体遵循了“实质重于形式”的原则,综合多种因素探究当事人的真实意思表示。最高人民法院《关于审理融资租赁合同纠纷案件适用法律问题的解释》(以下简称《融资租赁司法解释》)第1条规定,人民法院应当根据原《合同法》第237条的规定,[②]结合标的物的性质、价值、租金的构成以及当事人的合同权利和义务作出认定。在此基础上,2019年12月30日发布的《天津市高级人民法院关于审理融资租赁合同纠纷案件若干问题的审判委员会纪要》以租赁物的适格性作为判断融资租赁法律关系的核心,对标准进行了进一步细化,着重考察租赁物是否真实存在且特定化、租赁物是否与合同约定一致、租金是否合理和租赁物转让手续是否合法等。[③] 最高人民法院也通过案件审理形成了相对稳定的裁判意见,即租赁物是否客观存在且所有权由出卖人转移给出租人,[④]是否真实存在买卖和租赁两个法律关系,购买价格与租赁物实际价值是否相符等,[⑤]是区分融资租赁与借款关系的裁判标准。其中,真实的租赁物是融资租赁法律关系的存在前提,否则将导致融物属性缺失,《民法典》也肯定了该种观点。[⑥] 目前,对于新类型租赁物的适格性问题在司法裁判中争议较大,对于城市管道、管网等基础设施,最高人民法院曾以其不是独立的可分割物、无法实现租赁物的担保功能为由,否定了融资租赁合同效力。[⑦] 但再审中又认定其均为固定资产,实质是完

---

① 参见上海市高级人民法院研究室:《2014~2018年上海法院融资租赁合同纠纷案件审判情况分析》,载微信公众号“上海司法智库”,2019年8月13日。

② 根据原《合同法》第237条规定,融资租赁合同是出租人根据承租人对出卖人、租赁物的选择,向出卖人购买租赁物,提供给承租人使用,承租人支付租金的合同。

③ 《天津市高级人民法院关于印发〈天津市高级人民法院关于审理融资租赁合同纠纷案件若干问题的审判委员会纪要(一)〉的通知》(津高法〔2019〕335号)。

④ 参见柳林县浩博煤焦有限责任公司诉山西联盛能源投资有限公司融资租赁合同纠纷案,最高人民法院民事判决书(2016)最高法民终286号。

⑤ 参见工银金融租赁有限公司诉铜陵大江投资控股有限公司融资租赁合同纠纷案,最高人民法院民事判决书(2018)最高法民再373号。

⑥ 《民法典》第737条规定,当事人以虚构租赁物的方式订立的融资租赁合同无效。

⑦ 参见中水电北固建设机械有限公司诉成都市裕邑丝绸有限责任公司借款合同纠纷审查与审判监督案,最高人民法院民事判决书(2017)最高法民申2175号。

整的生产设备,具有使用价值,也非法律禁止的租赁物。对于林木、牲畜用作租赁物,法院对符合法律特征的租赁物范围扩张到生物资产领域的实践做法普遍都给予了肯定,①但对于无形资产能否作为适格的融资租赁物,部分法院直接认定以著作权为租赁物的合同不构成融资租赁关系。② 而对于认定为借款法律关系后合同效力的问题,审判实践中绝大多数案件都坚持了合同性质的区分不影响合同效力的认定。③

第二,融资租赁合同履行问题。为保障交易安全由出租人收取的手续费、服务费、咨询费等费用,因法律无明确规定,成为争议焦点之一。对其性质,部分法院依据最高人民法院《关于适用〈中华人民共和国担保法〉若干的解释》第 85 条,④认定租赁保证金是金钱质押或称动产质押,也有观点认为租赁保证金是一种具有担保功能的非典型担保。对于费用是否合理也存在较大争议。承租人以主合同服务费条款是格式条款、违反法律规定或高于行业普遍情况为由主张减免。对于双方当事人对费用金额有明确具体约定的,法院一般认定其属于行业惯例,尊重当事人的意思自治。值得一提的是,针对实践中出现的名目众多的服务费、咨询费的问题,《九民纪要》规定,在金融借款合同纠纷中,借款人认为,金融机构以服务费、咨询费、顾问费、管理费等为名变相收取利息,金融机构或者由其指定的人收取的相关费用不合理的,人民法院可以根据提供服务的实际情况确定借款人应否支付或者酌减相关费用。这成为当前实践中各法院调整服务费、咨询费的重要依据。其次,租赁物瑕疵的责任承担。一般而言,出租人对租赁物的瑕疵担保免责是融资租赁合同中的一个重要特征。但承继了原《合同法》第 244 条的《民法典》第 747 条和最

---

① 参见海尔融资租赁股份有限公司诉张掖市恒源农业发展有限公司、临泽县旭丰肉牛养殖专业合作社等融资租赁合同纠纷案,上海市浦东新区人民法院民事判决书(2018)沪 0115 民初 72832 号。

② 参见浩瀚(上海)融资租赁有限公司与上海皆悦文化影视传媒股份有限公司诉程长仁融资租赁合同纠纷案,上海市浦东新区人民法院民事判决书(2019)沪 0115 民初 13365 号。

③ 也有少部分地方法院认定实际的借款合同无效,但说理明显欠缺。例如,(2013)苏商终字第 0191 号判决认定融资租赁合同实为企业间借贷合同,超越了金融租赁公司的经营许可范围,亦有违现行金融法规的强制性规定,依据《合同法》第 52 条第 5 项的规定,应当认定合同无效。(2017)皖民终 169 号判决认定,根据《融资租赁司法解释》第 1 条的规定,案涉融资租赁合同的性质是名为融资租赁实为企业间借贷,应认定无效。

④ 债务人或者第三人将其金钱以特户、封金、保证金等形式特定化后,移交债权人占有作为债权的担保,债务人不履行债务时,债权人可以该金钱优先受偿。

高人民法院《融资租赁司法解释》第19条规定了例外情形。[①] 在司法实践中,对如何认定承租人依赖出租人的技能及出租人干预选择争议较大。对此,法院认为出租人一般性的推荐和介绍,未能对租赁物的选择起决定作用的,不构成出租人承担瑕疵担保责任的法定情形。[②]

第三,融资租赁合同担保问题。融资租赁法律关系中租赁物的所有权人与抵押权人竞合符合原《物权法》及《担保法》的规定,且为《融资租赁司法解释》中的"自物抵押"规则认可。[③] 但出租人能否就租赁物行使抵押权并优先受偿存在争议。部分判决根据《融资租赁司法解释》第9条的规定认可了出租人享有抵押权,在承租人违约时,出租人可以在抵押担保的范围内对抵押物享有优先受偿的权利。[④] 而部分判决认定双方约定将租赁物登记在承租人名下,为出租人在租赁物上设立抵押并登记的行为系方便租赁物使用而在融资租赁行业采用的惯常业务模式。出租人实际享有所有权,不因相应抵押合同的订立及抵押登记的办理而享有对租赁物的抵押权;[⑤]或基于出租人已经享有租赁物的所有权,所有权与抵押权的权能不能

---

① 《民法典》第747条规定:"租赁物不符合约定或者不符合使用目的的,出租人不承担责任。但是,承租人依赖出租人的技能确定租赁物或者出租人干预选择租赁物的除外。"《融资租赁司法解释》第19条规定:"租赁物不符合融资租赁合同的约定且出租人实施了下列行为之一,承租人依照合同法第二百四十一条、第二百四十四条的规定,要求出租人承担相应责任的,人民法院应予支持:(一)出租人在承租人选择出卖人、租赁物时,对租赁物的选定起决定作用的;(二)出租人干预或者要求承租人按照出租人意愿选择出卖人或者租赁物的;(三)出租人擅自变更承租人已经选定的出卖人或者租赁物的。承租人主张其系依赖出租人的技能确定租赁物或者出租人干预选择租赁物的,对上述事实承担举证责任。"

② 参见《上海市浦东新区人民法院涉自贸试验区融资租赁案件审判情况分析》,载微信公众号"上海浦东法院",2020年12月7日。

③ 最高人民法院《关于适用〈中华人民共和国担保法〉若干问题的解释》第77条规定:"同一财产向两个以上债权人抵押的,顺序在先的抵押权与该财产的所有权归属一人时,该财产的所有权人可以以其抵押权对抗顺序在后的抵押权。"《融资租赁司法解释》第9条规定:"承租人或者租赁物的实际使用人,未经出租人同意转让租赁物或者在租赁物上设立其他物权,第三人依据物权法第一百零六条的规定取得租赁物的所有权或者其他物权,出租人主张第三人物权权利不成立的,人民法院不予支持,但有下列情形之一的除外:……(二)出租人授权承租人将租赁物抵押给出租人并在登记机关依法办理抵押权登记的。……"

④ 参见邯郸市昌盛制管有限公司诉长城国兴金融租赁有限公司融资租赁合同纠纷案,最高人民法院民事判决书(2017)最高法民终897号。

⑤ 参见民生金融租赁股份有限公司诉巩义市恒飞运输有限公司融资租赁合同纠纷案,河南省郑州市中级人民法院民事判决书(2019)豫01民终21182号;合库金国际租赁有限公司与张某勇诉苏州市建勇机械有限公司等融资租赁合同纠纷案,江苏省苏州市中级人民法院(2016)苏05民终5599号民事判决书等。

兼得,因此不能主张优先受偿。[①]《民法典》将融资租赁合同归入具有担保功能的合同,进一步明确了融资租赁法律关系为以融资租赁物所有权保留为形式的担保法律关系。《民法典担保制度司法解释》规定出租人请求承租人支付全部剩余租金,并以拍卖、变卖租赁物所得的价款受偿的,人民法院应予支持;当事人请求参照民事诉讼法"实现担保物权案件"的有关规定,以拍卖、变卖租赁物所得价款支付租金的,人民法院应予准许。

第四,融资租赁合同违约时的权利救济问题。首先,涉及出租人取回权行使的问题,争议集中于出租人行使取回权是否必须以融资租赁合同解除为前提。目前在审判实践中,多数法院对此持肯定观点。即使案涉融资租赁合同约定出租人在承租人违约时可自力取回租赁物,但仍坚持取回权行使须以合同解除为前提,未通知承租人解除合同而径行取回租赁物的行为,不构成取回权的正当行使。[②] 当然也有法院对此持不同意见,认为现行法律对自力取回并无明确规定,取回租赁物须以解除合同为前提的条件,系法律对公力取回租赁物的规定,案涉合同对此有明确约定的以约定为准。[③] 同时,自力取回的适用情形、取回方式以及取回后对租赁物的处置等问题也是司法实践中常见的争议点。其次,是对于尚未到期但因承租人违约而加速到期的租金,出租人可否主张逾期利息或违约金,在实践中也存在较大争议。支持观点认为,法律未明确禁止,且原本未到期的租金因加速到期已变成到期应付,若承租人未支付就应按照合同约定支付违约金。因此,在融资租赁合同已经明确约定的情况下,出租人就加速到期租金主张逾期利息或违约金具有合同依据。[④] 而持反对观点的法院认为,出租人在获得其所主张的全部未付租金后,已经实现了全部预期利益,如果出租人行使加速到期权利后再叠加主张未到期租金部分的违约金,属于重复行使违约救济方式,将导致承租人丧失未到期租金的期限利益,且违约金的性质以补偿性为主兼具惩罚性,属于重复行使违约救济方式,额外

---

① 参见中国青旅实业发展有限责任公司诉锦银金融租赁有限责任公司融资租赁合同纠纷案,最高人民法院民事判决书(2019)最高法民终222号。

② 参见厦门利施融资租赁有限公司玉溪分公司诉马某某融资租赁合同纠纷案,福建省厦门市中级人民法院民事判决书(2019)闽02民终131号。

③ 参见杨某某诉港联融资租赁有限公司融资租赁合同纠纷案,安徽省合肥市中级人民法院民事判决书(2019)皖01民终63号。

④ 参见山东高唐热电厂和山东省高唐蓝山集团总公司诉万瑞联合国际融资租赁有限公司融资租赁合同纠纷案,北京市高级人民法院民事判决书(2017)京民终406号。

增加了承租人的负担。①

2. 保理合同纠纷案件

我国《民法典》新增的保理合同一章将“保理合同”界定为,应收账款人将现有的或者将有的应收账款转让给保理人,保理人提供资金融通、应收账款管理或者催收、应收账款债务人付款担保等服务的合同。我国的保理业肇始于 1987 年中国银行推出的国际保理业务,历经 30 余年发展,成为中小企业融资的重要渠道。2019 年国内商业保理业务量达到 1.38 万亿元人民币,较 2018 年增长 15%。截至 2019 年年底,全国已注册商业保理法人企业及分公司共计 10,724 家。② 随着商业保理业务的迅速发展,保理合同纠纷案件数量也迅速增长。根据中国裁判文书网的数据,2010 年保理合同纠纷开始进入诉讼领域,2019 年全国法院审理保理合同纠纷案件 3577 件,2020 共审理 3025 件。上海市高级人民法院发布的数据显示:2015 ~ 2019 年,上海法院一审涉保理公司纠纷案件年收案数量上升 1.19 倍,标的总额上升 19.2 倍。③ 基于保理交易架构的多层次性和交易环节的复杂性,法院审理保理纠纷的裁判标准差异较大,存在裁判分歧的领域主要有:

第一,涉及有追索权保理合同纠纷。首先,在应收账款转让的法律属性问题上,前几年司法实践中主要存在债权让与说和让与担保说。④ 债权让与说属于主流学说,最为符合保理合同本质。⑤ 保理人受让应收账款后转变为新的债权人,可全额向基础交易债务人主张应收账款,且可就该应收账款债权采取反转让、债权回购等处分措施。当保理商向应收账款债务人请求付款未能得到履行时,有权依据追索条款的约定请求应收账款债权人承担还款责任,但其又非纯正的债权让与,保理人不应享有超出保理融资款部分的债权。⑥《民法典》明确规定了有追索权保理与

---

① 参见濮阳和平门诊部诉拉赫兰顿融资租赁(中国)有限公司融资租赁合同纠纷案,上海市第一中级人民法院民事判决书(2018)沪 01 民终 403 号。

② 参见商务部国际贸易经济合作研究院信用研究所等编:《中国商业保理行业发展报告 2019》。

③ 参见《2019 年度上海法院金融商事审判白皮书》,载上海市高级人民法院官网,http://www.hshfy.sh.cn/shfy/gweb2017/xxnr_2016.jsp?pa=aaWQ9MjAxNzAxNzgmeGg9MSZsbWRtPWxtMTcxz&zd=xwzx,最后访问日期:2020 年 11 月 12 日。

④ 参见包晓丽:《保理项下应收账款转让纠纷的裁判分歧与应然路径》,载《当代法学》2020 年第 3 期。

⑤ 参见陈学辉:《国内保理合同性质认定及司法效果考证》,载《西北民族大学学报(哲学社会科学版)》2019 年第 2 期。

⑥ 参见鑫晟保理有限公司诉上海周贤房地产开发有限公司合同纠纷案,最高人民法院民事裁定书(2018)最高法民申 1513 号。

无追索权保理的不同交易模式和权利结构,其中关于有追索权保理的规定更接近于让与担保。让与担保说认为保理人受让应收账款的目的并非获取应收账款买受价与其实际价值之间的差额收益,而是对保理融资款的回收提供担保。① 有追索权保理交易的主法律关系是金融借贷,作为从属法律关系的应收账款是债权让与担保。②《民法典》的规定使前些年因交易结构、责任顺位和债权实现方式上存在解释力障碍而逐渐淡出主流审判视野③的让与担保说又重返重要地位。当前,关于有追索权保理中债务承担的方式、顺位问题,仍有待最高人民法院司法解释和司法实践进一步探索明确。

其次,是应收账款债权人与债务人所负债务之间的关系问题。争议最大的是当事人未明确约定连带责任的,保理商可向应收账款债权人与债务人主张何种权利,以及它们之间的相互关系。应收账款付款请求权与追索权是基于不同法律关系形成的相互独立的两个请求权。前者基于基础交易合同产生,后者基于保理融资合同产生。既有判决大多认同应收账款债务人承担第一顺位的付款责任,应收账款债权人在债务人承担连带责任或在不能清偿的范围内承担补充责任。但其又不同于一般保证中的补充责任,债权人并不享有先诉抗辩权,满足保理商向债务人主张偿付应收账款而未获清偿的客观事实即构成债务人不能清偿,无须以诉讼等方式提出,也不要求客观不能清偿。对于追索权行使的法律后果,因对追索权法律属性的认定存在争议,而存有不同判决。最高人民法院部分判决认为保理合同对于追索权的约定构成履行债务担保功能的间接给付。保理商并不因为提出追索权主张而导致应收账款付款请求权消灭,只有当保理商的债权因应收账款债权人的履行而完全实现后,保理商对债务人的债权才同时消灭。④ 最高人民法院也有观点认为应收账款债权人与债务人在清偿范围上已经初步形成了不真正连带责任承担的处理思路。⑤ 天津市高级人民法院则认为追索权即为回购权,保理商向应收账款

① 参见何颖来:《〈民法典〉中有追索权保理的法律构造》,载《中州学刊》2020年第6期。

② 参见福州开发区福燃煤炭运销有限公司诉中国建设银行股份有限公司福州城南支行金融借款合同纠纷案,福建省高级人民法院民事判决书(2016)闽民终579号。

③ 参见包晓丽:《保理项下应收账款转让纠纷的裁判分歧与应然路径》,载《当代法学》2020年第3期。

④ 参见珠海华润银行股份有限公司诉江西省电力燃料有限公司合同纠纷案,最高人民法院民事判决书(2017)最高法民再164号。

⑤ 参见丁俊峰:《民法典保理合同章主要条文的适用》,载《人民司法》2021年第4期。

债权人主张回购的,使应收账款反转让回债权人的条件成就,债权人重新取得应收账款债权。保理商不得再基于基础交易合同要求应收账款债务人履行付款义务,而只能依据其与债权人达成的回购协议请求债权人付款。[①]《民法典》实施后的有追索保理合同的清偿顺序和范围问题,尚有待立法和司法机关进一步明确。

最后,是并案审理的问题。对于保理商同时提出基于基础交易合同的付款请求权之诉和基于保理融资合同的追索权之诉时,法院是否可以合并审理,在司法审判中存在两种意见。一种认为借款担保合同纠纷与债权转让纠纷并非基于同一法律事实和法律关系,不能合并审理。[②] 虽然从诉讼关系上看,应收账款付款之诉与追索之诉属于可分之诉。但从实体法责任承担上看,基础法律关系和保理融资关系之间具有非常紧密的牵连性和关联性,且应收账款债权人和债务人之间成立连带责任或者补充责任关系。合并审理有利于查明案件事实,减轻当事人诉累。目前,在审判中司法机关也更加倾向认可两种请求权合并审理。深圳前海合作区人民法院发布的《关于审理前海蛇口自贸区内保理合同纠纷案件的裁判指引(试行)》规定和天津市高级人民法院发布的《关于审理保理合同纠纷案件若干问题的审判委员会纪要》中都认可了保理人向债权人和债务人同时主张权利的方式。《民法典担保制度司法解释》也规定保理人一并起诉应收账款债权人和应收账款债务人的,人民法院可以受理。在新近发生的典型案例中,法院认为两种法律关系存在内在联系,共同构成了一笔完整的保理融资交易业务,具有整体性。[③]

第二,涉及基础交易与保理合同关系的问题。首先,转让未来应收账款的保理合同效力认定。其主要涉及未来应收账款的适格性问题。未来应收账款不同于未到期账款,是指卖方义务未履行完毕致使买方的付款条件并未完全成就的预期应收账款。[④]《民法典》第761条明确肯定了未来应收账款的可转让性,否定了被转让

---

① 参见中航国际煤炭物流有限公司诉中航国际煤炭物流有限公司新疆分公司合同纠纷案,天津市高级人民法院民事判决书(2017)津民终170号。

② 参见中国银行股份有限公司郑州新区支行诉青岛保税区华乐国际贸易公司、世纪金鹰能源控股有限公司金融借款合同纠纷案,河南省高级人民法院民事判决书(2015)豫法民二终字第215号。

③ 参见贵州航天实业有限公司诉贵州航天实业有限公司贵阳分公司合同纠纷案,最高人民法院民事判决书(2019)最高法民申6143号;中国华融资产管理股份有限公司河南省分公司诉马某某金融借款合同纠纷案,最高人民法院民事裁定书(2018)最高法民再192号。

④ 参见《商业银行保理业务管理暂行办法》第13条。

的应收账款必须是确定且业已存在的债权的说法,[1]但对未来应收账款适格性的判断标准没有给出一个明确规定。真实存在的应收账款是保理业务开展的前提和基础,也是其区别于借款合同与委托合同的主要特征。[2] 具体到商业实践中,只有具备合理期待性和相对确定性的应收账款债权才能被认定为可转让,并因此成为一种期待权益而受到法律保护。合理期待性一般要求该应收账款应具备基础的合同关系,债权债务主体较为明确,债权可以基于债务人的实际履行得以实现。[3] 因此,对于尚不存在基础法律关系的纯粹未来债权,一般认定为借贷法律关系。在实践中,基于同一债权人连续提供同类商品或服务所形成的多个基础合同项下的多笔应收账款或买卖双方基于交易习惯产生的应收账款债权一般被认定为具有合理期待。[4] 对于相对确定性可以综合考虑是否具备必要的履行要件,如有确定的交易对手、标的物和履行期限等债之基本要素,以及未来应收账款是否有明确指向。[5]

其次,基础合同存在瑕疵时保理合同效力的认定。《民法典》第763条规定了保理合同中虚构应收账款的法律后果,即保理人为善意时,应收账款债务人不得以应收账款不存在为由对抗保理人,[6]否定了部分判决中认为因应收账款不真实导致双方之间不发生债权转让的法律后果,保理合同丧失成立前提的意见。[7] 在实践中,司法机关也倾向于从信赖利益保护角度出发,认为保理合同与基础合同并非主从合同关系,而是相对独立的两个合同,[8]基础合同效力并不当然影响保理合同效力,对符合商业操作惯例、保理商已尽审慎义务且无导致合同无效法定情形的保理

---

① 参见烽火通信科技股份有限公司诉深圳市华嵘商业保理有限公司合同纠纷案,湖北省高级人民法院民事判决书(2017)鄂民终字第3301号。

② 参见李宇:《保理合同立法论》,载《法学》2019年第12期。

③ 参见《从〈民法典〉浅析商业保理业务的未来应收账款》,载微信公众号"FILM法律金融圈",2020年9月18日。

④ 参见福建省佳兴农业有限公司诉卡得万利商业保理(上海)有限公司其他合同纠纷案,上海市第一中级人民法院民事判决书(2015)沪一中民六(商)终字第640号。

⑤ 参见霍尔果斯摩山商业保理有限公司诉遵化万佛园景区发展有限公司、北京宣威木业有限公司合同纠纷案,上海市第二中级人民法院民事判决书(2017)沪02民初894号。

⑥ 参见周庭芳:《〈民法典〉第763条解读——保护善意保理人信赖利益》,载微信公众号"大成无锡办公室",2020年8月7日。

⑦ 参见中国工商银行股份有限公司临武支行、郴州市姣龙矿业有限公司诉临武县泡金山铅锌矿有限公司等金融借款合同纠纷案,湖南省郴州市中级人民法院民事判决书(2017)湘10民终2233号。

⑧ 参见杜万华主编:《商事审判指导》(2016年第1辑·总第40辑),人民法院出版社2016年版,第51～52页。

合同应认定有效。① 同时,保理人是否尽到了审慎审查义务,也将影响保理合同效力。保理人因其专业能力和业务经验,对基础交易真实性应尽到一般的合理审查义务,此种义务更多体现为形式审查,只要保理人有合理理由相信保理交易文件的真实性,即可认定尽到了审慎审查义务。具体应结合交易习惯、行业惯例等进行判断,包括保理人对基础交易文件是否进行了核查,对应收账款是否进行了权属登记,或在提交的基础文件欠缺时,保理人是否进行了催告。②

最后,基础交易合同禁止转让的约定是否影响保理的有效性问题。根据原《合同法》第 79 条的规定,法院对于基础合同中存在禁止转让或需要债务人同意方可转让的条款,而债权转让又未能获得债务人同意的,一般认定债权转让无效或对债务人不产生拘束力。③《民法典》对财产属性浓厚的金钱债权采取了商事主义的立法模式,侧重于保障交易安全与债权自由流通,其第 545 条第 2 款在原《合同法》第 79 条的基础上新增"当事人约定金钱债权不得转让的,不得对抗第三人"。即买卖双方之间存在的禁止债权转让条款不得对抗保理人,保理人可以合法受让存在禁止债权转让约定的应收账款债权并向债务人主张。

3. 保兑仓交易纠纷案件

保兑仓交易作为一种典型的供应链融资担保方式,是以银行信用为载体,以银行承兑汇票为结算工具,由银行控制货权、卖方受托保管货物并以承兑汇票与保证金之间的差额作为担保。④ 根据中国裁判文书网的数据,从 2012 年开始保兑仓交易纠纷案件开始出现在司法裁判领域,案件数量呈平稳增长态势。2019 年 11 月发布的《九民纪要》第 68 ~ 70 条对保兑仓相关法律问题作出了规定,明确了保兑仓交易的基本交易模式和流程、当事人之间的法律关系以及无真实贸易背景的保兑仓交易的性质认定等。保兑仓交易纠纷在司法审判中存在的争议主要围绕以下几个方面:

第一,涉及保兑仓交易的性质和效力问题。主要体现为保兑仓交易的性质是

---

① 参见上海杰凯商业保理有限公司诉山东浩丰工贸有限公司、山东锌锰数控设备有限公司等其他合同纠纷案,上海市浦东新区人民法院民事判决书(2016)沪 0115 民初 17794 号。

② 参见中铁物资天津油品供应有限公司诉中国邮政储蓄银行股份有限公司天津分行合同纠纷案,天津市高级人民法院民事判决书(2018)津民终 147 号。

③ 参见厚朴金控商业保理有限公司诉重庆商社新世纪百货连锁经营有限公司合同纠纷案,重庆市第一中级人民法院民事判决书(2016)渝 01 民终 9199 号。

④ 参见《九民纪要》第 68 条。

混合合同还是合同联立。持合同联立观点的法院认为,出卖人担保责任针对的对象是保兑仓交易,承担差额退款责任应以存在买卖关系且收到案涉承兑汇票为前提。[①] 而最高人民法院在审判实践中从保护交易的角度坚持混合合同的观点。[②] 2015 年最高人民法院发布的《关于当前商事审判工作中的若干具体问题》规定,保兑仓交易模式中某一环节合同无效,不宜当然否定其他环节交易的法律效力。《九民纪要》沿用了混合合同观点,无真实买卖关系的交易属于名为保兑仓实为借款合同,买卖关系因构成虚伪意思表示而无效,被隐藏的买方与银行间的基础交易关系应被认定为借贷,原则上有效。保兑仓交易认定为借款合同关系的,不影响卖方和银行之间担保关系的效力。

第二,涉及交易各方主要义务与责任承担的问题。首先,卖方责任承担问题。卖方对承兑银行所承担的差额退款责任的法律性质存在争议,在商业实践中存在货物回购责任、差额补足责任、保证责任或赔偿责任等多种表述方式,部分判决也认定该种还款约定不符合保证责任法律特征,在卖方向银行承担差额还款责任后,无权向买方进行追偿。[③]《关于当前商事审判工作中的若干具体问题》规定"卖方对银行承兑汇票敞口部分以货物回购作为担保",在对卖方就敞口承担责任的理解上,最高人民法院认为,其性质为保证,即卖方为买方不能偿还的债务承担担保责任。[④]《九民纪要》进一步明确该种责任是卖方就买方的付款责任而向承兑银行承担的连带保证责任。[⑤] 同时,在保兑仓合同的履行过程中,卖方需根据承兑银行出具的提货通知向买方发货,不得擅自向买方发货,或违反银行提货通知的内容进行发货。对提货权的控制是银行在保兑仓交易中规避风险的主要手段和核心权利,从权利义务平衡的角度出发,法院倾向于认定在没有明确免除卖方依约放货的义

---

① 参见黑龙江龙煤矿业集团股份有限公司诉兴业银行股份有限公司大连分行金融借款合同纠纷案,辽宁省高级人民法院民事判决书(2019)辽民终 1450 号。

② 参见山煤国际能源集团晋城有限公司诉中信银行股份有限公司西安分行合同纠纷案,最高人民法院民事判决书(2019)最高法民终 870 号。

③ 参见无锡市雪丰钢铁有限公司诉江苏资产管理有限公司金融借款合同纠纷案,江苏省高级人民法院民事判决书(2015)苏商终字第 00037 号。

④ 参见最高人民法院民事审判第二庭编著:《〈全国法院民商事审判工作会议纪要〉理解与适用》,人民法院出版社 2019 年版,第 395～396 页。

⑤ 参见孙连会:《保兑仓诉讼纠纷的司法裁判规则》,载微信公众号"德恒律师事务所",2020 年 12 月 21 日。

务的情况下,即便银行对卖方多次提前放货的违约行为予以容忍,①或出具过免除卖方责任的笼统约定,卖方依银行指示放货的义务也难以被免除,构成违约的应在其擅自发货造成的损失范围内承担连带清偿责任。②

其次,承兑银行的义务。根据《九民纪要》第68条第2款的规定,银行的主要义务是签发承兑汇票并向卖方交付。但同时因承兑银行一定程度上介入了买卖合同的履行,其是否还应承担对借款人财务状况、对质物的权属和价值以及对买卖关系真实性的审核责任和对货物的监管责任等,在相关纠纷中存在较多的争议。关于对买卖关系真实性的审核问题,司法实践通常认为,承兑银行仅负有形式审查的义务。《九民纪要》第69条也明确规定,即使没有真实的买卖关系,借款合同和担保合同都应成立,买方应向银行承担还款责任,卖方应向银行承担担保还款的责任,即银行对名为保兑仓实为借贷是否知情,不影响保兑仓交易的效力,进一步强化了对承兑银行的保护。关于对借款人财务状况的审查问题。最高人民法院认为,除非满足《关于适用〈中华人民共和国担保法〉若干问题的解释》第40条规定的情形,即担保人可以证明债务人欺诈且银行对此知情的,否则银行违反内部风控规范,明知借款人财务状况恶化仍提供贷款的,不影响贷款合同与担保合同的效力。③关于银行对质物的审查责任,《商业银行法》规定了商业银行应当对质物履行法定审查义务。部分法院认为银行未尽到审查义务即存在过错,应承担相应的损失赔偿责任。④ 关于承兑银行的货物监管义务也是如此。如果协议约定了各方对货物的定期对账义务,或者对银行在发货通知书、卖方在发货通知书回执上使用的印鉴有明确约定,而银行未使用预留印鉴,也未严格审核卖方使用预留的印鉴的,银行对于买方未收货的损失,可能需要与卖方共同承担赔偿责任。

第三,涉及合并审理与追加当事人。否定说认为,债权人是基于不同法律关系主张权利,诉讼标的既不同一,也不相似,不具备合并审理的要件。司法机关倾向

① 参见中化塑料有限公司诉交通银行股份有限公司佛山分行与金融借款合同纠纷案,广东省佛山市中级人民法院民事判决书(2016)粤06民终1464号。

② 参见兴业银行股份有限公司济南分行诉山东钢铁股份有限公司、山东钢铁股份有限公司济南分公司等合同纠纷案,山东省高级人民法院民事判决书(2013)鲁商终字第243号。

③ 参见风神轮胎股份有限公司诉中信银行股份有限公司天津分行、河北宝硕股份有限公司借款担保合同纠纷案,最高人民法院民事判决书(2007)民二终字第36号。

④ 参见广发银行股份有限公司哈尔滨长江路支行诉中国物流有限公司、哈尔滨商德实业有限公司等金融借款合同纠纷案,最高人民法院民事判决书(2016)最高法民终266号。

于支持合并审理,认为保兑仓交易中不同法律关系都是基于同一借款产生,且不同法律关系和各个主体之间关系紧密,在责任认定上互相影响,统一审理有利于查清事实,正确认定各自的权利义务和责任顺位,避免出现重复受偿。① 在审判实践中,也出现了大量合并审理和追加第三人的案件。②《九民纪要》也采肯定说,并规定当事人就保兑仓交易中的不同法律关系的相对方分别或者同时向同一法院起诉的,属于《最高人民法院关于适用〈中华人民共和国民事诉讼法〉的解释》第221条的"基于同一事实发生的纠纷",可以合并审理。当事人未起诉某一方当事人的,法院可以依职权追加另一方当事人为第三人。

① 参见杜万华主编:《商事审判指导》(2016年第1辑·总第40辑),人民法院出版社2016年版,第52~53页。

② 参见兴业银行股份有限公司济南分行诉山东钢铁股份有限公司、山东钢铁股份有限公司济南分公司等合同纠纷案,山东省高级人民法院民事判决书(2013)鲁商终字第243号。